실용적인 내용과 핵심만으로
나를 위한 공부법 발견

수험서

나두공

나두공은 시스컴에서 상표 출원한
공무원 임용 시험 전문 브랜드입니다.

매년 변화하는 공무원 시험에 대비하여 핵심만을
담은 품격 있는 강의로 나두공과 나도 공무원을 할
수 있다는 자신감과 함께 공무원 시험 합격에 성공
하는 나를 위한 수험서를 제공하겠습니다.

나를 위한 **나두공** 합격전략

나두공은 공무원 시험을 처음 시작하는 수험생부터
매년 변화하는 시험에 적응하려는 수험생까지, 나를 위한
합격전략으로 공무원 시험의 합격에 다가갈 수 있게
핵심 내용만을 담은 양질의 수험서를 제작하고 있습니다.

국어
[개념서]

국어
[문제집]

국어
[종합서]

검색창에 N **나두공** 🔍 을 검색하세요.

베테랑 교수진과 함께하는
합격의지 급상승 강의

나를 위한 각종 수험 정보와
시험 합격 키포인트

강의

홈페이지

나를 위한 ⓝ나두공 합격강의

나두공은 공무원 시험의 베테랑인 교수진과 함께
브랜드 프리미엄의 거품을 걷어낸 체계적인 강의와
공무원 합격을 마무리하는 면접까지, 오직 수험생의
합격만을 바라보는 강의를 제공하겠습니다.

나를 위한 ⓝ나두공 합격정보

나두공 홈페이지는 공무원 시험을 처음 접하는
수험생과 기존 수험생에게 풍부한 수험 정보, 스터디
자료와 다양한 콘텐츠를 제공하여 나도 할 수 있는 공무원
합격 플랜을 진행 할 수 있게 도움을 주고 있습니다.

◀ 9급 공무원 응시자격 ▶

※ 경찰 공무원, 소방 공무원, 교사 등 특정직 공무원의 채용은 별도 법령에 의거하고 있어 응시자격 등이 다를 수 있으니 해당법령과 공고문을 참고하시기 바랍니다.

※ 매년 채용시험 관련 법령 개정으로 응시자격이 변경될 수 있으므로 필요한 경우 확인절차를 거치시기 바랍니다.

01 최종시험 예정일이 속한 연도를 기준으로 공무원 응시가능 연령(9급 : 18세 이상)에 해당한다.
(단, 9급 교정·보호직의 경우 20세 이상)

02 아래의 공무원 응시 결격사유 중 어느 하나에도 해당되지 않는다.

　1. 피성년후견인
　2. 파산선고를 받고 복권되지 아니한 자
　3. 금고 이상의 실형을 선고받고 그 집행이 종료되거나 집행을 받지 아니하기로 확정된 후 5년이
　　 지나지 아니한 자
　4. 금고 이상의 형을 선고받고 그 집행유예 기간이 끝난 날부터 2년이 지나지 아니한 자
　5. 금고 이상의 형의 선고유예를 받은 경우에 그 선고유예 기간 중에 있는 자
　6. 법원의 판결 또는 다른 법률에 따라 자격이 상실되거나 정지된 자
　7. 징계로 파면처분을 받은 때부터 5년이 지나지 아니한 자
　8. 징계로 해임처분을 받은 때부터 3년이 지나지 아니한 자
　단, 검찰직 지원자는 금고 이상의 형을 선고받은 경우 응시할 수 없습니다.

03 공무원으로서의 직무수행에 지장을 주지 않는 건강상태를 유지하고 있어, 공무원 채용 신체검사에서
불합격 판정기준에 해당되지 않는다.

04 9급 지역별 구분모집 지원자의 경우, 시험시행년도 1월 1일을 포함하여 1월 1일 전 또는 후로 연속하여
3개월 이상 해당 지역에 주민등록이 되어 있다.

05 지방직 공무원, 경찰 등 다른 공무원시험을 포함하여 공무원 임용시험에서 부정한 행위를 한 적이 없다.

06 국어, 영어, 한국사와 선택하고자 하는 직류의 시험과목 기출문제를 풀어보았으며, 합격을 위한 최소한
의 점수는 과목별로 40점 이상임을 알고 있다.

● 위의 요건들은 7급, 9급 공무원 시험에 응시하기 위한 기본 조건입니다.
● 장애인 구분모집, 저소득층 구분모집 지원자는 해당 요건을 추가로 확인하시기 바랍니다.

나두공

2024

9급 [국어]

연차별 7개년

기출문제집

2024
나두공 9급 국어 연차별 7개년 기출문제집

인쇄일 2023년 9월 1일 초판 1쇄 인쇄
발행일 2023년 9월 5일 초판 1쇄 발행
등　록 제17-269호
판　권 시스컴2023

ISBN 979-11-6941-190-5 13350
정　가 17,000원

발행처 시스컴 출판사
발행인 송인식
지은이 나두공 수험연구소

주소 서울시 금천구 가산디지털1로 225, 514호(가산포휴) | **시스컴** www.siscom.co.kr / **나두공** www.nadoogong.com
E-mail stscombooks@naver.com | **전화** 02)866-9311 | **Fax** 02)866-9312

최근 10여 년 동안 직업으로서의 공무원에 대한 사회적 평가가 상당히 개선되었고 공직의 상대적 안정성에 대한 선호도 또한 현격히 높아짐에 따라 공무원 시험의 경쟁률도 그만큼 높아지게 되었다. 이로 인해 수험 준비에 수년이 걸리는 일이 다반사가 되었고, 오랜 공부에도 불구하고 합격을 장담하기 어려운 상황이 되었다.

이러한 상황에서는 결국 주어진 시간을 효율적으로 활용하여 출제 가능한 요점을 체계적으로 정리ㆍ숙지할 수 있느냐가 당락에 있어 가장 중요한 요소가 될 수밖에 없을 것이다.

이 책은 이러한 점을 충분히 고려하여 그동안 출제된 문제를 꼼꼼히 분석하여 이에 대한 상세한 해설을 제시하였고, 또한 관련된 핵심 내용을 덧붙임으로써 짧은 시간 내에 문제에 대한 충실한 이해와 관련 내용에 대한 체계적 정리가 모두 가능하도록 구성하였다.

이 책이 지닌 특성과 장점은 다음과 같다.

첫째, 최근 7년간의 〈국가직〉, 〈지방직〉, 〈서울시〉 공무원 시험의 기출문제를 연차별로 분류하여 수록하고, 이에 대한 풍부한 해설을 담아 개념서를 따로 참고하지 않고도 명쾌하게 이해할 수 있도록 하였다.

둘째, 중요한 문제의 상당수가 변형되어 반복 출제되고 있다는 점을 고려해 '정답해설' 뿐만 아니라 '오답해설'도 상세하게 하여 다양한 유형의 문제에도 보다 쉽게 대처할 수 있게 하였다.

셋째, 문제와 관련된 중요 내용이나 핵심정리를 '보충해설'을 통해 정리해둠으로써 효율적이면서도 충실한 수험공부가 가능하도록 하였다.

이 책이 여러분의 꿈을 이루는 데 많은 도움이 되기를 바라며, 수험생 여러분 모두의 건투를 빈다.

시험 과목

직렬	직류	시험 과목
행정직	일반행정	국어, 영어, 한국사, 행정법총론, 행정학개론
	고용노동	국어, 영어, 한국사, 행정법총론, 노동법개론
	선거행정	국어, 영어, 한국사, 행정법총론, 공직선거법
직업상담직	직업상담	국어, 영어, 한국사, 노동법개론, 직업상담 · 심리학개론
세무직(국가직)	세무	국어, 영어, 한국사, 세법개론, 회계학
세무직(지방직)		국어, 영어, 한국사, 지방세법, 회계학
사회복지직	사회복지	국어, 영어, 한국사, 사회복지학개론, 행정법총론
교육행정직	교육행정	국어, 영어, 한국사, 교육학개론, 행정법총론
관세직	관세	국어, 영어, 한국사, 관세법개론, 회계원리
통계직	통계	국어, 영어, 한국사, 통계학개론, 경제학개론
교정직	교정	국어, 영어, 한국사, 교정학개론, 형사소송법개론
보호직	보호	국어, 영어, 한국사, 형사정책개론, 사회복지학개론
검찰직	검찰	국어, 영어, 한국사, 형법, 형사소송법
마약수사직	마약수사	국어, 영어, 한국사, 형법, 형사소송법
출입국관리직	출입국관리	국어, 영어, 한국사, 국제법개론, 행정법총론
철도경찰직	철도경찰	국어, 영어, 한국사, 형사소송법개론, 형법총론
공업직	일반기계	국어, 영어, 한국사, 기계일반, 기계설계
	전기	국어, 영어, 한국사, 전기이론, 전기기기
	화공	국어, 영어, 한국사, 화학공학일반, 공업화학
농업직	일반농업	국어, 영어, 한국사, 재배학개론, 식용작물
임업직	산림자원	국어, 영어, 한국사, 조림, 임업경영
시설직	일반토목	국어, 영어, 한국사, 응용역학개론, 토목설계
	건축	국어, 영어, 한국사, 건축계획, 건축구조
	시설조경	국어, 영어, 한국사, 조경학, 조경계획 및 설계

방재안전직	방재안전	국어, 영어, 한국사, 재난관리론, 안전관리론
전산직	전산개발	국어, 영어, 한국사, 컴퓨터일반, 정보보호론
	정보보호	국어, 영어, 한국사, 네트워크 보안, 정보시스템 보안
방송통신직	전송기술	국어, 영어, 한국사, 전자공학개론, 무선공학개론
법원사무직 (법원직)	법원사무	국어, 영어, 한국사, 헌법, 민법, 민사소송법, 형법, 형사소송법
등기사무직 (법원직)	등기사무	국어, 영어, 한국사, 헌법, 민법, 민사소송법, 상법, 부동산등기법
사서직 (국회직)	사서	국어, 영어, 한국사, 헌법, 정보학개론
속기직 (국회직)	속기	국어, 영어, 한국사, 헌법, 행정학개론
방호직 (국회직)	방호	국어, 영어, 한국사, 헌법, 사회
경위직 (국회직)	경위	국어, 영어, 한국사, 헌법, 행정법총론
방송직 (국회직)	방송제작	국어, 영어, 한국사, 방송학, 영상제작론
	취재보도	국어, 영어, 한국사, 방송학, 취재보도론
	촬영	국어, 영어, 한국사, 방송학, 미디어론

● 교정학개론에 형사정책 및 행형학, 국제법개론에 국제경제법, 행정학개론에 지방행정이 포함되며, 공직선거법에 '제16장 벌칙'은 제외됩니다.

● 노동법개론은 근로기준법·최저임금법·노동조합 및 노동관계조정법에서 하위법령을 포함하여 출제됩니다.

● 시설조경 직류의 조경학은 조경일반(미학, 조경사 등), 조경시공구조, 조경재료(식물재료 포함), 조경생태(생태복원 포함), 조경관리(식물, 시설물 등)에서, 조경계획 및 설계는 조경식재 및 시설물 계획, 조경계획과 설계과정, 공원·녹지계획과 설계, 휴양·단지계획과 설계, 전통조경계획과 설계에서 출제됩니다.

※ 추후 변경 가능하므로 반드시 응시 기간 내 시험과목 및 범위를 확인하시기 바랍니다.

9급 공무원 시험 안내

응시자격

1. 인터넷 접수만 가능
2. 접수방법 : 사이버국가고시센터(www.gosi.kr)에 접속하여 접수할 수 있습니다.
3. 접수시간 : 기간 중 24시간 접수
4. 비용 : 응시수수료(7급 7,000원, 9급 5,000원) 외에 소정의 처리비용(휴대폰·카드 결제, 계좌이체비용)이 소요됩니다.

※ 저소득층 해당자(국민기초생활 보장법에 따른 수급자 또는 한부모가족지원법에 따른 지원대상자)는 응시수수료가 면제됩니다.

※ 응시원서 접수 시 등록용 사진파일(JPG, PNG)이 필요하며 접수 완료 후 변경 불가합니다.

학력 및 경력

제한 없음

시험방법

1. 제1·2차시험(병합실시) : 선택형 필기
2. 제3차시험 : 면접

※ 교정직(교정) 및 철도경찰직(철도경찰)의 6급 이하 채용시험의 경우, 9급 제1·2차 시험(병합실시) 합격자를 대상으로 실기시험(체력검사)을 실시하고, 실기시험 합격자에 한하여 면접시험을 실시합니다.

원서접수 유의사항

1. 접수기간에는 기재사항(응시직렬, 응시지역, 선택과목 등)을 수정할 수 있으나, 접수기간이 종료된 후에는 수정할 수 없습니다.
2. 응시자는 응시원서에 표기한 응시지역(시 도)에서만 필기시험에 응시할 수 있습니다.

※ 다만, 지역별 구분모집[9급 행정직(일반), 9급 행정직(우정사업본부)] 응시자의 필기시험 응시지역은 해당 지역모집 시·도가 됩니다.(복수의 시·도가 하나의 모집단위일 경우, 해당 시·도 중 응시희망 지역을 선택할 수 있습니다.)

3. 인사혁신처에서 동일 날짜에 시행하는 임용시험에는 복수로 원서를 제출할 수 없습니다.

양성평등채용목표제

1. 대상시험 : 선발예정인원이 5명 이상인 모집단위(교정 · 보호직렬은 적용 제외)
2. 채용목표 : 30%

   ※ 시험실시단계별로 합격예정인원에 대한 채용목표 비율이며 인원수 계산 시, 선발예정인원이 10명 이상인 경우에는 소수점 이하를 반올림하며, 5명 이상 10명 미만일 경우에는 소수점 이하는 버립니다.

응시 결격 사유

해당 시험의 최종시험 시행예정일(면접시험 최종예정일) 현재를 기준으로 국가공무원법 제33조(외무공무원은 외무공무원법 제9조, 검찰직 · 마약수사직 공무원은 검찰청법 제50조)의 결격사유에 해당하거나, 국가공무원법 제74조(정년) · 외무공무원법 제27조(정년)에 해당하는 자 또는 공무원임용시험령 등 관계법령에 의하여 응시자격이 정지된 자는 응시할 수 없습니다.

가산점 적용

구분	가산비율	비고
취업지원대상자	과목별 만점의 10% 또는 5%	• 취업지원대상자 가점과 의사상자 등 가점은 1개만 적용
의사상자 등	과목별 만점의 5% 또는 3%	• 취업지원대상자/의사상자 등 가점과 자격증 가산점은 각각 적용
직렬별 가산대상 자격증 소지자	과목별 만점의 3~5% (1개의 자격증만 인정)	

기타 유의사항

1. 필기시험에서 과락(만점의 40% 미만) 과목이 있을 경우에는 불합격 처리됩니다. 필기시험의 합격선은 공무원임용시험령 제4조에 따라 구성된 시험관리위원회의 심의를 통해 결정되며, 구체적인 합격자 결정 방법 등은 공무원임용시험령 등 관계법령을 참고하시기 바랍니다.
2. 9급 공채시험에서 가산점을 받고자 하는 자는 필기시험 시행 전일까지 해당요건을 갖추어야 하며, 반드시 필기시험 시행일을 포함한 3일 이내에 사이버국가고시센터(www.gosi.kr)에 접속하여 자격증의 종류 및 가산비율을 입력해야 합니다.

※ 반드시 응시 기간 내 공고문을 확인하시기 바랍니다.

구성 및 특징

| 연차별 기출문제 | 정답해설 |

최근 7년 간의 〈국가직〉, 〈지방직〉, 〈서울시〉 공무원 시험의 기출문제를 연차별로 묶어 100% 똑같이 수록함으로써 독자가 공무원 시험의 기출 흐름을 체득하도록 하였다.

해당 보기가 문제의 정답이 되는 이유를 논리적이고 명확하게 설명하였다. 또한 유사한 문제뿐만 아니라 응용문제까지도 폭넓게 대처할 수 있도록, 경우에 따라 정답과 관련된 배경 이론이나 참고 사항 등을 수록하였다.

오답해설

보충해설

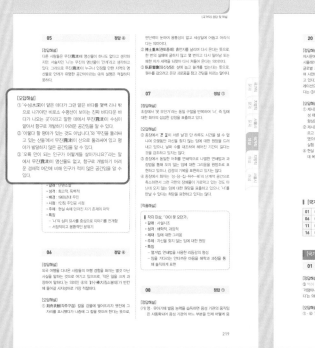

다른 보기들이 오답이 되는 이유를 각 보기별로 세세하게 설명하고 유사문제에서 오답을 확실히 피할 수 있도록 문제의 요지에 초점을 맞추어 필요한 보충 설명을 제시하였다.

기출문제로 출제된 범위의 중요 이론을 보다 상세히 학습할 수 있도록, 해당문제의 주제를 면밀히 분석하고 그와 가장 밀접한 이론의 핵심만을 요약하여 보충하였다.

목 차

연차별 목차

체크리스트

효율적인 학습을 위한 CHECK LIST

시행처	시행일	학습 기간	정답 수	오답 수
국가직	2023년 04월	~		
	2022년 04월	~		
	2021년 04월	~		
	2020년 07월	~		
	2019년 04월	~		
	2018년 04월	~		
	2017년 04월	~		
	2017년 10월	~		
지방직	2023년 06월	~		
	2022년 06월	~		
	2021년 06월	~		
	2020년 06월	~		
	2019년 06월	~		
	2018년 05월	~		
	2017년 06월	~		
	2017년 12월	~		
서울시	2023년 06월	~		
	2022년 02월	~		
	2022년 06월	~		
	2021년 06월	~		
	2020년 06월	~		
	2019년 02월	~		
	2019년 06월	~		
	2018년 03월	~		
	2018년 06월	~		
	2017년 06월	~		

2023~2017
[국가직]
연차별 기출문제

QUESTIONS

01 '해양 오염'을 주제로 연설을 한다고 할 때, 다음에 제시된 조건을 모두 충족한 것은?

- 해양 오염을 줄일 수 있는 생활 속 실천 방법을 포함할 것.
- 설의적 표현과 비유적 표현을 활용할 것.

① 바다는 쓰레기 없는 푸른 날을 꿈꾸고 있습니다. 미세 플라스틱은 바다를 서서히 죽이는 보이지 않는 독입니다. 우리의 관심만이 다시 바다를 살릴 수 있을 것입니다.

② 우리가 버린 쓰레기는 바다로 흘러갔다가 해양 생물의 몸에 축적이 되어 해산물을 섭취하면 결국 다시 우리에게 돌아오게 됩니다. 분리수거를 철저히 하고 일회용품을 줄이는 것이 바다도 살리고 우리 자신도 살리는 길입니다.

③ 여름만 되면 피서객들이 마구 버린 쓰레기로 바다가 몸살을 앓는다고 합니다. 자기 집이라면 이렇게 함부로 쓰레기를 버렸을까요? 피서객들의 양심이 모래밭 위를 뒹굴고 있습니다. 자기 쓰레기는 자기가 집으로 되가져가도록 합시다.

④ 산업 폐기물이 바다로 흘러가 고래가 죽어 가는 장면을 다큐멘터리에서 본 적이 있습니다. 이대로 가다간 인간도 고통받게 되지 않을까요? 정부에서 산업 폐기물 관리 지침을 만들고 감독을 강화하지 않는다면 바다는 쓰레기 무덤이 되고 말 것입니다.

02 다음 대화에 나타난 말하기 방식을 설명한 것으로 적절하지 않은 것은?

백팀장: 이번 워크숍 장면을 사내 게시판에 올리는 게 좋겠어요. 워크숍 내용을 공유하면 좋을 것 같아서요.
고대리: 전 반대합니다. 사내 게시판에 영상을 공개하는 것은 부담스러워요. 타 부서와 비교될 것 같기도 하고요.
임대리: 저도 팀장님 말씀대로 정보를 공유한다는 취지는 좋다고 생각해요. 다만 다른 팀원들의 동의도 구해야 할 것 같고, 여러 면에서 우려되긴 하네요. 팀원들 의견을 먼저 들어 보고, 잘된 것만 시범적으로 한두 개 올리는 것이 어떨까요?

① 백 팀장은 팀원들에 대한 유대감을 드러내는 표현을 사용하며 자신의 바람을 전달하고 있다.

② 고 대리는 백 팀장의 제안에 반대하는 이유를 명시적으로 밝히며 백 팀장의 요청을 거절하고 있다.

③ 임 대리는 발언 초반에 백 팀장 발언의 취지에 공감하여 백 팀장의 체면을 세워 주고 있다.

④ 임 대리는 대화 참여자의 의견을 묻는 의문문을 사용하여 자신의 의견을 간접적으로 드러내고 있다.

03 관용 표현 ㉠~㉣의 의미를 풀이한 것으로 적절하지 않은 것은?

- 그의 회사는 작년에 노사 갈등으로 ㉠홍역을 치렀다.
- 우리 교장 선생님은 교육계에서 ㉡잔뼈가 굵은 분이십니다.
- 유원지로 이어지는 국도에는 차가 밀려 ㉢입추의 여지가 없었다.
- 그분은 세계 유수의 연구자들과 ㉣어깨를 나란히 하는 물리학자이다.

① ㉠: 심한 어려움을 겪었다
② ㉡: 오랫동안 일을 하여 그 일에 익숙한
③ ㉢: 돌아서 갈 수 있는 방법이 없었다
④ ㉣: 비슷한 지위나 힘을 가지는

04 다음 글에서 (가)~(다)의 순서를 자연스럽게 배열한 것은?

빅데이터가 부각된다는 것은 기업들이 빅데이터의 가치를 받아들이기 시작했다는 뜻이다. 여기에는 기업들이 데이터를 바라보는 시각이 변한 측면도 있다.

(가) 기업들은 고객이 판촉 활동에 어떻게 반응하고 평소에 어떻게 행동하며 사물에 대해 어떤 태도를 보이는지 알기 위해 많은 돈을 투자해 마케팅 조사를 해 왔다.

(나) 그런 상황에서 기업들은 SNS나 스마트폰 등 새로운 데이터 소스로부터 그러한 궁금증과 답답함을 해결할 수 있다는 것을 알게 되었다. 페이스북에 올리는 광고에 친구가 '좋아요'를 한 것에서 기업들은 궁금증과 답답함을 해결할 수 있다.

(다) 그런데 기업들의 그런 노력이 효과가 있는 경우도 있었으나 아쉬운 점도 많았다. 쉬운 예로, 기업들은 많은 광고비를 쓰지만 그 돈이 구체적으로 어느 부분에서 효과를 내는지는 알지 못했다.

결국 데이터가 있는 곳에서 기업들은 점점 더 고객의 취향에 집중할 수 있게 되었으며, 이에 따라 기업들은 소셜 미디어의 빅데이터를 중요한 경영 수단으로 수용하기 시작한 것이다.

① (가) - (나) - (다)
② (가) - (다) - (나)
③ (나) - (가) - (다)
④ (다) - (나) - (가)

05 ㉠을 이해한 내용으로 적절하지 않은 것은?

"㉠무진(霧津)엔 명산물이……뭐 별로 없지요?" 그들은 대화를 계속하고 있었다. "별게 없지요. 그러면서도 그렇게 많은 사람들이 살고 있다는 건 좀 이상스럽거든요." "바다가 가까이 있으니 항구로 발전할 수도 있었을 텐데요?" "가 보시면 아시겠지만 그럴 조건이 되어 있는 것도 아닙니다. 수심(水深)이 얕은 데다가 그런 얕은 바다를 몇백 리나 밖으로 나가야만 비로소 수평선이 보이는 진짜 바다다운 바다가 나오는 곳이니까요." "그럼 역시 농촌이군요?" "그렇지만 이렇다 할 평야가 있는 것도 아닙니다." "그럼 그 오륙만이 되는 인구가 어떻게들 살아가요?" "그러니까 그럭저럭이란 말이 있는 게 아닙니까!" 그들은 점잖게 소리 내어 웃었다. "원, 아무리 그렇지만 한 고장에 명산물 하나쯤은 있어야지." 웃음 끝에 한 사람이 말하고 있었다.

무진에 명산물이 없는 게 아니다. 나는 그것이 무엇인지 알고 있다. 그것은 안개다. 아침에 잠자리에서 일어나서 밖으로 나오면, 밤사이에 진주해 온 적군들처럼 안개가 무진을 뼁 둘러싸고 있는 것이었다. 무진을 둘러싸고 있는 산들도 안개에 의하여 보이지 않는 먼 곳으로 유배당해 버리고 없었다.

― 김승옥, 「무진기행」에서 ―

① 수심이 얕아서 항구로 개발하기 어려운 공간이다.
② 산으로 둘러싸여 있고 평야가 발달하지 않은 공간이다.
③ 지역의 경제적 여건에 비해 인구가 적지 않은 공간이다.
④ 누구나 인정할 만한 지역의 명산물로 안개가 유명한 공간이다.

06 다음 글의 빈칸에 들어갈 사자성어로 적절한 것은?

세상에는 어려운 일들이 많지만 외국 여행 다녀온 사람의 입을 막는 것도 그중 하나이다. 특히 그것이 그 사람의 첫 외국 여행이었다면, 입 막기는 포기하고 미주알고주알 늘어놓는 여행 경험을 들어 주는 편이 정신 건강에 좋다. 그 사람이 별것 아닌 사실을 □□□□하거나 특수한 경험을 지나치게 일반화한들, 그런 수다로 큰 피해를 입는 것도 아니지 않은가?

① 刻舟求劍
② 捲土重來
③ 臥薪嘗膽
④ 針小棒大

07 다음 글을 감상한 내용으로 가장 적절한 것은?

어이 못 오던가 무슴 일로 못 오던가
너 오는 길 위에 무쇠로 성(城)을 쓰고 성안에 담 쓰고 담 안에란 집을 짓고 집 안에란 뒤주 노코 뒤주 안에 궤를 노코 궤 안에 너를 결박(結縛)ᄒ여 너코 쌍(雙)비목 외걸쇠에 용(龍)거북 ᄌ믈쇠로 수기수기 ᄌ갓더냐 네 어이 그리 아니 오던가
ᄒ 둘이 서른 날이여니 날 보라 올 하루 업스랴

― 작자 미상, 「어이 못 오던가」 ―

① 동일 구절을 반복하여 '너'에 대한 섭섭한 감정을 표출하고 있다.
② 날짜 수를 대조하여 헤어진 기간이 길다는 것을 강조하고 있다.
③ 동일한 어휘를 연쇄적으로 나열하여 감정의 기복을 표현하고 있다.
④ 단계적으로 공간을 축소하여 '너'를 만날 수 있다는 희망을 표현하고 있다.

08 (가)와 (나)에 들어갈 말로 가장 적절한 것은?

특정한 작업을 수행하기 위해 신체 근육의 특정 움직임을 조작하는 능력을 운동 능력이라고 한다. 언어에 관한 운동 능력은 '발음 능력'과 '필기 능력' 두 가지인데 모두 표현을 위한 능력이다.

말로 표현하기 위해서는 발음 능력이 필요한데, 이는 음성 기관을 움직여 원하는 음성을 만들어 내는 능력이다. 이 능력은 영·유아기에 수많은 시행착오와 꾸준한 훈련을 통해 습득된다. 이렇게 발음 능력을 습득하면 음성 기관의 움직임은 자동화되어 음성 기관의 어느 부분을 언제 어떻게 움직일지를 화자가 거의 의식하지 않는다. 우리가 모어에 없는 외국어 음성을 발음하기 어려운 이유는 (가) 있기 때문이다.

글로 표현하기 위해서는 필기 능력이 필요하다. 필기에서는 글자의 모양을 서로 구별되게 쓰는 것은 기본이고 그 수준을 넘어서서 쉽게 알아볼 수 있는 모양으로 잘 쓰는 것도 필요하다. 글씨를 쓰기 위해 손을 놀리는 것은 발음을 하기 위해 음성 기관을 움직이는 것에 비해 상당히 의식적이라 할 수 있다. 그렇지만 개인의 의지와 관계없이 필체가 꽤 일정하다는 사실은 손을 놀리는 데에 (나) 의미한다.

① (가): 음성 기관의 움직임이 모어의 음성에 맞게 자동화되어
　(나): 무의식적이고 자동적인 면이 있음을
② (가): 낯선 음성은 무의식적으로 발음하도록 훈련되어
　(나): 유아기에 수행한 훈련이 효과적이지 않음을
③ (가): 음성 기관의 움직임이 모어의 음성에 맞게 자동화되어
　(나): 유아기에 수행한 훈련이 효과적이지 않음을
④ (가): 낯선 음성은 무의식적으로 발음하도록 훈련되어
　(나): 무의식적이고 자동적인 면이 있음을

09 ㉠~㉣ 중 한글 맞춤법에 맞게 쓰인 것만을 모두 고르면?

• 혜인 씨에게 ㉠무정타 말하지 마세요.
• 재아에게는 ㉡섭섭치 않게 사례해 주자.
• 규정에 따라 딱 세 명만 ㉢선발토록 했다.
• ㉣생각컨대 그의 보고서는 공정하지 못했다.

① ㉠, ㉡
② ㉠, ㉢
③ ㉡, ㉣
④ ㉢, ㉣

10 ㉠~㉣의 한자로 적절하지 않은 것은?

예정보다 지연되긴 했으나 열 시쯤에는 마애불에 ㉠도착할 수가 있었다. 맑은 날씨에 빛나는 햇살이 환히 비춰 ㉡불상들은 불그레 물들어 있었다. 만일 신비로운 ㉢경지라는 말을 할 수 있다면 바로 이런 경우가 아닐지 모르겠다. 꼭 보고 싶다는 숙원이 이루어진 기쁨에 가슴이 벅차 왔다. 아마 잊을 수 없는 ㉣추억의 한 토막으로 남을 것 같다.

① ㉠: 到着
② ㉡: 佛像
③ ㉢: 境地
④ ㉣: 記憶

11 다음 글을 이해한 내용으로 적절하지 않은 것은?

사람의 '지각과 생각'은 항상 어떤 맥락, 관점 혹은 어떤 평가 기준이나 가정하에서 일어난다. 이러한 맥락, 관점, 평가 기준, 가정을 프레임이라고 한다. 지각과 생각은 인간의 모든 정신 활동을 뜻한다. 따라서 우리의 모든 정신 활동은 진공 상태에서 일어나는 것이 아니라, 어떤 맥락이나 가정하에서 일어난다. 한마디로 우리가 프레임이라는 안경을 쓰고 세상을 보고 있음을 의미한다. 간혹 어떤 사람이 자신은 어떤 프레임의 지배도 받지 않고 세상을 있는 그대로, 객관적으로 본다고 주장한다면, 그 주장은 진실이 아닐 것이다.

① 인간의 정신 활동은 프레임 없이 일어나지 않는다.
② 프레임은 인간이 세상을 바라볼 때 어떤 편향성을 가지게 한다.
③ 인간의 지각과 사고를 확장하는 과정에서 프레임은 극복해야 할 대상이다.
④ 프레임은 인간의 정신 활동에 영향을 미치는 어떤 맥락이나 평가 기준이다.

12 다음 글을 이해한 내용으로 가장 적절한 것은?

전 세계를 대표하는 항공기인 보잉과 에어버스의 중요한 차이점은 자동조종시스템의 활용 정도에 있다. 보잉의 경우, 조종사가 대개 항공기를 조종간으로 직접 통제한다. 조종간은 비행기의 날개와 물리적으로 연결되어 있어서 어떤 상황에서도 조종사가 조작한 대로 반응한다. 이와 다르게 에어버스는 조종간 대신 사이드스틱을 설치하여 컴퓨터가 조종사의 행동을 제한하거나 조종에 개입할 수 있게 설계되었다. 보잉에서는 조종사가 항공기를 통제할 수 있는 전권을 가지지만 에어버스에서는 컴퓨터가 조종사의 조작을 감시하고 제한한다.

보잉과 에어버스의 이러한 차이는 기계를 다루는 인간을 바라보는 관점이 서로 다른 데서 비롯된다. 보잉사를 창립한 윌리엄 보잉의 철학은 "비행기를 통제하는 최종 권한은 언제나 조종사에게 있다."이다. 시스템은 불안정하고 완벽하지 않기 때문에 컴퓨터가 조종사의 판단보다 우선시될 수 없다는 것이다. 반면 에어버스의 아버지라고 불리는 베테유는 "인간은 실수할 수 있는 존재"라고 전제한다. 베테유는 이런 자신의 신념을 토대로 에어버스를 설계함으로써 조종사의 모든 조작을 컴퓨터가 모니터링하고 제한하게 만든 것이다.

① 보잉은 시스템의 불완전성을, 에어버스는 인간의 실수 가능성을 고려하여 설계되었다.
② 베테유는 인간이 실수할 수 있는 존재라고 보지만 윌리엄 보잉은 그렇지 않다고 본다.
③ 에어버스의 조종사는 항공기 운항에서 자동조종시스템을 통제하고 조작한다.
④ 보잉의 조종사는 자동조종시스템을 사용하지 않고 항공기를 조종한다.

13 다음 글에서 추론한 내용으로 가장 적절한 것은?

공포의 상태와 불안의 상태를 구분하는 것은 쉽지 않다. 왜냐하면 두 감정을 함께 느끼거나 한 감정이 다른 감정을 유발할 때가 많기 때문이다. 가령, 무시무시한 전염병을 목도하고 공포에 빠진 사람은 자신도 언젠가 그 병에 걸릴지 모른다는 불안 상태에 빠지게 된다. 이처럼 두 감정은 서로 밀접하게 얽혀 있다는 점에서 혼동하기 쉽다. 하지만 두 감정을 야기한 원인을 따져 보면 두 감정을 명확하게 구분할 수 있다. 공포는 실재하는 객관적 위협에 의해 야기된 상태를 의미하고, 불안은 현재 발생하지 않았으며 미래에 일어날지 모르는 불명확한 위협에 의해 야기된 상태를 의미한다. 공포와 불안의 감정은 둘 다 자아와 관련되어 있지만 여기에서도 차이를 찾을 수 있다. 공포를 느끼는 것은 '나 자신'이 위험한 상황에 놓여 있다는 사실을 아는 것이고, 불안의 경험은 '나 자신'이 위해를 입을까 봐 걱정하는 것이다.

① 자신이 처한 위험한 상황을 정확히 인식하는 경우에는 공포감에 비해 불안감이 더 크다.
② 전기 · 가스 사고가 날까 두려워 외출하지 못하는 사람은 불안한 상태에 있는 것이다.
③ 시험에 불합격할 수 있다는 생각에 사로잡힌 사람은 공포감에 빠져 있는 것이다.
④ 과거에 큰 교통사고를 경험한 사람은 공포감은 크지만 불안감은 작다.

14 다음 글의 내용과 부합하지 않는 것은?

과학 혁명 이전 아리스토텔레스 철학은 로마 가톨릭교의 정통 교리와 결합되어 있었기 때문에 오랜 시간 동안 지배적인 영향력을 발휘하였다. 천문 분야 또한 예외는 아니었다. 아리스토텔레스의 세계관을 따라 우주의 중심은 지구이며, 모든 천체는 원운동을 하면서 지구의 주위를 공전한다는 천동설이 정설로 자리 잡고 있었다. 프톨레마이오스가 천체들의 공전 궤도를 관찰하던 도중, 행성들이 주기적으로 종전의 운동과는 반대 방향으로 움직인다는 관찰 결과를 얻었을 때도 그는 이를 행성의 역행 운동을 허용하지 않는 천동설로 설명하고자 하였다. 그래서 지구를 중심으로 공전하는 원 궤도에 중심을 두고 있는 원, 즉 주전원(周轉圓)을 따라 공전 궤도를 그리면서 행성들이 운동한다고 주장하였다.

과학과 아리스토텔레스 철학의 결별은 서서히 일어났다. 그 과정에서 일어난 가장 중요한 사건은 1543년 코페르니쿠스가 행성들의 운동 이론에 관한 책을 발간한 일이다. 코페르니쿠스는 천체의 중심에 지구 대신 태양을 놓고 지구가 태양의 주위를 공전한다고 주장하였다. 태양을 우주의 중심에 둔 코페르니쿠스의 지동설은 행성들의 운동에 대해 프톨레마이오스보다 수학적으로 단순하게 설명하였다.

① 과학 혁명 이전 시기에는 천동설이 정설로 받아들여졌다.
② 프톨레마이오스의 주전원은 지동설을 지지하고자 만든 개념이다.
③ 천동설과 지동설은 우주의 중심을 어디에 두느냐에 따라 구분된다.
④ 행성의 공전에 대한 프톨레마이오스의 설명은 코페르니쿠스의 설명보다 수학적으로 복잡하였다.

15 밑줄 친 단어가 표준어 규정에 맞게 쓰인 것은?

① 저기 보이는 게 암염소인가, <u>수염소</u>인가?
② 오늘 <u>윗층</u>에 사시는 분이 이사를 가신대요.
③ 봄에는 여기저기에서 <u>아지랭이</u>가 피어오른다.
④ 그는 수업을 마치면 <u>으레</u> 친구들과 운동을 한다.

16 ㉠~㉣을 문맥에 맞게 수정하는 방안으로 적절한 것은?

난독(難讀)을 해결하려면 정독을 해야 한다. 여기서 말하는 정독은 '뜻을 새겨 가며 자세히 읽음', 즉 '정교한 독서'라는 뜻으로 한자로는 '精讀'이다. 精讀은 '바른 독서'를 의미하는 '正讀'과 ㉠<u>소리는 같지만 뜻이 다르다.</u> 무엇이 정교한 것일까? 모든 단어에 눈을 마주치면서 제대로 인식하는 것이다. 이와 같은 ㉡<u>정독(精讀)</u>의 결과로 생기는 어문 실력이 문해력이다. 문해력이 발달하면 결국 독서 속도가 빨라져, '빨리 읽기'인 속독(速讀)이 가능해진다. 빨리 읽기는 정독을 전제로 할 때 빛을 발한다. 짧은 시간에 같은 책을 제대로 여러 번 읽을 수 있기 때문이다. 그래서 문해력의 증가는 '정교하고 빠르게 읽기', 즉 ㉢<u>정속독(正速讀)</u>에서 일어나게 되어 있다. 정독이 생활화되면 자기도 모르게 정속독의 경지에 오르게 된다. 그런 경지에 오른 사람들은 뭐든지 확실히 읽고 빨리 이해한다. 자연스레 집중하고 여러 번 읽어도 빠르게 읽으므로 시간이 여유롭다. ㉣<u>정독이 빠진 속독</u>은 곧 빼먹고 읽는 습관, 즉 난독의 일종임을 잊지 말아야 한다.

① ㉠을 '다르게 읽지만 뜻이 같다'로 수정한다.
② ㉡을 '정독(正讀)'으로 수정한다.
③ ㉢을 '정속독(精速讀)'으로 수정한다.
④ ㉣을 '속독이 빠진 정독'으로 수정한다.

17 다음 글을 감상한 내용으로 적절하지 않은 것은?

막바지 뙤약볕 속
한창 매미 울음은
한여름 무더위를 그 절정까지 올려놓고는
이렇게 다시 조용할 수 있는가.
지금은 아무 기척도 없이
정적의 소리인 듯 쟁쟁쟁
천지(天地)가 하는 별의별
희한한 그늘의 소리에
멍청히 빨려 들게 하구나.

사랑도 어쩌면
그와 같은 것인가.
소나기처럼 숨이 차게
정수리부터 목물로 들이붓더니
얼마 후에는
그것이 아무 일도 없었던 양
맑은 구름만 눈이 부시게
하늘 위에 펼치기만 하노니.

– 박재삼, 「매미 울음 끝에」 –

① 갑작스럽게 변화한 자연 현상을 감각적으로 제시하고 있다.
② 청각적 이미지와 시각적 이미지를 활용하여 시상을 전개하고 있다.
③ 소나기가 그치고 맑은 구름이 펼쳐진 것을 통해 사랑의 속성을 드러내고 있다.
④ 매미 울음소리가 절정에 이르렀다가 사라진 직후의 상황을 반어법으로 표현하고 있다.

18 다음 글을 이해한 내용으로 가장 적절한 것은?

루카치는 그리스 세계를 신과 인간의 결합 정도를 가리키는 '총체성' 개념을 기준으로 세 시대로 구분하였다. 첫 번째 시대에서 후대로 갈수록 총체성의 정도는 낮아진다. 첫째는 총체성이 완전히 구현되어 있는 '서사시의 시대'이다. 호메로스의 『일리아드』와 『오디세이아』에서는 신과 인간의 세계가 하나로 얽혀 있다. 인간들이 그리스와 트로이 두 패로 나뉘어 전쟁을 벌일 때 신들도 인간의 모습을 하고 두 패로 나뉘어 전쟁에 참여했다. 둘째는 '비극의 시대'이다. 소포클레스나 에우리피데스의 비극에서는 총체성이 흔들려 신과 인간의 세계가 분리된다. 하지만 두 세계가 완전히 분리되지는 않고 신탁이라는 약한 통로로 이어져 있다. 비극에서 신은 인간의 행위에 직접 개입하지 않고 신탁을 통해서 자신의 뜻을 그저 전달하는 존재로 바뀐다. 셋째는 플라톤으로 대표되는 '철학의 시대'이다. 이 시대는 이미 계몽된 세계여서 신탁 같은 것은 신뢰할 수 없게 되었다. 신과 인간의 세계가 완전히 분리됨으로써 신의 세계는 인격적 성격을 상실하여 '이데아'라는 추상성의 세계로 바뀐다. 신의 세계와 인간의 세계는 그 사이에 어떤 통로도 존재할 수 없는, 절대적으로 분리된 세계가 되었다.

① 계몽사상은 서사시의 시대에서 철학의 시대로의 전환을 이끌었다.
② 플라톤의 이데아는 신탁이 사라진 시대의 비극적 세계를 표현한다.
③ 루카치는 각기 다른 기준에 따라 그리스 세계를 세 시대로 구분하였다.
④ 에우리피데스의 비극에 비해 『오디세이아』에서는 신과 인간의 결합 정도가 높다.

19 다음 글의 내용과 부합하지 않는 것은?

몽유록(夢遊錄)은 '꿈에서 놀다 온 기록'이라는 뜻으로, 어떤 인물이 꿈에서 과거의 역사적 인물을 만나 특정 사건에 대한 견해를 듣고 현실로 돌아온다는 특징이 있다. 이때 꿈을 꾼 인물인 몽유자의 역할에 따라 몽유록을 참여자형과 방관자형으로 구분할 수 있다. 참여자형에서는 몽유자가 꿈에서 만난 인물들의 모임에 초대를 받고 토론과 시연에 직접 참여한다. 방관자형에서는 몽유자가 인물들의 모임을 엿볼 뿐 직접 그 모임에 참여하지는 않는다. 16~17세기에 창작되었던 몽유록에는 참여자형이 많다. 참여자형에서는 몽유자와 꿈속 인물들이 동질적인 이념을 공유하고 현실의 고통스러운 문제에 대해 의견을 나누며 비판적 목소리를 낸다. 그러나 주로 17세기 이후에 창작된 방관자형에서는 몽유자가 꿈속 인물들과 함께 현실을 비판하는 것이 아니라 구경꾼의 위치에 서 있다. 이 시기의 몽유록이 통속적이고 허구적인 성격으로 변모하는 것은 몽유자의 역할 변화와 무관하지 않다.

① 몽유자가 꿈속 인물들의 모임에 직접 참여하는지, 참여하지 않는지에 따라 몽유록의 유형을 나눌 수 있다.
② 17세기보다 나중 시기의 몽유록에서는 몽유자가 현실을 비판하는 경향이 강하게 나타난다.
③ 몽유자가 모임의 구경꾼 역할을 하는 몽유록은 통속적이고 허구적인 성격이 강하다.
④ 몽유자가 꿈속 인물들과 함께 현실을 비판하는 몽유록은 참여자형에 해당한다.

20 다음 글을 이해한 내용으로 적절한 것은?

디지털 트윈은 현실 세계와 똑같은 가상의 세계이다. 최근 주목받고 있는 메타버스와 개념은 유사하지만 활용 목적의 측면에서 구별된다. 메타버스는 가상 세계와 현실 세계가 융합된 플랫폼으로 이용자들에게 새로운 경제·사회·문화적 경험을 제공하는 데 목적을 둔다. 반면 디지털 트윈은 현실 세계에 존재하는 사물, 공간, 환경, 공정 등을 컴퓨터상에 디지털 데이터 모델로 표현하여 똑같이 복제하고 실시간으로 서로 반응할 수 있도록 한다. 그래서 디지털 트윈의 이용자는 가상 세계에서의 시뮬레이션을 통해 미래 상황을 예측할 수 있게 된다. 디지털 트윈에 대한 수요가 증가하면서 관련 시장도 확대되고 있으며, 국내외의 글로벌 기업들은 여러 산업 분야에서 디지털 트윈을 도입하여 사전에 위험 요소를 제거하고 수익 모델의 효율성을 높이고 있다. 디지털 트윈이 이렇게 주목받는 이유는 안정성과 경제성 때문인데 현실 세계를 그대로 옮겨 놓은 가상 세계에 데이터를 전송, 취합, 분석, 이해, 실행하는 과정은 실제 실험보다 매우 빠르고 정밀하며 안전할 뿐 아니라 비용도 적게 든다.

① 디지털 트윈을 활용함에 따라 글로벌 기업들의 고용률이 향상되었다.
② 디지털 트윈의 데이터 모델은 현실 세계의 각종 실험 모델보다 경제성이 낮다.
③ 디지털 트윈에서의 시뮬레이션으로 현실 세계의 위험 요소를 찾아내고 방지할 수 있다.
④ 디지털 트윈은 현실 세계의 이용자에게 새로운 문화적 경험을 제공하는 데 목적이 있다.

국가직
문제

지방직
문제

서울시
문제

국가직
해설

지방직
해설

서울시
해설

01 밑줄 친 말의 쓰임이 옳지 않은 것은?

① 그는 아까운 능력을 <u>썩히고</u> 있다.

② 음식물 쓰레기를 <u>썩혀서</u> 거름으로 만들었다.

③ 나는 이제까지 부모님 속을 <u>썩혀</u> 본 적이 없다.

④ 그들은 새로 구입한 기계를 창고에서 <u>썩히고</u> 있다.

03 사자성어의 쓰임이 적절하지 않은 것은?

① 그는 구곡간장(九曲肝腸)이 끊어지는 듯한 슬픔에 빠졌다.

② 학문의 정도를 걷지 않고 곡학아세(曲學阿世)하는 이가 있다.

③ 이유 없이 친절한 사람은 구밀복검(口蜜腹劍)일 수 있으니 조심해야 한다.

④ 신중한 태도로 문제의 본질에 접근하는 당랑거철(螳螂拒轍)의 자세가 필요하다.

02 (가)~(라)를 고쳐 쓴 것으로 옳지 않은 것은?

> (가) 오빠는 생김새가 나하고는 많이 틀려.
> (나) 좋은 결실이 맺어졌으면 하는 바람입니다.
> (다) 내가 오직 바라는 것은 네가 잘됐으면 좋겠어.
> (라) 신은 인간을 사랑하기도 하지만 시련을 주기도 한다.

① (가): 오빠는 생김새가 나하고는 많이 달라.

② (나): 좋은 결실을 맺었으면 하는 바램입니다.

③ (다): 내가 오직 바라는 것은 네가 잘됐으면 좋겠다는 거야.

④ (라): 신은 인간을 사랑하기도 하지만 인간에게 시련을 주기도 한다.

27

04 다음 대화에서 나타난 '지민'의 의사소통 방식으로 가장 적절한 것은?

> 정수: 지난번에 너랑 같이 들었던 면접 전략 강의가 정말 유익했어.
>
> 지민: 그랬어? 나도 그랬는데.
>
> 정수: 특히 아이스크림 회사의 면접 내용이 도움이 많이 됐어.
>
> 지민: 맞아. 그중에서도 두괄식으로 답변하라는 첫 번째 내용이 정말 인상적이더라. 핵심 내용을 먼저 말하는 전략이 면접에서 그렇게 효과적일 줄 몰랐어.
>
> 정수: 어! 그래? 나는 두 번째 내용이 훨씬 더 인상적이었는데.
>
> 지민: 그랬구나. 하긴 아이스크림 매출 증가에 관한 통계 자료를 인용해서 답변한 전략도 설득력이 있었어. 하지만 초두 효과의 효용성도 크지 않을까 해.
>
> 정수: 그렇긴 해.

① 자신의 면접 경험을 예로 들어 상대방을 설득하고 있다.

② 상대방의 약점을 공략하며 상대방의 이견을 반박하고 있다.

③ 상대방의 견해를 존중하면서 자신의 의견을 제시하고 있다.

④ 상대방과의 갈등 해소를 위해 자신의 감정을 표현하고 있다.

05 다음 글에 대한 이해로 적절하지 않은 것은?

> 승상이 말을 마치기도 전에 구름이 걷히더니 노승은 간 곳이 없고 좌우를 돌아보니 팔낭자도 간 곳이 없었다. 승상이 놀라 어찌할 바를 모르는 중에 높은 대와 많은 집들이 한순간에 사라지고 자기의 몸은 작은 암자의 포단 위에 앉아 있었는데, 향로의 불은 이미 꺼져 있었고 지는 달이 창가에 비치고 있었다.
>
> 자신의 몸을 보니 백팔염주가 걸려 있고 머리를 손으로 만져보니 갓 깎은 머리털이 까칠까칠하더라. 완연한 소화상의 몸이요, 전혀 대승상의 위의가 아니었으니, 이에 제 몸이 인간 세상의 승상 양소유가 아니라 연화도량의 행자 성진임을 비로소 깨달았다.
>
> 그리고 생각하기를, '처음에 스승에게 책망을 듣고 풍도옥으로 가서 인간 세상에 환도하여 양가의 아들이 되었지. 그리고 장원급제를 하여 한림학사가 된 후 출장입상하고 공명신퇴하여 두 공주와 여섯 낭자로 더불어 즐기던 것이 다 하룻밤 꿈이었구나. 이는 필시 사부가 나의 생각이 그릇됨을 알고 나로 하여금 이런 꿈을 꾸게 하시어 인간 부귀와 남녀 정욕이 다 허무한 일임을 알게 하신 것이로다.'
>
> – 김만중, 「구운몽」에서 –

① '양소유'는 장원급제를 하여 한림학사가 되었다.

② '양소유'는 인간 세상에 환멸을 느껴 스스로 '성진'의 모습으로 되돌아왔다.

③ '성진'이 있는 곳은 인간 세상이 아니다.

④ '성진'은 자신의 외양을 통해 꿈에서 돌아왔음을 인식한다.

06 (가)~(라)의 ㉠~㉣에 대한 설명으로 적절하지 않은 것은?

> (가) 간밤의 부던 ㅂ람에 눈서리 치단 말가
>   ㉠낙락장송(落落長松)이 다 기우러 가노미라
>   ㅎ믈며 못다 핀 곳이야 닐러 무슴 ㅎ리오.
> (나) 철령 노픈 봉에 쉬여 넘는 져 구룸아
>   고신원루(孤臣寃淚)를 비 사마 띄여다가
>   ㉡님 계신 구중심처(九重深處)에 뿌려 본들 엇드리.
> (다) 이화우(梨花雨) 훗쑤릴 제 울며 잡고 이별ㅎ 님
>   추풍낙엽(秋風落葉)에 ㉢저도 날 싱각는가
>   천리(千里)에 외로온 꿈만 오락가락 ㅎ노매.
> (라) 삼동(三冬)의 뵈옷 닙고 암혈(巖穴)의 눈비마자
>   구룸 씬 볏뉘도 씬 적이 업건마는
>   서산의 ㉣히 디다 ㅎ니 그룰 셜워 ㅎ노라.

① ㉠은 억울하게 해를 입은 충신을 가리킨다.

② ㉡은 궁궐에 계신 임금을 가리킨다.

③ ㉢은 헤어진 연인을 가리킨다.

④ ㉣은 오랜 세월을 함께한 벗을 가리킨다.

07 ㉠~㉢에 들어갈 말로 가장 적절한 것은?

> • 그들의 끈기가 이 경기의 승패를 ㉠ 했다.
> • 올해 영화제 시상식은 11개 ㉡ 으로 나뉜다.
> • 그 형제는 너무 닮아서 누가 동생이고 누가 형인지 ㉢ 할 수 없다.

	㉠	㉡	㉢
①	가름	부문	구별
②	가름	부분	구분
③	갈음	부문	구별
④	갈음	부분	구분

08 다음 글의 '동기화 단계 조직'에 따라 (가)~(마)를 배열한 것으로 가장 적절한 것은?

> 설득하는 말하기의 메시지를 조직하는 방법으로 '동기화 단계 조직'이 있다. 이 방법의 세부 단계는 다음과 같다.
> 1단계: 주제에 대한 청자의 주의나 관심을 환기한다.
> 2단계: 특정 문제를 청자와 관련지어 설명함으로써 청자의 요구나 기대를 자극한다.
> 3단계: 해결 방안을 제시하여 청자의 이해와 만족을 유도한다.
> 4단계: 해결 방안이 청자에게 어떤 도움이 되는지 구체화한다.
> 5단계: 구체적인 행동의 내용과 방법을 제시하여 특정 행동을 요구한다.

(가) 지난주 제 친구는 일을 마친 후 자전거를 타고 집으로 돌아오다가 사고를 당해 머리를 다쳤습니다.

(나) 여러분이 자전거를 탈 때 헬멧을 착용하면 머리를 보호할 수 있습니다.

(다) 아마 여러분도 가끔 자전거를 타는 경우가 있을 것입니다. 그런데 매년 2천여 명이 자전거를 타다가 머리를 다쳐 고생한다고 합니다.

(라) 만약 자전거를 타는 모든 사람이 헬멧을 착용한다면 자전거 사고를 당해도 뇌손상을 비롯한 신체 피해를 75% 줄일 수 있습니다. 또 자전거 타기가 주는 즐거움과 편리함을 안전하게 누릴 수 있습니다.

(마) 자전거를 탈 때는 안전을 위해서 반드시 헬멧을 착용하시기 바랍니다.

① (가) – (나) – (다) – (라) – (마)
② (가) – (다) – (나) – (라) – (마)
③ (가) – (다) – (라) – (나) – (마)
④ (가) – (라) – (다) – (나) – (마)

09 다음 글에 대한 이해로 적절하지 않은 것은?

국가정보자원관리원과 ○○시는 빅데이터 기반의 맞춤형 복지 서비스 분석 사업을 수행했다. 국가정보자원관리원은 자체 확보한 공공 데이터와 ○○시로부터 받은 복지 사업 관련 데이터를 활용하여 '복지 공감 지도'를 제작하고, 복지 기관 접근성 분석을 통해 취약 지역 지원 방안을 제시했다.

복지 공감 지도는 공간 분석 시스템을 활용하여 ○○시에 소재한 복지 기관들의 다양한 지원 항목과 이를 필요로 하는 복지 대상자, 독거노인, 장애인 등의 수급자 현황을 한눈에 확인할 수 있도록 구현한 것이다. 이 지도를 활용하면 복지 혜택이 필요한 지역과 수급자를 빨리 찾아낼 수 있으며, 생필품 지원이나 방문 상담 등 복지 기관의 맞춤형 대응이 가능하고, 최적의 복지 기관 설립 위치를 선정할 수 있다.

이 사업을 통해 ○○시는 그동안 복지 기관으로부터 도보로 약 15분 내 위치한 수급자에게 복지 혜택이 집중되고 있는 것도 확인했다. 이에 교통이나 건강 등의 문제로 복지 기관 방문이 어려운 수급자를 위해 맞춤형 복지 서비스가 절실하게 필요한 상황임을 발견하고, 복지 셔틀버스 노선을 4개 증설할 계획을 수립했다.

① 빅데이터를 활용하여 복지 사각지대를 줄이는 방안을 마련할 수 있다.
② 복지 기관과 수급자 거주지 사이의 거리는 복지 혜택의 정도에 영향을 준다.
③ 복지 기관 접근성 분석 결과는 복지 셔틀버스 노선 증설의 근거가 된다.
④ 복지 공감 지도로 복지 혜택에 대한 수급자들의 개별 만족도를 파악할 수 있다.

10 ㉠~㉣의 사례로 적절하지 않은 것은?

단어의 의미가 변화하는 양상은 다양하다. 첫째, "아침 먹고 또 공부하자."에서 '아침'은 본래의 의미인 '하루 중의 이른 시간'을 가리키지 않고 '아침에 먹는 밥'이라는 의미로 쓰인다. '밥'의 의미가 '아침'에 포함되어서 '아침'만으로도 '아침밥'의 의미를 표현하게 된 것으로, ㉠두 개의 단어가 긴밀한 관계여서 한쪽이 다른 한쪽의 의미까지 포함하는 의미로 변화하게 된 경우이다. 둘째, '바가지'는 원래 박의 껍데기를 반으로 갈라 썼던 물건을 가리켰는데, 오늘날에는 흔히 플라스틱 바가지를 가리킨다. 이것은 ㉡언어 표현은 그대로인데 시대의 변화에 따라 지시 대상 자체가 바뀌어서 의미 변화가 발생한 경우이다. 셋째, '묘수'는 본래 바둑에서 만들어진 용어이지만 일상적인 언어생활에서도 '쉽게 생각해 내기 어려운 좋은 방안'이라는 의미로 사용된다. 이는 ㉢특수한 영역에서 사용되던 말이 일반화되면서 단어의 의미가 변화한 경우에 해당한다. 넷째, 호랑이를 두려워하던 시절에 사람들은 '호랑이'라는 이름을 직접 부르기 꺼려서 '산신령'이라고 부르기도 했는데, 이는 ㉣심리적인 이유로 특정 표현을 피하려다 보니 그것을 대신하는 단어의 의미에 변화가 생긴 경우이다.

① ㉠: '아이들의 코 묻은 돈'에서 '코'는 '콧물'의 의미로 쓰인다.
② ㉡: '수세미'는 원래 식물의 이름이었지만 오늘날에는 '그릇을 씻는 데 쓰는 물건'이라는 의미로 쓰인다.
③ ㉢: '배꼽'은 일반적으로 '탯줄이 떨어지면서 배의 한가운데에 생긴 자리'를 가리키지만 바둑에서는 '바둑판의 한가운데'라는 의미로 쓰인다.
④ ㉣: 무서운 전염병인 '천연두'를 꺼려서 '손님'이라고 불렀다.

11 다음 글에 대한 이해로 적절하지 않은 것은?

△△시 시장님께
안녕하십니까? 저는 △△시에서 농장을 운영하는 □□□입니다. 이렇게 글을 쓰게 된 것은 우리 농장 근처에 신축된 골프장의 빛 공해 문제에 대해 말씀드리기 위함입니다. 빛이 공해가 될 수 있다는 말이 다소 생소하실 수도 있습니다. 하지만 지나친 야간 조명이 식물의 성장에 부정적인 영향을 끼쳐 작물 수확량을 감소시킬 수 있음은 이미 여러 연구를 통해 입증된 바 있습니다. 좀 늦었지만 △△시에서도 이 문제에 대해 경각심을 가질 필요가 있습니다. 실제로 골프장이 야간 운영을 시작했을 때를 기점으로 우리 농장의 수확률이 현저히 낮아졌음을 제가 확인했습니다. 물론, 이윤을 추구하는 골프장의 야간 운영을 무조건 막는다면 골프장 측에서 반발할 것입니다. 그래서 계절에 따라 야간 운영 시간을 조정하거나 운영 제한에 따른 손실금을 보전해 주는 등의 보완책도 필요합니다. 또한 ○○군에서도 빛 공해 문제를 해결하기 위해 야간 조명의 조도를 조정하는 프로젝트를 진행한 바 있으니 참고해 보시기 바랍니다. 모쪼록 시장님께서 이 문제에 관심을 가지고 농장과 골프장이 상생할 수 있는 정책을 펼쳐 주시기를 부탁드립니다.

① 시장에게 빛 공해로 농장이 겪는 어려움에 대해 관심을 촉구하고 있다.
② 건의에 대한 신뢰성을 높이기 위해 인용한 자료의 출처를 밝히고 있다.
③ 다른 지역에서 야간 조명으로 인한 폐해를 해결하기 위해 노력한 사례를 언급하고 있다.
④ 골프장의 야간 운영을 제한할 때 예상되는 문제점과 그 해결 방안에 대해 제시하고 있다.

12 다음 대화의 ⊙~⑩에 대한 설명으로 적절하지 않은 것은?

이진: 태민아, ⊙이 책 읽어 봤니?
태민: 아니, ⓒ그 책은 아직 읽어 보지 못했어.
이진: 그렇구나. 이 책은 작가의 문체가 독특해서 읽어 볼 만해.
태민: 응, 꼭 읽어 볼게. 한 권 더 추천해 줄래?
이진: 그럼 ⓒ저 책은 어때? 한국 대중문화를 다양한 시각에서 다룬 재미있는 책이야.
태민: 그래, ⓔ그 책도 함께 읽어 볼게.
이진: (두 책을 들고 계산대로 간다.) 읽어 보겠다고 하니, 생일 선물로 ⑩이 책 두 권 사 줄게.
태민: 고마워. 잘 읽을게.

① ⊙은 청자보다 화자에게, ⓒ은 화자보다 청자에게 가까이 있는 대상을 가리킨다.
② ⓒ은 화자보다 청자에게 멀리 있는 대상을 가리킨다.
③ ⓒ과 ⓔ은 같은 대상을 가리킨다.
④ ⑩은 ⓒ과 ⓒ 모두를 가리킨다.

13 다음 글에 대한 이해로 적절하지 않은 것은?

아동이 부모의 소유물 또는 종족의 유지나 국가의 방위를 위한 수단으로 간주되었던 전근대사회에서는 아동의 권리에 대한 인식이 존재하지 않았다. 산업혁명으로 봉건제도가 붕괴되고 자본주의가 탄생한 근대사회에 이르러 구빈법에 따른 국가 개입과 민간단체의 자발적인 참여로 아동보호가 시작되었다.

1922년 잽 여사는 아동권리사상을 담아 아동권리에 대한 내용을 성문화하였다. 이를 기초로 1924년 국제연맹에서는 전문과 5개의 조항으로 된 「아동권리에 관한 제네바 선언」을 채택하였다. 여기에는 "아동은 물질적으로나 정신적으로 정상적인 발달을 위해 필요한 조건이 충족되어야 한다."라든지 "아동의 재능은 인류를 위해 쓰인다는 자각 속에서 양육되어야 한다." 등의 내용이 포함되었다.

그러나 여기에서도 아동은 보호의 객체로만 인식되었을 뿐 생존, 보호, 발달을 위한 적극적인 권리의 주체로 인식되지는 않았다. 최근에 와서야 국제사회의 노력에 힘입어 아동은 보호되어야 할 수동적인 존재에서 자신의 권리를 주장할 수 있는 능동적인 존재로 자리매김할 수 있게 되었다. 1989년 유엔총회에서 채택된 「아동권리협약」이 그것이다.

우리나라는 이를 토대로 2016년 「아동권리헌장」 9개 항을 만들었다. 이 헌장은 '생존과 발달의 권리', '아동이 최선의 이익을 보장 받을 권리', '차별 받지 않을 권리', '자신의 의견이 존중될 권리' 등 유엔의 「아동권리협약」의 네 가지 기본 원칙을 포함하고 있다. 또한 전문에는 아동의 권리와 더불어 "부모와 사회, 국가와 지방자치단체는 아동의 이익을 최우선으로 고려해야 하며, 다음과 같은 아동의 권리를 확인하고 실현할 책임이 있다."라고 명시하여 아동을 둘러싼 사회적 주체들의 책임을 명확히 하였다.

① 아동의 권리에 대한 인식은 근대 이후에 형성되었다.

② 「아동권리헌장」은 「아동권리협약」을 토대로 만들어졌다.

③ 「아동권리에 관한 제네바 선언」, 「아동권리협약」, 「아동권리헌장」에는 모두 아동의 발달에 대한 내용이 들어가 있다.

④ 「아동권리에 관한 제네바 선언」은 아동을 적극적인 권리의 주체로 인식함으로써 아동의 권리에 대한 진전된 성과를 이루었다.

14 다음 시에 대한 이해로 적절하지 않은 것은?

> 봄은
> 남해에서도 북녘에서도
> 오지 않는다.
>
> 너그럽고
> 빛나는
> 봄의 그 눈짓은,
> 제주에서 두만까지
> 우리가 디딘
> 아름다운 논밭에서 움튼다.
>
> 겨울은,
> 바다와 대륙 밖에서
> 그 매운 눈보라 몰고 왔지만
> 이제 올
> 너그러운 봄은, 삼천리 마을마다
> 우리들 가슴속에서
> 움트리라.
>
> 움터서,
> 강산을 덮은 그 미움의 쇠붙이들
> 눈 녹이듯 흐물흐물
> 녹여버리겠지.
>
> – 신동엽, 「봄은」 –

① 현실을 초월한 순수 자연의 세계를 노래하고 있다.

② 희망과 신념을 드러내는 단정적 어조로 표현하고 있다.

③ 시어들의 상징적인 의미를 통해 주제를 형성하고 있다.

④ '봄'과 '겨울'의 이원적 대립으로 시상을 전개하고 있다.

15 다음 글의 전개 순서로 가장 자연스러운 것은?

> (가) 이 기관을 잘 수리하여 정련하면 그 작동도 원활하게 될 것이요, 수리하지 아니하여 노둔해지면 그 작동도 막혀 버릴 것이니 이런 기관을 다스리지 아니하고야 어찌 그 사회를 고취하여 발달케 하리오.
>
> (나) 이러므로 말과 글은 한 사회가 조직되는 근본이요, 사회 경영의 목표와 지향을 발표하여 그 인민을 통합시키고 작동하게 하는 기관과 같다.
>
> (다) 말과 글이 없으면 어찌 그 뜻을 서로 통할 수 있으며, 그 뜻을 서로 통하지 못하면 어찌 그 인민들이 서로 이어져 번듯한 사회의 모습을 갖출 수 있으리오.
>
> (라) 그뿐 아니라 그 기관은 점점 녹슬고 상하여 필경은 쓸 수 없는 지경에 이를 것이니 그 사회가 어찌 유지될 수 있으리오. 반드시 패망을 면하지 못할지라.
>
> (마) 사회는 여러 사람이 그 뜻을 서로 통하고 그 힘을 서로 이어서 개인의 생활을 경영하고 보존하는 데에 서로 의지하는 인연의 한 단체라.
>
> — 주시경, 「대한국어문법 발문」에서 —

① (마) – (가) – (다) – (나) – (라)
② (마) – (가) – (라) – (다) – (나)
③ (마) – (다) – (가) – (라) – (나)
④ (마) – (다) – (나) – (가) – (라)

16 한자 표기가 옳지 않은 것은?

① 오늘 협상에서 만족(滿足)할 만한 성과를 거두었다.
② 김 위원의 주장을 듣고 그 의견에 동의하여 재청(再請)했다.
③ 우리 지자체의 해묵은 문제를 해결(解結)할 방안이 생각났다.
④ 다수가 그 의견에 동의하지 않았기에 재론(再論)이 필요하다.

17 다음 문장이 들어가기에 가장 적절한 곳을 ㉠~㉣에서 고르면?

> 신분에 따라 문체를 고착화하는 것을 인정하지 않았던 것이다.

> 유럽이 교회로부터 정신적으로 해방된 것은 그리스와 로마의 고대 작가들에 대한 재발견을 통해서였다. ㉠ 그 이후 고대 작가들의 문체는 귀족 중심의 유럽 문화에서 모범으로 여겨졌다. ㉡ 이러한 상황은 대략 1770년대에 시작되는 낭만주의에서부터 변화하기 시작했다. ㉢ 이 낭만주의 시기에 평등과 민주주의를 꿈꿨던 신흥 시민계급은 문학에서 운문과 영웅적 운명을 귀족에게만 전속시키고 하층민에게는 산문과 우스꽝스러운 상황을 배정하는 전통 시학을 거부했다. ㉣ 고전 문학은 더 이상 문학의 규범이 아니었으며, 문학을 현실의 모방으로 인식하는 태도도 포기되었다.

① ㉠   ② ㉡
③ ㉢   ④ ㉣

18 다음 글에 대한 이해로 적절하지 않은 것은?

정거장에 나온 박은 수염도 깎은 지 오래어 터부룩한 데다 버릇처럼 자주 찡그려지는 비웃는 웃음은 전에 못 보던 표정이었다. 그 다니는 학교에서만 지싯지싯* 붙어 있는 것이 아니라 이 시대 전체에서 긴치 않게 여기는, 지싯지싯 붙어 있는 존재 같았다. 현은 박의 그런 지싯지싯*함에서 선뜻 자기를 느끼고 또 자기의 작품들을 느끼고 그만 더 울고 싶게 괴로워졌다.

한참이나 붙들고 섰던 손목을 놓고, 그들은 우선 대합실로 들어왔다. 할 말은 많은 듯하면서도 지껄여 보고 싶은 말은 골라낼 수가 없었다. 이내 다시 일어나 현은,

"나 좀 혼자 걸어 보구 싶네."

하였다. 그래서 박은 저녁에 김을 만나 가지고 대동강가에 있는 동일관이란 요정으로 나오기로 하고 현만이 모란봉으로 온 것이다.

오면서 자동차에서 시가도 가끔 내다보았다. 전에 본 기억이 없는 새 빌딩들이 꽤 많이 늘어섰다. 그중에 한 가지 인상이 깊은 것은 어느 큰 거리 한 뿌다귀*에 벽돌 공장도 아닐 테요 감옥도 아닐 터인데 시뻘건 벽돌만으로, 무슨 큰 분묘와 같이 된 건축이 웅크리고 있는 것이다. 현은 운전사에게 물어보니, 경찰서라고 했다.

– 이태준, 「패강랭」에서 –

※ 지싯지싯: 남이 싫어하는지는 아랑곳하지 아니하고 제가 좋아하는 것만 짓궂게 자꾸 요구하는 모양.

※ 뿌다귀: '뿌다구니'의 준말로, 쑥 내밀어 구부러지거나 꺾어져 돌아간 자리.

① '현'은 예전과 달라진 '박'의 태도가 자신의 작품 때문이라고 생각하고 있다.

② '현'은 자신과 비슷한 처지에 있는 '박'을 통해 자신을 연민하고 있다.

③ '현'은 새 빌딩들을 보고 도시가 많이 변화하고 있음을 인지하고 있다.

④ '현'은 시뻘건 벽돌로 만든 경찰서를 보고 암울한 분위기를 느끼고 있다.

19 다음 규정에 근거할 때 옳지 않은 것은?

한글 맞춤법 제30항

사이시옷은 다음과 같은 경우에 받치어 적는다.

(가) 순우리말로 된 합성어로서 앞말이 모음으로 끝나면서 뒷말의 첫소리가 된소리로 나는 것

(나) 순우리말과 한자어로 된 합성어로서 앞말이 모음으로 끝나면서 뒷말의 첫소리가 된소리로 나는 것

① (가)에 따라 '아래+집'은 '아랫집'으로 적는다.

② (가)에 따라 '쇠+조각'은 '쇳조각'으로 적는다.

③ (나)에 따라 '전세+방'은 '전셋방'으로 적는다.

④ (나)에 따라 '자리+세'는 '자릿세'로 적는다.

20 글쓴이의 견해에 부합하는 것은?

문화란 공동체의 구성원들이 공유하는 생각과 행동 양식의 총체라고 할 수 있다. 문화를 연구하는 사람들의 주된 관심사는 특정 생각과 행동 양식이 하나의 공동체 안에서 전파되는 기제이다.

이에 대한 견해 중 하나는 문화를 생각의 전염이라는 각도에서 바라보는 것이다. 예컨대, 리처드 도킨스는 '밈(meme)'이라는 개념을 통해 생각의 전염 과정을 설명하고자 했다. 그에 따르면 문화는 복수의 밈으로 이루어져 있는데, 유전자에 저장된 생명체의 주요 정보가 번식을 통해 복제되어 개체군 내에서 확산되듯이, 밈 역시 유전자와 마찬가지로 공동체 내에서 복제를 통해 확산된다.

그러나 문화 전파의 기제를 설명하는 이론으로는 밈 이론보다 의사소통 이론이 더 적절해 보인다. 일례로, 요크셔 지역에 내려오는 독특한 푸딩 요리법은 누군가가 푸딩 만드는 것을 지켜본 후 그것을 그대로 따라 하는 방식으로 전파되었다기보다는 요크셔 푸딩 요리법에 대한 부모와 친척, 친구들의 설명을 통해 입에서 입으로 전파되고 공유되었을 가능성이 크다.

생명체의 경우와 달리 문화는 완벽하게 동일한 형태로 전파되지 않는다. 전파된 문화와 그것을 수용한 결과는 큰 틀에서는 비슷하더라도 세부적으로는 다를 수밖에 없다. 다시 말해 요크셔 지방의 푸딩 요리법은 다른 지방의 푸딩 요리법과 변별되는 특색을 지니는 동시에 요크셔 지방 내부에서도 가정이나 개인에 따라 약간씩의 차이를 보인다. 이는 푸딩 요리법의 수신자가 발신자가 전해 준 정보에다 자신의 생각을 덧붙였기 때문인데, 복제의 관점에서 문화의 전파를 설명하는 이론으로는 이와 같은 현상을 설명하기 어렵다. 반면, 의사소통 이론으로는 설명 가능하다. 이에 따르면 사람들은 자신이 들은 이야기를 남에게 전달할 때 들은 이야기에다 자신의 생각을 더해서 그 이야기를 전달하기 때문이다.

① 문화의 전파 기제는 밈 이론보다는 의사소통 이론으로 설명하는 것이 적절하다.
② 의사소통 이론에 따르면 문화의 수용 과정에는 수용 주체의 주관이 개입하지 않는다.
③ 의사소통 이론에 따르면 특정 공동체의 문화는 다른 공동체로 복제를 통해 전파될 수 있다.
④ 요크셔 푸딩 요리법이 요크셔 지방의 가정이나 개인에 따라 세부적인 차이를 보이는 현상은 밈 이론에 의해 설명할 수 있다.

국가직 문제 지방직 문제 서울시 문제 국가직 해설 지방직 해설 서울시 해설

01 맞춤법에 맞는 것만으로 묶은 것은?

① 돌나물, 꼭지점, 페트병, 낚시꾼
② 흡입량, 구름양, 정답란, 칼럼난
③ 오뚝이, 싸라기, 법석, 딱다구리
④ 찻간(車間), 홧병(火病), 셋방(貰房), 곳간(庫間)

02 ㉠의 단어와 의미가 같은 것은?

친구에게 줄 선물을 예쁜 포장지에 ㉠싼다.

① 사람들이 안채를 겹겹이 싸고 있다.
② 사람들은 봇짐을 싸고 산길로 향한다.
③ 아이는 몇 권의 책을 싼 보퉁이를 들고 있다.
④ 내일 학교에 가려면 책가방을 미리 싸 두어라.

03 가장 자연스러운 문장은?

① 날씨가 선선해지니 역시 책이 잘 읽힌다.
② 이렇게 어려운 책을 속독으로 읽는 것은 하늘의 별 따기이다.
③ 내가 이 일의 책임자가 되기보다는 직접 찾기로 의견을 모았다.
④ 그는 시화전을 홍보하는 일과 시화전의 진행에 아주 열성적이다.

04 다음 글의 설명 방식으로 적절하지 않은 것은?

빛 공해란 인공조명의 과도한 빛이나 조명 영역 밖으로 누출되는 빛이 인간의 건강하고 쾌적한 생활을 방해하거나 환경에 피해를 주는 상태를 말한다. 국제 과학 저널인 『사이언스 어드밴스』의 '전 세계 빛 공해 지도'에 따르면, 우리나라는 빛 공해가 심각한 국가이다. 빛 공해는 멜라토닌 부족을 초래해 인간에게 수면 부족과 면역력 저하 등의 문제를 유발하고, 농작물의 생산량 저하, 생태계 교란 등의 문제를 일으킨다.

① 빛 공해의 정의를 제시하고 있다.
② 빛 공해의 주요 요인인 인공조명의 누출 원인을 제시하고 있다.
③ 자료를 인용하여 빛 공해가 심각한 국가로 우리나라를 제시하고 있다.
④ 사례를 들어 빛 공해의 악영향을 제시하고 있다.

05 ㉠, ㉡의 사례로 옳은 것만을 짝 지은 것은?

> 용언의 불규칙활용은 크게 ㉠어간만 불규칙하게 바뀌는 부류, ㉡어미만 불규칙하게 바뀌는 부류, 어간과 어미 둘 다 불규칙하게 바뀌는 부류로 나눌 수 있다.

	㉠	㉡
①	걸음이 <u>빠름</u>	꽃이 <u>노람</u>
②	잔치를 <u>치름</u>	공부를 <u>함</u>
③	라면이 <u>불음</u>	합격을 <u>바람</u>
④	우물물을 <u>품</u>	목적지에 <u>이름</u>

06 ㉠~㉣의 의미로 적절하지 않은 것은?

> 二月ㅅ 보로매 아으 노피 ㉠현 燈ㅅ블 다호라
> 萬人 비취실 즈싀샷다 아으 動動다리
> 三月 나며 開ᄒᆞᆫ 아으 滿春 돌욋고지여
> ㄴ믜 브롤 ㉡즐을 디녀 나샷다 아으 動動다리
> 四月 아니 ㉢니저 아으 오실셔 곳고리새여
> ㉣므슴다 錄事니믄 녯 나ᄅᆞᆯ 닛고신뎌 아으 動動다리
>
> – 작자 미상, 「動動」에서 –

① ㉠은 '켠'을 의미한다.
② ㉡은 '모습을'을 의미한다.
③ ㉢은 '잊어'를 의미한다.
④ ㉣은 '무심하구나'를 의미한다.

07 한자 표기가 옳은 것은?

① 그분은 냉혹한 현실(現室)을 잘 견뎌 냈다.
② 첫 손님을 야박(野薄)하게 대해서는 안 된다.
③ 그에게서 타고난 승부 근성(謹性)이 느껴진다.
④ 그는 평소 희망했던 기관에 채용(債用)되었다.

08 다음 토의에 대한 설명으로 적절하지 않은 것은?

> 사회자: 오늘의 토의 주제는 '통일 시대의 남북한 언어가 나아갈 길'입니다. 먼저 최○○ 교수님께서 '남북한 언어 차이와 의사소통'이라는 제목으로 발표해 주시겠습니다.
> 최 교수: 남한과 북한의 말은 비슷하지만 다른 점이 있습니다. 남한과 북한의 어휘 차이가 대표적입니다. 남한과 북한의 어휘 차이를 분석한 결과, …(중략)… 앞으로도 남북한 언어 차이에 대한 연구가 지속되어야 합니다.
> 사회자: 이로써 최 교수님의 발표를 마치겠습니다. 다음은 정○○ 박사님의 '남북한 언어의 동질성 회복 방안'에 대한 발표가 있겠습니다.
> 정 박사: 앞으로 통일을 대비해 남북한 언어의 다른 점을 줄여 나가는 노력이 필요합니다. 실제로도 남한과 북한의 학자들로 구성된 '겨레말큰사전 편찬위원회'에서는 남북한 공통의 사전인『겨레말큰사전』을 만들며 서로의 차이를 이해하고 받아들이기 위한 노력을 하고 있습니다. …(중략)…
> 사회자: 그러면 질의응답이 있겠습니다. 시간 상 간략하게 질문해 주시기 바랍니다.
> 청중 A: 두 분의 말씀 잘 들었습니다. 남북한 언어의 차이와 이를 극복하는 방안을 말씀하셨는데요. 그렇다면 통일 시대에 대비한 언어 정책에는 무엇이 있을까요?

① 학술적인 주제에 대해 발표 형식으로 진행되고 있다.
② 사회자는 발표자 간의 이견을 조정하여 의사결정을 유도하고 있다.
③ 발표자는 주제에 대한 자신의 견해를 밝혀 청중에게 정보를 제공하고 있다.

④ 청중 A는 발표자의 발표 내용을 확인하고 주제와 관련된 질문을 하고 있다.

09 ㉠~㉣은 '공손하게 말하기'에 대한 설명이다. ㉠~㉣을 적용한 B의 대답으로 적절하지 않은 것은?

㉠ 자신을 상대방에게 낮추어 겸손하게 말해야 한다.
㉡ 상대방의 처지를 고려하여 상대방이 부담을 갖지 않도록 말해야 한다.
㉢ 상대방이 관용을 베풀 수 있도록 문제를 자신의 탓으로 돌려 말해야 한다.
㉣ 상대방의 의견에서 동의하는 부분을 찾아 인정해 준 다음에 자신의 의견을 말해야 한다.

① ㉠ ┌ A: "이번에 제출한 디자인 시안 정말 멋있었어."
　　　└ B: "아닙니다. 아직도 여러모로 부족한 부분이 많습니다."

② ㉡ ┌ A: "미안해요. 생각보다 길이 많이 막혀서 늦었어요."
　　　└ B: "괜찮아요. 쇼핑하면서 기다리니 시간 가는 줄 몰랐어요."

③ ㉢ ┌ A: "혹시 내가 설명한 내용이 이해 가니?"
　　　└ B: "네 목소리가 작아서 내용이 잘 안 들렸는데 다시 한 번 크게 말해 줄래?"

④ ㉣ ┌ A: "가원아, 경희 생일 선물로 귀걸이를 사주는 것은 어때?"
　　　└ B: "그거 좋은 생각이네. 하지만 경희의 취향을 우리가 잘 모르니까 귀걸이 대신 책을 선물하는 게 어떨까?"

10 하버마스의 주장에 부합하는 사례로 가장 적절한 것은?

하버마스는 18세기부터 현대까지 미디어의 등장 배경과 발전 과정을 분석하면서, 공공 영역의 부상과 쇠퇴를 추적했다. 하버마스에게 공공 영역은 일반적 쟁점에 대한 토론과 의견을 형성하는 공공 토론의 민주적 장으로서 역할을 한다.

하버마스는 17세기와 18세기 유럽 도시의 살롱에서 당시의 공공 영역을 찾았다. 비록 소수의 사람들만이 살롱 토론 문화에 참여했으나, 공공 토론을 통해 정치적 문제를 해결하는 논리를 도입할 수 있었기 때문에 살롱이 초기 민주주의 발전에 중요한 역할을 했다고 그는 주장한다. 적어도 살롱 문화의 원칙에서 공개적 토론을 위한 공공 영역은 각각의 참석자들에게 동등한 자격을 부여했다.

그러나 하버마스에 따르면, 현대 사회에서 민주적 토론은 문화 산업의 발달과 함께 퇴보했다. 대중매체와 대중오락의 보급은 공공 영역이 공허해지는 원인으로 작용했다. 상업적 이해관계는 공공의 이해관계에 우선하게 되었다. 공공 여론은 개방적이고 합리적 토론을 통해서가 아니라 광고에서처럼 조작과 통제를 통해 형성되고 있다.

미디어가 점차 상업화되면서 하버마스가 주장한 대로 공공 영역이 침식당하고 있다. 상업화된 미디어는 광고 수입에 기대어 높은 시청률과 수익을 보장하는 콘텐츠 제작만을 선호하게 되었다. 그 결과 공적 주제에 대한 시민들의 논의와 소통의 장이 줄어들어 결과적으로 공공 영역이 축소되었다. 많은 것을 약속한 미디어는 이제 민주주의 문제의 일부로 변해 버린 것이다.

① 살롱 문화에서 특정 사회 계층에 대한 비판적인 토론은 허용되지 않았다.
② 인터넷의 발달과 보급은 상업적 광고뿐만 아니라 공익 광고도 증가시켰다.

③ 글로벌 미디어가 발달하더라도 국제 사회의 공공 영역은 공허해지지 않는다.

④ 수익성 위주의 미디어 플랫폼과 콘텐츠가 더 많아지면서 민주적 토론이 감소되었다.

11 ㉠~㉤의 전개 순서로 가장 자연스러운 것은?

> 폭설, 즉 대설이란 많은 눈이 시간적, 공간적으로 집중되어 내리는 현상을 말한다.
> ㉠ 그런데 눈은 한 시간 안에 5cm 이상 쌓일 수 있어 순식간에 도심 교통을 마비시키는 위력을 가지고 있다.
> ㉡ 또한, 경보는 24시간 신적설이 20cm 이상 예상될 때이다.
> ㉢ 다만, 산지는 24시간 신적설이 30cm 이상 예상될 때 발령된다.
> ㉣ 이때 대설의 기준으로 주의보는 24시간 새로 쌓인 눈이 5cm 이상이 예상될 때이다.
> ㉤ 이뿐만 아니라 운송, 유통, 관광, 보험을 비롯한 서비스 업종과 사회 전반에 영향을 미친다.

① ㉠-㉤-㉡-㉢-㉣

② ㉠-㉣-㉤-㉢-㉡

③ ㉣-㉡-㉢-㉠-㉤

④ ㉣-㉠-㉤-㉢-㉡

12 다음 글의 사례로 적절하지 않은 것은?

> 인간은 언어를 사용하며 언어는 인간의 사고, 사회, 문화를 반영한다. 인간의 지적 능력이 발달하게 된 것은 바로 언어를 사용하기 때문이다.
> 언어와 사고는 기본적으로 상호작용을 한다. 둘 중 어느 것이 먼저 발달하고 어떻게 영향을 주는지는 알 수 없다. 그러나 언어와 사고가 서로 깊은 관계를 맺고 있다는 사실은 여러 가지 근거를 통해서 뒷받침된다.

① 영어의 '쌀(rice)'에 해당하는 우리말에는 '모', '벼', '쌀', '밥' 등이 있다.

② 어떤 사람은 산도 파랗다고 하고, 물도 파랗다고 하고, 보행 신호의 녹색등도 파랗다고 한다.

③ 일상생활에서 어떠한 사물의 개념은 머릿속에서 맴도는데도 그 명칭을 떠올리지 못할 때가 있다.

④ 우리나라는 수박(watermelon)은 '박'의 일종으로 보지만 어떤 나라는 '멜론(melon)'에 가까운 것으로 파악한다.

13 다음 글의 주된 서술 방식은?

변지의가 천 리 길을 마다하지 않고 나를 찾아왔다. 내가 그 뜻을 물었더니, 문장 공부를 하기 위해 나를 찾아왔다고 했다. 때마침 이날 우리 아이들이 나무를 심었기에 그 나무를 가리켜 이렇게 말해 주었다.

"사람이 글을 쓰는 것은 나무에 꽃이 피는 것과 같다. 나무를 심는 사람은 가장 먼저 뿌리를 북돋우고 줄기를 바로잡는 일에 힘써야 한다. …(중략)… 나무의 뿌리를 북돋아 주듯 진실한 마음으로 온갖 정성을 쏟고, 줄기를 바로잡듯 부지런히 실천하며 수양하고, 진액이 오르듯 독서에 힘쓰고, 가지와 잎이 돋아나듯 널리 보고 들으며 두루 돌아다녀야 한다. 그렇게 해서 깨달은 것을 헤아려 표현한다면 그것이 바로 좋은 글이요, 사람들이 칭찬을 아끼지 않는 훌륭한 문장이 된다. 이것이야말로 참다운 문장이라고 할 수 있다."

① 서사
② 분류
③ 비유
④ 대조

14 다음 글에 대한 이해로 적절하지 않은 것은?

언어마다 고유의 표기 체계가 있는데, 이는 읽기 과정에 영향을 미친다. 알파벳 언어는 표기 체계에 따라 철자 읽기의 명료성 수준이 달라진다. 철자 읽기가 명료하다는 것은 한 글자에 대응되는 소리가 규칙적이어서 글자와 소리의 대응이 거의 일대일이라는 것을 의미한다. 그 예로 이탈리아어와 스페인어가 있다. 이 두 언어의 사용자는 의미를 전혀 모르는 새로운 단어를 발견하더라도 보자마자 정확한 발음을 할 수 있다. 이에 비해 영어는 철자 읽기의 명료성이 낮은 언어이다. 영어는 발음이 아예 나지 않는 묵음과 같은 예외도 많은 편이고 글자에 대응하는 소리도 매우 다양하다.

한편 알파벳 언어를 읽을 때 사용하는 뇌의 부위는 유사하지만 뇌의 부위에 의존하는 방식에는 차이가 있다. 영어와 이탈리아어를 읽는 사람은 동일하게 좌반구의 읽기 네트워크를 사용한다. 하지만 무의미한 단어를 읽을 때 영어를 읽는 사람은 암기된 단어의 인출과 연관된 뇌 부위에 더 의존하는 반면 이탈리아어를 읽는 사람은 음운 처리에 연관된 뇌 부위에 더 의존한다. 왜냐하면 무의미한 단어를 읽을 때 이탈리아어를 읽는 사람은 규칙적인 음운 처리 규칙을 적용하는 반면에, 영어를 읽는 사람은 암기해 둔 수많은 예외들을 떠올리기 때문이다.

① 알파벳 언어의 철자 읽기는 소리와 표기의 대응과 관련되는데, 각 소리가 지닌 특성은 철자 읽기의 명료성을 판단하는 기준이 된다.

② 영어 사용자는 무의미한 단어를 읽을 때 좌반구의 읽기 네트워크를 활용하면서 암기된 단어의 인출과 연관된 뇌 부위에 더욱 의존한다.

③ 이탈리아어는 소리와 글자의 대응이 규칙적이어서 낯선 단어를 발음할 때 영어에 비해 철자 읽기의 명료성이 높다.

④ 영어는 음운 처리 규칙에 적용되지 않는 예외들이 많아서 스페인어에 비해 소리와 글자의 대응이 덜 규칙적이다.

15 (가)~(라)에 대한 이해로 적절하지 않은 것은?

(가) 반중(盤中) 조홍(早紅)감이 고아도 보이ᄂ
다
유자 안이라도 품엄즉도 ᄒ다마ᄂ
품어 가 반기리 업슬새 글노 설워ᄒᄂ이다

(나) 동짓ᄃᆞᆯ 기나긴 밤을 한 허리를 버혀 내여
춘풍 니불 아래 서리서리 너헛다가
어론 님 오신 날 밤이여든 구뷔구뷔 펴리
라

(다) 말 업슨 청산(靑山)이오 태(態) 업슨 유수
(流水)로다
갑 업슨 청풍(淸風)이오 님ᄌ 업슨 명월(明
月)이로다
이 중에 병 업슨 이 몸이 분별 업시 늘그리
라

(라) 농암(籠巖)에 올라보니 노안(老眼)이 유명
(猶明)이로다
인사(人事)이 변ᄒᆞᆫ들 산천이ᄯ 가ᄉᆡᆯ가
암전(巖前)에 모수 모구(某水 某丘)이 어제
본 ᄃᆺᄒᆞ예라

① (가)는 고사의 인용을 통해 돌아가신 부모님에 대한 그리움을 표현하고 있다.

② (나)는 의태적 심상을 통해 임에 대한 기다림을 표현하고 있다.

③ (다)는 대구와 반복을 통해 자연에 귀의하려는 의지를 표현하고 있다.

④ (라)는 자연과의 대조를 통해 허약해진 노년의 무력함을 표현하고 있다.

16 다음 글에 대한 이해로 가장 적절한 것은?

암소의 뿔은 수소의 그것보다도 한층 더 겸허하다. 이 애상적인 뿔이 나를 받을 리 없으니 나는 마음 놓고 그 곁 풀밭에 가 누워도 좋다. 나는 누워서 우선 소를 본다.

소는 잠시 반추를 그치고 나를 응시한다.

'이 사람의 얼굴이 왜 이리 창백하냐. 아마 병인인가 보다. 내 생명에 위해를 가하려는 거나 아닌지 나는 조심해야 되지.'

이렇게 소는 속으로 나를 심리하였으리라. 그러나 오 분 후에는 소는 다시 반추를 계속하였다. 소보다도 내가 마음을 놓는다.

소는 식욕의 즐거움조차를 냉대할 수 있는 지상 최대의 권태자다. 얼마나 권태에 지질렸길래 이미 위에 들어간 식물을 다시 게워 그 시큼털털한 반소화물의 미각을 역설적으로 향락하는 체해 보임이리오?

소의 체구가 크면 클수록 그의 권태도 크고 슬프다. 나는 소 앞에 누워 내 세균 같이 사소한 고독을 겸손하면서 나도 사색의 반추는 가능할는지 불가능할는지 몰래 좀 생각해 본다.

— 이상, 「권태」에서 —

① 대상의 행위를 통해 글쓴이의 심리가 투사되고 있다.

② 과거의 삶을 회상하며 글쓴이의 처지를 후회하고 있다.

③ 공간의 이동을 통해 글쓴이의 무료함을 표현하고 있다.

④ 현실에 대한 글쓴이의 불만이 반성적 어조로 표출되고 있다.

17 다음 글에서 '황거칠'이 처한 상황에 어울리는 한자 성어로 가장 적절한 것은?

황거칠 씨는 더 참을 수가 없었다. 그는 거의 발작적으로 일어섰다.

"이 개 같은 놈들아, 어쩌면 남이 먹는 식수까지 끊으려노?"

그는 미친 듯이 우르르 달려가서 한 인부의 괭이를 억지로 잡아서 저만큼 내동댕이쳤다. …(중략)…

경찰은 발포를 ─ 다행히 공포였지만 ─ 해서 겨우 군중을 해산시키고, 황거칠 씨와 청년 다섯 명을 연행해 갔다. 물론 강제집행도 일시 중단되었었다.

경찰에 끌려간 사람들은 밤에도 풀려나오지 못했다. 공무집행 방해에다, 산주의 권리행사 방해, 그리고 폭행죄까지 뒤집어쓰게 되었던 것이다. 그래서 그 이튿날도 풀려나오질 못했다. 쌍말로 썩어 갔다.

황거칠 씨는 모든 죄를 자기가 안아맡아서 처리하려고 했다. 그러나 그것이 뜻대로 되지 않았다. 면회를 오는 가족들의 걱정스런 얼굴을 보자, 황거칠 씨는 가슴이 아팠다. 그는 만부득이 담당 경사의 타협안에 도장을 찍기로 했다. 석방의 조건으로서, 다시는 강제집행을 방해하지 않겠다는 각서였다.

이리하여 황거칠 씨는 애써 만든 산수도를 포기하게 되고 '마삿등'은 한때 도로 물 없는 지대가 되고 말았다.

─ 김정한, 「산거족」에서 ─

① 同病相憐　　② 束手無策
③ 自家撞着　　④ 輾轉反側

18 다음 글의 특징으로 가장 적절한 것은?

살아가노라면
가슴 아픈 일 한두 가지겠는가

깊은 곳에 뿌리를 감추고
흔들리지 않는 자기를 사는 나무처럼
그걸 사는 거다

봄, 여름, 가을, 긴 겨울을
높은 곳으로
보다 높은 곳으로, 쉬임 없이
한결같이

사노라면
가슴 상하는 일 한두 가지겠는가

─ 조병화, 「나무의 철학」 ─

① 문답법을 통해 과거의 삶을 반추하고 있다.
② 반어적 표현을 활용하여 슬픔의 정서를 나타내고 있다.
③ 사물을 의인화하여 현실을 목가적으로 보여 주고 있다.
④ 설의적 표현을 활용하여 삶의 깨달음을 강조하고 있다.

19 ㈀에 들어갈 말로 가장 적절한 것은?

한 민족이 지닌 문화재는 그 민족 역사의 누적일 뿐 아니라 그 누적된 민족사의 정수로서 이루어진 혼의 상징이니, 진실로 살아 있는 민족적 신상(神像)은 이를 두고 달리 없을 것이다. 더구나 국보로 선정된 문화재는 우리 민족의 성력(誠力)과 정혼(精魂)의 결정으로 그 우수한 질과 희귀한 양에서 무비(無比)의 보(寶)가 된 자이다. 그러므로 국보 문화재는 곧 민족 전체의 것이요, 민족을 결속하는 정신적 유대로서 민족의 힘의 원천이라 할 것이다.

로마는 하루아침에 만들어지지 않는다는 말도 그 과거 문화의 존귀함을 말하는 것이요, (㉠)는 말도 국보 문화재가 얼마나 힘 있는가를 밝힌 예증이 된다.

① 구르는 돌에는 이끼가 끼지 않는다
② 지식은 나눌 수 있지만 지혜는 나눌 수 없다
③ 사람은 겪어 보아야 알고 물은 건너 보아야 안다
④ 그 무엇을 내놓는다고 해도 셰익스피어와는 바꾸지 않는다

20 다음 글에서 추론한 내용으로 적절하지 않은 것은?

과학의 개념은 분류 개념, 비교 개념, 정량 개념으로 구분할 수 있다. 식물학과 동물학의 종, 속, 목처럼 분명한 경계를 가지고 대상들을 분류하는 개념들이 분류 개념이다. 어린이들이 맨 처음에 배우는 단어인 '사과', '개', '나무' 같은 것 역시 분류 개념인데, 하위 개념으로 분류할수록 그 대상에 대한 정보가 더 많이 전달된다. 또한, 현실 세계에 적용 대상이 하나도 없는 분류 개념도 있을 수 있다. 예를 들어 '유니콘'이라는 개념은 '이마에 뿔이 달린 말의 일종임' 같은 분명한 정의가 있기에 '유니콘'은 분류 개념으로 인정되는 것이다.

'더 무거움', '더 짧음' 등과 같은 비교 개념은 분류 개념보다 설명에 있어서 정보 전달에 더 효과적이다. 이것은 분류 개념처럼 자연의 사실에 적용되어야 하지만, 분류 개념과 달리 논리적 관계도 반드시 성립해야 한다. 예를 들면, 대상 A의 무게가 대상 B의 무게보다 더 무겁다면, 대상 B의 무게가 대상 A의 무게보다 더 무겁다고 말할 수 없는 것처럼 '더 무거움' 같은 비교 개념은 논리적 관계를 반드시 따라야 한다.

마지막으로 정량 개념은 비교 개념으로부터 발전된 것인데, 이것은 자연의 사실로부터 파악할 수 있는 물리량을 측정함으로써 만들어진다. 물리량을 측정하기 위해서는 몇 가지 규칙이 필요한데, 그 규칙에는 두 물리량의 크기를 비교하는 경험적 규칙과 물리량의 측정 단위를 정하는 규칙 등이 포함된다. 이러한 정량 개념은 자연에 의해서 주어지는 것이 아니라 우리가 자연현상에 수를 적용하는 과정에서 생겨나는 것이다. 정량 개념은 과학의 언어를 수많은 비교 개념 대신 수를 사용할 수 있게 하여 과학 발전의 기초가 되었다.

① '호랑나비'는 '나비'와 동일한 종에 속하지만, 나비에 비해 정보량이 적다.
② '용(龍)'은 현실 세계에 적용할 수 있는 지시물이 없더라도 분류 개념으로 인정된다.
③ '꽃'이나 '고양이'와 같은 개념은 논리적 관계를 따라야 하는 것은 아니기 때문에 비교 개념에 포함되지 않는다.
④ 물리량을 측정할 수 있는 'cm'나 'kg'과 같은 측정 단위는 자연현상에 수를 적용할 수 있게 해 주었다.

국가직 문제 | 지방직 문제 | 서울시 문제 | 국가직 해설 | 지방직 해설 | 서울시 해설

01 안긴문장이 없는 것은?

① 나는 동생이 시험에 합격하기를 고대한다.
② 착한 영호는 언제나 친구들을 잘 도와준다.
③ 해진이는 울산에 살고 초희는 광주에 산다.
④ 아버지께서는 나에게 내일 가족 여행을 가자고 말씀하셨다.

02 밑줄 친 부분이 바르게 쓰이지 않은 것은?

① 지금쯤 골아떨어졌겠지?
② 그 친구, 생각이 깊던데 책깨나 읽었겠어.
③ 갖은 곤욕과 모멸과 박대는 각오한 바이다.
④ 김 과장은 그러고 나서 서류를 보완해 달라고 했다.

03 문장 성분의 호응이 자연스러운 것은?

① 내가 강조하고 싶은 점은 우리가 고유 언어를 가졌다.
② 좋은 사람과 대화하며 함께한 일은 즐거운 시간이었다.
③ 내 생각은 집을 사서 이사하는 것이 좋겠다고 결정했다.
④ 그는 내 생각이 옳지 않다고 여러 사람 앞에서 말을 하였다.

04 ㉠~㉣의 고쳐 쓰기 방안으로 적절하지 않은 것은?

> ㉠ 공사하는 기간 동안 안전사고가 일어나지 않도록 유의해 주십시오.
> ㉡ 오늘 오후에 팀 전체가 모여 회의를 갖겠습니다.
> ㉢ 비상문이 열려져 있어 신속하게 대피할 수 있었다.
> ㉣ 지난밤 검찰은 그를 뇌물 수수 혐의로 구속했다.

① ㉠: '기간'과 '동안'은 의미가 중복되므로 '공사하는 기간 동안'은 '공사하는 동안'으로 고쳐 쓴다.
② ㉡: '회의를 갖겠습니다'는 번역 투이므로 '회의하겠습니다'로 고쳐 쓴다.
③ ㉢: '열려져'는 '-리-'와 '-어지다'가 결합한 이중 피동 표현이므로 '열려'로 고쳐 쓴다.
④ ㉣: 동작의 대상에게 행위의 효력이 미친다는 의미를 제시해야 하므로 '구속했다'는 '구속시켰다'로 고쳐 쓴다.

05 ㉠~㉢을 사전에 올릴 때 '한글 맞춤법 규정'에 따른 순서로 적절한 것은?

┌─────────────────────────────┐
㉠ 곬   ㉡ 규탄
㉢ 곳간   ㉣ 광명
└─────────────────────────────┘

① ㉠ → ㉢ → ㉡ → ㉣
② ㉠ → ㉢ → ㉣ → ㉡
③ ㉢ → ㉠ → ㉣ → ㉡
④ ㉢ → ㉠ → ㉣ → ㉡

06 밑줄 친 말의 의미와 거리가 먼 것은?

┌─────────────────────────────┐
• 넌 얼마나 오지랖이 넓기에 남의 일에 그렇게 미주알고주알 캐는 거냐?
• 강쇠네는 입이 재고 무슨 일에나 오지랖이 넓었지만, 무작정 덤벙거리고만 다니는 새줄랑이는 아니었다.
└─────────────────────────────┘

① 謁見   ② 干涉
③ 參見   ④ 干與

07 다음 글에 대한 이해로 적절하지 않은 것은?

┌─────────────────────────────┐
천국에 사는 사람들은 지옥을 생각할 필요가 없다. 그러나 우리 다섯 식구는 지옥에 살면서 천국을 생각했다. 단 하루라도 천국을 생각해 보지 않은 날이 없다. 하루하루의 생활이 지겨웠기 때문이다. 우리의 생활은 전쟁과 같았다. 우리는 그 전쟁에서 날마다 지기만 했다.

아버지가 평생을 통해 해 온 일은 다섯 가지이다. 채권 매매, 칼 갈기, 고층 건물 유리 닦기, 펌프 설치하기, 수도 고치기이다. 이 일들만 해 온 아버지가 갑자기 다른 일을 하겠다고 했다. 서커스단의 일이었다.
└─────────────────────────────┘

아버지는 처음 보는 꼽추 한 사람을 데리고 와 여러 가지 이야기를 했다. 처음 얼마 동안은 그의 조수로 일하면 된다고 했다. 두 사람은 자기들이 무대 위에서 해야 할 연기에 대해 이야기했다. 그러자 어머니가 아버지에게 대들었다. 우리들도 아버지를 성토했다. 아버지는 힘없이 물러섰다. 꼽추는 멍하니 앉아 우리를 보았다. 꼽추는 눈물이 핑 돌아 돌아갔다. 그의 뒷모습은 아주 쓸쓸해 보였다. 아버지의 꿈은 깨어졌다. 아버지는 무거운 부대를 메고 다시 일을 찾아 나갔다.

…(중략)…

어머니가 울었다. 어머니는 인쇄소 제본 공장에 나가 접지 일을 했다. 고무 골무를 끼고 인쇄물을 접었다. 나는 겁이 났다. 나는 인쇄소 공무부 조역으로 출발했다. 땀을 흘리지 않고는 아무것도 얻을 수 없다는 것을 뒤늦게 알았다. 영호와 영희도 몇 달 간격을 두고 학교를 그만두었다. 마음이 차라리 편해졌다. 우리를 해치는 사람은 없었다. 우리는 보이지 않는 보호를 받고 있었다. 남아프리카의 어느 원주민들이 일정한 구역 안에서 보호를 받듯이 우리도 이질 집단으로서 보호를 받았다. 나는 우리가 이 구역 안에서 한 걸음도 밖으로 나갈 수 없다는 것을 깨달았다. 나는 조역, 공목, 약물, 해판의 과정을 거쳐 정판에서 일했다. 영호는 인쇄에서 일했다. 나는 우리가 한 공장에서 일하는 것이 싫었다. 영호도 마찬가지였다. 그래서 영호는 먼저 철공소 조수로 들어가 잔심부름을 했다. 가구 공장에서도 일했다. 그 공장에 가 일하는 영호를 보았다. 뿌연 톱밥 먼지와 소음 속에 서 있는 작은 영호를 보고 나는 그만두라고 했다. 인쇄 공장의 소음도 무서운 것이었으나 그곳에는 톱밥 먼지가 없었다. 우리는 죽어라 하고 일했다. 우리의 팔목은 공장 안에서 굵어 갔다. 영희는 그때 큰길가 슈퍼마켓 한쪽에 자리 잡은 빵집에서 일했다. 우리가 고맙게 생각한 것은 환경이 깨끗하다는 것 하나뿐이었다.

우리는 무슨 일이 있든 공부는 해야 한다고 생각했다. 공부를 하지 않고는 우리 구역에서 벗어날 수가 없다고 생각했다. 세상은 공부를 한 자와 못 한 자로 너무나 엄격하게 나누어져 있었다. 끔찍할 정도로 미개한 사회였다. 우리가 학교 안에서 배운 것과는 정반대로 움직였다. 나는 무슨 책이든 손에 잡히는 대로 읽었다. 정판에서 식자로 올라간 다음에는 일을 하다 말고 원고를 읽는 버릇까지 생겼다. 동생들에게 필요하다고 느껴지는 것은 판을 들고 가 몇 벌씩 교정쇄를 내기도 했다. 영호와 영희는 나의 말을 잘 들었다. 내가 가져다준 교정쇄를 동생들은 열심히 읽었다. 실제로 우리가 이 노력으로 잃은 것은 하나도 없었다. 나는 고입 검정고시를 거쳐 방송 통신 고교에 입학했다.

      – 조세희, 「난장이가 쏘아 올린 작은 공」 –

① '우리 다섯 식구'는 생존을 위해 애쓰지만 윤택한 삶을 누리기 어려운 처지에 있다.
② '아버지'는 가족들의 바람을 수용하여, 평생 해 온 일을 그만두고 새로운 일을 시작하기로 결심한다.
③ '보이지 않는 보호'는 말 그대로의 보호라기보다는 벗어날 수 없는 계층적 한계를 의미한다고 할 수 있다.
④ '우리'는 자신들의 '구역'에서 벗어날 길을 '공부를 한 자'가 됨으로써 찾을 수 있다고 여긴다.

08 글쓴이의 견해에 부합하지 않는 것은?

 사물 인터넷(IoT, Internet of Things)의 정의로 '수십 억 개의 사물이 서로 연결되는 것'이라고 설명하는 것은 그리 유용하지 않다. 사물 인터넷이 무엇인지 이해하기 위해서는 '사물'에서 출발하기보다는 '인터넷'에서 출발하는 것이 좋다. 인터넷이 전 세계의 컴퓨터를 서로 소통하도록 만든다는 생각이 실현된 것이라면, 사물 인터넷은 이제 전 세계의 사물들을 '컴퓨터로 만들어' 서로 소통하도록 만든다는 생각을 실현하는 것이다. 컴퓨터는 본래 전원이 있고 칩이 있고, 이것이 통신 장치와 프로토콜을 갖게 되어 연결된 것이다. 그렇다면 이제는 전원이 있었던 전자 기기나 기계 등은 그 자체로, 전원이 없었던 일반 사물들은 새롭게 센서와 배터리, 통신 모듈이 부착되면서 컴퓨터가 되고 이렇게 컴퓨터가 된 사물들이 그들 간에 또는 인간의 스마트 기기와 네트워크로 연결되는 것이다.

 현재의 인터넷과 사물 인터넷의 차이를, 혹자는 사람이 개입되는 것은 사물 인터넷이 아니라고 이야기하면서 엄격한 M2M(Machine to Machine)이라는 개념에 근거해 설명한다. 또 혹자는 사물 인터넷이 실현되려면 사람만큼 사물이 판단할 수 있어야 한다고 주장하면서 사물의 지능성을 중요시하는 경우도 있는데, 두 가지 모두 그릇된 것이다. 사물 인터넷을 제대로 이해하려면 기존 인터넷과의 차이점에 주목하기보다는 오히려 공통점을 인식하는 것이 더 중요하다. 컴퓨터를 서로 연결하는 수준에서 출발한 것이 기존의 인터넷이라면, 이제는 사물 각각이 컴퓨터가 되고, 그 사물들이 사람과 손쉽게 닿는 스마트폰, 스마트 워치 등과 서로 소통하는 것이다.

① 사물 인터넷의 개념을 파악하기 위해서는 기존 인터넷과의 공통점을 이해하는 것이 필요하다.

② 센서와 배터리, 통신 모듈 등을 갖춘 사물들이 네트워크로 연결되어 사물 인터넷으로 기능한다.

③ 사물 인터넷은 사람 수준의 지능을 가진 사물들이 네트워크상에서 인간의 개입 없이 서로 소통하는 것으로 정의된다.

④ 사물 인터넷은 컴퓨터가 아니었던 사물도 네트워크로 연결될 수 있다는 점에서 기존의 인터넷과 다르다.

---

09 〈보기〉는 다음 한시에 대한 감상이다. ㉠~㉣ 중 적절하지 않은 것은?

> 白犬前行黃犬隨　흰둥이가 앞서고 누렁이는 따라가는데
> 野田草際塚纍纍　들밭머리 풀섶에는 무덤이 늘어서 있네
> 老翁祭罷田間道　늙은이가 제사를 끝내고 밭 사이 길로 들어서자
> 日暮醉歸扶小兒　해 저물어 취해 돌아오는 길을 아이가 부축하네
>
> – 이달, 「제총요(祭塚謠)」 –

〈보기〉

　이달(李達, 1561~1618)이 살았던 시기를 고려할 때, 시인은 임진왜란을 겪었을 것이라 추정된다. ㉠이 시는 해질 무렵 두 사람이 제사를 지낸 뒤 집으로 돌아오는 상황을 노래하고 있다. ㉡이 시에서 무덤이 들밭머리에 늘어서 있다는 것은 전란을 겪은 마을에서 많은 이들이 갑작스러운 죽음을 맞이했음을 의미한다고 할 것이다. 여기 등장하는 늙은이와 아이는 할아버지와 손자의 관계로 파악할 수 있다. 아마도 이들은 아이의 부모이자 할아버지의 자식에 해당하는 이의 무덤에 다녀오는 길일 것이다. ㉢할아버지가 취한 까닭도 죽은 이에 대한 안타까움과 속상함 때문일 것이다. ㉣이 시는 전반부에서는 그림을 그리듯이 장면을 묘사하고 후반부에서는 정서를 표출하는 선경후정의 형식을 취하고 있다.

① ㉠ 　　② ㉡
③ ㉢ 　　④ ㉣

---

10 ㉠~㉣의 한자 표기로 옳은 것은?

　과학사를 들춰 보면 기존의 학문 체계에 ㉠도전했다가 낭패를 본 인물들의 이야기를 자주 만날 수 있다. 대표적인 인물이 천동설을 부정하고 지동설을 주장한 갈릴레이다. 천동설을 ㉡지지하던 당시의 권력층은 그들의 막강한 힘을 이용하여 갈릴레이를 신의 권위에 도전하는 이단자로 욕하고 목숨까지 위협했다. 갈릴레이가 영원한 ㉢침묵을 ㉣맹세하지 않고 계속 지동설을 주장했더라면 그는 단두대의 이슬로 사라졌을지도 모른다.

① ㉠ 逃戰 　　② ㉡ 持地
③ ㉢ 浸黙 　　④ ㉣ 盟誓

11 다음 대화에서 '정민'의 의사소통 방식으로 가장 적절한 것은?

> 상수 : 요즘 짝꿍이랑 사이가 별로야.
> 정민: 왜? 무슨 일이 있었어?
> 상수: 그 애가 내 일에 자꾸 끼어들어. 사물함 정리부터 내 걸음걸이까지 하나하나 지적하잖아.
> 정민: 그런 일이 있었구나. 짝꿍한테 그런 말을 해 보지 그랬어.
> 상수: 해 봤지. 하지만 그때뿐이야. 아마 나를 자기 동생처럼 여기나 봐.
> 정민: 나도 그런 적이 있어. 작년의 내 짝꿍도 나한테 무척이나 심했거든. 자꾸 끼어들어서 너무 힘들었어. 네 얘기를 들으니 그때가 다시 생각난다. 그런데 생각을 바꿔 보니 그게 관심이다 싶더라고. 그랬더니 마음이 좀 편해졌어. 그리고 짝꿍과 솔직하게 얘기를 해 봤더니, 그 애도 자신의 잘못된 점을 고치더라고.
> 상수: 너도 그랬구나. 나도 생각을 바꾸려고 노력해 보고, 짝꿍하고 진솔한 대화를 나눠 봐야겠어.

① 상대방의 입장을 고려해 용서함으로써 갈등을 해결하고 있다.

② 자신의 경험을 들어 상대방이 해결점을 찾을 수 있도록 돕고 있다.

③ 상대방의 약점을 비판하면서 자신의 장점을 최대한 부각하고 있다.

④ 상대방이 말하는 내용을 경청하면서 그 타당성을 평가하고 있다.

12 다음에서 제시한 글의 전개 방식의 예로 가장 적절한 것은?

> '인과'는 원인과 결과를 서술하는 전개 방식이다. 어떤 현상이나 결과가 나타나게 된 원인이나 힘을 제시하고 그로 말미암아 초래된 결과를 나타내는 서술 방식이다.

① 온실 효과로 지구의 기온이 상승할 때 가장 심각한 영향은 해수면의 상승이다. 이러한 현상은 바다와 육지의 비율을 변화시켜 엄청난 기후 변화를 유발하며, 게다가 섬나라나 저지대는 온통 물에 잠기게 된다.

② 이 사회의 경제는 모두가 제로섬 요소로 구성되어 있다. 제로섬(zero-sum)이란 어떤 수를 합해서 제로가 된다는 뜻이다. 어떤 운동 경기를 한다고 할 때 이기는 사람이 있으면 반드시 지는 사람이 있게 마련이다.

③ 다음날도 찬호는 학교 담을 따라 돌았다. 그리고 고무신을 벗어 한 손에 한 짝씩 쥐고는 고양이 걸음으로 보초의 뒤를 빠져 팽이처럼 교문 안으로 뛰어들었다.

④ 벼랑 아래는 빽빽한 소나무 숲에 가려 보이지 않았다. 새털구름이 흩어진 하늘 아래 저 멀리 논과 밭, 강을 선물 세트처럼 끼고 들어앉은 소읍의 전경은 적막해 보였다.

국가직 문제 / 지방직 문제 / 서울시 문제 / 국가직 해설 / 지방직 해설 / 서울시 해설

13 다음 진행자 'A'의 대화 진행 전략으로 적절하지 않은 것은?

> A: 여러분, 안녕하세요? 한 지방 자치 단체가 의료 취약 계층을 위한 의약품 공급 정보망 구축 사업을 진행해 오고 있는데요. 오늘은 그 관계자 한 분을 모시고 말씀을 들어 보기로 하겠습니다. 과장님, 안녕하세요?
> B: 네, 안녕하세요.
> A: 의약품 공급 정보망이라는 말이 다소 생소한데 이게 무슨 말인가요?
> B: 네, 약국이나 제약 회사가 의약품을 저희에게 기탁하면, 이 약품을 필요한 사회 복지 시설이나 국내외 의료 봉사 단체에 무상으로 줄 수 있도록 연결하는 사이버상의 네트워크입니다.
> A: 그렇군요. 그동안 이 사업에 성과가 있었다면 그럴 만한 이유가 있을 텐데요, 이에 대해 말씀해 주세요.
> B: 그렇습니다. 약국이나 제약 회사에서는 판매되지 않은 의약품을 기탁하고 세금 혜택을 받습니다. 그리고 복지 시설이나 봉사 단체에서는 필요한 의약품을 무상으로 지원받을 수 있습니다.
> A: 그렇군요. 혹시 이 사업에 걸림돌은 없나요?
> B: 의약품을 의사의 처방에 따라서 주는 것이 아니라 수요자가 요구하면 주는 방식이어서 전문 의약품을 제공하는 과정에 어려움이 있습니다. 처방전 발급을 부탁할 수도 없고…….
> A: 그러니까 앞으로 이런 문제를 해결하기 위한 제도 정비나 의료 전문가의 지원이 좀 더 필요하다는 말씀인 것 같군요. 끝으로 이 사업에 참여하려면 어떻게 해야 하나요?
> B: 그건 생각보다 쉽습니다. 저희 홈페이지에 접속하셔서 회원으로 가입하시면 기부하실 때나 받으실 때나 모두 쉽게 참여하실 수 있습니다.
> A: 네, 간편해서 좋군요. 모쪼록 이 의약품 공급 정보망 사업이 확대되어 국내외 의료 취약 계층에 많은 도움이 되기를 바랍니다. 감사합니다.

① 상대방의 말을 들었다는 반응을 보인다.
② 상대방의 대답에서 모순점을 찾아 논리적으로 대응한다.
③ 대화의 화제가 된 일을 홍보할 수 있는 대답을 유도한다.
④ 상대방의 말을 대화의 흐름에 맞게 해석하여 상대방의 말을 보충한다.

14 다음 글에 대한 이해로 가장 적절한 것은?

> 용왕의 아들 이목(璃目)은 항상 절 옆의 작은 연못에 있으면서 남몰래 보양(寶壤) 스님의 법화(法化)를 도왔다. 문득 어느 해에 가뭄이 들어 밭의 곡식이 타들어 가자 보양 스님이 이목을 시켜 비를 내리게 하니 고을 사람들이 모두 흡족히 여겼다. 하늘의 옥황상제가 장차 하늘의 뜻을 모르고 비를 내렸다 하여 이목을 죽이려 하였다. 이목이 보양 스님에게 위급함을 아뢰자 보양 스님이 이목을 침상 밑에 숨겨 주었다. 잠시 후에 옥황상제가 보낸 천사(天使)가 뜰에 이르러 이목을 내놓으라고 하였다. 보양 스님이 뜰 앞의 배나무[梨木]를 가리키자 천사가 배나무에 벼락을 내리고 하늘로 올라갔다. 그 바람에 배나무가 꺾어졌는데 용이 쓰다듬자 곧 소생하였다(일설에는 보양 스님이 주문을 외워 살아났다고 한다). 그 나무가 근래에 땅에 쓰러지자 어떤 이가 빗장 막대기로 만들어 선법당(善法堂)과 식당에 두었다. 그 막대기에는 글귀가 새겨져 있다.
>
> — 일연, 『삼국유사』 —

① 천사의 벼락을 맞은 배나무는 저절로 소생했다.
② 천사는 이목을 죽이려다 실수로 배나무에 벼락을 내렸다.
③ 벼락 맞은 배나무로 만든 막대기가 글쓴이의 당대까지 전해졌다.
④ 제멋대로 비를 내린 보양 스님을 벌하려고 옥황상제가 천사를 보냈다.

15 ㉠에 들어갈 주장으로 가장 적절한 것은?

경상 지역 방언을 쓰는 사람들은 대체로 'ㅓ'와 'ㅡ'를 구별하지 못한다. 이들은 '증표(證票)'나 '정표(情表)'를 구별하여 듣지 못할 뿐만 아니라 구별하여 발음하지 못하기 십상이다. 또 이들은 'ㅅ'과 'ㅆ'을 구별하지 못하는 경우가 많다. 따라서 이들은 '살밥을 많이 먹어서 쌀이 많이 쪘다'고 말하든 '쌀밥을 많이 먹어서 살이 많이 쪘다'고 말하든 쉽게 그 차이를 알지 못한다. 한편 평안도 및 전라도와 경상도의 일부에서는 'ㅗ'와 'ㅓ'를 제대로 분별해서 발음하지 않는 경우가 종종 있다. 평안도 사람들의 'ㅈ' 발음은 다른 지역의 'ㄷ' 발음과 매우 비슷하다. 이처럼 (㉠)

① 우리말에는 지역마다 다양한 소리가 있다.
② 우리말은 지역에 따라 다양한 표준 발음법이 있다.
③ 우리말에는 지역에 따라 구별되지 않는 소리가 있다.
④ 자음보다 모음을 변별하지 못하는 지역이 더 많이 있다.

16 글의 통일성을 고려할 때 ㉠에 들어갈 문장으로 가장 적절한 것은?

기술 혁신의 상징으로 화려하게 등장한 이후 글로벌 아이콘이 됐던 소위 스마트폰이 그 진화의 한계에 봉착한 듯하다. 게다가 최근 들어 중국 업체들의 성장세가 만만치 않은 상황이 펼쳐지고 있다. 이런 가운데 오랜 기간 스마트폰 생산량의 수위를 지켜 왔던 기업들의 호시절도 끝난 분위기다. (㉠)
그렇다면 스마트폰 이후 글로벌 주도 산업은 무엇일까. 첫손가락에 꼽히는 것은 페이스북, 아마존, 넷플릭스, 구글을 뜻하는 '팡(FANG)'이다. 모바일 퍼스트 시대에서 소프트웨어, 플랫폼 사업에 눈뜬 기업들이다. 이들은 지난해 매출과 순이익이 크게 늘었으며 주가도 폭등했다. 하지만 이들이라고 영속 불멸하지는 않을 것이다.

① 온 국민이 절치부심(切齒腐心)하여 반성하지 않으면 안 된다.
② 정보 기술 업계의 권불십년(權不十年)이라 하지 않을 수 없다.
③ 다른 나라의 기업들을 보고 아전인수(我田引水)해야 할 때다.
④ 글로벌 위기의 내우외환(內憂外患)에 국가 간 협력이 절실하다.

51

17 다음 글에 대한 이해로 적절하지 않은 것은?

희극의 발생 조건에 대하여 베르그송은 집단, 지성, 한 개인의 존재 등을 꼽았다. 즉 집단으로 모인 사람들이 자신들의 감성을 침묵하게 하고 지성만을 행사하는 가운데 그들 중 한 개인에게 그들의 모든 주의가 집중되도록 할 때 희극이 발생한다고 보았다. 그러나 그가 말하는 세 가지 사항은 웃음을 유발하는 것이 아니라 그러한 것을 가능케 하는 조건들이다. 웃음을 유발하는 단순한 형태의 직접적인 장치는 대상의 신체적인 결함이나 성격적인 결함을 들 수 있다. 관객은 이러한 결함을 지닌 인물을 통하여 스스로 자기 우월성을 인식하고 즐거워질 수 있게 된다. 이와 관련해 "한 인물이 우리에게 희극적으로 보이는 것은 우리 자신과 비교해서 그 인물이 육체의 활동에는 많은 힘을 소비하면서 정신의 활동에는 힘을 쓰지 않는 경우이다. 어느 경우에나 우리의 웃음이 그 인물에 대하여 우리가 지니는 기분 좋은 우월감을 나타내는 것임은 부정할 수 없다."라는 프로이트의 말은 시사적이다.

① 베르그송에 의하면 희극은 관객의 감성이 집단적으로 표출된 결과이다.
② 베르그송에 의하면 집단, 지성, 한 개인의 존재는 희극 발생의 조건이다.
③ 한 개인의 신체적 · 성격적 결함은 집단의 웃음을 유발하는 직접적인 장치이다.
④ 프로이트에 의하면 상대적으로 정신 활동보다 육체 활동에 힘을 쓰는 상대가 희극적인 존재이다.

18 ㉠과 가장 유사한 정서가 드러나는 것은?

다시 방수액을 부어 완벽을 기하고 이음새 부분은 손가락으로 몇 번씩 문대어 보고 나서야 임 씨는 허리를 일으켰다. 임 씨가 일에 몰두해 있는 동안 그는 숨소리조차 내지 않고 일하는 양을 지켜보았다. ㉠저 열 손가락에 박힌 공이의 대가가 기껏 지하실 단칸방만큼의 생활뿐이라면 좀 너무하지 않나 하는 안타까움이 솟아오르기도 했다. 목욕탕 일도 그러했지만 이 사람의 손은 특별한 데가 있다는 느낌이었다. 자신이 주무르고 있는 일감에 한 치의 틈도 없이 밀착되어 날렵하게 움직이고 있는 임 씨의 열 손가락은 손가락 이상의 그 무엇이었다.

– 양귀자, 「비 오는 날이면 가리봉동에 가야 한다」 –

① 즐거운 지상의 잔치에 / 금으로 타는 태양의 즐거운 울림/아침이면, / 세상은 개벽을 한다.
② 산에 / 산에 / 피는 꽃은 / 저만치 혼자서 피어 있네. // 산에서 우는 작은 새여. / 꽃이 좋아 / 산에서 / 사노라네.
③ 남편은 어디에 나가 있는지 / 아침에 소 끌고 산에 올랐는데/산 밭을 일구느라 고생을 하며 / 저물도록 돌아오지 못한다네.
④ 눈을 가만 감으면 굽이 잦은 풀밭 길이, / 개울물 돌돌돌 길섶으로 흘러가고, / 백양 숲 사립을 가린 초집들도 보이구요.

19 다음 글의 시사점으로 적절하지 않은 것은?

기존의 의학적 연구는 건장한 성인 남성의 몸을 표준으로 삼아 이루어지는 경우가 많았다. 예를 들어 농약과 같은 화학 물질이 몸에 들어와 어떠한 변화를 일으키는지 검토한 연구에서 생리 주기에 따라 변화하는 여성 호르몬이 그 물질과 어떤 상호 작용을 일으킬 수 있는지는 고려되지 않았다. 자동차 충돌 사고를 인체 공학적으로 시뮬레이션할 때도 특정 연령대 남성의 몸이 연구 대상으로 사용되었고, 여성의 신체 특성이나 다양한 연령대 남성의 신체적 특성은 고려되지 않았다.

특정 연령대 성인 남성의 몸을 표준화된 인체로 여겼던 사고방식은 여러 문제점을 낳고 있다. 예를 들어 대사율, 피부와 조직 두께 등을 감안한, 사람이 가장 효과적으로 일할 수 있는 사무실 온도는 21℃로 알려져 있다. 그런데 한 연구에서 남성과 여성 직장인에게 각각 선호하는 사무실 온도를 조사한 결과는 남성은 평균 22℃, 여성은 평균 25℃였다. 남성은 기존의 적정 실내 온도에 가까운 답을 했고, 여성은 더 따뜻한 사무실에서 일하기를 원했다.

이러한 차이의 이유는 무엇일까? 현재 적정 사무실 온도로 알려진 21℃는 1960년대 측정된 자료를 바탕으로 하는데, 당시 몸무게 70kg인 40세 성인 남성을 기준으로 측정된 것이다. 이러한 '표준화된 신체'를 가진 남성의 대사율은 여성이나 다른 연령대 남성들의 대사율과 다르고, 당연히 체내 열 생산의 양도 차이가 있다.

① 표준으로 삼은 대상이 나머지 대상의 특성까지 대표하지 못하므로 앞으로 의학적 연구를 하려면 하나의 표준을 정하기보다 가능한 한 다양한 대상을 선정해서 하는 것이 바람직하다.

② 현재 우리가 알고 있는 의학 지식 중에는 특정 표준 대상만을 연구한 결과인 것이 있으므로 앞으로 이런 의학 지식을 활용하려면 연구한 대상을 살펴봐서 그대로 활용할지를 결정하는 것이 바람직하다.

③ 성별이나 연령대 등에 따라 신체 조건이 같지 않으므로 근무 환경을 조성할 때 근무자들의 성별이나 연령대를 고려하는 것이 바람직하다.

④ 기존의 사무실 적정 실내 온도가 조사된 것보다 낮게 설정되어 있으므로 향후에 모든 공공기관의 사무실 온도를 조정할 때 현재보다 설정 온도를 일률적으로 높이는 것이 바람직하다.

20 다음 글을 바탕으로 ㉠을 이해할 때 가장 적절한 것은?

> 나는 ㉠'연극에서의 관객의 공감'에 대해 강연한 일이 있다. 나는 관객이 공감하는 것을 직접 보여 주려고 시도했다. 먼저 나는 자원자가 있으면 나와서 배우처럼 읽어 주기를 청했다. 그리고 청중에게는 연극의 관객이 되어 들어 달라고 했다. 한 사람이 앞으로 나왔다. 나는 그에게 아우슈비츠를 소재로 한 드라마의 한 장면이 적힌 종이를 건네주었다. 자원자가 종이를 받아들고 그것을 훑어볼 때 청중들은 어수선했다. 그런데 자원자의 입에서 떨어진 첫 대사는 끔찍한 내용이었다. 아우슈비츠에 관한 적나라한 증언은 너무나 충격적이어서 청중들은 완전히 압도되었다. 자원자는 청중들의 얼어붙은 듯한 침묵 속에서 낭독을 계속했다. 자원자의 낭독은 세련되지도 능숙하지도 않았다. 그러나 관객들의 열렬한 공감을 이끌어 냈다. 과거 역사가 현재의 관객들에게 생생하게 공감되었다.
>
> 이것이 끝나고 이번에는 강연장에 함께 갔던 전문 배우에게 셰익스피어의 희곡 「헨리 5세」에서 발췌한 대사를 낭독해 달라고 부탁했다. 그 대본은 400년 전 아쟁쿠르 전투(백년 전쟁 당시 벌어졌던 영국과 프랑스의 치열한 전투)에서 처참하게 사망한 자들의 명단과 그 숫자를 나열한 것이었다. 그는 셰익스피어의 위대한 희곡임을 알아보자 품위 있고 고풍스럽게 큰 목소리로 낭독했다. 그는 유려한 어조로 전쟁에서 희생된 이들의 이름을 읽어 내려갔다. 그러나 청중들은 듣는 둥 마는 둥 했다. 갈수록 청중들은 낭독자 따위는 안중에도 없다는 듯이 행동했다. 그들에게 아쟁쿠르 전투는 공감할 수 없는 것으로 분리된 것 같아 보였다. 앞서의 경우와는 전혀 다른 반응이었다.

① 배우의 연기력이 관객의 공감을 좌우한다.

② 비참한 죽음을 다룬 비극적인 소재는 관객의 공감을 일으킨다.

③ 훌륭한 고전이라고 해서 항상 청중의 공감을 불러일으킬 수 있는 것은 아니다.

④ 현재와 가까운 역사적 사실을 극화했다고 해서 관객의 공감 가능성이 커지지는 않는다.

국가직
문제

지방직
문제

서울시
문제

국가직
해설

지방직
해설

서울시
해설

01 밑줄 친 단어의 품사를 같은 것끼리 묶은 것은?

- 쌍둥이도 서로 성격이 ㉠다른 법이다.
- 날씨가 건조하면 나무가 잘 ㉡크지 못한다.
- 남부 지방에 홍수가 ㉢나서 많은 수재민이 생겼다.
- 그 사람이 농담은 하지만 ㉣허튼 말은 하지 않는다.
- 상대에게 자유를 주는 것이 진정한 사랑이 ㉤아닐까?

① ㉠, ㉡
② ㉡, ㉢
③ ㉢, ㉣
④ ㉣, ㉤

02 다음의 여러 조건에 가장 잘 맞는 토론 논제는?

- 긍정 평서문으로 제시되어야 한다.
- 찬성과 반대의 대립이 분명하게 나타나야 한다.
- 쟁점이 하나여야 한다.
- 찬성이나 반대 어느 한 편에 유리하게 작용하는 정서적 표현을 사용해서는 안 된다.

① 징병제도는 유지해야 한다.
② 정보통신망법을 개선할 수는 없다.
③ 야만적인 두발 제한을 폐지해야 한다.
④ 내신 제도와 논술 시험을 개혁해야 한다.

03 다음 글에 대한 설명으로 옳지 않은 것은?

> 해설자: (관객들에게 무대와 등장인물을 설명한다.) 이곳은 황야입니다. 이리 떼의 내습을 알리는 망루가 세워져 있죠. 드높이 솟은 이 망루는 하늘로 둘러싸여 있습니다. 하늘은 연극의 진행에 따라 황혼, 초승달이 뜬 밤, 그리고 아침으로 변할 겁니다. 저기 위를 바라보십시오. 파수꾼이 앉아 있습니다. 높은 곳에서 하늘을 등지고 있기 때문에 그는 언제나 시커먼 그림자로만 보입니다. 그는 내가 태어나기 전부터 파수꾼이었습니다. 나의 늙으신 아버지께서도 어린 시절에 저 유명한 파수꾼의 이야기를 들으셨다 합니다.
>
> – 이강백, 「파수꾼」에서 –

① 공간적 배경은 망루가 세워져 있는 황야이다.
② 시간적 배경은 연극의 진행에 따라 변한다.
③ 해설자는 무대 위의 아버지를 소개한다.
④ 파수꾼의 얼굴은 분명하게 알 수 없다.

04 두 사람의 대화에 적용된 공감적 듣기의 방법이 아닌 것은?

> "수빈 씨, 나 처음 한 프레젠테이션인데 엉망이었어."
> "정말? 무슨 일이 있었는지 자세히 말해 봐."
> "너무 긴장해서 팀장님 질문에 대답을 못했어."
> "팀장님 질문에 대답을 못했구나. 처음 하는 프레젠테이션이라 정아 씨가 긴장을 많이 했나 보다."

① 수빈은 정아의 말에 자신이 주의 집중하고 있음을 보여 주고 있다.
② 수빈은 정아가 계속 말을 할 수 있도록 격려하고 있다.
③ 수빈은 정아의 혼란스러운 감정을 정아 스스로 정리하게끔 도와주고 있다.
④ 수빈은 정아의 말을 자신의 처지로 바꾸어 의미를 재구성하고 있다.

05 국어의 주요한 음운 변동을 다음과 같이 유형화할 때, '부엌일'에 일어나는 음운 변동 유형으로 옳은 것은?

변동 전		변동 후
㉠ XaY	→	XbY(교체)
㉡ XY	→	XaY(첨가)
㉢ XabY	→	XcY(축약)
㉣ XaY	→	XY(탈락)

① ㉠, ㉡
② ㉠, ㉣
③ ㉡, ㉢
④ ㉡, ㉣

06 토론자들의 말하기 방식에 대한 설명으로 적절한 것은?

사회자: 학교 폭력 문제가 나날이 심각해지고 있습니다. 이와 관련해 오늘은 '학교 폭력을 방관한 학생에게도 책임을 물어야 한다'를 주제로 토론을 해 보도록 하겠습니다. 먼저 찬성 측 말씀해 주시죠.

찬성측: 친구가 학교 폭력에 의해 희생되고 있는데도 자신에게 피해가 올까 두려워 아무런 조치를 취하지 않는 학생들이 많다고 합니다. 이러한 행동으로 인해 학교 폭력은 점점 확산되고 있습니다. 학교 폭력을 행하는 것을 목격했음에도 어떤 조치도 취하지 않은 것은 폭력에 대해 묵시적으로 동의한 것과 같습니다. 폭력을 직접 행사하는 행위뿐 아니라, 불의에 저항하지 않는 정의롭지 못한 행위에 대해서도 합당한 책임을 물어야 할 것입니다.

사회자: 다음으로 반대 측 의견 말씀해 주시죠.

반대측: 특정 학생에게 폭력을 직접 행사해서 피해를 준 사실이 명백할 때에만 책임을 물을 수 있을 것입니다. 또한 사건에 대한 개입과 방관은 개인의 자율적 의지에 달린 문제이므로 외부에서 규제할 성질의 문제가 아닙니다.

사회자: 그럼 이번에는 반대 측부터 찬성 측에 대해 반론해 주시지요.

반대측: 과연 누구까지를 학교 폭력의 방관자라고 규정지을 수 있을까요? 집에 가는 길에 우연히 폭력을 목격했을 경우, 자신의 친구로부터 폭력에 관련된 소문을 접했을 경우 등 방관자라고 규정하기에는 애매한 경우가 많습니다. 어떠한 행위를 처벌하려면 확고한 기준이 필요한데, 방관자의 범위부터 규정하기가 불명확하다고 볼 수 있습니다.

찬성측: 불의를 방관한 행위에 대해 사회가 책임을 묻지 않는다면 이후로도 사람들은 아무런 죄책감 없이 불의를 모른 체하

고 방관할 것입니다. 결국 이는 사회 전체의 건전성과 도덕성을 떨어뜨릴 것이고, 정의에 근거한 시민의 고발정신까지 약화시킬 것입니다.

① 찬성 측은 친숙한 상황을 빗대어 자신의 견해를 펼치고 있다.
② 찬성 측은 자신의 경험을 제시하여 논지를 보충하고 있다.
③ 반대 측은 윤리적 방법으로 해결책을 제시하고 있다.
④ 반대 측은 논제에 의문을 제기하여 주장을 강화하고 있다.

07 괄호 안에 들어갈 단어를 순서대로 바르게 나열한 것은?

> 한국 문학의 미적 범주에서 눈에 띄는 전통으로 풍자와 해학이 있다. 풍자와 해학은 주어진 상황에 순종하기보다 그것을 극복하고자 하는 건강한 삶의 의지에서 나온 (㉠)을(를) 통해 드러난다. (㉠)은(는) '있어야 할 것'으로 행세해 온 관념을 부정하고, 현실적인 삶인 '있는 것'을 그대로 긍정한다. 이때 있어야 할 것을 깨뜨리는 것에 관심을 집중한 것이 (㉡)이고, 있는 것이 지닌 긍정에 관심을 집중하는 것이 (㉢)이다.

	㉠	㉡	㉢
①	골계(滑稽)	해학(諧謔)	풍자(諷刺)
②	해학(諧謔)	풍자(諷刺)	골계(滑稽)
③	풍자(諷刺)	해학(諧謔)	골계(滑稽)
④	골계(滑稽)	풍자(諷刺)	해학(諧謔)

08 다음 글에서 〈보기〉가 들어가기에 가장 적절한 곳은?

> 아침기도는 간략한 아침 뉴스로, 저녁기도는 저녁 종합 뉴스로 바뀌었다.

─── 보기 ───

> 철학자 헤겔이 주장했듯이, 삶을 인도하는 원천이자 권위의 시금석으로서의 종교를 뉴스가 대체할 때 사회는 근대화된다. 선진 경제에서 뉴스는 이제 최소한 예전에 신앙이 누리던 것과 동등한 권력의 지위를 차지한다. 뉴스 타전은 소름이 돋을 정도로 정확하게 교회의 시간 규범을 따른다. (㉠) 뉴스는 우리가 한때 신앙심을 품었을 때와 똑같은 공손한 마음을 간직하고 접근하기를 요구하기도 한다. (㉡) 우리 역시 뉴스에서 계시를 얻기 바란다. (㉢) 누가 착하고 누가 악한지 알기를 바라고, 고통을 헤아려 볼 수 있기를 바라며, 존재의 이치가 펼쳐지는 광경을 이해하길 희망한다. (㉣) 그리고 이 의식에 참여하길 거부하는 경우 이단이라는 비난을 받기도 한다.

① ㉠   ② ㉡
③ ㉢   ④ ㉣

09 ㉠과 ㉡에 대한 설명으로 적절한 것은?

> 헌 먼덕[1] 숙여 쓰고 축 없는 짚신에 설피설피 물러오니
> 풍채 적은 형용에 ㉠개 짖을 뿐이로다
> 와실(蝸室)에 들어간들 잠이 와서 누었으랴
> 북창(北窓)을 비겨 앉아 새벽을 기다리니
> 무정한 ㉡대승(戴勝)[2]은 이내 한을 돋우도다
> 종조(終朝) 추창(惆悵)[3]하며 먼 들을 바라보니
> 즐기는 농가(農歌)도 흥 없이 들리나다
> 세정(世情) 모르는 한숨은 그칠 줄을 모르도다
>   – 박인로, 「누항사(陋巷詞)」에서 –

※ 1) 먼덕: 짚으로 만든 모자
   2) 대승(戴勝): 오디새
   3) 추창(惆悵): 슬퍼하는 모습

① ㉠은 실재하는 존재물이고, ㉡은 상상적 허구물이다.

② ㉠은 화자의 절망을 나타내고, ㉡은 화자의 희망을 나타낸다.

③ ㉠은 화자의 내면을 상징하고, ㉡은 화자의 외양을 상징한다.

④ ㉠은 화자의 초라함을 부각시키고, ㉡은 화자의 수심을 깊게 한다.

10 화자의 상황을 적절하게 표현한 한자 성어는?

> 미인이 잠에서 깨어 새 단장을 하는데
> 향기로운 비단, 보배 띠에 원앙이 수놓였네
> 겹발을 비스듬히 걷으니 비취새가 보이는데
> 게으르게 은 아쟁을 안고 봉황곡을 연주하네
> 금 재갈, 꾸민 안장은 어디로 떠났는가?
> 다정한 앵무새는 창가에서 지저귀네
> 풀섶에 놀던 나비는 뜰 밖으로 사라지고
> 꽃잎에 가리운 거미줄은 난간 너머에서 춤추네
> 뉘 집의 연못가에서 풍악 소리 울리는가?
> 달빛은 금 술잔에 담긴 좋은 술을 비추네
> 시름겨운 이는 외로운 밤에 잠 못 이루는데
> 새벽에 일어나니 비단 수건에 눈물이 흥건하네
>   – 허난설헌, 「사시사(四時詞)」에서 –

① 琴瑟之樂   ② 輾轉不寐

③ 錦衣夜行   ④ 麥秀之嘆

11 다음 글의 괄호 안에 들어갈 문장으로 적절한 것은?

> 국어의 높임법에는 말하는 이가 듣는 이에 대하여 높이거나 낮추어 말하는 상대 높임법, 서술어의 주체를 높이는 주체 높임법, 서술어의 객체를 높이는 객체 높임법 등이 있다. 이러한 높임 표현은 한 문장에서 복합적으로 실현되기도 하는데, (   )의 경우 대화의 상대, 서술어의 주체, 서술어의 객체를 모두 높인 표현이다.

① 아버지께서 할머니를 모시고 댁에 들어가셨다.

② 제가 어머니께 그렇게 말씀을 드리면 될까요?

③ 어머니께서 아주머니께 이 김치를 드리라고 하셨습니다.

④ 주민 여러분께서는 잠시만 제 이야기에 귀를 기울여 주시기 바랍니다.

12 다음 글의 특징으로 적절하지 않은 것은?

> 가리워진 안개를 걷게 하라,
> 국경이며 탑이며 어용학(御用學)의 울타리며
> 죽 가래 밀어 바다로 몰아 넣라.
>
> 하여 하늘을 흐르는 날새처럼
> 한 세상 한 바람 한 햇빛 속에,
> 만 가지와 만 노래를 한 가지로 흐르게 하라.
>
> 보다 큰 집단은 보다 큰 체계를 건축하고,
> 보다 큰 체계는 보다 큰 악을 양조(釀造)한다.
>
> 조직은 형식을 강요하고
> 형식은 위조품을 모집한다.
>
> 하여, 전통은 궁궐안의 상전이 되고
> 조작된 권위는 주위를 침식한다.
>
> 국경이며 탑이며 일만년 울타리며
> 죽 가래 밀어 바다로 몰아 넣라.
> – 신동엽, 「이야기하는 쟁기꾼의 대지」에서 –

① 직설적인 어조로써 메시지를 전달하고 있다.
② 고전적인 질서를 통해 새로운 희망을 추구하고 있다.
③ 인위적인 것과 자연적인 것이 대조적으로 제시되고 있다.
④ 농기구의 상징을 통해 체제 개혁을 역설하고 있다.

13 ㉠~㉣ 중 서술자가 개입되어 있지 않은 것은?

> 이때 춘향이는 사령이 오는지 군노가 오는지 모르고 주야로 도련님을 생각하여 우는데, ㉠생각지 못할 우환을 당하려 하니 소리가 화평할 수 있겠는가. 한때나마 빈방살이 할 계집아이라 목소리에 청승이 끼어 자연히 슬픈 애원성이 되니 ㉡보고 듣는 사람의 심장인들 아니 상할 것인가. 임 그리워 서러운 마음 밥맛 없어 밥 못 먹고 불안한 잠자리에 잠 못 자고 도련님 생각으로 상처가 쌓여 피골이 상접하고 양기가 쇠진하여 진양조 울음이 되어 노래를 부른다. 갈까 보다 갈까 보다, 임을 따라 갈까 보다. 천 리라도 갈까 보다. 만 리라도 갈까 보다. 바람도 쉬어 넘고 수진이 날진이 해동청 보라매도 쉬어 넘는 높은 고개 동선령 고개라도 임이 와 날 찾으면 신발 벗어 손에 들고 아니 쉬고 달려가리. ㉢한양 계신 우리 낭군 나와 같이 그리워하는가, 무정하여 아주 잊고 나의 사랑 옮겨다가 다른 임을 사랑하는가? ㉣이렇게 한참을 서럽게 울 때 사령 등이 춘향의 슬픈 목소리를 들으니 목석이라도 어찌 감동을 받지 않겠는가? 봄눈 녹듯 온몸에 맥이 탁 풀렸다.
> – 작자 미상, 「춘향전」에서 –

① ㉠   ② ㉡
③ ㉢   ④ ㉣

14 다음 글에 대한 설명으로 옳지 않은 것은?

동네 사람들이 방앗간의 터진 두 면을 둘러 쌌다. 그리고 방앗간 속을 들여다보았다. 과연 어둠 속에 움직이는 게 있었다. 그리고 그게 어 둠 속에서도 흰 짐승이라는 걸 알 수 있었다. 분명히 그놈의 신둥이개다. 동네 사람들은 한 걸음 한 걸음 죄어들었다. 점점 뒤로 움직여 쫓 기는 짐승의 어느 한 부분에 불이 켜졌다. 저게 산개의 눈이다. 동네 사람들은 몽둥이 잡은 손 에 힘을 주었다. 이 속에서 간난이 할아버지도 몽둥이 잡은 손에 힘을 주었다. 한 걸음 더 죄 어들었다. 눈앞의 새파란 불이 빠져나갈 틈을 엿보듯이 획 한 바퀴 돌았다. 별나게 새파란 불 이었다. 문득 간난이 할아버지는 이런 새파란 불이란 눈앞에 있는 신둥이개 한 마리의 몸에 서 나오는 것이 아니고 여럿의 몸에서 나오는 것이 합쳐진 것이라는 생각이 들었다. 말하자 면 지금 이 신둥이개의 뱃속에 든 새끼의 몫까 지 합쳐진 것이라는. 그러자 간난이 할아버지 의 가슴속을 흘러 지나가는 게 있었다. 짐승이 라도 새끼 밴 것을 차마?

이때에 누구의 입에선가, 때려라! 하는 고함 소리가 나왔다. 다음 순간 간난이 할아버지의 양옆 사람들이 욱 개를 향해 달려들며 몽둥이 를 내리쳤다. 그와 동시에 간난이 할아버지는 푸른 불꽃이 자기 다리 곁을 빠져나가는 것을 느꼈다.

뒤이어 누구의 입에선가, 누가 빈틈을 냈어? 하는 흥분에 찬 목소리가 들렸다. 그리고 저마 다, 거 누구야? 거 누구야? 하고 못마땅해 하 는 말소리 속에 간난이 할아버지 턱밑으로 디 미는 얼굴이 있어,

"아즈반이웨다레"

하는 것은 동장네 절가였다.

– 황순원, 「목넘이 마을의 개」에서 –

① 토속적이면서도 억센 삶의 현장을 그리고 있다.

② 신둥이의 새파란 불은 생의 욕구를 암시한다.

③ 간난이 할아버지에게서 생명에 대한 외경을 느 낄 수 있다.

④ 동장네 절가는 간난이 할아버지의 행동에 동조 하고 있다.

15 (가)와 (나)를 통해서 추정하기 어려운 내용 은?

(가) 찬성공 형제께서 정경부인의 상(喪)을 당 하였다. 부윤공의 부인 이 씨가 우연히 언 문 소설을 읽다가 그 소리가 밖으로 들렸 다. 찬성공이 기뻐하지 않으며 제수를 계 단 아래에 서게 하고, "부녀자의 무식을 심 하게 책망할 필요는 없지만, 어찌 상중(喪 中)에 있으면서 예의에 어긋난 책을 소리 내어 읽어서 스스로 평민과 같아지려 할 수 있는가?" 하고 꾸짖었다.

(나) 전기수: 늙은이가 동문 밖에 살면서 입으 로 언문 소설을 읽었는데, 「숙향전」, 「소대 성전」, 「심청전」, 「설인귀전」과 같은 전기소 설이었다.…잘 읽었기 때문에 옆에서 구경 하는 사람들이 빙 둘러섰다. 가장 재미있 고 긴요하여 매우 들을 만한 구절에 이르 면 갑자기 침묵하고 소리를 내지 않았다. 사람들이 다음 이야기를 듣고 싶어서 다 투어 돈을 던졌다. 이를 바로 '요전법(돈을 요구하는 법)'이라 한다.

① 상층 남성들은 상중의 예법에 대해 매우 엄격 하였다.

② 혼자 소설을 보면서 소리 내어 읽기도 하였다.

③ 하층에서도 소설을 창작하는 사람이 많았다.

④ 상층이 아닌 하층에서도 소설을 즐겼다.

16 다음 글의 글쓰기 전략으로 볼 수 없는 것은?

고전파 음악은 어떤 음악인가? 서양 음악의 뿌리는 종교 음악에서 비롯되었다. 바로크 시대까지는 음악이 종교에 예속되어 있었으며, 음악가들 또한 종교에 예속되어 있었다. 고전파는 이렇게 종교에 예속되었던 음악을, 음악을 위한 음악으로 정립하려는 예술 운동에서 출발하였다. 따라서 종래의 신을 위한 음악에서 탈피해 형식과 내용의 일체화를 꾀하고 균형 잡힌 절대 음악을 추구하였다. 즉 '신'보다는 '사람'을 위한 음악, '음악'을 위한 음악을 이루어 나가겠다는 굳은 결의를 보여 준 것이다.

또한 고전파 음악은 음악적 형식과 내용의 완숙을 이룬 음악이기도 하다. 이 시기에는 하이든, 모차르트, 베토벤 등 음악의 역사에서 가장 위대한 작곡가들이 배출되기도 하였다. 이때에는 성악이 아닌 기악만으로도 음악이 가능하게 되었으며, 교향곡의 기본을 이루는 소나타 형식이 완성되었다. 특히 옛 그리스나 로마 때처럼 보다 정돈된 형식을 가진 음악을 해 보자고 주장하였기에 '옛것에서 배우자는 의미의 고전'과 '청정하고 우아하며 흐림 없음, 최고의 예술적 경지에 다다름으로서의 고전'을 모두 지향하게 되었다.

이렇듯 역사적으로 고전파 음악은 종교의 영역에서 음악 자체의 영역을 확보하였으며 최고 수준의 음악적 내용과 형식을 수립하였다. 고전파 음악이 서양 전통 음악 전체를 대표하게 된 것은 고전파 음악이 이룩한 역사적인 성과에서 비롯된 것일지도 모른다. 따라서 고전 음악의 개념을 이해하기 위해서는 고전파 음악의 성격과 특질에 대한 이해가 선행되어야 할 것이다.

① 고전파 음악이 지닌 음악사적 의의를 밝힌다.
② 고전파 음악의 음악가를 예시하여 이해를 돕는다.
③ 고전파 음악의 특징이 형식과 내용의 분리에 있음을 강조한다.
④ 질문을 통해 화제를 제시함으로써 호기심을 유발한다.

17 (가)를 바탕으로 (나)에 담긴 글쓴이의 생각을 적절히 추론한 것은?

(가) 철학사에서 합리론의 전통은 감각에 대해 매우 비판적이었다. 예컨대 플라톤은 감각이 보여 주는 세계를 끊임없이 변화하는, 전적으로 불안정한 세계로 간주하고 이에 근거하여 지식을 얻는 것은 불가능하다고 생각했다. 반대로 경험론자들은 우리의 모든 관념과 판단은 감각 경험에서 출발한다고 주장하면서 어떤 지식도 절대적으로 확실할 수는 없다고 결론짓는다.

(나) 모든 사람은 착시 현상 등을 경험해 본 적이 있기에 감각이 우리를 속일 수 있다는 것을 분명히 알고 있고 감각에 대한 어느 정도의 경계심을 지니고 있다. 하지만 그렇다고 해서 일상생활에서 자신의 감각을 신뢰하고 이에 따라 행동하는 것은 잘못이 아니다. 모든 감각적 정보를 검증 절차를 거친 후 받아들이다가는 정상적 생활을 영위하는 것 자체가 불가능해질 것이기 때문이다. 반대로, 실용적 기술 개발이나 평범한 일상적 행동과는 달리 과학적 연구는 상당한 정도의 정확성을 요구하므로 경험적 자료에 대해 어느 정도의 경계심을 유지하는 것도 당연하다.

① 실용적 기술을 개발하는 것은 일차적으로 경험론적 사고에 토대를 둔다.
② 세계는 끊임없이 변화하므로 일상생활에서는 합리론적 사고를 우선하여야 한다.
③ 과학 연구는 합리론을 버리고 철저히 경험론을 바탕으로 이루어져야 한다.
④ 감각에 대한 신뢰는 어느 분야에나 전적으로 차별 없이 요구된다.

18 다음 글에 대한 설명으로 적절하지 않은 것은?

믿기 어렵겠지만 자장면 문화와 미국의 피자 문화는 닮은 점이 많다. 젊은 청년들이 오토바이를 타고 배달한다는 점에서 참으로 닮은꼴이다. 이사한다고 짐을 내려놓게 되면 주방 기구들이 부족하게 되고 이때 자장면은 참으로 편리한 해결책이다. 미국에서의 피자도 마찬가지다. 갑자기 아이들의 친구들이 많이 몰려왔을 때 피자는 참으로 편리한 음식이다.

남자들이 군에 가 훈련을 받을 때 비라도 추적추적 오게 되면 자장면 생각이 제일 많이 난다고 한다. 비가 오는 바깥을 보며 따뜻한 방에서 입에 자장을 묻히는 장면은 정겨울 수밖에 없다. 프로 농구 원년에 수입된 미국 선수들은 하루도 빠지지 않고 피자를 시켜 먹었다고 한다. 음식이 맞지 않는 탓도 있겠지만 향수를 달래고자 함이 아닐까?

싸게 먹을 수 있는 이국 음식이란 점에서 자장면과 피자는 특별한 의미를 갖는다. 외식을 하기엔 부담되고 한번쯤 식단을 바꾸어 보고 싶을 즈음이면 중국식 자장면이나 이탈리아식 피자는 한국이나 미국의 서민에겐 안성맞춤이다. 그런데 한국에서나 미국에서나 변화가 생기기 시작했다. 한국에서는 피자 배달이 보편화되기 시작했다. 피자를 간식이 아닌 주식으로 삼고자 하는 아이들도 생겼다. 졸업식을 마치고 중국집으로 향하던 발걸음들이 이제 피자집으로 돌려졌다. 피자보다 자장면을 좋아하는 아이들을 찾아보기가 힘들어졌다.

① 피자는 쉽게 배달시켜 먹을 수 있는 편리한 음식이다.
② 자장면과 피자는 이국적인 음식이다.
③ 자장면과 피자는 값이 싸면서도 기분 전환이 되는 음식이다.
④ 자장면은 특별한 날에 어린이들에게 여전히 가장 사랑받는 음식이다.

19 글의 내용을 구체적으로 설명하기 위한 예로 적절하지 않은 것은?

하나의 개념에 두 개 이상의 단어가 필요한 것은 아니다. 따라서 동의어는 서로 경쟁을 통해 하나가 없어지거나 각기 다른 의미 영역을 확보하는 등의 다양한 양상을 보인다. 현실 언어에서 동의어로 공존하면서 경쟁을 계속하는 경우가 있으며, 한쪽은 살아남고 다른 쪽은 소멸하는 경우가 있다. 동의 충돌의 결과 의미 영역이 바뀌는 경우도 있다. 이는 의미 축소, 의미 확대, 의미 교체 등으로 구분된다.

① '가을걷이'와 '추수'는 공존하며 경쟁하고 있다.
② '말미'는 쓰지 않고 '휴가'라는 말을 사용하고 있다.
③ '얼굴'은 '형체'의 뜻에서 '안면'의 뜻으로 의미가 축소되었다.
④ '겨레'는 '친척'의 뜻에서 '민족'의 뜻으로 의미가 확대되었다.

20 다음 글에 대한 설명으로 적절하지 않은 것은?

(가) 20세기 들어서 생태학자들은 지속성 농약이 자연 생태계에 어떤 악영향을 미치는지를 밝힐 수 있었다. 예컨대 제2차 세계대전 이후 전 세계에서 해충 구제용으로 널리 사용됨으로써 농업 생산량 향상에 커다란 기여를 한 디디티(DDT)는 유기 염소계 살충제의 대명사이다.

(나) 그렇지만 이 유기 염소계 살충제는 물에 잘 녹지 않고 자연에서 햇빛에 의한 광분해나 미생물에 의한 생물학적 분해가 거의 이루어지지 않는다. 그래서 디디티는 토양이나 물속의 퇴적물 속에 수십 년간 축적된다. 게다가 디디티는 지방에는 잘 녹아서 먹이사슬을 거치는 동안 지방 함량이 높은 동물 체내에 그 농도가 높아진다. 이렇듯 많은 양의 유기 염소계 살충제를 체내에 축적하게 된 맹금류는 물질대사에 장애를 일으켜서 껍질이 매우 얇은 알을 낳기 때문에, 포란 중 대부분의 알이 깨져 버려 멸종의 길을 걷게 된다.

(다) 디디티는 쉽게 분해되지 않기 때문에 한번 뿌려진 디디티는 물과 공기, 생물체 등을 매개로 세계 전역으로 퍼질 수 있다. 그래서 디디티에 한 번도 노출된 적이 없는 알래스카 지방의 에스키모 산모의 젖에서도 디디티가 검출되었고, 남극 지방의 펭귄 몸속에서도 디디티가 발견되었다. 이러한 생물 농축과 잔존성의 특성이 밝혀짐으로써 미국에서는 1972년부터 디디티 생산이 전면 중단되었고, 1980년대에 이르러서는 유기 염소계 농약의 사용이 대부분 금지되었다.

(라) 이와 같이 디디티의 생물 농축 현상에서처럼 생태학자들은 한 생물 종에 미치는 오염의 영향이 오랫동안 누적되면 전체 생태계를 훼손시킬 수 있다는 사실을 발견하였다. 그래서인지 최근 우리나라에서도 사소한 환경오염 행위가 장차 어떠한 재앙을 몰고 올 수 있는지에 대한 연구가 활발히 이루어지고 있다.

① (가)는 중심 화제를 소개하고, 핵심어를 제시함으로써 전개될 내용을 암시하고 있다.

② (나)는 디디티가 끼칠 생태계의 영향을 인과 분석의 방법으로 설명하고 있다.

③ (다)는 디디티의 악영향을 제시하고, 그것의 사용 금지를 주장하고 있다.

④ (라)는 환경오염에 대한 경각심을 암시적으로 드러내고 있다.

01 로마자 표기법에 관한 다음 규정이 적용된 것은?

> 발음상 혼동의 우려가 있을 때에는 음절 사이에 붙임표(-)를 쓸 수 있다.

① 독도: Dok-do
② 반구대: Ban-gudae
③ 독립문: Dok-rip-mun
④ 인왕리: Inwang-ri

02 다음 글의 중심 내용으로 가장 적절한 것은?

'언문'은 실용 범위에 제약이 있었는데, 이런 현실은 '언간'에도 적용된다. '언간' 사용의 제약은 무엇보다 이것을 주고받은 사람의 성별(性別)에서 뚜렷이 드러난다. 15세기 후반 이래로 숱한 언간이 현전하지만 남성 간에 주고받은 언간은 찾아보기 어렵다. 이는 남성 간에는 한문 간찰이 오간 때문이나 남성이 공적인 영역을 독점했던 당시의 현실을 감안하면 '언문'이 공식성을 인정받지 못했던 사실과 상통한다. 결국 조선시대에는 언간의 발신자나 수신자 어느 한쪽으로 반드시 여성이 관여하는 특징을 보인다고 할 수 있다.

이러한 사용자의 성별 특징으로 인하여 종래 '언간'은 '내간'으로 일컬어지기도 하였다. 그러나 이러한 명칭 때문에 내간이 부녀자만을 상대로 하거나 부녀자끼리만 주고받은 편지로 오해되어서는 안 된다. 16, 17세기의 것만 하더라도 수신자는 왕이나 사대부를 비롯하여 한글 해독 능력이 있는 하층민에 이르기까지 거의 전 계층의 남성이 될 수 있었기 때문이다. 한문 간찰이 사대부 계층 이상 남성만의 전유물이었다면 언간은 특정 계층에 관계없이 남녀 모두의 공유물이었다고 할 수 있다.

① '언문'과 마찬가지로 '언간'의 실용 범위에는 제약이 있었다.
② 사용자의 성별 특징으로 인해 '언간'은 '내간'으로 일컬어졌다.
③ 언간은 특정 계층과 성별에 관계없이 이용된 의사소통 수단이었다.
④ 조선시대에는 언간의 발신자나 수신자 어느 한쪽으로 반드시 여성이 관여하는 특징을 보인다.

03 (가)~(라)에 대한 고쳐쓰기 방안으로 옳지 않은 것은?

> (가) 수학 성적은 참 좋군. 국어 성적도 좋고.
> (나) 친구가 "난 학교에 안 가겠다."고 말했다.
> (다) 동생은 가던 길을 멈추면서 나에게 달려 왔다.
> (라) 대통령은 진지한 연설로서 국민을 설득 했다.

① (가): '수학 성적은 참 좋군.'은 국어 성적이 좋을 가능성을 배제하는 의미가 포함되어 있다. 따라서 보조사 '은'을 주격 조사 '이'로 바꿔 쓴다.

② (나): 직접 인용문 다음이므로 인용 조사는 '고'가 아닌 '라고'를 쓴다.

③ (다): 어미 '-면서'는 두 동작의 동시성을 나타내지 못하므로 '-고'로 바꿔 쓴다.

④ (라): '로서'는 자격을 나타내는 기능을 하므로 수단을 나타내는 기능을 하는 조사 '로써'로 바꿔 쓴다.

04 〈보기〉를 근거로 판단할 때, ㉠~㉣ 중 적절하지 않은 것은?

> **보기**
>
> 통일성은 글의 내용이 하나의 주제로 긴밀하게 관련되는 특성을 말한다. 초고의 적절성을 평가할 때에는 글의 내용이 하나의 주제를 드러낼 수 있도록 선정되었는지, 그리고 중심 내용에 부합하는 하위 내용들로 선정되었는지를 검토한다.

> 사람들은 대개 수학 과목이 어렵다고 한다. 하지만 나는 수학 시간이 재미있다. ㉠바로 수업을 재미있게 진행하시는 수학 선생님 덕분이다. 수학 선생님은 유머로 딱딱한 수학 시간을 웃음바다로 만들곤 한다. ㉡졸리는 오후 시간에 뜬금없이 외국으로 수학여행을 가자고 하여 분위기를 부드럽게 만든 후 어려운 수학 문제를 쉽게 설명한 적도 있다. 그래서 우리 학교에서는 수학 선생님의 인기가 시들 줄 모른다. ㉢그리고 수학 선생님의 아들이 수학을 굉장히 잘한다는 소문이 나 있다. ㉣내 수학 성적이 좋아진 것도 수학 선생님의 재미있는 수업 덕택이다.

① ㉠   ② ㉡

③ ㉢   ④ ㉣

05 다음 글에 대한 이해로 가장 적절한 것은?

> (가) 내 마음 베어 내어 저 달을 만들고져
>   구만 리 장천(長天)의 번듯이 걸려 있어
>   고운 님 계신 곳에 가 비추어나 보리라
>
> (나) 열다섯 아리따운 아가씨가
>   남부끄러워 이별의 말 못 하고
>   돌아와 겹겹이 문을 닫고는
>   배꽃 비친 달 보며 흐느낀다

① (가)와 (나)에서 '달'은 사랑하는 마음을 임에게 전달하는 매개체이다.

② (가)의 '고운 님'과, (나)의 '아리따운 아가씨'는 화자가 사랑하는 대상이다.

③ (가)의 '나'는 적극적인 태도로, (나)의 '아가씨'는 소극적인 태도로 정서를 드러낸다.

④ (가)의 '장천(長天)'은 사랑하는 임이 머무르는 공간이고, (나)의 '문'은 사랑하는 임에 대한 마음을 숨기는 공간이다.

06 ㄱ~ㄹ에 대한 이해로 가장 적절한 것은?

막차는 좀처럼 오지 않았다
대합실 밖에는 밤새 송이눈이 쌓이고
㉠흰 보라 수수꽃 눈시린 유리창마다
톱밥난로가 지펴지고 있었다
그믐처럼 몇은 졸고
몇은 감기에 쿨럭이고
그리웠던 순간들을 생각하며 나는
한 줌의 톱밥을 불빛 속에 던져 주었다
내면 깊숙이 할 말들은 가득해도
㉡청색의 손바닥을 불빛 속에 적셔 두고
모두들 아무 말도 하지 않았다
산다는 것이 때론 술에 취한 듯
한 두릅의 굴비 한 광주리의 사과를
만지작거리며 귀향하는 기분으로
침묵해야 한다는 것을
모두들 알고 있었다
㉢오래 앓은 기침소리와
쓴 약 같은 입술담배 연기 속에서
싸륵싸륵 눈꽃은 쌓이고
그래 지금은 모두들
눈꽃의 화음에 귀를 적신다
자정 넘으면
낯설음도 뼈아픔도 다 설원인데
단풍잎 같은 몇 잎의 차창을 달고
밤열차는 또 어디로 흘러가는지
㉣그리웠던 순간들을 호명하며 나는
한 줌의 눈물을 불빛 속에 던져 주었다

– 곽재구, 「사평역에서」 –

① ㉠ – 여러 개의 난로가 지펴져 안온한 대합실의 상황을 비유적으로 표현하였다.
② ㉡ – 대조적 색채 이미지를 통해, 눈 오는 겨울 풍경의 서정적 정취를 강조하였다.
③ ㉢ – 오랜 병마에 시달린 이들의 비관적 심리와 무례한 행동을 묘사하였다.
④ ㉣ – 화자가 그리워하는 지난 때를 떠올리며 느끼는 정서를 화자의 행위에 투영하였다.

07 다음 글에 대한 이해로 적절하지 않은 것은?

우리 장인님은 약이 오르면 이렇게 손버릇이 아주 못됐다. 또 사위에게 이 자식 저 자식 하는 이놈의 장인님은 어디 있느냐. 오죽해야 우리 동리에서 누굴 물론하고 그에게 욕을 안 먹는 사람은 명이 짜르다 한다. 조그만 아이들까지도 그를 돌아세 놓고 욕필이(본 이름이 봉필이니까), 욕필이, 하고 손가락질을 할 만치 두루 인심을 잃었다. 하나 인심을 정말 잃었다면 욕보다 읍의 배참봉 댁 마름으로 더 잃었다. 번이 마름이란 욕 잘 하고 사람 잘 치고 그리고 생김 생기길 호박개 같아야 쓰는 거지만 장인님은 외양에 똑 됐다. 장인께 닭 마리나 좀 보내지 않는다든가 애벌논 때 품을 좀 안 준다든가 하면 그해 가을에는 영락없이 땅이 뚝뚝 떨어진다. 그러면 미리부터 돈도 먹이고 술도 먹이고 안달재신으로 돌아치던 놈이 그 땅을 슬쩍 돌아앉는다.

– 김유정, 「봄봄」 –

① 마름의 특성을 동물의 외양에 빗대어 낮잡아 표현했다.
② 비속어와 존칭어를 혼용하여 해학적 표현을 구사했다.
③ 여러 정황을 거론하며 장인의 됨됨이가 마땅치 않음을 드러냈다.
④ 장인과 소작인들 사이의 뒷거래 장면을 생생하게 묘사하여 제시했다.

08 밑줄 친 부분에 들어갈 한자어로 가장 적절한 것은?

_____(이)란 이익과 관련된 갈등을 인식한 둘 이상의 주체들이 이를 해결할 의사를 가지고 모여서 합의에 이르기 위해 대안들을 조정하고 구성하는 공동 의사 결정 과정을 말한다.

① 協贊　　　　② 協奏
③ 協助　　　　④ 協商

09 밑줄 친 한자어의 쓰임이 문맥상 적절한 것은?

① 초고를 校訂하여 책을 완성하였다.
② 내용이 올바른지 서로 交差 검토하시오.
③ 전자 문서에 決濟를 받아 합격자를 확정하겠습니다.
④ 지금 제안한 계획은 수용할 수 없으니 提高 바랍니다.

10 ㉠~㉣의 예를 추가할 때 가장 적절한 것은?

논리학에서 비형식적 오류 유형에는 우연의 오류, 애매어의 오류, 결합의 오류, 분해의 오류 등이 있다.
우선 ㉠우연의 오류란 거의 대부분의 경우에 적용되는 일반적인 원리나 규칙을 우연적인 상황으로 인해 생긴 예외적인 특수한 경우에까지도 무차별적으로 적용할 때 생기는 오류이다. 그 예로 "인간은 이성적인 동물이다. 중증 정신 질환자는 인간이다. 그러므로 중증 정신 질환자는 이성적인 동물이다."를 들 수 있다. ㉡애매어의 오류는 동일한 한 단어가 한 논증에서 맥락마다 서로 다른 의미를 지니는 것으로 사용될 때 생기는 오류를 말한다. "김 씨는 성격이 직선적이다. 직선적인 모든 것들은 길이를 지닌다. 고로 김 씨의 성격은 길이를 지닌다."가 그 예다. 한편 각각의 원소들이 개별적으로 어떤 성질을 지니고 있다는 내용의 전제로부터 그 원소들을 결합한 집합 전체도 역시 그 성질을 지니고 있다는 결론을 도출하는 경우가 ㉢결합의 오류이고, 반대로 집합이 어떤 성질을 지니고 있다는 내용의 전제로부터 그 집합의 각각의 원소들 역시 개별적으로 그 성질을 지니고 있다는 결론을 도출하는 경우가 ㉣분해의 오류이다. 전자의 예로는 "그 연극단 단원들 하나하나가 다 훌륭하다. 고로 그 연극단은 훌륭하다."를, 후자의 예로는 "그 연극단은 일류급이다. 박 씨는 그 연극단 일원이다. 그러므로 박 씨는 일류급이다."를 들 수 있다.

① ㉠-모든 사람은 죽는다. 소크라테스는 사람이다. 그러므로 소크라테스는 죽는다.
② ㉡-부패하기 쉬운 것들은 냉동 보관해야 한다. 세상은 부패하기 쉽다. 고로 세상은 냉동 보관해야 한다.
③ ㉢-미국 아이스하키 선수단이 이번 올림픽에서 금메달을 차지했다. 그러므로 미국 선수 각자는 세계 최고 기량을 갖고 있다.
④ ㉣-그 학생의 논술 시험 답안은 탁월하다. 그의 답안에 있는 문장 하나하나가 탁월하기 때문이다.

11 다음 글의 주된 설명 방식이 적용된 것으로 가장 적절한 것은?

문학이 구축하는 세계는 실제 생활과 다르다. 즉 실제 생활은 허구의 세계를 구축하는 데 필요한 재료가 되지만 이 재료들이 일단 한 구조의 구성 분자가 되면 그 본래의 재료로서의 성질과 모습은 확연히 달라진다. 건축가가 집을 짓는 것을 떠올려 보자. 건축가는 어떤 완성된 구조를 생각하고 거기에 필요한 재료를 모아서 적절하게 집을 짓게 되는데, 이때 건물이라고 하는 하나의 구조를 완성하게 되면 이 완성된 구조의 구성 분자가 된 재료들은 본래의 재료와 전혀 다른 것이 된다.

① 르네상스 시대의 화가들은 원근법을 사용하여 세상을 향한 창과 같은 사실적인 그림을 그렸다. 현대 회화를 출발시켰다고 평가되는 인상주의자들이 의식적으로 추구한 것도 이러한 사실성이었다.

② 소설을 구성하는 요소는 물론 많지만 그중에서도 인물, 배경, 사건을 들 수 있다. 인물은 사건의 주체, 배경은 인물이 행동을 벌이는 시간과 공간, 분위기 등이고, 사건은 인물이 배경 속에서 벌이는 행동의 세계이다.

③ 목적을 지닌 인생은 의미 있다. 목적 없이 살아가는 사람은 험난한 인생의 노정을 완주하지 못한다. 목적을 갖고 뛰어야 마라톤에서 완주가 가능한 것처럼 우리의 인생에서도 목표를 가지고 꾸준히 노력하는 사람이 성공한다.

④ 신라의 육두품 출신 가운데 학문적으로 출중한 자들이 많았다. 가령, 강수, 설총, 녹진, 최치원 같은 사람들은 육두품 출신이었다. 이들은 신분적 한계 때문에 정계보다는 예술과 학문 분야에 일찌감치 몰두하게 되었다.

12 다음 글의 내용과 부합하지 않는 것은?

세잔이, 사라졌다고 느낀 것은 균형과 질서의 감각이다. 인상주의자들은 순간순간의 감각에만 너무 사로잡힌 나머지 자연의 굳건하고 지속적인 형태는 소홀히했다고 느꼈던 것이다. 반 고흐는 인상주의가 시각적 인상에만 집착하여 빛과 색의 광학적 성질만을 탐구한 나머지 미술의 강렬한 정열을 상실하게 될 위험에 처했다고 느꼈다. 마지막으로 고갱은 그가 본 인생과 예술 전부에 대해 철저하게 불만을 느꼈다. 그는 더 단순하고 더 솔직한 어떤 것을 열망했고 그것을 원시인들 속에서 발견할 수 있으리라고 기대했다. 이 세 사람의 화가가 모색했던 제각각의 해법은 세 가지 현대 미술 운동의 이념적 바탕이 되었다. 세잔의 해결 방법은 프랑스에 기원을 둔 입체주의(cubism)를 일으켰고, 반 고흐의 방법은 독일 중심의 표현주의(expressionism)를 일으켰다. 고갱의 해결 방법은 다양한 형태의 프리미티비즘(primitivism)을 이끌어 냈다.

① 세잔은 인상주의가 균형과 질서의 감각을 잃었다고 생각했다.

② 고흐는 인상주의가 강렬한 정열을 상실할 위험에 처했다고 생각했다.

③ 고갱은 인상주의가 충분히 솔직하고 단순했다고 생각했다.

④ 세잔, 고흐, 고갱은 인상주의의 문제를 극복하고자 각자 새로운 해결 방법을 모색했다.

13 밑줄 친 부분의 띄어쓰기가 옳지 않은 것은?

① 이처럼 좋은 걸 어떡해?
② 제 3장의 내용을 요약해 주세요.
③ 공사를 진행한 지 꽤 오래되었다.
④ 결혼 10년 차에 내 집을 장만했다.

14 '깎다'의 활용형에 적용된 음운 변동에 대한 설명으로 옳은 것은?

- 교체: 한 음운이 다른 음운으로 바뀌는 현상
- 탈락: 한 음운이 없어지는 현상
- 첨가: 없던 음운이 생기는 현상
- 축약: 두 음운이 합쳐져서 또 다른 음운 하나로 바뀌는 현상
- 도치: 두 음운의 위치가 서로 바뀌는 현상

① '깎는'은 교체 현상에 의해 '깡는'으로 발음된다.
② '깎아'는 탈락 현상에 의해 '까까'로 발음된다.
③ '깎고'는 도치 현상에 의해 '깍꼬'로 발음된다.
④ '깎지'는 축약 현상과 첨가 현상에 의해 '깍찌'로 발음된다.

15 다음 글에서 추론할 수 있는 내용으로 적절하지 않은 것은?

'포스트휴먼'은 그 기본적인 능력이 근본적으로 현재의 인간을 넘어서기 때문에 현재의 기준으로는 더 이상 인간이라 부를 수 없는 존재를 가리키는 표현이다. 스웨덴 출신의 철학자 보스트롬은 건강 수명, 인지, 감정이라는, 인간의 세 가지 주요 능력 중 최소한 하나 이상의 능력에서 현재의 인간이 도달할 수 있는 최대한의 한계를 엄청나게 넘어설 경우 이를 '포스트휴먼'으로 부르자고 제안하였다.

현재 가장 뛰어난 인간이 가질 수 있는 지능보다 훨씬 더 뛰어난 지능을 가지며, 더 이상 질병에 시달리지 않고, 노화가 완전히 제거되어서 젊음과 활력을 계속 유지하는 어떤 존재를 생각해 볼 수 있다. 이 존재는 스스로의 심리 상태에 대한 조절도 자유롭게 할 수 있어서 피곤함이나 지루함을 거의 느끼지 않으며, 미움과 같은 감정을 피하고, 즐거움, 사랑, 미적 감수성, 평정 등의 태도를 유지한다. 이러한 존재가 어떤 존재일지 지금은 정확하게 상상하기 어렵지만 현재 인간의 상태로 접근할 수 없는 새로운 신체나 의식 상태에 놓여 있을 것임은 분명하다.

이러한 포스트휴먼은 완전히 인위적으로 만들어진 인공 지능일 수도 있고, 신체를 버리고 슈퍼컴퓨터 안의 정보 패턴으로 살기를 선택한 업로드의 형태일 수도 있으며, 또는 생물학적 인간에 대한 개선들이 축적된 결과일 수도 있다. 만약 생물학적 인간이 포스트휴먼이 되고자 한다면 유전 공학, 신경약리학, 항노화술, 컴퓨터-신경 인터페이스, 기억 향상 약물, 웨어러블 컴퓨터, 인지 기술과 같은 다양한 과학 기술을 이용해 우리의 두뇌나 신체에 근본적인 기술적 변형을 가해야만 할 것이다. '포스트휴먼'은 '내가 이런 능력을 가지고 있었으면 얼마나 좋을까' 하고 누구나 한 번쯤 상상해 보았을 법한 슈퍼 인간의 모습을 기술한 용어이다.

국가직 문제 / 지방직 문제 / 서울시 문제 / 국가직 해설 / 지방직 해설 / 서울시 해설

① 포스트휴먼 개념에 따라 제시되는 미래의 존재
는 과학 기술의 발전 양상에 따른 영향을 현재
의 인간에 비해 더 크게 받을 것이다.
② 포스트휴먼 개념은 인간의 신체적 결함을 다양
한 과학 기술을 이용해 보완하여 기술적 한계
를 극복한 새로운 인간형의 탄생에 귀결될 것
이다.
③ 포스트휴먼은 인간의 현재 상태를 뛰어넘는 능
력을 가진 새로운 존재일 것으로 예측되지만
그 형태가 어떠할지 여하는 다양한 가능성에
열려 있다.
④ 포스트휴먼은 건강 수명, 인지 능력, 감정 등의
측면에서 현재의 인간보다 뛰어나기 때문에 포
스트휴먼 사회에서는 인간에 대한 개념이 새로
구성될 것이다.

16 반의 관계 어휘에 대한 설명으로 옳지 않은 것은?

① '크다/작다'의 경우, 두 단어를 동시에 긍정하
거나 부정하면 모순이 발생한다.
② '출발/도착'의 경우, 한 단어의 부정이 다른 쪽
단어의 부정과 모순되지 않는다.
③ '참/거짓'의 경우, 한 단어의 부정은 다른 쪽 단
어의 긍정을 함의한다.
④ '넓다/좁다'의 경우, 한 단어의 의미가 다른 쪽
단어의 부정을 함의한다.

17 밑줄 친 부분에 대한 설명으로 적절한 것은?

> 말ᄊᆞᆷ 🄰술ᄫᆞ리 하디 天命을 疑心ᄒᆞ실씨 ᄭᅮ
> 므로 🄱뵈아시니
> 놀애ᇡ 브르리 🄲하디 天命을 모ᄅᆞ실씨 ᄭᅮ므로
> 🄳알외시니
>
> (말씀을 아뢸 사람이 많지만, 天命을 의심하시
> 므로 꿈으로 재촉하시니
> 노래를 부를 사람이 많지만, 天命을 모르므로
> 꿈으로 알리시니)
>
> – 「용비어천가」 13장 –

① 🄰에서 '–이'는 주격을 나타내는 조사로 기능
한다.
② 🄱에서 '–아시–'는 높임을 나타내는 선어말 어
미로 기능한다.
③ 🄲에서 '–디'는 이유를 나타내는 연결 어미로
기능한다.
④ 🄳에서 '–외–'는 사동을 나타내는 접미사로 기
능한다.

18 다음 글의 내용과 부합하는 것은?

동양의 음식 중에는 특별한 의미가 담긴 것들이 있다. 우리나라 대표적인 명절 음식 중 하나인 송편은 반달의 모습을 본뜬 음식으로 풍년과 발전을 상징한다. 『삼국사기』에 따르면, 백제 의자왕 때 궁궐 땅속에서 파낸 거북이 등에 쓰여 있는 '백제는 만월(滿月) 신라는 반달'이라는 글귀를 두고 점술사가 백제는 만월이라서 다음 날부터 쇠퇴하고 신라는 앞으로 크게 발전할 징표라고 해석했다고 한다. 결과적으로 점술가의 예언이 적중했다. 이때부터 반달은 더 나은 미래를 기원하는 뜻으로 쓰이며, 그러한 뜻을 담아 송편도 반달 모양의 떡으로 빚었다고 한다.

중국에서는 반달이 아닌 보름달 모양의 월병을 빚어 즐겨 먹었다. 옛날에 월병은 송편과 마찬가지로 제수 용품이었다. 점차 제례 음식으로서 위상을 잃었지만 모든 가족이 모여 보름달을 바라보면서 함께 나눠 먹는 음식으로 자리 잡았다. 이 때문에 보름달 모양의 월병은 둥근 원탁에 온가족이 모인 것을 상징한다. 한국에서 지역의 단합을 위해 수천 명 분의 비빔밥을 만들듯이 중국에서는 수천 명이 먹을 수 있는 월병을 만들 정도로 이는 의미 있는 음식으로 대접받고 있다.

① 중국의 월병은 제수 음식으로서의 명맥을 유지하고 있다.
② 신라인들은 더 나은 미래를 기원하는 마음을 담아 송편을 빚었다.
③ 중국의 월병은 한국에서 비빔밥을 만들어 먹는 것을 본떠 만든 음식이다.
④ 『삼국사기』에 따르면 점술가의 예언 덕분에 신라가 크게 발전할 수 있었다.

[19~20] 다음 글을 읽고 물음에 답하시오.

잔을 씻어 다시 술을 부으려 하는데 ㉠갑자기 석양에 막대기 던지는 소리가 나거늘 괴이하게 여겨 생각하되, '어떤 사람이 올라오는고.' 하였다. 이윽고 한 중이 오는데 눈썹이 길고 눈이 맑고 얼굴이 특이하더라. 엄숙하게 자리에 이르러 승상을 보고 예하여 왈,

"산야(山野) 사람이 대승상께 인사를 드리나이다."

승상이 이인(異人)인 줄 알고 황망히 답례하여 왈,

"사부는 어디에서 오신고?"

중이 웃으며 왈,

"평생의 낯익은 사람을 몰라보시니 귀인이 잘 잊는다는 말이 옳도소이다."

승상이 자세히 보니 과연 낯이 익은 듯하거늘 문득 깨달아 능파 낭자를 돌아보며 왈,

"소유가 전에 토번을 정벌할 때 꿈에 동정 용궁에 가서 잔치하고 돌아오는 길에 남악에 가서 놀았는데 한 화상이 법좌에 앉아서 불경을 강론하더니 노부께서 바로 그 노화상이냐?"

중이 박장대소하고 말하되,

"옳다. 옳다. 비록 옳지만 ㉡꿈속에서 잠깐 만나본 일은 생각하고 ㉢십 년을 같이 살던 일은 알지 못하니 누가 양 장원을 총명하다 하더뇨?"

승상이 어리둥절하여 말하되,

"소유가 ㉣열대여섯 살 전에는 부모 슬하를 떠나지 않았고, 열여섯에 급제하여 줄곧 벼슬을 하였으니 동으로 연국에 사신을 갔고 서로 토번을 정벌한 것 외에는 일찍이 서울을 떠나지 않았으니 언제 사부와 십 년을 함께 살았으리오?"

중이 웃으며 왈,

"상공이 아직 춘몽에서 깨어나지 못하였도소이다."

승상이 왈,

"사부는 어떻게 하면 소유를 춘몽에게 깨게 하리오?"

중이 왈,

"어렵지 않으니이다."

하고 손 가운데 돌 지팡이를 들어 난간을 두어 번 치니 갑자기 사방 산골짜기에서 구름이 일어나 누대 위에 쌓여 지척을 분변하지 못했다. 승상이 정신이 아득하여 마치 꿈에 취한 듯하더니 한참 만에 소리 질러 말하되,

"사부는 어찌 소유를 정도로 인도하지 않고 환술(幻術)로 희롱하나뇨?"

대답을 듣기도 전에 구름이 날아가니 중은 간 곳이 없고 좌우를 돌아보니 여덟 낭자 또한 간 곳이 없는지라.

– 김만중, 「구운몽」 –

19 ㉠~㉣을 사건의 시간 순서에 따라 가장 적절하게 배열한 것은?

① ㉠ → ㉢ → ㉣ → ㉡
② ㉠ → ㉣ → ㉢ → ㉡
③ ㉢ → ㉣ → ㉡ → ㉠
④ ㉣ → ㉢ → ㉡ → ㉠

20 윗글에 대한 이해로 가장 적절한 것은?

① '승상'은 꿈에 남악에서 '중'을 보았던 기억을 떠올리며 낯이 익은 듯하다고 여기기 시작한다.

② '승상'은 본디 남악에서 '중'의 문하생으로 불도를 닦던 승려였음을 인정한 뒤 꿈에서 깨게 된다.

③ '승상'은 '중'이 여덟 낭자를 사라지게 한 환술을 부렸음을 확인하고서 그의 진의를 의심한다.

④ '승상'은 능파 낭자와 어울려 놀던 죄를 징벌한 이가 '중'임을 깨닫고서 '중'과의 관계를 부정하게 된다.

국가직
문제

지방직
문제

서울시
문제

국가직
해설

지방직
해설

서울시
해설

01 다음 시가의 전개 방식으로 옳은 것은?

> 龜何龜何
> 首其現也
> 若不現也
> 燔灼而喫也
>
> － 「구지가」 －

① 요구 － 위협 － 환기 － 조건
② 환기 － 요구 － 조건 － 위협
③ 위협 － 조건 － 환기 － 요구
④ 조건 － 요구 － 위협 － 환기

02 화자의 처지나 행위에 대한 분석으로 옳지 않은 것은?

> 흐르는 것이 물뿐이랴
> 우리가 저와 같아서
> 강변에 나가 삽을 씻으며
> 거기 슬픔도 퍼다 버린다
> 일이 끝나 저물어
> 스스로 깊어 가는 강을 보며
> 쭈그려 앉아 담배나 피우고
> 나는 돌아갈 뿐이다.
> 삽자루에 맡긴 한 생애가
> 이렇게 저물고, 저물어서
> 샛강 바닥 썩은 물에
> 달이 뜨는구나
> 우리가 저와 같아서
> 흐르는 물에 삽을 씻고
> 먹을 것 없는 사람들의 마을로
> 다시 어두워 돌아가야 한다.
>
> － 정희성, 「저문 강에 삽을 씻고」 －

① 화자는 일을 마치고, 해 지는 강변에 나와 삽을 씻는다.
② 화자는 강물에 슬픔을 퍼 버리고, '먹을 것 없는 사람들의 마을'로 돌아가야 한다.
③ 화자는 '삽자루에 맡긴 한 생애'라는 표현을 통해 자신의 삶을 압축적으로 드러낸다.
④ 화자는 주관적인 감정을 배제하고, 해 지는 강가의 풍경을 객관적으로 전달하려 한다.

03 밑줄 친 부분과 관련된 사자 성어로 가장 적절한 것은?

전국 시대 말, 진나라의 공격을 받은 조나라 혜문왕은 동생인 평원군을 초나라에 보내어 구원군을 청하기로 했다. 이십 명의 수행원이 필요한 평원군은 그의 삼천여 식객 중에서 십구 명은 쉽게 뽑았으나, 나머지 한 명을 뽑지 못한 채 고심했다. 이때에 모수라는 식객이 나섰다. 평원군은 어이없어하며 자신의 집에 언제부터 있었는지 물었다. 모수가 삼 년이 되었다고 대답하자 평원군은 재능이 뛰어난 사람은 숨어 있어도 저절로 사람들에게 알려지게 되는 법인데, 모수의 이름을 들어본 적이 없다고 답했다. 그러자 모수는 "나리께서 이제까지 저를 단 한 번도 주머니 속에 넣어 주시지 않았기 때문입니다. 하지만 이번에 주머니 속에 넣어 주신다면 끝뿐이 아니라 자루까지 드러날 것입니다." 하고 재치 있는 답변을 했다. 만족한 평원군은 모수를 수행원으로 뽑았고, 초나라에 도착한 평원군은 모수가 활약한 덕분에 국빈으로 환대받고, 구원군도 얻을 수 있었다.

① 吳越同舟
② 囊中之錐
③ 馬耳東風
④ 近墨者黑

04 다음 글을 읽고 추론한 내용으로 적절하지 않은 것은?

사방이 어두워지자 그들도 얘기를 그쳤다. 어디에나 눈이 덮여 있어서 길을 잘 분간할 수가 없었다. 뒤에 처졌던 백화가 눈 덮인 길의 고랑에 빠져 버렸다. 발이라도 삐었는지 백화는 꼼짝 못하고 주저앉아 신음을 했다. 영달이가 달려들어 싫다고 뿌리치는 백화를 업었다. 백화는 영달이의 등에 업히면서 말했다.

"무겁죠?"

영달이는 대꾸하지 않았다. 백화가 어린애처럼 가벼웠다. 등이 불편하지도 않았고 어쩐지 가뿐한 느낌이었다. 아마 쇠약해진 탓이리라 생각하니, 영달이는 어쩐지 대전에서의 옥자가 생각나서 눈시울이 화끈했다. 백화가 말했다.

"어깨가 참 넓네요. 한 세 사람쯤 업겠어."

"댁이 근수가 모자라니 그렇다구."

– 황석영, 「삼포 가는 길」 중에서 –

① '눈 덮인 길의 고랑'은 백화가 신음하는 계기로 작용하기도 한다.
② 등에 업힌 백화는 영달이가 '옥자'를 떠올리는 계기로 작용하기도 한다.
③ 영달이는 '대전에서의 옥자'를, 어린애처럼 생각이 깊지 않은 존재로 인식하고 있다.
④ 백화는 처음에는 영달이의 등에 업히기를 싫어했으나, 영달이의 등에 업힌 이후 싫어하는 내색이 없어 보인다.

05 밑줄 친 말의 문맥적 의미가 같은 것은?

고장 난 시계를 고치다.

① 부엌을 입식으로 고치다.
② 상호를 순 우리말로 고치다.
③ 정비소에서 자동차를 고치다.
④ 국민 생활에 불편을 주는 낡은 법을 고치다.

06 밑줄 친 말의 사전적 의미로 가장 적절한 것은?

> 아이들이야 학교 가는 시간을 빼고는 내내 밖에서만 노는데, 놀아도 여간 시망스럽게 놀지 않았다.
>
> – 최일남, 「노새 두 마리」 중에서 –

① 몹시 짓궂은 데가 있다.

② 생기 있고 힘차며 시원스럽다.

③ 어수선하여 질서나 통일성이 없다.

④ 보기에 태도나 행동이 가벼운 데가 있다.

07 밑줄 친 접두사가 한자에서 온 말이 아닌 것은?

① 강염기

② 강타자

③ 강기침

④ 강행군

08 밑줄 친 말의 기본형이 옳지 않은 것은?

① 무를 강판에 가니 즙이 나온다. (기본형 : 갈다)

② 오래되어 불은 국수는 맛이 없다. (기본형 : 붇다)

③ 아이들에게 위험한 데서 놀지 말라고 일렀다. (기본형: 이르다)

④ 퇴근하는 길에 포장마차에 들렀다가 친구를 만났다. (기본형 : 들르다)

09 다음 글에서 드러나지 않는 것은?

> 일주일에 한 번쯤 돼지고기를 반 근, 혹은 반의 반 근 사러 가는 푸줏간이었다. 어머니는 돈을 들려 보내며 매양 같은 주의를 잊지 않았다.
>
> 적게 주거든, 애라고 조금 주느냐고 말해라, 그리고 또 비계는 말고 살로 주세요, 해라.
>
> 푸줏간에서는 한쪽 볼에 힘껏 쥐어질린 듯 여문 밤톨만한 혹이 달리고 그 혹부리에, 상기도 보이지 않는 손에 의해 끄들리고 있는 듯 길게 뻗힌 수염을 기른 홀아비 중국인이 고기를 팔았다.
>
> 애라고 조금 주세요?
>
> 키가 작아 발돋움질로 간신히 진열대에 턱을 올려놓고 돈을 밀어 넣는 것과 동시에 나는 총알처럼 내뱉었다.
>
> 고기를 자르기 위해 벽에 매단 가죽 끈에 칼을 문질러 날을 세우던 중국인은 미처 무슨 말인지 몰라 뚱한 얼굴로 나를 바라보았다. 나는 비계는 말고 살로 달래라 하던 어머니가 일러 준 말을 하기 전 중국인이 고기를 자를까봐 허겁지겁 내쏘았다.
>
> 고기로 달래요.
>
> 중국인은 꾸룩꾸룩 웃으며 그때야 비로소 고기를 덥석 베어 내었다.
>
> 왜 고기만 주니, 털도 주고 가죽도 주지.
>
> – 오정희, 「중국인 거리」 중에서 –

① 어머니의 주의에 대한 '나'의 수용

② '나'에게 심부름을 시키는 어머니의 태도

③ 시간적 배경의 특성과 공간적 배경의 역할

④ '나'의 말에 대해 푸줏간의 '중국인'이 보여 주는 정서

국가직 문제
지방직 문제
서울시 문제
국가직 해설
지방직 해설
서울시 해설

10 필자의 견해로 볼 수 없는 것은?

우리는 우리가 생각한 것을 말로 나타낸다. 또 다른 사람의 말을 듣고, 그 사람이 무슨 생각을 가지고 있는가를 짐작한다. 그러므로 생각과 말은 서로 떨어질 수 없는 깊은 관계를 가지고 있다.

그러면 말과 생각이 얼마만큼 깊은 관계를 가지고 있을까? 이 문제를 놓고 사람들은 오랫동안 여러 가지 생각을 하였다. 그 가운데 가장 두드러진 것이 두 가지 있다. 그 하나는 말과 생각이 서로 꼭 달라붙은 쌍둥이인데 한 놈은 생각이 되어 속에 감추어져 있고 다른 한 놈은 말이 되어 사람 귀에 들리는 것이라는 생각이다. 다른 하나는 생각이 큰 그릇이고 말은 생각 속에 들어가는 작은 그릇이어서 생각에는 말 이외에도 다른 것이 더 있다는 생각이다.

이 두 가지 생각 가운데서 앞의 것은 조금만 깊이 생각해 보면 틀렸다는 것을 즉시 깨달을 수 있다. 우리가 생각한 것은 거의 대부분 말로 나타낼 수 있지만, 누구든지 가슴 속에 응어리진 어떤 생각이 분명히 있기는 한데 그것을 어떻게 말로 표현해야 할지 애태운 경험을 가지고 있을 것이다. 이것 한 가지만 보더라도 말과 생각이 서로 안팎을 이루는 쌍둥이가 아님은 쉽게 판명된다.

인간의 생각이라는 것은 매우 넓고 큰 것이며 말이란 결국 생각의 일부분을 주워 담는 작은 그릇에 지나지 않는다. 그러나 아무리 인간의 생각이 말보다 범위가 넓고 큰 것이라고 하여도 그것을 가능한 한 말로 바꾸어 놓지 않으면 그 생각의 위대함이나 오묘함이 다른 사람에게 전달되지 않기 때문에 생각이 형님이요, 말이 동생이라고 할지라도 생각은 동생의 신세를 지지 않을 수가 없게 되어 있다. 그러니 말을 통하지 않고는 생각을 전달할 수가 없는 것이다.

① 말은 생각보다 범위가 좁다.
② 말은 생각을 나타내는 매개체이다.
③ 말과 생각은 불가분의 관계에 놓여 있다.
④ 말을 통하지 않고도 얼마든지 생각을 전달할 수 있다.

11 다음 시에 대한 감상으로 적절하지 않은 것은?

아무도 그에게 수심(水深)을 일러준 일이 없기에
흰나비는 도무지 바다가 무섭지 않다.

청(靑)무우밭인가 해서 내려갔다가는
어린 날개가 물결에 절어서
공주처럼 지쳐서 돌아온다.

삼월(三月)달 바다가 꽃이 피지 않아서 서글픈
나비 허리에 새파란 초생달이 시리다.
－ 김기림, 「바다와 나비」 －

① '청(靑)무우밭'은 '바다'와 대립되는 이미지로 쓰였다.
② '흰나비'는 '바다'의 실체에 대해 정확하게 모르고 있었다.
③ 화자는 '공주처럼' 나약한 나비의 의지 부족과 방관적 태도를 비판한다.
④ '삼월(三月)달 바다'와 '새파란 초생달'은 모두 차가운 이미지로 사용되었다.

12 〈보기〉를 참고할 때, ㉠~㉣에 대한 분석으로 적절하지 않은 것은?

보기

어떤 특정한 시기의 풍속이나 세태의 한 단면을 그리는 소설 양식을 세태 소설이라 한다. 세태 소설은 당대 사회의 모순이나 부조리 등을 있는 그대로 묘사하여 그 사회에 대한 비판 의식을 드러낸다. 그 대표적인 소설로 박태원의 '소설가 구보 씨의 일일'이 있다.

㉠개찰구 앞에 두 명의 사내가 서 있었다. 낡은 파나마에 모시 두루마기 노랑 구두를 신고, 그리고 손에 조그만 보따리 하나도 들지 않은 그들을, 구보는, 확신을 가져 무직자라고 단정한다. 그리고 이 시대의 무직자들은, 거의 다 ㉡금광 브로커에 틀림없었다. 구보는 새삼스러이 대합실 안팎을 둘러본다. 그러한 인물들은, 이곳에도 저곳에도 눈에 띄었다.

㉢황금광 시대(黃金狂時代).

저도 모를 사이에 구보의 입술에서는 무거운 한숨이 새어 나왔다. 황금을 찾아, 황금을 찾아, 그것도 역시 숨김없는 인생의, 분명히, 일면이다. 그것은 적어도, 한 손에 단장과 또 한 손에 공책을 들고, 목적 없이 거리로 나온 자기보다는 좀 더 진실한 인생이었을지도 모른다. 시내에 산재한 무수한 광무소(鑛務所). 인지대 백 원. 열람비 오 원. 수수료 십 원. 지도대 십팔 전…… 출원 등록된 광구, 조선 전토(全土)의 칠 할. 시시각각으로 사람들은 졸부가 되고, 또 몰락해 갔다. 황금광 시대. 그들 중에는 평론가와 시인, 이러한 문인들조차 끼어 있었다. 구보는 일찍이 창작을 위해 그의 벗의 광산에 가 보고 싶다 생각하였다. 사람들의 사행심, 황금의 매력, 그러한 것들을 구보는 보고, 느끼고, 하고 싶었다. 그러나 고도의 금광열은, 오히려, ㉣총독부청사, 동측 최고층, 광무과 열람실에서 볼 수 있었다…….

– 박태원, 「소설가 구보 씨의 일일」 중에서 –

① ㉠: 세태의 단면이 드러나는 공간적 배경이다.

② ㉡: 적극성을 지닌 존재들로 서술자의 예찬 대상이다.

③ ㉢: '무거운 한숨'을 유발하는 부조리한 현실로 서술자의 비판 대상이다.

④ ㉣: 서술자가 '금광열'이 고조되어 있는 것으로 설정한 대상이나 공간이다.

13 ㉠~㉣에 대한 풀이로 옳지 않은 것은?

빌기를 다 함에 지성이면 감천이라 황천인들 무심할까. 단상의 오색구름이 사면에 옹위하고 산중에 ㉠백발 신령이 일제히 하강하여 정결케 지은 제물 모두 다 흠향한다. 길조(吉兆)가 여차(如此)하니 귀자(貴子)가 없을쏘냐. 빌기를 다한 후에 만심 고대하던 차에 일일은 한 꿈을 얻으니, ㉡천상으로서 오운(五雲)이 영롱하고, 일원(一員) 선관(仙官)이 청룡(靑龍)을 타고 내려와 말하되,

"나는 청룡을 다스리던 선관이더니 익성(翼星)이 무도(無道)한 고로 상제께 아뢰되 익성을 치죄하야 다른 방으로 귀양을 보냈더니 익성이 이걸로 함심(含心)하야 ㉢백옥루 잔치 시에 익성과 대전(對戰)한 후로 상제전에 득죄하여 인간에 내치심에 갈 바를 모르더니 남악산 신령들이 부인 댁으로 지시하기로 왔사오니 부인은 애휼(愛恤)하옵소서."

하고 타고 온 청룡을 오운 간(五雲間)에 방송(放送)하며 왈,

"㉣일후 풍진(風塵) 중에 너를 다시 찾으리라."

하고 부인 품에 달려들거늘 놀래 깨달으니 일장춘몽이 황홀하다.

정신을 진정하야 정언주부를 청입(請入)하야 몽사를 설화(說話)한대 정언주부가 즐거운 마음 비할 데 없어 부인을 위로하야 춘정(春情)을 부쳐 두고 생남(生男)하기를 만심 고대하더니 과연 그달부터 태기 있어 십 삭이 찬 연후에 옥동자를 탄생할 제, 방 안에 향취 있고 문 밖에 서기(瑞氣)가 뻗질러 생광(生光)은 만지(滿地)하고 서채(瑞彩)는 충천하였다.

··· (중략) ···

이때에 조정에 두 신하가 있으니 하나는 도총대장 정한담이요, 또 하나는 병부상서 최일귀라. 본대 천상 익성으로 자미원 대장성과 백옥루 잔치에 대전한 죄로 상제께 득죄하여 인간 세상에 적강(謫降)하여 대명국 황제의 신하가 되었는지라 본시 천상지인(天上之人)으로 지략이 유여하고 술법이 신묘한 중에 금산사 옥관도사를 데려다가 별당에 거처하게 하고 술법을 배웠으니 만부부당지용(萬夫不當之勇)이 있고 백만군중대장지재(百萬軍中大將之才)라 벼슬이 일품이요 포악이 무쌍이라 일상 마음이 천자를 도모코자 하되 다만 정언주부인 유심의 직간을 꺼려하고 또한 퇴재상(退宰相) 강희주의 상소를 꺼려 주저한 지 오래라.

- 「유충렬전」 중에서 -

① ㉠: 길조(吉兆)가 일어날 것임을 암시한다.

② ㉡: '부인'이 꾼 꿈의 상황이다.

③ ㉢: '선관'이 인간 세상에 귀양을 오게 되는 계기이다.

④ ㉣: '남악산 신령'이 후일 청룡을 타고 천상 세계로 복귀할 것임을 암시한다.

14 ㉠~㉣의 한자가 모두 바르게 표기된 것은?

> 보기
>
> 글의 진술 방식에는 ㉠설명, ㉡묘사, ㉢서사, ㉣논증 등 네 가지 방식이 있다.

	㉠	㉡	㉢	㉣
①	說明	描寫	敍事	論證
②	設明	描寫	敍事	論症
③	說明	猫鯊	徐事	論症
④	設明	猫鯊	徐事	論證

15 밑줄 친 부분이 어문 규정에 맞는 것은?

① 병이 씻은 듯이 낳았다.

② 넉넉치 못한 선물이나 받아 주세요.

③ 그는 자물쇠로 책상 서랍을 잠갔다.

④ 옷가지를 이어서 밧줄처럼 만들었다.

16 훈민정음의 28 자모(字母) 체계에 들지 않는 것은?

① ㆆ

② ㅿ

③ ㅠ

④ ㅸ

17 밑줄 친 부분의 띄어쓰기가 옳은 것은?

① <u>한밤중</u>에 전화가 왔다.

② 그는 일도 잘할 <u>뿐더러</u> 성격도 좋다.

③ 친구가 도착한 지 두 <u>시간만에</u> 떠났다.

④ 요즘 경기가 안 좋아서 장사가 잘 <u>안 된다</u>.

18 독음이 모두 바른 것은?

① 探險(탐험) − 矛盾(모순) − 貨幣(화폐)

② 詐欺(사기) − 惹起(야기) − 灼熱(치열)

③ 荊棘(형자) − 破綻(파탄) − 洞察(통찰)

④ 箴言(잠언) − 惡寒(악한) − 奢侈(사치)

19 설명이 옳지 않은 것은?

① 'ㄴ, ㅁ, ㅇ'은 유음이다.

② 'ㅅ, ㅆ, ㅎ'은 마찰음이다.

③ 'ㅡ, ㅓ, ㅏ'는 후설 모음이다.

④ 'ㅟ, ㅚ, ㅗ, ㅜ'는 원순 모음이다.

20 내용의 전개에 따라 바르게 배열한 것은?

> (가) 사물은 저것 아닌 것이 없고, 또 이것 아닌 것이 없다. 이쪽에서 보면 모두가 저것, 저쪽에서 보면 모두가 이것이다.
>
> (나) 그러므로 저것은 이것에서 생겨나고, 이것 또한 저것에서 비롯된다고 한다. 이것과 저것은 저 혜시(惠施)가 말하는 방생(方生)의 설이다.
>
> (다) 그래서 성인(聖人)은 이런 상대적인 방법에 의하지 않고, 그것을 절대적인 자연의 조명(照明)에 비추어 본다. 그리고 커다란 긍정에 의존한다. 거기서는 이것이 저것이고 저것 또한 이것이다. 또 저것도 하나의 시비(是非)이고 이것도 하나의 시비이다. 과연 저것과 이것이 있다는 말인가. 과연 저것과 이것이 없다는 말인가.
>
> (라) 그러나 그, 즉 혜시(惠施)도 말하듯이 삶이 있으면 반드시 죽음이 있고, 죽음이 있으면 반드시 삶이 있다. 역시 된다가 있으면 안 된다가 있고, 안 된다가 있으면 된다가 있다. 옳다에 의거하면 옳지 않다에 기대는 셈이 되고, 옳지 않다에 의거하면 옳다에 의지하는 셈이 된다.

① (가) − (나) − (다) − (라)

② (가) − (나) − (라) − (다)

③ (가) − (다) − (나) − (라)

④ (가) − (라) − (나) − (다)

2017년 기출문제

정답 및 해설 256p

01 밑줄 친 단어의 쓰임이 옳지 않은 것은?

① <u>금방</u> 비가 올 것처럼 하늘이 어둡다.

　할머니는 <u>방금</u> 전에 난 소리에 깜짝 놀라셨다.

② 그는 <u>근본</u>이 미천하여 남들의 업신여김을 받았다.

　자발적 참여자를 <u>근간</u>으로 하여 조직이 결성되었다.

③ 친구들에게 그는 완전히 <u>타락한</u> 사람으로 알려졌다.

　그는 역모 사건에 휘말려 <u>몰락한</u> 집안의 자손이었다.

④ 비가 올 때에는 순회공연을 <u>지연하기</u>로 하였다.

　시험 시작 날짜가 9월 5일에서 9월 7일로 <u>연장되었다.</u>

02 띄어쓰기가 옳지 않은 것은?

① 조금 의심스러운 부분이 있어서 물어도 보았다.

② 매일같이 지각하던 김 선생이 직장을 그만두었다.

③ 이번 시험에서 우리 중 안 되어도 세 명은 합격할 듯하다.

④ 지난주에 발생한 사고를 어떻게 해결해야 할지 회의를 했다.

03 높임법에 대한 설명으로 옳지 않은 것은?

> ㄱ. 할아버지께서 노인정에 가셨습니다.
> ㄴ. 선생님께서는 휴일에는 댁에 계십니다.
> ㄷ. 여러분, 아이들을 자리에 앉혀 주십시오.
> ㄹ. 우리는 할머니를 모시고 산책을 다녀왔다.

① ㄱ, ㄴ: 문장의 주체를 높이고 있다.

② ㄱ, ㄴ, ㄷ: 듣는 이를 높이고 있다.

③ ㄴ, ㄹ: 특수한 어휘를 사용하여 높임을 표현하고 있다.

④ ㄷ, ㄹ: 목적어를 높이고 있으므로 객체를 높이는 표현이다.

04 밑줄 친 단어의 품사가 같은 것은?

① 모두 제 <u>잘못</u>입니다.

　심판은 규칙을 <u>잘못</u> 적용하여 비난을 받았다.

② 집에 도착하는 <u>대로</u> 편지를 쓰다.

　큰 것은 큰 <u>것대로</u> 따로 모아 두다.

③ <u>비교적</u> 교통이 편리한 곳에 사무실이 있다.

　우리나라의 출산율은 <u>비교적</u> 낮은 편이다.

④ <u>이</u> 사과가 맛있게 생겼다.

　<u>이</u>보다 더 좋을 수는 없다.

05 밑줄 친 한자 성어의 쓰임이 적절하지 않은 것은?

① 그는 이번 실패에 굴하지 않고 <u>捲土重來</u>를 꿈꾸고 있다.

② 그는 <u>魚魯不辨</u>으로 부당 이득을 취한 혐의를 받고 있다.

③ 그는 이번 사건에 <u>吾不關焉</u>하면서 책임을 회피하고 있다.

④ 그의 말이 <u>羊頭狗肉</u>으로 평가받는 것은 겉만 그럴듯해서이다.

06 다음 글에 대한 설명으로 가장 적절한 것은?

나는 이때 온몸으로, 그리고 마음속으로 절절히 느끼게 되었다. 집착이 괴로움인 것을. 그렇다. 나는 난초에게 너무 집념해 버린 것이다. 이 집착에서 벗어나야겠다고 결심했다. 난을 가꾸면서는 산철에도 나그넷길을 떠나지 못한 채 꼼짝을 못 했다. 밖에 볼일이 있어 잠시 방을 비울 때면 환기가 되도록 들창문을 열어놓아야 했고, 분(盆)을 내놓은 채 나가다가 뒤미처 생각하고는 되돌아와 들여놓고 나간 적도 한두 번이 아니었다.

우리들의 소유 관념이 때로는 우리들의 눈을 멀게 한다. 그래서 자기의 분수까지도 돌볼 새 없이 들뜬다. 그러나 우리는 언젠가 한 번은 빈손으로 돌아갈 것이다. 내 이 육신마저 버리고 훌훌히 떠나갈 것이다. 하고많은 물량일지라도 우리를 어떻게 하지 못할 것이다.

크게 버리는 사람만이 크게 얻을 수 있다는 말이 있다. 물건으로 인해 마음을 상하고 있는 사람들에게는 한번쯤 생각해 볼 말씀이다. 아무것도 갖지 않을 때 비로소 온 세상을 갖게 된다는 것은 무소유의 역리(逆理)이니까.

① 역설과 예시를 사용해 주제를 강조하고 있다.

② 전문적인 지식을 통해 논증을 뒷받침하고 있다.

③ 난초를 의인화하여 소유의 가치를 깨우치고 있다.

④ 단호한 어조로 독자의 반성을 촉구하고 있다.

07 ㉠에 들어갈 시조로 적절한 것은?

우리말에서 공간적 개념은 흔히 시간적 개념으로 바뀌어 표현되곤 한다. 예컨대 공간 표현인 '뒤'가 시간 표현으로 '나중'을 의미하기도 한다. 한편 문학 작품에서 시간적 개념이 공간적 개념으로 바뀌어 표현되는 경우도 있다. 그 예로 다음 시조를 보자.

> ㉠

① 어져 내 일이야 그릴 줄을 모로ᄃ냐
　이시랴 ᄒ더면 가랴마ᄂ 제 구ᄐ여
　보내고 그리ᄂ 情은 나도 몰라 ᄒ노라

② 靑山은 내 뜻이오 綠水는 님의 情이
　綠水 흘러간들 靑山이야 變홀손가
　綠水도 靑山을 못 니져 우러 예어 가ᄂ고

③ 冬至ㅅ돌 기나긴 밤을 한 허리를 버혀 내여
　春風 니불 아리 서리서리 너헛다가
　어른 님 오신 날 밤이여든 구뷔구뷔 펴리라

④ 山은 녯 山이로되 물은 녯 물이 안이로다
　晝夜에 흘으니 녯 물이 이실쏜야
　人傑도 물과 ᄀᆞ야 가고 안이 오노미라

08 밑줄 친 단어의 불규칙 활용 유형이 같은 것은?

① 나뭇잎이 <u>누르니</u> 가을이 왔다.
　나무가 높아 <u>오르기</u> 힘들다.
② 목적지에 <u>이르기</u>는 아직 멀었다.
　앞으로 <u>구르기</u>를 잘한다.
③ 주먹을 <u>휘두르지</u> 마라.
　머리를 짧게 <u>자른다.</u>
④ 그를 불운한 천재라 <u>부른다.</u>
　색깔이 아주 <u>푸르다.</u>

09 다음 글에 나타난 필자의 견해로 볼 수 없는 것은?

서양에서 주인공을 '히어로(hero)', 즉 '영웅'이라고 부른 것은 고대 서사나 희곡의 소재가 되던 주인공들이 초인간적인 능력을 가진 인물들이었기 때문이다. 신화적 세계관 속에서 영웅들은 신과 밀접한 관계를 맺거나 신의 후손이기도 하였다.

신화와 달리 문학 작품은 인물의 행위를 단일한 것으로 통일시킨다. 영웅들의 초인간적이고 신적인 행위는 차차 문학 작품의 구조에 제한되어 훨씬 인간화되었다. 문학 작품의 통일된 구조에 적합하지 않은 것은 대폭 수정되거나 제거되는 수밖에 없었다.

아리스토텔레스는 비극이 '보통보다 우수한 인물'을 모방한다고 하였는데, 이는 문학의 인물이 신화의 영웅이 아닌 보통의 인간임을 지적한 것이다. 극의 주인공은 작품의 통일성을 기하는 데 기여하는 중심적인 인물이면 된다고 한 것으로 볼 수 있다.

낭만주의 및 역사주의 비평가들은 작중 인물을 실제 인물인 양 따로 떼어 내어, 그의 개인적인 역사를 재구성해보려고도 하였다. 그들은 영웅이라는 표현 대신 '성격(인물, character)'

이라는 개념을 즐겨 썼는데, 이 용어는 지금도 비평계에서 애용되고 있다.

① 영웅이라는 말은 고대의 예술적 조건과 자연스럽게 관련된다.
② 신화의 영웅은 문학 작품에 와서 점차 인간화되었다.
③ 아리스토텔레스가 말한 '보통보다 우수한 인물'은 신화적 영웅과 다르다.
④ 역사주의 비평가들은 작중 인물을 역사적 영웅으로 재평가하려고 했다.

10 ㉠~㉣에 들어갈 한자어를 순서대로 바르게 나열한 것은?

토론은 어떤 의견이나 제안에 대해 찬성과 반대의 뚜렷한 의견 대립을 가지는 사람들이 논리적으로 상대방을 설득하는 (㉠) 형태이다. 찬성자와 반대자는 각기 (㉡)를 밝히고, 상대방의 주장을 비판하며, 주장의 정당성과 합리성이 상대방에게 인정될 수 있도록 자기의 주장을 펴 나간다. 토론에서 자기 주장이 옳다는 것을 상대방이 인정하도록 하려면, 상대로 하여금 (㉢)의 여지를 가지지 못하게 해야 한다. 따라서 토론 참가자는 (㉣)에 대한 충분한 자료 수집 및 정보 검토를 통해 자신의 주장에 대해 충분히 생각하고, 자기 의견을 논리적으로 분명하게 드러내기 위한 화법(話法)을 연구하는 것이 필요하다.

	㉠	㉡	㉢	㉣
①	論議	論據	論駁	論題
②	論議	論制	論遽	論博
③	論意	論旨	論難	論述
④	論意	論志	論據	論題

11 다음을 모두 만족시키는 표어로 적절한 것은?

> • 공중도덕 지키기를 홍보한다.
> • 대구의 표현 방식을 활용한다.
> • 행위의 긍정적 효과를 비유적으로 표현한다.

① 신호 위반, 과속 운전 / 모든 것을 앗아 갑니다
② 아파트를 뒤흔드는 음악 소리 / 이웃들을 괴롭히는 고문 장치
③ 노약자에게 양보하는 한 자리 / 당신에게 찾아오는 행복의 문
④ 공공 장소에서 실천하는 금연 / 우리의 건강을 지켜 줍니다

12 다음 한글 맞춤법 제6항에 대한 설명으로 옳지 않은 것은?

> 'ㄷ, ㅌ' 받침 뒤에 종속적 관계를 가진 '-이(-)'나 '-히-'가 올 적에는, 그 'ㄷ, ㅌ'이 'ㅈ, ㅊ'으로 소리 나더라도 'ㄷ, ㅌ'으로 적는다.

① 예시로는 '해돋이, 같이'가 있다.
② 위 조항은 한글 맞춤법 총칙 중 '어법에 맞게 적는다'는 원리를 따른 것이다.
③ 종속적 관계란 체언, 어근, 용언 어간 등에 조사, 접사, 어미 등이 결합하는 관계를 말한다.
④ '잔디, 버티다'는 하나의 형태소에서 'ㄷ, ㅌ'과 'ㅣ'가 만난 것으로서 위 조항의 예에 해당된다.

13 밑줄 친 부분의 쓰임이 모두 옳은 것은?

① 일이 채 끝나기도 전에 그는 일어나 나갔다.
  그는 여전히 들은 체도 하지 않고 앉아 있다.
② 가을 논의 벼가 한참 무르익고 있었다.
  그는 가방을 한창 바라보더니 가 버렸다.
③ 둘 사이는 친분이 두껍다.
  우리나라의 야구 선수층은 매우 두텁다.
④ 나이가 들어 머리가 많이 벗겨졌다.
  바나나 껍질이 잘 벗어지지 않았다.

14 단어에 대한 설명으로 옳지 않은 것은?

① '바다', '맑다'는 어근이 하나인 단일어이다.
② '회덮밥'은 파생어 '덮밥'에 새로운 어근 '회'가 결합된 합성어이다.
③ '곁눈질'은 합성어 '곁눈'에 접미사 '-질'이 결합된 파생어이다.
④ '웃음'은 어근 '웃-'에 접미사 '-음'이 붙어 명사가 된 파생어이다.

15 다음 글을 고쳐 쓰기 위한 방안으로 적절하지 않은 것은?

산업 폐기물 처리장이 들어서게 될 지역 주민들도 그 시설의 필요성은 인정하고 있다. ㉠그리고 그런 시설이 자기 고장에 들어서는 것을 받아들이려는 사람은 많지 않다. ㉡그 필요성은 인정하지만, 내 고장에는 안 된다는 것이다. 이러한 태도는 공공의 이익을 외면하는 ㉢지역 이기주의에 다름 아니다. 잊지 말아야 할 사실은 폐기물 처리장 건설을 뒤로 미루면 그로 인한 피해가 결국 ㉣우리 모두에게 돌아온다. 나와 내 이웃이 공존할 수 있는 사회를 만들기 위해서는 지역 이기주의를 타파해야 한다.

---

① ㉠은 앞뒤 문장을 자연스럽게 연결하기 위해 '그러나'로 바꾼다.

② ㉡은 주제와 상관없는 내용이므로 문단의 통일성을 위해 삭제한다.

③ ㉢은 우리말답지 않은 표현으로 '지역 이기주의이다'로 순화한다.

④ ㉣은 주어와 호응하지 않으므로 '우리 모두에게 돌아온다는 것이다'로 고친다.

16 다음 글에 대한 설명으로 적절하지 않은 것은?

무진에 명산물이 없는 게 아니다. 나는 그것이 무엇인지 알고 있다. 그것은 안개다. 아침에 잠자리에서 일어나서 밖으로 나오면, 밤사이에 진주해 온 적군들처럼 안개가 무진을 뼹 둘러싸고 있는 것이었다. 무진을 둘러싸고 있는 산들도 안개에 의하여 보이지 않는 먼 곳으로 유배당해 버리고 없었다. 안개는 마치 이승에 한(恨)이 있어서 매일 밤 찾아오는 여귀(女鬼)가 뿜어 내놓은 입김과 같았다. 해가 떠오르고, 바람이 바다 쪽에서 방향을 바꾸어 불어오기 전에는 사람들의 힘으로써는 그것을 헤쳐 버릴 수가 없었다.

손으로 잡을 수 없으면서도 그것은 뚜렷이 존재했고 사람들을 둘러쌌고 먼 곳에 있는 것으로부터 사람들을 떼어 놓았다. 안개, 무진의 안개, 무진의 아침에 사람들이 만나는 안개, 사람들로 하여금 해를, 바람을 간절히 부르게 하는 무진의 안개, 그것이 무진의 명산물이 아닐 수 있을까!

– 김승옥, 「무진기행」 –

---

① 소재의 의미를 비유적 표현을 통해 드러낸다.

② 무진이라는 지역의 특징을 짐작할 수 있게 한다.

③ '나'의 시선으로 전개되는 1인칭 시점의 서술이다.

④ 과거 시제를 사용하여 사건을 객관적으로 묘사한다.

17 다음 글의 중심 내용으로 가장 적절한 것은?

책 없이도 인간은 기억하고 생각하고 상상하고 표현한다. 그런데 책과 책 읽기는 인간이 이 능력을 키우고 발전시키는 데 중대한 차이를 가져온다. 책을 읽는 문화와 책을 읽지 않는 문화는 기억, 사유, 상상, 표현의 층위에서 상당히 다른 개인들을 만들어 내고, 상당한 질적 차이를 가진 사회적 주체들을 생산한다. 누구도 맹목적인 책 예찬자가 될 필요는 없다. 그러나 중요한 것은 인간을 더욱 인간적이게 하는 소중한 능력들을 지키고 발전시키기 위해서는 책은 결코 희생할 수 없는 매체라는 사실이다. 그 능력의 지속적 발전에 드는 비용은 싸지 않다. 무엇보다도 책 읽기는 손쉬운 일이 아니다. 거기에는 상당량의 정신 에너지가 투입돼야 하고, 훈련이 요구되고, 읽기의 즐거움을 경험하는 정신 습관의 형성이 필요하다.

① 인간의 기억과 상상
② 독서의 필요성과 어려움
③ 맹목적인 책 예찬론의 위험성
④ 책 읽기 능력 개발에 드는 비용

18 ㉠~㉢에 들어갈 적절한 접속어를 순서대로 나열한 것은?

역사의 연구는 개별성을 추구하는 것이라고 할 수가 있다. (㉠) 구체적인 과거의 사실 자체에 대해 구명(究明)을 꾀하는 것이 역사학인 것이다. (㉡) 고구려가 한족과 투쟁한 일을 고구려라든가 한족이라든가 하는 구체적인 요소들을 빼 버리고, 단지 "자주적 대제국이 침략자와 투쟁하였다."라고만 진술해 버리는 것은 한국사일 수가 없다. (㉢) 일정한 시대에 활약하던 특정한 인간 집단의 구체적인 활동을 서술하지 않는다면 그것을 역사라고 말할 수 없는 것이다.

	㉠	㉡	㉢
①	즉	가령	요컨대
②	가령	한편	역시
③	이를테면	역시	결국
④	다시 말해	만약	그런데

19 다음 시에 대한 감상으로 적절하지 않은 것은?

> 마음도 한자리 못 앉아 있는 마음일 때,
> 친구의 서러운 사랑 이야기를
> 가을 햇볕으로나 동무 삼아 따라가면,
> 어느새 등성이에 이르러 눈물 나고나.
>
> 제삿날 큰집에 모이는 불빛도 불빛이지만,
> 해질녘 울음이 타는 가을 강을 보것네.
>
> 저것 봐, 저것 봐,
> 네보담도 내보담도
> 그 기쁜 첫사랑 산골 물소리가 사라지고
> 그다음 사랑 끝에 생긴 울음까지 녹아나고
> 이제는 미칠 일 하나로 바다에 다 와 가는
> 소리 죽은 가을 강을 처음 보것네.
>   – 박재삼, 「울음이 타는 가을 강」 –

① 공감각적 이미지를 활용해 시상을 전개하고 있군.
② 첫사랑과 관련된 시어를 반복하여 운율을 형성하고 있군.
③ 대조적 속성을 지닌 소재를 통해 정서를 부각하고 있군.
④ 전통적 어조를 사용해 예스러운 정감을 살리고 있군.

20 다음 글에 대한 설명으로 적절하지 않은 것은?

> 길동이 "형님께서는 염려하지 마시고, 내일 소제(小弟)를 잡아 보내시되, 장교 중에 부모와 처자 없는 자를 가리어 소제를 호송하시면 좋은 묘책이 있습니다."라고 말하였다. 감사가 그 뜻을 알고자 하나 길동이 대답을 아니 하니, 감사가 그 생각을 알지 못해도 호송원을 그 말과 같이 뽑아 길동을 호송해 한양으로 올려 보냈다.
> 조정에서 길동이 잡혀 온다는 말을 듣고 훈련도감의 포수 수백을 남대문에 매복시키고는, "길동이 문 안에 들어오거든 일시에 총을 쏘아 잡으라." 하고 명했다.
> 이때에 길동이 풍우같이 잡혀 오지만 어찌 그 기미를 모르리오. 동작 나루를 건너며 '비 우(雨)' 자 셋을 써 공중에 날리고 왔다. 길동이 남대문 안에 드니 좌우의 포수가 일시에 총을 쏘았지만 총구에 물이 가득하여 할 수 없이 계획을 이루지 못했다.
> 길동이 대궐 문 밖에 다다라 자기를 잡아온 장교를 돌아보면서 말하기를, "너희는 날 호송하여 이곳까지 왔으니 문죄 당해 죽지는 아니 하리라." 하고, 수레에서 내려 천천히 걸어갔다. 오군영(五軍營)의 기병들이 말을 달려 길동을 쏘려 했으나 말을 아무리 채찍질해 몬들 길동의 축지하는 법을 어찌 당하랴. 성 안의 모든 백성들이 그 신기한 수단을 헤아릴 수 없더라.

① 서술자가 길동의 장면 묘사에 직접적으로 개입하고 있다.
② 호송하는 장교를 배려하는 길동의 면모가 드러나고 있다.
③ 비현실적 요소를 도입하여 길동의 남다름을 나타내고 있다.
④ 길동이 수레에서 탈출하는 모습을 비유적으로 표현하고 있다.

7개년

2023~2017
[지방직]
연차별 기출문제

QUESTIONS

01 ㉠~㉣의 말하기 방식을 설명한 내용으로 가장 적절한 것은?

> 김 주무관: AI에 대한 국민 이해도를 높이기 위해 설명회를 개최할 필요가 있다고 생각해요.
> 최 주무관: ㉠저도 요즘 그 필요성을 절감하고 있어요.
> 김 주무관: ㉡그런데 어떻게 준비해야 효과적으로 전달할 수 있을지 고민이에요.
> 최 주무관: 설명회에 참여할 청중 분석이 먼저 되어야겠지요.
> 김 주무관: 청중이 주로 어떤 분야에 관심이 있는지 알면 준비할 때 유용하겠네요.
> 최 주무관: ㉢그럼 청중의 관심 분야를 파악하려면 청중의 특성 중에서 어떤 것들을 조사하면 좋을까요?
> 김 주무관: ㉣나이, 성별, 직업 등을 조사할까요?

① ㉠: 상대의 의견에 대해 공감을 표현하고 있다.
② ㉡: 정중한 표현을 사용하여 직접 질문하고 있다.
③ ㉢: 자신의 반대 의사를 우회적으로 드러내고 있다.
④ ㉣: 의문문을 통해 상대의 의견을 반박하고 있다.

02 (가)~(다)를 맥락에 따라 가장 자연스럽게 배열한 것은?

> 독서는 아이들의 전반적인 뇌 발달에 큰 영향을 미친다.
> (가) 그에 따르면 뇌의 전두엽은 상상력을 관장하는데, 책을 읽으면 상상력이 자극되어 전두엽을 많이 사용하게 된다.
> (나) A교수는 책을 읽을 때와 읽지 않을 때의 뇌 변화를 연구해서 세계적인 명성을 얻었다.
> (다) 이처럼 책을 많이 읽으면 전두엽이 훈련되어 전반적인 뇌 발달의 가능성이 높아지는데, 그 결과는 교육 현장에서 실증된 바 있다.
> 독서를 많이 한 아이는 학교에서 더 좋은 성적을 낼 뿐 아니라 언어 능력도 발달한다는 사실이 밝혀진 것이다.

① (나) – (가) – (다)
② (나) – (다) – (가)
③ (다) – (가) – (나)
④ (다) – (나) – (가)

03 ㉠~㉣을 설명한 내용으로 적절하지 않은 것은?

- ㉠지원은 자는 동생을 깨웠다.
- 유선은 도자기를 ㉡만들었다.
- 물이 ㉢얼음이 되었다.
- ㉣어머나, 현지가 언제 이렇게 컸지?

① ㉠: 동작의 주체를 나타내는 주어이다.

② ㉡: 주어와 목적어를 요구하는 서술어이다.

③ ㉢: 서술어를 꾸며주는 부사어이다.

④ ㉣: 문장의 다른 성분과 직접적으로 관련을 맺지 않는 독립어이다.

04 ㉠~㉣과 바꿔 쓸 수 있는 유사한 표현으로 적절하지 않은 것은?

- 서구의 문화를 ㉠맹종하는 이들이 많다.
- 안일한 생활에서 ㉡탈피하여 어려운 일에 도전하고 싶다.
- 회사의 생산성을 ㉢제고하기 위해 노력하자.
- 연못 위를 ㉣부유하는 연잎을 바라보며 여유를 즐겼다.

① ㉠: 무분별하게 따르는

② ㉡: 벗어나

③ ㉢: 끌어올리기

④ ㉣: 헤엄치는

05 (가)와 (나)를 이해한 내용으로 적절하지 않은 것은?

(가) 청산(靑山)은 내 뜻이오 녹수(綠水)는 님의 정(情)이
녹수(綠水)ㅣ 흘너간들 청산(靑山)이야 변(變)홀손가녹수(綠水)도 청산(靑山)을 못 니저 우러 녜여 가는고.

(나) 청산(靑山)는 엇뎨ᄒᆞ야 만고(萬古)애 프르르며
유수(流水)는 엇뎨ᄒᆞ야 주야(晝夜)애 긋디 아니는고
우리도 그치디 마라 만고상청(萬古常靑)호리라.

① (가)는 '청산'과 '녹수'의 대조를 활용하여 화자가 처한 상황을 제시하고 있다.

② (나)는 시각적 심상과 청각적 심상을 활용하여 주제를 강조하고 있다.

③ (가)와 (나) 모두 대구를 활용하여 시상을 전개하고 있다.

④ (가)와 (나) 모두 설의적 표현을 활용하여 화자의 정서를 드러내고 있다.

국가직 문제
지방직 문제
서울시 문제
국가직 해설
지방직 해설
서울시 해설

06 다음 글의 중심내용으로 가장 적절한 것은?

교환가치는 거래를 통해 발생하는 가치이며, 사용가치는 어떤 상품을 사용할 때 느끼는 가치이다. 전자가 시장에서 결정된다는 점에서 객관적이라면, 후자는 개인에 따라 다르다는 점에서 주관적이다. 상품에는 사용가치와 교환가치가 섞여 있는데, 교환가치가 아무리 높아도 '나'에게 사용가치가 없다면 해당 상품을 구매하지 않을 것이다.

하지만 이 같은 상식이 통하지 않는 경우를 종종 볼 수 있다. 예를 들어 보자. 인터넷 커뮤니티에서 백만 원짜리 공연 티켓을 판매하는데, 어떤 사람이 "이 공연의 가치는 돈으로 환산할 수 없어요." 등의 댓글들을 보고서 애초에 관심도 없던 이 공연의 티켓을 샀다. 그에게 그 공연의 사용가치는 처음에는 없었으나 많은 댓글로 인해 사용가치가 있을 것으로 잘못 판단한 것이다. 안타깝게도, 그는 그 공연에서 조금도 만족하지 못했다.

이 사례에서 볼 때 건강한 소비를 위해서는 구매하려는 상품의 사용가치가 어떤 과정을 거쳐 결정된 것인지 곰곰이 생각해봐야 한다. '나'에게 얼마나 필요한가에 대한 고민 없이 다른 사람들의 말에 휩쓸려 어떤 상품의 사용가치가 결정될 때, 그 상품은 '나'에게 쓸모없는 골칫덩이가 될 수 있다.

① 사용가치보다 교환가치가 큰 상품을 구매해야 한다.
② 상품을 구매할 때 사용가치와 교환가치를 두루 고려해야 한다.
③ 상품에 대한 다른 사람들의 평가를 반영해서 상품을 구매해야 한다.
④ 상품을 구매할 때 사용가치가 자신의 필요에 의해 결정된 것인지 신중하게 따져야 한다.

07 ㉠~㉣ 중 어색한 곳을 찾아 수정하는 방안으로 가장 적절한 것은?

조선 후기에 서학으로 불린 천주학은 '학(學)'이라는 말에서도 짐작할 수 있듯이 ㉠종교적인 관점에서보다 학문적인 관점에서 받아들여졌다. 당시의 유학자 중 서학 수용에 적극적인 이들까지도 서학을 무조건 따르자고 ㉡주장하지는 않았는데, 서학은 신봉의 대상이 아니라 분석의 대상이었기 때문이다. 그들은 조선 사회를 바로잡고 발전시키기 위해 새로운 학문과 지식이 필요하다고 생각했지만, 외부에서 유입된 사유 체계에는 양명학이나 고증학 등도 있어서 서학이 ㉢유일한 대안은 아니었다. 그들은 서학을 검토하며 어떤 부분은 수용했지만, 반대로 어떤 부분은 ㉣지향했다.

① ㉠: '학문적인 관점에서보다 종교적인 관점에서'로 수정한다.
② ㉡: '주장하였는데'로 수정한다.
③ ㉢: '유일한 대안이었다'로 수정한다.
④ ㉣: '지양했다'로 수정한다.

08 다음 글의 맥락을 고려할 때 빈칸에 들어갈 말로 가장 적절한 것은?

능숙한 필자와 미숙한 필자는 글쓰기 과정 중 '계획하기'에서 뚜렷한 차이를 보인다. 전자는 이 과정에 오랜 시간 공을 들이는 반면, 후자는 그렇지 않다. 글쓰기에서 계획하기는 글쓰기의 목적 수립, 주제 선정, 예상 독자 분석 등을 포함한다. 이 중 예상 독자 분석이 중요한 이유는 [   ] 때문이다. 글을 쓸 때 독자의 수준에 비해 너무 어려운 개념과 전문용어를 사용한다면 독자가 글을 이해하기 어렵게 된다. 글쓰기는 필자가 글을 통해 자신의 메시지를 독자에게 전달하는 행위라는 점을 고려하면 계획하기 단계에서 반드시 예상 독자를 분석해야 한다.

① 계획하기 과정이 글쓰기 전체 과정의 첫 단계이기

② 글에 어려운 개념이나 전문용어를 어느 정도 포함해야 하기

③ 필자의 메시지를 독자에게 효과적으로 전달하는 데 도움이 되기

④ 독자의 배경지식 수준을 고려해야 글의 목적과 주제가 결정되기

09 다음 시를 이해한 내용으로 적절하지 않은 것은?

사랑을 잃고 나는 쓰네

잘 있거라, 짧았던 밤들아
창밖을 떠돌던 겨울 안개들아
아무것도 모르던 촛불들아, 잘 있거라
공포를 기다리던 흰 종이들아
망설임을 대신하던 눈물들아
잘 있거라, 더 이상 내 것이 아닌 열망들아

장님처럼 나 이제 더듬거리며 문을 잠그네
가엾은 내 사랑 빈집에 갇혔네

–기형도, 「빈집」–

① 대상들을 호명하며 안타까운 심정을 표현하고 있다.

② '빈집'은 상실감으로 공허해진 내면을 상징하고 있다.

③ 영탄형 어조를 활용해 이별에 따른 정서를 부각하고 있다.

④ 글 쓰는 행위를 통해 잃어버린 사랑의 회복을 열망하고 있다.

10 다음 글을 이해한 내용으로 가장 적절한 것은?

반드시 갚는 조건임을 강조하면서 그는 마치 성경책 위에다 오른손을 얹고 말하듯이 엄숙한 표정을 했다. 하마터면 나는 잊을 뻔했다. 그가 적시에 일깨워 주었기 망정이지 안 그랬더라면 빌려주는 어려움에만 골똘한 나머지 빌려줬다 나중에 돌려받는 어려움이 더 클 거라는 사실은 생각도 못 할 뻔했다. 그렇다. 끼니조차 감당 못 하는 주제에 막벌이 아니면 어쩌다 간간이 얻어걸리는 출판사 싸구려 번역 일 가지고 어느 해가※에 빚을 갚을 것인가. 책임이 따르는 동정은 피하는 게 상책이었다. 그리고 기왕 피할 바엔 저쪽에서 감히 두말을 못 하도록 야멸치게 굴 필요가 있었다.

"병원 이름이 뭐죠?" "원 산부인곱니다." "지금 내 형편에 현금은 어렵군요. 원장한테 바로 전화 걸어서 내가 보증을 서마고 약속할 테니까 권 선생도 다시 한번 매달려 보세요. 의사도 사람인데 설마 사람을 생으로 죽게야 하겠습니까. 달리 변통할 구멍이 없으시다면 그렇게 해 보세요."

내 대답이 지나치게 더디 나올 때 이미 눈치를 챈 모양이었다. 도전적이던 기색이 슬그머니 죽으면서 그의 착하디착한 눈에 다시 수줍음이 돌아왔다. 그는 고개를 좌우로 흔들어 보였다.

"원장이 어리석은 사람이길 바라고 거기다 희망을 걸기엔 너무 늦었습니다. 그 사람은 나한테서 수술 비용을 받아 내기가 수월치 않다는 걸 입원시키는 그 순간에 벌써 알아차렸어요."

– 윤흥길, 「아홉 켤레의 구두로 남은 사내」에서 –

※ 해가(奚暇): 어느 겨를

① 서술자가 등장인물의 심리를 전지적 위치에서 전달하고 있다.
② 서술자가 등장인물이 되어 다른 등장인물의 행동을 진술하고 있다.
③ 서술자가 주인공으로서 유년 시절을 회상하며 갈등 원인을 해명하고 있다.
④ 서술자가 주관을 배제하고 외부 관찰자의 시선으로 사건을 이야기하고 있다.

11 다음 대화를 분석한 내용으로 적절하지 않은 것은?

은지: 최근 국민 건강 문제와 관련해 '설탕세' 부과 여부가 논란인데, 나는 설탕세를 부과해야 한다고 생각해. 그러면 당 함유 식품의 소비가 감소하게 되고, 비만이나 당뇨병 등의 질병이 예방되니까 국민 건강 증진에 도움이 되기 때문이야.
운용: 설탕세를 부과하면 당 소비가 감소한다고 믿을 만한 근거가 있니?
은지: 세계보건기구 보고서를 보면 당이 포함된 음료에 설탕세를 부과하면 이에 비례해 소비가 감소한다고 나와 있어.
재윤: 그건 나도 알아. 그런데 설탕세 부과가 질병을 예방한다는 것은 타당하지 않아. 여러 연구 결과를 보면 당 섭취와 질병 발생은 유의미한 상관관계가 없어.

① 은지는 첫 번째 발언에서 화제를 제시하고 있다.
② 운용은 은지의 주장에 반대하고 있다.
③ 은지는 두 번째 발언에서 자신의 주장에 대한 근거를 제시하고 있다.
④ 재윤은 은지가 제시한 주장의 근거를 부정하고 있다.

12 ㉠~㉣에 들어갈 단어로 적절하지 않은 것은?

- 우리 회사는 올해 최고 수익을 창출해서 전성기를 ㉠ 하고 있다.
- 그는 오래 살아온 자기 명의의 집을 ㉡ 하려 했는데 사려는 사람이 없다.
- 그들 사이에 ㉢ 이 심해서 중재자가 필요하다.
- 제가 부족하니 앞으로 많은 ㉣ 을 부탁드립니다.

① ㉠: 구가(謳歌) ② ㉡: 매수(買受)

③ ㉢: 알력(軋轢) ④ ㉣: 편달(鞭達)

13 밑줄 친 단어의 쓰임이 올바르지 않은 것은?

① 이 일은 정말 힘에 <u>부치는</u> 일이다.

② 그와 나는 전부터 <u>알음</u>이 있던 사이였다.

③ 대문 앞에 서 있는데 대문이 저절로 <u>닫혔다</u>.

④ 경기장에는 <u>걷잡아서</u> 천 명이 넘게 온 듯하다.

14 ㉠~㉢의 한자 표기로 올바른 것은?

- 복지부 ㉠장관은 의료시설이 대도시에 편중된 문제에 대해 대책을 마련하라고 지시하였다.
- 박 주무관은 사유지의 국유지 편입으로 발생한 주민들의 피해를 ㉡보상하는 업무를 맡고 있다.
- 김 주무관은 이 팀장에게 부서 운영비와 관련된 ㉢결재를 올렸다.

	㉠	㉡	㉢
①	長官	補償	決裁
②	將官	報償	決裁
③	長官	報償	決濟
④	將官	補償	決濟

15 다음 글에서 추론한 내용으로 적절하지 않은 것은?

우리는 개별적으로 고립된 채 살아가는 존재일 수 없다. 사회 속에서 여럿이 모여 '복수(複數)'의 상태로 살아갈 수밖에 없는 존재라는 것이다. 복수의 상태로 살아가는 우리는 종(種)적인 차원에서 보면 보편적이고 동등한 존재이다. 그러나 우리는 각각 유일무이성을 지닌 '단수(單數)'이기도 하다. 즉 모든 인간은 개인으로서 고유한 인격체라는 특수성을 지닌다. 사회 속에서 우리는 보편적 복수성과 특수한 단수성을 겸비한 채 살아가고 있는 셈이다. 바로 이러한 이유로 우리는 다원적 존재이다. 이러한 존재들로 구성된 다원적 사회에서는 어떠한 획일화도 시도되어서는 안 된다. 우리가 이 같은 사회에서 살아가기 위해서는 타인을 포용하는 공존의 태도가 필요하다. 공동체 정화 등을 목적으로 개별적 유일무이성을 제거하는 것은 우리가 살아가는 사회의 다원성을 파괴하는 일이다.

① 우리는 고립된 상태에서 '단수'로 살아가는 존재가 아니다.

② 우리는 다원성을 지닌 존재로서 포용적으로 공존해야 한다.

③ 개인의 유일무이성을 보존하려는 제도는 개인의 보편적 복수성을 침해한다.

④ 개인의 특수한 단수성을 제거하려는 시도는 사회의 다원성을 파괴하는 결과로 이어질 수 있다.

16 다음 글을 이해한 내용으로 적절하지 않은 것은?

> 매우 치라 소리 맞춰, 넓은 골에 벼락치듯 후리쳐 딱 붙이니, 춘향이 정신이 아득하여, "애고 이것이 웬일인가?" 일자(一字)로 운을 달아 우는 말이, "일편단심 춘향이 일정지심 먹은 마음 일부종사 하쟀더니 일신난처 이 몸인들 일각인들 변하리까? 일월 같은 맑은 절개 이리 힘들게 말으시오."
>
> "매우 치라." "꽤 때리오." 또 하나 딱 부치니, "애고." 이자(二字)로 우는구나. "이부불경 이내 마음 이군불사와 무엇이 다르리까? 이 몸이 죽더라도 이도령은 못 잊겠소. 이 몸이 이러한들 이 소식을 누가 전할까? 이왕 이리 되었으니 이 자리에서 죽여 주오."
>
> "매우 치라." "꽤 때리오." 또 하나 딱 부치니, "애고." 삼자(三字)로 우는구나. "삼청동 도련님과 삼생연분 맺었는데 삼강을 버리라 하소? 삼척동자 아는 일을 이내 몸이 조각조각 찢겨져도 삼종지도 중한 법을 삼생에 버리리까? 삼월삼일 제비같이 훨훨 날아 삼십삼천 올라가서 삼태성께 하소연할까? 애고애고 서러운지고."
>
> ─「춘향전」에서 ─

① 동일한 글자를 반복함으로써 리듬감을 조성하고 있다.

② 숫자를 활용하여 주인공이 처한 상황을 제시하고 있다.

③ 등장인물 간의 대화를 통해 주인공의 내적 갈등이 해결되고 있다.

④ 유교적 가치를 담고 있는 말을 활용하여 주인공의 의지를 드러내고 있다.

17 다음 글을 이해한 내용으로 적절하지 않은 것은?

> 고소설의 유통 방식은 '구연에 의한 유통'과 '문헌에 의한 유통'으로 나눌 수 있다. 구연에 의한 유통은 구연자가 소설을 사람들에게 읽어 주는 방식으로, 글을 모르는 사람들과 글을 읽을 수 있지만 남이 읽어 주는 것을 선호하는 이들을 대상으로 이루어졌다. 구연자는 '전기수'로 불렸으며, 소설 구연을 통해 돈을 벌던 전문적 직업인이었다. 하지만 이 방식은 문헌에 의한 유통에 비해 시간과 공간의 제약이 많아서 유통 범위를 넓히는 데 뚜렷한 한계가 있었다.
>
> 문헌에 의한 유통은 차람, 구매, 상업적 대여로 나눌 수 있다. 차람은 소설을 소유하고 있는 사람에게 직접 빌려서 보는 것으로, 알고 지내던 개인들 사이에서 이루어졌다. 구매는 서적 중개인에게 돈을 지불하고 책을 사는 것인데, 책값이 상당히 비쌌기 때문에 소설을 구매할 수 있는 사람은 그리 많지 않았다. 상업적 대여는 세책가에 돈을 지불하고 일정 기간 동안 소설을 빌려 보는 것이다. 세책가에서는 소설을 구매하는 것보다 훨씬 적은 비용으로 빌려 볼 수 있었기 때문에 경제적으로 넉넉하지 않은 사람도 소설을 쉽게 접할 수 있었다. 이로 인해 조선 후기 사회에서 세책가가 성행하게 되었다.

① 전기수는 글을 모르는 사람들에게 소설을 구연하였다.

② 차람은 알고 지내던 사람에게 대가를 지불하고 책을 빌려 보는 방식이다.

③ 문헌에 의한 유통은 구연에 의한 유통에 비해 시간과 공간의 제약이 적었다.

④ 조선 후기에 세책가가 성행한 원인은 소설을 구매하는 비용보다 세책가에서 빌리는 비용이 적다는 데 있다.

18 다음 글을 이해한 내용으로 가장 적절한 것은?

『삼국사기』는 본기 28권, 지 9권, 표 3권, 열전 10권의 체제로 되어 있다. 이 중 열전은 전체 분량의 5분의 1을 차지하며, 수록된 인물은 86명으로, 신라인이 가장 많고, 백제인이 가장 적다. 수록 인물의 배치에는 원칙이 있는데, 앞부분에는 명장, 명신, 학자 등을 수록했고, 다음으로 관직에 있지는 않았으나 기릴 만한 사람을 실었다.

반신(叛臣)의 경우 열전의 끝부분에 배치되어 있다. 이들을 수록한 까닭은 왕을 죽인 부정적 행적을 드러내어 반면교사로 삼는 데에 있었으나, 그 목적에 부합하지 않는 내용이 있어 흥미롭다. 가령 고구려의 연개소문은 반신이지만, 당나라에 당당히 대적한 민족적 영웅의 모습도 포함되어 있다. 흔히 『삼국사기』에 대해, 신라 정통론에 기반해 있으며, 유교적 사관에 따라 당시의 지배 질서를 공고히 하고자 했다고 평가한다. 하지만 연개소문의 사례에서 볼 수 있듯 『삼국사기』는 기존 평가와 달리 다면적이고 중층적인 역사 텍스트라고 할 수 있다.

① 『삼국사기』 열전에 고구려인과 백제인도 수록되었다는 점은 이 책이 신라 정통론을 계승하지 않았다는 것을 보여준다.

② 『삼국사기』 열전에 수록된 반신 중에는 이 책에 대한 기존 평가를 다르게 할 수 있는 사례가 있다.

③ 『삼국사기』 열전에는 기릴 만한 업적이 있더라도 관직에 오르지 못한 사람은 수록되지 않았다.

④ 『삼국사기』의 체제 중에서 열전이 가장 많은 권수를 차지한다.

19 다음 글에서 추론한 내용으로 적절하지 않은 것은?

프랑스에서 의무교육 제도를 실시하면서 정규학교에 입학하기 어려운 지적장애아, 학습부진아를 가려내고자 하였다. 이에 기초 학습 능력 평가를 목적으로, 1905년 최초의 IQ 검사가 이루어졌다. 이 검사를 통해 비로소 인간의 지능을 구체적으로 수치화하고 객관적으로 비교할 수 있게 되었다.

이후 오랫동안 IQ가 높으면 똑똑한 사람, 그렇지 않으면 머리가 좋지 않고 학습에도 부진한 사람으로 판단했다. 물론 IQ가 높은 아이는 그렇지 않은 아이에 비해 읽기나 계산 등 사고 기능과 관련된 과목에서 높은 성취도를 보이는 경우가 많다. 이는 IQ 검사가 기초 학습에 필요한 최소 능력인 언어 이해력, 어휘력, 수리력 등을 측정하기 때문이다. 학습의 기초 능력을 측정하는 IQ 검사에서 높은 점수를 받은 아이는 동일한 능력을 측정하는 학업 평가에서도 높은 점수를 받을 가능성이 크다. 하지만 문제는 IQ 검사가 인간의 지능 중 일부만을 측정한다는 점이다.

① 최초의 IQ 검사는 학습 능력이 우수한 아이를 고르기 위해 시행되었다.

② IQ 검사가 만들어지기 전에는 인간의 지능을 수치로 비교할 수 없었다.

③ IQ가 높은 아이라도 전체 지능은 높지 않을 수 있다.

④ IQ가 높은 아이가 읽기 능력이 좋을 확률이 높다.

20 다음 글에서 추론한 내용으로 적절하지 않은 것은?

한글은 소리를 나타내는 표음문자여서 한국어 문장을 읽는 데 학습해야 할 글자가 적지만, 한자는 음과 상관없이 일정한 뜻을 나타내는 표의문자여서 한문을 읽는 데 익혀야 할 글자수가 훨씬 많다. 이러한 번거로움에도 한글과 달리 한자가 갖는 장점이 있다. 한글에서는 동음이의어, 즉 형태와 음이 같은데 뜻이 다른 단어가 많아 글자만으로 의미를 파악하지 못하는 경우가 많다. 하지만 한자는 그렇지 않다. 예컨대, 한글로 '사고'라고만 쓰면 '뜻밖에 발생한 사건'인지 '생각하고 궁리함'인지 구별할 수 없다. 한자로 전자는 '事故', 후자는 '思考'로 표기한다. 그런데 한자는 문맥에 따라 같은 글자가 다른 뜻으로 쓰이지는 않지만 다른 문장성분으로 사용되기도 해 혼란을 야기한다. 가령 '愛人'은 문맥에 따라 '愛'가 '人'을 수식하는 관형어일 때도, '人'을 목적어로 삼는 서술어일 때도 있는 것이다.

① 한문은 한국어 문장보다 문장성분이 복잡하다.
② '淨水'가 문맥상 '깨끗하게 한 물'일 때 '淨'은 '水'를 수식한다.
③ '愛人'에서 '愛'의 문장성분이 바뀌더라도 '愛'는 동음이의어가 아니다.
④ '의사'만으로는 '병을 고치는 사람'인지 '의로운 지사'인지 구별할 수 없다.

정답 및 해설 268p

01 언어 예절로 가장 적절한 것은?

① 지금부터 회장님의 말씀이 계시겠습니다.
② (시누이에게) 고모, 오늘 참 예쁘게 차려 입으셨네요?
③ (처음 자신을 소개하면서) 처음 뵙겠습니다. 박혜정입니다.
④ (다른 사람에게 자기 아내를 가리키며) 이쪽은 제 부인입니다.

02 다음 글의 주된 서술 방식은?

이지러는 졌으나 보름을 가제 지난 달은 부드러운 빛을 흐뭇이 흘리고 있다. 대화까지는 칠십 리의 밤길. 고개를 둘이나 넘고 개울을 하나 건너고, 벌판과 산길을 걸어야 된다. 길은 지금 긴 산허리에 걸려 있다. 밤중을 지난 무렵인지 죽은 듯이 고요한 속에서 짐승 같은 달의 숨소리가 손에 잡힐 듯이 들리며, 콩 포기와 옥수수 잎새가 한층 달에 푸르게 젖었다.

① 묘사   ② 설명
③ 유추   ④ 분석

03 다음 글에 대한 이해로 적절하지 않은 것은?

연출자가 자신의 저작권을 침해당했다고 주장하기 위해서는 우선 그가 유효한 저작권을 소유하고 있어야 한다. 즉 저작권 보호 가능성이 있는 창작물이 필요하다. 다음으로 창작적인 표현을 도용당했는지 밝혀야 하는데, 이것이 쉽지 않다. 왜냐하면 연출자가 주관적으로 창작성이 있다고 느끼는 부분일지라도 객관적인 시각에서는 이미 공연 예술 무대에서 흔히 사용되는 표현 기법일 수 있고, 저작권법상 보호 대상이 아닌 아이디어의 요소와 보호 가능한 요소인 표현이 얽혀 있는 경우가 있기 때문이다. 쉬운 예로 셰익스피어를 보자. 그의 명작 중에 선대에 있었던 작품에 의거하지 않고 탄생한 작품이 있는가. 대부분의 연출자는 선행 예술가로부터 영향을 받아 창작에 임하는 것이 너무도 당연하고 자연스럽다. 따라서 무대연출 작업 중에서 독보적인 창작을 걸러내서 배타적인 권한인 저작권을 부여하는 것은 매우 흔치 않은 경우이고, 후발 창작을 방해하는 요소로 작용할 수도 있다. 저작권법은 창작자에게 개인적인 인센티브를 제공하여 창작을 장려함과 동시에 일반 공중이 저작물을 원활하게 이용할 수 있도록 해야 하는 두 가지 가치의 균형을 이루는 것이 목표다.

① 무대연출의 창작적인 표현의 도용 여부를 밝히기는 쉽지 않다.
② 저작권 침해를 당했다고 주장하려면 유효한 저작권을 소유하고 있어야 한다.
③ 독보적인 무대연출 작업에 저작권을 부여한다

고 해서 후발 창작에 방해가 되지는 않는다.

④ 저작권법의 목표는 창작자의 창작을 장려하고 일반 공중의 저작물 이용을 원활하게 하는 것이다.

04 ㉠~㉣의 고쳐 쓰기로 적절하지 않은 것은?

파놉티콘(panopticon)은 원형 평면의 중심에 감시탑을 설치해 놓고, 주변으로 빙 둘러서 죄수들의 방이 배치된 감시 시스템이다. 감시탑의 내부는 어둡게 되어 있는 반면 죄수들의 방은 밝아 교도관은 죄수를 볼 수 있지만, 죄수는 교도관을 바라볼 수 없다. 죄수가 잘못했을 때 교도관은 잘 보이는 곳에서 처벌을 가한다. 그렇게 수차례의 처벌이 있게 되면 죄수들은 실제로 교도관이 자리에 ㉠있을 때조차도 언제 처벌을 받을지 모르는 공포감에 의해서 스스로를 감시하게 된다. 이렇게 권력자에 의한 정보 독점 아래 ㉡다수가 통제된다는 점에서 파놉티콘의 디자인은 과거 사회 구조와 본질적으로 같았다.

현대사회는 다수가 소수의 권력자를 동시에 감시할 수 있는 시놉티콘(synopticon)의 시대가 되었다. 시놉티콘에 가장 크게 기여한 것은 인터넷의 ㉢동시성이다. 권력자에 대한 비판을 신변 노출 없이 자유롭게 표현할 수 있게 되었기 때문이다. 정보화 시대가 오면서 언론과 통신이 발달했고, ㉣특정인이 정보를 수용하고 생산하게 되었다. 그로 인해 사회에서 일어나는 일에 대한 비판적 인식 교류와 부정적 현실 고발 등 네티즌의 활동으로 권력자들을 감시하는 전환이 일어났다.

① ㉠을 '없을'로 고친다.
② ㉡을 '소수'로 고친다.
③ ㉢을 '익명성'으로 고친다.
④ ㉣을 '누구나가'로 고친다.

05 ㉠~㉣에 대한 이해로 가장 적절한 것은?

㉠산(山)새도 오리나무
위에서 운다
산새는 왜 우노, 시메산골
영(嶺) 넘어가려고 그래서 울지

눈은 내리네, 와서 덮이네
오늘도 하룻길은
㉡칠팔십 리(七八十里)
돌아서서 육십 리는 가기도 했소

㉢불귀(不歸), 불귀, 다시 불귀
삼수갑산에 다시 불귀
사나이 속이라 잊으련만
십오 년 정분을 못 잊겠네

산에는 오는 눈, 들에는 녹는 눈
산새도 오리나무
㉣위에서 운다
삼수갑산 가는 길은 고개의 길

– 김소월, 「산」 –

① ㉠은 시적 화자와 상반되는 처지에 놓여 있다.
② ㉡은 시적 화자에게 놓인 방랑길을 비유한다.
③ ㉢은 시적 화자의 이국 지향 의식을 강조한다.
④ ㉣은 시적 화자가 지닌 분노의 정서를 대변한다.

06 다음 글에 대한 감상으로 적절하지 않은 것은?

> "같이 가시지. 내 보기엔 좋은 여자 같군."
>
> "그런 거 같아요."
>
> "또 알우? 인연이 닿아서 말뚝 박구 살게 될지. 이런 때 아주 뜨내기 신셀 청산해야지."
>
> 영달이는 시무룩해져서 역사 밖을 멍하니 내다보았다. 백화는 뭔가 쑤군대고 있는 두 사내를 불안한 듯이 지켜보고 있었다. 영달이가 말했다.
>
> "어디 능력이 있어야죠."
>
> "삼포엘 같이 가실라우?"
>
> "어쨌든……."
>
> 영달이가 뒷주머니에서 꼬깃꼬깃한 오백 원짜리 두 장을 꺼냈다.
>
> "저 여잘 보냅시다."
>
> 영달이는 표를 사고 삼립빵 두 개와 찐 달걀을 샀다. 백화에게 그는 말했다.
>
> "우린 뒤차를 탈 텐데……. 잘 가슈."
>
> 영달이가 내민 것들을 받아 쥔 백화의 눈이 붉게 충혈되었다. 그 여자는 더듬거리며 물었다.
>
> "아무도…… 안 가나요?"
>
> "우린 삼포루 갑니다. 거긴 내 고향이오."
>
> 영달이 대신 정 씨가 말했다. 사람들이 개찰구로 나가고 있었다. 백화가 보퉁이를 들고 일어섰다.
>
> "정말, 잊어버리지…… 않을게요."
>
> 백화는 개찰구로 가다가 다시 돌아왔다. 돌아온 백화는 눈이 젖은 채로 웃고 있었다.
>
> "내 이름 백화가 아니에요. 본명은요…… 이점례예요."
>
> 여자는 개찰구로 뛰어나갔다. 잠시 후에 기차가 떠났다.
>
> – 황석영, 「삼포 가는 길」에서 –

① 정 씨는 영달이 백화와 함께 떠날 것을 권유했군.

② 백화는 영달의 선택이 어떤 것일지 몰라 불안했군.

③ 영달은 백화를 신뢰할 수 없었기 때문에 같이 떠나지 않았군.

④ 백화가 자신의 본명을 말한 것은 정 씨와 영달에 대한 고마움의 표현이었군.

국가직 문제

지방직 문제

서울시 문제

국가직 해설

지방직 해설

서울시 해설

99

07 다음 글의 전개 순서로 가장 자연스러운 것은?

(가) 과거에는 고통만을 안겨 주었던 지정학적 조건이 이제는 희망의 조건이 되고 있습니다. 이제 한반도는 사람과 물자가 모여드는 동북아 물류와 금융, 비즈니스의 중심지가 될 것입니다. 우리가 주도해서 평화와 번영의 동북아 시대를 열어 나가야 합니다.

(나) 100년 전 우리는 수난과 비극의 역사를 겪었습니다. 해양으로 나가려는 세력과 대륙으로 진출하려는 세력이 한반도를 가운데 놓고 싸움을 벌였습니다. 마침내 우리는 국권을 상실하는 아픔을 감수해야 했습니다.

(다) 지금은 무력이 아니라 경제력이 국력을 좌우하는 시대입니다. 우리나라는 전쟁의 폐허를 극복하고 세계적인 경제 강국을 건설하고 있습니다. 우수한 인력과 세계 선두권의 정보화 기반을 갖추고 있습니다. 바다와 하늘과 땅을 연결하는 물류 기반도 손색이 없습니다.

(라) 그 아픔은 분단으로 이어져서 오늘에 이르고 있습니다. 그 과정에서는 정의가 패배하고 기회주의가 득세하는 불행한 역사를 겪었습니다. 그러나 이제 우리에게도 새로운 희망의 시대가 열리고 있습니다. 세계의 변방으로 머물러 왔던 동북아시아가 북미·유럽 지역과 함께 세계 경제의 3대 축으로 떠오르고 있습니다.

① (가)–(나)–(다)–(라)
② (가)–(라)–(나)–(다)
③ (나)–(가)–(라)–(다)
④ (나)–(라)–(다)–(가)

08 다음 대화에 대한 설명으로 가장 적절한 것은?

A: 예은 씨. 오늘 회의 내용을 팀원들에게 공유해 주시면 좋겠네요.

B: 네. 알겠습니다. 팀장님, 오늘 회의 내용을 요약 정리해서 메일로 공유하면 되겠지요?

A: (고개를 끄덕이며) 맞습니다.

B: 네. 그럼 회의 내용은 개조식으로 요약하고, 팀장님을 포함해서 전체 팀원에게 메일로 보내도록 하겠습니다.

A: 예은 씨. 그런데 개조식으로 회의 내용을 요약하는 방식에는 문제가 있지 않을까요?

B: (고개를 끄덕이며) 그렇겠네요. 개조식으로 요약할 경우 회의 내용이 과도하게 생략되어 이해가 어려울 수 있겠네요.

① A는 B에게 내용 요약 방식을 제안하고 있다.
② A와 B는 대화 중에 공감의 표지를 드러내며 상대방의 말을 듣고 있다.
③ B는 회의 내용 요약 방식에 대한 A의 문제 제기에 대해 자신이 다른 입장임을 드러내고 있다.
④ A는 개조식 요약 방식이 회의 내용을 과도하게 생략하여 이해에 어려움을 줄 수 있다고 명시하고 있다.

09 다음 글에 대한 이해로 적절하지 않은 것은?

올해 A시는 '청소년 의회 교실' 운영에 관한 조례를 발표함으로써 청소년들이 지방의회의 역할과 기능을 이해하고 민주 시민으로서의 소양과 자질을 함양할 수 있는 근거를 마련하였다. 청소년 의회 교실이란 청소년을 대상으로 실시하는 의회 체험 프로그램을 의미한다. 여기에 참여할 수 있는 대상은 A시에 있는 학교에 재학 중인 만 19세 미만의 청소년이다. 이 조례에 따르면 시의회 의장은 의회 교실의 참가자 선정 및 운영 방안을 결정할 수 있다. 운영 방안에는 지방자치 및 의회의 기능과 역할, 민주 시민의 소양과 자질 등에 관한 교육 내용이 포함된다. 또한 시의회 의장은 고유 권한으로 본회의장 시설 사용이 가능하도록 지원할 수 있다. 최근 A시는 '수업 시간 스마트폰 사용 제한에 관한 조례안'을 주제로 본회의장에서 첫 번째 의회 교실을 운영하였다. 참석 학생들은 1일 시의원이 되어 의원 선서를 한 후 주제에 관한 자유 발언 시간을 가졌다. 이어서 관련 조례안을 상정한 후 찬반 토론을 거쳐 전자 투표로 표결 처리하였다. 학생들이 의회 과정 전반에 대해 체험할 수 있었던 뜻깊은 시간이었다.

① A시에 있는 학교의 만 19세 미만 재학생은 청소년 의회 교실에 참여할 수 있는 대상이다.
② A시의 시의회 의장은 청소년 의회 교실의 민주 시민 소양과 관련된 교육 내용을 결정할 수 있다.
③ A시에서 시행된 청소년 의회 교실에서 시의회 의장은 본회의장 시설을 사용하도록 지원해 주었다.
④ A시의 올해 청소년 의회 교실은 의원 선서, 조례안 상정, 자유 발언, 찬반 토론, 전자 투표의 순서로 진행되었다.

10 단어에 대한 설명으로 적절하지 않은 것은?

① 가난: 한자어 '간난'에서 'ㄴ'이 탈락하면서 된 말이다.
② 어리다: '어리석다'는 뜻에서 '나이가 적다'는 뜻으로 바뀐 말이다.
③ 수탉: 'ㅎ'을 종성으로 갖고 있던 '숳'에 '닭'이 합쳐져 이루어진 말이다.
④ 점잖다: '의젓함'을 나타내는 '점잖이'에 '하다'가 붙어 형성된 말이다.

11 다음 글의 주제로 가장 적절한 것은?

예전에 '혐오'는 대중에게 관심을 끄는 말이 아니었지만, 요즘에는 익숙하게 듣는 말이 되었다. 이는 과거에 혐오가 존재하지 않았다는 말이 아니다. 단지 최근 몇 년 사이에 이 문제가 폭발하듯 가시화되었다는 뜻이다. 혐오 현상은 외계에서 뚝 떨어진 괴물이 만들어 낸 것이 아니라, 거기엔 자체의 역사와 사회적 배경이 반드시 선행한다.

이 문제를 바라볼 때 주의 사항이 있다. 혐오나 증오라는 특정 감정에 집착해선 안 된다는 것이다. 혐오가 주제인데 거기에 집중하지 말라니, 얼핏 이율배반처럼 들리지만 이는 매우 중요한 포인트다. 왜 혐오가 나쁘냐고 물어보면 많은 사람들은 이렇게 답한다. "나쁜 감정이니까 나쁘다.", "약자와 소수자를 차별하게 만드니까 나쁘다." 이 대답들은 분명 선량한 마음에서 나온 것이다. 하지만 문제의 성격을 오인하게 만들 수 있다. 혐오나 증오라는 감정에 집중할수록 우린 '달을 가리키는 손가락만 바라보는' 잘못을 범하기 쉬워진다.

인과관계를 혼동하면 곤란하다. 우리가 문제시하고 있는 각종 혐오는 자연 발생한 게 아니라 사회적으로 형성된 감정이다. 사회문제의 기원이나 원인이 아니라, 발현이며 결과다. 더 정확히 말하자면 혐오는 증상이다. 증상을 관찰하는 일은 중요하지만 거기에만 매몰되면 곤란하다. 우리는 혐오나 증오 그 자체를 사회악으로 지목해 도덕적으로 지탄하는 데서 그치지 말아야 한다.

① 혐오 현상에는 인과관계가 존재하지 않는다.
② 혐오 현상은 선량한 마음으로 바라보아야 한다.
③ 혐오 현상을 만들어 내는 근본 원인을 찾아야 한다.
④ 혐오라는 감정에 집중할수록 사회문제는 잘 보인다.

12 ⑤~ⓔ에 대한 이해로 적절하지 않은 것은?

有此茅亭好 이 멋진 ⑤초가 정자 있고
綠林細徑通 수풀 사이로 오솔길 나 있네
微吟一杯後 술 한 잔 하고 시를 읊조리면서
高座百花中 온갖 꽃 속에서 ⓒ높다랗게 앉아 있네
丘壑長看在 산과 계곡은 언제 봐도 그대로건만
樓臺盡覺空 ⓒ누대는 하나같이 비어 있구나
莫吹紅一點 붉은 꽃잎 하나라도 흔들지 마라
老去惜春風 늙어갈수록 ⓔ봄바람이 안타깝구나

— 심환지, 「육각지하화원소정엽운
(六閣之下花園小亭拈韻)」 —

① ⑤: 시간적 흐름에 따른 시상 전개를 매개하고 있다.
② ⓒ: 시적 화자의 초연한 태도를 드러내고 있다.
③ ⓒ: 자연에 대비되는 쇠락한 인간사를 암시하고 있다.
④ ⓔ: 꽃잎을 흔드는 부정적 이미지로 기능하고 있다.

13 밑줄 친 단어 중 사람의 몸을 지시하는 말이 포함되지 않은 것은?

① 선생님께서는 슬하에 세 명의 자녀를 두셨다고 한다.
② 그는 수완이 좋아서 사람들에게 인정을 받는다.
③ 여러 팀이 우승을 위해 긴 시간 동안 각축을 벌였다.
④ 사업단의 발족으로 미뤄 뒀던 일들이 진행되기 시작했다.

14 ㉠과 ㉡에 대한 설명으로 가장 적절한 것은?

(가) ㉠계월이 여자 옷을 벗고 갑옷과 투구를 갖춘 후 용봉황월(龍鳳黃鉞)과 수기를 잡아 행군해 별궁에 자리를 잡았다. 그리고 군사를 시켜 보국에게 명령을 전하니 보국이 전해져 온 명령을 보고 화가 머리끝까지 났다. 그러나 보국은 예전에 계월의 위엄을 보았으므로 명령을 거역하지 못해 갑옷과 투구를 갖추고 군문에 대령했다.

이때 계월이 좌우를 돌아보며 말했다.

"보국이 어찌 이다지도 거만한가? 어서 예를 갖추어 보이라."

호령이 추상과 같으니 군졸의 대답 소리로 장안이 울릴 정도였다. 보국이 그 위엄을 보고 겁을 내어 갑옷과 투구를 끌고 몸을 굽히고 들어가니 얼굴에서 땀이 줄줄 흘러내렸다.

– 작자 미상, 「홍계월전」에서 –

(나) 장끼 고집 끝끝내 굽히지 아니하여 ㉡까투리 홀로 경황없이 물러서니, 장끼란 놈 거동 보소. 콩 먹으러 들어갈 제 열두 장목 펼쳐 들고 꾸벅꾸벅 고개 조아 조츰조츰 들어가서 반달 같은 혀뿌리로 들입다 꽉 찍으니, 두 고패 둥그레지며 …(중략)… 까투리 하는 말이

"저런 광경 당할 줄 몰랐던가. 남자라고 여자의 말 잘 들어도 패가하고, 계집의 말 안 들어도 망신하네."

까투리 거동 볼작시면, 상하평전 자갈밭에 자락머리 풀어 놓고 당굴당굴 뒹굴면서 가슴치고 일어앉아 잔디풀을 쥐어뜯어 애통하며, 두 발로 땅땅 구르면서 붕성지통(崩城之痛) 극진하니, 아홉 아들 열두 딸과 친구 벗님네들도 불쌍타 의논하며 조문 애곡하니 가련 공산 낙망천에 울음소리뿐이로다.

– 작자 미상, 「장끼전」에서 –

① ㉠과 ㉡은 모두 상대에 비해 우월한 지위를 가지고 있다.

② ㉠이 상대의 행동을 비판하는 반면, ㉡은 옹호하고 있다.

③ ㉠이 갈등 상황을 타개하는 데 적극적인 반면, ㉡은 소극적이다.

④ ㉠이 주변으로부터 호의적인 반응을 얻은 반면, ㉡은 적대적인 반응을 얻는다.

15 밑줄 친 말의 쓰임이 올바른 것은?

① 습관처럼 중요한 말을 되뇌이는 버릇이 있다.

② 나는 친구 집을 찾아 골목을 헤매이고 다녔다.

③ 너무 급하게 밥을 먹으면 목이 메이기 마련이다.

④ 그는 어린 시절 기계에 손가락이 끼이는 사고를 당했다.

16 밑줄 친 부분의 한자 표기가 옳지 않은 것은?

① 우리 시대 영웅으로 소방관(消防官)이 있다.

② 과학자(科學者)는 청소년들이 선망하는 직업이다.

③ 그는 인공지능 연구소의 연구원(研究員)이 되었다.

④ 그는 법원의 명령에 따라 변호사(辯護事)로 선임되었다.

국가직
문제

지방직
문제

서울시
문제

국가직
해설

지방직
해설

서울시
해설

17 다음 글에 대한 이해로 적절하지 않은 것은?

르네상스가 일어나게 된 요인으로 많은 것들이 거론되어 왔지만, 의학사의 관점에서 볼 때 흥미롭고 논쟁적인 원인은 페스트이다. 페스트가 유럽의 인구를 격감시킴으로써 사회 경제 구조가 급변하게 되었고, 사람들은 재래의 전통이 지니고 있던 강력한 권위에 의문을 품기 시작했다. 예컨대 사람들은 이 무시무시한 질병을 예측하지 못한 기존의 의학적 전통을 불신하게 되었으며, 페스트로 인해 '사악한 자'들만이 아니라 '선량한 자'들까지 무차별적으로 죽는 것을 보고 이전까지 의심하지 않았던 신과 교회의 막강한 권위에 대해서도 회의하게 되었다.

속수무책으로 당할 수밖에 없었던 죽음에 대한 경험은 사람들을 여러 방향에서 변화시켰다. 사람들은 거리에 시체가 널려 있는 광경에 익숙해졌고, 인간의 유해에 대한 두려움 또한 점차 옅어졌다. 교회에서 제시한 세계관 및 사후관에 대한 신뢰가 떨어지고, 삶과 죽음 같은 인간의 본질적인 문제에 대해 새롭게 사유하기 시작했다. 중세의 지적 전통에 대한 의구심은 고대의 학문과 예술, 언어에 대한 재평가로 이어졌으며, 이에 따라 신에 대한 무조건적 찬양과 복종 대신 인간에 대한 새로운 관심과 사유가 활발해졌다.

이러한 움직임은 미술사에서 두드러지게 포착된다. 인간에 대한 관심의 증대에 따라 인체의 아름다움이 재발견되었고, 인체를 묘사하는 다양한 화법도 등장했다. 인체에 대한 관심은 보이는 부분뿐만 아니라 보이지 않는 부분에 대한 관심으로 이어졌다. 기존의 의학적 전통을 여전히 신봉하던 의사들에게 해부학적 지식은 불필요한 것으로 인식되었던 반면, 당시의 미술가들은 예술가이면서 동시에 해부학자이기도 할 만큼 인체의 내부 구조를 탐색하는 데 골몰했다.

① 전염병의 창궐은 르네상스의 발생을 설명하는 다양한 요인 가운데 하나이다.
② 페스트로 인한 선인과 악인의 무차별적인 죽음은 교회가 유지하던 막강한 권위를 약화시켰다.
③ 예술가들이 인체의 아름다움을 재발견함으로써 고대의 학문과 언어에 대한 재평가도 이루어졌다.
④ 르네상스 시기에 해부학은 의사들보다도 미술가들의 관심을 끌었다.

18 밑줄 친 부분에 어울리는 한자 성어로 가장 적절한 것은?

추사 김정희의 '세한도'는 글씨를 쓰다 남은 먹을 버리기 아까워 그린 듯이 갈필(渴筆)의 거친 선 몇 개로 이루어져 있다. 정말 큰 기교는 겉으로 보기에는 언제나 서툴러 보이는 법이다. 그러나 대가의 덤덤한 듯, 툭 던지는 한마디는 예리한 비수가 되어 독자의 의식을 헤집는다.

① 巧言令色　　　　② 寸鐵殺人
③ 言行一致　　　　④ 街談巷說

19 다음 글에서 추론한 내용으로 가장 적절한 것은?

> 논리실증주의자들에 따르면, 만약 어떤 것이 과학일 경우 거기에서 사용되는 문장은 유의미하다. 그들은 유의미한 문장의 기준으로 소위 '검증 원리'라고 불리는 것을 제안했다. 검증 원리란, 경험을 통해 참이나 거짓을 검증할 수 있는 문장은 유의미하고 그렇지 않은 문장은 유의미하지 않다는 것이다. 다음 두 문장을 예로 생각해 보자.
>
> (가) 달의 다른 쪽 표면에 산이 있다.
>
> (나) 절대자는 진화와 진보에 관계하지만, 그 자체는 진화하거나 진보하지 않는다.
>
> 위 두 문장 중 경험을 통해 검증할 수 있는 것은 무엇인가? 비록 현실적으로 큰 비용이 들기는 하지만 (가)는 분명히 경험을 통해 진위를 밝힐 수 있다. 즉 우리는 (가)의 진위를 확정하기 위해서 무엇을 경험해야 하는지 알고 있다는 것이다. 이런 점에 근거하여 논리실증주의자들은 (가)는 검증할 수 있고, 유의미한 문장이라고 판단한다. 그럼 (나)는 어떠한가? 우리는 무엇을 경험해야 (나)의 진위를 확정할 수 있는가? 논리실증주의자들은 그런 것은 없다고 주장하고, 이에 (나)는 검증할 수 없고 과학에서 사용될 수 없는 무의미한 문장이라고 말한다.

① 논리실증주의자들에 따르면 무의미한 문장을 사용하는 것은 과학이 아니다.

② 논리실증주의자들에 따르면 과학의 문장들만이 유의미하다.

③ 검증 원리에 따르면 아직까지 경험되지 않은 것을 언급한 문장은 무의미하다.

④ 검증 원리에 따르면 거짓인 문장은 무의미하다.

20 다음 글에서 추론할 수 있는 것만을 〈보기〉에서 모두 고르면?

> 컴퓨터에는 자유의지가 있을까? 나아가 컴퓨터에 도덕적 의무를 귀속시킬 수 있을까? 컴퓨터는 다양한 전기회로로 구성되어 있고, 물리법칙, 프로그래밍 방식, 하드웨어의 속성 등에 따라 필연적으로 특정한 초기 상태로부터 다음 상태로 넘어간다. 마찬가지로 두 번째 상태에서 세 번째 상태로 이동하고, 이러한 과정이 계속해서 이어진다. 즉 컴퓨터는 결정론적 법칙의 지배를 받는 시스템이라는 것이다. 그럼 이러한 시스템에는 자유의지가 있을까?
>
> 결정론적 법칙의 지배를 받는 시스템의 중요한 특징은 주어진 조건에 따라 결과가 하나로 고정된다는 점이다. 다시 말해, 이러한 시스템에는 항상 하나의 선택지만 있을 뿐이다. 그런 뜻에서 결정론적 지배를 받는다는 것과 자유의지를 가진다는 것은 양립할 수 없음이 분명하다. 어떤 선택을 할 때 그것과 다른 선택을 할 수도 있다는 것은 자유의지의 필요조건이기 때문이다. 결국 결정론적 법칙의 지배를 받는 시스템은 자유의지를 가지지 않는다. 또한 자유의지를 가지지 않는 시스템에 도덕적 의무를 귀속시킬 수 없음은 당연하다.

보기

ㄱ. 컴퓨터는 자유의지를 가지지 않으며 도덕적 의무의 귀속 대상일 수도 없다.

ㄴ. 도덕적 의무를 귀속시킬 수 있는 시스템은 결정론적 법칙의 지배를 받지 않는다.

ㄷ. 어떤 선택을 할 때 그것과 다른 선택을 할 수 없는 시스템은 자유의지를 가지지 않는다.

① ㄱ, ㄴ ② ㄱ, ㄷ

③ ㄴ, ㄷ ④ ㄱ, ㄴ, ㄷ

01 밑줄 친 부분이 바르게 쓰이지 않은 것은?

① 바쁘다더니 여긴 웬일이야?

② 결혼식이 몇 월 몇 일이야?

③ 굳은살이 박인 오빠 손을 보니 안쓰럽다.

④ 그는 주말이면 으레 친구들과 야구를 한다.

02 밑줄 친 조사의 쓰임이 옳은 것은?

① 언니는 아버지의 딸로써 부족함이 없다.

② 대화로서 서로의 갈등을 풀 수 있을까?

③ 드디어 오늘로써 그 일을 끝내고야 말았다.

④ 시험을 치는 것이 이로서 세 번째가 됩니다.

03 단어의 뜻풀이가 옳지 않은 것은?

① 반나절: 하루 낮의 반

② 달포: 한 달이 조금 넘는 기간

③ 그끄저께: 오늘로부터 사흘 전의 날

④ 해거리: 한 해를 거른 간격

04 밑줄 친 부분과 바꿔 쓸 수 있는 관용 표현으로 적절하지 않은 것은?

① 몹시 가난한 형편에 누구를 돕겠느냐? – 가랑이가 찢어질

② 그가 중간에서 연결해 주어 물건을 쉽게 팔았다. – 호흡을 맞춰

③ 그는 상대편을 보고는 속으로 깔보며 비웃었다. – 코웃음을 쳤다

④ 주인의 말에 넘어가 실제보다 비싸게 이 물건을 샀다. – 바가지를 쓰고

05 ⊙~ⓔ에 대한 설명으로 옳지 않은 것은?

이때는 오월 단옷날이렷다. 일 년 중 가장 아름다운 시절이라. ⊙이때 월매 딸 춘향이도 또한 시서 음률이 능통하니 천중절을 모를쏘냐. 추천을 하려고 향단이 앞세우고 내려올 제, 난초같이 고운 머리 두 귀를 눌러 곱게 땋아 봉황 새긴 비녀를 단정히 매었구나. …(중략)… 장림 속으로 들어가니 ⓛ녹음방초 우거져 금잔디 좌르르 깔린 곳에 황금 같은 꾀꼬리는 쌍쌍이 날아든다. 버드나무 높은 곳에서 그네 타려할 때, 좋은 비단 초록 장옷, 남색 명주 홑치마 훨훨 벗어 걸어 두고, 자주색 비단 꽃신을 썩썩 벗어 던져두고, 흰 비단 새 속옷 턱밑에 훨씬 추켜올리고, 삼 껍질 그넷줄을 섬섬옥수 넌지시 들어 두 손에 갈라 잡고, 흰 비단 버선 두 발길로 홀쩍 올라 발 구른다. …(중략)… ⓒ한 번 굴러 힘을 주며 두 번 굴러 힘을 주니 발밑에 작은 티끌 바람 좇아 펄펄, 앞뒤 점점 멀어 가니 머리 위의 나뭇잎은 몸을 따라 흔들흔들. 오고갈 제 살펴보니 녹음 속의 붉은 치맛자락 바람결에 내비치니, 높고 넓은 흰 구름 사이에 번갯불이 쏘는 듯 잠깐 사이에 앞뒤가 바뀌는구나. …(중략)… 무수히 진퇴하며 한참 노닐 적에 시냇가 반석 위에 옥비녀 떨어져 쟁쟁하고, '비녀, 비녀' 하는 소리는 산호채를 들어 옥그릇을 깨뜨리는 듯. ⓔ그 형용은 세상 인물이 아니로다.

– 작자 미상, 「춘향전」에서 –

① ⊙: 설의적 표현을 통해 춘향이도 천중절을 당연히 알 것이라는 점을 서술하고 있다.

② ⓛ: 비유법을 사용하고 음양이 조화를 이룬 아름다운 봄날의 풍경을 서술하고 있다.

③ ⓒ: 음성상징어를 사용하여 춘향의 그네 타는 모습을 시각적으로 서술하고 있다.

④ ⓔ:서술자의 편집자적 논평을 통해 춘향이의 내면적 아름다움을 서술하고 있다.

06 다음 대화에 대한 설명으로 적절한 것은?

A: 지난번 제안서 프레젠테이션을 마친 후 "검토하고 연락드리겠습니다."라고 답변을 받았는데 아직 별다른 연락이 없어서 고민이에요.

B: 어떤 연락을 기다리신다는 거예요?

A: 해당 사업에 관하여 제 제안서를 승낙했다는 답변이잖아요. 그런데 후속 사업 진행을 위해 지금쯤 연락이 와야 할 텐데 싶어서요.

B: 글쎄요. 보통 그런 상황에서는 완곡하게 거절하는 의사 표현이라 볼 수 있어요. 그리고 해당 고객이 제안서 내용은 정리가 잘되었지만, 요즘 같은 코로나 시기에는 이전과 동일한 사업적 효과가 있을지 궁금하다고 말한 것을 보면 알 수 있죠.

A: 네, 기억납니다. 하지만 궁금하다고 말한 것이지 사업을 수용하지 않는다는 것은 아니지 않나요? 답변을 할 때도 굉장히 표정도 좋고 박수도 쳤는데 말이죠. 목소리도 부드러웠고요.

① A와 B는 고객의 답변에 대해 제안서 승낙이라는 의미로 동일하게 이해한다.

② A는 동일한 사업적 효과가 있을지 궁금하다는 표현을 제안한 사업에 대한 부정적 평가라고 판단한다.

③ B는 고객이 제안서에 의문을 제기한 내용을 근거로 고객의 답변에 대해 판단한다.

④ A는 비언어적 표현을 바탕으로 하여 고객의 답변을 제안서에 대한 완곡한 거절로 해석한다.

07 다음 글의 내용과 부합하지 않는 것은?

무슈 리와 엄마는 재혼한 부부다. 내가 그를 아버지라고 부르기 어려운 것은 거의 그런 말을 발음해 본 적이 없는 습관의 탓이 크다.

나는 그를 좋아할뿐더러 할아버지 같은 이로부터 느끼던 것의 몇 갑절이나 강한 보호 감정—부친다움 같은 것도 느끼고 있다.

그러나 나는 그의 혈족은 아니다.

무슈 리의 아들인 현규와도 마찬가지다. 그와 나는 그런 의미에서는 순전한 타인이다. 스물두 살의 남성이고 열여덟 살의 계집아이라는 것이 진실의 전부이다. 왜 나는 이 일을 그대로 알아서는 안 되는가?

나는 그를 영원히 아무에게도 주기 싫다. 그리고 나 자신을 다른 누구에게 바치고 싶지도 않다. 그리고 우리를 비끄러매는 형식이 결코 '오누이'라는 것이어서는 안 될 것을 알고 있다.

나는 또 물론 그도 나와 마찬가지로 같은 일을 생각하고 있기를 바란다. 같은 일—같은 즐거움일 수는 없으나 같은 이 괴로움을.

이 괴로움과 상관이 있을 듯한 어떤 조그만 기억, 어떤 조그만 표정, 어떤 조그만 암시도 내 뇌리에서 사라지는 일은 없다. 아아, 나는 행복해질 수는 없는 걸까? 행복이란, 사람이 그것을 위하여 태어나는 그 일을 말함이 아닌가?

초저녁의 불투명한 검은 장막에 싸여 짙은 꽃향기가 흘러든다. 침대 위에 엎드려서 나는 마침내 느껴 울고 만다.

– 강신재, 「젊은 느티나무」에서 –

① '나'는 '현규'도 '나'와 같은 감정을 갖고 있기를 기대하고 있다.
② '나'와 '현규'는 혈연적으로는 아무런 관계가 없는 타인이며, 법률상의 '오누이'일 뿐이다.
③ '나'는 '현규'에 대한 감정 때문에 '무슈 리'를 아버지로 부르는 것에 거부감을 갖고 있다.
④ '나'는 사회적 인습이나 도덕률보다는 '현규'에 대한 '나'의 감정에 더 충실해지고 싶어 한다.

08 글쓴이의 견해에 부합하는 대응으로 가장 적절한 것은?

정중하고 단호한 태도를 보이는 것과, 수동적이거나 공격적인 반응을 하는 것은 엄청난 차이가 있다. 수동적인 사람들은 마음속에 있는 자신의 생각을 표현하면 분란이 일어날까봐 두려워한다. 그러나 자신의 의견을 말하지 않는 한 자신이 원하는 것을 얻을 수는 없다. 이와 반대로 공격적인 태도는 자신의 권리를 앞세워 생각해서 남을 희생시켜서라도 자신이 원하는 것을 얻으려는 것이다. 공격적인 사람은 사람들이 싫어하는 행동을 하곤 한다. 그러나 단호한 반응은 공격적인 반응과 다르다. 단호한 반응은 다른 사람의 권리를 침해하지 않으면서 자신의 권리를 존중하고 지키겠다는 것이다. 이것은 상대방을 배려하는 태도를 보여준다. 상대방을 존중하면서도 얼마든지 자신의 의견을 내세울 수 있다. 단호한 주장은 명쾌하고 직접적이며 요점을 찌른다.

그럼 실제로 연습해 보자. 어느 흡연자가 당신의 차 안에서 담배를 피워도 되는지 묻는다. 당신은 담배 연기를 싫어하고 건강에 해롭다는 것도 잘 알고 있어 달갑지 않다. 어떻게 대응하는 것이 좋을까?

① 좀 그러긴 하지만, 괜찮아요. 창문 열고 피우세요.
② 안 되죠. 흡연이 얼마나 해로운데요. 좀 참아보시겠어요.
③ 안 피우시면 좋겠어요. 연기가 해롭잖아요. 피우고 싶으시면 차를 세워 드릴게요.
④ 물어봐 줘서 고마워요. 피워도 그렇고 안 피워도 좀 그러네요. 생각해 보시고서 좋은 대로 결정하세요.

09 (가)에 들어갈 한자성어로 적절한 것은?

"집안 내력을 알고 보믄 동기간이나 진배없고, 성환이도 이자는 대학생이 됐으니께 상의도 오빠겉이 그렇게 알아놔라."하고 장씨 아저씨는 말하는 것이었다. 그러나 상의는 처음 만났을 때도 그랬지만 두 번째도 거부감을 느꼈다. 사람한테 거부감을 느꼈기보다 제복에 거부감을 느꼈는지 모른다. 학교규칙이나 사회의 눈이 두려웠는지 모른다. 어쨌거나 그들은 청춘남녀였으니까. 호야 할매 입에서도 성환의 이름이 나오기론 이번이 처음이 아니었다.

"(가)   , 손주 때문에 눈물로 세월을 보내더니, 이자는 성환이도 대학생이 되었으니 할매가 원풀이 한풀이를 다 했을 긴데 아프기는 와 아프는고, 옛말 하고 살아야 하는 긴데."

– 박경리, 「토지」에서 –

① 오매불망(寤寐不忘)
② 망운지정(望雲之情)
③ 염화미소(拈華微笑)
④ 백아절현(伯牙絕絃)

10 (가)와 (나)에 대한 설명으로 적절하지 않은 것은?

(가) 오백년 도읍지를 필마로 돌아드니
산천은 의구하되 인걸은 간 데 없네.
어즈버 태평연월이 꿈이런가 하노라.

(나) 벌레먹은 두리기둥 빛 낡은 단청(丹靑) 풍경 소리 날러간 추녀 끝에는 산새도 비둘기도 둥주리를 마구쳤다. 큰 나라 섬기다 거미줄 친 옥좌(玉座) 위엔 여의주(如意珠) 희롱하는 쌍룡(雙龍) 대신에 두 마리 봉황(鳳凰)새를 틀어올렸다. 어느 땐들 봉황이 울었으랴만 푸르른 하늘 밑 추석을 밟고 가는 나의 그림자. 패옥(佩玉) 소리도 없었다. 품석(品石) 옆에서 정일품(正一品) 종구품(從九品) 어느 줄에도 나의 몸둘 곳은 바이 없었다. 눈물이 속된 줄을 모를 양이면 봉황새야 구천(九泉)에 호곡(呼哭)하리라.

① (가)는 '산천'과 '인걸'을 대비함으로써 인생의 무상함을 드러내고 있다.
② (나)는 '쌍룡'과 '봉황'을 대비함으로써 사대주의적 역사에 대한 비판적 시각을 드러내고 있다.
③ (가)와 (나) 모두 선경후정의 기법을 사용하고 있다.
④ (가)와 (나) 모두 정해진 율격과 음보에 맞춰 시상을 전개하고 있다.

국가직 문제
지방직 문제
서울시 문제
국가직 해설
지방직 해설
서울시 해설

11 다음 글의 내용과 부합하는 것은?

미국의 어머니들은 자녀와 함께 놀이를 할 때 특정 사물에 초점을 맞추고 그 사물의 속성을 아이들에게 가르친다. 사물의 속성 자체에 관심을 기울이도록 훈련받은 아이들은 스스로 독립적인 행동을 하도록 교육받는다. 미국에서는 아이들에게 의사소통을 가르칠 때 자신의 생각을 분명하게 표현하고 말하는 사람의 입장에서 대화에 임해야 하며, 대화 과정에서 오해가 발생하면 그것은 말하는 사람의 잘못이라고 강조한다.

반면에 일본의 어머니들은 대상의 '감정'에 특별히 신경을 써서 가르친다. 특히 자녀가 말을 안 들을 때에 그러하다. 예를 들어 "네가 밥을 안 먹으면, 고생한 농부 아저씨가 얼마나 슬프겠니?", "인형을 그렇게 던져 버리다니, 저 인형이 울잖아. 담장도 아파하잖아." 같은 말들로 꾸중하는 모습을 자주 볼 수 있다. 다른 사람과의 관계에 초점을 맞춘 훈련을 받은 아이들은 자신의 생각을 드러내기보다는 행동에 영향을 받는 다른 사람들의 감정을 미리 예측하도록 교육받는다. 곧 일본에서는 아이들에게 듣는 사람의 입장에서 말할 것을 강조한다.

① 미국의 어머니는 듣는 사람의 입장, 일본의 어머니는 말하는 사람의 입장을 강조한다.
② 일본의 어머니는 사물의 속성을 아는 것이 관계를 아는 것보다 더 중요하다고 생각한다.
③ 미국의 어머니는 어떤 일을 있는 그대로 보지 말고 이면에 있는 감정을 읽어야 한다고 생각한다.
④ 미국의 어머니는 자녀가 독립적인 행동을 하도록 교육하며, 일본의 어머니는 자녀가 타인의 감정을 예측하도록 교육한다.

12 다음 글의 결론으로 가장 적절한 것은?

인공지능(AI)은 비즈니스 패러다임을 획기적으로 바꾸고 있다. 인공지능은 생물학 분야에도 광범위하게 영향을 미칠 것이며, 애완동물이 인공지능(AI)으로 대체될 수도 있을 것이다. 인공지능(AI)은 스스로 수학도 풀고 글도 쓰고 바둑을 두며 사람을 이길 수도 있다. 어느 영화에서처럼 실제로 인간관계를 대신할 수도 있다. 인공지능(AI)은 배우면서 성장할 수도 있다. 인공지능(AI)이 사람보다 똑똑해질 수 있을지도 모른다.

인공지능(AI)이 사람보다 똑똑해질 수 있는지는 차치하고, 인공지능(AI)이 사람을 게으르게 만들 수도 있지 않을까? 이 게으름은 우리의 건강과 행복, 그리고 일상생활의 패턴을 바꿔 놓을 수도 있다.

인공지능(AI)이 앱을 통해 좀 더 편리한 삶을 제공하여 사람의 뇌를 어떻게 바꾸는지를 일상에서 보여 주는 대표적 사례가 바로 GPS다. 불과 몇 년 전만 해도 지도를 보고 스스로 거리를 가늠하고 도착 시간을 계산했던 운전자들은 이제 내비게이션의 등장으로 어디에서 어떻게 가라는 기계 속 음성에 전적으로 의존하기 시작했다. 예전의 방식으로도 충분히 잘 찾아가던 길에서조차 습관적으로 내비게이션을 켠다. 이것이 없으면 자주 다니던 길도 제대로 찾지 못하고 멀쩡한 어른도 길을 잃는다.

이와 같이 기계에 의존해서 인간이 살아가는 사례는 오늘날 우리의 두뇌가 게을러진 것을 보여 주는 여러 사례 가운데 하나일 뿐이다. 삶을 더 편하게 해 준다며 지름길을 제시하는 도구들이 도리어 우리의 기억력과 창조력을 퇴보시키고 있다. 인간을 태만하고 나태하게 만들어 뇌의 가장 뛰어난 영역인 상상력을 활용하지 않도록 만드는 것이다.

① 인간의 인공지능(AI)에 대한 독립성은 지속적으로 증가하게 될 것이다.
② 인공지능(AI)으로 인해 인간의 두뇌가 게을러

지는 부작용이 발생하게 될 것이다.
③ 인공지능(AI)은 인간을 능가하는 사고력을 가질 것이다.
④ 인공지능(AI)은 궁극적으로 상상력을 가지게 될 것이다.

13 다음 글에 대한 이해로 적절한 것은?

국제기구인 유엔은 영어, 중국어, 러시아어, 프랑스어, 스페인어, 아랍어 등이 공용어로 사용되나 그곳에 근무하는 모든 외교관들이 이 공용어들을 전부 다 잘해야 하는 것은 아니다. 유럽연합에서의 공용어 개념도 유엔에서의 경우와 마찬가지로 여러 공용어 중 하나만 알아도 공식 업무상 불편이 없게끔 한다는 것이지 모든 유럽연합인들이 열 개가 넘는 공용어를 전부 다 배워야 하는 것은 아니다.

마찬가지 논리로 우리가 만일 한국어와 영어를 공용어로 지정한다면 이는 한국에서는 한국어와 영어 중 어느 하나를 알기만 하면 공식 업무상 불편이 없게끔 국가에서 보장한다는 뜻이지 모든 한국인들이 영어를 할 줄 알아야 된다는 뜻은 아니다. 따라서 우리가 영어를 한국어와 함께 공용어로 지정하기만 하면 모든 한국인이 영어를 잘할 수 있게 되리라는 믿음은 공용어의 개념을 제대로 이해하지 못한 데서 오는 망상에 불과하다.

① 유엔에서 근무하는 외교관들은 유엔의 공용어를 다 구사하지 않으면 안 된다.
② 유럽연합은 복수의 공용어를 지정하여 공무상 편의를 도모하였다.
③ 한국에서 영어를 공용어로 지정하면 한국인들은 영어를 다 잘할 수 있을 것이다.
④ 한국에서 머지않아 영어가 공용어로 지정될 것이다.

14 다음 글의 내용과 부합하지 않는 것은?

인터넷이 있는 곳이면 어디나 악플이 있기 마련이지만, 한국은 정도가 심하다. 악플러들 가운데는 피해의식과 열등감에 시달리는 이들이 많다고 한다. 그들에게 악플의 즐거움은 무엇인가. 자신이 올린 글 한 줄에 다른 사람들이 동요하는 모습을 보면서 자기 효능감(self-efficacy)을 맛볼 수 있다. 아무에게도 영향력을 행사하지 못하고 자신의 삶과 환경을 통제하지도 못하면서 무력감에 시달리는 사람일수록 공격적인 발설로 자기 효능감을 느끼려 한다.

그런데 자기 효능감은 상대방의 반응에 좌우된다. 마구 욕을 퍼부었는데 상대방이 별로 개의치 않는다면, 계속할 마음이 사라질 것이다. 무시당했다는 생각에 오히려 자괴감에 빠질 수도 있다. 개인주의가 안착된 사회에서는 자신을 향한 비판에 대해 '그건 너의 생각'이라면서 넘겨 버리는 사람들이 많다. 말도 안 되는 욕설이나 험담이 날아오면 제정신이 아닌 사람의 소행으로 웃어넘기거나 법적인 조치를 취할 것이다.

개인주의는 여러 속성을 지니고 있지만, 자신의 존재 가치를 스스로 매긴다는 긍정적 측면이 있다. 한국에는 그런 의미에서의 개인주의가 뿌리내리지 못했다. 남에 대해 신경을 너무 곤두세운다. 그것은 두 가지 차원으로 나뉘는데, 한편으로 타인에게 필요 이상의 관심을 보이면서 참견하고 타인의 영역을 침범한다. 다른 한편으로 자기에 대한 타인의 평가와 반응에 너무 예민하다. 이 두 가지 특성이 인터넷 공간에서 맞물려 악플을 양산한다. 우선 다른 사람들에게 너무 쉽게 험담을 늘어놓고 당사자에게 악담을 던진다. 그렇게 약을 올리면 상대방이 발끈하거나 움츠러든다. 이따금 일파만파로 사회가 요동을 치기도 한다. 악플러 입장에서는 재미가 쏠쏠하다. 예상했던 피드백을 즉각적으로 받으면서 자기 효능감을 맛볼 수 있기 때문이다.

① 악플러는 자신의 말에 타인이 동요하는 것을 보면서 자기 효능감을 느낀다.

② 개인주의자는 악플에 무반응함으로써 악플러를 자괴감에 빠지게 할 수 있다.

③ 자신의 삶을 잘 통제하는 악플러일수록 타인을 더욱 엄격한 잣대로 비판한다.

④ 한국에서 악플이 양산되는 것은 한국인들이 타인에 대해 신경을 많이 쓰는 것과 관계가 있다.

15 다음 글의 밑줄 친 부분이 지시하는 대상이 다른 것은?

> 수박을 먹는 기쁨은 우선 식칼을 들고 이 검푸른 ㉠구형의 과일을 두 쪽으로 가르는 데 있다. 잘 익은 수박은 터질 듯이 팽팽해서, 식칼을 반쯤만 밀어 넣어도 나머지는 저절로 열린다. 수박은 천지개벽하듯이 갈라진다. 수박이 두 쪽으로 벌어지는 순간, '앗!' 소리를 지를 여유도 없이 초록은 ㉡빨강으로 바뀐다. 한 번의 칼질로 이처럼 선명하게도 세계를 전환시키는 사물은 이 세상에 오직 수박뿐이다. 초록의 껍질 속에서, ㉢새까만 씨앗들이 별처럼 박힌 선홍색의 바다가 펼쳐지고, 이 세상에 처음 퍼져 나가는 비린 향기가 마루에 가득 찬다. 지금까지 존재하지 않던, ㉣한바탕의 완연한 아름다움의 세계가 칼 지나간 자리에서 홀연 나타나고, 나타나서 먹히기를 기다리고 있다. 돈과 밥이 나오지 않았다 하더라도, 이것은 필시 흥부의 박이다.
>
> – 김훈, 「수박」에서 –

① ㉠   ② ㉡

③ ㉢   ④ ㉣

16 (가)~(라)에 들어갈 말로 가장 적절한 것은?

> 정철, 윤선도, 황진이, 이황, 이조년 그리고 무명씨. 우리말로 시조나 가사를 썼던 이들이다. 황진이는 말할 것도 없고 무명씨도 대부분 양반이 아니었겠지만 정철, 윤선도, 이황은 양반 중에 양반이었다. (가) 그들이 우리말로 작품을 썼던 걸 보면 양반들도 한글 쓰는 것을 즐겨 했다는 것을 부정할 수 없다. (나) 허균이나 김만중은 한글로 소설까지 쓰지 않았던가. (다) 이들이 특별한 취향을 가진 소수의 양반이었다면 이야기는 달라진다. 우리말로 된 문학 작품을 만들겠다는 생각을 가진 특별한 양반들을 제외하고 대다수 양반들은 한문을 썼기 때문에 한글을 모를 수도 있었기 때문이다. 실학자 박지원이 당시 양반 사회를 풍자한 작품 「호질」은 한문으로 쓰여 있다. (라) 한 가지 분명한 것은 양반 대부분이 한글을 이해하지 못하는 상황이었다면 정철도 이황도 윤선도도 한글로 작품을 쓰지는 않았을 것이란 사실이다.

	(가)	(나)	(다)	(라)
①	그런데	게다가	그렇지만	그러나
②	그런데	그리고	그래서	또는
③	그리고	그러나	하지만	즉
④	그래서	더구나	따라서	하지만

17 (가)~(라)의 고쳐 쓰기 방안으로 적절하지 않은 것은?

> (가) 현재 우리 구청 조직도에는 기획실, 홍보실, 감사실, 행정국, 복지국, 안전국, 보건소가 있었다.
>
> (나) 오늘은 우리 시청이 지양하는 '누구나 행복한 ○○시'를 실현하기 위한 추진 방안을 논의합니다.
>
> (다) 지난달 수해로 인한 준비 기간이 짧았기 때문에 지역 축제는 예년보다 규모가 줄어들었다.
>
> (라) 공과금을 기한 내에 지정 금융 기관에 납부하지 않으면 연체료를 내야 한다.

① (가): '있었다'는 문맥상 시제 표현이 적절하지 않으므로 '있다'로 고쳐 쓴다.

② (나): '지양'은 어떤 목표로 뜻이 쏠리어 향한다는 의미인 '지향'으로 고쳐 쓴다.

③ (다): '지난달 수해로 인한'은 '준비 기간'을 수식하는 절이 아니므로 '지난달 수해로 인하여'로 고쳐 쓴다.

④ (라): '납부'는 맥락상 금융 기관이 돈이나 물품 따위를 받아 거두어들인다는 '수납'으로 고쳐 쓴다.

18 다음 글을 잘못 이해한 것은?

> 서연: 여보게, 동연이.
>
> 동연: 왜?
>
> 서연: 자네가 본뜨려는 부처님 형상은 누가 언제 그렸는지 몰라도 흔히 있는 것을 베껴 놓은 걸세. 그런데 자네는 그 형상을 또 다시 베껴 만들 작정이군. 자넨 의심도 없는가? 심사숙고해 보게. 그런 형상이 진짜 부처님은 아닐세.
>
> 동연: 나에겐 전혀 의심이 없네.
>
> 서연: 의심이 없다니……?
>
> 동연: 무엇 때문에 의심해서 아까운 시간을 낭비해야 하는가?
>
> 서연: 음…….
>
> 동연: 공부를 하게, 괜히 의심 말고! (허공에 걸려 있는 탱화를 가리키며) 자넨 얼마나 형상 공부를 했는가? 이 십일면관세음보살의 머리 위에는 열한 개의 얼굴들이 있는데, 그 얼굴 하나하나를 살펴나 봤었는가? 귀고리, 목걸이, 손에 든 보병과 기현화란 꽃의 형태를 꼼꼼히 연구했었는가? 자네처럼 게으른 자들은 공부는 안 하고, 아무 의미 없다 의심만 하지!
>
> 서연: 자넨 정말 열심히 공부했네. 그렇다면 그 형태 속에 부처님 마음은 어디 있는지 가르쳐 주게.
>
> – 이강백, 「느낌, 극락 같은」에서 –

① 불상 제작에 대한 동연과 서연의 입장은 다르다.

② 서연은 전해지는 부처님 형상을 의심하는 인물이다.

③ 동연은 부처님 형상을 독창적으로 제작하는 인물이다.

④ 동연과 서연의 대화는 예술에 있어서 형식과 내용의 논쟁을 연상시킨다.

19 글의 통일성을 고려할 때 (가)에 들어갈 말로 가장 적절한 것은?

혼정신성(昏定晨省)이란 저녁에는 부모님의 잠자리를 봐 드리고 아침에는 문안을 드린다는 뜻으로 자식이 아침저녁으로 부모의 안부를 물어 살핌을 뜻하는 말로 '예기(禮記)'의 '곡례편(曲禮篇)'에 나오는 말이다. 아랫목 요에 손을 넣어 방 안 온도를 살피면서 부모님께 문안을 드리던 우리의 옛 전통은 온돌을 통한 난방 방식과 관련 깊다. 온돌을 통한 난방 방식은 방바닥에 깔려 있는 돌이 열기로 인해 뜨거워지고, 뜨거워진 돌의 열기로 방바닥이 뜨거워지면 방 전체에 복사열이 전달되는 방법이다. 방바닥 쪽의 차가운 공기는 온돌에 의해 따뜻하게 데워지므로 위로 올라가고, 위로 올라간 공기가 다시 식으면 아래로 내려와 다시 데워져 위로 올라가는 대류 현상으로 인해 결국 방 전체가 따뜻해진다. 벽난로를 통한 서양식의 난방 방식은 복사열을 이용하여 상체와 위쪽 공기를 데우는 방식인데, 대류 현상으로 바닥 바로 위 공기까지는 따뜻해지지 않는다. 그 이유는 [(가)].

① 벽난로에 의한 난방은 방바닥의 따뜻한 공기가 위로 올라가 식으면 복사열로 위쪽의 공기만 따뜻하게 하기 때문이다

② 벽난로에 의한 난방이 복사열에 의한 난방에서 대류 현상으로 인한 난방이라는 순서로 이루어졌기 때문이다

③ 대류 현상을 통한 난방 방식은 상체와 위쪽의 공기만 따뜻하게 하기 때문이다

④ 상체와 위쪽의 따뜻한 공기는 차가운 바닥으로 내려오지 않기 때문이다

20 다음 글에서 추론할 수 있는 것은?

포도주는 유럽 문명을 대표하는 술이자 동시에 음료수다. 우리는 대개 포도주를 취하기 위해 마시는 술로만 생각하기 쉬우나 유럽에서는 물 대신 마시는 '음료수'로서의 역할이 크다. 유럽의 많은 지역에서는 물이 워낙 안 좋아서 맨물을 그냥 마시면 위험하기 때문에 제조 과정에서 안전성이 보장된 포도주나 맥주를 마시는 것이다. 이런 용도로 일상적으로 마시는 식사용 포도주로는 당연히 고급 포도주와는 다른 저렴한 포도주가 쓰이며, 술이 약한 사람들은 여기에 물을 섞어서 마시기도 한다.

소비의 확대와 함께, 포도주의 생산을 다른 지역으로 확산시키려는 노력도 계속되어 왔다. 포도주 생산의 확산에서 가장 큰 문제는 포도 재배가 추운 북쪽 지역으로 확대되기 힘들다는 점이다. 자연 상태에서는 포도가 자라는 북방 한계가 이탈리아 정도에서 멈춰야 했지만, 중세 유럽에서 수도원마다 온갖 노력을 기울인 결과 포도 재배가 상당히 북쪽까지 올라갔다. 대체로 대서양의 루아르강 하구로부터 크림반도와 조지아를 잇는 선이 상업적으로 포도를 재배할 수 있는 북방한계선이다.

적정한 기온은 포도주 생산 가능 여부뿐 아니라 생산된 포도주의 질을 결정하는 중요한 요인이다. 너무 추운 지역이나 너무 더운 지역에서는 포도주의 품질이 떨어질 수밖에 없다. 추운 지역에서는 포도에 당분이 너무 적어서 그것으로 포도주를 담그면 신맛이 강하게 된다. 반면 너무 더운 지역에서는 섬세한 맛이 부족해서 '흐물거리는' 포도주가 생산된다(그 대신 이를 잘 활용하면 포르토나 셰리처럼 도수를 높인 고급 포도주를 만들 수 있다). 그러므로 고급 포도주 주요 생산지는 보르도나 부르고뉴처럼 너무 덥지도 않고 너무 춥지도 않은 곳이다. 다만 달콤한 백포도주의 경우는 샤토디켐(Château d'Yquem)처럼 뜨거운 여름 날씨가 지속하는 곳에서 명품이 만들어진다.

포도주의 수요는 전 유럽적인 데 비해 생산은 이처럼 지리적으로 제한됐기 때문에 포도주는 일찍부터 원거리 무역 품목이 됐고, 언제나 고가품 취급을 받았다. 그런데 한 가지 기억해야 할 점은 이렇게 수출되는 고급 포도주는 오래된 포도주가 아니라 바로 그해에 만든 술이라는 점이다. 우리는 포도주는 오래될수록 좋아진다고 믿는 경향이 있지만, 대부분의 백포도주 혹은 중급 이하 적포도주는 시간이 지날수록 오히려 품질이 떨어진다. 시간이 흐를수록 품질이 개선되는 것은 일부 고급 적포도주에만 한정된 이야기이며, 그나마 포도주를 병에 담아 코르크 마개를 끼워 보관한 이후의 일이다.

① 고급 포도주는 모두 너무 덥지도 춥지도 않은 곳에서 재배된 포도로 만들어졌다.
② 루아르강 하구로부터 크림반도와 조지아를 잇는 선은 이탈리아보다 남쪽에 있을 것이다.
③ 유럽에서 일상적으로 마시는 식사용 포도주는 저렴한 포도주거나 고급 포도주에 물을 섞은 것이다.
④ 병에 담겨 코르크 마개를 끼운 고급 백포도주는 보관 기간에 비례하여 품질이 개선되지는 않을 것이다.

국가직 문제
지방직 문제
서울시 문제
국가직 해설
지방직 해설
서울시 해설

01 다음에 해당하는 사례로 적절하지 않은 것은?

> '역전앞'과 마찬가지로 '피해(被害)를 당하다'에도 의미의 중복이 나타난다. '피해'의 '피(被)'에 이미 '당하다'라는 의미가 포함되어 있기 때문이다.

① 형부터 먼저 해라.
② 채훈이는 오로지 빵만 좋아한다.
③ 발언자마다 각각 다른 주장을 편다.
④ 그는 예의가 바를 뿐더러 무척 부지런하다.

02 다음 대화에서 밑줄 친 부분의 표현 효과에 대한 설명으로 적절한 것은?

> 김 대리: 늦어서 죄송합니다. 일이 좀 많았습니다.
> 이부장: 괜찮아요. 오랜만에 최 대리하고 오붓하게 대화도 나누고 시간 가는 줄 몰랐네요. 허허허.
> 김 대리: 박 부장님은 오늘 못 나오신다고 전해 달라셨어요.
> 이 부장: 그럼, 우리끼리 출발합시다.

① 자신과 상대방의 의견 차이를 최소화한다.
② 상대방에게 부담이 되는 표현을 최소화한다.
③ 화자 자신에게 혜택을 주는 표현을 최소화한다.
④ 상대방에 대한 비방을 최소화하고 칭찬을 최대화한다.

03 '청소년 인터넷 중독의 현황과 문제 해결'에 대한 글을 작성하고자 한다. 글의 내용으로 포함하기에 적절하지 않은 것은?

① 국내 최대 게임 업체의 고객 개인 정보가 유출되어 청소년들에게 성인 광고 문자가 대량 발송된 사건을 예로 제시한다.
② 인터넷에 중독되는 청소년의 비율이 해마다 증가한다는 통계를 활용하여 해당 사안이 시급히 해결되어야 할 문제임을 강조한다.
③ 사회성 결여, 의사소통 장애, 집중력 저하 등 인터넷 중독이 야기할 수 있는 부정적 현상들을 열거하여 문제의 심각성을 환기한다.
④ 청소년 대상 인터넷 중독 상담 프로그램의 개발 및 운영을 위해 할당된 예산이 부족하다는 전문가의 의견을 인용하여 해당 문제에 대한 대처가 미온적임을 지적한다.

04 밑줄 친 단어의 쓰임이 옳은 것은?

① <u>하노라고</u> 한 것이 이 모양이다.
② 물품 대금은 나중에 예치금에서 자동으로 <u>결재</u><u>된다.</u>
③ 예산을 대충 <u>걷잡아서</u> 말하지 말고 잘 뽑아 보세요.
④ 행운이 가득하기를 기원하는 것으로 치사를 <u>가름합니다.</u>

05 다음 시에 대한 감상으로 적절하지 않은 것은?

> 네 집에서 그 샘으로 가는 길은 한 길이었습니다. 그래서 새벽이면 물 길러 가는 인기척을 들을 수 있었지요. 서로 짠 일도 아닌데 새벽 제일 맑게 고인 물은 네 집이 돌아가며 길어 먹었지요. 순번이 된 집에서 물 길어 간 후에야 똬리 끈 입에 물고 살짝 들어서시는 어머니나 물지게 진 아버지 모습을 볼 수 있었지요. 집안에 일이 있으면 그 순번이 자연스럽게 양보되기도 했었구요. 넉넉하지 못한 물로 사람들 마음을 넉넉하게 만들던 그 샘가 미나리꽝에서는 미나리가 푸르고 앙금 내리는 감자는 잘도 썩어 구린내 훅 풍겼지요.
>
> — 함민복, 「그 샘」 —

① '샘'을 매개로 공동체의 삶을 표현했다.
② 과거 시제로 회상의 분위기를 표현했다.
③ 공감각적 이미지로 이웃 간의 배려를 표현했다.
④ 구어체로 이웃 간의 정감 어린 분위기를 표현했다.

06 다음 글의 주장으로 가장 적절한 것은?

> 우리에게 친숙한 동물들의 사소한 행동을 살펴보면 그들이 자신의 환경을 개조한다는 것을 알 수 있다. 가장 단순한 생명체는 먹이가 그들에게 헤엄쳐 오게 만들고, 고등동물은 먹이를 구하기 위해 땅을 파거나 포획 대상을 추적하기도 한다. 이처럼 동물들은 자신의 목적을 위해 행동함으로써 환경을 변형시킨다. 이러한 생존 방식을 흔히 환경에 적응하는 것으로 설명한다. 그러나 이러한 설명은 생명체들이 그들의 환경 개변(改變)에 능동적으로 행동한다는 중요한 사실을 놓치고 있다.
>
> 가장 고등한 동물인 인간도 다른 생명체와 마찬가지로 생존이나 적응을 넘어서 환경에 대해 적극성을 보인다. 이는 인간의 세 가지 충동 ─ 사는 것, 잘 사는 것, 더 잘 사는 것 ─ 으로 인하여 가능하다. 잘 살기 위한 노력은 순응적이기보다는 능동적인 모습으로 나타나게 된다. 인간도 생명체이다. 더 잘 살기 위해서는 환경에 순응할 수만은 없다.

① 인간은 환경에 적응해 왔다.
② 삶의 기술은 생존을 위한 것이다.
③ 생명체는 환경을 능동적으로 변형한다.
④ 인간은 잘 사는 것을 삶의 목표로 한다.

07 밑줄 친 부분의 활용형이 옳지 않은 것은?

① 집에 오면 그는 항상 사랑채에 <u>머물었다.</u>
② 나는 고향 집에 한 사나흘 <u>머무르면서</u> 쉴 생각이다.
③ 일에 <u>서툰</u> 것은 연습이 부족한 까닭이다.
④ 그는 외국어가 <u>서투르므로</u> 해외 출장을 꺼린다.

08 다음에 서술된 A사의 상황을 가장 적절하게 표현한 한자성어는?

> 최근 출시된 A사의 신제품이 뜨거운 호응을 얻고 있다. 이번 신제품의 성공으로 A사는 B사에게 내주었던 업계 1위 자리를 탈환했다.

① 兎死狗烹　　　② 捲土重來
③ 手不釋卷　　　④ 我田引水

09 다음 글의 주장으로 가장 적절한 것은?

> 예술 작품의 복제 기술이 좋아지고 있음에도 불구하고 원본을 보러 가는 이유는 무엇인가? 예술 작품의 특성상 원본 고유의 예술적 속성을 복제본에서는 느낄 수 없다고 생각하는 경향이 강하기 때문이다. 사진은 원본인지 복제본인지 중요하지 않지만, 회화는 붓 자국 하나하나가 중요하기 때문에 복제본이 원본을 대체할 수 없다고 생각하는 사람들이 많다.
>
> 그러나 이러한 생각은 잘못이다. 회화와 달리 사진의 경우, 보통은 '그 작품'이라고 지칭되는 사례들이 여러 개 있을 수 있다. 20세기 위대한 사진작가 빌 브란트가 마음만 먹었다면, 런던에 전시한 인화본의 조도를 더 낮추는 방식으로 다른 곳에 전시한 것과 다른 예술적 속성을 갖게 할 수 있었을 것이다. 이것은 사진의 경우, 작가가 재현적 특질을 선택하고 변형할 수 있는 방법이 다양함을 의미한다.

① 복제본의 예술적 가치는 원본을 뛰어넘을 수 없다.
② 복제 기술 덕분에 예술의 매체적 특성이 비슷해졌다.
③ 복제본의 재현적 특질을 변형하는 방법은 제한적이다.
④ 복제본도 원본과는 다른 별개의 예술적 특성을 담보할 수 있다.

10 밑줄 친 단어와 바꿔 쓸 수 있는 한자어로 가장 적절한 것은?

① 그는 가수가 되려는 꿈을 버리고 직장을 구했다.
　→ 遺棄하고
② 휴가철인 7~8월에 버려지는 반려견들이 가장 많다.
　→ 根絶되는
③ 그는 집 앞에 몰래 쓰레기를 버리고 간 사람을 찾고 있다.
　→ 投棄하고
④ 취직하려면 그녀는 우선 지각하는 습관을 버려야 할 것이다.
　→ 抛棄해야

11 다음 글의 ㉠～㉣에 대한 고쳐 쓰기 방안으로 적절하지 않은 것은?

현재 리셋 증후군이 인터넷 중독의 한 유형으로 ㉠꼽혀지고 있다. 리셋 증후군 환자들은 현실에서 잘못을 하더라도 버튼만 누르면 해결될 수 있다고 생각해서 아무런 죄의식이나 책임감 없이 행동한다. ㉡'리셋 증후군'이라는 말은 1990년 일본에서 처음 생겨났는데, 국내에선 1990년대 말부터 쓰이기 시작했다. 리셋 증후군 환자들은 현실과 가상을 구분하지 못하여 게임에서 실행했던 일을 현실에서 저지르고 뒤늦게 후회하는 경우가 많다. 특히, 이러한 특성을 지닌 청소년들은 무슨 일이든지 쉽게 포기하고 책임감 없는 행동을 하며, 마음에 들지 않는 사람이 있으면 ㉢막다른 골목으로 몰 듯 관계를 쉽게 끊기도 한다.

리셋 증후군은 행동 양상이 명확히 나타나지 않는 편이라 쉽게 판별하기 어렵고 진단도 쉽지 않다. ㉣이와 같이 예방을 위해 지속적으로 주위 사람들과 대화를 나누고, 현실과 인터넷 공간을 구분하는 능력을 길러야 한다.

① 불필요한 이중 피동 표현으로 어법에 맞게 ㉠을 '꼽고'로 수정한다.
② 글의 맥락상 자연스럽지 않으므로 ㉡은 첫 번째 문장 뒤로 옮긴다.
③ 앞뒤 문맥을 고려할 때 ㉢은 '칼로 무를 자르듯'으로 수정한다.
④ 앞 문장과의 연결을 고려하여 ㉣을 '그러므로'로 수정한다.

12 다음 글에서 의인화하고 있는 사물은?

姓은 楮요, 이름은 白이요, 字는 無玷이다. 회계 사람이고, 한나라 중상시 상방령 채륜의 후손이다. 태어날 때 난초탕에 목욕하여 흰 구슬을 희롱하고 흰 띠로 꾸렸으므로 빛이 새하얗다. … (중략) … 성질이 본시 정결하여 武人은 좋아하지 않고 文士와 더불어 노니는데, 毛學士가 그 벗으로 매양 친하게 어울려서 비록 그 얼굴에 점을 찍어 더럽혀도 씻지 않았다.

① 대나무
② 백옥
③ 엽전
④ 종이

13 다음 보도 기사별 마무리 표현으로 적절하지 않은 것은?

보도 기사	마무리 표현
소송이나 다툼에 관한 소식	㉠
어느 쪽이 옳다고 말하기 애매한 소식	㉡
사건이 터지고 결과가 드러나기 전 소식	㉢
연예 스캔들 소식	㉣

① ㉠: 모쪼록 원만히 해결되기 바랍니다.
② ㉡: 그 의미를 새삼 돌아보게 됩니다.
③ ㉢: 현재 귀추가 주목되고 있습니다.
④ ㉣: 호사가들의 입방아에 오르내리고 있습니다.

국가직 문제 / 지방직 문제 / 서울시 문제 / 국가직 해설 / 지방직 해설 / 서울시 해설

14 다음 글에 대한 이해로 적절하지 않은 것은?

> 말뚝이: (벙거지를 쓰고 채찍을 들었다. 굿거리
> 장단에 맞추어 양반 삼 형제를 인도하
> 여 등장.)
> 양반 삼 형제: (말뚝이 뒤를 따라 굿거리장단에
> 맞추어 점잔을 피우나, 어색하게 춤을
> 추며 등장. 양반 삼 형제 맏이는 샌님
> [生員], 둘째는 서방님[書房], 끝은 도
> 련님[道令]이다. 샌님과 서방님은 흰
> 창옷에 관을 썼다. 도련님은 남색 쾌자
> 에 복건을 썼다. 샌님과 서방님은 언청
> 이이며(샌님은 언청이가 두 줄, 서방님은
> 한 줄이다.) 부채와 장죽을 가지고 있
> 고, 도련님은 입이 삐뚤어졌고 부채만
> 가졌다. 도련님은 대사는 일절 없으며,
> 형들과 동작을 같이하면서 형들의 면
> 상을 부채로 때리며 방정맞게 군다.)
> 말뚝이: (가운데쯤에 나와서) 쉬이. (음악과 춤
> 멈춘다.) 양반 나오신다아! 양반이라고
> 하니까 노론, 소론, 호조, 병조, 옥당을
> 다 지내고 삼정승, 육판서를 다 지낸
> 퇴로 재상으로 계신 양반인 줄 알지 마
> 시오. 개잘량이라는 '양' 자에 개다리소
> 반이라는 '반' 자 쓰는 양반이 나오신단
> 말이오.
> 양반들: 야아, 이놈, 뭐야아!
> 말뚝이: 아, 이 양반들, 어찌 듣는지 모르갔소.
> 노론, 소론, 호조, 병조, 옥당을 다 지
> 내고 삼정승, 육판서 다 지내고 퇴로
> 재상으로 계신 이 생원네 삼 형제 분이
> 나오신다고 그리 하였소.
> 양반들: (합창) 이 생원이라네. (굿거리장단으
> 로 모두 춤을 춘다. 도령은 때때로 형
> 들의 면상을 치며 논다. 끝까지 그런
> 행동을 한다.)
>
> — 작자 미상, 「봉산탈춤」에서 —

① 양반들이 자신들을 조롱하는 말뚝이에게 야단
쳤군.

② 샌님과 서방님이 부채와 장죽을 들고 춤을 추
며 등장했군.

③ 말뚝이가 굿거리장단에 맞춰 양반을 풍자하는
사설을 늘어놓았군.

④ 도련님이 방정맞게 굴면서 샌님과 서방님의 얼
굴을 부채로 때렸군.

15 밑줄 친 부분의 띄어쓰기가 옳은 것은?

① 해도해도 너무한다.

② 빠른 시일 내 지원해 줄 것이다.

③ 이 그릇은 귀한 거라 손님 대접하는데나 쓴다.

④ 소비 절약을 호소하는 정공법 밖에 달리 도리
는 없다.

16 다음 글의 공간에 대한 설명으로 적절하지
않은 것은?

> 시(市)를 남북으로 나누며 달리는 철도는 항
> 만의 끝에 이르러서야 잘려졌다. 석탄을 싣고
> 온 화차(貨車)는 자칫 바다에 빠뜨릴 듯한 머리
> 를 위태롭게 사리며 깜짝 놀라 멎고 그 서슬에
> 밑구멍으로 주르르 석탄 가루를 흘려보냈다.
> 집에 가 봐야 노루꼬리만큼 짧다는 겨울 해
> 에 점심이 기다리고 있는 것도 아니어서 우리
> 들은 학교가 파하는 대로 책가방만 던져둔 채
> 떼를 지어 선창을 지나 항만의 북쪽 끝에 있는
> 제분 공장에 갔다.
> 제분 공장 볕 잘 드는 마당 가득 깔린 멍석에
> 는 늘 덜 건조된 밀이 널려 있었다. 우리는 수
> 위가 잠깐 자리를 비운 틈을 타서 마당에 들어
> 가 멍석의 귀퉁이를 밟으며 한 움큼씩 밀을 입

안에 털어 넣고는 다시 걸었다. 올올이 흩어져 대글대글 이빨에 부딪치던 밀알들이 달고 따뜻한 침에 의해 딱딱한 껍질을 불리고 속살을 풀어 입 안 가득 풀처럼 달라붙다가 제법 고무질의 질긴 맛을 낼 때쯤이면 철로에 닿게 마련이었다.

우리는 밀껌으로 푸우푸우 풍선을 만들거나 침목(枕木) 사이에 깔린 잔돌로 비사치기를 하거나 전날 자석을 만들기 위해 선로 위에 얹어 놓았던 못을 뒤지면서 화차가 닿기를 기다렸다.

드디어 화차가 오고 몇 번의 덜컹거림으로 완전히 숨을 놓으면 우리들은 재빨리 바퀴 사이로 기어 들어가 석탄가루를 훑고 이가 벌어진 문짝 틈에 갈퀴처럼 팔을 들이밀어 조개탄을 후벼내었다. 철도 건너 저탄장에서 밀차를 밀며 나오는 인부들이 시커멓게 모습을 나타낼 즈음이면 우리는 대개 신발주머니에, 보다 크고 몸놀림이 잽싼 아이들은 시멘트 부대에 가득 든 석탄을 팔에 안고 낮은 철조망을 깨금발로 뛰어넘었다.

선창의 간이음식점 문을 밀고 들어가 구석 자리의 테이블을 와글와글 점거하고 앉으면 그날의 노획량에 따라 가락국수, 만두, 찐빵 등이 날라져 왔다.

석탄은 때로 군고구마, 딱지, 사탕 따위가 되기도 했다. 어쨌든 석탄이 선창 주변에서는 무엇과도 바꿀 수 있는 현금과 마찬가지라는 것을 우리는 알고 있었고, 때문에 우리 동네 아이들은 사철 검정 강아지였다.

　　　　　　　　　　　　　　　　　- 오정희, 「중국인 거리」에서 -

① 철길 때문에 도시가 남북으로 나뉘어 있다.
② 항만 북쪽에는 제분 공장이 있고, 철도 건너에는 저탄장이 있다.
③ 선로 주변에 아이들이 넘을 수 없는 철조망이 있다.
④ 석탄을 먹을거리와 바꿀 수 있는 간이음식점이 있다.

17 다음 밑줄 친 부분의 의미를 풀어 쓴 것으로 적절한 것은?

2004년 1월 태국에서는 한 소년이 극심한 폐렴 증세로 사망했다. 소년의 폐는 완전히 망가져 흐물흐물해져 있었다. 분석 결과, 이전까지 인간이 감염된 적이 없는 인플루엔자 바이러스가 원인으로 밝혀졌다. 소년은 공식적으로 고병원성 조류 인플루엔자 바이러스, H5N1의 첫 사망자가 되었다. 계절 독감으로 익숙한 인플루엔자 바이러스가 이렇게 치명적일 수 있었던 것은 인간의 면역 반응 때문이다. 인류 역사상 단 한 번도 만나본 적이 없는 새로운 바이러스가 침입하자 면역계가 과민 반응을 일으켜 도리어 인체에 해를 끼친 것이다. 이런 현상을 '사이토카인 폭풍'이라 부른다. 사이토카인 폭풍은 면역 능력이 강한 젊은 층일수록 더 세게 일어난다.

만약 집에 ㉠좀도둑이 들었다면 작은 손해를 각오하고 인기척을 내 도둑 스스로 도망가게 하는 것이 상책이다. 그런데 만약 ㉡몽둥이를 들고 도둑과 싸우려 든다면 도둑은 ㉢강도로 돌변한다. 인체가 H5N1에 감염되면 똑같은 일이 벌어진다. 처음으로 새가 아닌 다른 숙주 몸속에 들어온 바이러스는 과민 반응한 면역계와 죽기 살기로 싸운다. 그 결과 50%가 넘는 승률로 바이러스가 승리한다. 그러나 ㉣승리의 대가는 비싸다. 숙주가 죽어 버렸기 때문에 바이러스 역시 함께 죽어야만 한다. 이것이 바로 악명을 떨치면서도 조류 독감의 사망 환자 수가 전 세계에서 400명을 넘기지 않는 이유다. 이 질병이 아직 사람 사이에서 감염되는 사례가 나타나지 않은 이유도 바이러스가 인체라는 새로운 숙주에 적응하지 못했기 때문으로 추정할 수 있다.

① ㉠: 면역계의 과민 반응
② ㉡: 계절 독감
③ ㉢: 치명적 바이러스
④ ㉣: 극심한 폐렴 증세

18 다음 글의 전개 순서로 가장 자연스러운 것은?

ㄱ. 1700년대 중반에 이미 미국 이주민들의 평균 소득은 영국인들의 평균 소득을 넘어섰다.

ㄴ. 그러나 미국은 사실 그러한 분야에서는 다른 산업 국가들에 비해 특별한 우위를 갖고 있지 않았다.

ㄷ. 미국 이주민들의 평균 소득이 높아지게 된 배경에는 좋은 환경으로부터 비롯된 낙관성과 자신감이 있었다. 이후로도 다소 불안정하기는 했지만 미국인들의 소득은 계속해서 크게 증가했다.

ㄹ. 대부분의 미국인들은 남북 전쟁 이후 급속히 경제가 성장한 이유를 농업적 환경뿐만 아니라 19세기의 과학적, 기술적 대전환, 기업가 정신과 규제가 없는 시장 경제 때문이라고 단순하게 생각하는 경향이 있다.

ㅁ. 미국인들이 이처럼 초기 정착기에 풍요로움을 누릴 수 있었던 것은 비옥한 토지, 풍부한 천연자원, 흑인 노동력에 힘입은 농산물 수출 덕분이었다.

① ㄱ-ㄷ-ㅁ-ㄹ-ㄴ

② ㄱ-ㄹ-ㄷ-ㄴ-ㅁ

③ ㄹ-ㄴ-ㅁ-ㄱ-ㄷ

④ ㄹ-ㅁ-ㄴ-ㄷ-ㄱ

19 다음 글을 통해 추론할 수 없는 것은?

자신의 신념과 일치하는 정보는 받아들이고 그렇지 않은 정보는 무시하는 경향을 확증 편향(confirmation bias)이라 한다. 자신의 믿음이나 견해와 일치하는 정보는 수용하고 그에 반대되는 정보는 무시하거나 부정하는 심리 경향이다. 사회 심리학자인 로버트 치알디니는 자신이 가진 기존의 견해와 일치하는 정보는 두 가지 이점을 가지고 있다고 한다. 첫째, 그러한 정보는 어떤 문제에 대해 더 이상 고민하지 않고 마음의 휴식을 취할 수 있게 해 준다. 둘째, 그러한 정보는 우리를 추론의 결과에서 자유롭게 해 준다. 즉 추론의 결과 때문에 행동을 바꿔야 할 필요가 없다. 첫째는 생각하지 않게 하고, 둘째는 행동하지 않게 함을 말한다.

일례로 특정 정치 성향을 가진 사람들을 대상으로 조사했을 때, 사람들은 반대당 후보의 주장에서는 모순을 거의 완벽하게 찾은 반면, 지지하는 당 후보의 주장에서는 모순을 절반 정도만 찾아냈다. 이 판단의 과정을 자기 공명 영상 장치로도 촬영했다. 그 결과, 자신이 동의하지 않는 정보를 접했을 때는 뇌 회로가 활성화되지 않았고, 자신이 동의하는 주장을 접했을 때는 긍정적인 반응을 보이면서 뇌 회로가 활성화되는 것을 확인할 수 있었다.

① 사람에게는 자신의 신념이나 행동을 바꾸려 하지 않는 경향이 있다.

② 사람에게는 정보를 객관적으로 판단하지 못하는 심리적 특성이 있다.

③ 사람에게는 지지자들의 말만을 듣고 자기 신념을 강화하는 경향이 있다.

④ 사람에게는 새로운 정보를 접했을 때 심리적 불안을 느끼는 특성이 있다.

20 밑줄 친 부분에서 행위의 주체가 같은 것으로만 묶은 것은?

금와왕이 이상히 여겨 유화를 방 안에 가두어 두었더니 햇빛이 방 안을 비추는데 ㉠몸을 피하면 다시 쫓아와서 비추었다. 이로 해서 태기가 있어 알[卵] 하나를 낳으니, 크기가 닷 되들이만 했다. 왕이 그것을 버려서 개와 돼지에게 주게 했으나 모두 먹지 않았다. 다시 길에 ㉡내다 버리게 했더니 소와 말이 피해서 가고 들에 내다 버리니 새와 짐승들이 덮어 주었다. 왕이 쪼개 보려고 했으나 아무리 해도 쪼개지지 않아 그 어미에게 돌려주었다. 어미가 이 알을 천으로 싸서 따뜻한 곳에 놓아두었더니 한 아이가 ㉢껍질을 깨고 나왔는데, 골격과 외모가 영특하고 기이했다. 겨우 일곱 살이 되었을 때, 이미 기골이 뛰어나서 범인(凡人)과 달랐다. 스스로 활과 화살을 만들어 쏘았는데 백발백중이었다. 나라 풍속에 ㉣활 잘 쏘는 사람을 주몽이라고 하므로 그 아이를 '주몽'이라 했다.

금와왕에게는 일곱 아들이 있어 항상 주몽과 함께 놀았는데, 재주가 주몽을 따르지 못했다. 맏아들 대소가 왕에게 말했다. "주몽은 사람의 자식이 아닙니다. 일찍 ㉤없애지 않는다면 후환이 있을까 두렵습니다." 왕이 듣지 않고 주몽을 시켜 말을 기르게 하니 주몽은 좋은 말을 알아보고 적게 먹여서 여위게 기르고, 둔한 말을 ㉥잘 먹여서 살찌게 했다.

---

① ㉠, ㉡   ② ㉡, ㉣

③ ㉢, ㉥   ④ ㉣, ㉤

01 다음에 해당하는 사례로 적절하지 않은 것은?

> 대립쌍을 이루는 단어들이 일정한 방향성을 이루고 있다.

① 성공(成功):실패(失敗)
② 시상(施賞):수상(受賞)
③ 판매(販賣):구매(購買)
④ 공격(攻擊):방어(防禦)

02 토론에서 사회자가 하는 역할에 대한 설명으로 가장 적절한 것은?

① 토론을 시작하면서 논제가 타당한지 토론자들의 의견을 묻는다.
② 토론자들에게 토론의 전반적인 방향과 유의점에 대해 안내한다.
③ 청중의 의견을 수렴하여 대안을 제시함으로써 쟁점을 약화시킨다.
④ 토론자의 주장과 논거를 비판하는 견해를 개진하여 논쟁의 확산을 꾀한다.

03 다음 글의 글쓰기 방식에 대한 설명으로 적절한 것은?

> 멕시코의 환경 운동가로 유명한 가브리엘 과드리는 1960년대 이후 중앙아메리카 숲의 25% 이상이 목초지 조성을 위해 벌채되었으며 1970년대 말에는 중앙아메리카 전체 농토의 2/3가 축산 단지로 점유되었다고 주장했다. 실제로 1987년 이후로도 멕시코에만 1,497만 3,900ha의 열대 우림이 파괴되었는데, 이렇게 중앙아메리카의 열대림을 희생하면서까지 생산된 소고기는 주로 유럽과 미국으로 수출되었다. 그렇지만 이 소고기들은 지방분이 적고 미국인의 입맛에 그다지 맞지 않아 대부분 햄버거의 재료로 사용되었다.

① 통계 수치를 활용하여 논거의 타당성을 높이고 있다.
② 이론적 근거를 나열하여 주장의 전문성을 강화하고 있다.
③ 전문 용어의 뜻을 쉽게 풀이하여 독자의 이해를 돕고 있다.
④ 예측할 수 없는 결과를 나열하여 사태의 심각성을 알리고 있다.

04 밑줄 친 부분이 어법에 맞는 것은?

① 이 가곡의 노래말은 아름답다.
② 그 집의 순대국은 아주 맛있다.
③ 하교길은 늘 아이들로 북적인다.
④ 선생님은 간단한 인사말을 건넸다.

05 (가)의 관점에서 (나)를 감상할 때 가장 적절한 것은?

(가) 반영론은 문학 작품이 사회를 반영하여 현실의 문제를 비판적으로 성찰할 수 있게 하는 매개체라는 관점을 취한 비평적 입장이다.

(나) 강나루 건너서
　　밀밭 길을

　　구름에 달 가듯이
　　가는 나그네

　　길은 외줄기
　　남도 삼백리

　　술 익는 마을마다
　　타는 저녁 놀

　　구름에 달 가듯이
　　가는 나그네

　　　　　　　　　－ 박목월, 「나그네」－

① 전통적 민요의 율격을 바탕으로 한 정형적 형식을 통해 정제된 시상이 효과적으로 드러났군.
② 삶의 고통스러운 단면을 외면한 채 유유자적한 삶만을 그린 것은 아닌지 비판할 여지가 있군.
③ 낭만적 감성을 불러일으키는 시적 분위기가 시조에서 보이는 선경후정과 비슷한 양상을 띠는군.
④ 해질 무렵 강가를 거닐며 조망한 풍경의 이미지가 한 폭의 그림을 보는 듯한 감각을 자아내는군.

06 다음 글에 대한 이해로 가장 적절한 것은?

책은 벗입니다. 먼 곳에서 찾아온 반가운 벗입니다. 배움과 벗에 관한 이야기는 『논어』의 첫 구절에도 있습니다. '배우고 때때로 익히니 어찌 기쁘지 않으랴. 벗이 먼 곳에서 찾아오니 어찌 즐겁지 않으랴.'가 그런 뜻입니다.

그러나 오늘 우리의 현실은 그렇지 못합니다. 인생의 가장 빛나는 시절을 수험 공부로 보내야 하는 학생들에게 독서는 결코 반가운 벗이 아닙니다. 가능하면 빨리 헤어지고 싶은 불행한 만남일 뿐입니다. 밑줄 그어 암기해야 하는 독서는 진정한 의미의 독서가 못 됩니다.

독서는 모름지기 자신을 열고, 자신을 확장하고, 자신을 뛰어넘는 비약이어야 합니다. 그렇기 때문에 독서는 삼독(三讀)입니다. 먼저 글을 읽고 다음으로 그 글을 집필한 필자를 읽어야 합니다. 그 글이 제기하고 있는 문제뿐만 아니라 필자가 어떤 시대, 어떤 사회에 발 딛고 있는지를 읽어야 합니다. 그리고 최종적으로 그것을 읽고 있는 독자 자신을 읽어야 합니다. 그렇게 함으로써 자신의 처지와 우리 시대의 문맥을 깨달아야 합니다.

① 독서는 타인의 경험이나 생각 등을 자기화(自己化)하는 과정이다.
② 반가운 벗과의 독서야말로 진정한 독자로 거듭날 수 있는 첩경(捷徑)이다.
③ 시대와 불화(不和)한 독자일수록 독서를 통해 자신의 위치를 발견하기 쉽다.
④ 자신이 배운 것을 제때에 적용하기 위해서는 친밀한 교우(交友) 관계가 중요하다.

07 밑줄 친 부분의 띄어쓰기가 옳은 것은?

① 그 중에 깨끗한 옷만 골라 입으세요.
② 어제는 밤이 늦도록 옛 책을 뒤적였다.
③ 시간 날 때 낚시나 한 번 같이 갑시다.
④ 사람들은 황급히 굴 속으로 모여들었다.

08 다음에 대한 설명으로 적절한 것은?

> ㉠ 가을일[가을릴]
> ㉡ 텃마당[턴마당]
> ㉢ 입학생[이팍쌩]
> ㉣ 흙먼지[흥먼지]

① ㉠: 한 가지 유형의 음운 변동이 나타난다.
② ㉡: 인접한 음의 영향을 받아 조음 위치가 같아
지는 동화 현상이 나타난다.
③ ㉢: 음운 변동 전의 음운 개수와 음운 변동 후의
음운 개수가 서로 다르다.
④ ㉣: 음절 끝에 'ㄱ, ㄴ, ㄷ, ㄹ, ㅁ, ㅂ, ㅇ' 이외
의 자음이 오면 이 7개의 자음 중 하나로 바뀌
는 규칙이 적용된다.

09 어법에 어긋난 문장을 수정하고 설명한 예로
적절하지 않은 것은?

① 유사한 내용의 제안이 접수되었을 때에는 먼저
접수된 것이 우선한다.
→ '접수되었을 때에는'은 사건이나 행위가 완
료된 상황을 나타내므로 '접수될 때에는'으
로 바꾼다.
② 안내서 및 과업 지시서 교부는 참가 신청자에
게만 교부한다.
→ '과업 지시서 교부'와 서술어 '교부하다'는
의미상 중복되며 호응하지 않으므로 앞의
'교부'를 삭제한다.
③ 해안선에서 200미터 이내의 수역을 제외된 상
태에서 논의를 진행하겠습니다.
→ 목적어 '수역을'과 서술어 '제외되다'는 호응
하지 않으므로 '제외된'은 '제외한'으로 바
꾼다.
④ 관련 도서는 해당 부서에 비치하고 관계자에게
열람한다.
→ 서술어 '열람하다'는 부사어 '관계자에게'와
호응하지 않으므로 '열람하게 한다.'와 같이
바꾼다.

10 (가)~(라)에 대한 설명으로 적절하지 않은 것은?

> (가) 고인(古人)도 날 몯 보고 나도 고인(古人)
>   몯 뵈고인(古人)을 몯 뵈도 녀던 길 알퓌
>   잇니녀던 길 알퓌 잇거든 아니 녀고 엇뎔
>   고
> (나) 술은 어이ᄒᆞ야 됴ᄒᆞ니 누룩 섯글 타시러라
>   국은 어이ᄒᆞ야 됴ᄒᆞ니 염매(鹽梅) 톤 타시
>   러라이 음식 이 뜯을 알면 만수무강(萬壽
>   無疆)ᄒᆞ리라
> (다) 우레ᄀᆞ치 소ᄅᆞ나ᄂᆞᆫ 님을 번기ᄀᆞ치 번뜻 만
>   나 나비ᄀᆞ치 오락기락 구름ᄀᆞ치 헤여지니흉
>   중(胸中)에 브롬ᄀᆞᄐᆞᆫ 흔슘이 안기 피듯 ᄒᆞ
>   여라
> (라) 하하 허허 흔들 내 우음이 졍 우음가하 어
>   쳑 업서셔 늣기다가 그리 되게벗님ᄂᆡ 웃디
>   들 말구려 아귀 ᄢᅴ여디리라

① (가): 연쇄법을 활용하여 고인의 길을 따르겠다
  는 의지를 드러내고 있다.
② (나): 문답법과 대조법을 활용하여 임의 만수무
  강을 기원하고 있다.
③ (다): 'ᄀᆞ치'를 반복적으로 표현하여 운율감을
  더하고 있다.
④ (라): 냉소적 어조를 통해 상대에 대한 불편한
  심기를 표출하고 있다.

11 다음에 제시된 단어의 의미에 맞게 쓴 문장
으로 적절하지 않은 것은?

단어	의미	문장
살다	경기나 놀이에서, 상대편에게 잡히지 않고 제 기능을 하다.	㉠
	어떤 직분이나 신분의 생활을 하다.	㉡
	마음이나 의식 속에 남아 있거나 생생하게 일어나다.	㉢
	움직이던 물체가 멈추지 않고 제 기능을 하다.	㉣

① ㉠: 장기에서 포는 죽고 차만 살아 있다.
② ㉡: 그는 벼슬을 살기 싫어 속세를 버렸다.
③ ㉢: 옷에 풀기가 아직 살아 있다.
④ ㉣: 그렇게 세게 부딪혔는데도 시계가 살아
  있다.

12 진행자의 말하기 방식에 대한 설명으로 적절하지 않은 것은?

> 진행자: 안녕하십니까? 오늘은 고령자의 운전면허 자진 반납 제도에 대해 홍○○ 교수님 모시고 말씀 들어 보겠습니다.
>
> 홍교수: 네, 반갑습니다.
>
> 진행자: 나와 주셔서 감사합니다. 우선 이 제도가 어떤 제도인가요?
>
> 홍교수: 지자체마다 조금씩 다르기는 하지만 고령 운전자들이 운전면허를 자발적으로 반납하게 유도하여 고령 운전자에 의한 교통사고를 줄이고자 하는 제도입니다.
>
> 진행자: 고령 운전자에 의한 교통사고가 심각한가요? 뒷받침할 만한 자료가 있나요?
>
> 홍교수: 네. 도로교통공단의 통계에 따르면, 전체 교통사고 대비 고령 운전자에 의한 교통사고 비율이 2014년에는 9.0%였으나 매년 조금씩 증가하여 2017년에는 12.3%를 차지하고 있습니다.
>
> 진행자: 그렇군요. 아무래도 고령화 사회로 진입하다 보니 전체 운전자 중에서 고령 운전자에 해당하는 비율이 늘었기 때문인 것 같은데요.
>
> 홍 교수: 네, 그렇습니다. 이전보다 차량 성능이 월등히 좋아진 점도 하나의 요인이 될 것입니다.
>
> 진행자: 그렇다고 해도 무작정 운전면허를 반납하라고만 할 수는 없을 테고, 뭔가 보완책이 있나요?
>
> 홍교수: 네. 지자체마다 차이가 있지만 소정의 교통비를 지급함으로써 대중교통 이용을 권장하고 있습니다.
>
> 진행자: 취지 자체만으로는 긍정적으로 평가할 수 있을 것 같은데, 혹시 제도 시행상의 문제점은 없나요?
>
> 홍교수: 일회성이 문제라고 생각합니다.
>
> 진행자: 아, 운전면허를 반납한 당시에만 교통비가 한 차례 지원된다는 말씀이군요.
>
> 홍교수: 네. 이분들이 더 이상 운전을 하지 않아도 이동권을 확보할 수 있도록 지속적인 지원이 이루어져야 이 제도가 효과를 얻을 수 있습니다.
>
> 진행자: 그에 더해 장기적으로는 고령자 친화적인 대중교통 인프라를 구축하는 일도 필요할 듯합니다. 교수님, 오늘 말씀 감사합니다.

① 상대방의 의견이 합리적이지 않음을 지적하며 인터뷰를 마무리 짓는다.

② 상대방이 인용한 통계 자료에 대해 자기 나름대로의 해석을 제시한다.

③ 상대방이 제시한 정보 이외에 추가적인 정보를 요구한다.

④ 상대방에게 해당 제도의 시행 배경에 대한 객관적인 근거를 요구한다.

13 다음 글의 제목으로 가장 적절한 것은?

> 계몽주의 사상가들은 명백히 모순되는 두 개의 견해를 취했다. 그들은 인간의 위치를 자연계 안에서 해명하려고 애썼다. 역사의 법칙이란 것을 자연의 법칙과 동일한 것으로 여겼다. 다른 한편, 그들은 진보를 믿었다. 그렇다면 그들이 자연을 진보하는 것으로, 다시 말해 끊임없이 어떤 목적을 향해서 전진하는 것으로 받아들인 데에는 어떤 근거가 있었던가? 헤겔은 역사는 진보하는 것이고 자연은 진보하지 않는 것이라고 뚜렷이 구분했다. 반면, 다윈은 진화와 진보를 동일한 것으로 주장함으로써 모든 혼란을 정리한 듯했다. 자연도 역사와 마찬가지로 진보하는 것으로 본 것이다. 그러나 이것은 진화의 원천인 생물학적인 유전(biological inheritance)을 역사에서의 진보의 원천인 사회적인 획득(social acquisition)과 혼동함으로써 훨씬 더 심각한 오해에 이를 수 있는 길을 열어 놓았다. 오늘날 그 둘이 분명히 구별된다는 것은 익히 알려진 것이다.

① 자연의 진보에 대한 증거
② 인간 유전의 사회적 의미
③ 역사의 법칙과 자연의 법칙
④ 진보와 진화에 관한 견해들

① 사씨의 어머니는 딸이 남편에게 맞섰던 일을 비판하고 있다.
② 사씨는 홀어머니를 모시느라 제대로 배우지 못한 것을 안타까워하고 있다.
③ 사씨는 부부의 예에 따라, 남편이 잘못하면 이를 지적해야 한다고 생각한다.
④ 유 소사는 며느리와의 대화를 통해, 효성이 지극한 사씨의 모습에 흡족해 하고 있다.

14 다음 글에 대한 이해로 가장 적절한 것은?

유 소사가 말하기를, "신부(新婦)가 이제 내 집에 들어왔으니 어떻게 남편을 도울꼬?"

사씨 대답하여 말하기를, "첩(妾)이 일찍 아비를 여의고 자모(慈母)의 사랑을 입사와 본래 배운 것이 없으니 물으시는 말씀에 대답치 못하옵거니와 어미 첩을 보낼 제 중문(中門)에 임(臨)하여 경계하여 말씀하시기를 '반드시 공경(恭敬)하며 반드시 경계(警戒)하여 남편을 어기오지 말라.' 하시니 이 말씀이 경경(耿耿)하여 귓가에 있나이다."

유 소사가 말하기를, "남편의 뜻을 어기오지 말면 장부(丈夫) 비록 그른 일이 있을지라도 순종(順從)하랴?"

사씨 대 왈, "그런 말이 아니오라 부부(夫婦)의 도(道) 오륜(五倫)을 겸(兼)하였으니

아비에게 간(諫)하는 자식이 있고 나라에 간하는 신하 있고 형제(兄弟) 서로 권하고 붕우(朋友) 서로 책(責)하나니 어찌 부부라고 간쟁(諫諍)치 않으리이까? 그러나 자고로 장부(丈夫) 부인(婦人)의 말을 편청(偏聽)하면 해로움이 있삽고 유익(有益)함이 없으니 어찌 경계 아니 하리이까?"

유 소사가 모든 손님을 돌아보며 말하기를, "나의 며느리는 가히 조대가*에 비할 것이니 어찌 시속(時俗) 여자가 미칠 바리오."라고 하였다.

— 김만중, 『사씨남정기』에서 —

*조대가: 『한서(漢書)』를 지은 반고(班固)의 누이동생인 반소(班昭). 학식이 뛰어나고 덕망이 높아 왕실 여성의 스승으로 칭송이 자자했다.

15 다음 글에서 '소리'에 대한 이해로 적절하지 않은 것은?

바깥은 어둡고 뜰 변두리의 늙은 나무들은 바람에 불려 서늘한 소리를 내었다. 처마 끝 저편에 퍼진 하늘에는 별이 총총하게 박혀 있으나, 아스무레한 초여름 기운에 잠겨 있었다. 집은 전체로 조용하고 썰렁했다.

꽝 당 꽝 당.

먼 어느 곳에서는 이따금 여운이 긴 쇠붙이 두드리는 소리가 들려왔다. 밑 거리의 철공소나 대장간에서 벌겋게 단 쇠를 쇠망치로 뚜드리는 소리 같았다.

근처에는 그런 곳은 없을 것이었다. 그렇다면 굉장히 먼 곳일 것이었다. 굉장히 굉장히 먼 곳일 것이었다.

꽝 당 꽝 당.

단조로운 소리이면서 송곳처럼 쑤시는 구석이 있는, 밤중에 간헐적으로 들려오는 그 소리는 이상하게 신경을 자극했다.

"참, 저거 무슨 소리유?"

영희가 미간을 찌푸리면서 말했다.

"글쎄, 무슨 소릴까……."

정애가 심드렁하게 대답했다.

"이 근처에 철공소는 없을 텐데."

"……."

정애는 표정으로만 수긍을 했다.

꽝 당 꽝 당.

그 쇠붙이에 쇠망치 부딪치는 소리는 여전히 간헐적으로 이어지고 있었다. 밤내 이어질 모양이었다. 자세히 그 소리만 듣고 있으려니까 바깥의 선들대는 늙은 나무들도 초여름 밤의 바람에 불려서 그런 것이 아니라 저 소리의 여운에 울려 흔들리고 있었다. 저 소리는 이 방안의 벽 틈서리를 쪼개고도 있었다. 형광등 바로 위의 천장에 비수가 잠겨 있을 것이었다.

— 이호철, 「닳아지는 살들」에서 —

① '서늘한 소리'는 예사롭지 않은 분위기를 조성하기 시작한다.

② '꽝 당 꽝 당' 소리는 인물의 심리적 상태의 변화를 촉발한다.

③ '단조로운 소리'는 반복적으로 드러남으로써 모종의 의미가 부여된다.

④ '소리의 여운'은 단선적 구성에 변화를 주어 갈등 해소의 기미를 강화한다.

16 다음 글에 대한 이해로 적절하지 않은 것은?

그동안 나는 〈일 포스티노〉를 세 번쯤 빌려 보았다. 그 이유는 이 아름다운 영화 속에 아스라이 문학이 똬리를 틀고 앉아 있기 때문이다. 특히 시란 무엇인가에 대한 해답을 이처럼 쉽고도 절실하게 설명해 놓은 문학 교과서를 나는 아직까지 보지 못했다. 그래서 학생들에게 시를 가르칠 때 나는 종종 영화 〈일 포스티노〉를 활용한다. 수백 마디의 말보다 〈일 포스티노〉를 함께 보고 토론하는 것이 시의 본질에 훨씬 깊숙이, 훨씬 빨리 가 닿을 수 있다는 것을 경험하기도 했다.

시를 공부하면서 은유에 시달려 본 사람이라면 이 영화를 보고 수차례 무릎을 쳤을 것이다. 마리오 루폴로가 네루다에게 보내기 위해 고향의 여러 가지 소리를 녹음하는 인상적인 장면이 있다. 여기서 해변의 파도 소리를 녹음하는 것이 은유의 출발이라면 어부들이 그물을 걷어올리는 소리를 담고자 하는 모습은 은유의 확장이라고 할 수 있다. 더 나아가 밤하늘의 별빛을 녹음하는 기막히게 아름다운 장면에 이르면 은유는 절정에 달한다. 더 이상의 구차한 설명이 필요하지 않다.

① 영화 〈일 포스티노〉는 시를 이해하는 데 도움이 되는 교과서와도 같다.

② 영화 〈일 포스티노〉의 인물들은 문학적 은유의 본질과 의미를 잘 알고 있다.

③ 시의 본질에 대해 질문하고 답을 얻기 위해 영화 〈일 포스티노〉를 참고할 만하다.

④ 문학의 미적 자질과 영화 〈일 포스티노〉의 미적 자질 사이에서 공통점을 찾을 수 있다.

17 다음 ( ) 속에 들어갈 말로 가장 적절한 것은?

> 방랑시인 김삿갓의 시는 해학과 풍자로 가득 차 있는데, 무슨 시든 단숨에 써 내리는 一筆揮之인데다 가히 ( )의 상태라서 일부러 꾸미지 않았는데도 자연스럽고 아름답다.

① 花朝月夕　　② 韋編三絕
③ 天衣無縫　　④ 莫無可奈

18 밑줄 친 부분의 한자 표기가 잘못된 것은?

① 그는 여러 차례 TV 출연으로 유명세(有名勢)를 치렀다.
② 누가 먼저 할 것인지 복불복(福不福)으로 정하기로 했다.
③ 긴박한 상황이라 대증요법(對症療法)을 쓸 수밖에 없었다.
④ 사건의 경위(經緯)는 알 수 없지만, 결과만 본다면 우리에게 유리하다.

19 다음 글에서 추론한 바로 적절하지 않은 것은?

> 우리는 도시화, 산업화, 고도성장 과정에서 우리 경제의 뒷방살이 신세로 전락한 한국 농업의 새로운 가치에 주목해야 한다. 농업은 경제적 효율성이 뒤처져서 사라져야 할 사양 산업이 아니다. 전 지구적인 기후 변화와 식량 및 에너지 등 자원 위기에 대응하여 나라와 생명을 살릴 미래 산업으로서 농업의 전략적 가치가 크게 부각되고 있다. 농본주의의 기치를 앞세우고 농업 르네상스 시대의 재연을 통해 우리 경제가 당면한 불확실성의 터널을 벗어나야 한다.
> 우리는 왜 이런 주장을 하는가? 농업은 자원 순환적이고 환경 친화적인 산업이기 때문이다. 땅의 생산력에 기초해서 한계적 노동력을 고용하는 지연(地緣) 산업인 동시에 식량과 에너지를 생산하는 원천적인 생명 산업이기 때문이다. 물질적인 부의 극대화를 위해서 한 지역의 자원을 개발하여 이용한 뒤에 효용 가치가 떨어지면 다른 곳으로 이동하는 유목민적 태도가 오늘날 위기를 낳고 키워 왔는지 모른다. 급변하는 시대의 흐름에 부응하지 못하는 구시대의 경제 패러다임으로는 오늘날의 역사에 동승하기 어렵다. 이런 맥락에서, 지키고 가꾸어 후손에게 넘겨주는 정주민의 문화적 지속성을 존중하는 농업의 가치가 새롭게 조명 받는 이유에 주목할 만하다. 과학 기술의 눈부신 발전 성과를 수용하여 새로운 상품과 시장을 창출할 수 있는 녹색 성장 산업으로서 농업의 잠재적 가치가 중시되고 있는 것이다.

① 고도성장을 도모하는 경제 정책을 추진하는 과정에서 농업 중심의 경제 패러다임을 지양하였다.
② 효율성을 중요한 가치로 내세우는 경제 시스템은 미래 사회를 대비하는 데 한계가 있다.
③ 유목 생활을 하는 민족에 비해 정주 생활을 하는 민족이 농업의 가치 증진에 더 기여할 수

있다.

④ 녹색 성장 산업으로서 농업의 효용성을 드높이기 위해서 과학 기술의 부작용을 성찰할 필요가 있다.

20 다음 글쓴이의 입장에 부합하는 것은?

효(孝)가 개인과 가족, 곧 일차적인 인간관계에서 일어나는 행위를 규정한 것이라면, 충(忠)은 가족이 아닌 사람들과의 관계, 곧 이차적인 인간관계에서 일어나는 사회적 행위를 규정한 것이었다. 그런데 언제부터인가 우리는 효를 순응적 가치관을 주입하는 봉건 가부장제 사회의 유습이라고 오해하는가 하면, 충과 효를 동일시하는 오류를 저지르는 경향이 많아졌다. 다음을 보자.

"부모에게 효도하고 형제를 사랑하는 사람은 윗사람의 명령을 거역하는 경우가 드물다. 또 윗사람의 명령을 어기지 않는 사람은 난동을 일으키는 경우도 드물다. 군자는 근본에 힘쓴다. 근본이 확립되면 도가 생기기 때문이다. 효도와 우애는 인(仁)의 근본이다."

위 구절에 담긴 입장을 기준으로 보면 효는 윗사람에 대한 절대 복종으로 연결된다. 곧 종족 윤리의 기본이 되는 연장자에 대한 예우는 물론이고 신분 사회의 엄격한 상하 관계까지 포괄적으로 인정하는 것이다. 하지만 이 구절만을 근거로 효를 복종의 윤리라고 보는 것은 성급한 판단이다. 왜냐하면 원래부터 효란 가족

윤리 또는 종족 윤리로서 사회 윤리였던 충보다 우선시되었을 뿐만 아니라, 유교의 기본 입장은 설사 부모의 명령이라 하더라도 옳고 그름을 가리지 않는 맹목적인 복종은 그 자체가 불효라고 보았기 때문이다.

유교에서는 부모와 자식의 관계가 자연에 의해서 결정된다고 한다. 이 때문에 부모와 자식의 관계는 인위적으로 끊을 수 없다고 본다. 이에 비해 임금과 신하의 관계는 공동의 목표를 위한 관계로서 의리에 의해서 맺어진 관계로 본다. 의리가 맞지 않는다면 언제라도 끊을 수 있다고 생각하는 것이다.

① 효는 봉건 가부장제 사회에서 비롯한 일차적 인간관계이다.

② 효는 부모와 자식 간의 관계이므로 조건 없는 신뢰에 기초한 덕목이다.

③ 윗사람에 대한 복종을 절대시하지 않는 것이 유교적 윤리의 한 바탕이다.

④ 충의 도리를 다함으로써 효의 도리에 도달할 수 있다는 것이 인의 이치다.

01 밑줄 친 부분과 같은 의미로 사용된 것은?

> 지도 위에 손가락을 <u>짚어</u> 가며 여행 계획을
> 설명하였다.

① 이마를 <u>짚어</u> 보니 열이 있었다.
② 그는 두 손으로 땅을 <u>짚어</u>야 했다.
③ 그들은 속을 <u>짚어</u> 낼 수가 없는 사람들이었다.
④ 시험 문제를 <u>짚어</u> 주었는데도 성적이 좋지
않다.

02 사동법의 특징을 고려할 때 밑줄 친 단어의
쓰임이 옳은 것은?

① 그는 김 교수에게 박 군을 <u>소개시켰다</u>.
② 돌아오는 길에 병원에 들러 아이를 <u>입원시켰
다</u>.
③ 생각이 다른 타인을 <u>설득시킨다</u>는 건 참 힘든
일이다.
④ 우리는 토론을 거쳐 다양한 사회적 갈등을 <u>해
소시킨다</u>.

03 밑줄 친 부분의 이유에 대한 필자의 견해로
볼 수 없는 것은?

> 관리가 본디부터 간악한 것이 아니다. 그들
> 을 간악하게 만드는 것은 법이다. 간악함이 생
> 기는 이유는 이루 다 열거할 수 없다. 대체로
> 직책은 하찮은데도 재주가 넘치면 간악하게 되
> 며, 지위는 낮은데도 아는 것이 많으면 간악하
> 게 되며, 노력을 조금 들였는데도 효과가 신속
> 하면 간악하게 되며, 자신은 그 자리에 오랫동
> 안 있는데 자신을 감독하는 사람이 자주 교체
> 되면 간악하게 되며, 자신을 감독하는 사람의
> 행동이 또한 정도에서 나오지 않으면 간악하
> 게 되며, 아래에 자신의 무리는 많은데 윗사람
> 이 외롭고 어리석으면 간악하게 되며, 자신을
> 미워하는 사람이 자신보다 약하여 두려워하면
> 서 잘못을 밝히지 않으면 간악하게 되며, 자신
> 이 꺼리는 사람이 같이 죄를 범하였는데도 서
> 로 버티면서 죄를 밝히지 않으면 간악하게 되
> 며, 형벌에 원칙이 없고 염치가 확립되지 않으
> 면 간악하게 된다. …… <u>간악함이 일어나기 쉬
> 운 것</u>이 대체로 이러하다.

① 노력은 적게 들이고 성과를 빨리 얻는다.
② 자신이 범한 과오를 감추고 남의 잘못을 드러
낸다.
③ 자신은 같은 자리에 있으나 감독자가 자주 교
체된다.
④ 자신의 세력이 밑에서 강한 반면 상부는 외롭
고 우매하다.

04 다음 시에 대한 설명으로 적절하지 않은 것은?

머언 산 청운사
낡은 기와집

산은 자하산
봄눈 녹으면

느릅나무
속잎 피어나는 열두 구비를

청노루
맑은 눈에

도는
구름

― 박목월, 「청노루」 ―

① 묘사된 자연이 상상적, 허구적이다.
② 이상적 세계에 대한 그리움을 노래하고 있다.
③ 시적 공간이 원경에서 근경으로 옮아오고 있다.
④ 사건 발생의 시간적 순서에 따라 제재가 배열되고 있다.

05 ㉠~㉣에 대한 설명으로 적절하지 않은 것은?

㉠공방(孔方)의 자는 관지(貫之, 꿰미)이다. …… 처음 황제(黃帝) 때에 뽑혀 쓰였으나, 성질이 굳세어 세상일에 그리 익숙하지 못하였다. 황제가 ㉡관상을 보는 사람[相工]을 불러 보이니, 그가 한참 동안 들여다보고 말했다. "산야(山野)의 성질이어서 비록 쓸 만하지 못하오나, 만일 만물을 조화하는 폐하의 풀무와 망치 사이에 놀아 때를 긁고 빛을 갈면 그 자질이 마땅히 점점 드러날 것입니다. ㉢왕자(王者)는 사람을 그릇[器]으로 만듭니다. 원컨대 ㉣폐하께서는 저 완고한 구리[銅]와 함께 내버리지 마옵소서." 이로 말미암아 그가 세상에 이름을 드러냈다.

① ㉠은 ㉣의 결정에 의해 세상에 이름이 드러나게 되었다.
② ㉡은 ㉠의 단점보다는 앞으로의 발전 가능성에 주목하였다.
③ ㉢은 ㉡에게 자신의 견해를 펼칠 기회를 제공하였다.
④ ㉣은 ㉢의 이상적인 모습을 본받고 있다.

06 다음 글의 전개 순서로 가장 자연스러운 것은?

(가) 생명체들은 본성적으로 감각을 갖고 태어나지만, 그들 가운데 일부의 경우에는 감각으로부터 기억이 생겨나지 않는 반면 일부의 경우에는 생겨난다. 그리고 그 때문에 후자의 경우에 해당하는 생명체들은 기억 능력이 없는 것들보다 분별력과 학습력이 더 뛰어난데, 그중 소리를 듣는 능력이 없는 것들은 분별은 하지만 배움을 얻지는 못하고, 기억에 덧붙여 청각 능력이 있는 것들은 배움을 얻는다.

(나) 앞에서 말했듯이, 유경험자는 어떤 종류의 것이든 감각을 가지고 있는 사람들보다 더 지혜롭고, 기술자는 유경험자들보다 더 지혜로우며, 이론적인 지식들은 실천적인 것들보다 더 지혜롭다는 것이 일반적인 견해이다. 그러므로 지혜는 어떤 원리들과 원인들에 대한 학문적인 인식임이 분명하다.

(다) 하지만 발견된 다양한 기술 가운데 어떤 것들은 필요 때문에, 어떤 것들은 여가의 삶을 위해서 있으니, 우리는 언제나 후자의 기술들을 발견한 사람들이 전자의 기술들을 발견한 사람들보다 더 지혜롭다고 생각한다. 그 이유는 그들이 가진 여러 가지 인식은 유용한 쓰임을 위한 것이 아니기 때문이다. 그러므로 그런 종류의 모든 발견이 이미 이루어지고 난 뒤, 여가의 즐거움이나 필요, 그 어느 것에도 매이지 않는 학문들이 발견되었으니, 그 일은 사람들이 여가를 누렸던 여러 곳에서 가장 먼저 일어났다. 그러므로 이집트 지역에서 수학적인 기술들이 맨 처음 자리 잡았으니, 그곳에서는 제사장(祭司長) 가문이 여가의 삶을 허락받았기 때문이다.

(라) 인간 종족은 기술과 추론을 이용해서 살아간다. 인간의 경우에는 기억으로부터 경험이 생겨나는데, 그 까닭은 같은 일에 대한 여러 차례의 기억은 하나의 경험 능력을 만들어 내기 때문이다. 그리고 경험은 학문적인 인식이나 기술과 거의 비슷해 보이지만, 사실 학문적인 인식과 기술은 경험의 결과로서 사람들에게 생겨나는 것이다. 그 까닭은 폴로스가 말하듯 경험은 기술을 만들어 내지만, 무경험은 우연적 결과를 낳기 때문이다. 기술은, 경험을 통해 안에 쌓인 여러 관념들로부터 비슷한 것들에 대해 하나의 일반적인 관념이 생겨날 때 생긴다.

① (가) - (다) - (나) - (라)
② (가) - (다) - (라) - (나)
③ (가) - (라) - (나) - (다)
④ (가) - (라) - (다) - (나)

국가직 문제

지방직 문제

서울시 문제

국가직 해설

지방직 해설

서울시 해설

07 다음 글에서 알 수 없는 것은?

되새김 동물인 무스(moose)의 경우, 위에서 음식물이 잘 소화되게 하려면 움직여서는 안 된다. 무스의 위는 네 개의 방으로 나누어져 있는데, 위에서 나뭇잎, 풀줄기, 잡초 같은 섬유질이 많은 먹이를 소화하려면 꼼짝 않고 한곳에 가만히 있어야 하는 것이다. 한편, 미국 남서부의 사막 지대에 사는 갈퀴발도마뱀은 모래 위로 눈만 빼꼼 내놓고 몇 시간 동안이나 움직이지 않는다. 그렇게 있으면 따뜻한 모래가 도마뱀의 기운을 북돋아 준다. 곤충이 지나가면 도마뱀이 모래에서 나가 잡아먹을 수 있도록 에너지를 충전해 주는 것이다. 반대로 갈퀴발도마뱀의 포식자인 뱀이 다가오면, 그 도마뱀은 사냥할 기운을 얻기 위해 움직이지 않았을 때의 경험을 되살려 호흡과 심장 박동을 일시적으로 멈추고 죽은 시늉을 한다. 갈퀴발도마뱀은 모래 속에 몸을 묻고 움직이지 않기 때문에 수분의 손실을 줄이고 사막 짐승들의 끊임없는 위협에서 벗어날 수 있는 것이다.

① 무스가 움직이지 않는 것은 생존을 위한 선택이다.
② 무스는 소화를 잘 시키기 위해 식물을 가려먹는 습성을 가지고 있다.
③ 갈퀴발도마뱀은 움직이지 않는 방식으로 먹이를 구한다.
④ 갈퀴발도마뱀은 모래 속에 몸을 묻을 때 생존 확률을 높일 수 있다.

08 (가)와 (나)를 비교한 설명으로 적절한 것은?

(가) 문밖에 가랑비 오면 방 안은 큰비 오고 부엌에 불을 때면 천장은 굴뚝이요 흙 떨어진 윗대궁기 바람은 살 쏜 듯이 들이불고 틀만 남은 헌 문짝 멍석으로 창과 문을 막고 방에 반듯 드러누워 가만히 바라보면 천장은 하늘별자리를 그려놓은 그림이요, 이십팔수(二十八宿)를 세어본다. 이렇게 곤란이 더욱 심할 제, 철모르는 자식들은 음식 노래로 조르는데, 아이고, 어머니! 나는 용미봉탕에 잣죽 좀 먹었으면 좋겠소.

(나) 한 달에 아홉 끼를 얻거나 못 얻거나
십 년 동안 갓 하나를 쓰거나 못 쓰거나
안표누공(顔瓢屢空)인들 나같이 비었으며
원헌(原憲)의 가난인들 나같이 심할까.
봄날이 길고 길어 소쩍새가 재촉커늘
동쪽 집에 따비 얻고 서쪽 집에 호미 얻어
집 안에 들어가 씨앗을 마련하니
올벼 씨 한 말은 반 넘어 쥐 먹었고
기장 피 조 팥은 서너 되 붙었거늘
많고 많은 식구 이리하여 어이 살리.

※ 윗대궁기: 나뭇가지 등으로 엮어 흙을 바른 벽에 생긴 구멍
※ 안표누공(顔瓢屢空): 공자(孔子)의 제자 안회(顔回)의 표주박이 자주 빔
※ 원헌(原憲): 공자의 제자

① (가)와 달리 (나)는 읽을 때의 리듬이 규칙적이다.
② (가)와 (나)는 모두 상황을 사실적으로 묘사하고 있다.
③ (가)와 (나)는 현재의 상황을 운명으로 수용하고 있다.
④ (가)는 상황을 긍정적으로, (나)는 부정적으로 인식하고 있다.

09 다음 시조의 내용으로 가장 적절한 것은?

> 마을 사람들아 옳은 일 하자스라
> 사람이 되어나서 옳지옷 못하면
> 마소를 갓 고깔 씌워 밥 먹이나 다르랴

① 鄕閭有禮　　② 相扶相助
③ 兄友弟恭　　④ 子弟有學

10 ㉠, ㉡에 들어갈 한자를 순서대로 바르게 나열한 것은?

> • 근무 여건이 개선(㉠)되자 업무 효율이 크게 올랐다.
> • 금융 당국은 새로운 통화(㉡) 정책을 제안하였다.

	㉠	㉡
①	改善	通貨
②	改選	通話
③	改善	通話
④	改選	通貨

11 다음 글의 내용을 잘못 이해한 사람은?

　심리학에서는 동조(同調)가 일어나는 이유를 크게 두 가지로 설명한다. 첫째는, 사람들은 자기가 확실히 알지 못하는 일에 대해 남이 하는 대로 따라 하면 적어도 손해를 보지는 않는다고 생각한다는 것이다. 둘째는, 어떤 집단이 그 구성원들을 이끌어 나가는 질서나 규범 같은 힘을 가지고 있을 때, 그러한 집단의 압력 때문에 동조 현상이 일어난다는 것이다. 만약 어떤 개인이 그 힘을 인정하지 않는다면 그는 집단에서 배척당하기 쉽다. 이런 사정 때문에 사람들은 집단으로부터 소외되지 않기 위해서 동조를 하게 된다. 여기서 주목할 것은 자신이 믿지 않거나 옳지 않다고 생각하는 문제에 대해서도 동조의 입장을 취하게 된다는 것이다.

　동조는 개인의 심리 작용에 영향을 미치는 요인이 무엇이냐에 따라 그 강도가 다르게 나타난다. 가지고 있는 정보가 부족하여 어떤 판단을 내리기 어려운 상황일수록, 자신의 판단에 대한 확신이 들지 않을수록 동조 현상은 강하게 나타난다. 또한 집단의 구성원 수가 많거나 그 결속력이 강할 때, 특정 정보를 제공하는 사람의 권위와 지위, 그에 대한 신뢰도가 높을 때도 동조 현상은 강하게 나타난다. 그리고 어떤 문제에 대한 집단 구성원들의 만장일치 여부도 동조에 큰 영향을 미치게 되는데, 만약 이때 단 한 명이라도 이탈자가 생기면 동조의 정도는 급격히 약화된다.

① 영희: 줄 서기의 경우, 줄을 서 있는 사람이 많을수록 나중에 오는 사람들이 그 줄 뒤에 설 확률이 더 높아.
② 철수: 특히 응집력이 강한 집단에 항거하는 것은 더 어려운 일이야. 이런 경우, 동조 압력은 더 강할 수밖에 없겠지.
③ 갑순: 동조 현상에 영향을 미치는 요인은 우매한 조직의 결속력보다 개인의 신념이라고 볼 수 있겠군.
④ 갑돌: 아침에 수많은 정류장 중 어디에서 공항버스를 타야 할지 몰랐는데 스튜어디스 차림의 여성이 향하는 정류장 쪽으로 따라갔었어. 이 경우, 그 스튜어디스 복장이 신뢰도를 높였다고 할 수 있겠네.

12 다음 대화 상황에서 의사소통에 장애가 일어났다고 한다면, 그 이유로 가장 적절한 것은?

> 교사: 동아리 보고서를 오늘까지 내라고 하지 않았니?
> 학생1: 네, 선생님. 다정이가 다 가지고 있는데, 아직 안 왔어요.
> 교사: 이거, 큰일이네. 오늘이 마감인데.
> 학생1: 그러게요. 큰일이네요. 다정이가 집에도 없는 것 같아요.
> 학생2: 어떡해? 다정이 때문에 우리 모두 점수 깎이는 거 아니야? 네가 동아리 회장이니까 네가 책임져.
> 학생1: 아니, 뭐라고? 다정이가 보고서 작성하기로 지난 회의에서 결정한 거잖아.
> 교사: 자, 그만들 해. 이럴 때가 아니잖아. 어서 빨리 다정이한테 연락이나 해 봐. 지금 누구 잘잘못을 따질 상황이 아니야.
> 학생3: 제가 다정이 연락처를 아니까 연락해 볼게요.

① 교사가 권위적인 태도로 상황을 무마하려 하고 있다.
② 학생1이 자신의 책임을 면하기 위해 변명으로 일관함으로써 의사소통이 단절되고 있다.
③ 학생2가 대화 맥락을 고려하지 않고 끼어들어 책임을 언급함으로써 갈등이 생겨나고 있다.
④ 학생3이 본질과 관계없는 말을 언급함으로써 상황을 무마하려고 하고 있다.

13 화자의 진정한 발화 의도를 파악할 때, 밑줄 친 부분을 고려하지 않아도 되는 것은?

> 일상 대화에서는 직접 발화보다는 간접 발화가 더 많이 사용되지만, 그 의미는 맥락에 의해 파악될 수 있다. 화자는 상대방이 충분히 그 의미를 파악할 수 있다고 판단될 때 간접 발화를 전략적으로 사용함으로써 의사소통을 원활하게 하기도 한다.

① (친한 사이에서 돈을 빌릴 때) 돈 가진 것 좀 있니?
② (창문을 열고 싶을 때) 얘야, 방이 너무 더운 것 같구나.
③ (갈림길에서 방향을 물을 때) 김포공항은 어느 쪽으로 가야 합니까?
④ (선생님이 과제를 내주고 독려할 때) 우리 반 학생들은 선생님 말씀을 아주 잘 듣습니다.

14 띄어쓰기가 옳지 않은 것은?
① 졸지에 부도를 맞았다니 참 안됐어.
  그렇게 독선적으로 일을 처리하면 안 돼.
② 그건 사실 아무것도 아니니 걱정하지 말게.
  지금 네가 본 것은 실상의 절반에도 못 미쳐.
③ 저 집은 부부 간에 금실이 좋아.
  집을 살 때 부모님이 얼마간을 보태 주셨어.
④ 저 사람은 아무래도 믿을 만한 인물이 아니야.
  지난번 해일이 밀어닥칠 때 집채만 한 파도가 해변을 덮쳤다.

15 어법에 어긋나는 문장을 수정하고 설명한 예로 옳지 않은 것은?

① 전철 내에서 뛰지 말고, 문에 기대거나 강제로 열려고 하지 마십시오.
→ '열다'는 타동사이므로 '강제로'와 '열려고' 사이에 목적어 '문을'을 보충하여야 한다.

② ○○시에서 급증하는 생활용수를 안정적으로 공급하기 위하여 시행하는 사업임
→ 생활용수에 대한 수요가 급증하는 것이지 생활용수가 급증하는 것이 아니므로, '급증하는 생활용수의 수요에 대응하여 생활용수를 안정적으로 공급하기 위하여'로 고쳐야 한다.

③ 사고 원인 파악과 재발 방지 대책을 조속히 마련하여
→ '사고 원인 파악을 마련하여'로 해석될 수 있으므로 앞의 명사구를 '사고 원인을 파악하고'로 고쳐 절과 절의 접속으로 바꾸어야 한다.

④ 도량형은 미터법 사용을 원칙으로 하되 각종 증빙 서류 등을 미터법 이외의 도량형으로 작성할 경우 미터법으로 환산한 수치를 병기함
→ '하되'는 앞뒤 문장의 내용을 연결하는 어미로 적합하지 않으므로 '하며'로 고쳐야 한다.

16 다음 한글 맞춤법 규정의 예로 옳지 않은 것은?

(가) 제19항 어간에 '-이'나 '-음/ㅁ'이 붙어서 명사로 된 것과 '-이'나 '-히'가 붙어서 부사로 된 것은 그 어간의 원형을 밝히어 적는다.

(나) 제19항 [붙임] 어간에 '-이'나 '-음' 이외의 모음으로 시작된 접미사가 붙어서 다른 품사로 바뀐 것은 그 어간의 원형을 밝히어 적지 아니한다.

(다) 제20항 명사 뒤에 '-이'가 붙어서 된 말은 그 명사의 원형을 밝히어 적는다.

(라) 제20항 [붙임] '-이' 이외의 모음으로 시작된 접미사가 붙어서 된 말은 그 명사의 원형을 밝히어 적지 아니한다.

① (가): 미닫이, 졸음, 익히
② (나): 마개, 마감, 지붕
③ (다): 육손이, 집집이, 곰배팔이
④ (라): 끄트머리, 바가지, 이파리

국가직 문제 / 지방직 문제 / 서울시 문제 / 국가직 해설 / 지방직 해설 / 서울시 해설

17 발음 기관에 따라 '아음(牙音)', '설음(舌音)', '순음(脣音)', '치음(齒音)', '후음(喉音)'으로 구별하고 있는 훈민정음의 자음 체계를 참조할 때, 다음 휴대 전화의 자판에 대한 설명으로 옳지 않은 것은?

ㄱ ㅋ	ㅣ ㅡ	ㅏ ㅑ
ㄷ ㅌ	ㄴ ㄹ	ㅓ ㅕ
ㅁ ㅅ	ㅂ ㅍ	ㅗ ㅛ
ㅈ ㅊ	ㅇ ㅎ	ㅜ ㅠ

① 훈민정음의 자음 체계에 따른다면, 'ㅅ'은 'ㅈ ㅊ' 칸에 함께 배치할 수 있다.
② 'ㅁ ㅅ' 칸은 조음 위치와 조음 방식의 양면을 모두 고려하여 같은 성질의 소리끼리 묶은 것이다.
③ 'ㄷ ㅌ'과 'ㄴ ㄹ' 칸은 훈민정음 창제 당시 적용된 가획 등의 원리에 따른 제자 순서보다 소리의 유사성을 중시하여 배치한 것이다.
④ 훈민정음의 자음 체계에서 'ㆁ'과 'ㅇ'은 구별되었다. 훈민정음의 자음 체계에 따른다면, 이 중에서 'ㆁ'은 'ㄱ ㅋ' 칸에 함께 배치할 수 있다.

18 다음 글의 서술상의 특징으로 적절한 것은?

> 덕기는 분명히 조부의 이런 목소리를 들은 법하다. 꿈이 아니었던가 하며 소스라쳐 깨어 눈을 떠보니 머리맡 창에 볕이 쨍쨍히 비친 것이 어느덧 저녁때가 된 것 같다. 벌써 새로 세 시가 넘었다. 아침 먹고 나오는 길로 따뜻한 데 누웠으려니까 잠이 폭폭 왔던 것이다. 어쨌든 머리를 쳐드니, 인제는 거뜬하고 몸도 풀린 것 같다.
> "네 처두 묵으라고 하였다만 모레는 너두 들를 테냐? 들르면 무얼 하느냐마는……."
> 조부의 못마땅해하는, 어떻게 들으면 말을 만들어 보려고 짓궂이 비꼬는 강강한 어투가 또 들린다.
> 덕기는 부친이 왔나 보다 하고 가만히 유리 구멍으로 내다보았다. 수달피 깃을 댄 검정 외투를 입은 홀쭉한 뒷모양이 뜰을 격하여 툇마루 앞에 보이고 조부는 창을 열고 내다보고 앉았다. 덕기는 일어서려다가 조부가 문을 닫은 뒤에 나가리라 하고 주저앉았다.
> "저야 오지요마는 덕기는 붙드실 게 무엇 있습니까. 공부하는 애는 그보다 더한 일이 있더라도 날짜를 대서 하루바삐 보내야지요……."
> 이것은 부친의 소리다. 부친은 가냘프고 신경질적인 체격 보아서는 목소리라든지 느리게 하는 어조가 퍽 딴판인 인상을 주는 것이었다.
> – 염상섭, 「삼대」 –

① 서술자가 등장인물의 시선을 빌려 이야기를 전개하고 있다.
② 시대적 배경과 밀접한 어휘를 사용하여 주제 의식을 강화하고 있다.
③ 편집자적 논평을 통해 인물들에 대한 서술자의 태도를 드러내고 있다.
④ 공간적 배경에 따라 서술자를 달리하여 상황을 입체적으로 그리고 있다.

19 다음 조건을 모두 참조하여 쓴 글은?

> • 대구(對句)의 기법을 사용할 것
> • 삶에 대한 통찰을 우의적으로 표현할 것

① 낙엽: 낙엽은 항상 패배한다. 시간이 지나고 낙엽이 지는 것은 어쩔 수 없는 일이다. 그리고 계절의 객석에 슬픔과 추위가 찾아온다. 하지만 이 패배가 없더라면, 어떻게 봄의 승리가 가능할 것인가.

② 비: 프랑스어로 '비가 내린다'는 한 단어라고 한다. 내리는 것은 비의 숙명인 것이다. 세월이 아무리 흘러도, 비는 주룩주룩 내리고, 토끼는 깡충깡충 뛴다. 자연은 모두 한 단어이다. 우리의 삶도 자연을 닮는다면 어떨까.

③ 하늘: 하늘은 언젠가 자기 얼굴이 알고 싶었다. 하지만 어디에도 자신을 비춰줄 만큼 큰 거울을 발견할 수 없었다. 그러다 어느 날 어떤 소녀를 발견했다. 포근한 얼굴로 자신을 바라보는 소녀의 눈동자를 하늘은 바라보았다. 거기에 자신이 있었다.

④ 새: 높이 나는 새는 낮게 나는 새를 놀려 댔다. "어째서 그대는 멀리 보는 것을 선택하지 않는가? 기껏 날개가 있는 존재로 태어났는데." 그러자 낮게 나는 새가 대답했다. "높은 곳의 구름은 멀리를 바라보고, 낮은 곳의 산은 세심히 보듬는다네."

20 다음 글에서 알 수 없는 것은?

> 소설의 출현은 사적 생활이라는 개념의 출현과 밀접한 관련이 있다. 왜냐하면 소설 읽기와 쓰기에 있어 사적 생활은 필수적인 까닭이다. 어쩌면 사적 생산과 소비 형태 탓에 사생활은 소설이라는 장르의 태동 때부터 소설의 중심 주제였는지도 모른다. 혹은 이와는 반대로 사적 경험이라는 비교적 새로운 개념을 탐색해야 할 필요 탓에 소설이 생긴 것인지도 모른다. …… 사적 공간은 개인, 가족, 친구, 그리고 자기 자신 등과의 교류에 필요한 은밀한 공간이 실제 생활 속에 구현되도록 도왔다. 자기만의 내적인 것에 대한 추구는 사람들의 이상이 되었고 점점 그 중요성이 커지면서 사람들의 존재 방식과 글쓰기 행태에 변화를 요구하였다.
>
> 이전의 지배적 문학 형태인 서사시, 서정시, 희곡 등과는 달리 소설은 낭독하는 전통이 없었다. 또한 낭독을 이상으로 삼지도 않고, 청중의 참여를 전제로 하지도 않았다. 소설 장르는 여럿이 함께 모여 문학 작품을 감상하는 청중 개념의 붕괴와 밀접한 관련이 있다. 19세기는 르네상스 시대와 17세기와는 달리 공통의 규범과 가치를 나누는 단일 사회가 아니었다. 따라서 청중이 한자리에 모여 동일한 가치를 나누는 일이 점차 불가능해졌다. 혼자 소리 내지 않고 책을 읽기 시작했다는 것은 사람들이 이미 사적 생활에 상당한 의미를 두게 되었음을 뜻한다. ……
>
> 이러한 사적 경험으로서의 책 읽기에 대응되어 나타난 것이 사적인 글쓰기였다. 사적으로 글을 쓸 경우 작가는 이야기꾼, 음유 시인, 극작가들과 달리 청중들로부터 아무런 즉각적 반응도 얻을 수 없다. 인류학자, 언어학자들에 의하면 언어의 의미는 그것을 쓸 때의 상황에 크게 좌우된다고 한다. 그러나 글쓰기, 그중에도 특히 인쇄에 의해 복제된 글쓰기는 작가에게서 떨어져 나와 결국 아무에게도 속하지 않는 자율적 담론을 창조하게 되었다.

국가직 문제

지방직 문제

서울시 문제

국가직 해설

지방직 해설

서울시 해설

① 사적인 글쓰기의 출현으로 작가는 독자와 직접
   소통할 수 있게 되었다.
② 자기만의 내적인 것에 대한 추구가 새로운 형
   태의 글쓰기를 요구하였다.
③ 소설은 사적 공간에서의 책 읽기와 글쓰기가
   가능해진 시기에 출현하였다.
④ 희곡작가는 낭독을 통해 청중들과 교류하며 공
   통의 규범과 가치를 나누고자 하였다.

정답 및 해설 296p

01 밑줄 친 말이 어법에 맞는 것은?

① 바닷물이 퍼레서 무서운 느낌이 든다.
② 또아리 튼 뱀은 쳐다보지 마라.
③ 머릿말에 쓸 내용을 생각해 둬라.
④ 문을 잘 잠궈야 한다.

02 밑줄 친 말의 의미는?

> 몇 달 만에야 말길이 되어 겨우 상대편을 만나 보았다.

① 남의 말이 끝나자마자 이어 말하다.
② 자신을 소개하는 길이 트이다.
③ 어떤 말이 상정되거나 토론이 되다.
④ 마음에 당겨 재미를 붙이다.

03 괄호에 들어갈 숫자의 합은?

> • 쌈: 바늘 (   ) 개를 묶어 세는 단위
> • 제(劑): 한약의 분량을 나타내는 단위. 한 제는 탕약(湯藥) (   ) 첩
> • 거리: 한 거리는 오이나 가지 (   ) 개

① 80
② 82
③ 90
④ 94

04 밑줄 친 시어에서 '외롭고 쓸쓸한 화자의 심정'을 나타내기 위해 동원된 객관적 상관물로서 화자 자신과 동일시되는 소재는?

> ㉠春雨暗西池 / 봄비 내리니 서쪽 못은 어둑한데
> 輕寒襲㉡羅幕 / 찬바람은 비단 장막으로 스며드네.
> 愁依小㉢屛風 / 시름에 겨워 작은 병풍에 기대니
> 墻頭㉣杏花落 / 담장 위에 살구꽃이 떨어지네.

① ㉠
② ㉡
③ ㉢
④ ㉣

05 다음 시조에 대한 설명으로 적절하지 않은 것은?

> 재 너머 성권농(成勸農) 집의 술 닉닷 말 어제 듯고
> 누은 쇼 발로 박차 언치 노하 지즐투고
> 아히야 네 권농 겨시냐 뎡좌슈(鄭座首) 왓다 ᄒᆞ여라

① 화자는 소박한 풍류를 즐기며 살고 있다.
② '박차'라는 표현에서 역동성과 생동감을 느낄 수 있다.
③ '언치 노하'는 엄격한 격식을 갖추려는 태도를 드러낸다.
④ '아히'는 화자의 의사를 간접적으로 전달하는 존재이면서도, 대화체로 이끄는 영탄적 어구이다.

143

06 밑줄 친 말을 한자로 바르게 표기한 것은?

• 지루한 ㉠장광설로 인해 관중들은 하나씩 자리를 뜨기 시작했다.
• 정보화 사회일수록 ㉡유언비어가 떠돌 수 있는 가능성도 높다.
• 잘못을 저질렀다면 궁색한 ㉢변명보다 정직한 시인이 현명한 대응이다.

	㉠	㉡	㉢
①	長廣舌	流言蜚語	辨明
②	長廣舌	流言非語	辯明
③	長廣說	流言蜚語	辯明
④	長廣說	流言非語	辨明

07 다음 시에 대한 설명으로 적절하지 않은 것은?

老主人의 腸壁에
無時로 忍冬 삼긴 물이 나린다.

자작나무 덩그럭 불이
도로 피여 붉고,

구석에 그늘 지여
무가 순 돋아 파릇하고,

흙냄새 훈훈히 김도 사리다가
바깥 風雪 소리에 잠착하다.

山中에 册曆도 없이
三冬이 하이얗다.

― 정지용, 「忍冬茶」―

① 산중의 고적한 공간이 배경이다.
② 시각적 대조의 방법이 사용되었다.
③ 한 폭의 그림과 같은 인상을 준다.
④ '잠착하다'는 '여러모로 고려하다'의 의미다.

08 "숙희야, 내가 선생님께 꽃다발을 드렸다."의 문장을 다음 규칙에 따라 옳게 표시한 것은?

우리말에는 주체 높임, 객체 높임, 상대 높임 등이 있다. 주체 높임과 객체 높임의 경우 높임은 +로, 높임이 아닌 것은 ―로 표시하고 상대 높임의 경우 반말체를 ―로, 해요체를 +로 표시한다.

① [주체―], [객체+], [상대―]
② [주체+], [객체―], [상대+]
③ [주체―], [객체+], [상대+]
④ [주체+], [객체―], [상대―]

09 '시'에 대한 견해 중에서 밑줄 친 칸트의 입장과 부합하는 것은?

미적인 것이란 내재적이고 선험적인 예술 작품의 특성을 밝히는 데서 더 나아가 삶의 풍부하고 생동적인 양상과 가치, 목표를 예술 형식으로 변환한 것이다. 미(美)는 어떤 맥락으로부터도 자율적이기도 하지만 타율적이다. 미에 대한 자율적 견해를 지닌 칸트도 일견 타당하지만, 미를 도덕이나 목적론과 연관시킨 톨스토이나 마르크스도 타당하다. 우리가 길을 지나다 이름 모를 곡을 듣고서 아름답다고 느끼는 것처럼 순수미의 영역이 없는 것은 아니다. 하지만 그 곡이 독재자를 열렬히 지지하기 위한 선전곡이었음을 안 다음부터 그 곡을 혐오하듯 미(美) 또한 사회 경제적, 문화적 맥락의 영향을 받기도 한다.

① 시는 정제된 시어와 운율을 통하여 감상해야 한다.
② 시는 사회의 모순을 고발할 수 있고, 개혁의 전망도 제시할 수 있다.
③ 시를 읽으면 시인과의 대화를 통해 정서적 성장을 도모할 수 있다.

④ 시를 감상하기 위해서는 당시의 사회 상황을 알아야 한다.

10 밑줄 친 말의 뜻이 옳지 않은 것은?

때는 한창 바쁠 추수 때이다. 농군치고 송이 ㉠파적 나올 놈은 생겨나도 않았으리라. 하나 그는 꼭 해야만 할 일이 없었다. 싶으면 하고 말면 말고 그저 그뿐. 그러함에는 먹을 것이 더러 있느냐면 있기는커녕 부쳐 먹을 농토조차 없는, 계집도 없고 자식도 없고. 방은 있대야 남의 곁방이요 잠은 ㉡새우잠이요. 하지만 오늘 아침만 해도 한 친구가 찾아와서 벼를 털 텐데 일 좀 와 해달라는 걸 마다하였다. 몇 푼 바람에 그까짓 걸 누가 하느냐보다는 송이가 좋았다. 왜냐면 이 땅 삼천리강산에 늘여 놓인 곡식이 말짱 뉘 것이람. 먼저 먹는 놈이 임자 아니냐. 먹다 걸릴 만치 그토록 양식을 쌓아 두고 일이 다 무슨 ㉢난장 맞을 일이람. 걸리지 않도록 먹을 궁리나 할 게지. 하기는 그도 한 세 번이나 걸려서 구메밥으로 ㉣사관을 틀었다마는 결국 제 밥상 위에 올라앉은 제 몫도 자칫하면 먹다 걸리긴 매일반……

– 김유정, 「만무방」 중에서 –

① ㉠: 심심풀이
② ㉡: 안잠
③ ㉢: 몰매
④ ㉣: 양쪽 팔꿈치와 무릎 관절

11 다음 시조의 주제로 적절한 것은?

내히 죠타 ᄒ고 ᄂᆞᆷ 슬흔 일 ᄒ지 말며
ᄂᆞᆷ이 ᄒᆞᆫ다 ᄒ고 義 아니면 좃지 말니
우리ᄂᆞᆫ 天性을 직희여 삼긴 대로 ᄒ리라

① 率性　　② 善交
③ 遵法　　④ 篤學

12 밑줄 친 말이 표준어인 것은?

① 큰 죄를 짓고도 그는 뉘연히 대중 앞에 나섰다.
② 아주머니는 부엌에서 갖가지 양념을 뒤어내고 있었다.
③ 사업에 실패했던 원인을 이제야 깨단하게 되었다.
④ 그 사람은 허구헌 날 팔자 한탄만 한다.

13 밑줄 친 말의 한자 표기가 옳지 않은 것은?

지조란 것은 순일한 정신을 지키기 위한 불타는 신념이요, 눈물겨운 정성이며, 냉철한 ㉠확집(確執)이요, 고귀한 투쟁이기까지 하다. 지조가 교양인의 ㉡위의(威儀)를 위하여 얼마나 값지고 그것이 국민의 교화에 미치는 힘이 얼마나 크며, 따라서 지조를 지키기 위한 괴로움이 얼마나 가혹한가를 헤아리는 사람들은 한 나라의 지도자를 평가하는 기준으로서 먼저 그 지조의 ㉢강도(強度)를 살피려 한다. 지조가 없는 지도자는 믿을 수가 없고 믿을 수 없는 지도자는 따를 수가 없기 때문이다. 자기의 명리만을 위하여 그 동지와 지지자와 추종자를 ㉣일조(日照)에 함정에 빠뜨리고 달아나는 지조 없는 지도자의 무절제와 배신 앞에 우리는 얼마나 많이 실망하였는가.

– 조지훈, 「지조론」 중에서 –

① ㉠　　② ㉡
③ ㉢　　④ ㉣

14 밑줄 친 말의 품사가 같은 것으로만 묶은 것은?

개나리꽃이 ㉠흐드러지게 핀 교정에서 친구들과 ㉡찍은 사진은, 그때 느꼈던 ㉢설레는 행복감은 물론, 대기 중에 ㉣충만한 봄의 기운, 친구들과의 악의 ㉤없는 농지거리, 벌들의 잉잉거림까지 현장에 있는 것과 다름없이 느끼게 해 준다.

① ㉠, ㉢, ㉣
② ㉠, ㉣, ㉤
③ ㉡, ㉢, ㉤
④ ㉢, ㉣, ㉤

15 밑줄 친 말에 대한 설명으로 적합한 것은?

하나의 패러다임의 형성은 당초에는 불완전하며, 다만 이후 연구의 방향을 제시하고 소수 특정 부분의 성공적인 결과를 약속할 수 있을 뿐이다. 그러나 패러다임의 정착은 연구의 정밀화, 집중화 등을 통하여 자기 지식을 확장해 가며 차츰 폭 넓은 이론 체계를 구축한다.

이처럼 과학자들이 패러다임을 기반으로 하여 연구를 진척시키는 것을 쿤은 '정상 과학'이라고 부른다. 기초적인 전제가 확립되었으므로 과학자들은 이 시기에 상당히 심오한 문제의 작은 영역들에 집중함으로써, 그렇지 않았더라면 상상조차 못했을 자연의 어느 부분을 깊이 있게 탐구하게 된다. 그에 따라 각종 실험 장치들도 정밀해지고 다양해지며, 문제를 해결해 가는 특정 기법과 규칙들이 만들어진다. 연구는 이제 혼란으로서의 다양성이 아니라, 이론과 자연 현상을 일치시켜 가는 지식의 확장으로서의 다양성을 이루게 된다.

그러나 정상 과학은 완성된 과학이 아니다. 과학적 사고방식과 관습, 기법 등이 하나의 기반으로 통일돼 있다는 것일 뿐 해결해야 할 과제는 무수하다. 패러다임이란 과학자들 사이의 세계관의 통일이지 세계에 대한 해석의 끝은 아닌 것이다.

그렇다면 정상 과학의 시기에는 어떤 연구가 어떻게 이루어지는가? 정상 과학의 시기에는 이미 이론의 핵심 부분들은 정립돼 있다. 따라서 과학자들의 연구는 근본적인 새로움을 좇아가지는 않으며, 다만 연구의 세부 내용이 좀 더 깊어지거나 넓어질 뿐이다. 이러한 시기에 과학자들의 열정과 헌신성은 무엇으로 유지될 수 있을까? 연구가 고작 예측된 결과를 좇아갈 뿐이고, 예측된 결과가 나오지 않으면 실패라고 규정되는 상태에서 과학의 발전은 어떻게 이루어지는가?

쿤은 이 물음에 대하여 '수수께끼 풀이'라는 대답을 준비한다. 어떤 현상의 결과가 충분히 예측된다 할지라도 정작 그 예측이 달성되는 세세한 과정은 대개 의문 속에 있게 마련이다. 자연 현상의 전 과정을 우리가 일목요연하게 알고 있는 것은 아니기 때문이다. 이론으로서의 예측 결과와 실제의 현상을 일치시켜 보기 위해서는 여러 복합적인 기기적, 개념적, 수학적인 방법이 필요하다. 이것이 수수께끼 풀이이다.

① 여러 가지 상반된 시각의 학설이 등장하여 이론이 다양해지고 풍성해진다.
② 과학적 패러다임의 정착으로 이론의 핵심 부분들이 정립되어 있다.
③ 이 시기의 패러다임의 형성은 처음에는 불완전하나 후속 연구를 통해 세계를 완전히 해석할 수 있는 과학으로 발전된다.
④ 예측된 결과만을 좇을 수밖에 없기 때문에 과학자들의 열정과 헌신성이 낮아진다.

16 '잡다'의 유의어에 해당하는 예문으로 적절하지 않은 것은?

유의어	예문
죽이다	㉠
쥐다	㉡
어림하다	㉢
진압하다	㉣

① ㉠: 할아버지는 돼지를 잡아 잔치를 베푸셨다.

② ㉡: 그들은 멱살을 잡고 싸우고 있다.

③ ㉢: 술집 주인은 손님의 시계를 술값으로 잡았다.

④ ㉣: 산불이 난 지 열 시간 만에 불길을 잡았다.

17 다음 글을 통해서 답을 찾을 수 없는 질문은?

해안에서 밀물에 의해 해수가 해안선에 제일 높게 들어온 곳과 썰물에 의해 제일 낮게 빠진 곳의 사이에 해당하는 부분을 조간대라고 한다. 지구상에서 생물이 살기에 열악한 환경 중 한 곳이 바로 이 조간대이다. 이곳의 생물들은 물에 잠겨 있을 때와 공기 중에 노출될 때라는 상반된 환경에 삶을 맞춰야 한다. 또한 갯바위에 부서지는 파도의 파괴력도 견뎌내야 한다. 또한 빗물이라도 고이면 민물이라는 환경에도 적응해야 하며, 강한 햇볕으로 바닷물이 증발하고 난 다음에는 염분으로 범벅된 몸을 추슬러야 한다. 이러한 극단적이고 변화무쌍한 환경에 적응할 수 있는 생물만이 조간대에서 살 수 있다.

조간대는 높이에 따라 상부, 중부, 하부로 나뉜다. 바다로부터 가장 높은 곳인 상부는 파도가 강해야만 물이 겨우 닿는 곳이다. 그래서 조간대 상부에 사는 생명체는 뜨거운 태양열을 견뎌내야 한다. 중부는 만조 때에는 물에 잠기지만 간조 때에는 공기 중에 노출되는 곳이다. 그런데 물이 빠져 공기 중에 노출되었다 해도 파도에 의해 어느 정도의 수분은 공급된다. 가장 아래에 위치한 하부는 간조시를 제외하고는 항상 물에 잠겨 있다. 땅위 환경의 영향을 적게 받는다는 점에선 다소 안정적이긴 해도 파도의 파괴력을 이겨내기 위해 강한 부착력을 지녀야 한다는 점에서 생존이 쉽지 않은 곳이다.

조간대에 사는 생물들은 불안정하고 척박한 바다 환경에 적응하기 위해 높이에 따라 수직으로 종이 분포한다. 조간대를 찾았을 때 총알고둥류와 따개비들을 발견했다면 그곳이 조간대에서 물이 가장 높이 올라오는 지점인 것이다. 이들은 상당 시간 물 밖에 노출되어도 수분 손실을 막기 위해 패각과 덮개 판을 꼭 닫은 채 물이 밀려올 때까지 버텨낼 수 있다.

① 조간대에서 총알고둥류가 사는 곳은 어느 지점인가?

② 조간대의 중부에 사는 생물에는 어떠한 것이 있는가?

③ 조간대에서 높이에 따라 생물의 종이 수직으로 분포하는 이유는 무엇인가?

④ 조간대에 사는 생물들이 견뎌야 하는 환경적 조건에는 어떠한 것이 있는가?

18 다음의 개요를 기초로 하여 글을 쓸 때, 주제문으로 가장 적절한 것은?

> 서론: 최근의 수출 실적 부진 현상
> 본론: 수출 경쟁력의 실태 분석
>   1. 가격 경쟁력 요인
>   ㄱ.제조 원가 상승
>   ㄴ.고금리
>   ㄷ.환율 불안정
>   2. 비가격 경쟁력 요인
>   ㄱ.기업의 연구 개발 소홀
>   ㄴ.품질 개선 부족
>   ㄷ.판매 후 서비스 부족
>   ㄹ.납기의 지연
> 결론: 분석 결과의 요약 및 수출 경쟁력 향상
>   방안 제시

① 정부가 수출 분야 산업을 적극 지원해야 한다.

② 내수 시장의 기반을 강화하는 데 역량을 모아야 한다.

③ 기업이 연구 개발비 투자를 늘리고 품질 향상에 많은 노력을 기울여야 한다.

④ 수출 경쟁력을 좌우하는 요인을 분석한 후 그에 맞는 방안을 마련해야 한다.

19 ㉠~㉠에 대한 설명으로 옳은 것은?

> ㉠그쪽에서 물건 하나를 맡아 주었으면 해요. 그건 ㉡우리 할머니의 유품이에요. ㉢저는 할머니의 유지에 따라 당신에게 그것을 전해야 할 책임을 느껴요. ㉣할머니께서는 ㉤본인의 생각을 저에게 누차 말씀하신 바 있기 때문이죠. 부디 ㉥당신이 할머니가 품었던 호의를 거절하지 않기를 바랍니다. 아시다시피 할머니는 결코 말씀이 많으신 분은 아니었지요. ㉦당신께서 생전에 표현하지 못했던 심정이 거기에 절실히 아로새겨져 있을 거예요.

① ㉠과 ㉢은 1인칭 대명사이다.

② ㉡은 ㉢과 ㉣을 아우르는 말이다.

③ ㉣과 ㉦은 같은 사람을 가리키는 말이다.

④ ㉤과 ㉥은 같은 사람을 가리키는 말이다.

20 다음 글의 논증 구조를 옳게 파악한 것은?

㉠동물들의 행동을 잘 살펴보면 동물들도 우리가 사용하는 말 못지않은 의사소통 수단을 가지고 있는 듯이 보인다. ㉡즉, 동물들도 여러 가지 소리를 내거나 몸짓을 함으로써 자신들의 감정과 기분을 나타낼 뿐 아니라 경우에 따라서는 인간과 다를 바 없이 의사를 교환하고 있는 듯하다. ㉢그러나 그것은 단지 겉모습의 유사성에 지나지 않을 뿐이고 사람의 말과 동물의 소리에는 아주 근본적인 차이가 존재한다는 점을 잊어서는 안 된다. ㉣동물들이 사용하는 소리는 단지 배고픔이나 고통 같은 생물학적인 조건에 대한 반응이거나, 두려움이나 분노 같은 본능적인 감정들을 표현하기 위한 것에 지나지 않는다. ㉤따라서, 동물들이 내는 소리가 때때로 의사소통의 수단으로 이용된다고 해서 그것을 대화나 토론이나 회의와 같은 언어활동이라고 할 수는 없다.

① ㉠은 논증의 결론으로 주제문이다.
② ㉡은 ㉠의 논리적 결함을 지적한 것이다.
③ ㉢은 ㉠, ㉡을 부정하고 새로운 논점을 제시한 것이다.
④ ㉤은 ㉢, ㉣에 대한 근거이다.

01 밑줄 친 어휘의 표기가 옳은 것은?

① 과거에 대해서는 너무 괴념치 않는 것이 좋다.
② 필요한 부분만 책에서 발체해서 발표할 수 있다.
③ 고집대로만 했다간 문화제 계획마저도 와훼될 판이다.
④ 나는 설명서에서 그 기계의 제원을 꼼꼼히 확인하였다.

02 호칭어와 지칭어의 사용이 적절한 것은?

① (남편의 형에게) 큰아빠, 전화 받으세요.
② (시부모에게 남편을) 오빠는 요즘 무척 바빠요.
③ (남편의 누나에게) 형님, 어떤 것이 좋을까요?
④ (다른 사람에게 자기 배우자를) 이쪽은 제 부인입니다.

03 다음 글에서 '칸트'의 견해로 볼 수 없는 것은?

칸트는 계몽이란 인간이 자신의 과오로 인한 미성년 상태로부터 벗어나는 것이라고 했다. 이때 '미성년 상태'는 타인의 지도 없이는 스스로의 이성을 사용할 수 없는 상태를 뜻하며, 이를 벗어나는 데 필요한 것은 용기를 내어 스스로의 이성을 사용하려고 하는 것이다.

칸트에 의하면 계몽은 두 가지 양상으로 이루어진다. 하나는 개인적 계몽으로 각자 스스로 미성년 상태를 벗어나서 이성 능력을 발휘하는 것이다. 하지만 모든 사람이 개인적 계몽을 이룰 수 있는 것은 아니다. 미성년 상태는 편하다. 이 상태의 개인은 스스로 생각하고 판단함으로써 저지를지 모르는 실수의 위험을 과장해서 생각한다. 한 개인이 실수의 두려움으로 인해 미성년 상태에 머무르기를 선택하면 편안함에 대한 유혹과 실수에 대한 공포심을 극복하며 스스로를 계몽하기는 힘들다.

대중 일반의 계몽은 이보다는 쉽게 이루어질 수 있다. 어느 시대에나 개인적 계몽에 성공한 독립적인 정신의 사상가들이 있기 마련이고, 이들은 편안함에 안주하며 두려움의 방패 뒤에 도피하려는 사람들의 의식을 일깨워 자각의 계기를 제공해 줄 수 있다. 개인적 계몽에 성공한 이들에게 자신의 생각을 표현하고 발표하는 자유가 주어진다면 계몽 정신은 자연스레 널리 전파될 것이고 사람들은 독립에의 공포심에서 벗어나 스스로 생각하는 성년 단계로 진입하게 될 것이다.

칸트는 대중 일반의 계몽을 위해 필요한 이성의 사용을 이성의 공적 사용이라 일컫는다. 이성의 사용은 사적 사용과 공적 사용으로 구분된다. 이성의 사적 사용은 각자가 개인이나 소규모 공동체의 이익을 위해 이성을 사용하는 것을 말한다. 그러나 한 개인이 몸담고 있는 공동체의 범위를 벗어나 세계 시민의 한 사람으로서 그리고 학자로서 글을 통해 자신의 생각을 대중에게 전달하게 되면 그는 이성을 공적으로 사용하는 것이 된다.

① 개인적 계몽을 모든 사람이 이룰 수 있는 것은 아니다.
② 대중 일반의 계몽을 위한 이성의 사용을 이성의 공적 사용이라 불렀다.
③ 미성년 상태에서 벗어나기 위해서는 스스로의 이성을 사용하려고 해야 한다.
④ 개인적 계몽을 이룬 이들에게 자유가 주어진다면 독립에 대한 공포심에 빠지게 된다.

04 다음 시에 대한 감상으로 적절한 것은?

가야 할 때가 언제인가를
분명히 알고 가는 이의
뒷모습은 얼마나 아름다운가.

봄 한철
격정을 인내한
나의 사랑은 지고 있다.

분분한 낙화……
결별이 이룩하는 축복에 싸여
지금은 가야 할 때,

무성한 녹음과 그리고
머지않아 열매 맺는
가을을 향하여

나의 청춘은 꽃답게 죽는다.

헤어지자
섬세한 손길을 흔들며
하롱하롱 꽃잎이 지는 어느 날

나의 사랑, 나의 결별,
샘터에 물 고이듯 성숙하는
내 영혼의 슬픈 눈.

- 이형기, 「낙화」 -

① 계절의 순환을 통해 자연의 위대함을 자각하고 있군.
② 결별의 슬픔을 자신의 영혼이 성숙하는 계기로 삼고 있군.
③ 이별을 받아들이지 않으려는 의지적 자세를 엿볼 수 있군.
④ 흩어져 떨어지는 꽃잎을 통해 인생의 무상함을 강조하고 있군.

05 띄어쓰기가 옳은 것은?

① 일이 얽히고 설켜서 풀기가 어렵다.
② 나를 알아 주는 사람은 너 밖에 없다.
③ 그는 고향을 등지고 정처 없이 떠돌아다녔다.
④ 잃어버린 물건을 찾겠다는 생각은 속절 없는 짓이었다.

06 한자 성어의 뜻풀이로 옳지 않은 것은?

① 결초보은(結草報恩) : 죽은 뒤에라도 은혜를 잊지 않고 갚음을 이르는 말.
② 방약무인(傍若無人) : 어떤 약으로도 치료할 수 없는 상태임.
③ 절치부심(切齒腐心) : 몹시 분하여 이를 갈며 속을 썩임.
④ 점입가경(漸入佳境) : 들어갈수록 점점 재미가 있음.

국가직 문제

지방직 문제

서울시 문제

국가직 해설

지방직 해설

서울시 해설

07 외래어 표기가 옳은 것만을 모두 고른 것은?

> ㄱ. yellow : 옐로
> ㄴ. cardigan : 카디건
> ㄷ. lobster : 롭스터
> ㄹ. vision : 비전
> ㅁ. container : 콘테이너

① ㄱ, ㅁ

② ㄷ, ㄹ

③ ㄱ, ㄴ, ㄹ

④ ㄴ, ㄷ, ㅁ

08 ㉠~㉢의 한자 병기가 옳지 않은 것은?

> ㉠열악(劣惡)한 환경에 굴하지 않고, 희망을 현실로 만든 그의 노력에 우리는 ㉡경의(敬意)를 표하였다. 그의 ㉢태도(態道)는 우리에게 ㉣귀감(龜鑑)이 될 만하다.

① ㉠

② ㉡

③ ㉢

④ ㉣

09 밑줄 친 말의 의미에 대응하는 단어로 적절하지 않은 것은?

① 이번 국경일에 국기를 단 집이 많았다. — 揭載

② 차에 에어컨을 달고 싶지만 돈이 없다. — 設置

③ 오늘의 음식 값은 장부에 달아 두세요. — 記錄

④ 그는 어디에 가든 친구를 달고 다닌다. — 帶同

10 문맥에 따른 배열로 가장 적절한 것은?

> (가) 그러나 사람들은 소유에서 오는 행복은 소중히 여기면서 정신적 창조와 인격적 성장에서 오는 행복은 모르고 사는 경우가 많다.
> (나) 소유에서 오는 행복은 낮은 차원의 것이지만 성장과 창조적 활동에서 얻는 행복은 비교할 수 없이 고상한 것이다.
> (다) 부자가 되어야 행복해진다고 생각하는 사람은 스스로 부자라고 만족할 때까지는 행복해지지 못한다.
> (라) 하지만 최소한의 경제적 여건에 자족하면서 정신적 창조와 인격적 성장을 꾀하는 사람은 얼마든지 차원 높은 행복을 누릴 수 있다.
> (마) 자기보다 더 큰 부자가 있다고 생각될 때는 여전히 불만과 불행에 사로잡히기 때문이다.

① (나) – (라) – (가) – (다) – (마)

② (나) – (가) – (마) – (라) – (다)

③ (다) – (마) – (라) – (나) – (가)

④ (다) – (라) – (마) – (가) – (나)

11 ⊙~ⓒ에 들어갈 말을 바르게 연결한 것은?

많은 사람들에게 유일한 현실은 '타이타닉 호'라는 배뿐입니다. 타이타닉 호 속에는 판에 박은 일상사가 있습니다. (⊙) 선원은 엔진에 연료를 넣지 않으면 안 되고, 배가 전진하기 위해서는 온갖 기계를 확실히 관리하지 않으면 안 됩니다. 모두 각자 일상사를 가지고 있고 그것을 계속하는 사람이 현실주의자입니다.

누군가 "엔진을 멈추어야 한다."라고 말하면, 그것은 비현실주의적입니다. 왜냐하면 타이타닉 호라는 배는 전진하도록 되어 있어서 전진하지 않으면 저마다의 일거리가 없어지기 때문입니다. 오늘날 세계 경제에 퍼져 있는 현실주의는 바로 그러한 현실주의라고 생각됩니다. 현실주의적인 경제학자가 타이타닉 호에 "전속력으로!"라는 명령을 하려고 합니다. 이것이 타이타닉 호의 논리입니다.

이 논리는 타이타닉 호가 전 세계라는 점을 전제로 성립합니다. 마찬가지로 경제학자의 논리도 세계 경제 시스템 이외에 아무런 현실이 없다고 한다면 합리적인 논리라고 할 수 있습니다. (ⓛ) 타이타닉 호의 바깥에는 바다가 있고 빙산이 있습니다. 세계 경제의 바깥에는 재난이 있습니다. 바로 이것이 문제입니다. 여기서 타이타닉 호의 비유가 갖는 한계를 알 수 있는데, 타이타닉 호의 경우는 하나의 빙산이 있고, 장래에 배가 거기에 부딪힌다는 것입니다. 그러나 우리들의 세계 경제 시스템은 장래에 빙산이 기다리고 있는 게 아닙니다. 재난은 이미 시작되었습니다. (ⓒ) 차례차례 빙산에 부딪히고 있는 중입니다.

	⊙	ⓛ	ⓒ
①	그리고	그러면	만약
②	그리고	그렇지만	만약
③	예를 들면	그러면	말하자면
④	예를 들면	그렇지만	말하자면

12 ⊙~ⓔ의 고쳐 쓰기로 적절하지 않은 것은?

봄이면 어김없이 나타나 우리를 괴롭히는 황사가 본래 나쁘기만 한 것은 아니었다. ⊙황사의 이동 경로는 매우 다양하다. 황사는 탄산칼슘, 마그네슘, 칼륨 등을 포함하고 있어 봄철의 산성비를 중화시켜 토양의 산성화를 막는 역할을 했다. 또 황사는 무기물을 포함하고 있어 해양 생물에게도 도움을 줬다. ⓛ그리고 지금의 황사는 생태계에 심각한 해를 끼치는 애물단지가 되어 버렸다. 이처럼 황사가 재앙의 주범이 된 것은 인간의 환경 파괴 ⓒ덕분이다.

현대의 황사는 각종 중금속을 포함하고 있는 독성 황사이다. 황사에 포함된 독성 물질 중 대표적인 것으로 다이옥신을 들 수 있다. 다이옥신은 발암 물질이며 기형아 출산을 일으킬 수도 있는 것이다. 이러한 독성 물질을 다수 포함하고 있는 ⓔ황사를 과거보다 자주 발생하고 정도도 훨씬 심해지고 있어 문제이다.

① ⊙은 글의 논리적인 흐름을 방해하고 있으므로 삭제한다.
② ⓛ은 앞뒤 내용을 자연스럽게 연결해 주지 못하므로 '그러므로'로 바꾼다.
③ ⓒ은 어휘가 잘못 사용된 것이므로 '때문이다'로 고친다.
④ ⓔ은 서술어와 호응하지 않으므로 '황사가'로 고친다.

13 다음 글의 전개 방식에 대한 설명으로 적절한 것은?

유럽의 18~19세기는 혁신적 지성의 열기로 가득 찬 시대였다. 혁신적 지성은 정치적, 경제적, 사회적 여건의 성숙과 더불어 서양 근대 사회의 확립에 주도적 역할을 하였다. 수많은 개혁 사상과 혁명 사상의 제공자는 물론이요, 실천 면에서도 개혁가와 혁명가는 지성인 출신이었다. 그들은 새로운 미래를 제시하고, 그것을 뒷받침할 이데올로기를 마련하고, 그것을 실현할 구체적인 방안을 제시하는 동시에, 현실의 모순을 과감하게 비판하고 몸소 실천에 뛰어들기도 하였다.

하지만 20세기에 이르러 사태는 달라지기 시작하였다. 근대 사회 성립에 주도적 역할을 담당했던 혁신적 지성은 그 혁신적 성격과 개혁적 정열을 점차로 상실하고, 직업적이고 기술적인 지성으로 변모하였다. 이는 근대 사회가 완성되고 성숙함에 따른 당연한 귀결일지도 모르며, 오늘날 고도로 발달한 서구 사회에 직업적이고 기술적인 지성이 필요 불가결하기도 하다. 그러나 지성이 고도로 발달한 사회에서 직업적이고 전문적인 지식과 기술을 제공하는 것으로 만족할 것인가의 문제는 다시 한 번 생각해 봄직하다.

만일 서구 사회가 현재에 안주하고 현상 유지를 계속할 수가 있다면 문제는 다르다. 그러나 그것은 사회의 전면적인 침체를 가지고 올 것이며, 그것은 또한 불길한 몰락의 징조일지도 모른다.

현재의 모순과 문제를 파헤치고 이를 개혁하여 새로운 미래로 나아가는 구체적 방안을 모색하는 임무는 누가 져야 할 것인가? 그것은 역시 지성의 임무이다. 지성은 거의 영구불변의 기능이라고 할 수 있는 문화 창조의 기능을 가져야 한다. 현대의 지성은 전문 지식과 기술을 제공하는 데 그치지 말고, 현실을 비판하며 실현 가능한 구체적 방안을 모색하여 새로운 미래를 제시하는 혁신적 성격을 상실 해서는 안 될 것이다.

① 자신의 주장을 밝히고 이와 상반된 견해를 반박하고 있다.
② 상호 대립된 견해를 제시하고 자신의 입장을 밝히고 있다.
③ 용어에 대한 개념 차이를 밝히며 자신의 주장을 펼치고 있다.
④ 시대적 변천 양상을 살피면서 바람직한 방향을 제시하고 있다.

14 다음 작품에 대한 설명으로 적절한 것은?

생사(生死) 길은
예 있으매 머뭇거리고
나는 간다는 말도
못다 이르고 어찌 갑니까.
어느 가을 이른 바람에
이에 저에 떨어질 잎처럼
한 가지에 나고
가는 곳 모르온저.
아아, 미타찰(彌陀刹)에서 만날 나
도(道) 닦아 기다리겠노라.
　　　　　 - 월명사, 「제망매가(祭亡妹歌)」 -

① 시적 대상과의 재회에 대한 소망을 담고 있다.
② 반어적 표현을 통해 화자의 정서를 부각하고 있다.
③ 세속의 인연에 미련을 두지 않은 구도자의 자세를 드러내고 있다.
④ 상황 인식 - 객관적 서경 묘사 - 종교적 기원의 3단 구성으로 되어 있다.

15 다음 글을 참고할 때, 〈보기〉에서 아이의 말에 대한 엄마의 말이 '반영하기'에 해당하는 것은?

적극적인 듣기의 방법에는 '요약하기'와 '반영하기'가 있다. 화자가 자신의 상태에 대해 직접적으로 말하는 경우에는 요약하기와 같은 재진술이 가능하지만 그렇지 않으면 불가능하다. 한편 반영하기는 상대의 생각을 수용하고 상대의 현재 상태에 감정 이입을 하여 의미를 재구성하는 방법으로, 상대를 이해하고 있다는 청자의 적극적인 표현이기 때문에 원활한 의사소통에 도움이 된다.

〈보기〉

아이: 엄마, 모레가 시험인데 내일 꼭 치과에 가야 하나요?
엄마: _____

① 너, 치과에 가기가 싫어서 그러지?
② 네가 치료보다 시험에 집중하고 싶구나.
③ 내일 꼭 치과에 가야 하는지가 궁금했구나.
④ 약속은 지켜야 하는 거니까 치과에 가야겠지.

16 밑줄 친 부분에 해당하는 것은?

'-ㅁ/-음'은 'ㄹ'을 제외한 받침 있는 용언의 어간이나 어미 '-었-', '-겠-' 뒤에 붙어, 그 말이 명사 구실을 하게 하는 어미로 쓰이는 경우와, 어간 말음이 자음인 용언 어간 뒤에 붙어 명사를 만드는 접미사로 쓰이는 경우가 있다.

① 그는 수줍음이 많은 사람이다.
② 그는 죽음을 각오하고 일에 매달렸다.
③ 태산이 높음을 사람들은 알지 못한다.
④ 나라를 위해 젊음을 바친 사람이 애국자다.

17 ㉠~㉢에 대한 설명으로 적절하지 않은 것은?

• 형님은 ㉠자기 자신을 애국자라고 생각했다.
• 형님은 ㉡당신 스스로 애국자라고 생각했다.
• 형님은 ㉢그의 선물을 나에게 주었다.

① ㉠과 ㉡은 모두 형님을 가리킨다.
② ㉠은 1인칭이고 ㉡은 2인칭이다.
③ ㉡은 ㉠보다 높임 표현이다.
④ ㉢은 ㉠과 달리 형님 이외의 다른 대상을 가리킬 수 있다.

18 ㉠~㉢에 대한 설명으로 적절한 것은?

㉠르네상스 이래 화가들은 자신의 그림이 세상을 향한 창처럼 보이기를 바랐다. 그리하여 그림의 장면이나 주제를 하나의 고정된 시점에서 본 것처럼 그렸으며, 이러한 환영을 더욱 심화하기 위해 원근법적인 형태 묘사를 택했다. 그러나 1907년부터 피카소와 브라크는 전통적인 원근법의 관례를 버리고 리얼리티를 묘사하기 위한 새로운 방식을 실험하기 시작했다. 정물화에서 그들은 눈이 카메라 렌즈처럼 하나의 시점으로 세상을 인식한다는 기존의 믿음에 도전하여 뇌가 어떻게 다양한 시점과 연속적인 시간에 걸친 시각적인 정보를 점진적으로 축적해 나가는지를 보여 주고자 했다.

피카소와 브라크의 혁명적인 그림은 과거의 어떤 그림과도 완전히 다르게 보이지만, 두 화가는 모두 ㉡세잔의 작업 방식에서 영향을 받았다. 과거의 화가들은 일관된 원근법 체계를 이용해 그림에 안정성과 깊이감을 부여하고자 했으나, 세잔은 회화적 공간을 의도적으로 왜곡하고 불안한 각도로 면을 기울여 안정적인 정물화에 역동감과 긴장감을 부여했다. 그는 정물의 적절한 위치를 찾기 위해 고심하며 매우 조심스럽게 화면을 구성했다. 다양한 각도와 시점을 미묘하게 결합하여 세잔은 세심하게 배열한 정물에 더욱 완벽한 시점을 부여하고자 노력했다.

세잔이 죽은 지 1년 후 파리에서 열린 세잔의 대규모 회고전은 피카소와 브라크에게 커다란 영향을 끼쳤으며, ㉢피카소와 브라크는 즉각 세잔의 발상을 도입하여 초기 입체주의 회화로 발전시켰다. 이들은 초기 정물화에 동시적인 시점의 결합 가능성을 지속적으로 실험했다. 피카소와 브라크는 사물의 형태를 파편화할 때까지 왜곡했으며, 그림을 그리는 동안 정물의 주위를 걸어 다니며 각 단계의 다양한 세부 사항을 관찰하는 것 같은 인상을 만들어 냈다. 결과적으로 이들의 그림은 시간과 공간에 따른 움직임의 감각을 만들어 냈다.

① ㉠과 달리 ㉡과 ㉢은 대상을 바라보는 관점의 다양성을 인정한다.
② ㉡과 달리 ㉠과 ㉢은 단일한 시간과 공간을 기준으로 대상을 파악한다.
③ ㉢과 달리 ㉠과 ㉡은 대상을 있는 그대로 묘사하는 것이 회화의 목적이라 여긴다.
④ ㉠, ㉡, ㉢은 모두 가까이 있는 대상은 크게, 멀리 있는 대상은 작게 표현하는 방식을 취한다.

19 다음 글에서 알 수 있는 내용이 아닌 것은?

단어란 흔히 문장을 구성하는 단위 가운데 분리하면 본래의 뜻을 잃어버리게 되는 최소의 자립 형식이라고 정의한다. '오늘 작은언니는 새 옷을 입었다.'라는 문장에서 '오늘, 새, 옷'은 단어들이다. '작은언니'는 '작은'과 '언니'로 분리할 수는 있지만 이렇게 분리하면 본래의 뜻과는 다른 뜻이 되기 때문에 '작은언니'는 한 단어이다. '입었다'는 '입-었-다'로 구성되어 있지만 이들 각각 홀로 쓰일 수 없고 세 단위가 모여서 하나의 자립 형식을 이루기 때문에 '입었다'는 그대로 한 단어가 된다.

그러나 단어의 정의가 그렇게 간단한 일은 아니다. '작은언니는, 옷을'의 '는, 을'과 같은 조사는 '작은언니, 옷'과 분리하여도 제 뜻을 잃어버리지 않는다. 그러나 조사는 홀로 쓰이지 못하고 반드시 체언 등에 붙어서만 쓰인다. 이런 까닭으로 국어의 조사를 단어로 인정하기도 하고 인정하지 않기도 한다. 이와 유사한 어려움은 의존 명사에서도 볼 수 있다. '한 그루, 줄 것'의 '그루, 것'은 의존 명사인데, 이들은 분리는 가능하지만 홀로 쓰이지 못하고 반드시 관형어의 수식을 받아서만 쓰일 수 있다. 그러나 의존 명사는 관형어의 수식을 받는다는 점에서

9급 공무원 [국어]

그 통사적 성격이 명사와 동일하다. 따라서 의존 명사는 명사와 동일한 성격을 지니는 단어로 취급한다.

국어 단어는 그 형성 방식에 따라 크게 두 가지로 구성된다. 하나는 '구름, 겨우, 먹다'처럼 단일한 요소가 곧 한 단어가 되는 경우이다. '구름, 겨우'와 같은 단어들은 더 이상 나뉠 수 없는 단일한 구성을 보이는 예들로서 이들은 단일어라고 한다. '먹다'는 어간 '먹-'에 어미 '-다'가 붙어 이루어진 구성이지만 '먹-'은 의존 형태소로서 단독으로는 쓰일 수 없으며, '-다'는 순수하게 문법적 기능만을 나타내는 어미로서 단어의 구성에는 관여하지 않는다.

다른 하나는 다양한 요소들이 결합하여 한 단어가 되는 경우이다. 이들은 단일어와 구별하여 복합어라고 한다. 복합어는 다시 두 가지 종류로 나뉜다. '샛노랗다, 무덤, 잠'은 어휘 형태소인 '노랗다, 묻-, 자-'에 '샛-, -엄, -ㅁ'과 같은 접사가 덧붙어서 파생된 단어들이다. 이처럼 어휘 형태소에 접사가 결합하여 형성된 단어들을 파생어라고 한다. '손목, 고무신, 빛나다, 날짐승'과 같은 단어는 각각 '손-목, 고무-신, 빛-나다, 날-짐승'으로 분석된다. 이들은 각각 어근인 어휘 형태소끼리 결합하여 한 단어가 된 경우로 이를 합성어라고 한다.

① '작은언니'는 최소의 자립 형식이다.
② '는, 을'은 체언 등에 붙어서만 쓰이므로 단어이다.
③ '그루, 것'은 그 통사적 성격이 명사와 동일하다.
④ '샛노랗다, 손목'은 복합어이다.

20 ⊙~@에 대한 이해로 적절하지 않은 것은?

사람들은 아버지를 난쟁이라고 불렀다. 사람들은 옳게 보았다. ⊙아버지는 난쟁이였다. 불행하게도 사람들은 아버지를 보는 것 하나만 옳았다. 그 밖의 것들은 하나도 옳지 않았다. 나는 아버지, 어머니, 영호, 영희, 그리고 나를 포함한 다섯 식구의 모든 것을 걸고 그들이 옳지 않다는 것을 언제나 말할 수 있다. 나의 '모든 것'이라는 표현에는 '다섯 식구의 목숨'이 포함되어 있다. 천국에 사는 사람들은 지옥을 생각할 필요가 없다. 그러나 우리 다섯 식구는 지옥에 살면서 천국을 생각했다. 단 하루라도 천국을 생각해 보지 않은 날이 없다. 하루하루의 생활이 지겨웠기 때문이다. ⓒ우리의 생활은 전쟁과 같았다. 우리는 그 전쟁에서 날마다 지기만 했다. 그런데도 어머니는 모든 것을 잘 참았다. 그러나 그날 아침 일만은 참기 어려웠던 것 같다.

"통장이 이걸 가져왔어요."

내가 말했다. 어머니는 조각 마루 끝에 앉아 아침 식사를 하고 있었다.

"그게 뭐냐?"

"철거 계고장이에요."

"기어코 왔구나!"

어머니가 말했다.

"그러니까 집을 헐라는 거지? 우리가 꼭 받아야 할 것 중의 하나가 이제 나온 셈이구나!"

어머니는 식사를 중단했다. 나는 어머니의 밥상을 내려다보았다. 보리밥에 까만 된장, 그리고 시든 고추 두어 개와 조린 감자.

나는 어머니를 위해 철거 계고장을 천천히 읽었다.

… (중략) …

어머니는 조각 마루 끝에 앉아 말이 없었다. ⓒ벽돌 공장의 높은 굴뚝 그림자가 시멘트 담에서 꺾어지며 좁은 마당을 덮었다. 동네 사람들이 골목으로 나와 뭐라고 소리치고 있었다. 통장은 그들 사이를 비집고 나와 방죽 쪽으로 걸음을 옮겼다. 어머니는 식사를 끝내지 않은 밥상을 들고 부엌으로 들어갔다. 어머니는 두

국가직 문제 지방직 문제 서울시 문제 국가직 해설 지방직 해설 서울시 해설

157

무릎을 곧추세우고 앉았다. 그리고 손을 들어 부엌 바닥을 한 번 치고 가슴을 한 번 쳤다. 나는 동사무소로 갔다. ㉣행복동 주민들이 잔뜩 몰려들어 자기의 의견들을 큰 소리로 말하고 있었다. 들을 사람은 두셋밖에 안 되는데 수십 명이 거의 동시에 떠들어 대고 있었다. 쓸데없는 짓이었다. 떠든다고 해결될 문제는 아니었다.

　나는 바깥 게시판에 적혀 있는 공고문을 읽었다. 거기에는 아파트 입주 절차와 아파트 입주를 포기할 경우 탈 수 있는 이주 보조금 액수 등이 적혀 있었다. 동사무소 주위는 시장 바닥과 같았다.

– 조세희, 「난쟁이가 쏘아 올린 작은 공」 –

① ㉠: 산업화 과정에서 소외된 '아버지'의 왜소함을 드러낸다.

② ㉡: 가난한 도시 빈민의 힘겨운 삶을 전쟁에 비유한다.

③ ㉢: 맹목적이고 무리한 산업화의 위압적 분위기를 나타낸다.

④ ㉣: 주민들의 노력으로 삶이 개선될 것임을 암시한다.

7개년

2023~2017
[서울시]
연차별 기출문제

QUESTIONS

정답 및 해설 308p

01 〈보기〉의 밑줄 친 부분에서 공통으로 일어나는 음운 현상에 대한 설명으로 가장 옳지 않은 것은?

보기

이는 국회가 <u>국민</u>을 대변하는 기관으로 정부에 책임을 <u>묻는</u> 것이다.

① 조음 위치가 바뀌는 음운 현상이다.
② 비음 앞에서 일어나는 음운 현상이다.
③ 동화 현상이다.
④ '읊는'에서도 일어나는 음운 현상이다.

02 밑줄 친 부분의 띄어쓰기가 가장 옳지 않은 것은?

① 포기는 생각해 <u>본바가</u> 없다.
② 모두 자기 <u>생각대로</u> 결정하자.
③ 결국 돌아갈 곳은 <u>고향뿐이다</u>.
④ <u>원칙만큼은</u> 양보하기가 어렵다.

03 〈보기〉의 ㉠~㉣을 풀이한 것으로 가장 옳지 않은 것은?

보기

한때 우리나라에서는 우리의 대표적 음식이라고 할 수 있는 된장과 김치를 ㉠<u>폄하한</u> 적이 있었다. 곰팡이 균으로 만드는 된장은 암을 유발한다고 해서 ㉡<u>기피하고</u>, 맵고 짠 김치도 건강에 해롭다고 했다. 이러한 발상이 나왔던 것은 어떤 의미에서는 현대 과학의 선두 주자인 서구 지향적인 가치관이 그 배경으로 깔려 있었기 때문이다. 그러나 이제는 김치연구소까지 생기고, 마늘은 새로운 형태로 변모하면서 건강식품으로 등장하고, 된장(청국장) 또한 항암 효과까지 있다고 ㉢<u>각광</u>을 받는다. 그리고 비빔밥은 다이어트 음식으로서만이 아니라, 그 맛도 이제는 국제적으로 알려졌다. 굳이 신토불이라는 말을 들먹이지 않더라도 우리의 일상적인 식문화에서 가치 있는 것을 추출해 ㉣<u>천착할</u> 필요가 있다.

① ㉠: 가치를 깎아내린
② ㉡: 꺼리거나 피하고
③ ㉢: 사회적으로 관심을
④ ㉣: 잘못된 것을 바로잡을

04 어려운 표현을 이해하기 쉬운 표현으로 다듬은 것으로 가장 적절하지 않은 것은?

① 가능성은 상존하고 있다 → 가능성은 늘 있다
② 만 65세 도래자는 → 만 65세가 되는 사람은
③ 소정의 급여를 지급함으로써 → 소액의 급여를 지급함으로써
④ 확인서 발급에 따른 편의성을 제고함 → 확인서 발급에 따른 편의성을 높임

05 〈보기 1〉을 〈보기 2〉에 삽입하려고 할 때 문맥상 가장 적절한 곳은?

보기1

왜냐하면 학문의 세계에서는 하나의 객관적 진실이 백일하에 드러나 모든 다른 견해를 하나로 귀결시키는 일은 일어나지 않기 때문이다.

보기2

민족이 하나로 된다면 소위 "민족의 역사"가 하나로 통합되는 것은 너무나 당연한 일이라고 생각할 수 있다. (㉠) 그러나 좀 더 곰곰이 생각해 보면 역사학을 포함한 학문의 세계에서 통합이란 말은 성립되기 어렵다. (㉡) 학문의 세계에서는 진실에 이르기 위한 수많은 대안이 제기되고 서로 경쟁하면서 발전이 이루어진다. (㉢) 따라서 그 다양한 대안들을 하나로 통합한다는 것은 학문을 말살하는 것이나 다름없다. (㉣) 학문의 세계에서는 통합이 아니라 다양성이 더 중요한 덕목인 것이다.

① ㉠　　　　② ㉡
③ ㉢　　　　④ ㉣

06 〈보기〉의 ㉠~㉣ 중 가리키는 대상이 나머지 셋과 다른 것은?

보기

댁들아 ㉠동난지이 사오 저 장사야 네 ㉡물건 그 무엇이라 외치는가 사자
　　외골내육(外骨內肉) 양목(兩目)이 상천(上天) 전행후행(前行後行), 소(小)아리 팔족(八足) 대(大)아리 이족(二足) ㉢청장 아스슥하는 동난지이 사오
　　장사야 너무 거북하게 외치지 말고 ㉣게젓이라 하려무나

① ㉠　　　　② ㉡
③ ㉢　　　　④ ㉣

07 표준어끼리 묶었을 때 가장 옳지 않은 것은?

① 가엽다, 배냇저고리, 감감소식, 검은엿
② 눈짐작, 세로글씨, 푸줏간, 가물
③ 상관없다, 외눈퉁이, 덩쿨, 귀퉁배기
④ 겉창, 뚱딴지, 툇돌, 들랑날랑

08 외래어 표기에 대한 설명으로 가장 옳지 않은 것은?

① 짧은 모음 다음의 어말 무성 파열음 [t]는 '보닛(bonnet)'처럼 받침으로 적는다.
② 어말의 [ʃ]는 '브러쉬(brush)'처럼 '쉬'로 적는다.
③ 중모음 [ou]는 '보트(boat)'처럼 '오'로 적는다.
④ 어말 또는 자음 앞의 [f]는 '그래프(graph)'처럼 '으'를 붙여 적는다.

09 〈보기〉에 드러난 글쓴이의 삶에 대한 인식과 가장 가까운 태도가 나타나는 것은?

───── 보기 ─────

그렇다. 그 흉터와, 흉터 많은 손꼴은 내 어려웠던 어린 시절의 모습이요, 그것을 힘들게 참고 이겨 낸 떳떳하고 자랑스런 내 삶의 한 기록일 수 있었다. 그 나이 든 선배님의 경우처럼, 우리 누구나가 눈에 보이게든 안 보이게든 삶의 쓰라린 상처들을 겪어 가며 그 흉터를 지니고 살아가게 마련이요, 어떤 뜻에선 그 상처의 흔적이야말로 우리 삶의 매우 단단한 마디요, 숨은 값이라 할 수도 있을 것이기 때문이다.

① 흔들리지 않고 피는 꽃이 어디 있으랴 / 이 세상 그 어떤 아름다운 꽃들도 다 흔들리면서 피었나니
② 연탄재 함부로 차지 마라 / 너는 / 누구에게 한 번이라도 뜨거운 사람이었느냐
③ 죽는 날까지 하늘을 우러러 / 한 점 부끄럼이 없기를 / 잎새에 이는 바람에도 / 나는 괴로워했다.
④ 나는 이제 너에게도 슬픔을 주겠다. / 사랑보다 소중한 슬픔을 주겠다.

10 〈보기〉의 작품에서 밑줄 친 시어에 대한 해석으로 가장 옳지 않은 것은?

───── 보기 ─────

바닷가 햇빛 바른 바위 위에
습한 간(肝)을 펴서 말리우자.

코카서스 산중(山中)에서 도망해 온 토끼처럼
들러리를 빙빙 돌며 간(肝)을 지키자.

내가 오래 기르던 여윈 독수리야!
와서 뜯어 먹어라, 시름없이

너는 살찌고
나는 여위어야지, 그러나

거북이야!
다시는 용궁의 유혹에 안 떨어진다.

프로메테우스 불쌍한 프로메테우스
불 도적한 죄로 목에 맷돌을 달고
끝없이 침전하는 프로메테우스

① '간(肝)'은 화자가 지켜야 하는 지조와 생명을 가리킨다.
② 코카서스 산중에서 도망해 온 '토끼'는 토끼전과 프로메테우스 신화를 연결한다.
③ '독수리'와 '거북이'는 이 시에서 유사한 의미를 갖는 존재이다.
④ '프로메테우스'는 끝없이 침전한다는 점에서 시대의 고통이 큼을 암시한다.

11 밑줄 친 말이 어문 규범에 맞는 것은?

① <u>옛부터</u> 김치를 즐겨 먹었다.

② <u>궁시렁거리지</u> 말고 빨리 해 버리자.

③ 찬물을 한꺼번에 <u>들이키지</u> 말아라.

④ 상처가 <u>곰겨서</u> 병원에 가야겠다.

---

12 〈보기〉의 설명 중 밑줄 친 부분에 해당하는 사례가 아닌 것은?

> ──── 보기 ────
>
> 　용언이 문장 속에 쓰일 때에는 어간에 어미가 붙어서 활용함으로써 다양한 문법적인 기능을 나타낸다. 대부분의 용언은 활용할 때에 어간이나 어미의 기본 형태가 그대로 유지되거나 혹은 다른 형태로 바뀌어도 그 현상을 일정한 규칙으로 설명할 수 있지만, 일부의 용언 가운데에는 활용할 때 <u>'어간의 형태가 불규칙하게 활용하는 것'</u>, '어미의 형태가 불규칙하게 활용하는 것', '어간과 어미가 불규칙하게 활용하는 것'이 있다.

① 잇다 → 이으니

② 묻다(問) → 물어서

③ 이르다(至) → 이르러

④ 낫다 → 나으니

---

13 〈보기〉의 ㉠~㉣에 대한 이해로 가장 적절하지 않은 것은?

> ──── 보기 ────
>
> 어미를 따라 잡힌
> 어린 게 한 마리
>
> 큰 게들이 새끼줄에 묶여
> 거품을 뿜으며 헛발질할 때
> 게장수의 ㉠구럭을 빠져나와
> 옆으로 옆으로 ㉡아스팔트를 기어간다.
> 개펄에서 숨바꼭질하던 시절
> 바다의 자유는 어디 있을까
> 눈을 세워 ㉢사방을 두리번거리다
> 달려오는 군용 트럭에 깔려
> 길바닥에 터져 죽는다
>
> ㉣먼지 속에 썩어가는 어린 게의 시체
> 아무도 보지 않는 찬란한 빛
>
> 　　　　　　　　 － 김광규, 「어린 게의 죽음」 －

① ㉠: 폭압으로 자유를 잃은 구속된 현실을 의미한다.

② ㉡: 자유를 위해 도달하고자 하는 미래의 공간을 나타낸다.

③ ㉢: 약자가 돌파구를 찾기 어려운 현실을 나타낸다.

④ ㉣: 주목받지 못한 채 방치된 대상의 현실을 강조한다.

국가직 문제 | 지방직 문제 | 서울시 문제 | 국가직 해설 | 지방직 해설 | 서울시 해설

14 〈보기〉의 작품에 대한 설명으로 가장 옳지 않은 것은?

> **보기**
>
> 홍색(紅色)이 거룩하여 붉은 기운이 하늘을 뛰놀더니, 이랑이 소리를 높여 하여 나를 불러, "저기 물 밑을 보라."
>
> 외치거늘, 급히 눈을 들어 보니, 물 밑 홍운(紅雲)을 헤치고 큰 실오라기 같은 줄이 붉기가 더욱 기이(奇異)하며, 기운이 진홍(眞紅) 같은 것이 차차 나와 손바닥 넓이 같은 것이 그믐밤에 보는 숯불 빛 같더라. 차차 나오더니, 그 위로 작은 <u>회오리밤</u> 같은 것이 붉기가 호박(琥珀) 구슬 같고, 맑고 통랑(通朗)하기는 호박도곤 더 곱더라.
>
> 그 붉은 위로 흘흘 움직여 도는데, 처음 났던 붉은 기운이 백지(白紙) 반 장(半張) 넓이만치 반듯이 비치며, 밤 같던 기운이 해 되어 차차 커 가며, <u>큰 쟁반</u>만 하여 불긋불긋 번듯번듯 뛰놀며, 적색(赤色)이 온 바다에 끼치며, 먼저 붉은 기운이 차차 가시며, 해 흔들며 뛰놀기 더욱 자주 하며, 항 같고 독 같은 것이 좌우(左右)로 뛰놀며, 황홀(恍惚)히 번득여 양목(兩目)이 어지러우며, 붉은 기운이 명랑(明朗)하여 첫 홍색을 헤치고, 천중(天中)에 쟁반 같은 것이 <u>수레바퀴</u> 같아 물속으로부터 치밀어 받치듯이 올라붙으며, 항·독 같은 기운이 스러지고, 처음 붉어 겉을 비추던 것은 모여 소 혀처럼 드리워져 물속에 풍덩 빠지는 듯싶더라.
>
> 일색(日色)이 조요(照耀)하며 물결의 붉은 기운이 차차 가시며, 일광(日光)이 청랑(淸朗)하니, 만고천하(萬古天下)에 그런 장관은 대두(對頭)할 데 없을 듯하더라.
>
> 짐작에 처음 백지(白紙) 반 장(半張)만치 붉은 기운은 그 속에서 해 장차 나려고 어리어 그리 붉고, 그 회오리밤 같은 것은 진짓 일색을 뽑아 내니 어린 기운이 차차 가시며, 독 같고 항 같은 것은 일색이 몹시 고운 고(故)로, 보는 사람의 안력(眼力)이 황홀(恍惚)하여 도무지 헛기운인 듯싶더라.

① 여성 작가의 작품으로 한글로 쓰여 전해지고 있다.

② 해돋이의 장면을 감각적이고 생동감 있게 묘사하고 있다.

③ 현실 세계에서 있음직한 이야기를 허구적으로 구성한 갈래이다.

④ '회오리밤', '큰 쟁반', '수레바퀴'는 동일한 대상을 비유적으로 표현한 것이다.

15 〈보기〉의 ㉠에 들어갈 사자성어로 가장 적절한 것은?

> **보기**
>
> (㉠), 오로지 베스 놈의 투지와 용맹을 길러서 금옥이네 누렁이를 꺾고 말겠다는 석구의 노력은 다시 열을 올리기 시작했다. 뿐만이 아니었다. 그는 전보다도 더 주의 깊게 베스 놈을 위해 주었고 그런 그의 정표 하나로 베스를 위해 암캐 한 마리를 더 얻어 들였을 만큼 따뜻한 배려를 아끼지 않았다.
>
> – 이청준, 「그 가을의 내력」 –

① 泥田鬪狗   ② 吳越同舟

③ 臥薪嘗膽   ④ 結草報恩

16 〈보기〉의 내용에 대한 이해로 가장 옳지 않은 것은?

> **보기1**
>
> 『훈민정음』 서문은 "우리나라의 말이 중국과 달라 문자로 서로 통하지 아니하므로"로 시작합니다. 말 그대로 세종대왕 당시의 말이 중국과 다르다는 것인데 '다름'에 대해 말하려면 '있음'이 전제가 되어야 합니다. 세종대왕 당시에 우리말이 있었고, 말은 하루아침에 생겨난 것

이 아닐 테니 이전부터 계속 있어 왔던 것입니다. 우리에게도 말이 있고 중국에도 말이 있는데 이 둘이 서로 달라서 문자로 통하지 못한다는 것입니다. 이때의 문자는 당연히 한자입니다. 한자는 중국말을 적기 위한 것이어서 우리말을 적기에는 적합하지 않았습니다. 사실 한자로 우리말을 적는 것이 불가능한 것은 아닙니다. 고구려 때의 광개토대왕비를 보면 빼곡하게 한자가 기록되어 있는데 고구려 사람이 중국어를 적어 놓았을 리는 없습니다. 당시에 문자가 없으니 한자를 빌려 자신들이 남기고 싶은 기록을 남긴 것입니다. 한자는 뜻글자이니 한자의 뜻을 알고 문장이 어떻게 구성되는지 알면 그 뜻을 헤아려 자신의 말로 읽을 수 있습니다. …(중략)… 그런데 많은 이들이 세종대왕께서 우리글이 아닌 우리말을 만드신 것으로 오해하고 있습니다. 왜 그럴까요? 말과 글자를 같은 것으로 여기는 것은 흔한 일인데 유독 우리가 심합니다. 우리만 한글을 쓰는 것이 큰 이유입니다. 한자는 중국, 한국, 일본, 베트남 등 여러 곳에서 쓰이고 로마자는 훨씬 더 많은 나라에서 쓰입니다. 하지만 한글은 오로지 우리나라에서 우리말을 적는 데만 쓰입니다. 그러니 한글로 적힌 것은 곧 우리말이라는 등식이 성립되어 한글과 우리말을 같은 것으로 여기는 것입니다.

– 한성우, 『말의 주인이 되는 시간』 –

① 한글은 언어가 아니라 문자를 가리키는 것이다.
② 세종대왕이 만드신 것은 우리말이 아니라 우리글이다.
③ 한국어는 오로지 한글로만 표기할 수 있다.
④ 한글이 오로지 한국어를 표기하는 데 사용되기 때문에 많은 사람이 한글과 한국어를 혼동한다.

17 〈보기 1〉의 (가)~(다)에 들어갈 가장 적절한 문장을 〈보기 2〉에서 순서대로 바르게 나열한 것은?

보기1

생존을 위해 진화한 우리 뇌는 본능적으로 생존에 이롭고 해로운 대상을 구분하는 능력이 있다. 단맛을 내는 음식은 영양분이 많을 가능성이 높고 역겨운 냄새가 나는 음식은 부패했거나 몸에 해로울 가능성이 높다. 딱히 배우지 않아도 우리는 자연적으로 선호하거나 혐오하는 반응을 보인다. _____(가)_____

초콜릿 케이크를 한 번도 먹어보지 못한 사람이 있다고 해보자. 처음 그에게 초콜릿 케이크의 냄새나 색은 전혀 '맛있음'과 연관이 없을 것이다. 하지만 일단 맛을 본 사람은 케이크 자체만이 아니라 케이크의 냄새, 색, 촉감 등도 무의식적으로 선호하게 된다. 그러면 밸런타인데이와 같이 초콜릿을 떠올릴 수 있는 신호만으로도 강한 반응을 이끌어 낼 수 있다. _____(나)_____

인공지능과 달리 동물은 생존과 번식에 대한 생물학적 조건을 기반으로 진화했다. 생물은 생존을 위해 에너지를 구하고 환경에 반응하며 유전자를 남기기 위해 번식을 한다. 이런 본능적인 목적을 달성하기 위한 여러 종류의 세부 목표가 있다. 유념할 점은 한 기능적 영역에서 좋은 것(목적 달성에 유용한 행동과 자극)이 다른 영역에서는 전혀 도움이 되지 않고 오히려 해로울 수 있다는 사실이다.

한 여우가 있다. 왼편에는 어린 새끼들이 금세 강물에 빠질 듯 위험하게 놀고 있고 오른쪽에는 토끼 한 마리가 뛰고 있다. 새끼도 보호해야 하고 먹이도 구해야 하는 여우는 어떤 선택을 해야 할까. _____(다)_____ 우리는 그 과정을 의사결정이라고 한다. 우리는 의사 결정을 의식적으로 한다고 생각하지만 실제로는 선택지에 대한 계산의 상당 부분이 무의식적으로 빠르게 일어나기 때문에 다행히도 행동을 하는 데 어려움이나 갈등을 많이 느끼지 않는다. 그래서 위와 같은 상황에서 여우는 두 선택지의 중요도가 비슷하더라도 중간에 멍하니 서 있지 않고 재빨리 반응한다. 그래야 순간적인 위험을 피하고 기회를 잡을 수 있다.

보기 2

ㄱ. 이와 더불어 동물은 경험에 따라 좋고 나쁜 것을 학습하는 능력을 가지고 있다.

ㄴ. 뇌는 여러 세부적인 동기와 감정적, 인지적 반응을 합쳐서 선택지에 가치를 매긴다.

ㄷ. 이렇듯 우리는 타고난 기본 성향과 학습 능력을 통해 특정 대상에 대한 기호를 형성한다.

	(가)	(나)	(다)
①	ㄱ	ㄴ	ㄷ
②	ㄱ	ㄷ	ㄴ
③	ㄴ	ㄱ	ㄷ
④	ㄷ	ㄱ	ㄴ

18 자신의 생각, 물건, 일 등을 낮추어 겸손하게 이르는 말로 가장 옳지 않은 것은?

① 옥고(玉稿)　　② 관견(管見)

③ 단견(短見)　　④ 졸고(拙稿)

19 밑줄 친 단어의 품사가 나머지 셋과 다른 것은?

① 여기에 <u>다섯</u> 명이 있다.

② 하나에 하나를 더하면 <u>둘</u>이다.

③ 선생님께서 <u>세</u> 번이나 말씀하셨다.

④ <u>열</u> 사람이 할 일을 그 혼자 해냈다.

20 복합어의 조어법이 나머지 셋과 다른 것은?

① 개살구　　　　② 돌미나리

③ 군소리　　　　④ 짚신

국가직
문제

지방직
문제

서울시
문제

국가직
해설

지방직
해설

서울시
해설

01 밑줄 친 부분의 문장 성분이 나머지 셋과 다른 것은?

① 입은 비뚤어져도 말은 바로 해라.

② 호랑이도 제 말 하면 온다.

③ 아니 땐 굴뚝엔 연기 날까?

④ 꿀도 약이라면 쓰다.

02 〈보기〉에서 밑줄 친 설명과 같은 문법 범주에 속하는 문장은?

> [보기]
>
> (가) 온난화로 북극 빙하가 다 녹는다.
> (나) 온난화가 북극 빙하를 다 녹인다.
>
> '온난화'라는 사태와 '북극 빙하가 녹는 사태' 간에는 의미적으로 인과 관계가 성립하는데, (가)에서는 이 인과 관계를 드러내는 표지로 부사격조사 '로'가 쓰였다. (나)는 '녹이다'라는 사동사를 사용한 문장이다. 주동문일 때 부사어 위치에 있던 '온난화'가 사동문에서는 주어 자리를 차지함으로써 '온난화'라는 현상이 '북극 빙하'라는 대상이 '녹도록' 힘을 가하는 의미로 읽힌다. 이로써 '북극 빙하가 녹는 사태'에 대하여 '온난화'가 온전히 책임을 져야 할 것처럼 보인다.

① 회사는 이것이 전파 인증을 받은 제품이라고 우긴다.

② 사장이 사장실을 넓히기 위해 직원 회의실을 좁힌다.

③ 온갖 공장에서 폐수를 정화하지도 않고 강에 버린다.

④ 이산화탄소가 적외선을 흡수하여 열이 대기에 모인다.

03 밑줄 친 단어의 품사가 다른 것은?

① 이야기를 들어 보다.

② 일을 하다가 보면 요령이 생겨서 작업 속도가 빨라진다.

③ 이런 일을 당해 보지 않은 사람은 내 심정을 모른다.

④ 식구들이 모두 집에 돌아왔나 보다.

04 가장 자연스러운 문장은?

① 지금부터 회장님의 말씀이 계시겠습니다.

② 당신이 가리키는 곳은 시청으로 보입니다.

③ 푸른 산과 맑은 물이 흐르는 계곡으로 가자!

④ 이런 곳에서 생활한다는 것이 믿겨지지 않았다.

05 띄어쓰기가 가장 옳지 않은 것은?

① 이∨일도∨이제는∨할∨만하다.

② 나는∨하고∨싶은∨대로∨할∨테야.

③ 다음부터는∨일이∨잘될∨듯∨싶었다.

④ 그녀는∨그∨사실에∨대해∨아는∨체를∨하였다.

06 〈보기〉의 ㉠을 포함하고 있는 안은문장은?

> **보기**
>
> 관형사가 문장에 쓰이면 관형어로 기능한다. 그래서 관형사는 항상 관형어로 쓰인다. 즉 관형사는 문장에서 관형어로서 체언을 수식한다. 그런데 관형사만 관형어로 쓰이는 것이 아니라, ㉠관형사절이 관형어로 쓰이기도 한다. 즉 관형사절이 체언을 수식한다.

① 그는 갖은 양념으로 맛을 내었다.

② 꽃밭에는 예쁜 꽃이 활짝 피었다.

③ 오랜 가뭄 끝에 비가 내렸다.

④ 사무실 밖에서 여남은 명이 웅성대고 있었다.

07 〈보기〉에서 말하고 있는 생물 진화의 유전적 진화 원리가 아닌 것은?

> **보기**
>
> 문화의 진화도 역시 생물의 진화에 비유해서 설명할 수 있다. 문화변동은 다음과 같은 경우에 일어난다. 첫째, 생물진화의 돌연변이처럼 그 문화체계 안에서 새로운 문화요소의 발명 또는 발견이 있어 존재하는 문화에 추가됨으로써 일어난다. 둘째, 유전자의 이동처럼 서로 다른 두 문화가 접촉함으로써 한 문화에서 다른 문화로 어떤 문화요소의 전파가 생길 때 그 문화요소를 받아들인 사회의 문화에 변화가 일어난다. 셋째, 유전자 제거처럼 어떤 문화요소가 그 사회의 환경에 부적합할 때 그 문화요소를 버리고 더 적합한 다른 문화요소로 대치시킬 때 문화변동을 일으킨다. 넷째, 유전자 유실처럼 어떤 문화요소가 한 세대에서 다음 세대로 전달될 때 잘못되어 그 문화요소가 후세에 전해지지 못하고 단절되거나 소멸될 때 문화변동이 일어난다. 그러나 생물 유기체의 진화원리를 너무 지나치게 문화의 진화에 그대로 비유해서는 안 된다. 문화는 유기체의 진화와 유사하지만 초유기체이기 때문에 생식과정에 의한 유전과는 다른 학습과 모방에 의해 진화되기 때문이다.

① 돌연변이

② 유전자 유실

③ 유전자 제거

④ 적자생존

08 밑줄 친 부분의 한자 표기가 가장 옳지 않은 것은?

① 이 책에는 이론이 체계적(體系的)으로 잘 정립되어 있다.

② 신문에서 사건의 진상에 대해 자세히 보고(報誥)를 했다.

③ 그는 이미제 제고(提高)를 위한 노력을 게을리하지 않았다.

④ 그 분야 전문가이기 때문에 유명세(有名稅)를 치를 수밖에 없었다.

09 〈보기〉의 내용과 일치하는 것은?

보기

　독일어식이나 일본어식으로 사용해오던 화학 용어가 국제기준에 맞는 표기법으로 바뀐다. 산업자원부 기술표준원은 주요 원소 이름 109종과 화합물 용어 325종의 새 표기법을 KS규격으로 제정, 다음 달 6일 고시해 시행키로 했다고 30일 밝혔다.

　새 표기법은 세계적으로 통용되는 발음에 가깝게 정해진 것으로, '요오드'는 '아이오딘', '게르마늄'은 '저마늄' 등으로 바뀐다. 화합물 용어도 구성 원소 이름이 드러나도록 '중크롬산칼륨'을 '다이크로뮴산칼륨'으로 표기한다.

　예외적으로 '나트륨'과 '칼륨'은 갑작스러운 표기 변경에 따른 혼란을 피하기 위해 지금까지 사용한 대로 표기를 허용하되 새 이름 '소듐', '포타슘'도 병행해 사용토록 했다. 또 '비타민'도 당분간 '바이타민'을 병행 표기한다.

－ 2005.03.30.자 ○○신문 －

① '요오드'가 '아이오딘'보다 세계적으로 통용되는 발음에 가깝다.

② '저마늄'은 화합물의 구성 원소 이름을 드러낸 표기이다.

③ '나트륨'보다는 '소듐'이 국제기준에 맞는 표기법이다.

④ '비타민'이라는 용어는 KS규격에 맞지 않으므로 쓰지 않아야 한다.

10 〈보기〉의 밑줄 친 부분에 사용된 표현법과 가장 유사한 것은?

보기

순이, 벌레 우는 고풍한 뜰에
달빛이 밀물처럼 밀려왔구나.

달은 나의 뜰에 고요히 앉아 있다.
달은 과일보다 향그럽다.

동해 바다 물처럼
푸른
가을
밤

포도는 달빛이 스며 고웁다.
포도는 달빛을 머금고 익는다.

① 풀은 눕고 / 드디어 울었다.

② 가난하다고 해서 외로움을 모르겠는가

③ 구름은 / 보랏빛 색지 위해 / 마구 칠한 한 다발 장미

④ 아! 강낭콩꽃보다도 더 푸른 / 그 물결 위에 / 양귀비꽃보다도 더 붉은 / 그 마음 흘러라

국가직 문제 | 지방직 문제 | 서울시 문제 | 국가직 해설 | 지방직 해설 | 서울시 해설

11 〈보기〉의 내용에 대한 이해로 가장 옳지 않은 것은?

> ─── 보기 ───
>
> 　참, 거짓을 판단할 수 있는 문장을 명제라고 한다. 문장이 나타내는 명제가 실제 세계의 사실과 일치하면 참이고 그렇지 않으면 거짓이다. 가령, '사과는 과일이다.'는 실제 세계의 사실과 일치하므로 참인 명제지만 '새는 무생물이다.'는 실제 세계의 사실과 일치하지 않으므로 거짓인 명제이다. 이와 같이 명제가 지닌 진리치가 무엇인지 밝혀주는 조건을 진리 조건이라고 한다. 명제 논리의 진리 조건을 간략하게 살펴보면 다음과 같다. 모든 명제는 참이든지 거짓이든지 둘 중 하나여야 하며 참도 아니고 거짓도 아니거나 참이면서 거짓인 경우는 없다. 명제 P가 참이면 그 부정 명제 ~P는 거짓이고 ~P가 참이면 P는 거짓이다. 명제 P와 Q가 AND로 연결되는 P∧Q는 P와 Q가 모두 참일 때에만 참이다. 명제 P와 Q가 OR로 연결되는 P∨Q는 P와 Q 둘 중 적어도 하나가 참이기만 하면 참이 된다. 명제 P와 Q가 IF … THEN으로 연결되는 P→Q는 P가 참이고 Q가 거짓이면 거짓이고 나머지 경우에는 모두 참이 된다.

① 명제 논리에서 '모기는 생물이면서 무생물이다.'는 성립하지 않는다.

② 명제 논리에서 '파리가 새라면 지구는 둥글다.'는 거짓이다.

③ 명제 논리에서 '개가 동물이거나 컴퓨터가 동물이다.'는 참이다.

④ 명제 논리에서 '늑대는 새가 아니고 파리는 곤충이다.'는 참이다.

12 〈보기〉의 밑줄 친 부분과 표현 방식이 가장 유사한 것은?

> ─── 보기 ───
>
> <u>동짓달 기나긴 밤 한 허리를 베어내어</u>
> 봄바람 이불 아래 서리서리 넣었다가
> 사랑하는 임 오신 날 밤이거든 구비구비 펴리라

① 아아 님은 갔지마는 나는 님을 보내지 아니하였습니다.

② 무사(無事)한세상이병원이고꼭치료를기다리는 무병(無病)이곳곳에있다

③ 노란 해바라기는 늘 태양같이 태양같이 하던 화려한 나의 사랑이라고 생각하라.

④ 내 마음 속 우리 님의 고운 눈썹을 / 즈믄 밤의 꿈으로 맑게 씻어서

13 〈보기〉에서 말하고자 하는 바로 가장 적절한 것은?

> ─── 보기 ───
>
> 　기존의 대부분의 일제 시기 근대화 문제에 관한 연구는 다양한 입장 차이에도 불구하고 대단히 대리적인 두 가지 주장으로 정리될 수 있다. 즉 일제가 조선을 지배하지 않았다면 조선에서는 근대적 변혁이 제대로 이루어지지 않았을 것이라는 주장과, 일제의 조선 지배는 한국 근대화를 압살하였기 때문에 결국 근대는 해방 이후부터 시작될 수밖에 없었다는 주장이 그것이다. 두 주장 모두 일제의 조선 지배에도 불구하고 조선인들이 주체적으로 대응했던 역사가 탈락되어 있다. 일제 시기의 역사가 한국 역사의 일부가 되기 위해서는 민족 해방 운동 같은 적극적인 항일 운동뿐만 아니라, 지배의 억압 속에서도 치열하게 삶을 영위해 가면서 자기 발전을 도모해 나간 조선인의 역사도 정당하게 평가되지 않으면 안 된다.

① 일제의 조선 지배는 한국에게서 근대화의 기회를 빼앗았다.

② 일제의 지배에 주체적으로 대응한 조선인의 역사도 정당하게 평가되어야 한다.

③ 일제가 조선을 지배하지 않았다면 조선에서는 근대화가 이루어지지 않았을 것이다.

④ 조선인들은 일제하에서도 적극적인 항일 운동으로 역사에 주체적으로 대응해 나갔다.

14 어문 규범에 맞게 표기한 것은?

① 제작년까지만 해도 겨울이 그렇게 춥지 않았지요.

② 범인은 오랫동안 치밀하게 범행을 계획한 것으로 드러났습니다.

③ 욕구가 억눌린 사람들이 공격성을 띄는 경우가 있습니다.

④ 다른 사람의 진심 어린 충고를 겸허히 받아드리는 자세가 필요합니다.

15 외래어 표기가 올바른 것으로만 묶은 것은?

① 플랭카드, 케익, 스케줄

② 텔레비전, 쵸콜릿, 플래시

③ 커피숍, 리더십, 파마

④ 캐비넷, 로켓, 슈퍼마켓

16 〈보기〉의 밑줄 친 부분을 통해 파악할 수 있는 서술자의 의도로 가장 적절한 것은?

> 보기

선불이에요? 근데…… 곱빼기면 오천오백 원 아니에요?

소희가 메뉴판을 가리키며 묻자 여자가 역시 메뉴판을 가리키며 맵게 추가하면 오백 원이라고 말했다. 모든 메뉴 아래에 빨간 고추가 그려져 있고 그 옆에 조그맣게 오백 냥이라고 적혀 있었다.

오백 원이나요?

여자가 앞치마 주머니에서 계산지를 꺼내 표시를 하고는 큰 인심 쓰듯이 말했다.

여기는 매운맛 소스를 안 쓰고 청양고추 유기농으로 맛을 내거든.

청양고추요?

그러니까 다만 오백 원이라도 안 받으면 장사가 안 된다고.

장사가 안 될지 어떨지는 알 수 없지만 육천 원이면 찌개용 돼지고기 한 근을 살 수 있다. 곱빼기도 말고 맵게도 말고 그냥 사천오백 원짜리 짬뽕을 먹을까 하다 소희는 자리에서 일어났다.

다음에 올게요.

그럼, 그러든지, 하더니 여자는 아니, 그럴 거면 빨리빨리 결정을 져야지, 젊은 사람이 어째 매가리가 없이, 하고는 계산지를 구겨 쓰레기통에 던져 넣었다. 계단을 내려 오면서 소희는, 매가리가 없이, 매가리가 없이, 하고 중얼거려보지만 그게 무슨 말인지 모른다.

① 추가 요금을 받지 않으면 장사하기 어려운 현실을 적극적으로 비판하려 했다.

② 쉽게 결정을 내리지 못하는 사람들로 인해 식당 종업원들이 겪는 고충을 전하려 했다.

③ 짬뽕 한 그릇을 사먹는 것도 망설여야 하는 청년 세대의 가난을 간접적으로 드러내려 했다.

④ 소극적인 젊은이들의 의사 표현 방식을 비판하고 적극적인 태도를 가지도록 독려하려 했다.

17 어문 규범에 맞는 단어로만 묶은 것은?

① 곰곰이, 간질이다. 닦달하다

② 통채, 발자욱, 구렛나루

③ 귀뜸, 핼쑥하다, 널찍하다

④ 대물림, 구시렁거리다, 느지막하다

18 같은 의미의 '견'자가 사용된 사자성어를 옳게 짝지은 것은?

① 견마지로 – 견토지쟁

② 견문발검 – 견마지성

③ 견강부회 – 견물생심

④ 견원지간 – 견리사의

19 〈보기〉의 (가)~(다)에 대한 이해로 가장 적절하지 않은 것은?

> 〔보기〕
>
> (가) 백호 임제가 말에 올라타려 할 때 종이 나서서 말했다. "나리, 취하셨습니다. 한쪽은 짚신을 신으셨네요." 그러나 백호가 냅다 꾸짖었다. "길 오른쪽을 가는 이는 내가 가죽신을 신었다고 할 테고 길 왼쪽을 가는 이는 내가 짚신을 신었다고 할 게다. 내가 염려할 게 뭐냐." 이것으로 따져보면 천하에서 발보다 쉽게 눈에 띄는 것이 없지만 보는 방향이 달라짐에 따라서 가죽신을 신었는지도 분간하기 어렵다.
>
> (나) 늙은 살구나무 아래, 작은 집 한 채! 방은 시렁과 책상 따위가 삼분의 일이다. 손님 몇이 이르기라도 하면 무릎이 부딪치는 너무도 협소하고 누추한 집이다. 하지만 주인
>
> 은 편안하게 독서와 구도(求道)에 열중한다. 나는 그에게 말했다. "이 작은 방에서 몸을 돌려 앉으면 방위가 바뀌고 명암이 달라지지. 구도란 생각을 바꾸는 데 달린 법, 생각이 바뀌면 그 뒤를 따르지 않을 것이 없지. 자네가 내 말을 믿는다면 자네를 위해 창문을 밀쳐줌세. 웃는 사이에 벌써 밝고 드넓은 공간으로 올라갈 걸세."
>
> (다) 어항 속 금붕어의 시각은 우리의 시각과 다르지만, 금붕어도 둥근 어항 바깥의 물체들의 운동을 지배하는 과학 법칙들을 정식화(定式化)할 수 있을 것이다. 예컨대 힘을 받지 않는 물체의 운동을 우리라면 직선운동으로 관찰하겠지만, 어항 속 금붕어는 곡선운동으로 관찰할 것이다. 그럼에도 금붕어는 자기 나름의 왜곡된 기준 틀(Frame of Reference)을 토대로 삼아 과학 법칙들을 정식화할 수 있을 것이고, 그 법칙들은 항상 성립하면서 금붕어로 하여금 어항 바깥의 물체들의 미래 운동을 예측할 수 있도록 해줄 것이다. 금붕어가 세운 법칙들은 우리의 틀에서 성립하는 법칙들보다 복잡하겠지만, 복잡함이나 단순함은 취향의 문제이다. 만일 금붕어가 그런 복잡한 이론을 구성했다면, 우리는 그것을 타당한 실재상으로 인정해야 할 것이다.

① (가)의 임제는 사람들이 주관적 관점에서 대상을 인식한다고 여겼다.

② (나)의 집주인은 객관적 조건과 무관하게 자신만의 방식으로 대상을 수용했다.

③ (다)의 금붕어는 왜곡된 기준 틀로 과학 법칙을 수립할 수 있다.

④ (가), (나), (다)는 주관적 인식의 모순을 분명하게 밝혔다.

20 〈보기〉의 시에 대한 이해로 가장 적절한 것은?

> **보기**
>
> 돌담 기대 친구 손 붙들고
> 토한 뒤 눈물 닦고 코 풀고 나서
> 우러른 잿빛 하늘
> 무화과 한 그루가 그마저 가렸다.
>
> 이봐
> 내겐 꽃 시절이 없었어
> 꽃 없이 바로 열매 맺는 게
> 그게 무화과 아닌가
> 어떤가
> 친구는 손 뽑아 등 다스려 주며
> 이것 봐
> 열매 속에서 속꽃 피는 게
> 그게 무화과 아닌가
> 어떤가
>
> 일어나 둘이서 검은 개굴창가 따라
> 비틀거리며 걷는다
> 검은 도둑괭이 하나가 날쌔게
> 개굴창을 가로지른다.

① 잿빛 하늘은 화자가 처한 현실의 반어적 형상이다.

② 화자는 굳은 의지로 전망 부재의 현실에 저항하고 있다.

③ 속으로 꽃이 핀다는 것은 화자가 내면화된 가치를 지녔음을 뜻한다.

④ 도둑괭이는 현실의 부정에 적극 맞서야 함을 일깨우는 존재다.

01 〈보기〉의 빈칸에 들어갈 단어로 가장 옳은 것은?

보기

군락의 생산성을 높이기 위해 개미가 채택한 경영방식은 철저한 분업제도이다. 개미사회가 성취한 분업 중에서 사회학적으로 볼 때 가장 신기한 것은 이른바 (   ) 분업이다. 여왕개미는 평생 오로지 알을 낳는 일에만 전념하고 일개미들은 그런 여왕을 도와 군락의 (   )에 필요한 모든 제반 업무를 담당한다. 자신의 유전자를 보다 많이 후세에 남기고자 하는 것이 궁극적인 삶의 의미라는 진화학적 관점에서 볼 때, 자기 스스로 자식을 낳아 키우기를 포기하고 평생토록 여왕을 보좌하는 일개미들의 행동처럼 불가사의한 일도 그리 많지 않다.

① 경제(經濟) 　　② 번식(繁殖)
③ 국방(國防) 　　④ 교육(教育)

02 〈보기〉의 밑줄 친 ㉠과 ㉡의 사례로 옳지 않게 짝지은 것은?

보기

제1항 한글 맞춤법은 표준어를 ㉠소리대로 적되, ㉡어법에 맞도록 함을 원칙으로 한다.

	㉠	㉡
①	마감	무릎이
②	며칠	없었고
③	빛깔	여덟에
④	꼬락서니	젊은이

03 〈보기〉의 밑줄 친 부분의 사례로 옳지 않은 것은?

보기

제51항 부사의 끝음절이 분명히 '이'로만 나는 것은 '-이'로 적고, '히'로만 나거나 '이'나 '히'로 나는 것은 '-히'로 적는다.

① 꼼꼼히 　　② 당당히
③ 섭섭히 　　④ 정확히

04 〈보기〉의 ㉠~㉣에 들어갈 사자성어로 가장 적절하지 않은 것은?

── 보기 ──

투자자들은 제각기 제 살 구멍을 찾아 (㉠)을 서두르는 거대한 개미 떼와도 같이 이리저리 쏠리고 있었다. 어린 시절 뛰놀던 동네는 재개발로 인해 (㉡)라 할 만큼 큰 변화기 있었다. 오래 길들인 생활의 터전을 내준 걸 후회했다. 뒤늦게 후회해 봤자 (㉢)이었다. 수사팀은 거기서부터 추리가 막히고 (㉣)에 빠져드는 느낌이었다.

① ㉠ – 자가당착　　② ㉡ – 상전벽해
③ ㉢ – 만시지탄　　④ ㉣ – 오리무중

05 〈보기〉의 작품에 대한 감상으로 가장 옳지 않은 것은?

── 보기 ──

껍데기는 가라.
사월도 알맹이만 남고
껍데기는 가라.

껍데기는 가라.
동학년(東學年) 곰나루의, 그 아우성만 살고
껍데기는 가라.

그리하여, 다시
껍데기는 가라.
이곳에선, 두 가슴과 그곳까지 내논
이사달 아사녀가
중립(中立)의 초례청 앞에 서서
부끄럼 빛내며
맞절할지니

껍데기는 가라.
한라에서 백두까지
향그러운 흙가슴만 남고
그 모오든 쇠붙이는 가라.

① 반어적 어조로 현실을 풍자하였다.
② 명령과 반복의 기법을 통하여 주제를 분명히 드러내었다.
③ 우리 민족이 처한 현실을 극복하려는 의지를 표현하였다.
④ 민족의 통일에 대한 염원을 담고 있다.

06 띄어쓰기가 가장 옳은 문장은?
① 예전에 가 본데가 어디쯤인지 모르겠다.
② 사람을 돕는데에 애 어른이 어디 있겠습니까?
③ 이 그릇은 귀한 거라 손님을 대접하는데나 쓴다.
④ 저분이 그럴 분이 아니신데 큰 실수를 하셨다.

07 〈보기〉의 설명에 해당하는 속담으로 가장 적절한 것은?

── 보기 ──

훌륭한 사람 밑에서 지내면 그의 덕이 미치고 도움을 받게 됨을 비유적으로 이르는 말

① 서 발 막대 거칠 것 없다
② 무른 땅에 말뚝 박기
③ 금강산 그늘이 관동 팔십 리
④ 우물에 가 숭늉 찾는다

국가직 문제 ／ 지방직 문제 ／ 서울시 문제 ／ 국가직 해설 ／ 지방직 해설 ／ 서울시 해설

08 음운규칙 중 동화의 예로 옳지 않은 것은?

① 권력(權力) → [궐력]

② 래일(來日) → [내일]

③ 돕는다 → [돔는다]

④ 미닫이 → [미다지]

09 〈보기〉의 ㉠~㉣ 중 조사를 포함하고 있지 않은 것은?

> **보기**
>
> 시미 ㉠기픈 ㉡므른 ㉢ᄀᆞ민래 아니 그츨씨
> ㉣내히 이러 바ᄅᆞ래 가ᄂᆞ니

① ㉠ – 기픈　　② ㉡ – 므른

③ ㉢ – ᄀᆞ민래　　④ ㉣ – 내히

10 표준 발음법에 따라 옳지 않은 것은?

① 금융[금늉/그뮹]

② 샛길[새:낄/샏:낄]

③ 나뭇잎[나묻닙/나문닙]

④ 이죽이죽[이중니죽/이주기죽]

11 〈보기〉의 작품 설명으로 가장 옳지 않은 것은?

> **보기**
>
> 　이때 뚜우하고 정오 사이렌이 울었다. 사람들은 모두 네 활개를 펴고 닭처럼 푸드덕거리는 것 같고 온갖 유리와 강철과 대리석과 지폐와 잉크가 부글부글 끓고 수선을 떨고 하는 것 같은 찰나, 그야말로 현란을 극한 정오다.
> 　나는 불현듯 겨드랑이 가렵다. 아하, 그것은 내 인공의 (　　)가 돋았던 자국이다. 오늘은 없는 이 (　　), 머릿속에서는 희망과 양심의 말소된 페이지가 딕셔너리 넘어가듯 번뜩였다.

　나는 걷던 걸음을 멈추고 그리고 어디한번 이렇게 외쳐보고 싶었다.
　(　　)야 다시 돋아라.
　날자. 날자. 날자. 한번만 더 날자꾸나.
　한번만 더 날아 보잤꾸나.

① 1936년에 발표한 작가 이상의 대표작이다.

② (　　) 안에 들어갈 공통 단어는 '날개'이다.

③ 모더니즘 계열의 소설이다.

④ 결혼을 앞둔 남녀관계를 다루고 있다.

12 외래어 표기법의 기본 원칙으로 옳지 않은 것은?

① 외래어는 국어의 현용 24자모만으로 적는다.

② 외래어의 1음운은 원칙적으로 1기호로 적는다.

③ 받침에는 'ㄱ, ㄴ, ㄷ, ㄹ, ㅁ, ㅂ, ㅅ, ㅇ'만을 적는다.

④ 파열음 표기에는 된소리를 쓰지 않는 것을 원칙으로 한다.

13 〈보기〉의 ㉠~㉣ 중 이 글의 주제문으로 가장 적절한 것은?

> **보기**
>
> 　㉠남녀평등 문제는 앞으로 별 의미를 갖지 못할 것이다. ㉡현재의 출산율은 1.17명이다. 한 부부가 아들과 딸 중 하나를 낳아 기른다는 걸 의미한다. 아들 선호사상이야 사라지지 않겠지만 평등 문제는 크게 개선될 것이다. ㉢높아진 평등의식도 긍정적 요인이다. 최근 각계에 여성 진출이 두드러지고 있는 것은 이런 앞날을 예고하는 것이다. ㉣내 딸만큼은 나처럼 키우지 않겠다는 한국 어머니들의 한(恨)이 높은 여성교육 열기로 이어지고 쌓인 결과이기도 하다.

① ㉠　　　　　　　② ㉡

③ ㉢　　　　　　　④ ㉣

14 〈보기〉 작품의 전체 맥락을 고려할 때 ㉠에 들어갈 구절로 가장 적절한 것은?

> **보기**
>
> 숲은 만조다
> 바람이란 바람 모두 밀려와 나무들 해초처럼
> 일렁이고 일렁임은 일렁임끼리 부딪쳐 자꾸만
> 파도를 만든다
> 숲은 얼마나 오래 웅웅거리는 벌떼들을 키워
> 온 것일까
> 아주 먼 데서 온 바람이 숲을 건드리자
> 숨죽이고 있던 모래알갱이들까지 우우 일어
> 나 몰려다닌다
> 저기 거북의 등처럼 낮게 엎드린 잿빛 바위,
> 그 완강한 침묵조차 남겨두지 않겠다는 듯
> (㉠)
> 아니라 아니라고 온몸을 흔든다 스스로 범람
> 한다
> 숲에서 벗어나기 위해 숲은 육탈(肉脫)한다
> 부러진 나뭇가지들 떠내려간다

① 숲은 푸르다　　　② 숲은 출렁거린다

③ 바다는 조용하다　④ 바다는 깊다

15 밑줄 친 단어의 성격이 다른 것은?

① 새 책　　　　　　② 갖은 양념

③ 이런 사람　　　　④ 외딴 섬

16 〈보기〉를 읽은 독자가 가질 수 있는 의문으로 가장 적절하지 않은 것은?

> **보기**
>
> '무지개'를 '공중에 떠 있는 물방울이 햇빛을 받아 나타나는, 반원 모양의 일곱 빛깔의 줄'이라고 사전적으로 풀이하면, '무지개'가 우리에게 주는 아름다운 연상이 사라질 정도로 '무지개'는 아름다운 우리말이다. 국어의 역사를 잘 알지 못하면 '무지개'가 '물'과 '지개'로 분석될 수 있다는 사실에 언뜻 수긍하지 못할 것이다. '무지개'는 원래 '물'과 '지개'의 합성어인데, 'ㅈ' 앞에서 'ㄹ'이 탈락하여 '무지개'가 되었다. '무지개'에 '물'이 관계되는 것에 이의를 달 사람은 없을 것이므로, '물'은 이해가 되겠는데, '지개'는 무엇이냐고 묻는 사람이 있을 것이다. 문헌에 처음 보이는 형태는 '므지게'인데, 15세기 『용비어천가』나 『석보상절』과 같은 훈민정음 창제 초기의 문헌에 등장한다. '물[水]'의 15세기 형태인 '믈'에 '지게'가 합쳐진 것으로, '지게'의 'ㅈ' 앞에서 '믈'의 'ㄹ'이 탈락한 것이다.

① '물'의 'ㄹ'이 '지개'의 'ㅈ' 앞에서 탈락한 것이라면, 탈락의 조건은 무엇일까?

② '지개'가 '지게'에서 온 말이라면, 'ㅔ'와 'ㅐ'의 차이는 어떻게 설명할까?

③ '무지개'가 '물'과 '지게'가 합쳐져 변화한 말이라면, 변화한 때는 언제일까?

④ '무지개가 뜨다', '무지개가 걸리다'는 표현은 적절한 표현일까?

17 표준어 규정에 맞지 않는 단어로만 짝지은 것은?

① 숫양 – 숫기와
② 숫병아리 – 숫당나귀
③ 수퇘지 – 숫은행나무
④ 수캉아지 – 수탉

18 〈보기〉에 대한 설명으로 가장 옳지 않은 것은?

> 보기
>
> 어이려뇨 어이려뇨 싀어마님아 어이려뇨
> 쇼대남진의 밥을 담다가 놋쥬걱 잘를 부르쳐
> 시니 이를 어이ᄒ려뇨 싀어마님아 져 아기 하
> 격정 마스라
> 우리도 져머신 제 만히 것거 보왓노라

① 시어머니와 며느리의 대화로 작품이 전개되고 있다.
② 동일한 시어의 반복을 통해 리듬감을 형성하고 있다.
③ 인간의 범상한 욕구를 조명하여 희극적 묘미를 드러내고 있다.
④ 아랫사람의 잘못으로 인해 인물들의 갈등이 더욱 심화되고 있다.

19 밑줄 친 '당신' 중에서 인칭이 다른 것은?

① 할아버지께서는 생전에 <u>당신</u>의 장서를 소중히 다루셨다.
② <u>당신</u>에게 좋은 남편이 되도록 노력하겠소.
③ <u>당신</u>의 희생을 잊지 않겠습니다.
④ 이 일을 한 사람이 <u>당신</u>입니까?

20 〈보기〉의 (가)와 (나)의 공통점에 대한 설명으로 가장 옳지 않은 것은?

> 보기
>
> (가) 강호(江湖)에 ᄀ을이 드니 고기마다 술져
> 잇다
> 소정(小艇)에 그물 시러 흘니 씌여 더져 두
> 고
> 이 몸이 소일(消日)하옴도 역군은(亦君恩)
> 이샷다
>
> (나) 추강(秋江)에 밤이 드니 물결이 ᄎ노미라
> 낙시 드리치니 고기 아니 무노미라
> 무심(無心)ᄒᆫ 달빗만 싯고 빈비 저어 오노
> 라.

① 자연 속에서 한가롭게 지내는 삶을 표현하였다.
② 배를 타고 낚시를 즐기는 내용이 포함되어 있다.
③ 동일한 문학 장르의 정형시 작품들이다.
④ 임금의 은혜를 생각하는 마음이 표현되어 있다.

국가직
문제

지방직
문제

서울시
문제

국가직
해설

지방직
해설

서울시
해설

01 〈보기〉의 밑줄 친 말 중에서 맞춤법에 맞게 쓰인 것을 옳게 짝지은 것은?

보기

휴일을 ㉠보내는 데에는 ㉡책만 한 것이 없다. 책을 읽다 보면 삶이 풍요로워짐을 느낀다. 독서의 중요성을 강조한 ㉢김박사님의 말씀이 떠오른다. 그런데 ㉣솔직이 말하면 이런 즐거움을 느끼게 된 것은 그다지 오래되지 않았다. 여태까지는 시험 문제의 답을 잘 ㉤맞추기 위한 목적에서 책을 읽는 것이 대부분이었기 때문이다. 이제부터는 지식과 지혜를 ㉥늘리고 삶을 윤택하게 하려는 목적에서 책을 ㉦읽으므로써 나 자신을 성장시키도록 ㉧해야 겠다.

① ㉠, ㉤
② ㉡, ㉥
③ ㉢, ㉦
④ ㉣, ㉧

02 밑줄 친 부분의 시제가 나머지 세 문장과 다른 것은?

① 세월이 많이 흐르긴 흘렀네, 너도 많이 늙었다.
② 너는 네 아버지 어릴 때를 꼭 닮았어.
③ 그 사람은 작년에 부쩍 늙었어.
④ 고생해서 그런지 많이 말랐네.

03 어문 규범에 맞는 표기로만 이루어진 것은?

① 아버님께서는 동생의 철없는 행동을 들으시고는 대노(大怒)하셨다.
② 차림새만 봐서는 여자인지 남자인지 갈음이 되지 않는다.
③ 새로 산 목거리가 옷과 잘 어울린다.
④ 욜로 가면 지름길이 나온다.

04 고사성어의 쓰임이 가장 옳지 않은 것은?

① 肝膽相照하던 벗이 떠나 마음이 쓸쓸하다.
② 두메 속에 사는 토박이 상놈들이 조 의정 집의 위력을 막을 수는 그야말로 螳螂拒轍이었다.
③ 우리의 거사는 騎虎之勢의 형국이니 목적을 달성할 때까지 버티어야 한다.
④ 부부의 연을 맺어 百年河淸하기 위해서는 끊임없이 노력해야 한다.

05 한글의 창제 원리에 대한 설명으로 가장 옳지 않은 것은?

① 중성자는 발음 기관의 상형을 통해 만들어졌다.
② 같은 조음 위치에 속하는 자음자들은 형태상 유사성을 지닌다.
③ 중성자는 기본자를 조합하여 초출자와 재출자를 만들었다.
④ 종성자는 따로 만들지 않았다.

179

06 〈보기〉의 시에 대한 이해로 가장 적절하지 않은 것은?

> 보기
>
> 나는 이제 너에게도 슬픔을 주겠다.
> 사랑보다 소중한 슬픔을 주겠다.
> 겨울밤 거리에서 귤 몇 개 놓고
> 살아온 추위와 떨고 있는 할머니에게
> 귤값을 깎으면서 기뻐하던 너를 위하여
> 나는 슬픔의 평등한 얼굴을 보여 주겠다.
> 내가 어둠 속에서 너를 부를 때
> 단 한 번도 평등하게 웃어 주질 않은
> 가마니에 덮인 동사자가 다시 얼어 죽을 때
> 가마니 한 장조차 덮어 주지 않은
> 무관심한 너의 사랑을 위해
> 흘릴 줄 모르는 너의 눈물을 위해
> 나는 이제 너에게도 기다림을 주겠다.
> 이 세상에 내리던 함박눈을 멈추겠다.
> 보리밭에 내리던 봄눈들을 데리고
> 추워 떠는 사람들의 슬픔에게 다녀와서
> 눈 그친 눈길을 너와 함께 걷겠다.
> 슬픔의 힘에 대한 이야기를 하며
> 기다림의 슬픔까지 걸어가겠다.
>   – 정호승, 「슬픔이 기쁨에게」 –

① 기쁨으로 슬픔을 이겨내자는 주제를 전달하고 있다.

② 대결과 갈등이 아닌 화합과 조화를 통한 해결을 추구한다.

③ 겉으로 보기에는 모순된 말이지만, 그 속에 진리를 담아 표현하였다.

④ 현실 비판적이고 교훈적인 성격의 시이다.

07 〈보기〉의 외래어 표기가 옳은 것을 모두 고른 것은?

> 보기
>
> ㄱ. 아젠다(agenda)
> ㄴ. 시저(Caesar)
> ㄷ. 레크레이션(recreation)
> ㄹ. 싸이트(site)
> ㅁ. 팸플릿(pamphlet)
> ㅂ. 규슈(キュウシュウ, 九州)

① ㄱ, ㄷ, ㄹ   ② ㄴ, ㅁ, ㅂ

③ ㄱ, ㄴ, ㄷ, ㅂ   ④ ㄴ, ㄷ, ㄹ, ㅁ

08 〈보기〉에서 중의성이 발생한 원인이 같은 것을 옳게 짝지은 것은?

> 보기
>
> ㄱ. 아버지께 꼭 차를 사드리고 싶습니다.
> ㄴ. 철수는 아름다운 하늘의 구름을 바라보았다.
> ㄷ. 철수는 아내보다 딸을 더 사랑한다.
> ㄹ. 잘생긴 영수의 동생을 만났다.
> ㅁ. 그것이 정말 사과냐?
> ㅂ. 영희는 어제 빨간 모자를 쓰고 학교에 가지 않았다.

① ㄱ, ㄴ   ② ㄴ, ㄹ

③ ㄷ, ㅁ   ④ ㄹ, ㅂ

09 〈보기〉의 ㉠~㉢에 대한 설명으로 가장 옳지 않은 것은?

> 보기
>
> 생사(生死) 길은
> 예 있으매 머뭇거리고,
> 나는 간다는 말도
> 못다 이르고 어찌 갑니까.
> 어느 가을 ㉠이른 바람에
> 이에 저에 떨어질 잎처럼,
> ㉡한 가지에 나고
> 가는 곳 모르온저.
> ㉢아아, ㉣미타찰(彌陀刹)에서 만날 나
> 도(道) 닦아 기다리겠노라.
>
> – 월명사, 「제망매가」 –

① ㉠은 예상보다 빠르게 닥쳐온 불행을 의미한다.

② ㉡은 친동기 관계라는 것을 의미한다.

③ ㉢은 다른 향가 작품에서는 찾기 어려운 생생한 표현이다.

④ ㉣은 불교적 세계관을 보여준다.

10 밑줄 친 단어의 사용이 옳지 않은 것은?

① 예산을 대충 <u>걷잡아서</u> 말하지 말고 잘 뽑아 보시오.

② 돌아가신 어머니의 모습이 <u>방불하게</u> 눈앞에 떠오른다.

③ 정작 일을 <u>서둘고</u> 보니 당초의 예상과는 딴판으로 돈이 잘 걷히지 않았다.

④ 여러분과 여러분 가정에 행운이 가득하기를 기원하는 것으로 치사를 <u>갈음합니다.</u>

11 〈보기〉에서 (가), (나)에 해당하는 예로 가장 옳은 것은?

> 보기
>
> (가) 어간 받침 'ㄴ(ㄵ), ㅁ(ㄻ)' 뒤에 결합되는 어미의 첫소리 'ㄱ, ㄷ, ㅅ, ㅈ'은 된소리로 발음한다.
> (나) 어간 받침 'ㄼ, ㄾ' 뒤에 결합되는 어미의 첫소리 'ㄱ, ㄷ, ㅅ, ㅈ'은 된소리로 발음한다.

	(가)	(나)
①	(신을) 신기다	여덟도
②	(나이가) 젊지	핥다
③	(신을) 신기다	핥다
④	(나이가) 젊지	여덟도

12 밑줄 친 의미가 나머지 셋과 다른 것은?

① 연이 바람을 <u>타고</u> 하늘로 올라간다.

② 부동산 경기를 <u>타고</u> 건축 붐이 일었다.

③ 착한 일을 한 덕분에 방송을 <u>타게</u> 됐다.

④ 그녀는 아버지의 음악적 소질을 <u>타고</u> 태어났다.

13 밑줄 친 부분의 문장 성분이 관형어가 아닌 것은?

① 아기가 <u>새</u> 옷을 입었다.

② <u>군인인</u> 형이 휴가를 나왔다.

③ <u>친구가</u> 나에게 선물을 주었다.

④ 소녀는 <u>시골의</u> 풍경을 좋아한다.

14 밑줄 친 단어의 표기가 옳은 것은?

① 이 책은 머릿말부터 마음에 들었다.
② 복도에서 윗층에 사는 노부부를 만났다.
③ 햇님이 방긋 웃는 듯하다.
④ 북엇국으로 든든하게 아침을 먹었다.

15 띄어쓰기가 옳지 않은 것은?

① 너야말로 칭찬받을 만하다.
② 그 사실을 말할 수밖에 없었다.
③ 힘깨나 쓴다고 자랑하지 마라.
④ 밥은 커녕 빵도 못 먹었다.

16 의미 변화에 대한 설명으로 가장 옳지 않은 것은?

① '겨레'는 근대국어에서 '친족'을 뜻하였는데 오늘날에는 '민족'을 뜻하여 의미가 확대되었다.
② '얼굴'은 중세국어에서 '형체'를 뜻하였는데 오늘날에는 '안면'을 뜻하여 의미가 축소되었다.
③ '어리다'는 중세국어에서 '어리석다'를 뜻하였는데 오늘날에는 '나이가 적다'를 뜻하여 의미가 상승하였다.
④ '계집'은 중세국어에서 '여자'를 뜻하였는데 오늘날에는 '여자를 낮잡아 이르는 말'로 의미가 하락하였다.

17 밑줄 친 한자어를 쉬운 표현으로 바꾼 것으로 적절하지 않은 것은?

① 일부인을 찍은 접수증을 발급한다.
→ 날짜 도장을 찍은 접수증을 발급한다.
② 굴삭기에는 굴삭 시건장치를 갖춰야 한다.
→ 굴삭기에는 굴삭 멈춤장치를 갖춰야 한다.
③ 소작농에게 농지를 불하하였다.
→ 소작농에게 농지를 매각하였다.
④ 공무상 지득한 사실을 누설하였다.
→ 공무상 알게 된 사실을 누설하였다.

18 〈보기〉의 작품과 형식이 다른 것은?

> **보기**
>
> 우는 거시 벅구기가 프른 거시 버들숩가.
> 이어라 이어라
> 어촌 두어 집이 넛 속의 나락들락.
> 지국총 지국총 어사와
> 말가훈 기픈 소희 온갇 고기 뛰노ᄂ다.

① 「면앙정가」   ② 「오우가」
③ 「훈민가」   ④ 「도산십이곡」

19 〈보기〉의 ㉠, ㉡에 들어갈 접속어에 대한 설명으로 가장 옳은 것은?

──── 보기 ────

　많은 과학자와 기술자가 과학 연구와 기술 훈련을 위하여 외국에 갔다 돌아오고, 또 많은 외국의 기술자가 이러한 목적을 위하여 우리나라에 왔다가 돌아간다. 이러한 일은 우리의 과학 기술 발전에 커다란 영향을 주고, 또 우리의 문화생활에 새로운 변화를 일으키며 더욱 우리 사회의 근대화에 실질적인 힘이 되고 있다.

　(㉠) 이러한 선진 과학 기술을 우리의 것으로 완전히 소화하고, 다시 이것을 발전시켜 우리에게 유익하게 이용할 수 있는 만반의 계획과 태세를 갖추지 않는다면, 우리는 영원히 참다운 경제 자립을 이룩할 수 없게 될 뿐만 아니라, 경우에 따라서는 정치, 외교의 자주성을 굳게 지켜 나갈 수 없게 될 것이다.

　(㉡) 선진 기술을 어떠한 원칙에서 받아들여, 어떠한 과학 기술 분야에서부터 진흥시켜 나갈 것인가 하는 구체적인 계획을 세워서 이것을 장기적으로 계속 추진하여 나간다는 것은, 과학 기술 진흥을 위하여 가장 중요하고도 기본적인 문제가 된다.

― 박익수, 「우리 과학 기술 진흥책」 ―

① ㉠은 조건, 이유에 대한 결과를 나타내는 '순접' 기능을 한다.

② ㉡은 대등한 자격으로 이어지는 '요약' 기능을 한다.

③ ㉠은 반대, 대립되는 내용을 나타내는 '역접' 기능을 한다.

④ ㉡은 다른 내용을 도입하는 '전환' 기능을 한다.

20 〈보기〉에서 (가)~(라)를 문맥에 맞게 순서대로 바르게 나열한 것은?

──── 보기 ────

　생물의 동면을 결정하는 인자 중에서 온도는 매우 중요하다. 하지만 이상 기온이 있듯이 기온은 변덕이 심해서 생물체가 속는 일이 많다.

　(가) 하지만 위험은 날씨에 적응하지 못하고 얼어 죽는 것만이 아니다. 동면에 들어가기 위해서는 신체를 특정한 상태로 만들어야 하므로 이 과정에서 많은 에너지가 필요하다. 또 동면에서 깨어나는 것도 에너지 소모가 매우 많다.

　(나) 이런 위험을 피하려면 날씨의 변덕에 구애를 받지 않고 조금 더 정확한 스케줄에 따라 동면에 들어가고 깨어날 필요가 있다. 일부 동물들은 계절 변화에 맞추어진 생체 시계나 일광 주기를 동면의 신호로 사용한다는 것이 밝혀졌다.

　(다) 박쥐의 경우 동면하는 동안 이를 방해해서 깨우면 다시 동면에 들어가더라도 대다수는 깨어나지 못하고 죽어버린다. 잠시나마 동면에서 깨어나면서 에너지를 너무 많이 소모해버리기 때문이다.

　(라) 흔히 '미친 개나리'라고 해서 제철도 아닌데 날씨가 조금 따뜻하다고 꽃을 피웠다가 날씨가 추워져 얼어 죽는 일이 종종 있다. 이상 기온에 속기는 동물들도 마찬가지다. 겨울이 되었는데도 날씨가 춥지 않아 벌레들이 다시 나왔다가 얼어 죽기도 한다.

① (나) → (다) → (라) → (가)

② (나) → (다) → (가) → (라)

③ (라) → (가) → (다) → (나)

④ (라) → (가) → (나) → (다)

01 〈보기〉에서 음의 첨가 현상이 일어나지 않는 것을 모두 고른 것은?

---보기---

ㄱ. 등용문   ㄴ. 한여름
ㄷ. 눈요기   ㄹ. 송별연

① ㄱ, ㄷ   ② ㄱ, ㄹ
③ ㄴ, ㄷ   ④ ㄴ, ㄹ

02 표준 발음으로 가장 옳지 않은 것은?

① 풀꽃아[풀꼬다]
② 옷 한 벌[오탄벌]
③ 넓둥글다[넙뚱글다]
④ 늙습니다[늑씀니다]

03 〈보기〉에 대한 설명으로 가장 옳지 않은 것은?

---보기---

거북아 거북아
머리를 내어 놓아라.
만약 내어 놓지 않으면
굽고 구워 먹겠다.

- 「구지가」 -

① 향가 발생 이전의 고대시가이다.
② 환기, 명령, 가정의 어법을 지닌 주술적 노래이다.
③ 음악, 시가, 무용이 모두 어우러진 종합 예술의 성격을 띠고 있다.
④ 고조선 곽리자고의 아내 여옥이 지었다고 전해지는 순수 서정시가이다.

04 밑줄 친 단위성 의존 명사의 수량이 적은 것부터 순서대로 바르게 나열한 것은?

① 고등어 한 손 < 양말 한 타 < 바늘 한 쌈 < 북어 한 쾌
② 고등어 한 손 < 양말 한 타 < 북어 한 쾌 < 바늘 한 쌈
③ 고등어 한 손 < 북어 한 쾌 < 양말 한 타 < 바늘 한 쌈
④ 고등어 한 손 < 바늘 한 쌈 < 양말 한 타 < 북어 한 쾌

05 〈보기〉에 제시된 소설의 시대적 배경을 시간 순으로 바르게 나열한 것은?

> **보기**
>
> ㄱ. 최인훈의 「광장」
> ㄴ. 황석영의 「무기의 그늘」
> ㄷ. 한강의 「소년이 온다」
> ㄹ. 염상섭의 「삼대」

① ㄱ → ㄷ → ㄹ → ㄴ
② ㄱ → ㄹ → ㄷ → ㄴ
③ ㄹ → ㄱ → ㄴ → ㄷ
④ ㄹ → ㄴ → ㄱ → ㄷ

06 〈보기〉에서 설명한 문학 갈래에 해당하는 작품으로 가장 옳은 것은?

> **보기**
>
> 조선 시대 시가문학을 대표하는 갈래이다. 고려 후기에 성립되었지만, 조선 시대의 새로운 지도 이념인 성리학을 기반으로 더욱 융성해졌다. 3장 6구의 절제된 형식과 유장한 기품을 특징으로 하고, 여러 장을 한 편에 담은 연장체 형식으로도 창작되었다.

① 「한림별곡」   ② 「월인천강지곡」
③ 「상춘곡」   ④ 「도산십이곡」

07 〈보기〉의 밑줄 친 부분과 문맥적 의미가 가장 가까운 것은?

> **보기**
>
> 현재 그녀는 건강이 매우 <u>좋다</u>.

① 그녀의 성격은 더할 수 없이 <u>좋다</u>.
② 서울 간 길에 한 번 뵈올 땐 혈색이 <u>좋으셨는</u>데?
③ 다음 주 토요일은 결혼식을 하기에는 매우 <u>좋은</u> 날이다.
④ 대화를 하는 그의 말투는 기분이 상쾌할 정도로 <u>좋았다</u>.

08 〈보기〉의 밑줄 친 ㉠~㉣ 중 나머지 셋과 성격이 다른 하나는?

> **보기**
>
> 해야 솟아라. 해야 솟아라. 말갛게 씻은 얼굴 고운 ㉠<u>해야</u> 솟아라. 산 넘어 산 넘어서 어둠을 살라먹고, 산 넘어서 밤새도록 어둠을 살라먹고, 이글이글 애띤 얼굴 고운 해야 솟아라.
>
> 달밤이 싫여, 달밤이 싫여, 눈물 같은 ㉡<u>골짜기</u>에 달밤이 싫여, 아무도 없는 뜰에 달밤이 나는 싫여……,
>
> 해야, 고운 해야. 늬가 오면 늬가사 오면, 나는 나는 ㉢<u>청산</u>이 좋아라. 훨훨훨 깃을 치는 청산이 좋아라. 청산이 있으면 홀로래도 좋아라.
>
> 사슴을 따라, 사슴을 따라, 양지로 ㉣<u>양지로</u> 사슴을 따라 사슴을 만나면 사슴과 놀고,
>
> 칡범을 따라 칡범을 따라 칡범을 만나면 칡범과 놀고,……
>
> 해야, 고운 해야. 해야 솟아라. 꿈이 아니래도 너를 만나면, 꽃도 새도 짐승도 한자리 앉아, 워어이 워어이 모두 불러 한자리 앉아 애띠고 고운 날을 누려 보리라.
>
>   – 박두진, 「해」 –

① ㉠   ② ㉡
③ ㉢   ④ ㉣

09 밑줄 친 부분의 맞춤법이 가장 옳지 않은 것은?

① 남에게 존경 받는 사람이 <u>돼라</u>는 아버지의 유언
② 존경 받는 사람이 <u>되었다</u>.
③ 남에게 존경 받는 사람이 <u>돼라</u>.
④ 존경 받는 사람이 <u>되고</u> 있다.

10 〈보기〉의 주된 설명 방식이 사용된 것으로 가장 옳은 것은?

> **보기**
>
> 우리는 좋지 않은 사람을 곧잘 동물에 비유한다. 욕에 동물이 많이 등장하는 것도 동물을 나쁘게 보기 때문이다. 하지만 정말 인간이 동물보다 좋은(선한) 것일까? 베르그는 오히려 "나는 인간을 알기 때문에 동물을 사랑한다."고 말하며 이를 부정한다. 인간은 인간을 속이지만 동물은 인간을 속이지 않는다는 것을 알고 인간에게 실망한 사람들이 동물에게 더 많은 애정을 보인다. 인간보다 더 잔인한 동물이 없다는 것은 인간의 역사가 증명하고 있다. 필요 없이 다른 동물을 죽이는 일을 인간 외 어느 동물이 한단 말인가?

① 교사의 자기계발, 학부모의 응원, 교육 당국의 지원 등이 어우러져야 좋은 교육이 가능해진다. 이는 신선한 재료, 적절한 조리법, 요리사의 정성이 합쳐져 맛있는 음식이 만들어지는 것과 같다.
② 의미를 지닌 부호를 체계적으로 배열한 것을 기호라고 한다. 수학, 신호등, 언어 등이 모두 여기에 속한다. 꿀이 있음을 알리는 벌들의 춤사위도 기호라고 할 수 있는 것이다.

③ 바이러스는 세균에 비해 크기가 작으며 핵과 이를 둘러싼 단백질이 전부여서 세포라고 할 수 없다. 먹이가 있는 곳이라면 어디에서라도 증식할 수 있는 세균과 달리, 바이러스는 살아 있는 생명체를 숙주로 삼아야만 번식을 할 수 있다.
④ 나물로 즐겨 먹는 고사리는 꽃도 피지 않고 씨앗도 만들지 않는다. 고사리는 홀씨라고도 하는 포자로 번식한다. 고사리와 고비 등을 양치식물이라 하는데 생김새가 양(羊)의 이빨과 비슷하다고 하여 붙은 이름이다.

11 〈보기〉에서 설명한 소설의 시점으로 가장 옳은 것은?

> **보기**
>
> 소설 속의 한 등장인물이 이야기를 말하는 것으로, 부수적인 인물이 작품 속에서 주인공의 이야기를 말한다. 주인공의 환경이나 행동 등을 관찰자의 입장에서 객관적으로 서술할 수 있다.

① 일인칭 주인공 시점
② 일인칭 관찰자 시점
③ 전지적 작가 시점
④ 작가 관찰자 시점

12 조선 시대 대표적 문사(文士) 송강 정철이 창작한 가사가 아닌 것은?

① 「속미인곡」 ② 「면앙정가」
③ 「관동별곡」 ④ 「사미인곡」

13 〈보기〉의 ㉠~㉢에 들어갈 알맞은 낱말끼리 짝지은 것은?

───── 보기 ─────

　물속에 잠긴 막대기는 굽어 보이지만 실제로 굽은 것은 아니다. 이때 나무가 굽어 보이는 것은 우리의 착각 때문도 아니고 눈에 이상이 있기 때문도 아니다. 나무는 정말 굽어 보이는 것이다. 분명히 굽어 보인다는 점과 사실은 굽지 않았다는 점 사이의 (㉠)은 빛의 굴절 이론을 통해서 해명된다.

　굽어 보이는 나무도 우리의 직접적 경험을 통해서 주어지는 하나의 현실이고, 실제로는 굽지 않은 나무도 하나의 현실이다. 전자를 우리는 사물이나 사태의 보임새, 즉 (㉡)이라고 부르고, 후자를 사물이나 사태의 참모습, 즉 (㉢)이라고 부른다.

	㉠	㉡	㉢
①	葛藤	現象	本質
②	葛藤	假象	根本
③	矛盾	現象	本質
④	矛盾	假象	根本

14 밑줄 친 부분의 문장 성분이 나머지 셋과 다른 하나는?

① 이 물건은 <u>시장에서</u> 사 왔다.

② 고마운 <u>마음에서</u> 드리는 말씀입니다.

③ <u>이에서</u> 어찌 더 나쁠 수가 있겠어요?

④ <u>정부에서</u> 실시한 조사 결과가 발표되었다.

15 〈보기〉에 공통적으로 적용되는 표준어 규정으로 가장 옳은 것은?

───── 보기 ─────

강낭콩, 고샅, 사글세

① 어원에서 멀어진 형태로 굳어져서 널리 쓰이는 것은, 그것을 표준어로 삼는다.

② 어원적으로 원형에 더 가까운 형태가 아직 쓰이고 있는 경우에는, 그것을 표준어로 삼는다.

③ 모음의 발음 변화를 인정하여, 발음이 바뀌어 굳어진 형태를 표준어로 삼는다.

④ 비슷한 발음의 몇 형태가 쓰일 경우, 그 의미에 아무런 차이가 없고, 그중 하나가 더 널리 쓰이면, 그 한 형태만을 표준어로 삼는다.

국가직 문제 / 지방직 문제 / 서울시 문제 / 국가직 해설 / 지방직 해설 / 서울시 해설

16 〈보기〉의 ㉠에 들어갈 접속 부사로 가장 옳은 것은?

> 보기
>
> 격분의 물결은 사람들의 주의를 동원하고 묶어내는 데는 대단히 효과적이다. 하지만 매우 유동적이고 변덕스러운 까닭에 공적인 논의와 공적인 공간을 형성하는 역할을 감당하지는 못한다. 격분의 물결은 그러기에는 통제하기도 예측하기도 어렵고, 불안정하며, 일정한 형태도 없이 쉽게 사라져 버린다. 격분의 물결은 갑자기 불어났다가 또 이에 못지않게 빠른 속도로 소멸한다. 여기서는 공적 논의를 위해 필수적인 안정성, 항상성, 연속성을 찾아볼 수 없다. (㉠) 격분의 물결은 안정적인 논의의 맥락 속에 통합되지 못한다. 격분의 물결은 종종 아주 낮은 사회적, 정치적 중요성밖에 지니지 않는 사건들과 관련하여 발생한다.
>
> 격분 사회는 스캔들의 사회다. 이런 사회에는 침착함, 자제력이 없다. 격분의 물결에 특징적으로 나타나는 반항기, 히스테리, 완고함은 신중하고 객관적인 커뮤니케이션을 허용하지 않는다. 어떤 대화도, 어떤 논의도 불가능하다. 게다가 격분 속에서는 사회 전체에 대한 염려의 구조를 갖춘 안정적인 우리가 형성되지 않는다. 이른바 분개한 시민의 염려라는 것도 사회 전체에 대한 것이라기보다는 대체로 자신에 대한 염려일 뿐이다. (㉠) 그러한 염려는 금세 모래알처럼 흩어져 버린다.
>
> – 한병철,「투명사회」중에서 –

① 그런데 ② 그리고
③ 따라서 ④ 하지만

17 〈보기〉에서 설명한 시의 표현방법이 적용된 시구로 가장 옳은 것은?

> 보기
>
> 본래의 의미와 의도를 더욱 효과적으로 강조하기 위해 그것을 가장하거나 위장하는 것이다. 즉 본래의 의도를 숨기고 반대되는 말로 표현하는 것으로, 표면의미(표현)와 이면의미(의도) 사이에 괴리와 모순을 통해 시적 진실을 전달하는 표현방법이다.

① 돌담에 속삭이는 햇발같이 / 풀 아래 웃음 짓는 샘물 같이 – 김영랑,「돌담에 속삭이는 햇발같이」
② 내가 그의 이름을 불러 주었을 때 / 그는 나에게로 와서 / 꽃이 되었다 – 김춘수,「꽃」
③ 산은 나무를 기르는 법으로 / 벼랑에 오르지 못하는 법으로 / 사람을 다스린다 – 김광섭,「산」
④ 나보기가 역겨워 / 가실 때에는 / 죽어도 아니 눈물 / 흘리오리다 – 김소월,「진달래꽃」

18 유사한 의미로 사용할 수 있는 사자성어가 연결된 것으로 가장 옳은 것은?

① 경국지색(傾國之色) – 경중미인(鏡中美人)
② 지록위마(指鹿爲馬) – 지란지화(芝蘭之化)
③ 목불식정(目不識丁) – 목불인견(目不忍見)
④ 폐의파관(敝衣破冠) – 폐포파립(敝袍破笠)

19 밑줄 친 서술어의 자릿수가 다른 하나는?

① 그림이 실물과 <u>같다</u>.
② 나는 학생이 <u>아니다</u>.
③ 지호가 종을 <u>울렸다</u>.
④ 길이 매우 <u>넓다</u>.

20 〈보기〉 중 「외래어 표기법」에 맞지 않는 단어의 개수는?

> ───── 보기 ─────
>
> 로봇(robot), 배지(badge), 타깃(target),
> 텔레비전(television), 플룻(flute)

① 1개   ② 2개
③ 3개   ④ 4개

01 음운의 개념에 대한 설명으로 가장 옳지 않은 것은?

① 소리의 강약이나 고저 등은 분절되지 않으므로 음운이라고 할 수 없다.

② 음운은 의미를 구별해 주는 최소의 단위이므로 최소대립쌍을 통해 한 언어의 음운 목록을 확인할 수 있다.

③ 음운은 몇 개의 변이음으로 구성되어 있어서 실제로 들리는 소리가 다른 경우에도 하나의 음운으로 인정할 수 있다.

④ 음운은 실제적인 소리라기보다는 관념적이고 추상적인 기호라고 보아야 한다.

02 다음 문장 중 어법에 가장 맞는 것은?

① 금융 당국은 내년 금리가 올해보다 더 오를 것으로 내다보면서 대출 이자율이 2% 이상 오를 것으로 예측하였다.

② 작성 내용의 정정 또는 신청인의 서명이 없는 서류는 무효입니다.

③ 12월 중에 한-중 정상회담이 다시 한 번 열릴 것으로 보여집니다.

④ 그의 목표는 세계 최고의 축구 선수가 되는 것이었고, 그래서 단 하루도 연습을 쉬지 않았다.

03 속담과 한자성어의 뜻이 가장 비슷한 것은?

① 이 없으면 잇몸으로 산다 - 순망치한(脣亡齒寒)

② 개똥도 약에 쓰려면 없다 - 하로동선(夏爐冬扇)

③ 우물 안의 개구리 - 하충의빙(夏蟲疑氷)

④ 굽은 나무가 선산을 지킨다 - 설중송백(雪中松柏)

04 〈보기〉는 복수 표준어에 대한 설명이다. 이에 따른 표기로 가장 옳지 않은 것은?

> 보기
>
> 한 가지 의미를 나타내는 형태 몇 가지가 널리 쓰이며 표준어 규정에 맞으면, 그 모두를 표준어로 삼는다.

① 가는허리 / 잔허리

② 고깃간 / 정육간

③ 관계없다 / 상관없다

④ 기세부리다 / 기세피우다

05 〈보기〉의 로마자 표기가 옳은 것을 모두 고르면?

──── 보기 ────

ㄱ. 오죽헌　　　Ojukeon
ㄴ. 김복남(인명)　Kim Bok-nam
ㄷ. 선릉　　　　Sunneung
ㄹ. 합덕　　　　Hapdeok

① ㄱ, ㄴ　　　　② ㄱ, ㄷ
③ ㄴ, ㄹ　　　　④ ㄷ, ㄹ

06 〈보기〉의 시에 대한 설명으로 가장 옳은 것은?

──── 보기 ────

公無渡河
公竟渡河
墮河而死
當奈公何

① 황조가와 더불어 현존하는 우리나라 최고(最古)의 서사시다.
② 한시와 함께 번역한 시가가 따로 전한다.
③ '물'의 상징적 의미를 따라 시상을 전개하고 있다.
④ 몇 번을 죽어도 충성의 마음이 변치 않음을 노래하고 있다.

07 〈보기〉의 두 시조에 대한 설명으로 가장 옳지 않은 것은?

──── 보기 ────

(가) 임 그린 상사몽이 ㉠실솔의 넋이 되어
　　 가을철 깊은 밤에 임의 방에 들었다가
　　 날 잊고 깊이 든 잠을 깨워 볼까 하노라.

(나) 이 몸이 죽어져서 ㉡접동새 넋이 되어
　　 이화 핀 가지 속잎에 싸였다가
　　 밤중만 살아서 우리 임의 귀에 들리리라.

① ㉠은 귀뚜라미를 뜻한다.
② (가), (나) 모두 임에 대한 그리움을 노래하고 있다.
③ ㉡은 울음소리가 돌아갈 귀(歸), 촉나라 촉(蜀), '귀촉 귀촉'으로 들려 귀촉도라고도 한다.
④ (가), (나)의 작가는 모두 미상이다.

08 밑줄 친 단어의 형태가 옳지 않은 것은?

① 멀리서 보기와 달리 산이 <u>가팔라서</u> 여러 번 쉬었다.
② 예산이 100만 원 이상 <u>모잘라서</u> 구입을 포기해야 했다.
③ 영혼을 <u>불살라서</u> 이룬 깨달음이니 더욱 소중하다.
④ 말이며 행동이 모두 <u>올발라서</u> 흠잡을 데 없는 사람이다.

국가직 문제 / 지방직 문제 / 서울시 문제 / 국가직 해설 / 지방직 해설 / 서울시 해설

09 한자어에 대한 설명으로 옳지 않은 것은?

① '연장(延長)', '하산(下山)'은 '서술어+부사어'의 구조이다.

② '인간(人間)', '한국인(韓國人)'의 '인'은 모두 어근이다.

③ '우정(友情)', '대문(大門)'의 구성 성분은 비자립적 어근과 단어이다.

④ '시시각각(時時刻刻)', '명명백백(明明白白)'은 고유어의 반복합성어 구성 방식과 다르다.

10 다음 중 띄어쓰기가 가장 옳은 것은?

① 열 길 물속은 알아도 한 길 사람의 속은 모른다.

② 데칸 고원은 인도 중부와 남부에 위치한 고원이다.

③ 못 본 사이에 키가 전봇대 만큼 자랐구나!

④ 이번 행사에서는 쓸모 있는 주머니만들기를 하였다.

11 형태소의 개수가 가장 많은 것은?

① 떠내려갔다
② 따라 버렸다
③ 빌어먹었다
④ 여쭈어봤다

12 불규칙 활용을 하는 용언이 아닌 것은?

① 묻다(問)
② 덥다(暑)
③ 낫다(愈)
④ 놀다(遊)

13 〈보기〉의 시에 대한 설명으로 가장 옳지 않은 것은?

> **보기**
>
> 首陽山(수양산) 바라보며 夷齊(이제)를 恨(한) ᄒ노라.
> 주려 주글진들 採薇(채미)도 ᄒᄂ 것가.
> 비록애 푸새엣 거신들 긔 뉘 ᄯᅡ헤 낫ᄃ니.

① 시인은 사육신의 한 명이다.

② 중의법을 사용하고 있다.

③ 중국의 고사를 인용하고 있다.

④ 단종의 죽음에 대한 복수를 다짐하고 있다.

14 〈보기〉의 시조에 대한 설명으로 옳지 않은 것은?

> **보기**
>
> 우는 거시 벅구기가 프른 거시 버들숩가.
> 이어라 이어라
> 漁어村촌 두어 집이 넛 속의 나락들락.
> 至지국恩총 至지국恩총 於어思ᄉ臥와
> 말가ᄒ 기픈 소희 온갇 고기 쮜노ᄂ다.
>
> 녀닙희 밥 싸 두고 반찬으란 쟝만 마라.
> 닫 드러라 닫 드러라
> 靑청蒻약笠립은 써 잇노라, 綠녹蓑사衣의 가져오나.
> 至지국恩총 至지국恩총 於어思ᄉ臥와
> 無무心심ᄒ 白백鷗구는 내 좃ᄂ가 제 좃ᄂ가.

① 임금에 대한 그리움을 함축적으로 표현하고 있다.

② 청각적 이미지를 활용하고 있다.

③ 대구법을 사용하고 있다.

④ 후렴구를 제외하면 전형적인 3장 6구의 시조 형식을 갖추고 있다.

15 〈보기〉와 가장 관련이 없는 고사성어는?

> 보기
>
> 섶 실은 천리마(千里馬)를 알아 볼 이 뉘 있으리
> 십년(十年) 역상(櫪上)에 속절없이 다 늙도다
> 어디서 살진 쇠양마(馬)는 외용지용 하느니

① 髀肉之嘆　　　② 招搖過市
③ 不識泰山　　　④ 麥秀之嘆

16 어휘의 뜻풀이가 가장 옳지 않은 것은?

① 가멸차다: 재산이나 자원 따위가 매우 많고 풍족하다
② 상고대: 나무나 풀에 내려 눈처럼 된 서리
③ 안다미로: 다른 사람이 믿을 수 있도록 성실하게
④ 톺아보다: 샅샅이 훑어 가며 살피다

17 〈보기〉는 「훈민정음언해」의 한 부분이다. 이에 대한 설명으로 가장 옳은 것은?

> 보기
>
> 나랏 말ㅆ미 中國에 달아 文字와로 서르 ㅅ뭇
> 디 아니 ᄒᆞᆯ씨 이런 젼ᄎ로 어린 百姓이 니르고
> 져 훓 배 이셔도 ᄆᆞᄎᆞᆷ내 제 ᄠᅳ들 시러 펴디 몯
> ᄒᆞᆳ 노미 하니라 내 이를 爲ᄒᆞ야 어엿비 너겨 새
> 로 스믈여듧字ᄅᆞᆯ 밍ᄀᆞ노니 사ᄅᆞᆷ마다 히ᅇᅧ 수
> 뷔 니겨 날로 ᄡᅮ메 便安킈 ᄒᆞ고져 ᄒᆞᆳ ᄯᆞᄅᆞ미니라

① 〈보기〉는 한 문장이다.
② 밑줄 친 '시러'는 한자 '載'에 해당한다.
③ 밑줄 친 '내'는 세종대왕이 자신을 가리키는 표현이다.
④ 'ㅏ'와 ' . '는 발음이 같지만 단어들을 구별하기 위해 사용했다.

18 〈보기〉의 밑줄 친 시어 가운데 내적 연관성이 가장 적은 것은?

> 보기
>
> 유리에 차고 슬픈 것이 어린거린다.
> 열없이 붙어서서 입김을 흐리우니
> 길들은 양 언 날개를 파다거린다.
> 지우고 보고 지우고 보아도
> 새까만 밤이 밀려나가고 밀려와 부디치고,
> 물먹은 별이, 반짝, 보석처럼 백힌다.
> 밤에 홀로 유리를 닦는 것은
> 외로운 황홀한 심사이어니,
> 고운 폐혈관이 찢어진 채로
> 아아, 늬는 산ㅅ새처럼 날아갔구나!

① 차고 슬픈 것　　② 새까만 밤
③ 물먹은 별　　　　④ 늬

국가직 문제 · 지방직 문제 · 서울시 문제 · 국가직 해설 · 지방직 해설 · 서울시 해설

19 〈보기〉의 지문은 설명문의 일종이다. 두괄식 설명문으로 구성하고자 할 때 논리적 전개에 가장 부합하게 배열한 것은?

> 보기
>
> ㉠ 문장을 구성하는 기본적인 언어 단위를 어절이라 한다. 띄어 쓴 문장 성분을 각각 어절이라고 하는데, 하나의 어절이 하나의 문장 성분이 되는 것은 문장 구성의 기본적인 성질이다.
> ㉡ 문장은 인간의 생각을 완결된 형태로 담을 수 있는 언어 단위이다. 문장은 일정한 구성 성분으로 이루어지는데, 맥락을 통해서 알 수 있을 경우에는 문장 성분을 생략할 수도 있다.
> ㉢ 띄어 쓴 어절이 몇 개 모여서 하나의 문장 성분이 되는 경우가 있다. '그 남자가 아주 멋지다.'라는 문장에서 '그 남자가'와 '아주 멋지다'는 각각 두 어절로 이루어져서 주어와 서술어 역할을 하고 있다.
> ㉣ 두 개 이상의 어절이 모여서 하나의 문장 성분을 이룬 것을 구(句)라고 한다. 절은 주어와 서술어를 갖고 있다는 점에서 구와 구별되지만, 독립적으로 사용되지 못한다는 점에서 문장과 구별된다.

① ㉠ - ㉡ - ㉣ - ㉢
② ㉠ - ㉣ - ㉢ - ㉡
③ ㉡ - ㉠ - ㉢ - ㉣
④ ㉡ - ㉢ - ㉠ - ㉣

20 〈보기〉의 설명에 활용된 방식과 가장 가까운 것은?

> 보기
>
> 유학자들은 자신이 먼저 인격자가 될 것을 강조하지만 궁극적으로는 자신뿐 아니라 백성 또한 올바른 행동을 할 수 있도록 이끌어야 한다는 생각을 원칙으로 삼는다. 주희도 자신이 명덕(明德)을 밝힌 후에는 백성들도 그들이 지닌 명덕을 밝혀 새로운 사람이 될 수 있도록 가르쳐야 한다고 본다. 백성을 가르쳐 그들을 새롭게 만드는 것이 바로 신민(新民)이다. 주희는 대학을 새로 편찬하면서 고본(古本) 대학의 친민(親民)을 신민(新民)으로 고쳤다. '친(親)'보다는 '신(新)'이 백성을 새로운 사람으로 만든다는 취지를 더 잘 표현한다고 보았던 것이다. 반면 정약용은, 친민을 신민으로 고치는 것은 옳지 않다고 본다. 정약용은 친민을 백성들이 효(孝), 제(弟), 자(慈)의 덕목을 실천하도록 이끄는 것이라 해석한다. 즉 백성들로 하여금 자식이 어버이를 사랑하여 효도하고 어버이가 자식을 사랑하여 자애의 덕행을 실천하도록 이끄는 것이 친민이다. 백성들이 이전과 달리 효, 제, 자를 실천하게 되었다는 점에서 새롭다는 뜻은 있지만 본래 글자를 고쳐서는 안 된다고 보았다.

① 시는 서정시, 서사시, 극시로 나뉜다.
② 소는 식욕의 즐거움조차 냉대할 수 있는 지상 최대의 권태자다.
③ 언어는 사고를 반영한다는 말이 있는데, 그 예로 무지개 색깔을 가리키는 7가지 단어에 의지하여 무지개 색깔도 7가지라 판단한다는 것을 들 수 있다.
④ 곤충의 머리에는 겹눈과 홑눈, 더듬이 따위의 감각 기관과 입이 있고, 가슴에는 2쌍의 날개와 3쌍의 다리가 있으며, 배에는 끝에 생식기와 꼬리털이 있다.

국가직 문제
지방직 문제
서울시 문제
국가직 해설
지방직 해설
서울시 해설

01 밑줄 친 부분의 문장 성분이 다른 하나는?

① 그는 밥도 안 먹고 일만 한다.
② 몸은 아파도 마음만은 날아갈 것 같다.
③ 그는 그녀에게 물만 주었다.
④ 고향의 사투리까지 싫어할 이유는 없었다.

03 〈보기〉는 시의 일부분이다. 시의 제목으로 가장 적절한 한자어는?

> 보기

세상에는, 자신이 믿는 단단한 무엇을 위해
목숨을 걸 수 있는 사람과 그럴 수 없는 사람이
있다
말이 많은 사람과 그렇지 않은 사람이 있다
짜장면을 좋아하는 사람과 그렇지 않은 사람이
있다
테니스에 미친 사람과 그렇지 않은 사람이 있
다
유에프오가 있다고 생각하는 사람과 그렇지 않
은 사람이 있다
술을 좋아하는 사람과 그렇지 않은 사람이 있
다
          - 중략 -
사람들을 두 가지로 나눌 수 있다고 믿는 사람
과 그렇지 않은 사람이 있다

① 편견(偏見)   ② 불화(不和)
③ 오해(誤解)   ④ 독선(獨善)

02 한글 맞춤법에 따라 바르게 표기된 것만 나열한 것은?

① 새까맣다 – 싯퍼렇다 – 샛노랗다
② 시뻘겋다 – 시허옇다 – 싯누렇다
③ 새퍼렇다 – 새빨갛다 – 샛노랗다
④ 시하얗다 – 시꺼멓다 – 싯누렇다

04 서로 의미가 유사한 속담과 한자성어를 짝지은 것이다. 관련이 없는 것끼리 묶은 것은?

① 원님 덕에 나팔 분다 – 狐假虎威
② 소 잃고 외양간 고친다 – 晩時之歎
③ 언 발에 오줌 누기 – 雪上加霜
④ 낫 놓고 기억자도 모른다 – 目不識丁

195

05 〈보기〉의 밑줄 친 ㉠에 해당하는 글자가 아닌 것은?

> **보기**
>
> 한글 중 초성자는 기본자, 가획자, 이체자로 구분된다. 기본자는 조음 기관의 모양을 상형한 글자이다. ㉠가획자는 기본자에 획을 더한 것으로, 획을 더할 때마다 그 글자가 나타내는 소리의 세기는 세어진다는 특징이 있다. 이체자는 획을 더한 것은 가획자와 같지만 가획을 해도 소리의 세기가 세어지지 않는다는 차이가 있다.

① ㄹ
② ㄷ
③ ㅂ
④ ㅊ

06 외래어 표기 용례로 올바른 것은?

① dot – 다트
② parka – 파카
③ flat – 플래트
④ chorus – 코루스

07 〈보기〉의 ㉠∼㉢을 현행 로마자 표기법에 따라 표기한 것으로 가장 적절한 것은?

> **보기**
>
> ㉠ 다락골　　㉡ 국망봉
> ㉢ 낭림산　　㉣ 한라산

① ㉠ – Dalakgol
② ㉡ – Gukmangbong
③ ㉢ – Nangrimsan
④ ㉣ – Hallasan

08 〈보기〉는 황진이가 지은 시조이다. 빈칸에 들어갈 알맞은 낱말끼리 짝지은 것은?

> **보기**
>
> 冬至ㅅ둘 기나긴 밤을 한 (㉠)를 버혀 내여
> (㉡) 니불 아레 서리서리 너헛다가
> 어론 님 오신 날 밤이여든 구뷔구뷔 펴리라.

	㉠	㉡
①	허리	春風
②	허리	秋風
③	머리	春風
④	머리	秋風

09 다음 중 띄어쓰기가 옳지 않은 것은?

① 불이 꺼져 간다.
② 그 사람은 잘 아는척한다.
③ 강물에 떠내려 가 버렸다.
④ 그가 올 듯도 하다.

10 맞춤법 사용이 올바르지 않은 것으로만 묶인 것은?

① 웃어른, 사흗날, 베갯잇
② 닐리리, 남존녀비, 혜택
③ 적잖은, 생각건대, 하마터면
④ 홀몸, 밋밋하다, 선율

11 〈보기〉의 설명에 따라 올바르게 표기된 경우가 아닌 것은?

> **보기**
>
> • 어간의 끝음절 '하'의 'ㅏ'가 줄고 'ㅎ'이 다음 음절의 첫소리와 어울려 거센소리로 될 적에는 거센소리로 적는다.
> • 어간의 끝음절 '하'가 아주 줄 적에는 준 대로 적는다.

① 섭섭지　　　　② 흔타
③ 익숙치　　　　④ 정결타

12 〈보기 1〉의 사례와 〈보기 2〉의 언어 특성이 가장 잘못 짝지어진 것은?

> **보기1**
>
> (가) '방송(放送)'은 '석방'에서 '보도'로 의미가 변하였다.
> (나) '밥'이라는 의미의 말소리 [밥]을 내 마음대로 [법]으로 바꾸면 다른 사람들은 '밥'이라는 의미로 이해할 수 없다.
> (다) '종이가 찢어졌어'라는 말을 배운 아이는 '책이 찢어졌어'라는 새로운 문장을 만들어낸다.
> (라) '오늘'이라는 의미를 가진 말을 한국어에서는 '오늘[오늘]', 영어에서는 'today(투데이)'라고 한다.

> **보기2**
>
> ㉠ 규칙성　　　　㉡ 역사성
> ㉢ 창조성　　　　㉣ 사회성

① (가) - ㉡　　　② (나) - ㉣
③ (다) - ㉢　　　④ (라) - ㉠

13 〈보기〉의 밑줄 친 시어를 현대어로 옮길 때 가장 적절하지 않은 것은?

> **보기**
>
> 매운 계절의 ㉠챗죽에 갈겨
> ㉡마츰내 북방으로 휩쓸려오다
>
> 하늘도 그만 지쳐 끝난 고원
> 서리빨 칼날진 ㉢그우에서다
>
> 어데다 무릎을 꾸러야하나?
> 한발 ㉣재겨디딜 곳조차 없다
>
> 이러매 눈깜아 생각해볼밖에
> 겨울은 강철로된 무지갠가보다
>
> － 이육사, 「절정」 －

① ㉠: 채찍
② ㉡: 마침내
③ ㉢: 그 위
④ ㉣: 재겨 디딜

14 밑줄 친 부분의 품사가 다른 하나는?

① 옷 색깔이 아주 <u>밝구나</u>!
② 이 분야는 전망이 아주 <u>밝단다</u>.
③ 내일 날이 <u>밝는</u> 대로 떠나겠다.
④ 그는 예의가 <u>밝은</u> 사람이다.

15 〈보기〉의 (   ) 안에 들어갈 가장 알맞은 말을 차례로 나열한 것은?

> ─ 보기 ─
>
> 　지난여름 작가 회의에서 북한 동포 돕기 시 낭송회를 한 적이 있다. 시인들만 참석하는 줄 알았더니 각계 원로들도 자기가 평소에 애송하던 시를 낭송하는 순서가 있다고, 나한테도 한 편 낭송해 달라고 했다. 내가 (㉠) 소리를 듣게 된 것이 당혹스러웠지만, 북한 돕기라는 데 핑계를 둘러대고 빠질 만큼 빤질빤질하지는 못했나 보다. 하겠다고 했다. 그러나 거역할 수 없는 명분보다 더 중요한 것은 (㉡) 아니었을까. 그 무렵 나는 김용택의 '그 여자네 집'이라는 시에 사로잡혀 있었다. 김용택은 내가 좋아하는 시인 중의 한 사람일 뿐 가장 좋아하는 시인이라고는 말 못 하겠다. 마찬가지로 '그 여자네 집'이 그의 많은 시 중 빼어난 시인지 아닌지도 잘 모르겠다.

	㉠	㉡
①	원로	낭송하고 싶은 시가 있었다는 게
②	아쉬운	서로가 만족하게 될 실리가
③	시인	잠깐의 수고로 동포를 도울 수 있다는 것이
④	입에 발린	원로들에 대한 예의가

16 〈보기〉의 밑줄 친 어휘들 가운데 문맥적 의미가 다른 하나는?

> ─ 보기 ─
>
> 　불문곡직하는 직설은 사람을 찌른다. 깜짝 놀라게 해서 제압하는 방식이다. 거기 비해 완곡함은 뜸을 들이면서 에두른다. 듣고 읽는 이가 비켜갈 틈을 준다. 그렇다고 완곡함이 곡필인 것도 아니다. 잘못된 길로 접어들도록 하는 게 아니라 화자와 독자의 교행이 이루어지는 공간을 준다. 곱씹어볼 말이 사라지고 상상의 여지를 박탈하는 글이 군림하는 세상은 살풍경하다. 말과 글이 세상을 따라 갈진대 세상을 갈아엎지 않고 말과 글이 세상과 함께 아름답기는 난망한 일인가. 아마 아닐 것이다. 막힐수록 옛것을 더듬으라고 했다. 물태와 인정이 극으로 나뉘는 세상에서 다산은 선인들이 왜 산을 바라보며 즐기되 그 흥취의 반을 항상 남겨두는지 궁금했다. 그는 미인을 만났던 사람이 적어놓은 글에서 그 까닭을 발견했다. 그가 본 글은 이러했다. '얼굴은 아름다웠으나 그 자태는 기록하지 않았다.'

① 틈 　　　　　　② 공간

③ 여지 　　　　　④ 세상

17 〈보기〉의 소설에 대한 설명으로 가장 적절하지 않은 것은?

〈보기〉

"혼자 있기가 싫습니다."라고 아저씨가 중얼거렸다.

"혼자 주무시는 게 편하실 거예요." 안이 말했다.

우리는 복도에서 헤어져서 사환이 지적해준, 나란히 붙은 방 세 개에 각각 한 사람씩 들어갔다.

"화투라도 사다가 놉시다." 헤어지기 전에 내가 말했지만,

"난 아주 피곤합니다. 하시고 싶으면 두 분이나 하세요."라고 안은 말하고 나서 자기의 방으로 들어가 버렸다.

"나도 피곤해 죽겠습니다. 안녕히 주무세요."라고 나는 아저씨에게 말하고 나서 내 방으로 들어갔다. 숙박계엔 거짓 이름, 거짓 주소, 거짓 나이, 거짓 직업을 쓰고 나서 사환이 가져다 놓은 자리끼를 마시고 나는 이불을 뒤집어썼다. 나는 꿈도 안 꾸고 잘 잤다.

다음날 아침 일찍이 안이 나를 깨웠다.

① 물화된 도시의 삶이 만든 비정함, 절망감, 권태 등이 바탕에 깔려 있다.

② 주인공들은 자기 지위나 이름을 버린 익명적 존재로 기호화되어 있다.

③ 잠은 현실을 초월한 삶에 대한 강렬한 동경을 환기하는 매개체다.

④ 화투는 절망과 권태를 견디는 의미 없는 놀이의 상징으로 볼 수 있다.

18 〈보기〉의 밑줄 친 부분과 가장 가까운 내용을 담은 시조는?

〈보기〉

성현의 경전을 읽고 자기를 돌이켜 보아서 환히 이해되지 않는 것이 있거든 모름지기 성현이 준 가르침이란 반드시 사람이 알 수 있고 행할 수도 있는 것에 대하여 말한 것임을 생각하라. 성현의 말과 나의 소견이 다르다면 이것은 내가 힘쓴 노력이 철저하지 못한 까닭이다. 성현이 어찌 알기 어렵고 행하기 어려운 것으로 나를 속이겠는가? 성현의 말을 더욱 믿어서 딴 생각이 없이 간절히 찾으면 장차 얻는 바가 있을 것이다.

① 십년 ㄱ온 칼이 갑리(匣裏)에 우노미라.

관산(關山)을 브라보며 쌔쌔로 몬져 보니

장부(丈夫)의 위국공훈(爲國功勳)을 어늬 쌔에 드리올고.

② 구곡(九曲)은 어드미고 문산(文山)에 세모(歲暮)커다.

기암괴석(奇巖怪石)이 눈속에 뭇쳣셰라.

유인(遊人)은 오지 안이ᄒ고 볼껏업다 ᄒ드라.

③ 강호(江湖)에 겨월이 드니 눈 기픠 자히 남다.

삿갓 빗기 쓰고 누역으로 오슬 삼아,

이 몸이 칩지 아니히옴도 역군은(亦君恩)이샷다.

④ 고인(古人)도 날 못 보고 나도 고인 못 봬.

고인을 못 봐도 녀든 길 알픠 잇니.

녀든 길 알픠 잇거든 아니 녀고 엇절고.

국가직 문제 / 지방직 문제 / 서울시 문제 / 국가직 해설 / 지방직 해설 / 서울시 해설

19 밑줄 친 부분이 〈보기〉의 ㉠ '쇠항아리'와 의미가 통하는 시어로 가장 적절한 것은?

---보기---

누가 하늘을 보았다 하는가
누가 구름 한 송이 없이 맑은
하늘을 보았다 하는가.

네가 본 건, 먹구름
그걸 하늘로 알고
일생을 살아갔다.

네가 본 건, 지붕 덮은
㉠쇠항아리,
그걸 하늘로 알고
일생을 살아갔다.

닦아라, 사람들아
네 마음속 구름
찢어라, 사람들아,
네 머리 덮은 쇠항아리.
　　　　－ 신동엽, 「누가 하늘을 보았다 하는가」 中 －

① 조국아 / 한번도 우리는 우리의 심장 / 남의 발톱
에 주어본 적 / 없었나니(「조국」 中)
② 아사달과 아사녀가 / 중립의 초례청 앞에 서서
/ 부끄럼 빛내며 / 맞절할지니(「껍데기는 가라」
中)
③ 꽃피는 반도는 / 남에서 북쪽 끝까지 / 완충지대
(「술을 많이 마시고 잔 어젯밤은」 中)
④ 마을 사람들은 되나 안 되나 쑥덕거렸다. / 봄
은 발병났다커니 / 봄은 위독하다커니(「봄의 소
식」 中)

20 밑줄 친 부분의 발음이 현행 표준 발음법에서 표준 발음으로 인정되지 않는 것은? (단, ':'은 장모음 표시임.)

① 비가 많이 내려서 물난리가 났다. － 물난리[물
랄리]
② 그는 줄곧 신문만 읽고 있었다. － 신문[심문]
③ 겨울에는 보리를 밟는다. － 밟는다[밤:는다]
④ 날씨가 벌써 한여름과 같다. － 한여름[한녀름]

국가직 문제

지방직 문제

서울시 문제

국가직 해설

지방직 해설

서울시 해설

01 국어의 특징으로 가장 옳지 않은 것은?

① 조사와 어미가 발달한 교착어적 특성을 보여준다.

② '값'과 같이 음절 말에서 두 개의 자음이 발음될 수 있다.

③ 담화 중심의 언어로서 주어, 목적어 등이 흔히 생략된다.

④ 가족 관계를 나타내는 친족어가 발달해 있다.

02 로마자 표기의 예로 옳지 않은 것은?

① 종로[종노] → Jongro

② 알약[알략] → allyak

③ 같이[가치] → gachi

④ 좋고[조코] → joko

03 맞춤법이 가장 옳지 않은 것은?

① 철수는 열심히 일함으로써 보람을 느꼈다.

② 이제 각자의 답을 정답과 맞혀 보도록 해라.

③ 강아지가 고깃덩어리를 넙죽 받아먹었다.

④ 아이가 밥을 먹었을지 모르겠어.

04 〈보기〉는 중세국어의 표기법에 대한 설명이다. 이에 따른 표기로 가장 옳지 않은 것은?

─── 보기 ───

중세국어 표기법의 일반적 원칙은 표음적 표기법으로, 이는 음운의 기본 형태를 밝혀 적지 않고 소리 나는 대로 적는 표기를 말한다. 이어 적기는 이러한 원리에 따른 것으로 받침이 있는 체언이나 받침이 있는 용언 어간에 모음으로 시작하는 조사나 어미가 붙을 때 소리 나는 대로 이어 적는 표기를 말한다.

① 불휘 기픈

② 부르매 아니 뮐씨

③ 쟝긔판놀 밍그러놀

④ 바르래 가느니

05 〈보기〉의 (가)에서 밑줄 친 ㉠~㉢ 중 (나)가 뒷받침하는 이론으로 가장 옳은 것은?

─── 보기 ───

(가) 초상화에서 좌안·우안을 골라 그리는 데 대한 일반적인 이론은 대략 세 가지가 있습니다. 하나는 ㉠사람의 표정은 왼쪽 얼굴에 더 잘 나타난다는 이론이며, 다른 하나는 ㉡그림을 그리는 것은 우뇌인데 시야의 왼쪽에 맺힌 상(像)이 우뇌로 들어오기 때문에 왼쪽이 더 잘 그려진다는 이론입니다. 마지막 하나는, ㉢대부분의 화가는 오

201

른손으로 그림을 그리며 오른손잡이는 왼쪽부터 그림을 그려나가는 것이 편하다는 주장입니다. 하지만, 실제로 한국의 초상화 작품들을 살펴보면 ㉣좌안·우안이 시대에 따라 어떤 경향성을 띠는 것으로 보입니다. 이를테면, 비록 원본은 아니지만 고려 말 염제신의 초상화나 조선 초 이천우의 초상화들은 대체로 우안이며, 신숙주의 초상화 이후 조선 시대의 초상화들은 거의가 좌안입니다.

① ㉠
② ㉡
③ ㉢
④ ㉣

06 〈보기〉에 대한 설명으로 가장 옳지 않은 것은?

> **보기**
>
> 동지(冬至)ㅅ돌 기나긴 밤을 한 허리를 버혀 내여
> 춘풍(春風) 니불 아레 서리서리 너헛다가
> 어론님 오신날 밤이여든 구뷔구뷔 펴리라

① 사랑하는 임의 안위에 대해 걱정하고 있다.
② 추상적인 시간을 구체화하여 제시하고 있다.
③ 의태어를 사용하여 생동감을 자아내고 있다.
④ '어론님 오신날'은 화자의 소망과 관련된 구절이다.

07 한자어 없이 고유어로만 구성된 문장은?

① 그의 모습을 보자 모골이 송연해졌다.
② 도대체가 무슨 일인지 가늠이 안 된다.
③ 나는 생각에 생각을 거듭하여 매사에 임한다.
④ 그 노래를 들으니 불현듯 어릴 적이 떠오른다.

08 〈보기〉의 문장은 구조상 중의성(重義性: 여러 가지 뜻을 갖는 성질)을 가지고 있다. 이 문장의 구조로부터 형성되는 의미로 가장 적절하지 않은 것은?

> **보기**
>
> 봄이면, 아름다운 서울의 공원과 거리의 나무에서 봄꽃들이 활짝 피어난다.

① 봄꽃은 아름답다.
② 서울은 아름답다.
③ 거리의 나무는 아름답다.
④ 서울의 공원은 아름답다.

09 〈보기〉와 같은 유형의 논리적 오류에 해당하는 것은?

> **보기**
>
> 네가 내게 한 약속을 지키지 않은 것은 곧 나를 사랑하지 않는다는 증거야.

① 항상 보면 이등병들이 말썽이더라.
② 내 부탁을 거절하다니, 넌 나를 싫어하는구나.
③ 김씨는 참말만 하는 사람이다. 왜냐하면 그는 거짓말을 하지 않는 사람이기 때문이다.
④ 거짓말을 하는 것은 죄악이다. 그러므로 의사가 환자에게 거짓말을 하는 것은 당연히 죄악이다.

10 〈보기〉에 대한 설명으로 가장 옳은 것은?

보기

감독관　원고! 원고!
교수　　(일어나며) 네, 곧 됩니다. 또 독촉이군.
감독관　(책상 쪽을 가리키며) 원고! 원고!

교수, 소파 한구석에 있던 가방을 집어 갖고서 황급히 책상에 가 앉는다. 가방에서 원고를 끄집어내고 책을 펼친다.

감독관　원고! 원고!

이윽고 교수는 번역을 시작한다. 감독관이 창문을 닫고 사라진다. 처가 들어온다. 큰 자루를 손에 들고 있다.

처　　어머나! 그렇게 벌거벗고 계시면 어떡해요.

막대기에 감긴 철쇄를 줄줄 끌어다 교수의 허리에 감아 준다.

---

① 전통적인 사실주의 극문학이다.
② 반공주의적인 목적극의 대본이다.
③ 근대극이 뿌리를 내린 시기에 창작되었다.
④ 사회 현실을 풍자한 부조리극이다.

11 문장 성분 간의 호응이 가장 옳은 것은?

① 왜냐하면 한국이 빠른 속도로 경제적 발전을 이루었다는 것이다.
② 그 사람이 우리에게 중요한 까닭은 우리가 합격했다는 사실이다.
③ 내가 그 분을 처음 뵌 것은 호텔에서 내 친구하고 만나 이야기하고 있을 때였다.
④ 학계에서는 국어 문법에 관심과 조명을 해 나가고 근대 국어에도 관심을 보이기 시작했다.

12 〈보기〉에 이어질 내용으로 가장 적절한 것은?

보기

　조선시대 임꺽정에 관한 모든 기록은 그를 의적이 아니라 도둑으로 기록하고 있다. 『명종실록』은 물론 박동량의 『기제잡기』, 이익의 『성호사설』, 안정복의 『열조통기』, 이덕무의 『청장관전서』 등 임꺽정에 대해 언급한 모든 기록들에서 그는 도둑이다. 물론 이런 기록들은 모두 양반 계급이 서술한 것으로서 백정 출신인 그의 행위를 지지할 리 만무하다는 점은 감안해야 할 것이다.
　그렇다면 홍명희는 왜 소설 『임꺽정』에서 그를 의적으로 그렸을까? 그 근거는 앞서 인용한 『명종실록』 사관의 "도적이 성행하는 것은 수령의 가렴주구 탓이며, 수령의 가렴주구는 재상이 청렴하지 못한 탓"이라는 분석 및 "윤원형과 심통원은 외척의 명문거족으로 물욕을 한없이 부려 백성의 이익을 빼앗는 데에 못하는 짓이 없었으니, 대도(大盜)가 조정에 도사리고 있는 셈이라"는 기술에서 찾을 수 있다.

---

① 임꺽정이 의적인지 도적인지 더 철저한 문헌 조사가 필요하다.
② 홍명희가 임꺽정을 지나치게 미화했던 것이다.
③ 도둑이든 의적이든 임꺽정이 실존 인물이라는 것은 틀림없다.
④ 가렴주구에 시달리던 백성들은 임꺽정을 의적으로 상상했을 것이다.

13 단어 형성 원리에 대한 설명으로 가장 옳은 것은?

① 형용사 '기쁘다'에 동사 파생접미사 '-하다'가 붙으면 동사 '기뻐하다'가 생성된다.
② '시누이'와 '선생님'은 접미파생명사들이다.
③ '빛나가다'와 '공부하다'는 합성동사들이다.
④ '한여름'은 단일명사이다.

14 〈보기〉의 밑줄 친 부분과 가장 잘 어울리는 사자성어는?

> 보기
>
> 나모도 바히돌도 업슨 뫼헤 매게 또친 가토리 안과,
>
> 대천(大川) 바다 한가온디 일천(一千)석 시른 빈에 노도 일코 닷도 일코 농총도 근코 돗대도 것고 치도 싸지고 부람 부러 물결 치고 안개 뒤 섯계 주자진 날에 갈 길은 천리만리 나믄듸 사면이 거머어득 져뭇 천지적막 가치노을 쩟는듸 수적 만난 도사공의 안과,
>
> 엊그제 님 여흰 내 안히야 엇다가 フ을 흐리오.

① 捲土重來
② 緣木求魚
③ 前虎後狼
④ 天衣無縫

15 문맥상 〈보기〉의 ㉠, ㉡에 들어갈 단어로 가장 적절한 것은?

> 보기
>
> 현실 상황에서 개인들이 문제를 어떻게 해결해 나가는지 이해하기 위해서는 이론의 세계와 경험의 세계를 넘나드는 전략이 필요하다. (㉠) 없이는 서로 다른 상황에서 다양한 형태로 작동하는 일반적인 근본 메커니즘을 이해할 수 없다. 경험적 세계의 퍼즐을 푸는 일에 매달리지 않는 한, 이론적 저작은 경험적 세계를 반영하지 못한 채 스스로의 타성에 의해 (㉡)(으)로부터 빗나가게 된다.

① ㉠ 현실, ㉡ 이론
② ㉠ 이론, ㉡ 현실
③ ㉠ 경험, ㉡ 현실
④ ㉠ 이론, ㉡ 경험

16 국어의 형태소에 대한 설명으로 가장 옳지 않은 것은?

① 조사는 앞말에 붙어서 나타난다는 점에서 '의존형태소'이다.
② 동사의 어간은 스스로 실질적인 단어이므로 명사와 더불어 '자립형태소'이다.
③ 명사는 실제적인 의미를 가지고 있다는 면에서 동사의 어간과 더불어 '실질형태소'이다.
④ 어미는 조사와 마찬가지로 문법적 기능을 하므로, '문법형태소'이다.

17 한자어의 독음으로 옳은 것을 〈보기〉에서 모두 고른 것은?

> 보기
>
> ㄱ. 決濟(결재)   ㄴ. 火葬(화상)
> ㄷ. 模寫(묘사)   ㄹ. 裁量(재량)
> ㅁ. 冒頭(모두)   ㅂ. 委託(위탁)

① ㄱ, ㄴ, ㅂ
② ㄱ, ㄷ, ㄹ
③ ㄴ, ㄷ, ㅁ
④ ㄹ, ㅁ, ㅂ

18 밑줄 친 부분 중에서 품사가 다른 하나는?

① 그곳은 비교적 교통이 편하다.
② 손이 저리다. 아니, 아프다.
③ 보다 나은 내일을 위해 노력해라.
④ 얼굴도 볼 겸 내일 만나자.

19 〈보기〉에 대한 설명으로 가장 옳은 것은?

> 보기
>
> 대저 이 세상같이 억울하고 고르지 못한 세상이 없는지라. 가난코 약한 사람은 그 부모가 낳은 몸과 하늘이 주신 귀중한 목숨도 보전치 못하고, 심청 같은 출천대효가 필경 임당수 물에 가련한 몸을 잠겼도다. 그러나 그 잠긴 곳은 이 세상을 이별하고 간 상계니, 하나님의 능력이 한없이 큰 세상이라. 이욕에 눈이 어둔 세상 사람과 말 못하는 부처는 심청을 도웁지 못하였거니와, 임당수 물귀신이야 어찌 심청을 모르리오.

① 서술자가 개입하여 자신의 견해를 나타내고 있다.
② 대화를 통해 인물 간 대립의 양상을 드러내고 있다.
③ 인물의 외양 묘사를 통해 인물의 심리를 보여주고 있다.
④ 서술자가 주인공으로 등장하여 자신의 체험을 서술하고 있다.

20 밑줄 친 부분 중에서 목적어가 아닌 것은?

① 우리는 그의 제안을 수용할지를 결정하지 못했다.
② 사공들은 바람이 불기를 기다렸다.
③ 아이들이 건강하지를 않아 걱정이다.
④ 나는 일이 어렵고 쉽고를 가리지 않는다.

01 표준어끼리 묶인 것으로 가장 옳지 않은 것은?

① 둥물, 남사스럽다, 쌉싸름하다, 복숭아뼈
② 까탈스럽다, 걸판지다, 주책이다, 겉울음
③ 찰지다, 잎새, 꼬리연, 푸르르다
④ 개발새발, 이쁘다, 덩쿨, 마실

02 문장쓰기 어법이 가장 옳은 것은?

① 한국 정부는 독도 영유권 문제에 대하여 일본에 강력히 항의하였다.
② 경쟁력 강화와 생산성의 향상을 위해 경영 혁신이 요구되어지고 있다.
③ 이것은 아직도 한국 사회가 무사안일주의를 벗어나지 못했다는 생각이 든다.
④ 냉정하게 전력을 평가해 봐도 한국이 자력으로 16강 티켓 가능성은 높은 편이다.

03 6·25전쟁과 가장 거리가 먼 소설은?

① 손창섭, 『비오는 날』
② 박경리, 『토지』
③ 장용학, 『요한시집』
④ 박완서, 『엄마의 말뚝』

04 '권력의 무상함'을 나타내는 속담으로 가장 옳지 않은 것은?

① 달도 차면 기운다.
② 열흘 붉은 꽃이 없다.
③ 물도 가다 구비를 친다.
④ 꽃이 시들면 오던 나비도 안 온다.

05 〈보기〉에 대한 설명으로 가장 옳은 것은?

> 내가 어렸을 때만 하더라도 미국의 어린이들은 원래 북아메리카에는 100만 명가량의 인디언밖에 없었다고 배웠다. 이렇게 적은 수라면 거의 빈 대륙이라고 할 수 있으므로 백인들의 정복을 정당화하는 데 유용했다. 그러나 고고학적인 발굴과 미국의 해안 지방을 처음 밟은 유럽인 탐험가들의 기록을 자세히 검토한 결과 인디언들이 처음에는 약 2000만 명에 달했다는 것을 알게 되었다. 신세계 전체를 놓고 보았을 때 콜럼버스가 도착한 이후 한두 세기에 걸쳐 인디언의 인구는 최대 95%가 감소했을 것으로 추정된다.
> 인디언들이 죽은 주된 요인은 구세계의 병원균이었다. 인디언들은 그런 질병에 노출된 적이 없었으므로 면역성이나 유전적인 저항력이 전혀 없었다. 살인적인 질병의 1위 자리를 놓고 다투었던 것은 천연두, 홍역, 인플루엔자, 발진티푸스 등이었고, 그것으로도 충분하지 않다는 듯 디프테리아, 말라리아, 볼거리, 백일해, 페

스트, 결핵, 황열병 등이 그 뒤를 바싹 따랐다. 병원균이 보인 파괴력을 백인들이 직접 목격한 경우도 헤아릴 수 없이 많았다. 1837년 대평원에서 가장 정교한 문화를 가지고 있던 만단족 인디언들은 세인트루이스에서 미주리 강을 타고 거슬러 올라온 한 척의 증기선 때문에 천연두에 걸렸다. 만단족의 한 마을은 몇 주 사이에 인구 2000명에서 40명으로 곤두박질쳤다.

— 재레드 다이아몬드, 『총 · 균 · 쇠』 중에서 —

① 유럽은 신세계였고, 아메리카는 구세계였다.
② 인디언들은 구세계의 병원균에 대한 면역성이 없었다.
③ 만단족 인디언들의 인구 감소는 백인들의 무기 때문이었다.
④ 콜럼버스 이전에 북아메리카에는 100만 명가량의 인디언이 있었다.

06 〈보기〉의 괄호에 알맞은 한자성어는?

> 보기
>
> 일을 하다 보면 균형과 절제가 필요하다는 것을 알게 된다. 일의 수행 과정에서 부분적 잘못을 바로 잡으려다 정작 일 자체를 뒤엎어 버리는 경우가 왕왕 발생하기 때문이다. 흔히 속담에 "빈대 잡으려다 초가삼간 태운다"는 말은 여기에 해당할 것이다. 따라서 부분적 결점을 바로잡으려다 본질을 해치는 (   )의 어리석음을 저질러서는 안 된다.

① 개과불린(改過不吝)
② 경거망동(輕擧妄動)
③ 교각살우(矯角殺牛)
④ 부화뇌동(附和雷同)

07 〈보기〉의 단어에 공통으로 적용된 음운 변동은?

> 보기
>
> • 꽃내음[꼰내음]
> • 바깥일[바깐닐]
> • 학력[항녁]

① 중화   ② 첨가
③ 비음화   ④ 유음화

08 밑줄 친 단어의 품사로 가장 옳지 않은 것은?

① 나도 참을 만큼 참았다. 〈의존명사〉
   나도 그 사람만큼 할 수 있다. 〈조사〉
② 오늘은 바람이 아니 분다. 〈부사〉
   아니, 이럴 수가 있단 말인가? 〈감탄사〉
③ 그 아이는 열을 배우면 백을 안다. 〈명사〉
   열 사람이 백 말을 한다. 〈관형사〉
④ 그는 이지적이다. 〈명사〉
   그는 이지적 인간이다. 〈관형사〉

09 1960년대 한국 문학의 특징으로 가장 옳지 않은 것은?

① 전후 문학의 한계에 대한 극복이 주요한 과제로 제기되었다.
② 4 · 19혁명의 영향으로 현실비판문학이 가능하게 되었다.
③ 참여문학과 순수문학 진영 간의 논쟁이 발생하였다.
④ 민족문학과 민중문학에 대한 논의가 활발히 전개되었다.

국가직 문제 | 지방직 문제 | 서울시 문제 | 국가직 해설 | 지방직 해설 | 서울시 해설

10 〈보기〉에서 밑줄 친 부분의 발음으로 가장 옳지 않은 것은?

> **보기**
>
> 손　　자: 할아버지. 여기 있는 ㉠밭을 우리가 다 매야 해요?
> 할아버지: 응. 이 ㉡밭만 매면 돼.
> 손　　자: 이 ㉢밭 모두요?
> 할아버지: 왜? ㉣밭이 너무 넓으니?

① ㉠ : [바슬]　　　② ㉡ : [반만]
③ ㉢ : [받]　　　④ ㉣ : [바치]

11 〈보기〉의 비판대상으로 가장 옳지 않은 것은?

> **보기**
>
> 폴 매카트니는 도축장의 벽이 유리로 되어 있다면 모든 사람이 채식주의자가 될 거라고 말한 적이 있다. 우리가 식육 생산의 실상을 안다면 계속해서 동물을 먹을 수 없으리라고 그는 믿었다. 그러나 어느 수준에서는 우리도 진실을 알고 있다. 식육 생산이 깔끔하지도 유쾌하지도 않은 사업이라는 것을 안다. 다만 그게 어느 정도인지는 알고 싶지 않다. 고기가 동물에게서 나오는 줄은 알지만 동물이 고기가 되기까지의 단계들에 대해서는 짚어 보려 하지 않는다. 그리고 동물을 먹으면서 그 행위가 선택의 결과라는 사실조차 생각하려 들지 않는 수가 많다. 이처럼 우리가 어느 수준에서는 불편한 진실을 의식하지만 동시에 다른 수준에서는 의식을 못하는 일이 가능할 뿐 아니라 불가피하도록 조직되어 있는 게 바로 폭력적 이데올로기다.

① 채식주의자
② 식육 생산의 실상
③ 동물을 먹는 행위
④ 폭력적 이데올로기

12 나이와 한자어가 바르게 연결된 것은?

① 62세 – 화갑(華甲)
② 77세 – 희수(喜壽)
③ 88세 – 백수(白壽)
④ 99세 – 미수(米壽)

13 맞춤법 표기가 가장 옳은 것은?

① 이렇게 하면 되?
② 이번에는 꼭 합격할께요.
③ 서로 도우고 사는 게 좋다.
④ 그 사람은 제가 잘 압니다.

14 밑줄 친 단어의 품사가 다른 하나는?

① 그곳에서 갖은 고생을 다 겪었다.
② 우리가 찾던 것이 바로 이것이구나.
③ 인천으로 갔다. 그리고 배를 탔다.
④ 아기가 방글방글 웃는다.

15 띄어쓰기가 가장 옳은 것은?

① 창조적 독해가 현실적인 문제 해결 방안으로 활용될 수 밖에 없다.
② 사소한 오해로 철수가 나하고 사이가 멀어졌다.
③ 아는 체하는 걸 보니 공부 깨나 했나 보다.
④ 동해로 가는김에 평창에도 들렀다 가자.

16 〈보기〉에 나타난 작품 감상의 관점으로 가장 옳은 것은?

> 보기
>
> 나는 지금도 이광수의 『무정』 작품을 읽으면 가슴이 뜨거워지는 것을 느껴. 특히 결말 부분에서 주인공 이형식이 "옳습니다. 우리가 해야지요! 우리가 공부하러 가는 뜻이 여기 있습니다. 우리가 지금 차를 타고 가는 돈이며 가서 공부할 학비를 누가 주나요? 조선이 주는 것입니다. 왜? 가서 힘을 얻어오라고, 지식을 얻어오라고, 문명을 얻어 오라고 …… 그래서 새로운 문명 위에 튼튼한 생활의 기초를 세워 달라고 …… 이러한 뜻이 아닙니까?"라고 부르짖는 부분에 가면 금방 내 가슴도 울렁거려 나도 모르게 "네, 네, 네"라고 대답하고 싶단 말이야. 이 작품은 이 소설이 나왔던 1910년대 독자들의 가슴만이 아니라 아직 강대국에 싸여 있는 21세기 우리 시대 독자들에게도 조국을 생각하는 마음에 큰 감동을 주고 있다고 생각해.

① 반영론적 관점
② 효용론적 관점
③ 표현론적 관점
④ 객관론적 관점

17 '본용언 + 보조 용언' 구성이 아닌 것은?

① 영수는 쓰레기를 <u>주워서 버렸다.</u>
② 모르는 사람이 나를 <u>아는 척한다.</u>
③ 요리 맛이 어떤지 일단 <u>먹어는 본다.</u>
④ 우리는 공부를 할수록 더 많은 것을 <u>알아 간다.</u>

18 〈보기〉에 대한 설명으로 가장 옳은 것은?

> 보기
>
> 화랑도(花郎道)란, 신라 때의 청소년들이 자신의 마음과 몸을 닦고 목숨을 바쳐 나라를 지키려는 우리 고유의 정신적 흐름을 말한다. 그리고 이를 실천하기 위하여 조직된 단체를 화랑도(花郎徒)라 한다. 그 사회의 중심인물이 되기 위하여 마음과 몸을 단련하고, 올바른 사회 생활의 규범을 익히며, 나라가 어려운 시기에 처할 때 싸움터에서 목숨을 바치려는 기풍은 고구려나 백제에도 있었지만, 특히 신라에서 가장 활발하였다.
>
> – 변태섭, 『화랑도』 중에서

① 용어 정의를 통해 독자의 이해를 돕고 있다.
② 자신의 체험담을 제시하여 독자의 이해를 돕고 있다.
③ 반론을 위한 전제를 제시하여 독자의 이해를 돕고 있다.
④ 통계적 사실이나 사례 제시를 통해 독자의 이해를 돕고 있다.

19 〈보기〉의 시조를 이해한 내용으로 가장 옳지 않은 것은?

> 보기
>
> 가노라 ㉠三角山아 다시 보쟈 ㉡漢江水야
> ㉢故國山川을 써ᄂᆞ고쟈 ᄒᆞ랴마는
> 時節이 하 ㉣殊常ᄒᆞ니 올동 말동 ᄒᆞ여라
>
> – 김상헌 –

① ㉠의 다른 명칭은 '인왕산'이다.
② ㉡은 여전히 사용하는 명칭이다.
③ ㉢의 당시 국호는 '조선'이다.
④ ㉣은 병자호란 직후의 상황을 뜻한다.

20 〈보기〉는 어떤 소설의 마지막 부분이다. 괄
호 안에 들어갈 소설 속 지명은?

> ───── 보기 ─────
>
> 그러나 나는 돌아서서 전보의 눈을 피하여
> 편지를 썼다. '갑자기 떠나게 되었습니다. 찾아
> 가서 말로써 오늘 제가 먼저 가는 것을 알리고
> 싶었습니다만 대화란 항상 의외의 방향으로 나
> 가 버리기를 좋아하기 때문에 이렇게 글로써
> 알리는 바입니다. 간단히 쓰겠습니다. 사랑하
> 고 있습니다. 왜냐하면 당신은 제 자신이기 때
> 문에 적어도 제가 어렴풋이나마 사랑하고 있
> 는 옛날의 저의 모습이기 때문입니다. 저는 옛
> 날의 저를 오늘의 저로 끌어다 놓기 위하여 갖
> 은 노력을 다하였듯이 당신을 햇볕 속으로 끌
> 어 놓기 위하여 있는 힘을 다할 작정입니다. 저
> 를 믿어 주십시오. 그리고 서울에서 준비가 되
> 는 대로 소식 드리면 당신은 (   )을/를 떠나
> 서 제게 와주십시오. 우리는 아마 행복할 수 있
> 을 것입니다.' 쓰고 나서 다시 나는 그 편지를
> 읽어 봤다. 또 한번 읽어 봤다. 그리고 찢어 버
> 렸다.
> 덜컹거리며 달리는 버스 속에 앉아서 나는
> 어디쯤에선가 길가에 세워진 하얀 팻말을 보
> 았다. 거기에는 선명한 검은 글씨로 '당신은
> (   )읍을 떠나고 있습니다. 안녕히 가십시오'
> 라고 씌어 있었다. 나는 심한 부끄러움을 느꼈
> 다.

① 삼포   ② 서울

③ 거제   ④ 무진

국가직
문제

지방직
문제

서울시
문제

국가직
해설

지방직
해설

서울시
해설

01 다음 중 제시된 단어의 표준 발음과 로마자 표기가 모두 옳은 것은?

① 선릉[선능] – Seonneung
② 학여울[항녀울] – Hangnyeoul
③ 낙동강[낙똥강] – Nakddonggang
④ 집현전[지펴전] – Jipyeonjeon

02 다음 밑줄 친 부분 중 한글 맞춤법에 따라 바르게 표기된 것은?

① 방학 동안 몸이 <u>부는</u> 바람에 작년에 산 옷이 맞지 않았다.
② <u>넉넉치</u> 않은 형편에도 불구하고 도움을 주셔서 감사합니다.
③ 오늘 <u>뒤풀이는</u> 길 건너에 있는 <u>맥줏집</u>에서 하도록 하겠습니다.
④ 한문을 한글로 풀이한 이 책은 중세 국어의 자<u>료로써</u> 가치가 있다.

03 다음 중 국어의 역사에 대한 설명으로 옳은 것은?

① 띄어쓰기는 1933년 한글 맞춤법 통일안에서 규범화되었다.
② 주격 조사 '가'는 고대 국어에서부터 등장한다.

③ 'ㆍ'는 17세기 이후의 문헌에서부터 나타나지 않는다.
④ 'ㅸ'은 15세기 중반까지 사용되다가 'ㅃ'으로 변하였다.

04 다음 문장들을 두괄식 문단으로 구성하고자 할 때, 문맥상 가장 먼저 와야 할 문장은?

> ㉠신라의 진평왕 때 눌최는 백제국의 공격을 받았을 때 병졸들에게, "봄날 온화한 기운에는 초목이 모두 번성하지만 겨울의 추위가 닥쳐오면 소나무와 잣나무는 늦도록 잎이 지지 않는다. ㉡이제 외로운 성은 원군도 없고 날로 더욱 위태로우니, 이것은 진실로 지사·의부가 절개를 다하고 이름을 드러낼 때이다."라고 훈시하였으며 분전하다가 죽었다. ㉢선비 정신은 의리 정신으로 표현되는 데서 그 강인성이 드러난다. ㉣죽죽(竹竹)도 대야성에서 백제 군사에 의하여 성이 함락될 때까지 항전하다가 항복을 권유받자, "나의 아버지가 나에게 죽죽이라 이름 지어 준 것은 내가 추운 겨울에도 잎이 지지 않으며 부러질지언정 굽힐 수 없도록 하려는 것이었다. 어찌 죽음을 두려워하여 살아서 항복할 수 있겠는가."라고 결의를 밝혔다.

① ㉠   ② ㉡
③ ㉢   ④ ㉣

05 다음 중 〈보기〉의 시에 대한 감상으로 가장 적절한 것은?

---보기---

계절이 지나가는 하늘에는
가을로 가득 차 있습니다.

나는 아무 걱정도 없이
가을 속의 별들을 다 헤일 듯합니다.

가슴 속에 하나 둘 새겨지는 별을
이제 다 못 헤는 것은
쉬이 아침이 오는 까닭이요,
내일 밤이 남은 까닭이요,
아직 나의 청춘이 다하지 않은 까닭입니다.

별 하나에 추억과
별 하나에 사랑과
별 하나에 쓸쓸함과
별 하나에 동경과
별 하나에 시와
별 하나에 어머니, 어머니

---

① 화자는 어린 시절 친구들을 청자로 설정하여 내면을 고백하고 있다.
② 화자의 내면과 갈등관계에 있는 현실에 비판적 시각을 드러내고 있다.
③ 별은 시적 화자가 지향하는 내적 세계를 나타낸다.
④ 별은 현실 상황의 변화를 바라는 화자의 현실적 욕망을 상징한다.

06 다음 중 반의 관계의 성격이 다른 하나는?

① 살다 – 죽다
② 높다 – 낮다
③ 늙다 – 젊다
④ 뜨겁다 – 차갑다

07 다음 〈보기〉에 제시된 단어들과 단어 형성 원리가 같은 것은?

---보기---

개살구, 헛웃음, 낚시질, 지우개

---

① 건어물(乾魚物)
② 금지곡(禁止曲)
③ 한자음(漢字音)
④ 핵폭발(核爆發)

08 다음 중 한글 창제 당시 초성 17자에 포함되지 않는 글자가 쓰인 것은?

① 님금
② 늦거사
③ 바올
④ 가비야른

09 다음 예문과 같은 유형의 논리적 오류가 나타난 것은?

이 식당은 요즘 SNS에서 굉장히 뜨고 있어. 그러니까 엄청 맛있을 거야.

① 이 식당 음식을 꼭 먹어보도록 해. 만나는 사람들마다 이 집 이야기를 하는 걸 보니 맛이 괜찮은가 봐.
② 누구도 이 식당이 맛없다고 말한 사람은 없어. 그러니까 엄청 맛있는 집이란 소리지.
③ 여기는 유명한 개그맨이 맛있다고 한 식당이니까 당연히 맛있겠지. 그러니까 꼭 여기서 먹어야 해.
④ 이번에는 이 식당에서 밥을 먹자. 내가 얼마나 여기서 먹어보고 싶었는지 몰라. 꼭 한번 오게 되기를 간절하게 바랐어.

10 다음 글에 나타난 서술자에 대한 설명으로 가장 옳은 것은?

> 내 이상과 계획은 이렇거든요.
> 우리집 다이쇼*가 나를 자별히 귀애하고 신용을 하니까 인제 한 십 년만 더 있으면 한밑천 들여서 따로 장사를 시켜 줄 그런 눈치거든요.
> 그러거들랑 그것을 언덕삼아 가지고 나는 삼십 년 동안 예순 살 환갑까지만 장사를 해서 꼭 십만 원을 모을 작정이지요. 십만 원이면 죄선* 부자로 쳐도 천석꾼이니, 뭐 떵떵거리고 살 게 아니라구요?
> 그리고 우리 다이쇼도 한 말이 있고 하니까, 나는 내지인* 규수한테로 장가를 들래요. 다이쇼가 다 알아서 얌전한 자리를 골라 중매까지 서준다고 그랬어요. 내지 여자가 참 좋지요.
> 나는 죄선 여자는 거저 주어도 싫어요.
> 구식 여자는 얌전은 해도 무식해서 내지인하고 교제하는 데 안됐고, 신식 여자는 식자나 들었다는 게 건방져서 못쓰고, 도무지 그래서 죄선 여자는 신식이고 구식이고 다 제바리여요.
> 내지 여자가 참 좋지 뭐. 인물이 개개 일자로 이쁘겠다, 얌전하겠다, 상냥하겠다, 지식이 있어도 건방지지 않겠다, 좀이나 좋아!
> 그리고 내지 여자한테 장가만 드는 게 아니라 성명도 내지인 성명으로 갈고 집도 내지인 집에서 살고 옷도 내지 옷을 입고 밥도 내지식으로 먹고 아이들도 내지인 이름을 지어서 내지인 학교에 보내고…….
> 내지인 학교라야지 죄선 학교는 너절해서 아이들 버려 놓기나 꼭 알맞지요.
> 그리고 나도 죄선말은 싹 걷어치우고 국어만 쓰고요.
> 이렇게 다 생활법식부터도 내지인처럼 해야만 돈도 내지인처럼 잘 모으게 되거든요.
> *다이쇼: 주인 *죄선: 조선 *내지인: 일본인

① 서술자가 내지인을 비판함으로써 자기 주장을 강화하고 있다.
② 서술자가 전지적 존재로서 인물과 사건을 모두 조망할 수 있다.
③ 서술자가 작품 속에 등장하는 다른 인물의 내면을 추리하고 있다.
④ 서술자가 신뢰할 수 없는 존재로서, 독자로 하여금 서술자를 비판적으로 바라보게 한다.

11 다음 〈보기〉의 속담과 가장 관련이 깊은 말은?

> ────── 보기 ──────
> ㉠ 가물에 도랑 친다
> ㉡ 까마귀 미역 감듯

① 헛수고 　　　　② 분주함
③ 성급함 　　　　④ 뒷고생

12 다음 중 한자어와 독음이 바르게 연결된 것은?

① 陶冶 – 도치 　　② 改悛 – 개전
③ 殺到 – 살도 　　④ 汨沒 – 일몰

13 다음 〈보기〉 중 띄어쓰기가 옳은 것은?

> ────── 보기 ──────
> ㉠창 밖은 가을이다. 남쪽으로 난 창으로 햇빛은 하루하루 깊이 안을 넘본다. 창가에 놓인 우단 의자는 부드러운 잿빛이다. 그러나 손으로 ㉡우단천을 결과 반대 방향으로 쓸면 슬쩍 녹둣빛이 돈다. 처음엔 짙은 쑥색이었다. 그 의자는 아무짝에도 쓸모가 없다. ㉢30년 동안을 같은 자리에서 움직이지 않은 채 하는 일이라곤 햇볕에 자신의 몸을 잿빛으로 바래는 ㉣일 밖에 없다.

① ㉠ 　　　　② ㉡
③ ㉢ 　　　　④ ㉣

국가직 문제 / 지방직 문제 / 서울시 문제 / 국가직 해설 / 지방직 해설 / 서울시 해설

14 다음 〈보기〉의 ㉠~㉣ 중 주어가 다른 하나는?

> 보기

　진찰의 첫 단계로 임상심리 검사를 시작해 보니 환자의 증세가 참으로 특이하더군요. 도대체 이야기를 하지 않으려는 진술 거부증이 있었어요. 그리고 아까 말씀대로 터무니없이 불안해하거나 자기 생각을 거짓말로 슬슬 ㉠속여넘기려고 한단 말입니다. 그러면서 덮어놓고 자기의 머리가 이상해진 게 틀림없다고 고집이지 뭡니까. 아니 거짓말을 하거나 불안해하는 것도 모두 그렇게 자기의 머리가 이상해진 것을 확인시키려는 노력에서 ㉡그러는 것 같았어요. 하지만 우리도 물론 나중까지 환자의 이름이나 주소를 받아 놓지 않은 건 아니었지요. 한데 나중에 보호자 ㉢연락을 취해 보니 그것도 모두가 거짓말이었단 말입니다. 그런 주소에 그런 사람이 살고 있지 않다는 거예요. 환자에게 다시 진짜를 대보라고 했지만 어디 대답이 쉽습니까. 게다가 이 환자는 소지품 중에서 자신의 신분이 드러날 만한 것을 ㉣지니고 있지 않았어요.

① ㉠　　② ㉡
③ ㉢　　④ ㉣

15 다음 예문에 제시된 시사(詩史)의 전개가 순서에 맞게 배열된 것은?

> ㉠ 농민의 애환을 다룬 신경림의 「농무」를 비롯하여, 고은이나 김지하 등 참여 시인들의 작품은 현실에 저항하는 문학의 실천성을 보여주었다.
> ㉡ 한용운의 시집 『님의 침묵』이 출간되어 이 시기를 대표하는 시인으로 떠올랐고, 다른 한편으로는 조선 프롤레타리아 예술가 동맹(KAPF)이 결성되어 리얼리즘 계열의 시가 창작되기도 했다.
> ㉢ 전쟁에 참여한 시인들은 선전 선동시 등을 창작하기도 했으나 구상의 「초토의 시」처럼 황폐화된 국토의 모습을 통해 전쟁이 남긴 비극을 그려내는 작품들이 나타났다.
> ㉣ 모더니즘 시운동을 선도한 시인들이 도시적 감수성을 세련된 기교로 노래했다. 김기림은 장시 「기상도」를 통해 현대 문명을 비판했다.

① ㉡ - ㉣ - ㉠ - ㉢
② ㉡ - ㉣ - ㉢ - ㉠
③ ㉣ - ㉡ - ㉠ - ㉢
④ ㉣ - ㉡ - ㉢ - ㉠

16 다음 중 단어의 뜻풀이가 옳지 않은 것은?

① 가닐대다 - 벌레가 기어가는 것처럼 살갗에 간지럽고 자릿한 느낌이 자꾸 들다.
② 굼적대다 - 느리고 폭이 넓게 자꾸 물결치다.
③ 꼬약대다 - 음식 따위를 한꺼번에 입에 많이 넣고 잇따라 조금씩 씹다.
④ 끌끌대다 - 마음에 마땅찮아 혀를 차는 소리를 자꾸 내다.

17 다음 밑줄 친 단어의 한자어로 적합한 것은?

> <u>토의</u>는 최적의 해결 방안을 선택하기 위한 공동의 <u>사고</u> 과정이다. 이 과정이 효율적으로 진행되기 위해서는 공동체가 해결해야 할 문제와 문제의 원인을 인식하고 가능한 대안들을 도출해야 한다. 그리고 대안의 <u>선택</u>에 필요한 판단 <u>준거</u>를 토대로 대안을 분석해 최적의 대안을 선택해야 한다.

① 토의 – 討議
② 사고 – 思考
③ 선택 – 先擇
④ 준거 – 準擧

18 음운 현상은 변동의 양상에 따라 크게 다섯 가지로 구분된다. 다음 중 음운 현상의 유형이 나머지 셋과 가장 다른 하나는?

> ㉠ 대치 – 한 음소가 다른 음소로 바뀌는 음운 현상
> ㉡ 탈락 – 한 음소가 없어지는 음운 현상
> ㉢ 첨가 – 없던 음소가 새로 끼어드는 음운 현상
> ㉣ 축약 – 두 음소가 합쳐져 다른 음소로 바뀌는 음운 현상
> ㉤ 도치 – 두 음소가 서로 자리를 바꾸는 음운 현상

① 국+만 → [궁만]
② 물+난리 → [물랄리]
③ 입+고 → [입꼬]
④ 한+여름 → [한녀름]

19 문맥상 다음 ㉠에 들어갈 문장으로 가장 적절한 것은?

> 인간의 역사가 발전과 변화의 가능성을 내포하고 있는 반면, 자연사는 무한한 반복 속에서 반복을 반복할 뿐이다. 그런데 마르크스는 「1844년의 경제학 철학 수고」 말미에, "역사는 인간의 진정한 자연사이다"라고 적은 바 있다. 또한 인간의 활동에 대립과 통일이 있듯이, 자연의 내부에서도 대립과 통일은 존재한다. (㉠) 마르크스의 진의(眞意) 또한 인간의 역사와 자연사의 변증법적 지양과 일여(一如)한 합일을 지향했다는 것에 있을 것이다.

① 즉 인간과 자연은 상호 간에 필연적으로 경쟁할 수밖에 없다.
② 따라서 인간의 역사와 자연의 역사를 이분법적 대립 구도로 파악하는 것은 위험하다.
③ 즉 자연이 인간의 세계에 흡수·통합됨으로써 인간의 역사가 시작된다.
④ 그러나 인간사를 연구하는 일은 자연사를 연구하는 일보다 많은 노력이 요구된다.

국가직 문제 | 지방직 문제 | 서울시 문제 | 국가직 해설 | 지방직 해설 | 서울시 해설

20 다음 〈보기〉의 글 다음에 나올 내용으로 가장 적절한 것은?

───── 보기 ─────

　재작년이던가 여름날에 있었던 일이다. 날씨가 화창하여 밀린 빨래를 해치웠었다. 성미가 비교적 급한 나는 빨래를 하더라도 그날로 풀을 먹여 다려야 그렇지 않으면 찜찜해서 심기가 홀가분하지 않다. 그날도 여름 옷가지를 빨아 다리고 나서 노곤해진 몸으로 마루에 누워 쉬려던 참이었다. 팔베개를 하고 누워서 서까래 끝에 열린 하늘을 무심히 바라보고 있었다. 그러다가 모로 돌아누워 산봉우리에 눈을 주었다. 갑자기 산이 달리 보였다. 하, 이것 봐라 하고 나는 벌떡 일어나, 이번에는 가랑이 사이로 산을 내다보았다. 우리들이 어린 시절 동무들과 어울려 놀이를 하던 그런 모습으로.

① 자연 속에서 무소유의 교훈을 찾아야 한다.
② 성실한 삶의 자세를 가져야 한다.
③ 종교적 의지를 통해 현실을 초월해야 한다.
④ 틀에 박힌 고정관념을 극복해야 한다.

정답 및 해설

2023~2017 [국가직] 정답 및 해설

▌ [국가직] 2023년 04월 | 정답

01	③	02	①	03	③	04	②	05	④
06	④	07	①	08	①	09	②	10	④
11	③	12	①	13	②	14	②	15	④
16	③	17	④	18	④	19	②	20	③

[국가직] 2023년 04월 | 해설

01 정답 ③

[정답해설]
③의 '바다가 몸살을 앓는다.'에서 의인법이 사용되었으며, '이렇게 함부로 쓰레기를 버렸을까요?'에서 설의법이 사용되었다. 또한 '양심이 모래밭 위를 뒹굴고 있습니다.'에서 쓰레기를 마구 버린 피서객들의 양심을 구체적 사물에 비유하고 있으며, 마지막으로 '자기 쓰레기는 자기가 집으로 되가져가도록 합시다.'에서 생활 속 실천 방법을 제시하고 있다.

[오답해설]
① '미세 플라스틱'을 '보이지 않는 독'으로 비유하고 있으나, 설의적 표현과 생활 속 실천 방법을 제시하고 있지는 않다.
② '분리수거를 철저히 하고 일회용품을 줄이는 것'은 생활 속 실천 방법이지만, 설의적 표현과 비유적 표현은 사용되지 않았다.
④ '인간도 고통받게 되지 않을까요?'에서 설의적 표현이 사용되었으며, 오염된 '바다'를 '쓰레기 무덤'에 비유하고 있다. 그러나 생활 속 실천 방법은 제시되어 있지 않다.

02 정답 ①

[정답해설]
백 팀장은 워크숍 장면을 사내 게시판에 올려 공유하자는 자신의 의견을 제시하고 있으나, 팀원들의 유대감을 드러내는 표현을 사용하고 있지는 않다.

[오답해설]
② 고 대리는 반대 의사를 분명히 하면서, 사내 게시판에 영상을 공개하는 것은 부담스럽고 타 부서와 비교될 것 같다고 그 이유를 명시적으로 밝히고 있다.
③ 임 대리는 발언 초반에 팀장님 말씀대로 정보를 공유한다는 취지는 좋다고 하면서 백 팀장의 발언 취지에 공감을 표현하고 있다.
④ 임 대리는 '팀원들 의견을 먼저 들어 보고, 잘된 것만 시범적으로 한두 개 올리는 것이 어떨까요?'라며 대화 참여자의 의견을 묻는 의문문을 사용하여 자신의 의견을 간접적으로 드러내고 있다.

03 정답 ③

[정답해설]
©의 '입추의 여지가 없다.'는 송곳 끝도 세울 수 없을 정도라는 뜻으로, 발 들여놓을 데가 없을 정도로 많은 사람들이 꽉 들어찬 경우를 비유적으로 이르는 말이다.

[오답해설]
① ㉠의 '홍역을 치르다'는 (무엇이) 아주 감당하기 어려운 일을 겪다는 뜻의 관용 표현이다.
② ㉡의 '잔뼈가 굵다'는 오랜 기간 일정한 곳이나 직장에서 일을 하여 그 일에 익숙하다는 뜻의 관용 표현이다.
④ ㉣의 '어깨를 나란히 하다'는 서로 비슷한 지위나 힘을 가지다는 뜻의 관용 표현이다.

04 정답 ②

[정답해설]
먼저 글 (가)의 뒷부분에서 언급한 '많은 돈을 투자해 마케팅 조사를 해 왔다.'는 내용은 글 (다)의 '기업들의 그런 노력'에 해당되므로 글 (가) 다음에 글 (다)가 배열되어야 한다. 또한 글 (다)의 뒷부분에서 언급한 '기업들은 많은 광고비를 쓰지만 ~ 효과를 내는지는 알지 못했다.'는 글 (나)의 '그런 상황'에 해당되므로 글 (다) 다음에 글 (나)가 배열되어야 한다. 그러므로 주어진 글은 ②의 (가)-(다)-(나) 순으로 배열되어야 한다.

05 　　　　　　　　　　　　　　　정답 ④

[정답해설]
다른 사람들은 무진(霧津)에 명산물이 하나도 없다고 생각하지만, 서술자인 '나'는 무진의 명산물이 '안개'라고 생각하고 있다. 그러므로 무진(霧津)이 누구나 인정할 만한 지역의 명산물로 안개가 유명한 공간이이라는 ④의 설명은 적절하지 못하다.

[오답해설]
① '수심(水深)이 얕은 데다가 그런 얕은 바다를 몇백 리나 밖으로 나가야만 비로소 수평선이 보이는 진짜 바다다운 바다가 나오는 곳'이라고 말한 데에서 무진(霧津)이 수심이 얕아서 항구로 개발하기 어려운 공간임을 알 수 있다.
② '이렇다 할 평야가 있는 것도 아닙니다.'와 '무진을 둘러싸고 있는 산들'에서 무진(霧津)이 산으로 둘러싸여 있고 평야가 발달하지 않은 공간임을 알 수 있다.
③ '오륙 만이 되는 인구가 어떻게들 살아가나요?'라는 말에서 무진(霧津)이 명산물도 없고, 항구로 개발하기 어려운 경제적 여건에 비해 인구가 적지 않은 공간임을 알 수 있다.

[작품해설]

> ▌김승옥, 「무진기행」
> • 갈래 : 단편소설
> • 성격 : 회고적, 독백적
> • 배경 : 1960년대 무진
> • 시점 : 1인칭 주인공 시점
> • 주제 : 현실 속에 던져진 자기 존재의 파악
> • 특징
> 　– '나'의 심리 묘사를 중심으로 이야기를 전개함
> 　– 서정적이고 몽환적인 분위기

06 　　　　　　　　　　　　　　　정답 ④

[정답해설]
외국 여행을 다녀온 사람들의 여행 경험을 화자는 별것 아닌 사실을 말하는 것으로 여기고 있으므로, '작은 일을 크게 과장하여 말하다.'는 의미인 ④의 '針小棒大(침소봉대)'가 빈칸에 들어갈 사자성어로 가장 적절하다.

[오답해설]
① 刻舟求劍(각주구검): 칼을 강물에 떨어뜨리자 뱃전에 그 자리를 표시했다가 나중에 그 칼을 찾으려 한다는 뜻으로,

판단력이 둔하여 융통성이 없고 세상일에 어둡고 어리석다는 의미이다.
② 捲土重來(권토중래): 흙먼지를 날리며 다시 온다는 뜻으로, 한 번의 실패에 굴하지 않고 몇 번이고 다시 일어남 또는 패한 자가 세력을 되찾아 다시 쳐들어 온다는 의미이다.
③ 臥薪嘗膽(와신상담): 섶에 눕고 쓸개를 씹는다는 뜻으로, 원수를 갚으려고 온갖 괴로움을 참고 견딤을 이르는 말이다.

07 　　　　　　　　　　　　　　　정답 ①

[정답해설]
초장에서 '못 오던가'라는 동일 구절을 반복하여 '너', 즉 임에 대한 화자의 섭섭한 감정을 표출하고 있다.

[오답해설]
② 종장에서 '한 둘이 서른 날'은 단 하루도 시간을 낼 수 없냐며 오랫동안 자신을 찾지 않는 임에 대한 원망을 드러내고 있으나, 날짜 수를 대조하여 헤어진 기간이 길다는 것을 강조하고 있지는 않다.
③ 중장에서 동일한 어휘를 연쇄적으로 나열한 연쇄법과 과장법을 통해 오지 않는 임에 대한 그리움을 원망조로 표현하고 있으나, 감정의 기복을 표현하고 있지는 않다.
④ 중장에서 화자는 '성–담–집–뒤주–궤'의 단계적 공간으로 축소하면서 그런 극한의 장애물이 가로막고 있는 것도 아닌데 오지 않는 임에 대한 원망을 표출하고 있으나, '너'를 만날 수 있다는 희망을 표현하고 있지는 않다.

[작품해설]

> ▌작자 미상, 「어이 못 오던가」
> • 갈래 : 사설시조
> • 성격 : 해학적, 과장적
> • 제재 : 임에 대한 그리움
> • 주제 : 자신을 찾지 않는 임에 대한 원망
> • 특징
> 　– 열거법, 연쇄법을 사용한 리듬감의 형성
> 　– 임을 기다리는 안타까운 마음을 해학과 과장을 통해 솔직하게 표현

08 　　　　　　　　　　　　　　　정답 ①

[정답해설]
(가) 영 · 유아기에 발음 능력을 습득하면 음성 기관의 움직임은 자동화되어 음성 기관의 어느 부분을 언제 어떻게 움

직일지를 화자가 거의 의식하지 않는다. 그러므로 우리가 모어에 없는 외국어 음성을 발음하기 어려운 이유는 '음성 기관의 움직임이 모어의 음성에 맞게 자동화되어' 있기 때문이다.

(나) 글씨를 쓰기 위해 손을 놀리는 것은 상당히 의식적이라 할 수 있지만, 개인의 의지와 관계없이 필체가 꽤 일정하다는 사실은 손을 놀리는 데에 '무의식적이고 자동적인 면이 있음을' 의미한다.

---

09 정답 ②

[정답해설]

'어근+하다'의 준말의 표기는 '-하다' 앞이 울림소리로 끝나면 'ㅏ'는 생략하고 'ㅎ'만 남아 뒷말과 결합하여 거센소리로 표기되고, 안울림소리로 끝나면 '-하'를 통째로 생략한다.

> • 어간의 울림소리 + 하 = '-하'의 모음 'ㅏ'만 탈락
> • 어간의 안울림소리(ㄱ, ㅂ, ㅅ, ㄷ) + 하 = '-하'가 통째로 탈락

㉠ 무정하다 → 무정타(○)
　'무정타'는 '무정하다'에서 울림소리 'ㅇ' 뒤의 '-하'가 모음 'ㅏ'만 탈락한 것이다.
㉢ 선발하도록 → 선발토록(○)
　'선발토록'은 '선발하도록'에서 울림소리 'ㄹ' 뒤의 '-하'가 모음 'ㅏ'만 탈락한 것이다.

[오답해설]

㉡ 섭섭치 → 섭섭지
　'섭섭지'는 '섭섭하지'에서 안울림소리 'ㅂ' 뒤의 '-하'가 통째로 탈락한 것이다.
㉣ 생각컨대 → 생각건대
　'생각건대'는 '생각하건대'에서 안울림소리 'ㄱ' 뒤의 '-하'가 통째로 탈락한 것이다.

---

10 정답 ④

[정답해설]

㉣ 記憶(기억) → 追憶(추억)
• 기억(記憶: 기록할 기, 생각할 억) → 이전의 인상이나 경험을 의식 속에 간직하거나 도로 생각해 냄
• 추억(追憶: 쫓을 추, 생각할 억) → 지난 일을 돌이켜 생각함 또는 그런 생각이나 일

[오답해설]

① ㉠ 도착(到着 : 이를 도, 붙을 착) → 목적한 곳에 다다름
② ㉡ 불상(佛像 : 부처 불, 모양 상) → 부처의 형상을 표현한 상
③ ㉢ 경지(境地 : 지경 경, 땅 지) → 1. 일정한 경계 안의 땅 / 2. 학문, 예술, 인품 따위의 일정한 특성과 체계를 갖춘 독자적인 범주나 부분 / 3. 몸이나 마음, 기술 따위가 어떤 단계에 도달해 있는 상태

---

11 정답 ③

[정답해설]

제시문에 따르면 사람의 '지각과 생각'은 프레임이라는 안경을 쓰고 세상을 보고 있음을 의미하는 것이므로, 프레임은 극복해야 할 대상이라고 할 수 없다.

[오답해설]

① 제시문의 마지막 문장에서 '어떤 프레임의 지배도 받지 않고 세상을 있는 그대로, 객관적으로 본다고 주장하는 것'은 진실이 아니라고 서술되어 있으므로 인간의 정신 활동은 프레임 없이 일어나지 않는다고 볼 수 있다.
② 제시문에서 어떤 프레임의 지배도 받지 않고 세상을 객관적으로 본다고 주장하는 것은 진실이 아니라고 하였으므로, 프레임은 인간이 세상을 바라볼 때 주관적인 어떤 편향성을 가지게 한다고 볼 수 있다.
④ 제시문에서 사람의 '지각과 생각'은 항상 어떤 맥락, 관점 혹은 어떤 평가 기준이나 가정하에서 일어나며, 이러한 맥락, 관점, 평가 기준, 가정을 프레임이라고 하였다. 그러므로 프레임은 인간의 정신 활동에 영향을 미치는 어떤 맥락이나 평가 기준으로 볼 수 있다.

---

12 정답 ①

[정답해설]

제시문에 따르면 보잉은 시스템이 불안정하고 완벽하지 않기 때문에 조종사가 항공기를 통제할 수 있는 전권을 가지는 반면, 에어버스는 '인간은 실수할 수 있는 존재'라고 전제하여 컴퓨터가 조종사의 조작을 감시하고 제한하도록 설계되었다. 그러므로 보잉은 시스템의 불완전성을, 에어버스는 인간의 실수 가능성을 고려하여 설계되었다고 할 수 있다.

[오답해설]

② 베테유가 "인간은 실수할 수 있는 존재"라고 전제하고 있으나, 윌리엄 보잉이 인간의 실수 여부에 대해 판단한 내용은 제시문에 나타나 있지 않다.

③ 에어버스는 컴퓨터가 조종사의 행동을 제한하거나 조종에 개입할 수 있게 설계되어 있다고 서술되어 있으므로, 에어버스의 조종사가 항공기 운항에서 자동조종시스템을 통제하고 조작하는 것은 아니다.

④ 보잉의 경우 조종사가 대개 항공기를 조종간으로 직접 통제한다고 서술되어 있으나, 자동조종시스템을 사용하지 않고 항공기를 조종한다는 설명은 제시문에 나타나 있지 않다.

13 　　　　　　　　정답 ②

[정답해설]

전기 · 가스 사고가 날까 두려워하는 것은 현재 발생하지 않았으며 미래에 일어날지 모르는 불명확한 위협에 의해 야기된 상태를 의미하므로 불안에 해당된다.

[오답해설]

① '나 자신'이 위험한 상황에 놓여 있다는 사실을 아는 것은 불안이 아니라 공포이며, 공포감과 불안감의 크기는 비교의 대상이 아니다.

③ '시험에 불합격할 수 있다는 생각'은 현재 발생하지 않았으며 미래에 일어날지 모르는 불명확한 위협에 해당하므로 공포가 아니라 불안이다.

④ 과거에 큰 교통사고를 경험한 사람은 교통사고를 또다시 당할지 모르는 미래의 불명확한 위협에 '나 자신'이 위해를 입을까 봐 걱정하는 불안감이 커진다.

14 　　　　　　　　정답 ②

[정답해설]

프톨레마이오스의 주전원(周轉圓)은 지구를 중심으로 공전하는 원 궤도에 중심을 두고 있는 원으로, 이 원을 따라 공전 궤도를 그리면서 행성들이 운동한다고 주장하였다. 그러므로 프톨레마이오스의 주전원은 지동설이 아니라 천동설을 지지하고자 만든 개념이다.

[오답해설]

① 과학 혁명 이전 시기에는 아리스토텔레스의 세계관에 따라 모든 천체가 원운동을 하면서 지구 주위를 공전한다는 천동설이 정설로 받아들여졌다.

③ 천동설은 우주의 중심을 지구에 두고 있는 반면, 지동설은 우주의 중심을 태양에 두고 있다. 그러므로 천동설과 지동설은 우주의 중심을 어디에 두느냐에 따라 구분된다고 볼 수 있다.

④ 제시문의 마지막 문장에서 코페르니쿠스의 지동설은 행성들의 운동에 대해 프톨레마이오스보다 수학적으로 단순하게 설명하였다고 서술되어 있다. 그러므로 행성의 공전에 대한 프톨레마이오스의 설명은 코페르니쿠스의 설명보다 수학적으로 복잡하다고 볼 수 있다.

15 　　　　　　　　정답 ④

[정답해설]

'으레'는 '두말할 것 없이 당연히' 또는 '틀림없이 언제나'의 뜻으로, '의례(依例)'에서 '으례'가 되고 모음이 단순화하여 '으레'가 표준어가 되었다.

[오답해설]

① 수염소 → 숫염소
　 수컷을 이르는 접두사는 '수-'로 통일하되 양, 염소, 쥐는 '숫-'을 쓴다.

② 윗층 → 위층
　 명사 '위'에 맞추어 '윗-'으로 통일하되, '아래, 위'의 대립이 있고 뒷말의 첫소리가 된소리와 거센소리이면 '위'를 쓴다.

③ 아지랭이 → 아지랑이
　 'ㅣ' 모음 역행 동화가 일어나지 않은 형태인 '아지랑이'가 표준어이다.

16 　　　　　　　　정답 ③

[정답해설]

제시문에 따르면 '정교한 독서'는 정독(精讀)이며, '빨리 읽기'는 속독(速讀)이다. 해당 문장에서 문해력의 증가는 '정교하고 빠르게 읽기'라고 하였으므로, ⓒ의 정속독(正速讀)을 '정속독(精速讀)'으로 수정해야 옳다.

[오답해설]

① '정독(精讀)'과 '정독(正讀)'은 소리는 같지만 뜻이 다르므로, ㉠의 내용은 수정할 필요가 없다.

② '무엇이 정교한 것일까?'라는 의문을 통해 '정교한 독서'를 설명하고 있으므로, ⓒ의 '정독(精讀)'은 수정할 필요가 없다.

④ 문해력의 증가는 '정교하고 빠르게 읽기'인 정속독(精速讀)이며, 빼먹고 읽는 습관은 난독이라고 하였다. 그러므로 문맥상 ㉢의 '정독이 빠진 속독'은 수정할 필요가 없다.

국가직
문제

지방직
문제

서울시
문제

국가직
해설

지방직
해설

서울시
해설

17 정답 ④

[정답해설]

매미 울음소리가 절정에 이르렀다가 사라진 직후의 상황을 표현한 '정적의 소리'는 반어적 표현이 아니라 역설적 표현에 해당된다. 반어법은 하려고 하는 말과 반대로 해서 강조하는 표현법이고, 역설법은 말이 안 되거나 모순되게 해서 강조하는 표현법이다.

[오답해설]

① 한여름 절정의 매미 울음이 아무 기척도 없는 정적의 소리로 바뀌는 것을 통해 여름에서 가을로 계절이 변화하고 있음을 알 수 있다. 또한 '매미 울음'과 '정적의 소리인 듯 쟁쟁쟁'에 사용된 청각적 심상과 '그늘의 소리'에 사용된 공감각적(시각의 청각화) 심상을 통해 이러한 자연 현상을 감각적으로 제시하고 있다.

② 1연의 '매미 울음'과 '정적의 소리인 듯 쟁쟁쟁'에서는 청각적 이미지를, 그리고 2연의 '맑은 구름만 눈부시게 하늘 위에 펼치기만 하노니'에서는 시각적 이미지를 활용하여 시상을 전개하고 있다.

③ 2연에서 소나기가 그치고 맑은 구름이 펼쳐진 것을 통해 '소나기'처럼 열정적인 사랑이 '맑은 구름'처럼 평온해지는 사랑의 속성을 드러내고 있다. 마찬가지로 1연에서 절정의 '매미 울음'처럼 열정적인 사랑이 아무 기척도 없는 '정적의 소리'처럼 평온해지는 사랑의 속성을 드러내고 있다.

[작품해설]

> ▌ 박재삼, 「매미 울음 끝에」
> • 갈래 : 자유시, 서정시
> • 성격 : 관찰적, 감각적, 사색적
> • 제재 : 매미 울음
> • 주제 : 사랑의 본질적 속성에 대한 깨달음
> • 특징
>   – 역설법을 통해 매미 울음소리가 잦아든 상황을 제시함
>   – 청각, 시각, 공감각 등의 다양한 이미지를 통해 화자의 사랑에 대한 깨달음을 감각적으로 드러냄
>   – 매미 울음소리와 사랑의 공통된 속성을 통해 주제 의식을 표현함

18 정답 ④

[정답해설]

호메로스의 『일리아드』와 『오디세이아』에서는 신과 인간의 세계가 하나로 얽혀 있는 반면에, 소포클레스나 에우리피데스의 비극에서는 총체성이 흔들려 신과 인간의 세계가 분리된다. 그러므로 에우리피데스의 비극에 비해 『오디세이아』에서는 신과 인간의 결합 정도, 즉 '총체성'이 높다고 할 수 있다.

[오답해설]

① 제시문의 '셋째' 내용에서 플라톤으로 대표되는 '철학의 시대'는 이미 계몽된 세계라고 하였다. 그러므로 계몽사상은 '첫째'인 서사시의 시대가 아니라, '둘째'인 비극의 시대에서 '셋째'인 철학의 시대로의 전환을 이끌었다고 볼 수 있다.

② 제시문의 '셋째' 내용에서 '철학의 시대'에는 신과 인간의 세계가 완전히 분리됨으로써 신의 세계는 인격적 성격을 상실하여 '이데아'라는 추상성의 세계로 바뀐다고 설명하고 있다. 그러므로 플라톤의 이데아는 신탁이 사라진 시대의 비극적 세계가 아니라 추상성의 세계를 표현한다.

③ 루카치는 각기 다른 기준이 아니라, 신과 인간의 결합 정도를 가리키는 '총체성' 개념을 기준으로 그리스 세계를 세 시대로 구분하였다.

19 정답 ②

[정답해설]

제시문에 따르면 17세기 이후에 창작된 방관자형에서는 몽유자가 꿈속 인물들과 함께 현실을 비판하는 것이 아니라 구경꾼의 위치에 서 있다고 서술하고 있다. 그러므로 몽유자가 현실을 비판하는 경향이 강하게 나타난다는 ②의 설명은 제시문의 내용과 부합하지 않는다.

[오답해설]

① 제시문에서 참여자형은 몽유자가 꿈에서 만난 인물들의 모임에 초대를 받고 토론과 시연에 직접 참여하는 반면, 방관자형은 몽유자가 인물들의 모임을 엿볼 뿐 직접 그 모임에 참여하지는 않는다고 설명하고 있다. 그러므로 몽유자가 꿈속 인물들의 모임에 직접 참여하는지, 참여하지 않는지에 따라 몽유록의 유형을 나눌 수 있다.

③ 제시문에 따르면 주로 17세기 이후에 창작된 방관자형 몽유록은 몽유자가 꿈속 인물들과 함께 현실을 비판하는 것이 아니라 구경꾼의 위치에 서 있으며, 그 내용도 통속적이고 허구적인 성격으로 변모하였다고 설명하고 있다.

④ 제시문에 따르면 참여자형 몽유록에서 몽유자와 꿈속 인물들은 동질적인 이념을 공유하고 현실의 고통스러운 문제에 대해 의견을 나누며 비판적인 목소리를 낸다고 서술하고 있다.

20   정답 ③

[정답해설]

제시문에 따르면 디지털 트윈의 이용자는 가상 세계에서의 시뮬레이션을 통해 미래 상황을 예측할 수 있으며, 국내외의 글로벌 기업들은 여러 산업 분야에서 디지털 트윈을 도입하여 사전에 위험 요소를 제거하고 수익 모델의 효율성을 높이고 있다고 설명하고 있다. 그러므로 디지털 트윈에서의 시뮬레이션으로 현실 세계의 위험 요소를 찾아내고 방지할 수 있다는 ③의 설명은 제시문의 내용과 부합한다.

[오답해설]

① 제시문에 디지털 트윈이 주목받는 이유는 안정성과 경제성 때문이라고 서술되어 있으나, 글로벌 기업들의 고용률 향상은 언급되어 있지 않다.
② 제시문에서 디지털 트윈의 과정은 실제 실험보다 매우 빠르고 정밀하며 안전할 뿐 아니라 비용도 적게 든다고 하였으므로, 디지털 트윈의 데이터 모델은 현실 세계의 각종 실험 모델보다 경제성이 높다.
④ 현실 세계의 이용자에게 새로운 문화적 경험을 제공하는 데 목적이 있는 것은 디지털 트윈이 아니라 메타버스이다.

▌[국가직] 2022년 04월 | 정답

01	③	02	②	03	④	04	③	05	②
06	④	07	①	08	②	09	④	10	③
11	②	12	②	13	④	14	①	15	④
16	③	17	④	18	①	19	③	20	①

[국가직] 2022년 04월 | 해설

01   정답 ③

[정답해설]

③ 썩혀 → 썩여

'걱정이나 근심 따위로 마음이 몹시 괴로운 상태가 되게 만들다'는 의미인 '썩다'의 사동사로 '썩이다'가 바른 표기이다.

[오답해설]

①·④ '물건이나 사람 또는 사람의 재능 따위가 쓰여야 할

곳에 제대로 쓰이지 못하고 내버려진 상태에 있다'는 의미인 '썩다'의 사동사로 '썩히다'가 바르게 사용되었다.
② '유기물이 부패 세균에 의하여 분해됨으로서 원래의 성질을 잃어 나쁜 냄새가 나고 형체가 뭉개지는 상태가 되다'는 의미인 '썩다'의 사동사로 '썩히다'가 바르게 사용되었다.

[보충해설]

> ▌ '썩다'의 사전적 의미
> 1. 유기물이 부패 세균에 의하여 분해됨으로써 원래의 성질을 잃어 나쁜 냄새가 나고 형체가 뭉개지는 상태가 된다.
>   예 고기가 썩다.
> 2. 사람 몸의 일부분이 균의 침입으로 기능을 잃고 회복하기 어려운 상태가 된다.
>   예 사랑니가 썩다.
> 3. 쇠붙이 따위가 녹이 심하게 슬어 부스러지기 쉬운 상태가 된다.
>   예 빗물받이가 썩었다.
> 4. 물건이나 사람 또는 사람의 재능 따위가 쓰여야 할 곳에 제대로 쓰이지 못하고 내버려진 상태에 있다.
>   예 그는 시골에서 썩기에는 아까운 인물이다.
> 5. 사회의 조직이나 기관, 또는 사람의 사고방식이나 생각 따위가 건전하지 못하고 부정이나 비리를 저지르는 상태가 된다. 예 그런 썩어 빠진 정신 상태로 뭐가 되겠니?
> 6. 사람의 얼굴이 윤기가 없이 검고 꺼칠한 상태가 된다.
>   예 과로로 얼굴이 썩었다.
> 7. (주로 '썩어 나–' 구성으로 쓰여) 흔할 정도로 많은 상태에 있다.
>   예 돈이 썩어 나도 너한테는 안 빌려준다.

02   정답 ②

[정답해설]

'어떤 일이 이루어지기를 기다리는 간절한 마음'을 뜻하는 단어의 표기는 '바램'이 아니라 '바람'이다. 그러므로 '바람입니다'를 '바램입니다'로 고쳐 쓴 것은 적절하지 않다. 또한 해당 문장은 능동 표현으로 쓰는 것이 자연스러우므로 '좋은 결실이 맺어졌으면'을 '좋은 결실을 맺었으면'으로 고쳐 쓰는 것이 적절하다.

[오답해설]

① 많이 틀려 → 많이 달라

'틀리다'는 '셈이나 사실 따위가 그르게 되거나 어긋나다'

는 의미로, 해당 문장을 문맥상 '비교가 되는 두 대상이 서로 같지 아니하다'는 의미인 '다르다'로 고쳐 쓴 것은 적절하다.

③ 좋겠어 → 좋겠다는 거야

　주어 '내가'와 서술어 '좋겠어'의 호응이 어울리지 않으므로 '좋겠어'를 '좋겠다는 거야'로 고쳐 쓴 것은 적절하다.

④ 시련을 → 인간에게 시련을

　'…에/에게 …을 주다'의 형태로 쓰이는 서술어 '주다'의 대상으로써 부사어 '인간에게'를 넣어 고쳐 쓴 것은 적절하다.

03　정답 ④

[정답해설]

당랑거철(螳螂拒轍)은 제 역량을 생각하지 않고, 강한 상대나 되지 않을 일에 덤벼드는 무모한 행동거지를 비유적으로 이르는 말로, '신중한 태도로 문제의 본질에 접근하다'는 해당 문장의 내용과는 어울리지 않는다. 글의 문맥상 호랑이 같이 예리한 통찰력으로 꿰뚫어 보며 소처럼 성실하고 신중하게 행동함을 뜻하는 호시우보(虎視牛步)라는 사자성어가 어울린다.

[오답해설]

① 구곡간장(九曲肝腸) : '굽이굽이 서린 창자'라는 뜻으로, 깊은 마음속 또는 시름이 쌓인 마음속을 비유적으로 이르는 말이다.

② 곡학아세(曲學阿世) : 바른길에서 벗어난 학문으로 세상 사람에게 아첨함을 이르는 말이다.

③ 구밀복검(口蜜腹劍) : '입에는 꿀이 있고 배 속에는 칼이 있다'는 뜻으로, 말로는 친한 듯하나 속으로는 해칠 생각이 있음을 이르는 말이다.

04　정답 ③

[정답해설]

'지민'이와 '정수'는 아이스크림 회사의 면접 내용에 대해 견해를 달리하지만, '지민'이가 아이스크림 매출 증가에 관한 통계 자료를 인용해서 답변한 전략도 설득력이 있었다고 '정수'의 견해를 존중하면서도 '초두 효과의 효용성'에 대한 자신의 의견을 제시하고 있다.

[오답해설]

① '지민'은 면접 전략 강의를 듣고 자신의 의견을 제시하고 있으나, 자신의 면접 경험을 예로 들어 '정수'를 설득하고 있지는 않다.

② '지민'이 '정수'의 약점을 공략하거나, '정수'의 이견을 반박하고 있지는 않다.

④ '지민'이가 면접 전략 강의에 대해 '정수'와 견해를 달리 하지만, '정수'의 견해를 존중하고 있으므로 이를 갈등으로 보기는 어렵고 또한 갈등 해소를 위한 감정적 표현도 나타나 있지 않다.

05　정답 ②

[정답해설]

'이는 필시 사부가 나의 생각이 그릇됨을 알고 나로 하여금 이런 꿈을 꾸게 하시어'에서 '성진'이 꿈을 꾸게 한 것은 사부이며, '인간 세상의 승상 양소유가 아니라 연화도량의 행자 성진임을 비로소 깨달았다' 등에서 '양소유' 스스로 인간 세상에 환멸을 느껴 '성진'의 모습으로 되돌아온 것이 아님을 알 수 있다.

[오답해설]

① 성진은 꿈속에서 인간 세상의 '양소유'로 태어나 장원급제를 하여 한림학사가 되었다.

③ '성진'이 있는 현실의 공간인 연화도량은 인간 세상이 아닌 천상계이고, 승상 '양소유'가 있는 꿈속의 공간은 인간 세상인 지상계이다.

④ '성진'은 자신의 외양을 통해 연화도량의 행자 성진임을 깨달았으며, 승상 양소유가 되어 두 공주와 여섯 낭자로 더불어 즐기던 것이 하룻밤 꿈이었음을 알고 꿈에서 돌아왔음을 인식하였다.

[작품해설]

> ▌김만중, 「구운몽」
> - **갈래** : 고전 소설, 한글 소설, 염정 소설, 몽자류 소설
> - **문체** : 만연체, 문어체, 산문체
> - **시점** : 전지적 작가 시점
> - **배경** : 중국 당나라
> - **제재** : 꿈
> - **근원설화** : 조신설화
> - **주제** : 인생무상의 깨달음을 통한 허무의 극복
> - **특징**
>   - 몽자류 소설의 효시
>   - '현실 → 꿈 → 현실'의 이중적 환몽 구조
>   - 우연적, 전기적, 비현실적 내용
>   - 유교, 불교, 도교 사상이 모두 나타남
>   - 꿈이 현실 같고 현실이 꿈같은 역설적 구조

06   정답 ④

[정답해설]
(라)는 임금의 승하를 애도하는 조식의 시조로, 화자는 산중에 은거하면서 서산의 해가 졌다는 소식에 슬퍼하고 있다. 여기서 '히 디다'는 임금이 승하한 것을 비유적으로 표현한 것이므로, ㉣의 '히'는 오랜 세월을 함께한 '벗'을 가리키는 것이 아니라 승하한 '임금'을 뜻한다.

[오답해설]
① (가)는 수양대군의 계유정난을 풍자한 유응부의 시조로, '부람'과 '눈서리'는 단종의 왕위를 빼앗은 수양대군의 폭거를 나타내며, ㉠의 '낙락장송(落落長松)'은 수양대군에 의해 억울하게 해를 입은 단종의 충신을 가리킨다.
② (나)는 광해군의 인목 대비 폐위를 반대하다 유배를 가며 지은 이항복의 시조로, ㉡의 '님'은 임금을 가리키고, '구중심처(九重深處)'는 임금이 사는 궁궐을 뜻한다.
③ (다)는 임에 대한 애절한 그리움을 형상화한 계량의 시조로, 화자는 배꽃이 떨어지는 봄에 이별한 임을 낙엽이 떨어지는 가을에도 여전히 그리워하는데, 헤어진 임도 날 생각하는지 궁금해 하고 있다. 그러므로 ㉢의 '저'는 헤어진 연인을 가리킨다.

07   정답 ①

[정답해설]
㉠ **가름**: '승부나 등수 따위를 정하는 일'을 뜻한다.
㉡ **부문(部門)**: '일정한 기준에 따라 분류하거나 나누어 놓은 낱낱의 범위나 부분'을 뜻한다.
㉢ **구별(區別)**: '성질이나 종류에 따라 차이가 남 또는 성질이나 종류에 따라 갈라놓음'을 뜻한다.

[오답해설]
㉠ **갈음**: '다른 것으로 바꾸어 대신함'을 뜻한다.
㉡ **부분(部分)**: '전체를 이루는 작은 범위 또는 전체를 몇 개로 나눈 것의 하나'를 뜻한다.
㉢ **구분(區分)**: '일정한 기준에 따라 전체를 몇 개로 갈라 나눔'을 뜻한다.

08   정답 ②

[정답해설]
(가) 친구가 사고를 당해 머리를 다쳤다는 사실을 언급하며 '자전거 사고'라는 주제에 대한 청자의 주의나 관심을 환기하고 있으므로 동기화 1단계이다.

(다) '여러분도 가끔 자전거를 타는 경우가 있을 것'이라고 하면서 자전거 사고라는 '특정 문제'를 청자와 관련지어 설명하고 있으므로 동기화 2단계이다.
(나) '자전거를 탈 때 헬멧을 착용하면 머리를 보호할 수 있다'는 해결 방안을 제시하여 청자의 이해와 만족을 유도하고 있으므로 동기화 3단계이다.
(라) 헬멧을 착용하면 자전거 사고를 당해도 뇌손상을 비롯한 신체 피해를 줄일 수 있고 즐거움과 편리함을 안전하게 누릴 수 있다며, 헬멧 착용이라는 해결 방안이 청자에게 어떤 도움이 되는지 구체화하고 있으므로 동기화 4단계이다.
(마) 자전거를 탈 때 안전을 위해 반드시 헬멧을 착용하자며 구체적인 행동의 내용과 방법을 제시하여 특정 행동을 요구하고 있으므로 동기화 5단계이다.

09   정답 ④

[정답해설]
두 번째 문단에서 복지 공감 지도를 활용하면 복지 혜택이 필요한 지역과 수급자를 빨리 찾아낼 수 있으며, 생필품 지원이나 방문 상담 등 복지 기관의 맞춤형 대응이 가능하고, 최적의 복지 기관 설립 위치를 선정할 수 있다고 서술하고 있다. 그러나 복지 혜택에 대한 수급자들의 개별 만족도를 파악할 수 있다는 내용은 언급되어 있지 않다.

[오답해설]
① 첫 번째 문단에서 빅데이터를 활용하여 '복지 공감 지도'를 제작하고 복지 기관 접근성 분석을 통해 취약 지역 지원 방안을 제시하고 있으므로, 빅데이터를 활용하여 복지 사각지대를 줄이는 방안을 마련할 수 있다고 볼 수 있다.
② 세 번째 문단에서 복지 기관으로부터 약 15분 내 위치한 수급자에게 복지 혜택이 집중되고 있는 것도 확인했다고 하였으므로, 복지 기관과 수급자 거주지 사이의 거리는 복지 혜택의 정도에 영향을 준다고 볼 수 있다.
③ 세 번째 문단에서 복지 기관 방문이 어려운 수급자를 위해 복지 셔틀버스 노선을 4개 증설할 계획을 수립했다고 서술하고 있으므로, 복지 기관 접근성 분석의 결과는 복지 셔틀버스 노선 증설의 근거가 된다고 볼 수 있다.

10   정답 ③

[정답해설]
'배꼽'은 일반적으로 '탯줄이 떨어지면서 배의 한가운데에 생긴 자리'를 가리키지만 바둑에서는 '바둑판의 한가운데'라는 의미로 쓰이는 것이므로, ㉢처럼특수한 영역에서 사용되던

말이 일반화된 것이 아니라 일반적 의미의 단어가 특수한 영역의 의미로 사용된 경우에 해당된다.

[오답해설]
① '코'가 콧구멍에서 흘러나오는 액체인 '콧물'의 의미로 쓰이는 것은 한쪽(코)이 다른 한쪽(콧물)의 의미까지 포함하는 의미로 변화하게 된 ㉠의 경우에 해당된다.
② 원래 식물의 이름이었던 '수세미'가 오늘날 '그릇을 씻는 데 쓰는 물건'이라는 의미로 쓰이는 것은 시대의 변화에 따라 지시 대상 자체가 바뀌어서 의미 변화가 발생한 ㉡의 경우에 해당된다.
④ 무서운 전염병인 '천연두'를 '손님'이라고 부른 것은 심리적인 이유로 특정 표현을 피하려다 그것을 대신하는 단어의 의미에 변화가 생긴 ㉣의 경우에 해당된다.

---

11 정답 ②

[정답해설]
글쓴이는 건의에 대한 신뢰성을 높이기 위해 지나친 야간 조명이 식물의 성장에 부정적인 영향을 끼쳐 작물 수확량을 감소시킬 수 있다는 연구 자료를 인용하고 있으나 그 출처를 밝히고 있지는 않다.

[오답해설]
① 지나친 야간 조명이 식물의 성장에 부정적인 영향을 끼쳐 작물 수확량을 감소시킬 수 있으므로, 이 문제에 대해 경각심을 가질 필요가 있다고 시장에게 빛 공해로 인한 농장이 겪는 어려움에 대해 관심을 촉구하고 있다.
③ ○○군에서도 빛 공해 문제를 해결하기 위해 야간 조명의 조도를 조정하는 프로젝트를 진행한 바 있다며, 다른 지역에서 야간 조명으로 인한 폐해를 해결하기 위해 노력한 사례를 언급하고 있다.
④ 골프장의 야간 운영을 제한하면 이윤을 추구하는 골프장 측의 반발이 예상되므로 계절에 따라 야간 운영 시간을 조정하거나 운영 제한에 따른 손실금을 보전해 주는 보완책을 해결 방안으로 제시하고 있다.

---

12 정답 ②

[정답해설]
㉢의 '저 책'에서 '저'는 말하는 이와 듣는 이로부터 멀리 있는 대상을 가리키는 관형사이므로, 화자인 '이진'과 청자인 '태민'으로부터 모두 멀리 있는 책을 가리킨다. 그러므로 화자보다 청자에게 멀리 있는 대상을 가리킨다는 ②의 설명은 적절하지 않다.

[오답해설]
① ㉠의 '이 책'에서 '이'는 말하는 이에게 가까이 있는 대상을 가리키는 관형사이므로, 청자인 '태민'보다 화자인 '이진'에게 가까이 있는 책을 가리킨다. 반면에 ㉡의 '그 책'에서 '그'는 듣는 이에게 가까이 있는 대상을 가리키는 관형사이므로, 화자인 '태민'보다 청자인 '이진'에게 가까이 있는 책을 가리킨다.
③ '이진'이 ㉢의 '저 책'은 어떠냐고 묻자, '태민'이 ㉣의 '그 책'도 함께 읽어 보겠다고 대답하고 있으므로, ㉢과 ㉣은 같은 대상을 가리키고 있다.
④ '이진'은 앞에서 말한 두 책을 들고 계산대로 가면서 생일 선물로 ㉤의 '이 책' 두 권을 모두 사준다고 하였다. 그러므로 ㉤의 '이 책'은 ㉡의 '그 책'과 ㉢의 '저 책' 모두를 가리킨다.

---

13 정답 ④

[정답해설]
「아동권리에 관한 제네바 선언」은 아동을 보호의 객체로만 인식했을 뿐 생존, 보호, 발달을 위한 적극적인 권리의 주체로 인식하지 않았다. 아동을 자신의 권리를 주장할 수 있는 능동적인 존재로 인식하기 시작한 것은 1989년 유엔 총회에서 채택된 「아동권리협약」을 통해서이다.

[오답해설]
① 첫 번째 문단에서 전근대 사회에서 아동의 권리에 대한 인식은 존재하지 않았으나, 자본주의가 탄생한 근대 사회에 이르러 아동 보호가 시작되었다고 서술되어 있다. 그러므로 아동의 권리에 대한 인식은 근대 이후에 형성되었다.
② 세 번째 문단에서 우리나라는 1898년 유엔 총회에서 채택된 「아동권리협약」을 토대로 2016년 「아동권리헌장」 9개 항을 만들었다고 설명하고 있다.
③ 「아동권리에 관한 제네바 선언」에는 "아동은 물리적으로나 정신적으로 정상적인 발달을 위해 필요한 조건이 충족되어야 한다."는 내용이 포함되어 있고, 「아동권리협약」과 이를 토대로 만든 「아동권리헌장」에는 '생존과 발달의 권리'라는 기본 원칙을 포함하고 있다고 서술되어 있다. 그러므로 「아동권리에 관한 제네바 선언」, 「아동권리협약」, 「아동권리헌장」 모두 아동의 발달에 대한 내용이 들어가 있다.

---

14 정답 ①

[정답해설]
이 작품은 '겨울'로 상징화된 분단의 현실을 극복하고 '봄'으

로 상징화된 자주 통일에 대한 염원을 노래하고 있다. 그러므로 현실을 초월한 순수 자연의 세계를 노래하고 있는 것은 아니다.

[오답해설]

② 1연의 '오지 않는다', 2연의 '움튼다', 3연의 '움트리라' 등의 단정적 어조를 사용해 자주 통일에 대한 희망과 신념을 드러내고 있다.

③ 통일을 상징하는 '봄', 분단 상황을 상징하는 '겨울' 그리고 한반도를 둘러싼 외세를 상징하는 '남해'와 '북녘' 등의 시어들을 통해 시의 주제를 형성하고 있다.

④ 시의 화자는 자주적 통일을 상징하는 '봄'과 분단의 현실을 상징하는 '겨울'의 이원적 대립으로 시상을 전개하며, 분단의 아픈 현실을 극복하고 자주적 평화 통일을 이루자고 노래하고 있다.

[작품해설]

> ▌ 신동엽, 「봄은」
> • 갈래 : 자유시, 참여시
> • 성격 : 상징적, 참여적, 의지적
> • 제재 : 겨울과 봄
> • 주제 : 자주적 통일에 대한 염원
> • 특징
>   – '봄'과 '겨울'의 대립적이고 상징적인 이미지를 사용하여 시상을 전개
>   – 단정적인 어조를 사용해 자주 통일에 대한 의지를 드러냄
>   – 상징법, 대유법, 대조법 등 다양한 표현법 사용함

---

15 정답 ④

[정답해설]

(마) 사회를 '서로 의지하는 인연의 한 단체'로 규정한 글 (마)가 맨 처음 위치한다.

(다) 글 (마)의 '그 뜻을 서로 통하고'에 이어 '말과 글이 없으면 어찌 그 뜻을 서로 통할 수 있으며'라고 서술한 글 (다)가 위치한다.

(나) 원인인 글 (다)에 이어 '이러므로 말과 글은 한 사회가 조직되는 근본이요 기관과 같다'고 서술한 결과의 글 (나)가 위치한다.

(가) 글 (나)의 '기관'에 대해 '이 기관'으로 시작하는 글 (가)가 위치한다.

(라) '기관'에 대한 글 (가)의 설명에 덧붙여 '그뿐 아니라'로 시작하며 '기관'에 대해 첨언한 글 (라)가 위치한다.

---

16 정답 ③

[정답해설]

③ 해결(解結) → 해결(解決)

해당 문장의 해결(解結)은 '제기된 문제를 해명하거나 얽힌 일을 잘 처리함'을 뜻하는 해결(解決: 풀 해, 결단할 결)로 고쳐 써야 옳다.

[오답해설]

① 만족(滿足: 찰 만, 발 족) → 1. 마음에 흡족함 / 2. 모자람이 없어 충분하고 넉넉함

② 재청(再請: 두 재, 청할 청) → 1. 이미 한 번 한 것을 다시 청함 / 2. 회의할 때에 다른 사람의 동의에 찬성하여 자기도 그와 같이 청함을 이르는 말 / 3. 출연자의 훌륭한 솜씨를 찬양하여 박수 따위로 재연을 청하는 일

④ 재론(再論: 두 재, 논할 논) → 이미 논의한 것을 다시 논의함

---

17 정답 ④

[정답해설]

주어진 문장의 앞 문장은 신분에 따라 문체를 고착화하는 것을 인정하지 않은 구체적인 내용이 들어가야 한다. 즉, 구체적인 상술을 한 후 이를 명제처럼 정리한 일반화된 진술이 이어져야 글의 흐름이 자연스럽다. 그러므로 신흥 시민계급이 귀족과 하층민을 구별하여 문학의 장르와 내용을 다르게 배정했던 전통 시학을 거부했다는 구체적인 상술 다음에 이를 일반화한 '신분에 따라 문체를 고착화하는 것을 인정하지 않았던 것이다'가 이어지는 것이 가장 적절하다. 따라서 주어진 문장은 ㉣에 들어가는 것이 적합하다.

---

18 정답 ①

[정답해설]

'정거장에 나온 박은 수염도 깎은 지 오래어 터부룩한 데다 버릇처럼 자주 찡그려지는 비웃는 웃음은 전에 못 보던 표정이었다.'에서 '현'은 예전과 달라진 '박'의 행색과 표정을 마주하게 된다. 그러나 그것이 자신의 작품 때문이라고 생각한다는 근거는 해당 작품에서 찾아볼 수 없다.

[오답해설]

② '현은 박의 그런 지싯지싯함에서 선뜻 자기를 느끼고 또 자기의 작품들을 느끼고 그만 더 울고 싶게 괴로워졌다.'에서 '현'은 구차하게 살아가는 '박'을 보며 자신의 작품 또한 시대의 흐름에서 소외되고 있다는 연민을 느낀다.

③ '전에 본 기억이 없는 새 빌딩들이 꽤 많이 늘었다.'에서 '현'은 새 빌딩들을 보고 도시가 많이 변화하고 있음을 인지하고 있다.

④ '현'은 시뻘건 벽돌로 만든 경찰서를 '무슨 큰 분묘와 같이 된 건축이 웅크리고 있는 것'이라고 생각하며 암울한 분위기를 느끼고 있다.

[작품해설]

> ▮ 이태준, 「패강랭」
> • 갈래 : 단편소설
> • 성격 : 현실 비판적, 서정적, 의고적
> • 배경 : 1930년대, 평양 대동강가
> • 시점 : 전지적 작가 시점
> • 갈등 : 인물과 인물 사이의 갈등(현과 김의 갈등)
> • 주제 : ① 식민지 시대를 살고 있는 예술가의 비애
> ② 예술가 정신의 고고함이 지켜지지 않는 세태에의 절망
> ③ 일제에 의해 말살되어 가는 전통에 대한 애정과 민족의식

19 　　　　　　　　　　　　　　　　정답 ③

[정답해설]

③ 전셋방 → 전세방
'전세방(傳貰房)'은 한자어로 이루어진 합성어이므로 사이시옷을 적지 않고 '전세방'으로 적는다.

[오답해설]

① '아랫집(아래+집)'은 순우리말로 된 합성어로, 앞말이 모음으로 끝나면서 뒷말의 첫소리가 된소리로 나서 사이시옷을 받치어 적는 (가)의 예에 해당된다.

② '쇗조각(쇠+조각)'은 순우리말로 된 합성어로, 앞말이 모음으로 끝나면서 뒷말의 첫소리가 된소리로 나서 사이시옷을 받치어 적는 (가)의 예에 해당된다.

④ '자릿세(자리+세(貰))'는 순우리말과 한자어로 된 합성어로, 앞말이 모음으로 끝나면서 뒷말의 첫소리가 된소리로 나서 사이시옷을 받치어 적는 (나)의 예에 해당된다.

20 　　　　　　　　　　　　　　　　정답 ①

[정답해설]

세 번째 문단에 '문화 전파의 기제를 설명하는 이론으로는 밈 이론보다 의사소통 이론이 더 적절해 보인다.'고 서술되어 있

다. 그러므로 ①의 설명이 글쓴이의 견해에 부합한다.

[오답해설]

② 마지막 문단에 따르면 의사소통 이론에서는 문화 수용 과정 중 사람들의 생각이 더해질 수 있다고 본다. 즉, 수용 주체의 주관이 개입될 수 있는 것이다.

③ 복제를 통해 문화가 전파될 수 있다고 주장하는 것은 의사소통 이론이 아니라 밈 이론이다.

④ 요크셔 푸딩 요리법이 요크셔 지방의 가정이나 개인에 따라 세부적인 차이를 보이는 현상은 문화의 전파를 복제의 관점에서 설명하는 밈 이론이 아니라 의사소통 이론에 의해 설명할 수 있다.

▮ **[국가직] 2021년 04월 | 정답**

01	②	02	③	03	①	04	②	05	④
06	④	07	①	08	②	09	③	10	④
11	③	12	③	13	③	14	①	15	④
16	①	17	②	18	④	19	④	20	①

[국가직] 2021년 04월 | 해설

01 　　　　　　　　　　　　　　　　정답 ②

[정답해설]

한글 맞춤법 제 10항인 두음법칙과 관련이 있는 예로서 흡입량(吸入量)과 구름양에 쓰인 량(量)과 정답란(正答欄)과 칼럼난에 쓰인 란(欄)이 한자어 뒤에 접미사처럼 쓰이면, 독립적인 한 단어로 인식하기 때문에 두음법칙을 적용하지 않는다. '흡입량'과 '정답란'은 올바른 맞춤법 표기이다. 구름양과 칼럼난의 경우, 두음 법칙은 한자로 된 단어에 붙을 때 적용되므로 '구름양'과 '칼럼난'은 올바른 맞춤법 표기이다.

[오답해설]

① 꼭지점 → 꼭짓점 : 한글 맞춤법 30항에 오직 한자어로 구성된 합성어. 외래어가 붙은 합성어일 경우에는 사이시옷을 적지 않는다. '꼭지'는 고유어이며 '점(點)'은 한자어이기 때문에 사이시옷이 들어가야 한다.

③ 딱다구리 → 딱따구리 : 한글 맞춤법 23항에 '-하다' 또는 '-거리다'가 붙지 못하는 어근에 '-이' 또는 다른 모음으로

시작되는 접미사가 붙어 명사가 된 단어는 그 원형을 밝혀 적지 않으므로 '딱따구리'가 올바른 표기법이다.
④ **홧병 → 화병** : 한글 맞춤법 30항에 한자어로만 이루어진 합성어 중에 사이시옷을 적는 한자어는 '곳간(庫間), 셋방(貰房), 숫자(數字), 찻간(車間), 툇간(退間), 횟수(數回)'뿐으로, '화병(火病)'에는 사이시옷을 적지 않는 것이 올바른 표기법이다.

02 　　　　　　　　　 정답 ③

[정답해설]
밑줄의 싼다(싸다)는 '물건을 안에 넣어 보이지 않게 씌어 가리거나 둘러 말다'라는 의미로 사용했다. ③의 '싼' 또한 밑줄과 같은 의미로 사용한 단어이다

[오답해설]
① 싸고 : '어떤 물체 주위를 가리거나 막다'라는 의미로 쓰였다.
②, ④ 싸고, 싸 : '어떤 물건을 다른 곳으로 옮기기 좋게 상자나 가방 따위에 넣거나 종이 또는 천, 끈 따위를 이용해 꾸리다'라는 의미로 쓰였다.

03 　　　　　　　　　 정답 ①

[정답해설]
문장의 '날씨가 선선해지다'와 '책이 읽히다'는 주술 호응이 자연스러운 문장이다. 주어는 '책'이며 '읽히다'는 '읽다'의 피동사, 사동사 둘 다 사용할 수 있으므로 적절한 피동 표현으로 사용되었다

[오답해설]
② '책을 속독으로 읽는 것은'과 '하늘의 별 따기이다'가 각각 주어와 서술어로 나뉘지만, 서로 동등한 구조를 갖고 있기 때문에 주어와 서술어의 호응이 맞지 않는다. 따라서 '하늘의 별을 따는 것과 같다' 등으로 고치는 것이 자연스럽다.
③ '찾다'는 주로 '~을 / ~에서 / ~에게서 ~을 찾다'의 형태로 쓰이는데, 서술어의 대상이 되는 문장성분인 '무엇을, 누구를'을 가리키는 목적어가 빠져 있기 때문에 '책임자를'과 같은 목적어를 삽입하는 것이 자연스럽다.
④ 병렬구조를 띠고 있는 문장인 '그는 시화전을 홍보하는 일과', '시화전의 진행에 아주 열성적이다'의 구조가 어색하다. 따라서 '그는 시화전의 홍보와 시화전의 진행에 아주 열성적이다.' 등으로 고쳐 씀이 자연스럽다.

04 　　　　　　　　　 정답 ②

[정답해설]
글에서 빛 공해가 조명되는 영역 밖으로 누출되는 빛이 인간과 환경에 주는 문제와 우리나라가 빛 공해가 심한 국가라는 것에 대해 설명하고 있지만 인공조명의 누출 원인에 대한 설명은 나타나있지 않기 때문에 적절하지 않은 설명 방식이다.

[오답해설]
① 글 처음에 '과도한 빛이나 조명 영역 밖으로 누출되는 빛이 인간의 건강하고 쾌적한 생활을 방해하거나 환경에 피해를 주는 상태'라고 정의하고 있다.
③ 글 중간에 '국제 과학 저널인 사이언스 어드밴스'라는 문장 이후에 우리나라가 빛 공해가 심한 국가라는 것을 알 수 있다.
④ 글 마지막에 멜라토닌 부족으로 인한 수면 부족, 면역력 저하와 농산물의 생산량 저하, 생태계 교란 등의 문제를 유발한다는 것을 알 수 있다.

05 　　　　　　　　　 정답 ④

[정답해설]
밑줄의 어간만 불규칙하게 바뀌는 부류로는 'ㅅ 불규칙, ㄷ 불규칙, ㅂ 불규칙, 르 불규칙, 우 불규칙'이 있으며 어미만 불규칙하게 바뀌는 부류로는 '여 불규칙, 러 불규칙, 너라 불규칙, ㅎ 불규칙'이 있다. 여기서 '퍼'은 기본형인 '푸다'에서 어간의 끝소리 '우'가 사라지는 '우 불규칙'이 적용되었고, '이름'의 기본형인 '이르다'는 어미의 첫소리 '어'가 '러'로 바뀌는 '러 불규칙'을 적용하였으며 적절한 사례이다

[오답해설]
① '빠름'의 기본형 빠르다는 어간의 끝소리 'ㅡ'가 탈락하고 'ㄹ'이 덧 생기는 르 불규칙이며 '노람'의 기본형 '노랗다'는 어간의 'ㅎ'이 탈락하고 어미의 '아 / 어'가 '애 / 에'로 바뀌는 'ㅎ 불규칙 활용'을 하기 때문에 ㉠의 사례인 '빠름'만 해당된다.
② '치름'의 기본형 '치르다'는 어간 다음에 모음이 오는 경우 'ㅡ'가 탈락하는 'ㅡ' 탈락으로 규칙 활용에 속하며, '함'의 기본형 '-하다'는 어미의 첫소리 '아 / 어'가 '여'로 바뀌는 '여 불규칙'에 해당되므로 ㉡의 사례인 '함'만 해당된다.
③ '불음'의 기본형 '붇다'는 어간의 끝소리 'ㄷ'이 모음 앞에서 'ㄹ'로 바뀌는 'ㄷ 불규칙'이며, '바람'의 기본형 '바라다'는 형태가 바뀌지 않는 규칙활용을 하므로 ㉠의 사례인 '불음'만 해당된다.

국가직 문제 / 지방직 문제 / 서울시 문제 / 국가직 해설 / 지방직 해설 / 서울시 해설

06 정답 ④

[정답해설]
밑줄의 '므슴다'는 '무엇 때문에'의 옛말로 '무심(無心)하구나'로는 적절하지 않다. 므슴다는 기본형인 '므스것'에서 '므엇 → 므엇 → 무엇'의 과정을 거쳐 변화하였다.

[오답해설]
① '혀(혀다)'는 '켠(켜다)'의 옛말로 '혀다 → 혀다 → 켜다'의 과정을 거쳐 변화하였다.
② '즈슬(즛)'은 '모습' 또는 '모양'의 옛말로, '모습을'로 해석할 수 있다.
③ '니저'는 '잊다'의 옛말 '닞다'에서 어미인 '–어'가 더한 형태이므로 '잊어'로 해석할 수 있다

[작품해설]

▌동동(動動)
• 형식 : 분절체(13연), 월령체
• 주제 : 외로움과 슬픔, 임에 대한 송도와 애련, 회한·한탄(각연마다 주제가 다름)
• 특징
  – 송도가, 월령체(달거리) 가요
  – 비유적, 상징적, 민요적, 서정적, 송축적 성격
  – 비유법(은유, 직유), 영탄법의 사용

07 정답 ②

[정답해설]
야박(野薄)은 '야멸치고 인정이 없다'는 의미이다. '野(들)'와 '薄(엷다)'의 두 한자로 구성되어 있다.

[오답해설]
① 現室(나타날 현, 집 실) → 現實(나타날 현, 열매 실) : 실제로 존재하는 사실이나 상태
③ 謹性(삼갈 근, 성품 성) → 根性(뿌리 근, 성품 성) : 뿌리가 깊게 박힌 성질
④ 債用(빚 채, 쓸 용) → 採用(캘 채, 쓸 용) : 사람을 골라서 씀

08 정답 ②

[정답해설]
토의는 두 사람 이상이 모여 집단 사고의 과정을 거쳐 어떤 문제의 해결을 시도하는 것으로 집단 사고를 통한 최선의 문제 해결방안 모색에 의의를 두는 논의 형태이다. ②에서 사회자가 발표자 간에 이견을 조정하여 의사결정을 유도하는 것은 토의의 본질과 거리가 멀기 때문에 사회자의 역할로 적절하지 않다.

[오답해설]
① '통일 시대의 남북한 언어가 나아갈 길'이라는 학술 주제로 최 교수가 '남북한 언어 차이와 의사소통'을, 정 박사가 '남북한 언어의 동질성 회복방안'을 발표하고 있다.
③ 최교수는 남북한의 어휘차이에 대한 견해를 드러냈고, 정 박사는 통일을 대비해 남북한 언어의 다른 점을 줄여야 한다는 견해를 드러내고 있다.
④ 청중 A는 '통일 시대의 남북한 언어가 나아갈 길'이라는 주제에 맞게 남북한 언어의 차이와 이를 극복하는 방안에 대해 적절하게 질문하고 있다

09 정답 ③

[정답해설]
공손하게 말하기에 대한 방법이 제시된 '상대가 관용을 베풀 수 있도록 문제를 자신의 탓으로 돌려 말해야 한다.'는 말에 대해 B의 '네 목소리가 작아서 내용이 잘 안 들렸는데'와 같은 대답은 적절하지 않다. 따라서 '내가 내용을 잘 못 들었는데 다시 한 번 말해 줄래?' 등과 같은 말이 ⓒ이 의미하는 바와 일치한다.

[오답해설]
① '아직도 여러모로 부족한 부분이 많습니다.'라는 대답을 통해 자신을 낮추어 겸손하게 말하고 있음을 알 수 있다.
② '쇼핑하면서 기다리니 시간 가는 줄 몰랐어요.' 등의 말로 실제로는 그렇지 않음에도 상대의 처지를 고려해 부담을 갖지 않게 대답했음을 알 수 있다.
④ '그거 좋은 생각이네.'를 통해 상대방의 말에 동의하였고, '경희의 취향을 우리가 잘 모르니까 귀걸이 대신 책을 선물하는 게 어떨까?'로 자신의 의견을 말하고 있음을 알 수 있다.

10 정답 ④

[정답해설]
세 번째 단락에서 하버마스는 '현대 사회에서 민주적 토론은 문화 산업의 발달과 함께 퇴보했다. 대중매체와 대중오락의 보급은 공공 영역이 공허해지는 원인으로 작용했다.'라는 주장과 '수익성 위주의 미디어 플랫폼과 콘텐츠가 많아지면서

민주적 토론이 감소되었다.'는 사례가 서로 부합하고 있다

[오답해설]
① 두 번째 단락에서 '살롱 문화의 원칙에서 공개적 토론을 위한 공공 영역은 각각의 참석자들에게 동등한 자격을 부여했다.'라는 말을 통해 특정 사회 계층에 대한 비판적인 토론과는 거리가 멈을 알 수 있다.
② 네 번째 단락에서 하버마스는 '상업화된 미디어는 광고 수입에 기대어 높은 시청률과 수익을 보장하는 콘텐츠 제작만을 선호하게 되었다.'라는 주장을 통해 결국엔 공공 영역이 축소되었다고 말하고 있으므로 공익 광고의 증가는 적절하지 않다.
③ 세 번째 단락에서 하버마스가 '대중매체와 대중오락의 보급은 공공 영역이 공허해지는 원인으로 작용했다.'라는 주장을 한 것을 통해 공공 영역이 공허해지지 않았다는 말은 적절하지 않다

11 정답 ④

[정답해설]
서두에서 '대설'에 대해 정의하고 있으며 다음에 와야 할 문장은 대설의 명칭에 대해 보충 설명이 와야 한다. 그러므로 대설의 기준으로 주의보에 대해 설명한 ②이 와야 한다. 다음 문장은 주의보와 동등한 위치의 단어가 들어가야 한다. ②을 제외한 문장 중, 병렬 관계인 '또한'과 '경보'가 쓰인 ⓒ이 와야 하며, '경보'에 대한 예외적인 상황에 대해 말해야 하므로 ⓒ이 다음 문장이 된다. 다음에 들어갈 문장은 ⓒ에 '5cm 이상'에 대한 전환 관계의 접속어 '그런데'가 들어간 ㉠이 오며, 마지막으로 '도심 교통마비'에 영향에 대해 설명한 문장인 ㉤이 와야 한다. 따라서 '② - ㉠ - ㉤ - ⓒ - ⓒ' 순이 된다

12 정답 ③

[정답해설]
글의 주제는 인간이 사용하는 언어는 사고, 사회, 문화와 밀접한 관계를 지닌다는 내용이다. 그중 언어와 사고는 상호작용을 맺고 있음을 말하고 있다. 그런데 사물의 개념은 머릿속에 맴도는데도 명칭을 떠올리지 못하는 것은 언어와 사고가 서로 상호작용하는 것에 대한 사례로 적절하지 않다

[오답해설]
① 영어 '쌀(rice)'에 대응되는 우리말이 '모', '벼', '쌀', '밥'으로 나뉘는 것은 과거 농경사회의 영향으로 다양하게 표현되었기 때문에 언어가 사고, 문화와 밀접한 관계를 지닌 사례에 속한다

② 산과 물 보행신호의 색에는 미세한 차이가 있지만 이를 '파랗다'라는 언어로 표현하는 것은 언어가 인간의 사고에 영향을 주는 사례임을 알 수 있다.
④ 수박을 '박'의 일종으로 보는 우리나라와 '멜론(melon)'에 가까운 것으로 보는 다른 나라의 사고의 차이가, 언어에 반영됨을 알 수 있다.

13 정답 ③

[정답해설]
'나'는 변지의가 문장 공부를 하기 위해 찾아온 일에 대해 사람이 글을 쓰는 것은 나무에 꽃이 피는 것과 같으며 나무가 자라는 과정을 수양과 독서, 두루 돌아다니는 것에 '비유'하는 방식을 사용하고 있다.

[오답해설]
① 서사는 행동, 상태가 진행되는 움직임 또는 사건의 전개 양상을 진술하는 방식으로 변지의의 목적에 대해 답을 주는 사건이 있지만 글이 말하고자 하는 주제와 거리가 멀다.
② 분류는 하위 항목, 범주를 일정한 기준에 따라 상위 항목, 범주로 묶어 가면서 전개하는 방식이지만 글에서는 분류의 방식을 사용하지 않았다.
④ 대조는 둘 이상의 사물이나 현상 등을 견주어 상대되는 성질이나 차이점을 설명하는 방법으로 글에서는 대조의 방식을 사용하지 않았다.

14 정답 ①

[정답해설]
첫 번째 단락에서 알파벳 언어는 표기 체계에 따라 철자 읽기의 명료성이 달라진다고 하였다. 소리와 표기에 대응이 관련되는 점은 글의 주제에 대한 이해로 적절하지만 각 소리가 지닌 특성이 철자 읽기의 명료성을 판단하는 것은 적절하지 않은 이해이다.

[오답해설]
② 두 번째 단락에서 영어와 이탈리아어를 읽는 사람은 동일하게 좌반구의 읽기 네트워크를 사용하지만, 영어는 암기된 단어의 인출과 연관된 뇌 부위에 더 의존한다는 내용을 찾을 수 있다.
③ 첫 번째 단락에서 철자 읽기가 명료하다는 것은 한 글자에 대응되는 소리가 규칙적이어서 글자와 소리의 대응이 거의 일대일이라는 것을 의미하는 내용이 있으며 그 예로 이탈리아어와 스페인어가 있다는 문장에서 확인할 수 있다.

④ 첫 번째 단락에서 '영어는 철자 읽기의 명료성이 낮은 언어이다. 영어는 발음이 아예 나지 않는 묵음과 같은 예외도 많은 편이고 글자에 대응하는 소리도 매우 다양하다.'는 문장을 통해 알 수 있다.

15 　　　　　　　정답 ④

[정답해설]
조선 중기 문인인 이현보의 시조로 고향으로 귀향한 기쁨과 자연에 대해 노래하고 있다. 첫 행의 '노안(老眼)이 유명(猶明)이로다'에서 '유명(猶明)'은 '오히려 밝아지다'라는 의미를 지니고 있어 허약해진 노년의 무력함으로 이해하는 것은 적절하지 않다.

[오답해설]
① 조선 중기 문인인 박인로의 시조로 고사인 육적의 회귤고사(懷橘故事)를 인용해 돌아가신 부모님에 대한 그리움을 표현하고 있다.
② 황진이의 시조로 임에 대한 절실한 그리움으로 기다림을 표현하고 있다.
③ 성혼의 시조로 '말 업슨 청산(靑山)이오 태(態) 업슨 유수(流水)로다/갑 업슨 청풍(淸風)이오 님z 업슨 명월(明月)이로다'에서 '업슨'과 '이오'로 이루어진 대구와 반복을 사용하고 있다.

[작품해설]

> ▌ **(가) 박인로, 「조홍시가(早紅枾歌)」**
> • 갈래 : 평시조
> • 주제 : 풍수지탄(風樹之嘆)
> • 특징
> 　– 사친가(思親歌)로 '조홍시가'라고도 함
> 　– 부모의 부재(不在)가 전개의 바탕이 됨
>
> ▌ **(나) 황진이, 「연정가(戀情歌)」**
> • 갈래 : 평시조
> • 주제 : 임을 기다리는 절실한 그리움
> • 특징 : 추상적인 시간을 구체화, 감각화하며 음성 상징어를 적절하게 사용
>
> ▌ **(다) 성혼, 「말 업슨 청산(靑山)이요」**
> • 갈래 : 평시조
> • 주제 : 자연에 묻혀 벗 삼는 즐거움
> • 특징 : 대구법과 반복법, 의인법을 적절하게 사용하여 벗과 같은 자연을 표현

> ▌ **(라) 이현보, 「농암(籠巖)에 올라보니」**
> • 갈래 : 평시조
> • 주제 : 변치 않는 자연 예찬과 귀향의 기쁨
> • 특징 : 자연과 인간사의 성격을 대조

16 　　　　　　　정답 ①

[정답해설]
소가 반추(反芻 : 한번 삼킨 먹이를 다시 게워 내어 씹음)를 멈추고 응시하는 장면을 자신의 창백한 얼굴로 표현하고 있다. 따라서 대상인 소의 행위를 통해 글쓴이의 심리가 투사되고 있다.

[오답해설]
② 글쓴이가 과거의 삶을 회상하는 것과 처지를 후회하고 있는 내용은 나타나지 않았다.
③ 글에서 글쓴이가 공간을 이동하는 내용과 무료함을 표현하는 내용은 찾을 수 없다.
④ 현실에 대한 글쓴이의 불만이 서술되어 있지 않으며 반성적인 어조로 표출되는 것도 찾을 수 없다.

[작품해설]

> ▌ **이상, 「권태」**
> • 갈래 : 경수필
> • 성격 : 초현실주의적, 반성적, 심리적
> • 제재 : 여름날, 벽지(僻地)에서의 생활
> • 주제 : 환경의 단조로움과 생활 속에서 느끼는 권태
> • 특징
> 　– 주관적이며 개성적인 시각으로 대상을 봄
> 　– 대상들을 바라보는 화자의 심리가 나열됨
> 　– 무의미한 현대인의 생활을 시간의 흐름을 통해 다각도로 보여줌

17 　　　　　　　정답 ②

[정답해설]
글에서 황거칠 씨는 산수도를 끊으려는 것을 막으려고 나섰다가 청년 다섯명과 함께 경찰에 연행되었다. 황거칠 씨는 스스로 모든 죄를 뒤집어쓰려 하지만 뜻대로 되지 않았고, 결국 타협안에 도장을 찍을 수밖에 없었던 상황에 맞는 한자 성어는 '손을 묶은 것처럼 어찌할 도리가 없어 꼼짝 못함'을 의미하는 속수무책(束手無策)이다.

[오답해설]

① 同病相憐(동병상련) : 같은 병을 앓는 사람끼리 서로 가엾게 여긴다는 뜻으로, 어려운 처지에 있는 사람끼리 서로 가엾게 여김을 의미하는 말

③ 自家撞着(자가당착) : 같은 사람의 말이나 행동이 앞뒤가 서로 맞지 아니하고 모순됨을 의미하는 말

④ 輾轉反側(전전반측) : 누워서 몸을 이리저리 뒤척이며 잠을 이루지 못함을 의미하는 말

[보충해설]

> **▌束手無策(속수무책)과 유사한 한자성어**
> • 사면초가(四面楚歌) : 아무에게도 도움을 받지 못하는, 외롭고 곤란한 지경에 빠진 형편을 이르는 말
> • 진퇴양난(進退兩難) : 이러지도 저러지도 못하는 어려운 처지
> • 진퇴유곡(進退維谷) : 이러지도 저러지도 못하고 꼼짝할 수 없는 궁지

---

18   정답 ④

[정답해설]

시의 1연과 4연의 '가슴 아픈 일 한두 가지겠는가', '가슴 상하는 일 한두 가지겠는가'에서 서술로 해도 무관한 것을 의문형으로 나타내는 법인 설의법이 사용되었으며, 이를 통해 가슴 아픈 일과 가슴 상하는 일에 대한 삶의 깨달음을 강조하고 있다.

[오답해설]

① 문답법은 스스로 묻고 스스로 대답하는 형식으로 시에서는 사용되지 않았으며, 과거의 삶을 반추했다는 내용 또한 찾을 수 없다.

② 겉으로 표현되는 말과는 반대의 뜻을 나타내는 반어적 표현을 활용하여 슬픔의 정서를 나타낸 것과 거리가 멀다.

③ 사람 아닌 사물을 사람처럼 나타내는 표현법인 의인법과 현실을 목가적(농촌처럼 소박하고 평화로우며 서정적인 것)으로 강조하지 않고 있다.

---

19   정답 ④

[정답해설]

첫 번째 단락에서 문화재는 역사의 누적일 뿐만 아니라 민족의 정수이며 혼의 상징으로, 국보 문화재는 민족 전체의 것이며, 민족을 결속하는 정신적 유대로서 힘의 원천이라고 역설

하고 있다. ㉠에 '국보 문화재가 얼마나 힘 있는가'를 드러낼 수 있는 말이 들어가야 하므로 '그 무엇을 내놓는다고 해도 셰익스피어와는 바꾸지 않는다'가 가장 적절하다.

[오답해설]

① '구르는 돌에는 이끼가 끼지 않는다'는 '부지런하고 꾸준히 노력하는 사람은 침체되지 않고 계속 발전하는 것'을 의미하는 속담으로 주제와 거리가 멀다.

② '지식은 나눌 수 있지만 지혜는 나눌 수 없다'는 스스로 터득해야하는 부분도 있음을 나타내는 격언으로 글에서 말하는 주제와 거리가 멀다.

③ '사람은 겪어 보아야 알고 물은 건너보아야 안다'는 '사람은 겉만 보고는 알 수 없으며, 서로 오래 겪어 보아야 알 수 있음'을 의미하는 속담으로 글에서 말하는 주제와 거리가 멀다.

---

20   정답 ①

[정답해설]

글에서 분류 개념, 비교 개념, 정량 개념으로 나뉘는 과학의 개념에 대해 설명하고 있다. 분명한 경계를 가지고 대상들을 분류하는 개념들이 분류 개념으로 '호랑나비'와 '나비'는 동일한 種(종)으로서, 분류 개념임을 알 수 있다. 첫 번째 단락에서 '하위 개념으로 분류할수록 그 대상에 대한 정보가 더 많이 전달된다.'는 문장이 있으므로 하위 개념인 '호랑나비'는 '나비'보다 정보량이 적다고 추론하는 것은 적절하지 않다.

[오답해설]

② 첫 번째 단락의 '유니콘'이라는 개념은 이마에 뿔이 달린 말의 일종이라는 정의가 있기 때문에 분류 개념으로 인정된다는 내용을 통해 용(龍)도 현실 세계에 적용할 수 있는 지시물이 없어도 분류 개념으로 인정될 수 있다.

③ 비교 개념은 더 무거움 또는 더 짧음과 같이 논리적인 관계에 해당하므로 '꽃'이나 '고양이'와 같은 개념은 비교 개념에 포함될 수 없다.

④ 정량 개념은 자연의 사실로부터 파악할 수 있는 물리량을 측정함으로써 만들어지는 것으로 물리량을 측정할 수 있는 'cm'나 'kg'과 같은 측정 단위는 정량 개념에 해당됨을 추론할 수 있다.

[국가직] 2020년 07월 | 정답

01	③	02	①	03	④	04	④	05	②
06	①	07	②	08	③	09	④	10	④
11	②	12	①	13	②	14	③	15	③
16	②	17	①	18	③	19	④	20	③

[국가직] 2020년 07월 | 해설

01   정답 ③

[정답해설]
'해진이는 울산에 산다'와 '초희는 광주에 산다'라는 두 문장이 대등적 연결 어미 '-고'로 대등하게 이어져 있는 문장이므로 안긴문장이 없다.

[오답해설]
① '동생이 시험에 합격하기'가 명사절로 안겨 있는 문장이다.
② '착한'이 '영호'를 수식하는 관형절로 안겨 있는 문장이다.
④ '내일 가족 여행을 가자'가 인용절로 안겨 있는 문장이다.

02   정답 ①

[정답해설]
골아떨어졌겠지 → 곯아떨어졌겠지
'몹시 곤하거나 술에 취하여 정신을 잃고 자다'라는 뜻을 가진 표현의 바른 표기는 '곯아떨어지다'이다. 그러므로 '지금쯤 골아떨어졌겠지?'를 '지금쯤 곯아떨어졌겠지?'로 고쳐야 옳다.

[오답해설]
② '깨나'는 어느 정도 이상의 뜻을 나타내는 보조사이다. '보통보다 더한 정도로'의 뜻을 가진 부사 '꽤나'와 쓰임이 다르므로 문장 안에서 보조사로 쓰였는지, 부사로 쓰였는지를 잘 파악해야 한다. 본 문장에서는 명사 바로 뒤에 붙어 있으므로 보조사 '깨나'를 써야 한다.
③ '곤욕'은 심한 모욕 또는 참기 힘든 일을 뜻하고, '곤혹'은 곤란한 처지가 돼 어찌할 바를 모른다는 뜻이다. 서로 사용하는 경우가 다르므로 문맥을 잘 파악하여 구분해야 한다.
④ '그러고 나서'는 동사 '그러다'에 '-고 나서'가 연결된 말로, 어떤 동작의 완료를 나타낸다. '그리고 나서'는 문법적으로 틀린 표현이다.

03   정답 ④

[정답해설]
주어인 '그는'과 서술어인 '말을 하였다'가 서로 자연스럽게 호응되어 있다. 인용절 역시 적절한 인용조사를 사용하여 안겨 있다.

[오답해설]
① '내가 강조하고 싶은 점은'과 '~가졌다'는 자연스럽지 않으므로 '내가 강조하고 싶은 점은 우리가 고유 언어를 가졌다는 것(점)이다.'로 고치는 것이 자연스럽다.
② '좋은 사람과 대화하며 함께한 일은'과 '시간이었다'가 자연스럽지 않으므로 '좋은 사람과 대화하며 함께한 일은 즐거운 경험이었다.' 또는 '좋은 사람과 대화하며 함께한 시간은 즐거웠다.' 등으로 고치는 것이 자연스럽다.
③ '내 생각은'과 '결정했다'가 자연스럽지 않으므로 '내 생각은 집을 사서 이사하는 것이 좋겠다는 것이다.' 또는 '나는 집을 사서 이사하는 것이 좋겠다고 결정했다.' 등으로 고치는 것이 자연스럽다.

04   정답 ④

[정답해설]
'구속하다'라는 표현 자체가 '법원이나 판사가 피의자나 피고인을 강제로 일정한 장소에 잡아 가두다'라는 뜻을 가지는데 '검찰'이 구속하는 행위의 주체이므로 굳이 '-시키다'라는 사동 표현을 붙일 필요가 없다.

[오답해설]
① '기간'은 어느 일정한 시기부터 다른 어느 일정한 시기까지의 사이라는 뜻이고, '동안'은 어느 한때에서 다른 한때까지 시간의 길이라는 뜻이므로 서로 중복되는 의미를 가지고 있다. 그러므로 '공사하는 동안'과 같이 고쳐 쓰는 것이 적절하다.
② '~을 갖다'라는 표현은 영어 'have'의 번역 투 표현이므로 '회의하겠습니다'로 고쳐 쓰는 것이 적절하다.
③ '열려져'는 '열다'에 피동 접사 '-리-'를 붙인 후 통사적 피동표현인 '-어지다'를 붙여서 만든 이중피동 표현이므로 적절하지 않다. '-리-'만 붙여 '열려'로 쓰거나, '-어지다'만 붙여 '열어져'로 고쳐 쓰는 것이 적절하다.

05   정답 ②

[정답해설]
㉠~㉣ 모두 자음이 'ㄱ'으로 시작하므로 모음의 순서를 봐야

한다. 제시된 단어들의 모음 순서는 'ㅗ → ㅚ → ㅠ'이므로 ㉠·㉢ → ㉣ → ㉡이다. ㉠과 ㉢은 받침의 순서를 비교해 보면, 'ㄿ'이 'ㅅ'보다 앞서므로 사전에 올리는 순서는 ㉠ → ㉢ → ㉣ → ㉡이다.

---

06   정답 ①

[정답해설]
'오지랖이 넓다'는 쓸데없이 지나치게 아무 일에나 참견하는 면이 있다는 뜻의 관용구이다. '謁見(알현)'은 지체가 높고 귀한 사람을 찾아가 뵌다는 뜻을 가지고 있으므로 '오지랖이 넓다'는 의미와는 거리가 멀다.

[오답해설]
② 干涉(간섭) : 직접 관계가 없는 남의 일에 부당하게 참견함
③ 參見(참견) : 자기와 별로 관계없는 일이나 말 따위에 끼어들어 쓸데없이 아는 체하거나 이래라저래라 함
④ 干與(간여) : 어떤 일에 간섭하여 참여함

---

07   정답 ②

[정답해설]
2문단에서 '아버지'는 꼽추를 따라 서커스단의 일을 하고 싶어 하지만, 가족들의 만류에 그 꿈을 접고 다시 원래 하던 일을 하기 위해 부대를 메고 나가는 모습을 보인다. 즉 가족들의 바람은 아버지가 평생 해온 일(채권 매매, 칼 갈기, 고층건물 유리 닦기, 펌프 설치하기, 수도 고치기)을 계속 하는 것이고, 아버지가 하고 싶어 하는 새로운 일은 서커스단의 일이다. 아버지가 가족들의 바람을 수용한 것은 맞지만 평생 해온 일을 그만두는 것이 아니라 새로운 일을 단념하기로 하였다.

[오답해설]
① 1문단에서 '우리의 생활은 전쟁과 같았다. 우리는 그 전쟁에서 날마다 지기만 했다.', 3문단에서 '우리는 죽어라 하고 일했다. 우리의 팔목은 공장 안에서 굵어 갔다.'라고 한 것으로 보아 '우리 다섯 식구'는 생존을 위해 온 가족이 나가 일을 하지만 생활이 좀처럼 나아지지는 않았음을 알 수 있다.
③ 3문단에서 '우리는 보이지 않는 보호를 받고 있었다. … 나는 우리가 이 구역 안에서 한 걸음도 밖으로 나갈 수 없다는 것을 깨달았다.'라고 한 것을 보아 '보이지 않는 보호'는 말 그대로의 보호의 의미라기보단 가난에서 벗어나기 힘든 상황, 열악한 환경에서 일하는 노동자들의 계층적 한계를 의미한다고 볼 수 있다.

④ 마지막 문단에서 '우리는 무슨 일이 있든 공부는 해야 한다고 생각했다. 공부를 하지 않고는 우리 구역에서 벗어날 수가 없다고 생각했다. 세상은 공부를 한 자와 못 한 자로 너무나 엄격하게 나누어져 있었다.'라고 한 것을 보아 영수는 공부를 통해 하층 계급에서 벗어날 수 있다고 보았음을 알 수 있다.

[작품해설]

> ▌ 조세희, 「난장이가 쏘아 올린 작은 공」
> - 갈래 : 중편 소설, 연작 소설
> - 성격 : 사회 고발적, 비판적, 상징적
> - 배경
>   - 시간적 배경 : 1970년대
>   - 공간적 배경 : 서울의 무허가 판자촌
> - 시점 : 1인칭 주인공 시점
> - 주제 : 도시 빈민들의 궁핍한 삶과 좌절
> - 특징
>   - 12편의 에피소드로 구성된 연작 소설
>   - '낙원구 행복동'이라는 반어적 표현을 통해 빈민 계층의 비극적 상황을 극대화함
>   - 시점에 변화를 주어 다양한 시각을 제시

---

08   정답 ③

[정답해설]
2문단에서 '사람이 개입되는 것은 사물 인터넷이 아니'라고 한 것과 '사물 인터넷이 실현되려면 사람만큼 사물이 판단할 수 있어야 한다고 주장하면서 사물의 지능성을 중요시'하는 경우 모두 그릇된 것이라고 하였다. 그러므로 '인간 수준의 지능을 가진 사물들이' 네트워크상에서 '인간의 개입 없이' 서로 소통한다는 정의는 글쓴이의 견해와 부합하지 않는다.

[오답해설]
① 2문단에서 '사물 인터넷을 제대로 이해하려면 기존 인터넷과의 차이점에 주목하기보다는 오히려 공통점을 인식하는 것이 더 중요하다.'라고 하였으므로 적절한 설명이다.
② 1문단에서 '전원이 없었던 일반 사물들은 새롭게 센서와 배터리, 통신 모듈이 부착되면서 컴퓨터가 되고 이렇게 컴퓨터가 된 사물들이 그들 간에 또는 인간의 스마트 기기와 네트워크로 연결되는 것이다.'라고 하였으므로 센서와 배터리, 통신 모듈을 갖춘 사물들이 사물 인터넷으로 기능한다는 설명은 적절하다.
④ 마지막 문장에서 '컴퓨터를 서로 연결하는 수준에서 출발한 것이 기존의 인터넷이라면, 이제는 사물 각각이 컴퓨터가 되고, 그 사물들이 사람과 손쉽게 닿는 스마트폰, 스마

트 워치 등과 서로 소통하는 것이다.'라고 하였으므로 전원이 없던 일반 사물들도 각각 네트워크로 연결되어 사물인터넷이 된다는 점에서 기존의 인터넷과 다름을 알 수 있다.

09   정답 ④

[정답해설]
이 시는 정서를 표출하는 부분 없이 장면 묘사로만 이루어져 있다. 그러므로 앞부분에 자연 경관이나 사물에 대한 묘사를 먼저 하고 뒷부분에 자기의 감정이나 정서를 그려내는 구성인 선경후정의 형식을 취하고 있다는 감상은 적절하지 않다. 다만 장면 묘사를 통해서 인물의 상황과 심정을 간접적으로 유추해볼 뿐이다.

[오답해설]
① '해 저물어', '늙은이가 제사를 끝내고', '아이가 부축하네'로 보아, 해 질 무렵 두 사람(늙은이와 아이)이 제사를 지내고 돌아오는 상황을 노래한 것이라고 유추할 수 있다.
② 이 시를 지은 '이달'은 조선 중기의 시인으로, 임진왜란을 겪었던 인물이다. 시인의 이러한 시대적 배경을 보아 이 시에 등장하는 늘어서 있는 무덤들은 전란(임진왜란)으로 인한 갑작스러운 죽음을 의미한다고 볼 수 있다.
③ 제사를 끝내고 취해 돌아온다는 것을 보아 늙은이는 가족으로 추정되는(늙은이의 아들이자 아이의 부모) 이의 죽음에 대한 안타까움과 속상함 때문에 술을 마시고 취했다고 유추할 수 있다.

10   정답 ④

[정답해설]
盟誓(맹세 맹, 맹세할 서(세)) : 장래를 두고 다짐하여 약속함

[오답해설]
① ㉠ 逃戰(도망할 도, 싸움 전) → 挑戰(돋울 도, 싸움 전)
　 싸움을 걸거나 돋움, 비유적으로 어려운 사업이나 기록 경신에 맞섬
② ㉡ 持地(가질 지, 땅 지) → 支持(지탱할 지, 가질 지)
　 개인이나 단체 등의 주의 · 정책 등에 찬동하여 도와서 힘을 쓰는 것 또는 그 원조
③ ㉢ 浸默(잠길 침, 묵묵할 묵) → 沈默(잠길 침, 잠잠할 묵)
　 잠잠하게 아무 말도 하지 않음

11   정답 ②

[정답해설]
상수는 매사에 끼어들어 자신을 지적하는 짝꿍 때문에 고민이라는 이야기를 정민에게 하고 있다. 정민은 작년에 자신이 겪었던 비슷한 경험을 이야기하며 짝꿍과 솔직하게 얘기를 해 봤더니 그 애가 잘못된 점을 고쳤다는 이야기를 하며 상대방(상수)이 해결점을 찾을 수 있게 돕고 있다.

[오답해설]
① 정민이 상대방(상수)의 입장을 고려해 용서하는 모습은 나타나 있지 않다.
③ 정민이 상대방(상수)의 약점을 비판하는 모습은 나타나 있지 않다.
④ 정민이 상대방(상수)이 말하는 내용을 경청하고는 있으나 ("그런 일이 있었구나."), 그 내용의 타당성을 평가하는 모습은 나타나 있지 않다.

12   정답 ①

[정답해설]
①은 온실 효과로 인해 지구의 기온이 상승하고, 그로 인해 바다와 육지의 비율이 변화돼 기후 변화가 유발되고, 심지어 섬나라나 저지대는 물에 잠기게 되는 결과가 나타나게 된다고 하였다. 즉, 온실 효과라는 '원인'과 저지대가 물에 잠긴다는 '결과'가 분명하게 서술되어 있으므로 '인과'의 전개 방식이 쓰였다고 볼 수 있다.

[오답해설]
② 제로섬(zero−sum)의 뜻을 설명하고 있으므로 '정의'가 사용되었고, 운동 경기를 예로 들어 부가 설명을 하고 있으므로 '예시'도 사용되었다.
③ 찬호가 학교 담에서부터 교문 안으로 들어가기까지의 과정을 시간의 흐름에 따라 서술하고 있으므로 '서사'가 사용되었다.
④ 벼랑 아래의 모습과 소읍의 전경을 눈으로 보는 것처럼 세세하게 설명하고 있으므로 '묘사'가 사용되었다.

[보충해설]

> ■ 글의 서술 방식
> • **설명** : 객관적인 정보나 사실을 전달하여 이해시키는 방식으로, 주로 설명문에 사용됨
> • **논증** : 자신의 주장을 논리적으로 제시하여 상대방을 설득하는 방식으로, 주로 논설문에 사용됨

- **묘사** : 인물이나 배경, 분위기 등을 눈으로 보는 것처럼 보여주는 방식
- **서사** : 사건을 시간의 흐름에 따라 서술하는 방식
- **정의** : 어떤 대상이나 용어의 의미, 법칙 등을 명백히 밝혀 진술하는 방식
- **예시** : 구체적인 사례를 제시하여 일반적인 원리나 법칙 등을 구체화하는 방식
- **비교** : 대상들 간의 비슷한 점이나 공통점을 들어 서술하는 방식
- **대조** : 대상들 간의 차이점을 들어 서술하는 방식
- **구분** : 상위 항목을 하위 항목으로 나누어 가면서 전개하는 방식
- **분석** : 어떤 대상이나 사실의 속성이나 성분 등을 구성 요소로 나누어 전개하는 방식
- **분류** : 하위 항목 또는 하위 범주의 내용을 공통되는 성질에 따라 상위 항목이나 상위 범주의 내용으로 묶어 가면서 전개하는 방식
- **유추** : 비슷한 대상이나 사실, 개념과의 대비를 통해 전개하는 방식

13   정답 ②

[정답해설]

제시된 대화에서 A는 '의료 취약 계층을 위한 의약품 공급 정보망 구축 사업'에 대하여 B로부터 여러 가지 정보를 끌어내고 있다. 그러므로 A가 상대방의 대답에서 모순점을 찾아 대응하고 있다는 전략은 적절하지 않다.

[오답해설]

① "그렇군요", "네, 간편해서 좋군요" 등 A는 상대방의 말을 들었다는 반응을 보이고 있다.
③ A는 '의료 취약 계층을 위한 의약품 공급 정보망 구축 사업'에 대하여 용어의 의미, 사업의 성과 등을 물어보며 사업에 대한 자세한 설명을 유도하고, "끝으로 이 사업에 참여하려면 어떻게 해야 하나요?"라고 물으며 B가 사업 참여를 홍보할 수 있도록 유도하고 있다.
④ A는 B가 사업의 걸림돌에 대해 이야기를 하자, "그러니까 앞으로 이런 문제를 해결하기 위한 제도 정비나 의료 전문가의 지원이 좀 더 필요하다는 말씀인 것 같군요."라며 상대방의 말을 정리, 해석하고 보충하고 있다.

14   정답 ③

[정답해설]

글의 마지막 부분에서 '그 나무가 근래에 땅에 쓰러지자 어떤 이가 빗장 막대기로 만들어 … 그 막대기에는 글귀가 새겨져 있다.'라고 하였다. 즉 천사로부터 벼락을 맞은 배나무는 이목에 의해 소생하였다가, 근래에 다시 쓰러지자 막대기로 만들어져 글귀가 새겨진 채 당대까지 전해졌음을 알 수 있다.

[오답해설]

① 천사의 벼락을 맞은 배나무는 저절로 소생한 것이 아니라 용이 쓰다듬어 소생한 것 또는 보양 스님이 주문을 외워 소생한 것이다.
② 천사는 실수로 배나무에 벼락을 내린 것이 아니라 옥황상제로부터 이목을 죽이라는 명을 받고 내려와 배나무를 이목이라 생각하여 벌을 내린 것이다. 이는 용왕의 아들 이목(璃目)과 배나무를 뜻하는 이목(梨木)의 발음이 같은 데서 기인한 것이라고 볼 수 있다.
④ 옥황상제는 하늘의 뜻을 모르고 비를 내렸다 하여 이목을 죽이려 하였다고 했으므로 옥황상제가 보양 스님을 벌하려 천사를 보낸 것이 아니라 이목을 벌하려고 천사를 보낸 것이다.

[작품해설]

▌ 일연, 「삼국유사」
- **시기** : 원 간섭기인 충렬왕 11년(1285)
- **사관** : 불교적, 자주적, 신이적
- **체제** : 기사본말체, 총 9권
- **내용**
  - 단군~고려 말 충렬왕 때까지 기록, 신라 기록이 다수 수록됨
  - 단군 조선과 가야 등의 기록
  - 수많은 민간 전승과 불교 설화 및 향가 등 수록
  - 단군을 민족 시조로 인식해 단군 신화를 소개했으나 이에 대한 체계화는 미흡

15   정답 ③

[정답해설]

제시된 글에서 경상 지역 사람들은 'ㅓ'와 'ㅡ'를, 'ㅅ'과 'ㅆ'을 구별하여 듣거나 발음하지 못한다고 하였고, 평안도 및 전라도, 경상도 일부에서는 'ㅗ'와 'ㅓ'를 제대로 분별하여 발음하지 않고, 평안도 사람들의 'ㅈ' 발음은 'ㄷ' 발음과 비슷하다고 하였다. 즉 ㉠ 안에는 구별해서 듣거나 발음하지 못하는 경우 모두를 포함하여, 지역에 따라 구별되지 않는 소리가 있다는

국가직
문제

지방직
문제

서울시
문제

국가직
해설

지방직
해설

서울시
해설

내용이 와야 한다.

[오답해설]
① 지역마다 특정 자음과 모음을 구별하지 못하는 것이지, 다른 지역에는 없는 다양한 소리를 가지고 있는 것은 아니다.
② 제시된 글은 특정 발음이 구별되지 않는 지역 방언의 발음 특징에 대한 내용인데, 이것을 가지고 지역마다 표준 발음법이 따로 있다고 보기는 어렵다.
④ 제시된 글 속의 예시만을 가지고는 자음보다 모음을 변별하지 못하는 지역이 더 많다고 할 수 없다.

16 　　　　　　　　　　　　　　　　정답 ②

[정답해설]
제시된 글의 첫 문단은 기술 혁신의 상징으로 등장한 스마트폰의 호황이 끝나가고 있다는 내용이다. 두 번째 문단은 스마트폰 이후 글로벌 주도 산업으로 '팡(FANG)'이 떠오르고 있다는 내용을 언급하며, '하지만 이들이라고 영속 불멸하지는 않을 것이다.'라고 마무리하고 있다. 즉, 큰 성공을 거둔 스마트폰 산업이 영원하지 않고 팡에게 자리를 내어준 것처럼, 팡역시 그것이 영원하지는 않을 것이라는 이야기를 하고 있으므로 스마트폰의 호시절이 끝나간다는 내용 뒤에 들어갈 말로 적절한 것은 '정보 기술 업계의 권불십년(權不十年)이라 하지 않을 수 없다'이다. 이때 '권불십년(權不十年)'은 권세는 십 년을 가지 못한다는 뜻으로, 아무리 높은 권세라도 오래가지 못함을 이르는 말이다.

[오답해설]
① 절치부심(切齒腐心) : 몹시 분하여 이를 갈며 속을 썩임
③ 아전인수(我田引水) : 자기 논에 물 대기라는 뜻으로, 자기에게만 이롭게 되도록 생각하거나 행동함을 이르는 말
④ 내우외환(內憂外患) : 나라 안팎의 여러 가지 어려움

[보충해설]

> ▌ 권불십년(權不十年)과 유사한 한자성어
> • 인불백일호(人不百日好) : 사람은 백일 동안 좋을 수는 없다는 뜻으로, 한 번 성한 것은 얼마 못 가서 반드시 쇠함을 이르는 말
> • 화무십일홍(花無十日紅) : 열흘 동안 붉은 꽃은 없다는 뜻으로, 한 번 성한 것이 얼마 못 가서 반드시 쇠하여짐을 비유적으로 이르는 말

17 　　　　　　　　　　　　　　　　정답 ①

[정답해설]
'즉 집단으로 모인 사람들이 자신들의 감성을 침묵하게 하고 지성만을 행사하는 가운데 그들 중 한 개인에게 그들의 모든 주의가 집중되도록 할 때 희극이 발생한다고 보았다.'라고 하였으므로 관객의 감성이 집단적으로 '표출'되었을 때가 아니라 관객의 감성이 '침묵'할 때 희극이 발생하는 것이다.

[오답해설]
② '희극의 발생 조건에 대하여 베르그송은 집단, 지성, 한 개인의 존재 등을 꼽았다.'라고 하였으므로 적절하다.
③ '웃음을 유발하는 단순한 형태의 직접적인 장치는 대상의 신체적인 결함이나 성격적인 결함을 들 수 있다.'라고 하였으므로 적절하다.
④ '한 인물이 우리에게 희극적으로 보이는 것은 우리 자신과 비교해서 그 인물이 육체의 활동에는 많은 힘을 소비하면서 정신의 활동에는 힘을 쓰지 않는 경우이다.'라고 하였으므로 적절하다.

18 　　　　　　　　　　　　　　　　정답 ③

[정답해설]
양귀자의 「비 오는 날이면 가리봉동에 가야 한다」는 1980년대를 배경으로 도시 변두리에 사는 빈민들의 삶을 그린 연작소설 〈원미동 사람들〉 중 하나로, 가난하지만 정직하고 성실한 일용직 노동자 임 씨가 '그'의 집을 수리하러 가서 생긴 일을 다루고 있다. '그'와 아내는 임 씨의 겉모습과 직업만 보고 그를 의심하였다가 성실하고 정직하게 일하는 모습을 보고 반성하며 공감하게 된다. ㉠은 '그'가 임 씨가 일하는 것을 감시하다가 그의 손에 박인 굳은살과 숨소리조차 내지 않고 열심히 일하는 모습을 보고 안타까움과 연민을 느끼는 장면이다. ③은 김창협의 〈산민(山民)〉으로, 임진왜란과 병자호란 등을 겪은 후 가뜩이나 살기 힘든 형편에 탐관오리들의 착취까지 심해져 산에서 궁핍하게 살아가는 백성들의 고단한 모습을 그린 작품이다. 힘들게 일하며 살지만 나아지지 않는 삶에 대한 연민이 담겨 있으므로 ㉠과 가장 유사한 정서라고 할 수 있다.

[오답해설]
① 박남수의 〈아침 이미지〉로, 어둠이 물러나고 햇빛이 밝아오는 아침의 모습을 즐겁고 생동감 넘치게 표현한 시이다.
② 김소월의 〈산유화〉로, 꽃이 피고 지는 현상을 통해 생명의 생성과 소멸, 존재의 근원적 고독을 차분한 어조로 담담히 노래한 시이다. 작은 새와 혼자서 피어 있는 꽃은 외롭고 고독한 존재이며 자연의 순환에 따라 살아가는 존재이다.

④ 김상옥의 〈사향〉으로, 고향의 모습을 다양한 감각적 표현으로 그려내며 고향에 대한 그리움을 노래하고 있는 시이다.

[작품해설]

> ▌양귀자, 「비 오는 날이면 가리봉동에 가야 한다」
> • **갈래** : 단편 소설, 연작 소설, 현대 소설
> • **성격** : 사실적, 비판적
> • **배경** : 1980년대, 부천 원미동
> • **시점** : 전지적 작가 시점
> • **주제** : 소시민들 사이에 벌어지는 일상의 갈등과 화해
> • **특징**
>   – 실제 공간을 배경으로 소시민들의 삶을 사실적으로 그려냄
>   – 등장인물의 대화와 행동을 중심으로 사건을 전개함
>   – 광복절 하루 동안에 일어난 사건을 서술하고 있음

19   정답 ④

[정답해설]

제시된 글에서 기존의 의학적 연구는 '특정 연령대 남성의 몸이 연구 대상으로 사용되었고, 여성의 신체 특성이나 다양한 연령대 남성의 신체적 특성은 고려되지 않았다.'라고 하였다. 그러면서 2, 3문단에서 사무실 온도를 예로 들었는데, 이는 적정 사무실 온도로 알려진 21℃가 '표준화된 신체'를 가진 남성의 기준에 맞춰진 것임을 보여주는 것이다. 그런데 ④는 사무실마다의 형편(일하는 사람들의 성별, 연령 등)은 고려하지 않고 단순히 사무실 온도를 일률적으로 올리는 것에만 초점을 두었으므로 제시된 글의 시사점으로 적절하지 않다.

[오답해설]

① 표준으로 삼은 대상인 건장한 성인 남성은 나머지 대상인 여성, 다양한 연령대 남성 등을 대표하지 못하므로 의학적 연구에 있어서 하나의 표준을 정하기보다는 다양한 대상을 선정해야 한다는 의견은 적절하다.

② 농약이나 사무실 온도 등과 같이 우리가 알고 있는 의학 지식들은 건장한 성인 남성이라는 표준 대상에만 맞춰져 있는 결과였으므로 이런 의학 지식을 활용함에 있어서 고민이 필요하다는 의견은 적절하다.

③ 2문단의 사무실 온도 예를 보면 성별에 따라 선호하는 환경이 다름을 알 수 있다. 그러므로 근무 환경을 조성할 때 근무자들의 성별이나 연령대를 고려해야 한다는 의견은 적절하다.

20   정답 ③

[정답해설]

400년 전 아쟁쿠르 전투에서 사망한 자들의 명단과 숫자를 나열한 「헨리 5세」는 셰익스피어의 희곡으로 위대한 작품이다. 그러나 그렇게 위대한 작품을 전문 배우가 그에 걸맞은 목소리와 어조로 연기를 했음에도 청중의 공감을 불러일으키지는 못하였으므로 훌륭한 고전이라고 해서 항상 청중의 공감을 불러일으킬 수 있는 것은 아님을 알 수 있다.

[오답해설]

① 1문단에서 자원자는 세련되지도, 능숙하지도 않은 낭독을 하였음에도 불구하고 관객들의 열렬한 공감을 이끌어 냈지만, 2문단에서 전문 배우가 대사에 맞는 연기력과 유려한 어조로 낭독을 했음에도 관객은 그에게 공감하지 않았다는 것을 보아 배우의 연기력이 관객의 공감을 좌우한다는 설명은 적절하지 않다.

② 아우슈비츠를 소재로 한 드라마 대본과 셰익스피어의 희곡 「헨리 5세」 모두 비참한 죽음을 다룬 비극적인 소재이다. 그러나 아우슈비츠는 관객의 공감을 일으켰고 헨리 5세는 그렇지 못했으므로 적절하지 않은 설명이다.

④ 아우슈비츠는 아쟁쿠르 전투보다 현재와 가까운 역사적 사실이다. 1문단에서 '과거 역사가 현재의 관객들에게 생생하게 공감되었다', 2문단에서 '그들에게 아쟁쿠르 전투는 공감할 수 없는 것으로 분리된 것 같아 보였다'라고 하였으므로 관객들은 현재와 가까운 역사적 사실에 공감할 가능성이 보다 커진다는 것을 알 수 있다.

국가직 문제 | 지방직 문제 | 서울시 문제 | 국가직 해설 | 지방직 해설 | 서울시 해설

▌[국가직] 2019년 04월 | 정답

01	②	02	①	03	③	04	④	05	①
06	④	07	④	08	①	09	④	10	②
11	③	12	②	13	③	14	④	15	③
16	③	17	①	18	④	19	②	20	③

[국가직] 2019년 04월 | 해설

01　　　　　　　　　　　　　　　　정답 ②

[정답해설]
㉠ '다른'은 서술성이 있는 형용사의 관형사형으로, 용언 '다르다'의 활용형이다. 따라서 품사는 형용사이다.
㉡ '크다'는 '나무가 잘 못 큰다'로 바꿨을 때 용언의 어간 뒤에 현재형 어미 '-ㄴ다'가 결합할 수 있으므로 동사이다.
㉢ '나다'는 '자연재해가 일어나다'의 뜻을 가진 동사이다.
㉣ '허튼'은 '쓸데없이 헤프거나 막된'의 뜻을 가진 관형사이다.
㉤ '아니다'는 어떤 사실을 부정하는 뜻을 가진 형용사이다.
　따라서 품사가 같은 것끼리 묶인 것은 ㉡, ㉢이다.

02　　　　　　　　　　　　　　　　정답 ①

[정답해설]
①은 쟁점이 '징병 제도 유지' 하나이고, 부정어 '아니다', '없다' 등이 사용되지 않은 긍정 평서문이며 정서적 표현이 사용되지 않은 논제이다.

[오답해설]
② 부정사 '없다'를 사용하여 부정의 의미를 나타낸 부정문이다.
③ 두발 제한에 대하여 '야만적인'이라는 표현을 사용하여 두발 제한 폐지 찬성 측에 유리하게 작용하는 정서적 표현을 사용하고 있다.
④ 쟁점이 '내신 제도 개혁'과 '논술 시험 개혁'으로 두 가지이다.

03　　　　　　　　　　　　　　　　정답 ③

[정답해설]
해설자는 "높은 곳에서 하늘을 등지고 있기 때문에 그는 언제나 시커먼 그림자로만 보입니다."를 통해 무대 위의 파수꾼을 설명하고 있고 아버지가 파수꾼의 이야기를 들었음을 언급하며 설명 대상에 대해 덧붙이는 말을 하고 있다.

[오답해설]
① 해설자는 "이리 떼의 내습을 알리는 망루가 세워져 있죠"를 통해 무대 위의 공간적 배경이 망루가 세워져 있는 황야임을 이야기하고 있다.
② 해설자는 네 번째 문장에서 연극의 진행에 따라 하늘이 황혼, 밤, 아침으로 변할 것이라고 이야기하고 있다.
④ 해설자는 일곱 번째 문장에서 파수꾼이 하늘을 등지고 있기 때문에 언제나 그림자로만 보인다고 이야기하고 있다.

[작품해설]

> ▌이강백, 「파수꾼」
> • 갈래 : 단막극, 풍자극
> • 성격 : 풍자적, 교훈적, 상징적, 우화적
> • 배경 : 어느 마을의 황야에 있는 망루
> • 제재 : 촌장과 파수꾼의 위선
> • 주제 : 진실을 향한 열망과 진실이 통하지 않는 사회의 비극
> • 특징
> 　– 이솝 이야기를 바탕으로 현실을 우의적으로 그림
> 　– 상징성이 강한 인물과 소재를 사용함

04　　　　　　　　　　　　　　　　정답 ④

[정답해설]
수빈은 정아가 프레젠테이션을 처음 하는 상황임을 언급하면서 혼란스러운 감정을 공감해주고 있지만 자신의 처지로 바꾸어 의미를 재구성하고 있지는 않다.

[오답해설]
① 수빈은 "정말?"이라고 물으며 상대방의 말에 집중하고 있음을 보여주고 있다.
② "무슨 일이 있었는지 자세히 말해 봐"를 통해 정아가 계속 말을 할 수 있도록 격려하고 있다.
③ "팀장님 질문에 대답을 못했구나. 처음 하는 프레젠테이션이라 정아 씨가 긴장을 많이 했나 보다."를 통해 정아의 혼란스러운 감정을 스스로 정리하게끔 도와주고 있다.

05 정답 ①

[정답해설]

'부엌일'이 음절의 끝소리 규칙에 의해 '부억일'이 되고, ㄴ첨가에 의해 '부억닐'이 되며, 비음화에 의해 '부엉닐'이 되므로 음운 변동 유형으로 적절한 것은 '교체'와 '첨가'이다.

[보충해설]

> **▌음운의 변동 현상**
> * **교체** : 한 음운이 다른 음운으로 바뀌는 현상
>   예 음절의 끝소리 규칙, 비음화, 유음화, 구개음화, 된소리되기 등
> * **첨가** : 형태소가 합성될 때 그 사이에 음운이 덧붙는 현상
>   예 'ㄴ' 첨가, 사잇소리 현상
> * **축약** : 두 음운이 하나의 음운으로 줄어드는 현상
>   예 자음 축약, 모음 축약
> * **탈락** : 두 음운 중 어느 하나가 없어지는 현상
>   예 자음 탈락, 모음 탈락, 자음군 단순화

06 정답 ④

[정답해설]

반대 측은 "과연 누구까지를 학교 폭력의 방관자라고 규정지을 수 있을까요?"라며 논제 속 '학교 폭력을 방관한 학생'의 명확하지 않은 규정에 대한 의문을 제기하고 있다.

[오답해설]

① 찬성 측은 "친구가 학교 폭력에 의해 희생되고 있는데도 자신에게 피해가 올까 두려워 아무런 조취를 취하지 않는 학생들이 많다."라고 불의에 저항하지 않는 행위에 대해 언급하기는 했지만 친숙한 상황에 빗대어 설명하고 있지는 않다.

② 찬성 측은 자신의 경험을 제시하고 있지 않다.

③ 반대 측은 "방관자의 범위부터 규정하기가 불명확하다고 볼 수 있다."라며 방관자의 기준에 의문을 제시하고 있지만 윤리적 방법으로 해결책을 제시하고 있지는 않다.

07 정답 ④

[정답해설]

* 첫 번째 문단을 통해 한국 문학의 미적 범주에 '풍자'와 '해학'이 있음을 알 수 있다. 따라서 ⊙에는 '풍자', '해학'과 동등한 지위를 가지지 않는 '골계'가 들어가야 한다.

* '해학'은 '선의의 웃음을 유발하여 고통과 갈등을 극복하는 웃음의 정신'의 의미를 지닌 단어이므로 '있는 것이 지닌 긍정에 관심을 집중하는 것'을 가리키는 ⓒ에 적절하다.

* '풍자'는 '해학'과 마찬가지로 웃음을 유발하는 것이지만 비판의 의도가 있으므로 '있어야 할 것을 깨뜨리는 것에 집중하는 것'인 ⓛ에 적절하다.

08 정답 ①

[정답해설]

〈보기〉에 제시된 문장의 아침기도와 저녁기도가 각각 아침 뉴스, 저녁 종합 뉴스로 바뀌었다는 내용은 시간과 신앙에 관련된 내용임을 알 수 있고, ⊙의 앞 문장에서 뉴스 타전은 교회의 시간 규범을 따른다고 하였으므로 〈보기〉가 ⊙의 앞문장에 대한 설명이다. 따라서 ⊙이 가장 적절하다.

09 정답 ④

[정답해설]

본문에서 '풍채 적은 형용'은 헌 짚으로 만든 모자를 쓰고 축 없는 짚신을 신고 물러나오는 화자의 모습을 보며 ⊙이 짖는 것이므로 ⊙은 화자의 초라한 모습을 부각시키고, ⓛ이 한을 돋운다고 하였으므로 ⓛ은 화자의 수심을 깊게 함을 알 수 있다.

[오답해설]

① ⊙과 ⓛ 모두 실재하는 존재물이다.

② ⊙은 화자의 초라함을 부각시키므로 화자의 절망을 나타내지만, ⓛ은 한을 돋운다고 하였으므로 희망과는 관련이 없다.

③ ⊙은 화자의 외면을 부각시키므로 내면을 상징하는 것이 아니며, ⓛ은 수심을 깊게 하므로 외양을 나타낸다고 할 수 없다.

[작품해설]

> **▌박인로, 「누항사」**
> * **갈래** : 가사, 은일(隱逸)가사
> * **성격** : 전원적, 사색적
> * **제재** : 빈이무원(貧而無怨)의 삶
> * **주제** : 초야에 묻혀 사는 선비들의 고절한 삶과 현실의 부조화, 자연을 즐기는 풍류생활, 안빈낙도의 경지
> * **특징**
>   ─ 대구법, 설의법, 과장법, 열거법을 사용함

국가직 문제

지방직 문제

서울시 문제

국가직 해설

지방직 해설

서울시 해설

– 자신의 궁핍한 생활을 사실적이고 구체적으로 형상
화함
– 농촌의 일상생활과 관련된 시어들이 많이 등장함
– 이상과 현실 사이의 갈등이 담겨 있음

---

10 정답 ②

[정답해설]
본문에 제시된 허난설헌의 「사시사」는 임을 그리워하는 여인
의 마음을 나타낸 작품으로, 이 시의 마지막 부분 '시름겨운
이는 외로운 밤에 잠 못 이루는데'를 통해 화자의 감정이 드
러나고 있다. ②의 輾轉不寐(전전불매)이다. '輾轉不寐(전전
불매)'는 '누워서 몸을 이리저리 뒤척이며 잠을 이루지 못함.'
을 뜻하는 말로, '輾轉反側(전전반측)'과 의미가 유사하다.

[오답해설]
① 琴瑟之樂(금슬지락) : 부부간의 사랑을 의미함
③ 錦衣夜行(금의야행) : 비단옷을 입고 밤길을 다닌다는 뜻
으로, 자랑삼아 하지 않으면 생색이 나지 않음을 이르는
말
④ 麥秀之嘆(맥수지탄) : 고국의 멸망을 한탄함을 이르는 말.
기자(箕子)가 은(殷) 나라가 망한 뒤에도 보리만은 잘 자라
는 것을 보고 한탄하였다는 데서 유래함

[작품해설]

■ 허난설헌, 「사시사」
• 갈래 : 한시
• 성격 : 연정적, 애상적
• 제재 : 계절적 배경을 바탕으로 임을 그리워하는 여인
의 마음
• 주제 : 임을 그리워하는 마음
• 특징
 – 임에 대한 그리움과 한(恨)의 정서를 사계절의 흐름
에 따라 노래함
 – 시각, 청각, 촉각적 이미지를 사용한 우아하고 섬세
한 묘사

---

11 정답 ③

[정답해설]
③의 "어머니께서 ~ 하셨습니다"에서 주격조사 '께서'와 선
어말어미 '-(으)시'를 사용하여 문장의 주체인 '어머니'를 높

이고 있고, "아주머니께 이 김치를 드리라고"에서 조사 '께'와
'드리다'를 사용하여 객체인 아주머니를 높이고 있다. 또한 종
결어미 '-습니다'를 사용하여 청자에 대한 높임의 태도를 나
타내고 있다. 따라서 이 문장에서는 주체 높임법, 객체 높임
법, 상대 높임법이 모두 사용되었음을 알 수 있다.

[오답해설]
① "아버지께서 … 들어가셨다"에서 주격조사 '께서'와 선어
말어미 '-(으)시'를 사용하여 문장의 주체인 '아버지'를 높
이고 있고, "할머니를 모시고"에서 '모시고'를 사용하여 문
장의 객체인 '할머니'를 높이고 있다. 따라서 주체 높임법
과 객체 높임법이 사용되었다.
② "어머니께 그렇게 말씀을 드리면"에서 조사 '께'와 '드리
다'를 사용하여 문장의 객체인 '어머니'를 높이고 있고, "~
될까요?"에서 종결어미 '해요'를 사용하여 청자에 대한 높
임의 태도를 나타내고 있다. 따라서 객체 높임법과 상대
높임법이 사용되었다.
④ "주민 여러분께서는 … 귀를 기울여 주시기"에서 주격조
사 '께서'와 선어말어미 '-(으)시'를 사용하여 주체인 '주민
여러분'을 높이고 있고, "~바랍니다"에서 종결어미 '하십
시오'를 사용하여 청자에 대한 높임을 나타내고 있다. 따
라서 주체 높임법과 상대 높임법이 사용되었다.

---

12 정답 ②

[정답해설]
'조직은 형식을 강요하고 형식은 위조품을 모집한다.', '전통
은 궁궐 안의 상전이 되고'에서 고전적인 질서를 나타내고 있
지만 '조직된 권위는 주위를 침식한다.'에서 이러한 고전적인
질서를 비판하고 있음을 알 수 있다. 또한 질서를 상징하는
'국경', '탑', '일만년 울타리'를 가래로 밀라고 하는 것을 보아
질서를 부정적으로 여기고 있음을 알 수 있다.

[오답해설]
① '걷게 하라', '흐르게 하라', '몰아 넣라'의 종결어미를 사용
함으로써 직설적인 어조를 나타내고 있다.
③ 질서를 의미하는 '국경', '탑', '어용학(御用學)의 울타리'와
자연적인 것을 의미하는 '날새', '바람', '햇빛' 등이 대조적
으로 제시되고 있다.
④ '죽 가래'는 '곡식이나 눈 따위를 한곳으로 밀어 모으는 데
쓰는 기구'로 죽 가래의 쓰임을 통해 체제 개혁을 역설하
고 있다.

13 　　　　　　　　　　　　　　정답 ③

[정답해설]
ⓒ은 등장인물 춘향이의 독백으로 작품 밖 서술자가 자신의
생각을 드러내는 서술자의 개입이 없이 오로지 등장인물의
심정이 담겨 있는 부분이다.

[오답해설]
㉠ '소리가 화평할 수 있겠는가'에서 서술자의 개입이 나타
난다.
㉡ '보고 듣는 사람의 심장인들 아니 상할 것인가'에서 서술
자의 개입이 나타난다.
㉣ '목석이라도 어찌 감동을 받지 않겠는가?'에서 서술자의
개입이 나타난다.

[작품해설]

> ▍ **작자미상,「춘향전」**
> • **갈래** : 판소리 사설
> • **성격** : 해학적, 서사적, 풍자적, 비판적
> • **시점** : 전지적 작가 시점
> • **제재** : 암행어사 출두
> • **주제**
> 　– 봉건 사회의 도덕을 깨뜨린 남녀 간의 자유 연애 사상
> 　– 계급 타파와 신분 상승 의지
> 　– 인간의 존엄성과 인권 옹호
> 　– 탐관오리에 대한 서민의 저항과 위정자의 반성 촉구
> • **특징**
> 　– 산문과 운문의 혼합
> 　– 발단 → 전개 → 위기 → 절정 → 결말의 5단 구성
> 　– 해학과 풍자에 의한 골계미
> 　– 서술자의 개입이 자주 드러남

14 　　　　　　　　　　　　　　정답 ④

[정답해설]
간난이 할아버지가 빈틈을 낸 것에 대해 마을 사람들이 "누
가 빈틈을 냈어?"라고 못마땅해 하는 말소리를 낼 때 동장네
절가가 "아즈반이웨다레(아저씨로구려)"라고 하며 빈틈을 낸
사람이 간난이 할아버지라는 사실을 마을 사람들에게 말하고
있으므로 동장네 절가가 간난이 할아버지의 행동에 동조하고
있는 것은 아니다.

[오답해설]
① '개를 향해 달려들며 몽둥이를 내리쳤다'에서 개를 잡는
장면을 통해 토속적이고 억센 삶의 현장을 그리고 있음을

알 수 있다.
② '눈 앞의 새파란 불'은 몽둥이를 잡은 사람들 틈에서 빠져
나갈 틈을 엿보는 눈빛이므로 생의 욕구를 암시한다.
③ 간난이 할아버지가 새파란 불을 보고 한 마리의 몸에서
나오는 것이 아니고 새끼의 몫까지 합쳐진 것이라고 생각
했으므로 생명에 대한 외경을 느낄 수 있다.

[작품해설]

> ▍ **황순원,「목넘이 마을의 개」**
> • **갈래** : 단편소설
> • **성격** : 우화적
> • **배경** : 일제 강점기의 평안도
> • **시점** : 전지적 작가 시점 (결말 에필로그 : 1인칭 관찰
> 자 시점)
> • **주제** : 생명의 강인함과 그 외경, 한민족의 강인한 생
> 명력과 끈기
> • **특징**
> 　– 묘사와 대화 사용을 절제함
> 　– 사실의 전달에 충실함
> 　– 액자식 구성을 취함

15 　　　　　　　　　　　　　　정답 ③

[정답해설]
(나)에서 늙은이가 입으로 언문 소설을 읽으면 구경하는 사람
들이 둘러섰다는 부분이 있지만 하층에 소설을 창작하는 사
람이 많았는지에 대한 부분은 제시되어 있지 않다.

[오답해설]
① (가)의 찬성공이 어찌 상중에 있으면서 예의에 어긋난 책
을 소리 내어 읽느냐고 꾸짖는 부분을 통해 상층 남성들
이 상중의 예법에 매우 엄격하였음을 알 수 있다.
② (가)에서 찬성공이 부윤공의 부인 이 씨가 예의에 어긋난
책을 소리 내어 읽은 행위를 꾸짖었으므로 혼자 소설을
보며 소리 내어 읽기도 하였음을 알 수 있다.
④ (나)에서 늙은이가 읽어 주는 소설을 사람들이 둘러서서
돈을 내고 듣는 '요전법'에 대한 내용이 있으므로 하층에
서도 소설을 즐겼음을 알 수 있다.

16 　　　　　　　　　　　　　　정답 ③

[정답해설]
1문단에서 고전파가 '형식과 내용의 일체화를 꾀하고 균형

국가직
문제

지방직
문제

서울시
문제

국가직
해설

지방직
해설

서울시
해설

잡힌 절대 음악을 추구하였다'라고 하였으므로 고전파 음악의 특징이 형식과 내용의 분리에 있음을 강조하는 것은 옳지 않다.

[오답해설]

① 3문단의 '고전파 음악은 종교의 영역에서 음악 자체의 영역을 확보하였으며 최고 수준의 음악적 내용과 형식을 수립하였다'에서 고전파 음악의 음악사적 의의를 제시하고 있다.

② 2문단에서 고전파 음악의 작곡가 '하이든, 모차르트, 베토벤'을 예로 들어 고전파 음악이 음악적 형식과 내용의 완숙을 이룬 음악이라는 것의 이해를 돕고 있다.

④ 1문단의 '고전파 음악은 어떤 음악인가?'에서 질문을 통해 화제를 제시하고 있음을 알 수 있다.

17 　　　　　정답 ①

[정답해설]

(가)는 감각에 대한 합리론과 경험론의 인식 차이를 서술한 문단으로, 합리론의 감각에 대한 인식은 매우 비판적이었고, 경험론의 감각에 대한 인식은 '우리의 모든 관념과 판단은 감각 경험에서 출발한다'고 주장하였으므로 긍정적이었다.

(나)에서 실용적 기술 개발과는 다른 과학적 연구는 경험적 자료에 경계심을 유지하는 것이 당연하다고 하였으므로 실용적 기술 개발은 경험적 자료에 긍정적임을 알 수 있다. 따라서 이는 경험론적 사고에 토대를 둔다.

[오답해설]

② (가)에서 제시되었듯이 세계를 끊임없이 변화한다고 간주하는 것은 합리론적인 사고이고, 일상생활은 경험론적 사고에 의해 이루어지므로 합리론적 사고를 우선하여야 한다는 것은 적절하지 않다.

③ (나)에서 과학적 연구는 상당한 정도의 정확성을 요구하므로 경험적 자료에 대해 경계심을 유지하는 것이 당연하다고 제시되어 있다.

④ 과학적 연구는 경험적 자료에 대한 경계심. 즉 감각에 대한 경계심을 가져야 한다고 하였으므로 어느 분야에나 전적으로 차별 없이 요구되는 것은 아니다.

18 　　　　　정답 ④

[정답해설]

3문단의 '피자보다 자장면을 좋아하는 아이들을 찾아보기가 힘들어졌다'를 통해 자장면이 어린이들에게 여전히 가장 사랑받는 음식이 아니라는 것을 알 수 있다.

[오답해설]

① 3문단에서 '한국에서는 피자 배달이 보편화되기 시작했다'라고 하였으므로 적절한 설명이다.

② 3문단에서 '싸게 먹을 수 있는 이국 음식이라는 점에서 자장면과 피자는 특별한 의미를 갖는다'라고 하였으므로 적절한 설명이다.

③ 3문단에서 외식을 하기엔 부담이 될 때 안성맞춤이라고 하였으므로 적절한 설명이다.

19 　　　　　정답 ②

[정답해설]

말미는 '일정한 직업이나 일 따위에 매인 사람이 다른 일로 말미암아 얻는 겨를'이고, '휴가'는 직장·학교·군대 따위의 단체에서 일정한 기간 동안 쉬는 일을 의미하는 한자어로 공존하며 쓰이고 있는 단어이다.

[오답해설]

① '가을걷이'와 '추수'는 동의어로, 둘 다 쓰이고 있으므로 공존하며 쓰이는 단어의 예로 적절하다.

③ '얼굴'은 본래 '형체'의 의미였으나 현재는 '안면'의 의미로 쓰이므로 의미 축소의 예로 적절하다.

④ '겨레'는 본래 '같은 씨', '혈통'의 의미였으나 현재는 같은 핏줄을 이어온 '민족'이라는 의미로 쓰이므로 의미 확대의 예로 적절하다.

20 　　　　　정답 ③

[정답해설]

(다)에서 디디티는 생물 농축과 잔존성의 특성 때문에 1972년부터 미국에서 디디티 생산이 전면 중단되었고, 1980년대 이르러서는 사용이 대부분 금지되었다는 사실이 제시되어 있지만 사용 금지를 주장하는 부분은 찾아볼 수 없다.

[오답해설]

① (가)에서는 중심 화제인 지속성 농약이 자연 생태계에 미치는 악영향과 지속성 농약의 대표적인 예인 디디티에 대해 소개하고 있다.

② (나)에서 디디티가 생물 축적과 잔존성의 특성을 갖게 되는 원인과 맹금류 멸종이라는 결과를 설명하고 있으므로 인과 분석의 방법으로 설명하고 있다.

④ (라)에서 디디티의 생물 농축 현상이 생태계를 훼손시키는 것처럼 다른 사소한 환경오염 행위가 어떤 재앙을 몰고 올 수 있는지에 대한 연구가 진행되고 있다고 하였으므로 환경오염에 대한 경각심을 암시적으로 드러내고 있다.

[국가직] 2018년 04월 | 정답

01	②	02	③	03	③	04	③	05	③
06	④	07	④	08	④	09	①	10	②
11	③	12	③	13	②	14	①	15	②
16	①	17	④	18	②	19	③	20	①

[국가직] 2018년 04월 | 해설

01   정답 ②

[정답해설]
'반구대'는 발음상 'Ban-gudea' 또는 'Bang-udae'로 혼동할 우려가 있기 때문에 음절 사이에 붙임표(-)를 쓸 수 있다.

[오답해설]
① 도(do), 시(si), 군(gun) 등의 행정구역 단위는 행정구역 명칭 앞에 붙임표(-)를 두나, '독도'의 '도'는 행정구역 단위가 아니므로 'Dokdo'로 표기한다.
③ 자연 지물명, 문화재명, 인공 축조물명은 붙임표 없이 붙여 쓰므로, '독립문'은 발음 [동님문]에 따라 'Dongnimmun'으로 표기한다.
④ '인왕리'는 '인왕'의 표준 발음인 [이놩]에 따라 'Inwang'이라고 적고, '리'는 행정구역 단위이므로 그 앞에 붙임표(-)를 넣어 'Inwang-ri'라고 표기한다. '도, 시, 군, 구, 읍, 면, 리, 동'의 행정 구역 단위와 '가'는 각각 'do, si, gun, gu, eup, myeon, ri, dong, ga'로 적는다.

02   정답 ③

[정답해설]
'언간(諺簡)'은 한글로 쓰인 편지를 말하는데, 윗글에서 필자는 한문 간찰이 사대부 남성만의 전유물이었던 것에 비해 '언간'은 특정 계층에 관계없이 남녀 모두의 공유물이었다는 점을 강조하고 있다.

[오답해설]
① '언문'과 마찬가지로 '언간'의 실용 범위에 제약이 있었다는 내용은 첫 번째 단락의 내용만을 포함하므로 윗글 전체의 중심 내용으로 부적절하다.
② 사용자의 성별 특징으로 인하여 종래 '언간'은 '내간'으로 일컬어지기도 하였으나, 이러한 명칭 때문에 내간을 부녀자끼리만 주고받은 편지로 오해해서는 안 된다고 설명하고 있으므로 해당 문항은 윗글의 중심 내용으로 보기 어렵다.

④ 언간의 발신자나 수신자 어느 한쪽으로 반드시 여성이 관여하는 특징을 보인다는 내용은 첫 번째 단락의 내용만을 포함하므로 윗글 전체의 중심 내용으로 부적절하다.

03   정답 ③

[정답해설]
'-면서'는 두 가지 이상의 움직이나 사태 따위가 동시에 겸하여 있음을 나타내는 연결 어미로 두 동작의 동시성을 나타낸다. 그러나 '멈추다'와 '달리다'는 동시적으로 나타낼 수 있는 동작이 아니므로, 두 동작의 지속성을 나타내는 연결 어미 '-고'를 사용하여 '멈추다'를 완료한 후 '달리다'를 나타낼 수 있다.

[오답해설]
① '은'은 어떤 대상이 다른 것과 대조됨을 나타내는 보조사로, (가) 문장에서 수학 성적과 국어 성적이 대조되어 국어 성적이 좋을 가능성을 배제하는 의미가 포함된다. 또한 뒤의 문장에서 이미 어떤 것이 포함되고 그 위에 더함의 뜻을 나타내는 보조사 '도'를 사용하고 있으므로, 수학과 국어 성적이 둘 다 좋음을 나타내려면 보조사 '은' 대신 주격 조사 '이'로 바꿔 쓰는 것이 타당하다.
② '고'는 앞말이 간접 인용 되는 말임을 나타내는 격 조사이다. 그런데 (나) 문장은 큰 따옴표(" ")에 의해 묶인 직접 인용문이므로 간접 인용 조사 '고' 대신 직적 인용 조사 '라고'를 써야 한다.
④ '로서'는 지위나 신분 또는 자격을 나타내는 격 조사이고 '로써'는 수단이나 도구 또는 재료를 나타내는 격 조사로, (라) 문장은 '연설'이라는 수단을 의미하므로 '로써'를 사용해야 한다.

04   정답 ③

[정답해설]
제시문의 중심 내용은 '즐거운 수학 시간'인데 ⓒ의 '수학 선생님의 아들이 수학을 굉장히 잘한다는 소문'은 중심 내용과 연관성이 떨어진다. 따라서 ⓒ은 〈보기〉에서 설명한 글의 통일성이 배제되므로 삭제해야 한다.

[오답해설]
① 내가 수학 시간이 즐거운 이유는 수업을 재미있게 진행하시는 수학 선생님 덕분이라고 서술되어 있으므로, ㉠은 글의 통일성을 해치지 않는다.
② 외국으로 수학여행을 가자고 분위기를 부드럽게 만든 후 어려운 수학 문제를 쉽게 설명한 것은 수학 선생님이 수

국가직 문제 | 지방직 문제 | 서울시 문제 | 국가직 해설 | 지방직 해설 | 서울시 해설

업을 재미있게 진행하는 사례에 해당되므로, ⓒ은 글의 통일성을 해치지 않는다.

④ 수학 선생님의 재미있는 수업 때문에 내 수학 성적이 좋아졌다고 서술되어 있으므로, ⓔ은 글의 통일성을 해치지 않는다.

---

05 정답 ③

[정답해설]

(가)의 '나'는 자신의 마음을 '달'로 만들어 임금이 계신 궁궐에 비추어 전하고 싶다는 적극적인 태도를 보이는 반면, (나)의 '아가씨'는 임과의 이별에 겹겹이 문을 닫고 홀로 슬퍼하고 있는 소극적인 태도로 임에 대한 사랑과 이별의 정서를 각각 드러내고 있다.

[오답해설]

① (가)의 '달'은 자신의 마음을 베어 '달'로 만든 것이므로 사랑하는 마음을 임에게 전달하는 매개체이지만, (나)의 '달'은 임과의 이별 후 '아가씨'의 슬픈 마음을 심화시키는 대상으로 이별의 안타까움을 더해 준다.

② (가)의 '고운 님'은 화자가 사랑의 매개체인 '달'을 통해 자신의 마음을 전하려는 대상이지만, (나)의 '아리따운 아가씨'는 화자가 바라보며 관찰하는 대상일 뿐이다.

④ (가)의 '장천(長天)'은 화자의 마음으로 만든 '달'이 걸려 있는 공간이며 화자가 사랑하는 임이 머무르는 공간은 '고운 님 계신 곳', 즉 궁궐이다. (나)의 '문'은 사랑하는 임에 대한 마음을 숨기는 공간이다.

[작품해설]

▌ (가) 정철의 시조
- **갈래** : 평시조, 정형시
- **성격** : 연군가(戀君歌)
- **제재** : 달
- **주제** : 선조 임금에 대한 변함없는 충정
- **특징**
  - 추상적인 마음을 구체적인 대상인 별과 달로 형상화
  - 신하가 임금을 그리워하는 노래(충신연주지사)
  - 시각적 심상, 의인법

▌ (나) 임제 「무어별」
- **갈래** : 한시(5언 절구)
- **성격** : 서정적, 애상적, 관찰적
- **제재** : 임과의 이별
- **주제** : 임과 이별한 여인의 애틋한 마음

• **특징**
  - '규원(閨怨)'이라는 부제로 전함
  - 화자가 관찰자의 위치에서 소녀를 객관적으로 묘사
  - '배꽃'과 '달'은 애상적 분위기 형성
  - 간결한 표현과 환상적 분위기

---

06 정답 ④

[정답해설]

ⓔ은 화자가 지난날의 그리웠던 순간들을 떠올리며 느끼는 슬픔의 정서를 '한 줌의 눈물을 불빛 속에 던져 주었다'고 표현함으로써 톱밥난로에 톱밥을 던지는 행위에 투영하고 있다.

[오답해설]

① ㉠은 대합실 가운데에 있는 하나의 톱밥난로가 유리창에 비친 모습을 묘사한 것이지 여러 개의 난로가 지펴져 있는 모습을 나타낸 것이 아니며, 또한 안온한 대합실의 상황이 아니라 '눈시린 유리창'을 통해 차갑고 쓸쓸한 대합실 풍경을 묘사하고 있다.

② '청색의 손바닥'과 '불빛'이 색채의 대조를 이루지만, 이는 눈 오는 겨울 풍경의 서정적 정취를 강조한 것이 아니라 난롯가에서 추위에 언 몸을 녹이는 서민들의 고단한 모습을 표현하고 있다.

③ '오래 앓은' 기침 소리와 '쓴 약 같은' 입술담배 연기는 대합실에 모인 서민들의 고단한 삶을 묘사한 것이지, 오랜 병마에 시달린 비관적 심리나 무례한 행동을 묘사한 것이 아니다.

[작품해설]

▌ 곽재구, 「사평역에서」
- **갈래** : 자유시, 서정시
- **성격** : 서정적, 애상적, 회고적, 묘사적
- **제재** : 사평역 대합실에서 막차를 기다리는 사람들
- **어조** : 삶의 애환이 드러나는 연민과 아픔을 드러내는 애상적인 어조
- **주제** : 삶의 고단함과 애환
- **특징**
  - 간이역 대합실을 장면화하여 묘사적으로 제시
  - 감각적 이미지로 서정적이고 쓸쓸한 분위기 연출
  - 쓸쓸하고 차가운 이미지의 시어를 통해 인물들의 고단한 삶과 내면세계를 형상화
  - 외롭고 서글픈 사람들을 바라보는 시적 화자의 따뜻한 연민의 태도

– 대합실이라는 작고 좁은 공간에 삶에 지친 인물들을 배치
– 막차에 의해 연상되는 시간적인 소멸감과 간이역에 의해 연상되는 외로움과 쓸쓸함 표현

07 　　　　　　　　　　정답 ④

[정답해설]
윗글의 "장인께 닭 마리나 좀 보내지 않는다든가 … 그 땅을 슬쩍 돌아앉는다."는 소작인이 장인에게 뇌물을 제공하여 소작권을 잃지 않으려는 장면으로, 서술자가 장인의 횡포를 요약해서 설명하고 있으나 생생한 묘사를 통해 장면을 제시하고 있지는 않다.

[오답해설]
① '호박개'는 '뼈대가 굵고 털이 북슬북슬한 개'를 말하는데, "번이 마름이란~외양에 똑 됐다."는 문장에서 장인의 외양을 호박개에 비유하여 장인을 낮잡아 표현하고 있다.
② '이놈의 장인님'에서 비속어인 '이놈'과 존칭어인 '장인님'을 혼용하여 장인에 대한 불만을 해학적으로 표현하고 있다.
③ 장인이 손버릇이 아주 못됐고 욕을 잘 하며 마름으로서 뇌물을 받거나 노동력을 착취하여 동네 사람들로부터 인심을 잃은 것 등의 여러 정황을 거론하며 장인의 됨됨이가 마땅치 않음을 드러내고 있다.

[작품해설]

> ■ 김유정, 「봄봄」
> • 갈래 : 단편소설, 농촌소설
> • 배경 : 1930년대 강원도 산골의 농촌 마을
> • 성격 : 해학적, 향토적
> • 제재 : 혼인 문제
> • 시점 : 1인칭 주인공 시점
> • 문체 : 토착어를 사용한 간결한 문체
> • 주제 : 우직하고 순박한 데릴사위와 교활한 장인 간의 갈등
> • 특징
> 　– 시간과 사건의 서술을 역순행적으로 구성함
> 　– 토속어, 방언, 비속어 등을 사용하여 향토성과 현장감을 생동감 있게 표현

08 　　　　　　　　　　정답 ④

[정답해설]
제시문은 둘 이상의 주체들이 합의에 이르기 위해 공동으로 의사를 결정하는 과정을 의미하므로, 밑줄 친 빈칸에 들어갈 한자어로는 '협상(協商)'이 가장 적절하다. '협상(協商)'이란 '어떤 목적에 부합되는 결정을 하기 위하여 여럿이 서로 의논함'을 뜻한다.

[오답해설]
① 협찬(協贊) : 1. 힘을 합하여 도움 / 2. 어떤 일 따위에 재정적으로 도움을 줌
② 협주(協奏) : 독주 악기와 관현악이 합주하면서 독주 악기의 기교가 돋보이게 연주함
③ 협조(協助) : 힘을 보태어 서로 도움

09 　　　　　　　　　　정답 ①

[정답해설]
'교정(校訂)'은 '남의 문장 또는 출판물의 잘못된 글자나 글귀 따위를 바르게 고침'을 뜻하므로, 해당 문장에서 문맥상 적절하게 사용되었다.

[오답해설]
② 해당 문장의 문맥상 '서로 엇갈리거나 마주침'을 의미하는 '교차(交叉)'를 써야 한다. '교차(交差)'는 '벼슬아치를 번갈아 임명함'을 뜻한다.
③ 해당 문장의 문맥상 '결정한 권한이 있는 상관이 부하가 제출한 안건을 검토하여 허가하거나 승인함'을 의미하는 '결재(決裁)'를 써야 한다. '결제(決濟)'는 '일을 처리하여 끝을 냄' 또는 '증권 또는 대금을 주고받아 매매 당사자 사이의 거래 관계를 끝맺는 일'을 뜻한다.
④ 해당 문장의 문맥상 '어떤 일이나 문제 따위에 대하여 다시 생각함'을 의미하는 '재고(再考)'를 써야 한다. '제고(提高)'는 '쳐들어 높임'을 뜻한다.

국가직
문제

지방직
문제

서울시
문제

국가직
해설

지방직
해설

서울시
해설

[보충해설]

■ '교정'의 동음이의어
- 교정(矯正) : 1. 틀어지거나 잘못된 것을 바로잡음
  2. 〈법률〉 교도소나 소년원 따위에서 재소자의 잘못된 품성이나 행동을 바로잡음
  3. 〈의학〉 골절이나 탈구로 어긋난 뼈를 본디로 돌리는 일
- 교정(校庭) : 학교의 마당이나 운동장
- 교정(校訂) : 남의 문장 또는 출판물의 잘못된 글자나 글귀 따위를 바르게 고침
- 교정(校正) : 〈출판〉 교정쇄와 원고를 대조하여 오자, 오식, 배열, 색 따위를 바르게 고침
- 교정(敎正) : 가르쳐서 바르게 함
- 교정(敎政) : 〈가톨릭〉 교회를 다스리는 일
- 교정(敎程) : 1. 가르치는 정도
  2. 가르치는 순서와 방식
  3. 교과서
- 교정(較正) : 계기류의 정밀도 따위를 표준기와 비교하여 바로잡음
- 교정(矯情) : 1. 진심을 속이고 거짓으로 꾸밈
  2. 마음속에서 우러나오는 감정을 억눌러 나타내지 않음
- 교정(轎丁) : 가마꾼(가마를 메는 사람)
- 교정(校定) : 〈출판〉 출판물의 글자가 글귀를 검토하여 바르게 정하는 일
- 교정(鉸釘) : 〈공업〉 강철 재료를 이어 붙이는 데 쓰이는 못
- 교정(敎正) : 〈종교〉 천도교에서, 교화를 맡아보는 교직 또는 그런 교직에 있는 사람

10 　　　정답 ②

[정답해설]

"부패하기 쉬운 것들을 냉동 보관해야 한다."에서 '부패하다'는 "단백질이나 지방 따위의 유기물이 미생물의 작용에 의하여 분해되다."라는 화학적 의미로 사용되었는데, "세상은 부패하기 쉽다."에서도 동일한 의미를 적용함으로써 "고로 세상은 냉동 보관해야 한다."라는 오류를 범하고 있다. 이는 동일한 한 단어가 한 논증에서 맥락마다 서로 다른 의미를 지니는 것으로 사용될 때 생기는 '애매어의 오류'에 해당된다. "세상은 부패하기 쉽다."에서 '부패하다'는 화학적 의미의 '부패하다'가 아니라, "정치, 사상, 의식 따위가 타락하다."는 의미로 사용된 것이다.

[오답해설]

① 정언 삼단 논법인 '모든 M은 P이다(대전제), S는 M이다(소전제), 그러므로 S는 P이다(결론)'에 따르면 "모든 사람은 죽는다."는 모든 M은 P이다에 해당하는 대전제이고, "소크라테스는 사람이다."는 S는 M이다에 해당하는 소전제이며, "그러므로 소크라테스는 죽는다."는 S는 P이다에 해당하는 결론으로 이는 '정언 삼단 논법'이다.

③ "미국 아이스하키 선수단이 이번 올림픽에서 금메달을 차지했다."는 집합의 성질로부터 "그러므로 미국 선수 각자는 세계 최고 기량을 갖고 있다."고 개별 원소의 성질을 도출해내는 결론은 '분해의 오류'에 해당된다.

④ "그 학생의 논술 시험 답안은 탁월하다."는 개별 원소의 성질에서 "그의 답안에 있는 문장 하나하나가 탁월하기 때문이다."라고 집합 전체의 성질을 도출해내는 결론은 '결합의 오류'에 해당된다.

11 　　　정답 ③

[정답해설]

제시문에서 문학이 구축하는 세계를 건축가가 재료를 이용해 건물을 짓는 것에 '유추'하여 설명하고 있다. '유추'란 같은 종류의 것 또는 비슷한 것에 기초하여 다른 사물을 미루어 추측하는 방식으로, ③의 경우도 목적을 지닌 인생을 마라톤 완주에 '유추'하여 설명하고 있다.

[오답해설]

① 르네상스 시대의 화가들과 인상주의자들이 공통적으로 추구하는 '사실성'에 대해 '비교'의 방식을 사용하여 설명하고 있다. '비교'란 대상들 간의 비슷한 점이나 공통점을 들어 서술하는 방식이다.

② 소설을 구성하는 요소인 '인물, 배경, 사건'을 '분석'의 방식을 사용하여 설명하고 있다. '분석'이란 어떤 대상이나 사실의 속성 또는 성분 등을 구성요소로 나누어 전개하는 방식이다.

④ 신라의 육두품 출신 가운데 학문적으로 출중한 자들로 '강수, 설총, 녹진, 최치원' 등을 '예시'로 설명하고 있다. '예시'란 구체적인 사례를 제시하여 일반적인 원리나 법칙 등을 구체화하는 방식이다.

12 　　　정답 ③

[정답해설]

본문에서 고갱은 그가 본 인생과 예술 전부에 대해 철저하게 불만을 느꼈고, 더 단순하고 더 솔직한 어떤 것을 열망했다고 설명하고 있다. 그러므로 인상주의의 문제를 극복하려고 했

던 고갱의 입장에서 충분히 솔직하고 단순하지 못한 인상주의에 대해 불만을 가졌으리라고 추측할 수 있다.

[오답해설]
① 세잔 → 인상주의가 균형과 질서의 감각을 상실함
　세잔은 인상주의가 순간순간의 감각에만 너무 사로잡힌 나머지 자연의 굳건하고 지속적인 형태는 소홀히 함으로써 균형과 질서의 감각을 상실했다고 생각했다.
② 고흐 → 인상주의가 강렬한 정렬을 상실함
　반 고흐는 인상주의가 시각적 인상에만 집착하여 빛과 색의 광학적 성질만을 탐구한 나머지 미술의 강렬한 정렬을 상실하게 될 위험에 처했다고 느꼈다.
④ 세잔, 고흐, 고갱 → 인상주의 문제 극복
　인상주의의 문제를 극복하고자 세잔은 입체주의(cubism), 고흐는 표현주의(expressionism), 고갱은 프리미티비즘(primitivism)을 통해 각자 새로운 해결 방법을 모색하였다.

13　정답 ②

[정답해설]
제Ⅴ3장 → 제3장
'제(第)'는 '그 숫자에 해당되는 차례'의 뜻을 더하는 접두사이므로 뒤의 말과 붙여 써야 한다. 또한 '장'은 단위를 나타내는 명사로 띄어 쓰는 것을 원칙으로 한다. 다만, 순서를 나타내는 경우나 숫자와 어울리어 쓰이는 경우에는 붙여 쓸 수 있다.

[오답해설]
① '걸'은 '것을'의 준말이고, '것'은 의존 명사이므로 앞말과 띄어 쓴다.
③ '지'가 어떤 일이 있었던 때로부터 지금까지의 동안을 나타내는 의존 명사로 쓰였을 때에는 앞말과 띄어 쓴다.
④ '차'가 주기나 경과의 해당 시기를 나타내는 의존 명사로 쓰였을 때에는 앞말과 띄어 쓴다.

14　정답 ①

[정답해설]
'깎는'은 [깍는] → [깡는]으로 발음되는데, [깍는]은 음절의 끝소리 규칙에 해당하고 [깡는]은 자음동화에 의한 비음화에 해당한다. 음절의 끝소리 규칙과 자음동화는 음운변동 중 교체 현상에 해당한다.

[오답해설]
② '깎아'는 [까까]로 발음되는데, 이는 받침의 연음 현상이다.

홑받침이나 쌍받침이 모음으로 시작된 조사나 어미, 접미사와 결합되는 경우에는 제 음가대로 뒤 음절 첫소리로 옮겨 발음한다(표준 발음법 제13항).
③ '깎고'는 [깍고] → [깍꼬]로 발음되는데, [깍고]는 음절의 끝소리 규칙에 해당하고 [깍꼬]는 된소리되기에 해당한다. 음절의 끝소리 규칙과 된소리되기는 음운변동 중 교체 현상에 해당한다.
④ '깎지'는 [깍지] → [깍찌]로 발음되는데, [깍지]는 음절의 끝소리 규칙에 해당하고 [깍찌]는 된소리되기에 해당한다. 음절의 끝소리 규칙과 된소리되기는 음운변동 중 교체 현상에 해당한다.

15　정답 ②

[정답해설]
제시문에는 '기술적 한계'에 대해 서술한 내용이 없으므로 인간의 생물학적 한계를 추론할 수는 있어도 기술적 한계를 극복한 새로운 인간형의 탄생을 추론할 수는 없다. 또한 '포스트휴먼'은 완전히 인위적으로 만들어진 인공지능이거나 신체를 버린 업로드의 형태일 수도 있으므로, 생물학적 인간이 '포스트휴먼'이 되고자 다양한 과학기술을 이용해 기술적 변형을 가해야 한다는 것은 '포스트휴먼'의 일부 유형을 설명한 것이지 '포스트휴먼' 개념의 궁극적인 귀결을 의미한 것은 아니다.

[오답해설]
① 제시문의 마지막 단락에 따르면 '포스트휴먼'은 완전히 인위적으로 만들어진 인공지능이거나 신체를 버린 업로드의 형태 또는 생물학적 인간을 개선한 축적된 결과일 수 있으므로, '포스트휴먼' 개념에 따라 제시되는 미래의 존재는 과학 기술의 발전 양상에 따른 영향을 현재의 인간에 비해 더 크게 받을 것이다.
③ 제시문의 두 번째 단락에 따르면 '포스트휴먼'은 어떤 존재일지 지금은 정확하게 상상하기 어렵지만 현재 인간의 상태로 접근할 수 없는 새로운 신체나 의식 상태일 거라고 했으므로, '포스트휴먼'의 형태가 어떠할지 여하는 다양한 가능성에 열려 있다.
④ 제시문의 첫 번째 단락에 따르면 '포스트휴먼'은 그 기본적인 능력이 근본적으로 현재의 인간을 넘어서기 때문에 현재의 기준으로 더 이상 인간이라 부를 수 없는 존재를 가리킨다고 했으므로, 포스트휴먼 사회에서는 인간에 대한 개념이 새로 구성될 것이다.

16 정답 ①

[정답해설]

두 단어를 동시에 긍정하거나 부정하면 모순이 발생하는 반의어 관계는 '상보 반의어'인데, '크다/작다'는 두 단어를 동시에 부정할 수 있으며 그 사이에 중간 상태가 있어 등급을 나눌 수 있는 '정도(등급) 반의어' 관계에 해당된다.

[오답해설]

② '출발/도착'의 경우 '출발하지 않았다'는 '도착하지 않았다'는 것을 의미하므로, 한 단어의 부정이 다른 쪽 단어의 부정과 모순되지 않는 '방향(대칭) 반의어' 관계이다.

③ '참/거짓'의 경우 한 단어의 부정은 다른 쪽 단어의 긍정을 함의하는 '상보 반의어' 관계로, 반의어의 쌍이 상호배타적으로 양분되어 한쪽 항이 성립되면 다른 항은 반드시 부정된다.

④ '넓다/좁다'의 경우 한 단어의 의미가 다른 쪽 단어의 부정을 함의하는 '정도(등급) 반의어' 관계로, 반의어의 쌍은 양극단적 의미이며 중간 상태가 있어 등급을 나눌 수 있다.

17 정답 ④

[정답해설]

'알외시니'의 기본형 '알외다'는 '알리다. 아뢰다'의 옛말이며, 사동의 의미가 포함되어 있어 '알리시니'의 의미를 갖는다. 즉, '알외시니'는 '알(어간) + 외(이중 사동 접미사) + 시(높임 선어말 어미) + 니'의 구성으로, 이때의 '-외-'는 '오 + 이'의 이중 사동 접미사에 해당된다.

[오답해설]

① '솔ᄫᆞ리'의 기본형 '숣다'는 '사뢰다'의 옛말이며, 사람을 나타내는 명사가 포함되어 있어 '아뢸 사람이'의 의미를 갖는다. 즉, '솔ᄫᆞ리'는 '숣(어간) + 올(관형사형 어미) + 이(의존 명사)'의 구성으로, '-이'는 주격을 나타내는 조사가 아니라 사람을 나타내는 의존 명사이다.

② '뵈아시니'의 기본형 '뵈아다'는 '재촉하다'의 옛말이며, 높임 선어말 어미가 포함되어 있어 '재촉하시니'의 의미를 갖는다. 즉, '뵈아시니'는 '뵈아(어간) + 시(높임 선어말 어미) + 니(어미)'의 구성으로, '-아시-'가 아니라 '-시-'가 높임을 나타내는 선어말 어미의 기능을 한다.

③ '하다'는 '많되'의 의미로, '-다'는 이유가 아니라 앞뒤 내용이 대립됨을 나타내는 연결 어미로 사용되었다.

[작품해설]

▌용비어천가 제13장

· 형식 : 2절 4구체
· 성격 : 송축가
· 핵심어 : 천명(天命)
· 주제 : 하늘의 계시(啓示)

> 獻言雖衆 天命尙疑 昭玆吉夢 帝迺趣而
> 헌언수중 천명상의 소자길몽 제내취이
> 謳歌雖衆 天命靡知 昭玆吉夢 帝迺報之
> 구가수중 천명미지 소자길몽 제내보지

18 정답 ②

[정답해설]

제시문의 첫 번째 단락에서 백제는 '만월(滿月)'이라 쇠퇴하고 신라는 '반달'이라 크게 발전할거라는 점술가의 예언이 적중했고, 이때부터 반달은 더 나은 미래를 기원하는 뜻으로 쓰이며 그러한 뜻을 담아 송편도 반달 모양의 떡으로 빚었다고 서술되어 있다. 그러므로 신라인들이 더 나은 미래를 기원하는 마음을 담아 송편을 빚었다는 설명은 윗글의 내용과 부합한다.

[오답해설]

① 두 번째 단락에서 옛날에 월병은 송편과 마찬가지로 제수 용품이었지만 점차 제례 음식으로서의 위상을 잃었다고 서술되어 있으므로, 중국의 월병이 제수 음식으로서의 명맥을 유지하고 있다는 설명은 옳지 못하다.

③ 두 번째 단락에서 지역의 단합을 위해 한국에서 수천 명분의 비빔밥을 만들 듯이 중국에서도 수천 명이 먹을 수 있는 월병을 만든다고 서술되어 있으므로, 중국의 월병이 한국에서 비빔밥을 만들어 먹는 것을 본떠 만든 음식이라는 설명은 글의 내용을 잘못 이해한 것이다.

④ 첫 번째 단락에서 『삼국사기』에 따르면 백제는 '만월(滿月)'이라 쇠퇴하고 신라는 '반달'이라 크게 발전할거라는 점술가의 예언이 적중했다고 서술되어 있다. 그러나 이것을 점술가의 예언 덕분에 신라가 발전했다고 확대하여 해석하는 것은 옳지 못하다.

19 정답 ③

[정답해설]

김만중의 「구운몽」은 현실 세계(천상)의 '성진'이 꿈의 세계(지상)의 '소유'로 환생하여 '승상'의 자리에까지 오르는 등 입신 양명하나 꿈에서 깨어나 다시 현실 세계(천상)로 돌아와 인생의 덧없음을 깨닫게 되는 이중적 환몽 구조를 보인다.
ⓒ : 꿈의 세계(지상) 이전의 현실 세계(천상)에서 '중'과 '성진'이 함께 살던 때
ⓔ : 꿈의 세계(지상)에서 '소유'의 청년 시절
ⓛ : 꿈의 세계(지상)의 '소유'가 꿈속에서 '중'을 만남
ⓗ : 꿈의 세계(지상)에서 현재 '중'과 '소유'의 만남

[작품해설]

> ▌ 김만중, 「구운몽」
> • 갈래 : 고전 소설, 한글 소설, 염정 소설, 몽자류 소설
> • 문체 : 만연체, 문어체, 산문체
> • 시점 : 전지적 작가 시점
> • 배경 : 중국 당나라
> • 제재 : 꿈
> • 근원설화 : 조신설화
> • 주제 : 인생무상의 깨달음을 통한 허무의 극복
> • 특징
>   – 몽자류 소설의 효시
>   – '현실 → 꿈 → 현실'의 이중적 환몽 구조
>   – 우연적, 전기적, 비현실적 내용
>   – 유교, 불교, 도교 사상이 모두 나타남
>   – 꿈이 현실 같고 현실이 꿈같은 역설적 구조

20 　　　　　　　　　　　　　　정답 ①

[정답해설]
'승상'은 처음에는 '중'을 잘 알아보지 못하여 '중'으로부터 평생의 낯익은 사람을 몰라본다는 말을 들었으나, "소유가 전에 토번을 정벌할 때 … 노부께서 바로 그 노화상이냐?"라고 말하며 '중'을 알아보기 시작한다.

[오답해설]
② '중'이 돌 지팡이로 난간을 쳐 '승상'을 꿈에서 깨게 하나, '승상'은 "사부는 어찌 소유를 정도로 인도하지 않고 환술(幻術)로 희롱하나뇨?"라고 말한 것으로 보아 자신이 '중'의 문하생으로 있던 승려라는 것을 인정하지 못하고 있음을 알 수 있다.
③ 여덟 낭자가 사라진 것은 맞지만, '승상'이 '중'의 진의를 의심하는 내용은 본문에 서술되어 있지 않다.
④ '승상'은 '중'과 십 년을 함께 살았다는 사실을 인정하지 않고 있는데, 이는 '승상'이 능파 낭자와 어울려 놀던 죄를 '중'이 징벌했기 때문이 아니라 '승상'이 아직 꿈의 세계에 있어 이전의 일을 알지 못하기 때문이다.

[국가직] 2017년 04월 | 정답

01	②	02	④	03	②	04	③	05	③
06	①	07	③	08	②	09	③	10	④
11	③	12	②	13	④	14	①	15	③
16	④	17	①	18	①	19	①	20	②

[국가직] 2017년 04월 | 해설

01 　　　　　　　　　　　　　　정답 ②

[정답해설]
'구지가'는 수로왕의 탄생 설화 속에 삽입되어 전해지는 고대 가요로, '환기 – 요구 – 조건 – 위협'의 구조로 전개된다.

[작품해설]

> ▌ 작자 미상, 「구지가」
> • 구조
>   – 1구 : 기원의 대상인 거북을 부름(환기)
>   – 2구 : 대상에게 소망을 명령조로 요구함(요구)
>   – 3구 : 소망이 이루어지지 않는 상황을 가정함(조건)
>   – 4구 : 대상을 위협하여 소망을 갈구함(위협)
> • 특징
>   – 명령과 위협의 구조로 표현함으로써 소망을 달성하려는 주술적 의도를 강하게 드러냄
>   – 문제해결의 열쇠가 집단의 염원을 담은 언어에 있다는 믿음은 신화적 질서가 당시 사람들의 의식을 강력하게 지배했다는 것을 보여줌
>   – '머리를 내밀어라'라는 표현에는 현군(어질고 현명한 임금)의 출현을 기원하는 백성들의 열망이 집약되어 있음
>   – 거북을 토템(신성하게 여기는 동식물)으로 섬기는 가락국 백성들의 강렬한 소망을 담은 주술적 노래로 볼 수 있음

02 　　　　　　　　　　　　　　정답 ④

[정답해설]
'저문 강에 삽을 씻고'는 소외된 민중의 아픔을 차분하고 정제된 어조로 그려낸 작품으로, 화자는 하루의 일을 마치고 흐르는 강물에 삽을 씻으며 힘겹게 살아가는 노동자의 비애와 삶의 애환을 형상화하였다. 따라서 주관적인 감정을 배제하고 해 지는 강가의 풍경을 객관적으로 전달하였다고 볼 수

국가직 문제 / 지방직 문제 / 서울시 문제 / 국가직 해설 / 지방직 해설 / 서울시 해설

없다.

[오답해설]

① '강변에 나가 삽을 씻으며 / 거기 슬픔도 퍼다 버린다. / 일이 끝나 저물어'를 통해 알 수 있다.

② '흐르는 물에 삽을 씻고 / 먹을 것 없는 사람들의 마을로 / 다시 어두워 돌아가야 한다.'를 통해 알 수 있다.

③ '삽자루에 맡긴 한 생애가 / 이렇게 저물고, 저물어서'를 통해 알 수 있다.

[작품해설]

> **▌정희성, 「저문 강에 삽을 씻고」**
> • 갈래 : 자유시, 서정시
> • 성격 : 성찰적, 회고적, 비판적
> • 어조 : 절제되고 차분한 어조
> • 제재 : 강물
> • 주제 : 가난한 노동자의 삶의 비애
> • 특징
> – 연의 구분이 없는 단연시임
> – 구체적인 삶의 경험을 자연물(강)의 이미지와 결합시킴
> – 시간의 흐름과 화자의 내면 변화에 따라 시상을 전개함
> – 소극적이며 체념적인 어조로 삶의 비애와 한을 표현함

03　　　　　　　　　　　　　　　　정답 ②

[정답해설]

제시된 글은 '낭중지추(囊中之錐)'의 유래를 나타낸 글이다. 이는 '주머니 속의 송곳'이라는 뜻으로, 뾰족한 송곳은 가만히 있어도 반드시 뚫고 비어져 나오듯이 뛰어난 재능을 가진 사람은 남의 눈에 띔을 비유하는 말이다.

[오답해설]

① 오월동주(吳越同舟) : '오나라 사람과 월나라 사람이 한 배에 타고 있다'는 뜻으로, 어려운 상황에서는 원수라도 협력하게 됨을 이르는 말이다.

③ 마이동풍(馬耳東風) : 말의 귀에 동풍이라는 뜻으로, 남의 비평이나 의견을 조금도 귀담아 듣지 아니하고 흘려버림을 이르는 말이다.

④ 근묵자흑(近墨者黑) : '먹을 가까이 하면 검어진다'는 뜻으로, 나쁜 사람을 가까이하면 그 버릇이 물들기 쉽다는 말이다.

04　　　　　　　　　　　　　　　　정답 ③

[정답해설]

영달이는 백화를 등에 업었을 때, 백화가 어린애처럼 가볍다고 느끼며 '대전에서의 옥자'를 떠올리게 된다. 따라서 영달이가 '대전에서의 옥자'를 어린애처럼 생각이 깊지 않은 존재로 인식하고 있다는 설명은 옳지 못하다.

[오답해설]

① '백화가 눈 덮인 길의 고랑에 빠져 버렸다. 발이라도 삐었는지 백화는 꼼짝 못하고 주저앉아 신음을 했다'를 통해 '눈 덮인 길의 고랑'은 백화가 신음하는 계기로 작용했음을 알 수 있다.

② 영달이는 등에 업힌 백화가 어린애처럼 가볍다고 느끼며 대전에서의 옥자를 떠올린다.

④ 영달이는 싫다고 뿌리치는 백화를 업었고, 그의 등에 업힌 이후 백화는 싫어하는 내색을 보이지 않았다.

[작품해설]

> **▌황석영, 「삼포 가는 길」**
> • 갈래 : 단편 소설, 사실주의 소설, 여로형 소설
> • 성격 : 사실적, 현실 비판적
> • 배경 : 1970년대의 겨울날, 공사장에서 철도역까지 눈 덮인 길
> • 시점 : 전지적 작가 시점
> • 주제 : 급속한 산업화 과정에서 고향을 상실하고 떠돌아다니는 뜨내기 인생들의 삶의 애환과 연대 의식
> • 특징
> – 1970년대 산업화가 초래한 고향 상실의 아픔을 형상화 함
> – 여로형 소설의 구조를 띠고 있음

05　　　　　　　　　　　　　　　　정답 ③

[정답해설]

'고장 난 시계를 고치다'에서 '고치다'는 '고장이 나거나 못 쓰게 된 물건을 손질하여 제대로 되게 하다.'의 의미로 사용되었다. 이와 문맥적 의미가 같은 것은 '정비소에서 자동차를 고치다.'이다.

[오답해설]

① '본디의 것을 손질하여 다른 것이 되게 하다'의 의미이다.

②, ④ '이름, 제도 따위를 바꾸다'의 의미이다.

06 정답 ①

[정답해설]

'시망스럽다'는 '몹시 짓궂은 데가 있다'는 뜻의 형용사이다.

[오답해설]

② **활발하다** : 생기 있고 힘차며 시원스럽다.

③ **산만하다** : 어수선하여 질서나 통일성이 없다.

④ **잔망스럽다** : 보기에 태도나 행동이 가벼운 데가 있다.

07 정답 ③

[정답해설]

'강기침'의 '강–'은 몇몇 명사 앞에 붙어 '마른' 또는 '물기가 없는'의 뜻을 더하는 우리말 접두사이다.

[오답해설]

① **강염기(強鹽基)** : 수용액에서 수산화 이온과 양이온으로 완전히 해리되는 염기. 수산화 칼륨, 수산화 나트륨 따위가 이에 속함

② **강타자(強打者)** : 야구에서 타격이 강한 타자

④ **강행군(強行軍)** : 어떤 일을 짧은 시간 안에 끝내려고 무리하게 함

[보충해설]

> **▌접두사 '강–'의 쓰임**
> • 다른 것이 섞이지 않은
> 예 강된장, 강소주
> • 마른, 물기가 없는
> 예 강기침, 강모
> • 억지스러운, 부자연스러운
> 예 강울음, 강호령
> • 호된, 심한
> 예 강추위, 강발다(몹시 야박하고 인색하다)

08 정답 ②

[정답해설]

'불은'은 '물에 젖어 부피가 커지다'는 뜻의 동사 '붇다'의 활용형이다. '불은'은 '붇 + 은'의 형태로, 어간 'ㄷ'이 'ㄹ'로 변하는 'ㄷ불규칙 활용'을 한 것으로 볼 수 있다. '불다'는 '바람이 일어나서 어느 방향으로 움직이다.'는 의미이다.

[오답해설]

① '갈다'는 '날카롭게 날을 세우거나 표면을 매끄럽게 하기 위하여 다른 물건에 대고 문지르다.'는 뜻의 동사로, '가니(갈 + 니)', '가오(갈 + 오)', '갈수록(갈 + –ㄹ수록)'의 형태로 활용한다.

③ '이르다'는 '무엇이라고 말하다'는 뜻의 동사로, '일러(이르 + 어)', '일렀다(이르 + 었다)'의 형태로 활용한다.

④ '들르다'는 '지나는 길에 잠깐 들어가 머무르다'는 뜻의 동사로, '들러(들르 + 어)', '들렀다(들르 + 었다)'의 형태로 활용한다.

09 정답 ③

[정답해설]

제시된 글에는 구체적인 시·공간적 배경이 드러나지 않았으므로 시간적 배경의 특성과 공간적 배경의 역할에 대해서는 알 수 없다.

[오답해설]

① 어머니는 푸줏간에서 돈을 들려 보내며 매양 같은 주의를 주셨고, '나'는 그것을 잊지 않고 수용하고 있다.

② 어머니가 '나'에게 당부한 주의의 내용을 통해 어머니의 단호하고 기 센 면모를 알 수 있다.

④ '중국인'은 '뚱한 얼굴'로 '나'를 바라보고, '꾸룩꾸룩 웃으며' 고기를 베어 냈다. 이를 통해 '중국인'은 '나'를 못마땅하게 여기고 있음을 알 수 있다.

[작품해설]

> **▌오정희,「중국인 거리」**
> • **갈래** : 단편 소설, 성장 소설, 전후 소설
> • **성격** : 회상적, 서정적
> • **배경** : 6·25 전쟁 직후, 항구 도시에 위치한 중국인 거리
> • **시점** : 1인칭 주인공 시점
> • **제재** : 한 소녀의 정신적·육체적 성장 과정
> • **주제** : 정신적 성장의 고통과 그 형상화

10 정답 ④

[정답해설]

마지막 단락의 문장에서 '말을 통하지 않고는 생각을 전달 할 수가 없는 것이다'라고 하였다. 따라서 말을 통하지 않고도 얼마든지 생각을 전달할 수 있다는 설명은 필자의 견해로 적절하지 않다.

[오답해설]
① 4문단의 '인간의 생각이라는 것이 … 작은 그릇에 지나지 않는다.'의 문장을 통해 알 수 있다.
② 1문단에서 '우리는 우리가 생각한 것을 말로 나타낸다.'라고 하였으므로, 말은 생각을 나타내는 매개체임을 알 수 있다.
③ 1문단에서 '생각과 말은 서로 떨어질 수 없는 깊은 관계를 가지고 있다.'라고 하였으므로 말과 생각은 불가분의 관계에 놓여 있음을 알 수 있다.

11 정답 ③

[정답해설]
이 시에서 '나비'는 바다의 무서움을 모르는 순진한 존재로 형상화되어 있다. 그리고 그러한 나약하고 순진한 모습을 '공주'에 빗대어 표현한 것이다. 이를 '나비의 의지 부족'과 '방관적인 태도'라고 볼 수는 없다.

[오답해설]
① '청(靑)무우밭'은 마음껏 이상을 펼칠 수 있는 공간을 뜻하고, '바다'는 냉엄한 모험과 시련의 공간을 뜻하므로 둘은 대립되는 이미지로 사용되었다고 볼 수 있다.
② 1연에서 '흰나비는 도무지 바다가 무섭지 않다.'고 하였고 2연에서 '청(靑)무우밭인가 해서 내려갔다'고 하였으므로 '흰나비'는 '바다'의 실체에 대해 정확하게 모르고 있었음을 알 수 있다.
④ '삼월(三月)달 바다'는 흰나비가 찾는 꽃이 피지 않는 비생명적 공간으로 형상화되었고, '새파란 초생달'이 시리다고 하였으므로 모두 차가운 이미지로 사용되었다고 볼 수 있다.

[작품해설]

> ▌ 김기림, 「바다와 나비」
> • **갈래** : 자유시, 서정시, 주지시
> • **성격** : 감각적, 상징적, 묘사적, 주지적
> • **제재** : 바다와 나비
> • **주제** : 새로운 세계에 대한 동경과 좌절
> • **특징**
>   – 구체적 소재를 통해 추상적 관념을 표현함
>   – 감정을 절제한 객관적인 태도로 대상을 제시함
>   – 시각적 이미지 위주의 색채 대비가 두드러짐

12 정답 ②

[정답해설]
윗글에서 구보는 이 시대의 무직자들은 거의 다 '금광 브로커'라고 하면서 '황금에 미쳐 있는 세태'를 비판적으로 바라보았다. 따라서 ⓒ을 예찬의 대상으로 보았다는 설명은 적절하지 않다.

[오답해설]
① 구보는 '개찰구' 앞에 서 있는 '두 명의 사내'를 무직자, 즉 금광 브로커라고 보았다. 금광 브로커는 황금광 시대의 단면을 보여주는 비판의 대상으로, 그러한 인물들이 이곳저곳에서 눈에 띄었다는 것으로 보아 ㉠은 세태의 단면을 드러내는 공간임을 알 수 있다.
③ '황금광 시대'는 황금에 미쳐 황금을 찾아다니는 세태를 드러내는 표현으로, 평론가와 시인, 문인들조차 이러한 시대에 끼어들었다고 하였다. 즉 '황금광 시대'는 무거운 한숨을 유발하는 부조리한 현실이자 비판의 대상이다.
④ 고도의 금광열은 총독부 청사, 동측 최고층, 광무과 열람실에서 볼 수 있었다고 하였는데, 이는 '금광열'이 고조된 공간으로 설정된 것임을 나타낸다.

[작품해설]

> ▌ 박태원, 「소설가 구보씨의 일일」
> • **갈래** : 중편 소설, 심리 소설, 세태 소설
> • **성격** : 관찰적, 심리적, 묘사적
> • **배경** : 1930년대의 어느 하루, 경성(서울)
> • **시점** : 전지적 작가 시점
> • **제재** : 어느 하루 경성 거리의 일상사
> • **주제** : 구보의 눈에 비친 1930년대 서울의 풍경과 그의 내면
> • **특징**
>   – 원점 회귀형 여로 구조를 취함
>   – 외출하여 귀가할 때까지의 '나'의 관찰과 심리 위주의 묘사가 주를 이룸
>   – 의식의 흐름과 몽타주 기법이 사용됨
>   – 첫 어절을 소제목으로 처리하여 시각적인 집중을 유도함

13 정답 ④

[정답해설]
㉣은 선관이 자신이 타고 온 청룡을 오운간(五雲間)에 방송하며 한 말이다. 이는 선관이 전쟁에 참여하여 큰 활약을 할 것임을 암시하는 구절이다. 따라서 '남악산 신령'이 후일 청룡을

타고 천상 세계로 복귀할 것임을 암시한다는 설명은 적절하지 않다.

[오답해설]
① '제물을 흠향한다'는 것은 제물을 모두 받아먹는다는 뜻으로, 좋은 조짐을 나타내며, ㉠의 다음 문장에서 '길조가 여차하니 귀자가 없을쏘냐.'라고 한 것으로 보아 ㉠은 길조가 일어날 것임을 암시한다고 볼 수 있다.
② '부인 품에 달려들거늘 놀래 깨달으니 일장춘몽이 황홀하다.'는 것으로 보아 ㉡은 '부인'이 꾼 꿈의 상황임을 알 수 있다.
③ '익성이 무도한 고로 상제께 아뢰되 익성을 치죄하야 다른 방으로 귀양을 보냈더니'라는 말을 통해 '익성과의 대전'이 '선관'이 인간 세상에 귀양을 오게 되는 계기임을 알 수 있다.

[작품해설]

> ■ 작자 미상, 「유충렬전」
> • 갈래 : 군담 소설, 국문 소설, 영웅 소설
> • 성격 : 비현실적, 우연적
> • 배경 : 중국 명나라 때, 명나라 조정과 중국 대륙
> • 시점 : 전지적 작가 시점
> • 제재 : 유충렬의 행적
> • 주제 : 유충렬의 고난과 그 극복을 통한 업적의 성취
> • 특징
> – 영웅의 일대기 구성의 유형적 특징을 가장 잘 드러냄
> – 다채로운 군담이 삽입되어 있음
> – 병자호란과 관련된 시대상이 구체적으로 반영됨

14 정답 ①

[정답해설]
㉠ 설명(說明 : 말씀 설, 밝을 명) → 어떤 일이나 대상의 내용을 상대편이 잘 알 수 있도록 밝혀 말함
㉡ 묘사(描寫 : 그릴 묘, 베낄 사) → 어떤 대상이나 사물, 현상 따위를 언어로 서술하거나 그림을 그려서 표현함. '그려 냄'으로 순화
㉢ 서사(敍事 : 펼 서, 일 사) → 사실을 있는 그대로 적음
㉣ 논증(論證 : 논할 논, 증거 증) → 옳고 그름을 이유를 들어 밝힘

15 정답 ③

[정답해설]
'그는 자물쇠로 책상 서랍을 잠갔다.'의 문장에서 '잠갔다'는 '잠그 + 았 + 다'에서 'ㅡ'가 탈락하여 최종적으로 '잠갔다'가 된 것이므로 옳은 표현이다. 즉 '잠갔다'는 '잠그다'의 과거형으로, '잠구다', '잠궜다'는 잘못된 표현이다.

[오답해설]
① 낳았다 → 나았다
 • 낳다 : 배 속의 아이, 새끼, 알을 몸 밖으로 내놓다.
 • 낫다 : 병이나 상처 따위가 고쳐져 본래대로 되다.
② 넉넉치 → 넉넉지
 '넉넉지'는 '넉넉하지'의 줄임말로, 'ㄱ, ㅂ, ㅅ'과 같은 무성음(안울림소리) 뒤에 '하'가 붙는 상황에서 말을 줄이게 되면 '하'의 전체가 줄어서 '넉넉지'가 된다.
④ 이여서 → 이어서
 '두 끝을 맞대어 붙이다'는 뜻의 동사는 '잇다'이다. '잇(어간) + 어서'에서 'ㅅ'이 탈락하는 'ㅅ 불규칙 활용'을 하여 '이어서'의 형태가 된다.

16 정답 ④

[정답해설]
'ㅸ'은 순음(ㅁ, ㅂ, ㅍ, ㅃ) 아래에 'ㅇ'을 이어 쓰는 연서(連書) 규정에 의한 순경음으로, 28 자모에 해당하지 않는다.

[오답해설]
① 'ㆆ'은 가획자이다.
② 'ㅿ'은 이체자이다.
③ 'ㅠ'은 모음 재출자이다.

17 정답 ①

[정답해설]
'한밤중'은 '깊은 밤', '어떤 일에 대하여 전혀 모르고 있는 상태를 비유적으로 이르는 말'을 이르는 명사이므로, '한밤중'으로 붙여 적는 것이 옳다. 다만, '무엇을 하는 동안'을 뜻하는 '의존명사'로 사용될 경우 '회의∨중', '통화∨중'과 같이 띄어 적는 것이 옳다.

[오답해설]
② 잘할∨뿐더러 → 잘할뿐더러
 '-ㄹ뿐더러'는 ('이다'의 어간, 받침 없는 용언의 어간, 'ㄹ' 받침인 용언의 어간 또는 어미 '-으시-' 뒤에 붙어) 어떤

일이 그것만으로 그치지 않고 나아가 다른 일이 더 있음을 나타내는 연결 어미로, '잘할뿐더러'와 같이 붙여 적는 것이 옳다.
③ 시간만에 → 시간∨만에
동안이 얼마간 계속되었음을 나타내는 의존 명사 '만'은 '십 년∨만의 귀국 / 친구가 도착한 지 두 시간∨만에 떠났다. / 그때 이후 삼 년∨만이다.'와 같이 앞말과 띄어 적는 것이 옳다.
④ 안∨된다 → 안된다
'되다'의 부정 표현인 경우에는 '안∨되다', '안∨돼'로 띄어 쓰는 것이 옳다. 그러나 '일, 현상, 물건 따위가 좋게 이루어지지 않다', '사람이 훌륭하게 되지 못하다', '일정한 수준이나 정도에 이르지 못하다' 등의 뜻에는 '안되다', '안돼'로 붙여 쓰는 것이 옳다. 따라서 '요즘 경기가 안 좋아서 장사가 잘 안된다.'로 붙여 쓰는 것이 옳다.

18	정답 ①

[정답해설]
• 탐험(探險 : 찾을 탐, 험할 험) : 위험을 무릅쓰고 어떤 곳을 찾아가서 살펴보고 조사함
• 모순(矛盾 : 창 모, 방패 순) : 어떤 사실의 앞뒤, 또는 두 사실이 이치상 어긋나서 서로 맞지 않음을 이르는 말
• 화폐(貨幣 : 재물 화, 화폐 폐) : 상품

[오답해설]
② 치열 → 작열(灼熱)
　• 사기(詐欺 : 속일 사, 속일 기) : 나쁜 꾀로 남을 속임
　• 야기(惹起 : 이끌 야, 일어날 기) : 일이나 사건 따위를 끌어 일으킴
　• 작열(灼熱 : 불사를 작, 더울 열) : 불 따위가 이글이글 뜨겁게 타오름
③ 형자 → 형극(荊棘)
　• 형극(荊棘 : 가시나무 형, 가시 극) : 나무의 온갖 가시. '고난'을 비유적으로 이르는 말
　• 파탄(破綻 : 깨뜨릴 파, 터질 탄) : 1. 찢어져 터짐. / 2. 일이나 계획 따위가 원만하게 진행되지 못하고 중도에서 잘못됨
　• 통찰(洞察 : 밝을 통, 살필 찰) : 예리한 관찰력으로 사물을 꿰뚫어 봄
④ 악한 → 오한(惡寒)
　• 잠언(箴言 : 경계 잠, 말씀 언) : 가르쳐서 훈계하는 말. '시간은 금이다.', '오늘 할 일을 내일로 미루지 마라.' 따위이다.
　• 오한(惡寒 : 미워할 오, 찰 한) : 몸이 오슬오슬 춥고 떨리는 증상

• 사치(奢侈 : 사치할 사, 사치할 치) : 필요 이상의 돈이나 물건을 쓰거나 분수에 지나친 생활

19	정답 ①

[정답해설]
'ㄴ, ㅁ, ㅇ'은 '비음'이다. '유음'에 해당하는 것은 'ㄹ'이다.

20	정답 ②

[정답해설]
(가) 도입부로 사물은 이쪽에서 보면 모두가 저것, 저쪽에서 보면 모두가 이것이라는 화제를 제시하고 있다.
(나) (가)에서 제시한 '저것'과 '이것'이 '혜시의 설'임을 언급하고 있다.
(라) (나)에서 언급한 '혜시의 설'을 다시 언급하며 상대적인 관계에 대해서 제시하고 있다.
(다) 성인은 (다)에서 언급한 상대적인 방법에 의하지 않고 절대적인 자연의 조명에 비추어 본다는 것을 언급하고 있다. 따라서 '(가) - (나) - (라) - (다)'가 바른 전개 순서이다.

▌[국가직] 2017년 10월 | 정답

01	④	02	③	03	④	04	③	05	②
06	①	07	③	08	③	09	④	10	①
11	③	12	④	13	①	14	②	15	②
16	④	17	②	18	①	19	②	20	④

[국가직] 2017년 10월 | 해설

01	정답 ④

[정답해설]
지연 → 취소 / 연장 → 연기
비가 와서 예정된 순회공연을 하지 않는 것이므로, '시간을 늦추다'의 의미인 '지연'을 '예정된 일을 없애다'의 의미인 '취소'로 고쳐 써야 옳다.

- 지연(遲延): 무슨 일을 더디게 끌어 시간을 늦춤 또는 시간이 늦추어짐
- 취소(取消): 발표한 의사를 거두어들이거나 예정된 일을 없애 버림

시험 시작 날짜를 정해진 기한보다 뒤로 물리는 것이므로, '시간을 늘리다'의 의미인 '연장'을 '기한을 뒤로 물리다'의 의미인 '연기'로 고쳐 써야 옳다.

- 연장(延長): 시간이나 거리 따위를 본래보다 길게 늘임
- 연기(延期): 정해진 기한을 뒤로 물려서 늘임

[오답해설]
① 금방 = 방금: 말하고 있는 시점보다 바로 조금 전에
② • 근본(根本): 사물의 본질이나 본바탕
  • 근간(根幹): 사물의 바탕이나 중심이 되는 중요한 것
③ • 타락(墮落): 올바른 길에서 벗어나 잘못된 길로 빠지는 일
  • 몰락(沒落): 재물이나 세력 따위가 쇠하여 보잘것없이 됨

---

02 정답 ③

[정답해설]
안∨되어도 → 안되어도
'되다'의 부정 표현인 경우에는 '안∨되다'처럼 띄어 쓰는 것이 옳고, 해당 문장처럼 '일정한 수준이나 정도에 이르지 못하다'는 뜻의 동사로 사용된 경우에는 한 단어이므로 '안되다'라고 붙여 써야 옳다. 그러므로 해당 문장의 '안∨되어도'는 '안되어도'라고 붙여 써야 한다.

[오답해설]
① '무엇을 밝히거나 알아내기 위하여 상대편에게 묻다.'는 의미인 '물어보다'는 한 단어이므로 붙여 써야 하는 것이 옳다. 그러나 해당 문장처럼 중간에 조사가 들어가는 경우에는 '물어도∨보았다'처럼 띄어 쓰는 것이 적절하다.
② '같이'는 앞말이 나타내는 그때를 강조하는 격 조사로, 체언 뒤에서 붙여 써야 하므로 해당 문장에서 '매일같이'로 쓴 것은 적절하다. 또한 성씨 뒤에 오는 호칭이나 관직명 등은 띄어 써야 하므로 해당 문장에서 '김∨선생'으로 띄어 쓴 것은 적절하다.
④ '지난주'는 '이 주의 바로 앞의 주'라는 의미로, 한 단어이므로 붙여 쓰는 것이 적절하다. 또한 본용언 '해결하다'와 보조용언 '하다'는 띄어 쓰고, 추측이나 막연한 의문을 나타내는 어미 '-(으)ㄹ지'는 붙여 써야 하므로, 해당 문장에서 '해결해야∨할지'로 쓴 것은 적절하다.

---

03 정답 ④

[정답해설]
ㄹ은 '모시고'라는 어휘를 사용하여 목적어인 할머니를 높이고 있으므로 객체를 높이는 표현이지만, ㄷ은 목적어가 아이들이므로 높임의 대상도 아니고 객체를 높이는 표현도 사용되지 않았다.

[오답해설]
① ㄱ은 주격 조사 '께서'와 높인 선어말 어미인 '-시-'를 사용하여 문장의 주체인 '할아버지'를 높이고 있고, ㄴ은 주격 조사 '께서'와 간접 높임에 쓰이는 어휘인 '댁'과 직접 높임에 쓰이는 어휘인 '계시다'를 사용하여 문장의 주체인 '선생님'을 높이고 있다.
② ㄱ은 '가셨습니다', ㄴ은 '계십니다', ㄷ은 '주십시오'에서 '합쇼체'의 종결형 어미를 사용한 상대 높임법으로 듣는 이를 높이고 있다.
③ ㄴ에서는 '계십니다', ㄹ에서는 '모시고'라는 특수한 어휘를 사용하여 높임을 표현하고 있다.

---

04 정답 ③

[정답해설]
'한자어 어근 + 적(的)'이 용언을 수식하면 부사, 체언을 수식하면 관형사 그리고 조사와 함께 쓰이면 명사이다. '비교적'이 첫 번째 문장에서 용언인 '편리한'을 수식하고 있고, 두 번째 문장에서도 용언인 '낮은'을 수식하고 있으므로 둘 다 부사로 품사가 동일하다.

[오답해설]
① 첫 번째 문장의 '잘못'은 뒤에 서술격 조사인 '입니다'와 함께 쓰였으므로 명사이고, 두 번째 문장의 '잘못'은 뒤의 용언인 '적용하여'를 수식하고 있으므로 부사이다.
② 첫 번째 문장의 '대로'는 용언인 '도착하는' 뒤에 쓰였으므로 의존 명사이고, 두 번째 문장의 '대로'는 체언인 '것' 뒤에 사용되었으므로 조사이다.
④ 첫 번째 문장의 '이'는 뒤의 체언인 '사과'를 수식하므로 관형사이고, 두 번째 문장의 '이'는 '보다'라는 조사와 함께 쓰였으므로 대명사이다.

---

05 정답 ②

[정답해설]
어로불변(魚魯不辨)은 '어(魚)자와 노(魯)자를 구별하지 못한다'는 뜻으로, 몹시 무식함을 비유하여 이르는 말이다. 해당

문장에서 '부당 이득'과 '무식하다'는 뜻의 '어로불변'은 어울리지 않으며, 불공정 거래를 의미하는 '매점매석(買占賣惜)'과 어울린다.

[오답해설]
① 권토중래(捲土重來) : '흙먼지를 날리며 다시 온다'는 뜻으로, 한 번의 실패에 굴하지 않고 몇 번이고 다시 일어남을 의미한다.
③ 오불관언(吾不關焉) : 나는 그 일에 상관하지 아니함 또는 그런 태도를 의미한다.
④ 양두구육(羊頭狗肉) : '양의 머리를 걸어놓고 개고기를 판다'는 뜻으로, 겉은 훌륭해 보이나 속은 그렇지 못한 경우를 의미한다.

06 정답 ①

[정답해설]
제시문의 마지막 문단에서 '크게 버리는 사람이 크게 얻을 수 있다'는 말이나 '아무것도 갖지 않을 때 비로소 온 세상을 갖게 된다'는 말에서 역설의 진리가 나타나 있다. 또한 화자는 난초를 길렀던 일을 예시로 무소유의 역리를 말하고 있다. 그러므로 제시문은 역설과 예시를 통해 '소유의 본질에 대한 깨달음'이라는 주제를 강조하고 있다.

[오답해설]
② 전문적인 지식을 통해 논증을 뒷받침하고 있고 있는 부분은 제시문에 나타나 있지 않다.
③ 난초를 통해 '소유의 본질'에 대한 깨달음을 전달하고 있으나, 난초를 의인화하거나 '소유의 가치'를 깨우치고 있는 부분은 제시문에 나타나 있지 않다.
④ 자신의 경험을 토대로 고백적 어조를 사용하고 있으나, 단호한 어조나 독자의 반성을 촉구하는 내용은 제시문에 나타나 있지 않다.

[작품해설]

■ 법정, 「무소유」
• 갈래 : 경수필
• 성격 : 사색적, 체험적, 교훈적, 철학적
• 제재 : 소유와 무소유
• 주제 : 무소유의 참된 의미와 진정한 자유
• 특징
 – 고백적인 말하기로 자신의 체험을 서술함
 – 역설적인 표현을 통해 진리를 전달함
 – 인용과 예시를 통해 자신의 생각을 뒷받침함
 – 불교적 인생관이 짙게 반영됨

07 정답 ③

[정답해설]
③의 시조에서는 동짓달 긴긴 밤을 잘라서 이불 속에 넣어두겠다고 표현하고 있다. 즉, '동짓달 기나긴 밤'이라는 추상적 시간을 '이불 속'이라는 구체적 공간으로 형상화하고 있는 것이다. 그러므로 ③의 시조가 시간적 개념이 공간적 개념으로 바뀌어 표현되는 ㉠의 예에 해당된다.

[보충해설]

■ 황진이 시조(현대어 풀이)
① 아이! 내가 한 일이 참으로 후회스럽구나. 그리워할 줄을 몰랐단 말인가?
 있으라고 말했다면 가셨으랴마는 제가 구태어
 보내고 나서 그리워하는 내 마음을 모르겠구나.
② 청산은 내 뜻이오 녹수는 임의 정이니
 녹수 흘러간들 청산이야 변하겠는가?
 녹수도 청산을 못 잊어 울며 흘러 가는 구나.
③ 동짓달 기나긴 밤의 한가운데 허리를 베어 내어
 봄바람 이불 밑에 서리서리 넣었다가
 고운 임 오신 날 밤이 되면 굽이굽이 펴리라.
④ 산은 옛날의 산 그대로인데 물은 옛날의 물이 아니구나.
 종일토록 흐르니 옛날의 물이 그대로 있겠는가?
 사람도 물과 같아서 가고 아니 오는구나.

08 정답 ③

[정답해설]
'휘두르지'의 기본형은 '휘두르다'이며, '휘둘러'로 활용되므로 '르' 불규칙 활용에 해당한다. '자른다'의 기본형은 '자르다'이며, '잘라'로 활용되므로 '르' 불규칙 활용에 해당한다. 즉 '휘두르다'와 '자르다' 모두 모음어미 앞에서 어간의 '르'가 'ㄹㄹ'로 바뀌는 '르' 불규칙 활용 용언이다.

[오답해설]
① 누르니 → '러' 불규칙 / 오르기 → '르' 불규칙
 '누르니'의 기본형은 '누르다'이며, '누르러'로 활용되므로 '러' 불규칙 활용에 해당한다. '오르기'의 기본형은 '오르다'이며, '올라'로 활용되므로 '르' 불규칙 활용에 해당한다.
② 이르기 → '러' 불규칙 / 구르기 → '르' 불규칙
 '이르기'의 기본형은 '이르다'이며, '이르러'로 활용되므로 '러' 불규칙 활용에 해당한다. '구르기'의 기본형은 '구르다'이며, '굴러'로 활용되므로 '르' 불규칙 활용에 해당한다.
④ 부른다 → '르' 불규칙 / 푸르다 → '러' 불규칙

'부른다'의 기본형은 '부르다'이며, '불러'로 활용되므로 '르' 불규칙 활용에 해당한다. '푸르다'의 기본형은 '푸르다'이며, '푸르러'로 활용되므로 '러' 불규칙 활용에 해당한다.

09   정답 ④

[정답해설]

네 번째 문단에서 역사주의 비평가들은 작중 인물을 실제 인물인양 따로 떼어 내어 개인적인 역사를 재구성해 보려고 하였으며, 영웅이라는 표현 대신 '성격(인물, character)'이라는 개념을 즐겨 썼다고 서술되어 있다. 즉, 역사주의 비평가들은 작중 인물을 '역사적 영웅'으로 '재평가'하려고 한 것이 아니라, '개인적인 성격(인물)'로 '재구성'하려고 한 것이다. 그러므로 역사주의 비평가들은 작중 인물을 역사적 영웅으로 재평가하려고 했다는 ④의 설명은 적절하지 않다.

[오답해설]

① 첫 번째 문단에서 영웅은 고대 서사시나 희곡의 소재가 되던 주인공들인 초인간적인 능력을 가진 인물들이었다고 설명하고 있다. 그러므로 영웅이라는 말은 고대의 예술적 조건과 연관된다고 할 수 있다.

② 두 번째 문단에서 영웅들의 초인간적이고 신적인 행위는 차차 문학 작품의 구조에 제한되어 훨씬 인간화되었다고 서술되어 있으므로, 신화의 영웅은 문학 작품에 와서 점차 인간화되었다는 설명은 적절하다.

③ 세 번째 문단에서 아리스토텔레스는 비극이 '보통보다 우수한 인물'을 모방한다고 하였는데, 이는 문학의 인물이 신화의 영웅이 아닌 보통의 인간임을 지적한 것이라고 서술한데서, 아리스토텔레스가 말한 '보통보다 우수한 인물'은 신화적 영웅과 다르다는 것을 알 수 있다.

10   정답 ①

[정답해설]

㉠ 토론은 논리적으로 상대방을 설득하는 '논의(論議)'의 한 형태이다.

㉡ 찬성자와 반대자는 각기 자기의 주장을 펴 나가기 위한 '논거(論據)'를 밝힌다.

㉢ 토론에서 자기 주장이 옳다는 것을 상대방이 인정하게 하려면, 상대방이 '논박(論駁)'의 여지를 갖지 못하게 해야 한다.

㉣ 토론 참가자는 '논제(論題)'에 대한 충분한 자료 수집 및 정보 검토를 해야 한다.

㉠ 논의(論議): 어떤 문제에 대하여 서로 의견을 내어 토의함 또는 그런 토의

㉡ 논거(論據): 어떤 이론이나 논리, 논설 따위의 근거

㉢ 논박(論駁): 어떤 주장이나 의견에 대하여 그 잘못된 점을 조리 있게 공격하여 말함

㉣ 논제(論題): 논설이나 논문, 토론 따위의 주제나 제목

[오답해설]

• 논의(論意): 논하는 말이나 글의 뜻이나 의도

• 논지(論旨): 논하는 말이나 글의 취지

• 논란(論難): 여럿이 서로 다른 주장을 내며 다툼

• 논술(論述): 어떤 것에 관하여 의견을 논리적으로 서술함 또는 그런 서술

11   정답 ③

[정답해설]

'노약자에게 양보하는' 행위는 공중도덕 지키기에 해당하며, '노약자에게 양보하는 한 자리'와 '당신에게 찾아오는 행복의 문'은 대구(對句)의 표현 방식을 활용하고 있다. 또한 '행복의 문'은 자리 양보라는 행위의 긍정적 효과를 비유적으로 표현하고 있다.

[오답해설]

① '신호 위반, 과속 운전'은 공중도덕 지키기에 해당하나, 대구의 표현과 긍정적 효과의 비유적 표현은 사용하고 있지 않다.

② 공중도덕 지키기와 대구의 표현은 사용하고 있으나, '고문 장치'는 긍정적 효과가 아니라 부정적 효과의 비유적 표현에 해당한다.

④ '공공 장소에서 실천하는 금연'은 공중도덕 지키기에 해당하나, 대구의 표현과 긍정적 효과의 비유적 표현은 사용하고 있지 않다.

12   정답 ④

[정답해설]

제시된 한글 맞춤법 제6항은 구개음화에 대한 설명으로, '잔디, 버티다'는 원래 '잔디'와 '버티다'라는 하나의 형태소이므로 구개음화 현상이 나타나지 않는다. 즉, '잔디'의 '디'와 '버티다'의 '티'는 하나의 형태소 안에서 'ㄷ, ㅌ'과 'ㅣ'가 결합하고 있을 뿐, 종속적 관계를 지닌 '-이(-)'나 '-히-'와 결합한 것은 아니다.

국가직
국어

지방직
국어

서울시
국어

국가직
영어

지방직
영어

서울시
영어

[오답해설]

① '해돋이[해도지]'는 '돋다'의 어간 '돋-' 뒤에 종속적 관계를 가진 '-이(-)'가 결합한 형태이고, '같이[가치]'는 '같다'의 어간 '같-'에 종속 관계를 가진 '-이(-)'가 결합한 형태이다. 그러므로 '해돋이, 같이'는 한글 맞춤법 제6항의 예시로 적절하다.

② 구개음화 현상이 일어나더라도 소리대로 적지 않고 'ㄷ, ㅌ'으로 적는다고 했으므로, 한글 맞춤법 제6항은 한글 맞춤법 총칙 중 '어법에 맞게 적는다'는 원리를 따른 것이다.

③ 종속적 관계란 형태소 연결에 있어 실질 형태소인 체언, 어근, 용언 어간 등에 형식 형태소인 조사, 접사, 어미 등이 결합하는 관계로, 이 경우 형식 형태소는 실질 형태소에 딸려 붙는 종속적 요소인 것이다.

13 　　　　　　　　　　　　정답 ①

[정답해설]

첫 번째 문장의 '채'는 부사로 '미처' 또는 '아직'으로 바꾸어 쓸 수 있으며, 해당 문장에서 옳게 사용되었다. 두 번째 문장의 '체'는 의존 명사로 '척'으로 바꾸어 쓸 수 있으며, 해당 문장에서 옳게 사용되었다.

- **채** : 어떤 상태나 동작이 다 되거나 이루어졌다고 할 만한 정도에 아직 이르지 못한 상태를 이르는 말
- **체** : 그럴듯하게 꾸미는 거짓 태도나 모양

[오답해설]

② 첫 번째 문장 → 한창 / 두 번째 문장 → 한참
첫 번째 문장은 벼가 왕성하게 무르익고 있는 모양을 나타내므로 '한창'으로 써야 하고, 두 번째 문장은 가방을 상당한 시간이 지나는 동안 바라보고 있는 것이므로 '한참'으로 써야 한다.

- **한창** : 어떤 일이 가장 활기 있고 왕성하게 일어나는 모양
- **한참** : 시간이 상당히 지나는 동안

③ 첫 번째 문장 → 두텁다 / 두 번째 문장 → 두껍다
첫 번째 문장은 둘 사이의 친분이 굳고 깊은 것이므로 '두텁다'로 써야 하고, 두 번째 문장은 야구 선수 집단의 규모가 보통의 정도보다 큰 것이므로, '두껍다'로 써야 한다.

- **두텁다** : 신의, 믿음, 관계, 인정 따위가 굳고 깊다.
- **두껍다** : 층을 이루는 사물이 높이나 집단의 규모가 보통의 정도보다 크다.

---

④ 첫 번째 문장 → 벗어졌다 / 두 번째 문장 → 벗겨지지
첫 번째 문장은 머리카락이 빠지는 것이므로 '벗어졌다'로 써야 하고, 두 번째 문장은 바나나 껍질이 외부의 힘에 의해 떼어지는 것이므로 '벗겨지지'로 써야 한다.

- **벗어지다** : 머리카락이나 몸의 털 따위가 빠지다.
- **벗겨지다** : 덮이거나 씌워진 물건이 외부의 힘에 의하여 떼어지거나 떨어지다.

14 　　　　　　　　　　　　정답 ②

[정답해설]

'회덮밥'은 파생어가 아닌 합성어 '덮밥'에 새로운 어근 '회'가 결합된 합성어이다. 즉, '덮밥'은 '덮(용언의 어근) + 밥(명사)'로 이루어진 비통사적 합성어이다.

[오답해설]

① '바다', '맑다'는 어근이 하나인 하나의 형태소로 단일어이다.

③ '곁눈질'은 '곁(명사)'과 '눈(명사)'의 합성어인 '곁눈'에 '그 신체 부위를 이용한 어떤 행위'의 뜻을 더하는 접미사 '-질'이 결합된 파생어이다.

④ '웃음'은 어근 '웃-'에 명사화 접미사 '-음'이 붙어 명사가 된 파생어이다.

15 　　　　　　　　　　　　정답 ②

[정답해설]

제시문의 주제는 '지역 이기주의의 타파'이다. 그런데 ⓒ은 산업 폐기물 처리장의 필요성은 인정하지만, 내 고장에는 안 된다는 '지역 이기주의'와 관련된 내용이므로, 문단의 통일성을 위해 삭제한다는 것은 옳지 않은 고쳐 쓰기 방안이다.

[오답해설]

① ⊙의 앞 문장에서는 그 시설의 필요성을 인정하고 있으나, ⊙의 뒤 문장에서는 그 시설을 받아들이지 않으려고 하므로 서로 상반된 입장을 보이고 있다. 그러므로 ⊙의 '그리고'를 앞뒤 문장을 자연스럽게 연결하기 위해 역접의 접속 부사 '그러나'로 바꾸는 것은 적절한 방안이다.

③ ⓒ의 '~에 다름 아니다'는 우리말답지 않은 일본어식 표현이다. 그러므로 이를 '지역 이기주의이다'로 순화하는 것은 적절한 방안이다.

④ 해당 문장의 주어는 '잊지 말아야 할 사실은'이므로, ⓔ의 '우리 모두에게 돌아온다'는 주어와 호응하지 않는다. 그

러므로 ㉣을 '우리 모두에게 돌아온다는 것이다'로 고치는 것은 적절한 방안이다.

16   정답 ④

[정답해설]

해당 작품에서 '것이었다', '없었다', '같았다' 등의 서술어를 통해 과거 시제를 사용하고 있음을 알 수 있으나, "나는 그것이 무엇인지 알고 있다" 또는 "바람을 간절히 부르게 하는 무진의 안개" 등에서 사건을 객관적이 아니라 주관적으로 묘사하고 있음을 알 수 있다.

[오답해설]

① 해당 작품의 소재인 '안개'를 '여귀(女鬼)가 뿜어 내놓은 입김과 같았다'고 비유적 표현을 통해 드러내고 있다.
② 무진의 명산물이 '안개'라는 서술 내용을 통해 무진이라는 지역의 특징을 짐작할 수 있다.
③ 두 번째 문장인 "나는 그것이 무엇인지 알고 있다."에서 해당 작품이 '나'의 시선으로 전개되는 1인칭 주인공 시점의 서술방식임을 알 수 있다.

[작품해설]

> ▌ 김승옥, 「무진기행」
> • 갈래 : 단편소설
> • 성격 : 회고적, 독백적
> • 배경 : 1960년대 무진
> • 시점 : 1인칭 주인공 시점
> • 주제 : 현실 속에 던져진 자기 존재의 파악
> • 특징
>   – '나'의 심리 묘사를 중심으로 이야기를 전개함
>   – 서정적이고 몽환적인 분위기

17   정답 ②

[정답해설]

제시문은 역접의 접속 부사인 '그러나'로 시작된 문장을 전후로 두 개의 중심 내용으로 나눌 수 있다. 전반부의 "인간을 더욱 인간적이게 하는 소중한 능력들을 지키고 발전시키기 위해서는"는 '독서의 필요성'을 말하는 것이고, 후반부의 "책 읽기는 손쉬운 일이 아니라는 것"은 '독서의 어려움'을 말하는 것이다. 그러므로 제시문의 중심 내용은 '독서의 필요성과 어려움'이다.

[오답해설]

① 첫 번째 문장에서 인간은 책 없이도 기억하고 생각하고 상상하고 표현한다고 했으므로, '인간의 기억과 상상'은 '독서의 필요성'이라는 중심 내용과 배치된다.
③ 네 번째 문장에서 누구도 맹목적인 책 예찬자가 될 필요는 없다고 서술하고 있으나, 이것이 '맹목적인 책 예찬론의 위험성'을 경고하고 있는 것은 아니다.
④ 다섯 번째 문장에서 독서 능력의 지속적 발전에 드는 비용은 싸지 않다고 '책 읽기 능력의 개발에 드는 비용'에 대해 인정하고 있으나, 이것은 글의 중심 내용이 아니라 세부 정보에 해당한다.

18   정답 ①

[정답해설]

㉠ 앞 문장의 '역사의 연구'와 뒤 문장의 '역사학'이 동일 요소이므로, 앞의 내용을 짧게 간추려 요약할 때 쓰는 '즉' 또는 '다시 말해'가 들어갈 접속사로 적절하다.
㉡ 뒤 문장이 앞에서 제시한 내용을 '고구려'의 구체적 상황을 가정하여 서술하고 있으므로, 구체적인 예를 상정할 때 쓰는 '가령'이 들어갈 접속사로 적절하다.
㉢ 뒤 문장이 지금까지 앞에서 언급한 내용들을 집약하여 정리하고 있으므로, '결국' 또는 '요컨대'가 들어갈 접속사로 적절하다.

19   정답 ②

[정답해설]

해당 작품에는 '첫사랑'이라는 시어가 제시되어 있으나, 반복적으로 사용하여 운율을 형성하고 있지는 않다.

[오답해설]

① '울음이 타는 가을 강'에서 노을이 물든 가을 강의 시각적 이미지를 울음소리라는 청각적 이미지로 표현한 공감각적 이미지를 활용하여 시상을 전개하고 있다.
③ 대조적 속성을 지닌 소재인 '가을 강'의 '물'과 '타는 울음'의 '불'을 통해 소멸성을 표현하고, '울음'이라는 인간 본원의 '한(恨)'의 정서를 부각하고 있다.
④ '~고나, ~것네'와 같은 민요조의 종결 어미를 사용함으로써, 전통적 어조를 통해 예스러운 정감을 살리고 있다.

[작품해설]

┃ 박재삼, 「울음이 타는 가을 강」
- 갈래 : 자유시, 서정시
- 성격 : 애상적, 영탄적, 회상적
- 제재 : 가을 강
- 주제 : 인생의 유한성과 한(恨)
- 특징
  - 대조적인 이미지의 시어 사용
  - 민요조의 종결 어미 사용
  - 반복에 의한 의미의 심화

[작품해설]

┃ 허균, 「홍길동전」
- 갈래 : 국문 소설, 사회 소설, 영웅 소설
- 성격 : 비판적, 영웅적, 전기적
- 제재 : 적서 차별
- 배경 : 시간-조선시대 / 공간-조선국과 율도국
- 시점 : 전지적 작가 시점
- 주제 : 모순된 사회 제도의 개혁과 이상국의 건설
- 특징
  - 우리나라 최초의 국문 소설임
  - 사회 제도의 불합리성을 비판함
  - 영웅의 일대기를 다룬 전기적 요소가 강함

20 　　　　　　　　　　　　　　정답 ④

[정답해설]

네 번째 문단에서 "수레에서 내려 천천히 걸어갔다"고 서술되어 있으므로, 길동이가 수레에서 탈출하는 모습을 비유적으로 표현한 것은 아니다. 세 번째 문단의 "이때에 길동이 풍우같이 잡혀 오지만"에서 오히려 길동이가 잡혀오는 모습을 비유적으로 표현하고 있음을 알 수 있다.

[오답해설]

① 네 번째 문단의 "길동의 축지하는 법을 어찌 당하랴."와 "백성들이 그 신기한 수단을 헤아릴 수 없더라."에서 전지적 작가 시점의 서술자가 길동의 장면 묘사에 직접적으로 개입하고 있음을 알 수 있다.

② 네 번째 문단의 "너희는 날 호송하여 이곳까지 왔으니 문죄 당해 죽지는 아니하리라."에서 호송하는 장교를 배려하는 길동의 면모가 드러나고 있다.

③ 세 번째 문단의 "'비 우(雨)' 자 셋을 써 공중에서 날리고 왔다."와 네 번째 문단의 "길동의 축지하는 법을 어찌 당하랴."에서 비현실적 요소를 도입하여 길동의 남다름을 나타내고 있다.

2023~2017

[지방직]
정답 및 해설

국가직 문제

지방직 문제

서울시 문제

국가직 해설

지방직 해설

서울시 해설

▌[지방직] 2023년 06월 | 정답

01	①	02	①	03	③	04	④	05	②
06	④	07	④	08	③	09	④	10	②
11	②	12	②	13	④	14	①	15	③
16	③	17	②	18	②	19	①	20	①

[지방직] 2023년 06월 | 해설

01 　　　　　　　정답 ①

[정답해설]
AI에 대한 설명회를 개최할 필요가 있다는 김 주무관의 말에, 최 주무관은 그 필요성을 절감하고 있다고 답하고 있으므로, ㉠은 상대의 의견에 대해 공감을 표현하고 있는 것이다.

[오답해설]
② 어떻게 준비해야 효과적으로 전달할 수 있을지 고민이라는 김 주무관의 말은 평서문을 이용한 간접 발화에 해당한다. 그러므로 ㉡은 직접 발화에 비해 듣는 이의 부담을 덜어주는 정중한 표현이지만, 직접 질문이 아니라 간접 질문에 해당한다.
③ 김 주무관이 제안한 '청중의 관심 분야 파악'에 최 주무관이 "어떤 것들을 조사하면 좋을까요?"라고 그 구체적인 방안을 묻고 있으므로, ㉢은 자신의 반대 의사를 우회적으로 드러내고 있는 것이 아니다.
④ 조사 대상을 묻는 최 주무관의 질문에 김 주무관이 의문문의 형식으로 답을 제시한 것이므로, ㉣이 의문문을 통해 상대의 의견을 반박하고 있는 것은 아니다.

02 　　　　　　　정답 ①

[정답해설]
첫 번째 문장을 통해 '독서를 통한 아이들의 뇌 발달'이 제시문의 중심 화제임을 알 수 있다. (가)의 '그에 따르면'에서 '그'는 (나)의 'A 교수'를 지칭하므로, (나) 다음에 (가)가 와야 한다. 또한 (가)에서 책을 읽으면 전두엽을 많이 사용하게 된다고 하였고, (다)에서 이처럼 책을 많이 읽으면 전두엽이 훈련되어 뇌 발달 가능성이 높아진다고 하였다. 그러므로 (가) 다음에 (다)가 이어져야 한다. 그러므로 제시문은 글의 맥락에 따라 (나) – (가) – (다) 순으로 배열되어야 한다.

03 　　　　　　　정답 ③

[정답해설]
㉢의 '얼음이'는 서술어를 꾸며주는 부사어가 아니라, 서술어인 '되었다'의 의미를 보충하여 완전하게 하는 보어이다. 보어는 '되다', '아니다' 앞에 조사 '이', '가'를 취하여 나타내는 문장 성분이다.

[오답해설]
① ㉠의 '지원은'은 해당 문장의 주어로, 서술어 '깨웠다'를 실행하는 동작의 주체이다.
② ㉡의 '만들었다'는 '(주어)가 (목적어)를 만들다'처럼 주어와 목적어를 필수로 요구하는 두 자리 서술어이다.
④ ㉣의 '어머나'는 '어머'를 강조하여 내는 소리인 감탄사이다. 감탄사는 호격 조사가 붙은 명사, 제시어, 대답하는 말, 문장 접속 부사와 함께 문장의 다른 성분과 직접적으로 관련을 맺지 않는 독립어이다.

04 　　　　　　　정답 ④

[정답해설]
'부유(浮游)'는 '물 위나 물속, 또는 공기 중에 떠다님'을 이르는 말이므로, ㉣의 '부유하는'은 '떠다니는'으로 바꿔 쓸 수 있다. '헤엄'은 '사람이나 물고기 따위가 물속에서 나아가기 위하여 팔다리나 지느러미를 움직이는 일'을 뜻하므로, '연잎'처럼 무생물 대상에는 쓸 수 없다.

[오답해설]
① '맹종(盲從)'은 '옳고 그름을 가리지 않고 남이 시키는 대로 덮어놓고 따름'을 이르는 말이므로, ㉠의 '맹종하는'은 '무분별하게 따르는'으로 바꿔 쓸 수 있다.
② '탈피(脫皮)'는 '일정한 상태나 처지에서 완전히 벗어남'을 이르는 말이므로, ㉡의 '탈피하여'는 '벗어나'로 바꿔 쓸 수

있다.
③ '제고(提高)'는 '수준이나 정도 따위를 끌어올림'을 이르는 말이므로, ⓒ의 '제고하기'는 '끌어올리기'로 바꿔 쓸 수 있다.

• 특징
  – 도학파의 자연 관조적 자세와 학문 정진에 대한 의지가 잘 나타남
  – 낯설고 어려운 한자어가 많이 사용되었음
  – 반복법, 설의법, 대구법 등을 통해 주제를 부각함

05　　　　　정답 ②

[정답해설]
(나)에서는 '청산'과 '유수'의 시각적 심상을 활용하여 불변하는 자연을 본받아 끊임없이 학문에 정진하겠다는 주제를 강조하고 있으나, 청각적 심상을 활용한 곳은 보이지 않는다.

[오답해설]
① (가)는 변화지 않는 '청산'과 쉽게 변하는 '녹수'의 대조를 활용하여, 떠나는 임과 달리 변치 않는 마음을 지닌 화자의 처지를 제시하고 있다.
③ (가)에서는 "청산(靑山)는 내 뜻이오 녹수(綠水)는 님의 정(情)이"에서, (나)에서는 "청산(靑山)는 엇뎨ᄒ야 ~ 주야(晝夜)애 긋디 아니ᄂᆞᆫ고"에서 대구를 활용하여 시상을 전개하고 있다.
④ (가)에서는 "녹수(綠水)ㅣ 흘너간들 청산(靑山)이야 변(變)ᄒᆞᆯ손가"에서 설의적 표현을 활용하여 임에 대한 사랑과 지조의 정서를 드러내고 있다. (나)에서는 "청산(靑山)는 엇뎨ᄒ야 ~ 주야(晝夜)애 긋디 아니ᄂᆞᆫ고"에서 설의적 표현을 활용하여 자연의 불변성을 본받아 끊임없이 학문 수양을 하겠다는 의지의 정서를 드러내고 있다.

[작품해설]

■ 황진이, 「청산은 내 뜻이오」
• 갈래 : 평시조, 서정시
• 성격 : 감상적, 상징적, 은유적, 연정가
• 제재 : 청산, 녹수
• 주제 : 임을 향한 변함없는 사랑
• 특징
  – 순우리말의 아름다움을 잘 살림
  – 추상적인 관념을 구체적 사물과 같이 표현함
  – 음성 상징어를 활용해 시에 생동감을 부여함
  – 대비적 이미지의 시어를 통해 주제를 강조함

■ 이황, 「도산십이곡」
• 갈래 : 연시조, 평시조
• 성격 : 교훈적, 회고적
• 제재 : 자연, 학문
• 주제 : 자연 친화적 삶의 추구와 학문 수양에 대한 변함없는 의지

06　　　　　정답 ④

[정답해설]
세 번째 문단에서 건강한 소비를 위해서는 구매하려는 상품이 '나'에게 얼마나 필요한가에 대한 고민이 필요하다고 설명하고 있다. 그러므로 "상품을 구매할 때 사용가치가 자신의 필요에 의해 결정된 것인지 신중하게 따져야 한다."는 ④의 설명의 제시문의 중심 내용으로 가장 적절하다.

[오답해설]
① 첫 번째 문단에서 사용가치와 교환가치를 비교하여 설명하고 있을 뿐, 사용가치보다 교환가치가 큰 상품을 구매해야 한다는 내용은 제시문에 나타나 있지 않다.
② 첫 번째 문단에서 상품에는 사용가치와 교환가치가 섞여 있다고 설명하고 있으나, 이는 건강한 소비를 위해 사용가치를 고려하라는 주장을 제기하기 위한 전제이다.
③ 세 번째 문단에서 다른 사람들의 말에 휩쓸려 상품의 사용가치를 결정하는 것을 경계하고 있으므로, 상품에 대한 다른 사람들의 평가를 반영해서 상품을 구매해야 한다는 설명은 적절하지 않다.

07　　　　　정답 ④

[정답해설]
제시문의 마지막 문장은 서학의 어떤 부분은 수용했지만, 반대로 어떤 부분은 그렇지 않았다는 의미이므로, ⓔ의 '지향했다'는 '어떤 것을 하지 않았다'의 의미인 '지양했다'로 수정하는 것이 적절하다.

• 지향(指向) : 작정하거나 지정한 방향으로 나아감 또는 그 방향
• 지양(止揚) : 더 높은 단계로 오르기 위하여 어떠한 것을 하지 아니함

[오답해설]
① 서학으로 불린 천주학의 '학(學)'은 '학문'을 의미하므로, 종교적인 관점에서보다 학문적인 관점에서 받아들여졌다

는 것을 알 수 있다. 그러므로 ㉠은 옳은 글쓰기로 수정하지 않는 것이 적절하다.

② 서학은 신봉의 대상이 아니라 분석의 대상이었기 때문에, 서학 수용에 적극적인 이들까지도 서학을 무조건 따르자고 주장하지는 않았을 것이다. 그러므로 ㉡은 옳은 글쓰기이며 수정하지 않는 것이 적절하다.

③ 외부에서 유입된 사유 체계에는 서학 외에도 양명학이나 고증학 등도 있었으므로 유일한 것은 아니었다. 그러므로 ㉢은 옳은 글쓰기로 수정하지 않는 것이 적절하다.

---

08 정답 ③

[정답해설]

제시문의 마지막 문장에서 글쓰기는 필자가 글을 통해 자신의 메시지를 독자에게 전달하는 행위이기 때문에 예상 독자를 반드시 분석해야 한다고 서술되어 있다. 그러므로 빈칸에 들어갈 예상 독자 분석이 중요한 이유는 '필자의 메시지를 독자에게 효과적으로 전달하는 데 도움이 되기' 때문이다.

[오답해설]

① 제시문에 계획하기 과정이 글쓰기 전체 과정의 첫 단계라는 내용은 서술되어 있지 않으며, 예상 독자 분석의 이유와도 무관한 내용이다.

② 예상 독자 분석을 하지 않아 독자의 수준에 비해 너무 어려운 개념과 전문용어를 사용한다면 독자가 글을 이해하기 어렵게 되므로, 글에 어려운 개념이나 전문용어를 어느 정도 포함해야 하는 것은 아니다.

④ 글쓰기 과정 중 '계획하기'에 글쓰기의 목적 수립과 주제 선정이 포함되어 있으나, 독자의 배경지식 수준을 고려해야 글의 목적과 주제가 결정되는 것은 아니다.

---

09 정답 ④

[정답해설]

해당 작품에서 화자는 글 쓰는 행위를 통해 사랑했던 대상들과 이별을 고하고 '장님'과 '빈집'을 통해 잃어버린 사랑으로 인한 상실감과 절망감을 표현하고 있으나, 잃어버린 사랑의 회복을 열망하는 마음을 표현하고 있지는 않다.

[오답해설]

① 화자는 밤, 겨울 안개, 촛불, 흰 종이, 눈물, 열망 등 추억이 담긴 대상들을 호명하며 이별에 대한 안타까운 심정을 표현하고 있다.

② 사랑을 잃은 화자가 장님처럼 문을 잠그고 가엾은 사랑을 빈집에 가둔 것이므로, 여기서 '빈집'은 사랑을 잃은 절망

의 공간이자 상실감으로 공허해진 화자의 내면을 상징한다고 볼 수 있다.

③ 화자는 '~들아'라고 영탄형 어조를 활용해 대상들을 반복적으로 호명하면서 이별에 따른 화자의 상실감을 부각하고 있다.

[작품해설]

> ▌ 기형도, 「빈집」
> • 갈래 : 자유시, 서정시
> • 성격 : 애상적, 비유적, 독백적
> • 제재 : 사랑의 상실
> • 주제 : 사랑을 잃은 공허함과 절망
> • 특징
>   − 대상을 나열하여 화자의 상실감을 강조함
>   − 영탄적 어조를 사용하여 화자의 정서를 부각시킴

---

10 정답 ②

[정답해설]

해당 작품의 서술자는 등장인물 속의 '나'이며, "그는 마치 성경책 위에다 ~ 엄숙한 표정을 했다."와 "도전적이던 기색이 ~ 그는 고개를 좌우로 흔들어 보였다." 등에서 다른 등장인물인 '그(권 씨)'의 행동을 1인칭 관찰자 시점으로 서술하고 있다.

[오답해설]

① 서술자인 등장인물 속 '나'가 다른 등장인물인 '그'의 행동이나 표정 등을 묘사하고 있으나, 심리적인 내면세계까지 분석하는 전지적 위치에서 '그'의 심리를 전달하고 있지는 않다.

③ 서술자가 주인공인 것은 1인칭 주인공 시점에 해당한다. 작품 속 '나'는 갈등의 주인공이 아니라 관찰자의 입장에서 다른 등장인물의 행동을 진술하고 있을 뿐, 주인공으로서 유년 시절을 회상하며 갈등 원인을 해명하고 있지는 않다.

④ 서술자가 주관을 배제하고 외부 관찰자의 시선으로 사건을 이야기하는 것은 3인칭 관찰자 시점에 해당한다. 해당 작품은 "끼니조차 감당 못하는 주제에" 등에서 서술자의 주관이 개입되어 있음을 엿볼 수 있다.

국가직 문제 / 지방직 문제 / 서울시 문제 / 국가직 해설 / 지방직 해설 / 서울시 해설

[작품해설]

> ▌ 윤흥길, 「아홉 켤레의 구두로 남은 사내」
> • 갈래 : 중편 소설, 세태 소설
> • 성격 : 사실적, 비판적, 고발적
> • 제재 : 구두
> • 배경 : 1970년대, 성남 지역
> • 시점 : 1인칭 관찰자 시점
> • 주제 : 산업화 과정에서 소외된 계층의 어려운 삶과 부조리한 현실 고발
> • 특징
>   – 상징적 소재와 관련된 행위를 통해 인물의 심리와 성격을 드러냄
>   – 사실적 문체와 예리한 문제의식으로 현실의 모순을 지적함
>   – 묘연한 결말 처리를 통해 궁금증을 유발하는 한편 여운을 남김

11 　　　　　정답 ②

[정답해설]

운용은 '설탕세'를 부과하면 당 소비가 감소할거라는 은지의 주장에 믿을 만한 근거가 있는지 묻고 있을 뿐, 은지의 주장에 반대하고 있는 것은 아니다.

[오답해설]

① 은지는 첫 번째 발언에서 국민 건강 문제와 관련하여 '설탕세' 부과 여부가 논란이라며, '설탕세' 부과 여부에 대한 화제를 제시하고 있다.

③ 은지는 두 번째 발언에서 세계보건기구 보고서의 인용을 통해 자신의 주장에 대한 근거를 제시하고 있다.

④ 재윤은 당 섭취와 질병 발생은 유의미한 상관관계가 없다는 연구 결과를 통해 은지가 제시한 주장의 근거를 부정하고 있다.

12 　　　　　정답 ②

[정답해설]

매수(買受) → 매매(賣買) 또는 매도(賣渡)

자기 명의의 집을 팔려고 하는 것이므로 ⓒ에 '물건을 사서 넘겨받음'을 의미하는 단어인 '매수(買受)'는 적절하지 않다. '물건을 팔고 사는 일'을 뜻하는 '매매(賣買)' 또는 '값을 받고 물건의 소유권을 다른 사람에게 넘김'을 뜻하는 '매도(賣渡)'가 들어갈 단어로 적절하다.

[오답해설]

① 회사가 전성기를 누리고 있는 것이므로, ⊙에는 '행복한 처지나 기쁜 마음 따위를 거리낌 없이 나타냄 또는 그런 소리'를 의미하는 '구가(謳歌)'가 들어갈 단어로 적절하다.

③ 그들 사이가 안 좋아 중재가 필요한 것이므로, ⓒ에는 '수레바퀴가 삐걱거린다는 뜻으로, 서로 의견이 맞지 아니하여 사이가 안 좋거나 충돌하는 것을 이르는 말'인 '알력(軋轢)'이 들어갈 단어로 적절하다.

④ 앞으로 많은 가르침을 달라는 것이므로, ⓔ에는 '경계하고 격려함'의 의미인 '편달(鞭撻)'이 들어갈 단어로 적절하다.

13 　　　　　정답 ④

[정답해설]

걷잡아서 → 겉잡아서

경기장에 대략 천 명이 넘게 온 듯하다는 의미이므로, 해당 문장에서 '걷잡아서'는 '겉으로 보고 대강 짐작하여 헤아리다'는 뜻의 '겉잡아서'로 고쳐 써야 옳다. '걷잡다'는 '한 방향으로 치우쳐 흘러가는 형세 따위를 붙들어 잡다'는 뜻이다.

[오답해설]

① 힘이 모자라다는 의미이므로, '모자라거나 미치지 못하다'는 뜻의 '부치는'은 해당 문장에서 올바르게 사용되었다.

② 그와 나는 전부터 알았던 사이이므로, '사람끼리 서로 아는 일'을 뜻하는 '알음'은 해당 문장에서 올바르게 사용되었다.

③ 대문이 도로 제자리로 위치하는 것이므로, '열린 문짝, 뚜껑, 서랍 따위가 도로 제자리로 가 막히다'는 뜻의 '닫혔다'는 해당 문장에서 올바르게 사용되었다.

14 　　　　　정답 ①

[정답해설]

⊙ 장관(長官 : 어른 장, 벼슬 관) → 국무를 나누어 맡아 처리하는 행정 각 부의 우두머리

ⓒ 보상(補償 : 기울 보, 갚을 상) → 남에게 끼친 손해를 갚는 것

ⓒ 결재(決裁 : 결단할 결, 마를 재) → 결정할 권한이 있는 상관이 부하가 제출한 안건을 검토하여 허가하거나 승인함

[오답해설]

⊙ 장관(將官: 장수 장, 벼슬 관) → 군사를 거느리는 우두머리

ⓒ 보상(報償 : 갚을 보, 갚을 상) → 남에게 진 빚이나 받은 것을 갚음

ⓒ **결제(決濟** : 결단할 결, 건널 제) → 일을 처리하여 끝을 냄

---

15 정답 ③

[정답해설]

제시문의 마지막 문장에서 개별적 유일무이성을 제거하는 것은 사회의 다원성을 파괴하는 일이라고 서술되어 있으나, 개인의 유일무이성을 보존하는 것이 개인의 보편적 복수성을 침해하는지의 여부는 제시문을 통해 알 수 없다.

[오답해설]

① 제시문에 따르면 우리는 개별적으로 고립된 채 살아가는 존재가 아니라, 사회 속에서 여럿이 모여 '복수(複數)'의 상태로 살아가는 존재이다.

② 제시문에 따르면 우리는 다원적 존재이며, 이러한 존재들로 구성된 다원적 사회에서 살아가기 위해서는 타인을 포용하는 공존의 태도가 필요하다.

④ 제시문에 따르면 개별적 유일무이성인 개인의 특수한 단수성을 제거하는 것은 사회의 다원성을 파괴하는 일이다.

---

16 정답 ③

[정답해설]

등장인물 간의 대화를 통해 이도령에 대한 춘향이의 굳은 절개를 드러내고 있으나, 춘향이가 매를 맞는 자신의 상황을 한탄하고 있으므로 주인공의 내적 갈등이 해결되고 있는 것은 아니다.

[오답해설]

① 첫 번째 문단에서는 '일' 자를, 두 번째 문단에서는 '이' 자를, 세 번째 문단에서는 '삼' 자를 반복함으로써 리듬감을 조성하고 있다.

② '일, 이, 삼'의 숫자를 활용하여 절개를 지키기 위해 관가에서 매를 맞고 있는 춘향이의 상황을 제시하고 있다.

④ 일부종사, 이부불경, 삼종지도 등의 유교적 가치를 담고 있는 말을 활용하여 절개를 지키고자 하는 춘향이의 의지를 드러내고 있다.

> • **일부종사(一夫從事)** : 한 남편만을 섬김
> • **이부불경(二夫不敬)** : 두 남편을 공경할 수 없음
> • **삼종지도(三從之道)** : 어려서 어버이께 순종하고, 시집가서 남편에게 순종하고, 남편이 죽은 뒤에는 아들을 따르는 여자가 지켜야 할 세 가지 도리

[작품해설]

▌ 작자미상, 「춘향전」

• **갈래** : 판소리 사설
• **성격** : 해학적, 서사적, 풍자적, 비판적
• **시점** : 전지적 작가 시점
• **제재** : 암행어사 출두
• **주제**
　－ 봉건 사회의 도덕을 깨뜨린 남녀 간의 자유 연애 사상
　－ 계급 타파와 신분 상승 의지
　－ 인간의 존엄성과 인권 옹호
　－ 탐관오리에 대한 서민의 저항과 위정자의 반성 촉구
• **특징**
　－ 산문과 운문의 혼합
　－ 발단 → 전개 → 위기 → 절정 → 결말의 5단 구성
　－ 해학과 풍자에 의한 골계미
　－ 서술자의 개입이 자주 드러남

---

17 정답 ②

[정답해설]

두 번째 문단에 따르면 차람은 소설을 소유하고 있는 사람에게 직접 빌려서 보는 것으로, 알고 지내던 개인들 사이에서 이루어졌다고 서술하고 있다. 그러나 대가를 지불하고 책을 빌렸는지의 여부는 지문을 통해 확인할 수 없다.

[오답해설]

① 첫 번째 문단에 따르면 '전기수'는 소설 구연을 통해 돈을 벌던 전문적 직업인으로, 글을 모르는 사람들과 글을 읽을 수 있지만 남이 읽어 주는 것을 선호하는 이들을 대상으로 소설을 구연하였다.

③ 첫 번째 문단에서 구연에 의한 유통은 문헌에 의한 유통에 비해 시간과 공간의 제약이 많다고 하였으므로, 문헌에 의한 유통이 구연에 의한 유통에 비해 시간과 공간의 제약이 적다는 설명은 적절하다.

④ 두 번째 문단에 따르면 세책가에서는 소설을 구매하는 것보다 훨씬 적은 비용으로 빌려 볼 수 있기 때문에 경제적으로 넉넉하지 않은 사람도 소설을 쉽게 접할 수 있었다고, 조선 후기에 세책가가 성행하게 된 이유를 밝히고 있다.

18　　　　　　　　　　　정답 ②

[정답해설]

두 번째 문단을 보면, 『삼국사기』 열전에 반신이지만 당나라에 당당히 대적한 민족적 영웅인 고구려 연개소문의 사례를 들어, 『삼국사기』가 기존 평가와 달리 다면적이고 중층적인 역사 텍스트임을 밝히고 있다.

[오답해설]

① 첫 번째 문단에서 『삼국사기』 열전에 고구려인과 백제인도 수록되어 있음을 알 수 있으나, 두 번째 문단에서 『삼국사기』가 신라 정통론에 기반해 유교적 사관에 따라 당시의 지배 질서를 공고히 하고자 했다고 서술되어 있다. 그러므로 『삼국사기』가 신라 정통론을 계승하지 않았다는 설명은 적절하지 않다.

③ 첫 번째 문단에서 『삼국사기』 열전에는 앞부분에 명장, 명신, 학자 등을 수록했고, 다음으로 관직에 있지는 않았으나 기릴 만한 사람을 실었다고 서술하고 있다. 그러므로 『삼국사기』 열전에는 기릴 만한 업적이 있다면 관직에 오르지 못한 사람도 수록되었음을 알 수 있다.

④ 첫 번째 문단에서 『삼국사기』는 본기 28권, 지 9권, 표 3권, 열전 10권의 체제로 되어있다고 서술하고 있다. 그러므로 『삼국사기』의 체제 중에서 가장 많은 권수를 차지하는 것은 열전이 아니라 본기이다.

19　　　　　　　　　　　정답 ①

[정답해설]

첫 번째 문단에서 최초의 IQ 검사는 프랑스에서 의무교육 제도를 실시하면서 정규학교에 입학하기 어려운 지적장애아, 학습부진아를 가려내고자 시행된 것이라고 서술되어 있다. 그러므로 최초의 IQ 검사가 학습 능력이 우수한 아이를 고르기 위해 시행된 것이 아님을 알 수 있다.

[오답해설]

② 첫 번째 문단에서 IQ 검사를 통해 비로소 인간의 지능을 구체적으로 수치화하고 객관적으로 비교할 수 있게 되었다고 서술하고 있으므로, IQ 검사가 만들어지기 전에는 인간의 지능을 수치로 비교할 수 없었다는 추론은 적절하다.

③ 두 번째 문단에서 IQ 검사가 인간의 지능 중 일부만을 측정한다고 서술하고 있으므로, IQ가 높은 아이라도 전체 지능은 높지 않을 수 있다는 추론은 적절하다.

④ 두 번째 문단에서 IQ가 높은 아이는 그렇지 않은 아이에 비해 읽기나 계산 등 사고 기능과 관련된 과목에서 높은 성취도를 보이는 경우가 많다고 서술하고 있으므로, IQ가 높은 아이가 읽기 능력이 좋을 확률이 높다는 추론은 적

절하다.

20　　　　　　　　　　　정답 ①

[정답해설]

제시문에는 한문이 다른 문장성분으로 사용되기도 해 혼란을 야기한다고 서술하고 있다. 그러나 한문과 한국어의 문장 성분을 비교하여 서술한 내용이 없으므로, 한문이 한국어 문장보다 문장성분이 복잡한지의 여부는 제시문을 통해 추론할 수 없다.

[오답해설]

② 제시문에서 '愛人'은 문맥에 따라 '愛'가 '人'을 수식하는 관형어일 때도, '人'을 목적어로 삼는 서술어일 때도 있다고 하였다. 그러므로 '淨水'가 문맥상 '깨끗하게 한 물'일 때 '淨'은 '水'를 수식한다고 볼 수 있다.

③ 제시문에 따르면 한자는 다른 문장성분으로 사용되기는 하지만, 문맥에 따라 같은 글자가 다른 뜻으로 쓰이는 것은 아니다. 즉, '愛人'에서 '愛'의 문장성분이 바뀌더라도 '愛'가 뜻이 전혀 다른 동음이의어가 되는 것은 아니다.

④ 제시문에서 동음이의어의 예로 든 '사고'의 예처럼, '의사'도 한글로 표기된 '의사'만으로는 '병을 고치는 사람'인지 '의로운 지사'인지 구별할 수 없다.

▌[지방직] 2022년 06월 | 정답

01	③	02	①	03	③	04	②	05	②
06	③	07	④	08	②	09	④	10	④
11	③	12	①	13	③	14	③	15	④
16	④	17	③	18	②	19	①	20	④

▌[지방직] 2022년 06월 | 해설

01　　　　　　　　　　　정답 ③

[정답해설]

처음 자신을 소개하면서 "처음 뵙겠습니다. ○○○입니다."라고 말하는 것은 적절한 언어 예절이다. 국립국어원에서 제시한 '표준 언어 예절'에서 두 사람이 만났을 때 자신을 상대방

에게 소개하는 말은 "처음 뵙겠습니다. (저는) ○○○입니다" 또는 "인사드리겠습니다. (저는) ○○○입니다"이다.

[오답해설]
① 계시겠습니다 → 있으시겠습니다
  '말씀'은 회장님과 관련된 대상이므로 간접 높임법에 따라 '계시겠습니다'를 '있으시겠습니다'로 고쳐 써야 옳다. 간접 높임법은 문장에서 높여야 할 대상의 소유물, 신체 부분, 의견 등과 관련된 말에 선어말어미인 '-(으)시-'를 붙여 간접적으로 높이는 방법이다.
② 고모 → 형님 / 아가씨
  '시누이'는 남편의 누나나 여동생을 말하므로, 남편의 누나는 '형님' 그리고 누이동생은 '아가씨'로 부르는 것이 적절하다.
④ 부인 → 아내 / 처 / 집사람 / 안사람
  '부인'은 남의 아내를 높여 이르는 말이므로, 다른 사람에게 자기 아내를 가리킬 때에는 '아내' 또는 '처, 집사람, 안사람' 등으로 부르는 것이 적절하다.

02 정답 ①

[정답해설]
제시된 지문은 이효석의 『메밀꽃 필 무렵』으로, 메밀꽃이 핀 달밤의 풍경을 마치 눈으로 보는 것처럼 감각적으로 재현하고 있다. 이는 소설의 서술 방식 중 대상의 감각적 인상을 눈에 보이듯 재현하는 '묘사'에 해당한다.

[오답해설]
② 설명 : 사실, 사물, 현상, 사건의 내용, 의의, 이유 등을 알게 쉽게 밝히는 진술 방식
③ 유추 : 생소한 개념이나 현상을 설명할 때, 낯선 개념을 익숙한 대상에 비유하여 설명하는 방식
④ 분석 : 어떤 개념이나 대상을 하위 개념으로 나누거나 쪼개어 그것의 특징을 밝히는 설명 방식

03 정답 ③

[정답해설]
제시문에 무대연출 작업 중에서 독보적인 창작을 걸러내서 배타적인 권한인 저작권을 부여하는 것은 매우 흔치 않은 경우이고, 후발 창작을 방해하는 요소로 작용할 수도 있다고 서술하고 있다. 그러므로 독보적인 무대연출 작업에 저작권을 부여한다고 해서 후발 창작에 방해가 되지는 않는다는 ③의 설명은 제시문에 대한 이해로 적절하지 않다.

[오답해설]
① 제시문에서 저작권 침해를 주장하기 위한 두 번째 조건으로 '창작 표현의 도용 여부'를 제시하고 있으나, 이를 밝히기는 쉽지 않다고 서술되어 있다.
② 첫 번째 문장에서 저작권 침해를 주장하기 위한 첫 번째 조건으로 '유효한 저작권의 소유'를 제시하고 있다.
④ 마지막 문장에서 저작권법은 창작을 장려함과 동시에 일반 공중이 저작물을 원활하게 이용할 수 있도록 하는 두 가지 가치의 균형을 목표로 한다고 밝히고 있다.

04 정답 ②

[정답해설]
제시문에서 파놉티콘은 소수의 교도관들이 다수의 죄수들을 관리하도록 디자인 되어 있으므로, 소수의 권력자에 의한 정보 독점 아래 다수가 통제되는 구조이다. 그러므로 ⓒ은 '다수'가 올바르며, '소수'로 고치는 것은 적절하지 않다.

[오답해설]
① 파놉티콘은 교도관이 죄수들을 볼 수 있지만, 죄수들은 교도관을 바라볼 수 없는 구조로 되어 있다. 따라서 감시탑 안에 교도관이 실제로 없어도 죄수들은 그 사실을 알지 못하므로, 교도관에게 언제 처벌을 받을지 모르는 공포감에 스스로를 감시하게 된다. 그러므로 글의 문맥상 ⑤의 '있을'을 '없을'로 고치는 것은 적절하다.
③ 시놉티콘에 가장 크게 기여한 인터넷 특성은 권력자에 대한 비판을 신변 노출 없이 자유롭게 표현할 수 있는 '익명성' 때문이다. 그러므로 ⓒ의 '동시성'을 '익명성'으로 고치는 것은 적절하다.
④ 현대사회가 다수가 소수의 권력자들을 동시에 감시할 수 있는 시놉티콘의 시대가 된 것은 정보화 시대가 오면서 언론과 통신이 발달했고 다수가 정보를 수용하고 생산하게 되었기 때문이다. 그러므로 ⓔ의 '특정인이'를 '누구나가'로 고치는 것은 적절하다.

05 정답 ②

[정답해설]
ⓒ의 '칠팔십 리(七八十里)'는 삼수갑산에 돌아가기 위해 오늘도 육십 리를 가기도 했지만, 결국 돌아가지 못한 시적 화자의 여정을 방랑길에 비유한 것이다.

[오답해설]
① ③의 '산(山)새'는 시메산골의 영(嶺)이 높아 울고, 화자는 삼수갑산의 고개가 높아 우는 것처럼, 시적 화자와 비슷한

처지에 놓여 있는 감정 이입의 대상이다.

③ ⓒ의 '불귀(不歸), 불귀, 다시 불귀'는 삼수갑산에 다시 돌아가지 못하는 시적 화자의 안타까운 심정을 표현한 것으로, 시적 화자의 이국 지향 의식을 강조한 것은 아니다.

④ ⓔ의 '위에서 운다'는 시적 화자가 지닌 분노의 정서를 대변하는 것이 아니라, 감정 이입의 대상인 '산(山)새'의 슬픔을 통해 삼수갑산에 돌아가지 못하는 시적 화자의 슬픈 정서를 대변한 것이다.

[작품해설]

▌ 김소월, 「산」
• 갈래 : 자유시, 서정시
• 성격 : 민요적, 향토적, 애상적
• 제재 : 산새
• 주제 : 임을 만나지 못하는 정한과 비애
• 특징
 − 수미상관의 기법으로 화자의 정서를 강조함
 − 감정 이입을 통해 화자의 정서를 드러냄

06 정답 ③

[정답해설]

'내 보기엔 좋은 여자 같다'는 정 씨의 말에 영달이 '그런 것 같다'고 인정한 점 그리고 영달이 "어디 능력이 있어야죠."라고 말한 점에서 영달은 백화를 신뢰할 수 없었기 때문에 같이 떠나지 않은 것이 아니라, 백화와 함께 정착해서 살 자신이 없었기 때문에 같이 떠나지 않았음을 알 수 있다.

[오답해설]

① 정 씨는 "같이 가시지. 내 보기엔 좋은 여자 같군."이라고 말하며, 영달에게 백화와 함께 떠날 것을 권유하고 있다.

② "백화는 뭔가 쑤군대고 있는 두 사내를 불안한 듯이 지켜보고 있었다."에서 백화는 자신과 함께 갈 것인지 아닌지 영달의 선택을 몰라 불안해하고 있었다.

④ 백화가 "정말, 잊어버리지…… 않을게요."라고 말한 후 개찰구로 가다가 다시 돌아와 '이점례'라고 자신의 본명을 말한 것은 정 씨와 영달에 대한 고마움을 표현한 것이다.

[작품해설]

▌ 황석영, 「삼포 가는 길」
• 갈래 : 현대 소설, 단편 소설, 여로형 소설
• 성격 : 현실 비판적, 사실적
• 제재 : 산업화 과정에서 소외된 사람들의 삶
• 배경 : 1970년대 겨울, 삼포로 가는 길

• 시점 : 전지적 작가 시점
• 주제 : 산업화 과정에서 고향을 상실한 떠돌이들의 애환과 연대 의식
• 특징
 − 대화와 행동 묘사를 통해 사실적이고 극적인 효과를 나타냄
 − 길을 모티프로 하는 여로 소설의 구조를 통해 주제를 형상화 함
 − 여운을 남기는 방식으로 작품을 결말을 처리함

07 정답 ④

[정답해설]

(나) 100년 전 한반도의 지정학적 조건으로 인해 우리는 국권을 상실하는 '아픔'을 겪었다(과거).

(라) 그 '아픔'은 분단으로 이어져 오늘에 이르고 있다(현재).

(다) 지금 우리나라는 전쟁의 폐허를 극복하고 세계적인 경제 강국을 건설하고 있다(현재).

(가) 이제 한반도는 동북아 물류의 금융, 비즈니스의 중심지가 될 것이다(미래).

그러므로 제시문은 과거−현재−미래의 시간적 순서에 따라, (나) − (라) − (다) − (가)의 순서로 전개되어야 글의 문맥상 가장 자연스럽다.

08 정답 ②

[정답해설]

A(팀장)와 B(예은)는 대화 중에 '네. 알겠습니다.', '맞습니다.', '그렇겠네요'라는 언어적 표현과 고개를 끄덕이는 비언어적 표현을 통해 공감의 표지를 드러내며 상대방의 말을 듣고 있다.

[오답해설]

① A(팀장)는 B(예은)에게 내용 요약 방식을 제안하고 있지 않으며, 오히려 B(예은)가 제시한 개조식 요약 방식에 문제가 있을 수 있다고 지적하고 있다.

③ B(예은)는 회의 내용 요약 방식에 대한 A(팀장)의 문제 제기에 대해 다른 입장을 보이는 것이 아니라, 고개를 끄덕이며 동의하고 있다.

④ 개조식 요약 방식이 회의 내용을 과도하게 생략하여 이해에 어려움을 줄 수 있다고 명시한 사람은 A(팀장)가 아니라 B(예은)이다.

09   정답 ④

[정답해설]
의원 선서 → 자유 발언 → 조례안 상정 → 찬반 토론 → 전자 투표
제시문의 후반부에서 참석 학생들은 1일 시의원이 되어 의원 선서를 한 후 주제에 관한 자유 발언 시간을 가졌고, 이어서 관련 조례안을 상정한 후 찬반 토론을 거쳐 전자 투표로 표결 처리하였다고 서술되어 있다. 그러므로 A시의 올해 청소년 의회 교실은 의원 선서, 자유 발언, 조례안 상정, 찬반 토론, 전자 투표의 순서로 진행되었음을 알 수 있다.

[오답해설]
① 제시문에 청소년 의회 교실에 참여할 수 있는 대상은 A시에 있는 학교에 재학 중인 만 19세 미만의 청소년이라고 서술되어 있다.
② 제시문에 시의회 의장은 의회 교실이 참가자 선정 및 운영 방안을 결정할 수 있고, 운영 방안에는 민주 시민의 소양과 자질 등에 관한 교육 내용이 포함된다고 서술되어 있다.
③ 제시문에 시의회 의장은 고유 권한으로 본회의장 시설 사용이 가능하도록 지원할 수 있다고 서술되어 있다.

10   정답 ④

[정답해설]
'점잖다'는 '점(젊)- + -지 + 아니 + 하-'가 축약되어 된 말이고, '점잔이'는 형용사 어근 '점잖-'에 부사 파생 접미사 '-이'가 붙어서 된 말이다. 그러므로 '점잖다'는 '의젓함'을 나타내는 '점잔이'에 '하다'가 붙어 형성된 말이 아니다.

> • **점잖다** : 1. 언행이나 태도가 의젓하고 신중하다. / 2. 품격이 꽤 높고 고상하다.
> • **점잔이** : 의젓하고 신중한 언행이나 태도로

[오답해설]
① '가난'은 '몹시 힘들고 고생스러움'을 뜻하는 한자어 '간난(艱難)'에서 제1음절의 끝소리 'ㄴ'이 탈락하면서 된 말이다.
② '어리다'는 15세기 중세 국어에서 '슬기롭지 못하고 둔하다'는 의미인 '어리석다'를 뜻하였으나, 오늘날에는 '나이가 적다'는 뜻으로 그 의미가 바뀐 말이다.
③ '수탉'의 옛말인 '수톩'은 수컷을 의미하는 '수'의 옛말인 'ㅎ' 종성 체언 '숳'에 '닭'의 옛말인 '톩'이 합쳐져 이루어진 복합어이다.

11   정답 ③

[정답해설]
세 번째 문단에서 글쓴이는 혐오를 사회문제의 기원이나 원인이 아니라 발현의 결과로 보고 있으며, 혐오나 증오 그 자체를 사회악으로 지목해 도덕적으로 지탄하는 데서 그치지 말아야 한다고 주장하고 있다. 즉, 혐오 현상을 바르게 이해하려면 그 원인이 되는 사회문제를 찾아내야 한다는 입장을 밝히고 있다. 그러므로 혐오 현상을 만들어 내는 근본 원인을 찾아야 한다는 ③의 설명이 제시문의 주제로 가장 적절하다.

[오답해설]
① 세 번째 문단에서 혐오는 사회문제의 기원이나 원인이 아니라, 발현의 결과라고 그 인과관계에 대해 서술하고 있다. 그러므로 혐오 현상에 인과관계가 존재하지 않는 것은 아니다.
② 두 번째 문단에서 왜 혐오가 나쁘냐는 물음에 대한 대답들은 분명 선량한 마음에서 나온 것이지만 문제의 성격을 오인하게 만들 수 있다고 서술하고 있다. 그러므로 혐오 현상을 선량한 마음으로 바라보아야 하는 것은 아니다.
④ 두 번째 문단에서 혐오나 증오라는 감정에 집중할수록 '달을 가리키는 손가락만 바라보는' 잘못을 범하기 쉽다고 서술하고 있다. 즉 혐오라는 감정(손가락)에 집중할수록 사회문제(달)는 잘 보이지 않게 된다는 것이다.

12   정답 ①

[정답해설]
㉠의 '초가 정자'는 시적 화자가 묘사하는 풍경의 일부이자 시를 읊조리는 공간일 뿐, 시간적 흐름에 따라 시상 전개를 매개하는 대상이 아니다.

[오답해설]
② ㉡의 '높다랗게'는 자연 속에 묻혀 술 한 잔 하고 시를 읊조리는 시적 화자의 고고하고 초연한 태도를 드러내고 있다.
③ ㉢의 비어 있는 '누대'는 언제 봐도 그대로인 자연과 대비하여 쇠락한 인간사를 암시하는 소재로 사용되고 있다.
④ 시적 화자는 붉은 꽃잎 하나라도 흔들지 말라고 명령하며, 늙어갈수록 봄바람이 안타깝다고 한탄하고 있다. 그러므로 ㉣의 '봄바람'은 꽃잎을 흔드는 부정적 이미지로 기능한다고 볼 수 있다.

13 정답 ③

[정답해설]

'각축(角逐)'은 '서로 이기려고 다투며 덤벼듦'을 뜻하는 단어로, '각(角)'은 '뿔'에 해당하므로 사람의 몸을 가리키는 말이 아니다.

[오답해설]

① '슬하(膝下)'는 '무릎의 아래'라는 뜻으로, 어버이나 조부모의 보살핌 아래 주로 부모의 보호를 받는 테두리 안을 이른다. '슬(膝)'은 사람의 신체 부위 중 '무릎'을 가리킨다.

② '수완(手腕)'은 '일을 꾸미거나 치러 나가는 재간'을 뜻하는 단어로, '수(手)'는 사람의 신체 부위 중 '손'을 그리고 '완(腕)'은 '팔뚝'을 가리킨다.

④ '발족(發足)'은 '어떤 조직체가 새로 만들어져서 일이 시작됨 또는 그렇게 일을 시작함'을 뜻하는 단어로, '족(足)'은 사람의 신체 부위 중 '발'을 가리킨다.

14 정답 ③

[정답해설]

㉠의 '계월'은 '보국'에게 예를 갖추라고 호령하며 갈등 상황을 타개하는 데 적극적인 반면, ㉡의 '까투리'는 '장끼'가 고집을 끝내 굽히지 않자 경황없이 물러나며 갈등 상황을 타개하는 데 소극적이다.

[오답해설]

① ㉠의 '계월'은 '보국'에게 예를 갖추라고 명령하고 있으므로 '보국'에 비해 우월한 지위를 가지고 있음을 알 수 있으나, ㉡의 '까투리'는 '장끼'가 고집을 굽히지 않고 '까투리'의 말을 듣지 않으므로 '장끼'에 비해 우월한 지위를 가지고 있다고 볼 수 없다.

② ㉠의 '계월'이 "보국이 어찌 이다지도 거만한가?"라며 '보국'의 행동을 비판하고 있고, ㉡의 '까투리'도 "저런 광경 당할 줄 몰랐던가, ~ 계집의 말 안 들어도 망신이네."라며 '장끼'의 행동을 비판하고 있다.

④ ㉠의 '계월'이 호령하자 군졸의 대답 소리로 장안이 울릴 정도였다고 묘사한 부분에서 주변으로부터 호의적인 반응을 얻었다고 볼 수 있다. 그러나 ㉡의 '까투리'는 아홉 아들 열두 딸과 친구 벗님네들도 불쌍타 의논하며 조문 애곡하였다고 서술한 부분에서 주변으로부터 연민을 받고 있음을 알 수 있다. 그러므로 '까투리'가 적대적인 반응을 얻은 것은 아니다.

[작품해설]

■ 작자 미상, 「홍계월전」
- 갈래 : 여성 영웅 소설, 군담 소설
- 성격 : 영웅적, 일대기적
- 배경 : 중국 명나라
- 시점 : 전지적 작가 시점
- 주제 : 홍계월의 영웅적 면모와 고난 극복
- 특징
  - 영웅의 일대기 구조
  - 남성보다 우월한 능력을 지닌 여성 영웅
  - 남장 모티프

■ 작자 미상, 「장끼전」
- 갈래 : 한글 소설, 우화 소설, 판소리계 소설
- 성격 : 풍자적, 우의적, 교훈적
- 시대 : 조선 후기
- 제재 : 장끼의 죽음과 까투리의 개가
- 시점 : 전지적 작가 시점
- 문체 : 운문체, 판소리체
- 주제 : 남존여비 사상과 여성의 개가 금지 비판
- 특징
  - 인격화된 동물에 의해 사건이 진행됨
  - 당대의 서민의식을 반영함
  - 중국의 고사를 인용함
  - 인간의 본능적 욕구를 중시함

15 정답 ④

[정답해설]

'끼이다'는 '벌어진 사이에 들어가 죄이고 빠지지 않게 되다'는 의미로, 해당 문장에서 '끼이는'은 옳게 사용되었다. '끼이다'는 '끼다'의 피동사로, 해당 문장의 '끼이는'은 준말 형태인 '끼는'으로 줄여 쓸 수 있다.

[오답해설]

① 되뇌이는 → 되뇌는
 '같은 말을 되풀이하여 말하다'를 뜻하는 말은 '되뇌다'이므로, 해당 문장의 '되뇌이는'은 '되뇌는'으로 고쳐 써야 옳다.

② 헤매이고 → 헤매고
 '갈 바를 몰라 이리저리 돌아다니다'를 뜻하는 말은 '헤매다'이므로, 해당 문장의 '헤매이고'는 '헤매는'으로 고쳐 써야 옳다.

③ 메이기 → 메기
 '뚫려 있거나 비어 있는 곳이 막히거나 채워지다'를 뜻하는 말은 '메다'이므로, 해당 문장의 '메이기'는 '메기'로 고쳐 써야 옳다.

16 　　　　　　　　　　　　　　정답 ④

[정답해설]

辯護事 → 辯護士

해당 문장에서 '변호사'의 한자어 표기인 '辯護事'는 '辯護士'로 고쳐 써야 옳다. 즉, '事(일 사)'가 아닌 '士(선비 사)'가 바른 한자어 표기이다.

> **변호사(辯護士 : 말씀 변, 도울 호, 선비 사)**
> 법률에 규정된 자격을 가지고 소송 당사자나 관계인의 의뢰 또는 법원의 명령에 따라 피고나 원고를 변론하며 그 밖의 법률에 관한 업무에 종사하는 사람을 이른다.

[오답해설]

① 소방관(消防官 : 사리질 소, 막을 방, 벼슬 관) → '소방 공무원'을 일상적으로 이르는 말이다.
② 과학자(科學者 : 과목 과, 배울 학, 놈 자) → 과학을 전문으로 연구하는 사람으로, 주로 자연 과학을 연구하는 사람을 이른다.
③ 연구원(研究員 : 갈 연, 연구할 구, 인원 원) → 연구에 종사하는 사람을 이른다.

17 　　　　　　　　　　　　　　정답 ③

[정답해설]

제시문에 따르면 고대의 학문과 언어에 대한 재평가가 이루어지면서 인간에 대한 새로운 관심이 증대했고, 따라서 예술가들이 인체의 아름다움을 재발견한 것이다. 즉, 예술가들이 인체의 아름다움을 재발견함으로써 고대의 학문과 언어에 대한 재평가가 이루어졌다는 ③의 설명은 글의 선후 관계가 뒤바뀐 것이다.

[오답해설]

① 첫 문장에서 르네상스가 일어나게 된 요인으로 의학사의 관점에서 볼 때 흥미롭고 논쟁적인 원인이 페스트라고 서술하고 있다. 그러므로 전염병의 창궐은 르네상스의 발생을 설명하는 다양한 요인 가운데 하나임을 알 수 있다.
② 첫 번째 문단에서 페스트로 인해 '사악한 자'들만이 아니라, '선량한 자'들까지 무차별적으로 죽는 것을 보고 이전까지 의심하지 않았던 신과 교회의 막강한 권위에 대해서도 회의하게 되었다고 서술한 부분에서 확인할 수 있다.
④ 세 번째 문단에 의사들에게 해부학적 지식은 불필요한 것으로 인식되었던 반면, 미술가들은 인체의 내부 구조를 탐색하는 데 골몰했다고 서술한 부분에서 확인할 수 있다.

18 　　　　　　　　　　　　　　정답 ②

[정답해설]

제시문의 밑줄 친 '툭 던지는 한마디는 예리한 비수가 되어 독자의 의식을 헤집는다.'와 그 의미가 어울리는 한자 성어는 '寸鐵殺人(촌철살인)'이다.

> **寸鐵殺人(촌철살인)**
> 한 치의 쇠붙이로도 사람을 죽일 수 있다는 뜻으로, 간단한 말로 남을 감동하게 하거나 남의 약점을 찌를 수 있음을 이르는 말

[오답해설]

① 巧言令色(교언영색) : 아첨하는 말과 알랑거리는 태도
③ 言行一致(언행일치) : 말과 행동이 하나로 들어맞음 또는 말한 대로 실행함
④ 街談巷說(가담항설) : 거리나 항간에 떠도는 소문

19 　　　　　　　　　　　　　　정답 ①

[정답해설]

제시문의 첫 문장은 '만약 어떤 것이 과학일 경우(p) 거기에서 사용되는 문장은 유의미하다(q)'는 논리 구조로 볼 수 있다. 'p이면 q이다'가 참이면 그 대우 '~q이면 ~p이다'도 참이 되므로, '무의미한 문장을 사용하는 것은(~q) 과학이 아니다(~p)'도 참이 된다. 그러므로 해당 문장은 옳게 추론한 것이다.

[오답해설]

② '과학의 문장'은 '유의미한 문장'에 포함되나, '과학의 문장' 이외에도 '유의미한 문장'은 존재할 수 있다. 그러므로 '과학의 문장'들만이 유의미한 것은 아니다.
③ 제시문에 따르면 "달의 다른 쪽 표면에 산이 있다."는 (가) 문장은 비록 현실적으로 큰 비용이 들기는 하지만 분명히 경험을 통해 진위를 밝힐 수 있기 때문에 유의미한 문장이라고 판단한다. 그러므로 '아직까지 경험되지 않은 것'이라도 경험을 통해 참이나 거짓을 검증할 수 있는 문장이라면 유의미한 것이다.
④ 제시문에서 설명한 검증 원리에 따라, 거짓인 문장도 경험을 통해 거짓임을 검증할 수 있는 문장이라면 유의미한 것이다.

20 정답 ④

[정답해설]

ㄱ·ㄴ.두 번째 문단에서 결정론적 법칙의 지배를 받는 시스템은 자유의지를 가지지 않으며, 자유의지를 가지지 않는 시스템은 도덕적 의무에 귀속되지 않는다. 따라서 결정론적 법칙의 지배를 받는 컴퓨터는 자유의지를 가지지 않으며 도덕적 의무의 귀속 대상일 수도 없다. 또한 도덕적 의무를 귀속시킬 수 있는 시스템은 자유의지를 가지고 있으므로, 결정론적 법칙의 지배를 받지 않는다.

ㄷ. 두 번째 문단에 따르면 어떤 선택을 할 때 그것과 다른 선택을 할 수 없는 시스템은 결정론적 법칙의 지배를 받는 시스템이고, 결정론적 법칙의 지배를 받는 시스템은 자유의지를 가지지 않는다.

▌[지방직] 2021년 06월 | 정답

01	②	02	③	03	X	04	②	05	④
06	③	07	③	08	③	09	①	10	④
11	④	12	②	13	②	14	③	15	①
16	①	17	④	18	③	19	④	20	④

[지방직] 2021년 06월 | 해설

01 정답 ②

[정답해설]

몇 일 → 며칠

한글 맞춤법 제 27항에 둘 이상의 단어가 어울리거나 접두사가 붙어서 이루어진 말은 각각 그 원형을 밝히어 적는다고 명시되어 있고, 어원이 분명하지 않을 경우에는 원형을 밝히어 적지 아니하기 때문에 '몇 일'이 아니라 '며칠'로 적어야 한다.

[오답해설]

① 웬일 : 어찌 된 일. 의외의 뜻을 나타낸다.('왠일'은 틀린 표현)

③ 박인(박이다) : 손바닥, 발바닥 따위에 굳은살이 생기다.('박힌'은 틀린 표현)

④ 으레 : 틀림없이 언제나.('으례, 의례'는 틀린 표현)

02 정답 ③

[정답해설]

'–로써'는 받침이 없는 체언이나 'ㄹ' 받침으로 끝나는 체언 뒤에 붙는 조사로, 시간을 셈할 때 셈에 넣는 한계를 나타내거나 어떤 일의 기준이 되는 시간임을 나타내는 격조사이다. 따라서 '드디어 오늘로써'에서 '–로써'가 사용된 것은 적절하다.

[오답해설]

① 지위나 신분을 나타내는 격조사를 사용해야 하므로, '딸로써'가 아닌 '딸로서'를 사용해야 한다.

② 어떤 일의 수단이나 도구를 나타내는 격조사를 사용해야 하므로 '대화로서'가 아닌 '대화로써'를 사용해야 한다.

④ 어떤 일의 수단이나 도구를 나타내는 격조사를 사용해야 하므로 '이로서'가 아닌 '이로써'를 사용해야 한다.

03 정답 X

[정답해설]

표준국어대사전에서 '반나절'은 '한나절의 반'과 '하룻낮의 반(半)'의 의미를 지니고 있다. 해당 문제는 출제위원이 보통 '한나절의 반'을 '1 / 2 일'로 인식하는 것을 염두에 두고 출제한 것으로 보인다. '반나절'의 뜻풀이를 하면 '하루 낮 동안의 반'과 '하루 낮 동안의 반'으로 풀이할 수 있기 때문에 '하루낮의 반'은 옳은 뜻풀이가 되며 문제에 제시된 단어의 뜻풀이 중 옳지 않은 것은 없다.

[보충해설]

▌ **때(시간)와 관련된 고유어**

• **나절** : 하룻낮의 절반쯤 되는 동안

• **날포** : 하루가 조금 넘는 동안

• **달구리** : 이른 새벽의 닭이 울때

• **달포** : 한 달이 조금 넘는 기간

• **들마** : 가게 문을 닫을 무렵

• **땅거미** : 해가 진 뒤 어스레한 상태

• **미명** : 날이 채 밝지 않음 또는 그런 때

• **어스름** : 조금 어둑한 상태 또는 그런 때

• **해거름** : 해가 서쪽으로 넘어가는 일. 또는 그런 때

• **해거리** : 한 해를 거름 또는 그런 간격

• **해넘이** : 해가 막 넘어가는 때 또는 그런 현상

• **해동갑** : 해가 질 때까지의 동안

• **해포** : 한 해가 조금 넘는 동안

04 　　　　　　　　　　　　　　정답 ②

[정답해설]

'일을 할 때 서로의 행동이나 의향을 잘 알고 처리하여 나가다'의 의미를 지닌 '호흡을 맞춰'는 밑줄의 '연결해 주어'와 바꿔 쓰기에 적절하지 않은 관용 표현이다. 따라서 '일이 잘되게 하기 위하여 둘 또는 여럿을 연결하다'의 의미를 지닌 '다리(를) 놓다'를 쓰는 것이 적절하다.

[오답해설]

① 가랑이(가) 찢어지다 : 몹시 가난하여 살림살이가 궁색함
③ 코웃음(을) 치다 : 남을 깔보고 비웃음
④ 바가지(를) 쓰다 : 요금이나 물건 값을 실제 가격보다 비싸게 지불하여 억울한 손해를 봄

05 　　　　　　　　　　　　　　정답 ④

[정답해설]

'작중화자의 개입'이라고도 하며 서술자가 진행 중인 사건이나 인물의 언행 등에 대하여 자신의 견해를 밝히는 편집자적 논평은 밑줄 ⓔ의 '그 형용은 세상 인물이 아니로다'에서 사용되었음을 알 수 있다. 그러나 글에서는 춘향이의 내면적 아름다움에 대해 서술하는 것이 아니라 '외면적 아름다움에 대해 서술하고 있다.

[오답해설]

① '…천중절을 모를쏘냐'에서 설의적인 표현이 쓰였음을 알 수 있으며, 이는 시서 음률에 정통한 춘향도 알고 있을 가능성이 있다.
② '황금 같은 꾀꼬리'에서 비유법을 사용하고 '쌍쌍이 날아든다'에서 음양이 조화를 이룬 표현을 알 수 있다.
③ '펄펄'과 '흔들흔들'을 통해 음성상징어가 사용되었으며 '머리위의 나뭇잎은 몸을 따라 흔들거린다'는 표현은 춘향의 그네 타는 모습을 시각화하고 있다.

[작품해설]

▌ **춘향전(春香傳)**
- **갈래** : 고전소설, 판소리계소설, 염정소설
- **주제** : 신분(계급)을 초월한 사랑과 여인의 정절
- **배경**
  - 시간적, 공간적 배경 : 조선 후기 전라도 남원
  - 사상적 배경 : 실학사상(개혁사상), 평민의식, 평등사상, 자유연애, 열녀불경이부
- **특징**
  - 서사적, 운문적, 해학적, 풍자적 성격

- '발단 → 전개 → 위기 → 절정 → 결말'의 5단계, 추보식 전개

06 　　　　　　　　　　　　　　정답 ③

[정답해설]

B는 A가 고객이 제안서에 대해 한 답변을 말 그대로 받아들이고 있는 것에 대해 고객이 '요즘 같은 코로나 시기에는 이전과 동일한 사업적 효과가 있을지 궁금하다'와 '검토하고 연락드리겠습니다.'라는 말을 한 것을 근거로 완곡하게 거절하는 표현임을 알 수 있다.

[오답해설]

① '검토하고 연락드리겠습니다.'에 대해 A는 말 그대로 승낙의 의미로 받아들이고 있지만, B는 완곡하게 거절하는 의사표현으로 받아들이고 있다.
② A의 '동일한 사업적 효과에 대해서는 궁금하다고 말한 것이지만 사업을 수용하지 않는다'는 말을 통해 사업에 대해서 부정적인 평가라는 판단을 하지 않았음을 알 수 있다.
④ A는 고객의 비언어적 표현에 대해 표정이 좋았으며 박수도 쳐 주었고, 목소리도 부드러웠다는 것을 통해 완곡한 거절이 아닌 긍정적 표현으로 받아들이고 있다.

07 　　　　　　　　　　　　　　정답 ③

[정답해설]

글의 맨 처음에 '내가 그를 아버지라고 부르기 어려운 것은 거의 그런 말을 발음해 본 적이 없는 습관의 탓이 크다.'라고 말하고 있다. 따라서 '현규에 대한 감정' 때문에 아버지 부르는 것에 거부감을 갖고 있다는 사실은 부합하지 않는다.

[오답해설]

① '나는 그를 영원히 아무에게도 주기 싫다. 그리고 나 자신을 다른 누구에게 바치고 싶지도 않다.'는 문장을 통해 현규를 이복남매가 아닌 이성으로서 느끼고 있으며, '나는 또 물론 그도 나와 마찬가지로 같은 일을 생각하고 있기를 바란다.'에서 나와 같은 감정을 갖고 있기를 기대하고 있다.
② '무슈 리'와 '엄마'는 재혼한 사이이며 무슈 리의 아들이 '현규'라는 것을 통해 나와는 혈연적으로 관련이 없는 '타인'이며 '법률상의 오누이'라는 것을 알 수 있다.
④ '나는 그를 영원히 아무에게도 주기 싫다. 그리고 나 자신을 다른 누구에게 바치고 싶지도 않다.'라는 문장을 통해 법률로 묶여 있는 혈연관계의 인습이나 도덕률보다는 현

국가직 문제
지방직 문제
서울시 문제
국가직 해설
지방직 해설
서울시 해설

규에 대한 '나'의 감정에 충실해지고 싶어 한다는 것을 알 수 있다.

[작품해설]

> ■ 강신재, 「젊은 느티나무」
> - 갈래 : 단편 소설, 성장 소설
> - 배경 : 1950년대 서울에서 떨어진 S촌
> - 주제 : 현실의 굴레를 극복하고 순수한 사랑을 성취하고자 하는 청춘 남녀
> - 특징
>   - 감각적이며 섬세한 문체로 청춘 남녀의 고민을 직접적으로 느낄 수 있게 하였음
>   - 법률상 오누이 관계인 두 남녀의 사랑을 민감한 사회문제와 맞물려 고민하게 함
>   - 젊은 남녀 간의 사랑에 대해 사회적 금기와 본능적 감성 사이에서 갈등하는 모습을 풀어냄

08 　　　　　　　　정답 ③

[정답해설]

글에서 정중하고 단호한 태도는 수동적, 공격적인 반응과 다르게 다른 사람의 권리를 침해하지 않으면서 스스로의 권리를 존중하며 지키는 것을 의미한다. '안 피우시면 좋겠어요.'로 자신의 주장을 말하면서 '연기가 해롭잖아요.'라 근거를 들고, '피우고 싶으시면 차를 세워 드릴게요.'라며 상대의 권리를 침해하지 않게 말하고 있다.

[오답해설]

① '좀 그러긴 하지만'에서 별로 달갑지 않아하는 표현 뒤에 '괜찮아요. 창문 열고 피우세요.'를 말함으로써 내 권리를 지키지 못하고 있다.
② '좀 참아 보시겠어요.'는 상대방의 권리를 침해하는 말이기 때문에 정중하고 단호한 태도와 거리가 멀다.
④ '물어봐 줘서 고마워요. 피워도 그렇고 안 피워도 좀 그러네요.'는 단호한 태도와는 거리가 멀고, '생각해 보시고서 좋은 대로 결정하세요.'는 내 권리를 존중하지 않는 태도이다.

09 　　　　　　　　정답 ①

[정답해설]

장씨 아저씨가 '성환이 대학생이 되었다는 것'과 '성환이 대학생이 되었으니 할매가 한풀이를 다했을 것'이라는 말을 통

해 호야 할머니의 손주가 성환임을 알 수 있으며 손주가 걱정되어 눈물로 세월을 보냈음을 말하고 있기 때문에 '자나 깨나 잊지 못함'을 의미하는 오매불망(寤寐不忘)이 (가)에 들어가기 적절한 한자 성어이다.

[오답해설]

② 망운지정(望雲之情) : 자식이 객지에서 고향에 계신 어버이를 생각하는 마음
③ 염화미소(拈華微笑) : 말로 통하지 아니하고 마음에서 마음으로 전하는 일을 의미하는 말
④ 백아절현(伯牙絕絃) : 자기를 알아주는 참다운 벗의 죽음을 슬퍼함

10 　　　　　　　　정답 ④

[정답해설]

(가)는 길재의 시조로 송도를 돌아보며 지난날 고려의 도읍지였던 곳에 대한 감회를 표현하고 있다. (나)는 조지훈의 봉황수(鳳凰愁)로 망해버린 나라에 대해 부끄러워하며 서글퍼하는 감정을 드러내고 있다. (가)는 시조의 형식대로 3 · 4조 4음보로 시상을 전개하고 있지만, (나)는 자유롭게 시상을 전개한 자유시이므로 (가)를 제외한 (나)에 대한 설명으로는 적절하지 않다.

[오답해설]

① (가)는 영원함을 대표하는 '산천'과 유한함을 대표하는 '인걸'이 서로 대비되어 인생의 무상함을 드러내고 있다.
② (나)는 중국을 빗댄 '쌍룡'과 조선의 왕을 빗댄 '봉황'을 대비시켜 '큰 나라를 섬기다 거미줄 친 옥좌 위에 여의주를 희롱하는 쌍룡 대신에 두 마리 봉황새를 틀어 올렸다'라는 표현을 통해 사대주의에 대해 비판적 시각을 드러내고 있다.
③ (가)는 오백년 동안 도읍지였던 곳을 필마(匹馬)로 돌아다니며 화자는 안타까운 마음을 표현하고 있으며 (나)는 황폐화된 궁궐의 모습을 보여 주고난 뒤, 망한 나라에 대한 마음속의 심정을 표현하고 있다.

[작품해설]

> ■ (가) 길재 「회고가(懷古歌)」
> - 갈래 : 평시조
> - 배경 : 고려의 멸망
> - 주제 : 망국의 한과 맥수지탄(麥秀之嘆)
> - 특징 : 대조법 · 영탄법을 통해 망국의 한과 무상함을 표현

■ (나) 조지훈 「봉황수(鳳凰愁)」
- 갈래 : 산문시, 서정시
- 배경 : 조선의 멸망
- 주제 : 망국의 비애(悲哀)
- 특징
  - 역사적 현실에 대한 비판의식을 고전적 소재를 통해 나타냄
  - 선경후정과 시선의 이동에 따른 시상전개가 돋보임

가 멀며 상충되는 내용이다.
③ 첫 번째 문단 끝에 '인공지능(AI)이 사람보다 똑똑해질 수 있을지도 모른다.'고 주장하고 있지만, 글의 주제 및 결론으로 적절하지 않다.
④ 글의 내용에 인공지능이 상상력을 가지게 될 것이라는 주장이 없기 때문에 글의 결론으로 적절하지 않다.

11   정답 ④

[정답해설]
첫 번째 단락에서 '사물의 속성 자체에 관심을 기울이도록 훈련받은 아이들은 스스로 독립적인 행동을 하도록 교육받는다.'와 두 번째 단락에서 '행동에 영향을 받는 다른 사람들의 감정을 미리 예측하도록 교육받는다.'가 제시되었다. 때문에 미국의 어머니는 자녀가 독립적인 행동을 하도록 교육하며, 일본의 어머니는 자녀가 타인의 감정을 예측하도록 교육한다.

[오답해설]
① 첫 번째 단락에서 미국의 어머니는 자신의 생각을 분명하게 표현하고 말하는 사람의 입장에서 대화에 임해야한다고 하였고, 두 번째 단락에서는 일본에서는 아이들에게 듣는 사람의 입장에서 말할 것을 강조 한다고 제시하였다.
② 두 번째 단락의 일본의 어머니는 대상의 '감정'에 특별히 신경 써서 가르치며 일본에서는 아이들에게 듣는 사람의 입장에서 말할 것을 강조한다고 제시하였다.
③ 일본의 어머니에게서 관계에 초점을 맞춘 훈련을 받은 아이들은 자신의 생각을 드러내기보다는 행동에 영향을 받는 다른 사람들의 감정을 미리 예측하도록 교육받기 때문에 이면에 읽는 감정을 읽게 교육하는 것은 일본의 어머니에 해당한다.

12   정답 ②

[정답해설]
두 번째 단락에서 GPS가 인간에게 편리한 삶을 제공하고 있으나 습관적인 사용으로 쉽게 길을 잃는다고 하며, 세 번째 단락에서 GPS가 우리 두뇌가 게을러진 사례 중 하나라고 주장하고 있다. 따라서 '인공지능으로 인해 인간의 두뇌가 게을러지는 부작용이 발생 한다'는 결론에 도달하게 된다.

[오답해설]
① 글의 주제가 '인간의 인공지능(AI)에 대한 독립성'과 거리

13   정답 ②

[정답해설]
첫 번째 단락에서 유럽연합의 공용어 개념은 '여러 공용어 중 하나만 알아도 공식 업무상 불편이 없게끔 한다는 것'이라는 문장이 제시되어 있으므로 복수의 공용어를 지정한 계기는 공무상 편의를 위한 것이다.

[오답해설]
① 첫 번째 단락에서 '모든 외교관들이 이 공용어들을 전부 다 잘해야 하는 것은 아니다.'라는 문장이 제시되어있으므로 공용어를 다 구사하지 않으면 안 되는 것은 아니다.
③ 두 번째 문단 마지막에서 '영어를 공용어로 지정한다고 해서 모든 한국인이 영어를 잘하게 된다는 믿음은 망상에 불과하다.'고 주장하고 있다.
④ 두 번째 단락에서 '만일 한국어와 영어를 공용어로 지정한다면'과 같은 가정된 상황에 대해 말했을 뿐, 공용어로 지정될 거라는 주장은 하지 않았다.

14   정답 ③

[정답해설]
첫 번째 단락에서 악플러는 '아무에게도 영향력을 행사하지 못하고, 자신의 삶과 환경을 통제하지 못하고 무력감에 시달리는 사람'이라는 내용이 있으므로 '자신의 삶을 잘 통제하는 악플러'는 글의 내용과 부합하지 않으며, '타인을 더욱 엄격하게 비판한다'는 말은 내용에 없는 주장이다.

[오답해설]
① 첫 번째 단락에 '자신이 올린 글 한 줄에 다른 사람들이 동요하는 모습을 보면서 자기 효능감(selfefficacy)을 맛볼 수 있다.'는 내용이 있으므로 글의 내용과 부합한다.
② 두 번째 단락에서 악플러가 한 욕설에 상대방이 개의치 않으면 '무시당했다는 생각에 오히려 자괴감에 빠질 수도 있다.'라는 내용과 개인주의는 '자신을 향한 비판에 대해 '그건 너의 생각'이라면서 넘겨 버리는 사람들이 많다.'와 같은 내용을 통해 글의 내용과 부합함을 알 수 있다.
④ 세 번째 단락에 한국인은 '타인에게 필요 이상의 관심을

국가직 문제 / 지방직 문제 / 서울시 문제 / 국가직 해설 / 지방직 해설 / 서울시 해설

보이는 것'과 '자기에 대한 타인의 평가와 반응에 너무 예민하다'는 내용에서 글의 내용과 부합함을 확인할 수 있다.

15 　　　　　　　　　　정답 ①

[정답해설]
글의 ㉠은 '검푸른'에서 수박의 겉모습이라는 것을 알 수 있다. ㉡, ㉢, ㉣은 검푸른 구형인 수박의 겉모습을 자르고 난 뒤 '속에 있는 과육'이라는 것을 알 수 있으므로 밑줄 ㉠만 지시하는 대상이 다름을 알 수 있다.

[오답해설]
② '수박이 두 쪽으로 벌어지는 순간'과 '초록이 빨강으로 바뀐다'는 것을 통해 수박 속에 있는 과육임을 알 수 있다.
③ 앞 문장인 '초록의 껍질 속에서'와 밑줄의 '새까만 씨앗'에서 수박 속의 과육임을 알 수 있다.
④ 밑줄 뒤에 '칼 지나간 자리에서 홀연 나타나고, 나타나서 먹히기를 기다리고 있다.'에서 수박 속의 과육이라는 것을 알 수 있다.

16 　　　　　　　　　　정답 ①

[정답해설]
(가) 앞에 양반 중에 양반이라는 것과 뒤에 양반들도 한글 쓰는 것을 즐겨 했다는 것을 부정할 수는 없다는 내용이 나오므로 전환 관계를 지닌 접속어 '그런데'가 들어가야 한다.
(나) 허균이나 김만중은 한글로 소설을 썼다는 내용이 있으므로 첨가 관계인 '게다가'가 와야 한다.
(다) 우리말로 된 문학작품을 만들겠다는 소수 양반을 제외하고 대다수는 한문을 썼다는 내용과 한문으로 쓰인 호질을 예로 들고 있으므로 역접 관계 접속어인 '그렇지만'이 들어간다.
(라) 양반 대부분이 한글을 이해하지 못했다면 정철, 이황, 윤선도가 한글로 작품을 쓰지 않았을 것이란 내용이므로 역접 관계 접속어인 '그러나'가 들어간다.

[작품해설]

■ 박지원, 「호질(虎叱)」
• 갈래 : 한문소설, 풍자소설, 우화 소설
• 성격 : 풍자적, 비판적, 우의적
• 연대 : 조선 영조 때
• 제재 : 양반의 허위의식 비판
• 주제 : 양반 계급의 허위적이고, 이중적인 도덕관을 통

렬하게 풍자적으로 비판
• 특징
 – 인간의 부정적 모습을 희화화 함
 – 우의적 수법을 사용하여 당시의 지배층을 비판함
 – 실학사상을 바탕으로 인간의 부정적인 삶을 비판함

17 　　　　　　　　　　정답 ④

[정답해설]
납부(納付)는 '세금이나 공과금 따위를 관계 기관에 낸다는 의미'를 지니고 있으며 수납(收納)은 '돈이나 물품 따위를 받아 거두어들임.'의 의미를 지니고 있다. (라)에서 국가나 공공단체가 국민에게 부과하는 금전적인 부담인 '공과금(公課金)'이란 단어가 있으므로 납부를 수납으로 고쳐 쓰는 것은 적절하지 않다.

[오답해설]
① (가)에 '현재'라는 단어가 있어 문장에 잘못된 시제를 사용하였으므로 '있다'로 고쳐 써야 한다.
② (나)의 지양(止揚)은 '더 높은 단계로 오르기 위하여 어떠한 것을 하지 아니함'의 의미를 지니고 있어 잘못된 단어를 선택하였기 때문에 '지향(志向)'으로 고쳐 써야 한다.
③ (다)는 지난달에 있었던 수해로 인하여 준비기간이 짧아졌기 때문에 '지난달 수해로 인한'이 아니라 '지난달 수해로 인하여'로 고쳐 써야 한다.

18 　　　　　　　　　　정답 ③

[정답해설]
'자네가 본뜨려는 부처님 형상은 누가 언제 그렸는지 몰라도 흔히 있는 것을 베껴 놓은 걸세.'라는 서연의 대사와 불상의 형상에 대해 자세히 설명하는 동연의 대사로 말미암아 '동연이 부처님 형상을 독창적으로 제작하는 인물'은 글을 잘못 이해한 것이다.

[오답해설]
① 동연은 형태를 완전히 갖춘 불상이야말로 부처님의 마음이 존재한다는 입장이며, 서연은 부처님의 마음이 어디에 있는지 깨달아야 진정한 불상을 제작할 수 있다는 입장이다.
② 서연의 대사인 '자넨 의심도 없는가? 심사숙고해 보게. 그런 형상이 진짜 부처님은 아닐세.'라는 대사를 통해 부처님 형상을 의심하는 인물임을 알 수 있다.
④ 동연은 불상제작에 있어 얼굴과 귀고리, 목걸이, 손에 든

보병을 거론하는 대사로 형식을 중요시함을 알 수 있으며, 서연은 '부처님의 형상에 대한 의심'과 '그 형태 속에 부처님의 마음은 어디에 있는지' 등의 대사를 통해 내용을 중요시함을 알 수 있다.

[작품해설]

> ▌이강백, 「느낌, 극락같은」
> • 갈래 : 희곡
> • 성격 : 비현실적, 비논리적
> • 배경 : 불상 제작가의 작업장
> • 주제 : 본질적 가치에 대한 깨달음
> • 특징
> 　- 동연과 서연의 가치관의 대립을 과거 회상으로 시간 순으로 진행
> 　- 두 사람 간의 대립을 현대 사회의 이데올로기로 승화
> 　- 물체의 외면에 치중하는 것이 아니라 본질을 깨닫는 마음을 강조

19　　　　정답 ④

[정답해설]

온돌을 통한 난방 방식에 대한 설명에서 방바닥의 차가운 공기가 온돌에 의해 따뜻하게 데워지면 위로 올라가고, 식으면 아래로 내려와 다시 데워지는 대류 현상으로 방 전체를 따뜻하게 하는 난방 방식이다. 벽난로는 복사열이 계속해서 상체와 위쪽 공기를 데우는 난방 방식이기 때문에 (가)에 들어갈 말은 '상체와 위쪽의 따뜻한 공기는 차가운 바닥으로 내려오지 않기 때문이다'가 가장 적절하다.

[오답해설]

① 벽난로에 의한 난방은 복사열이 계속해서 상체와 위쪽 공기를 데우는 난방방식이다. 따라서 따뜻한 공기가 위로 올라가 식는다는 말은 적절하지 않다.

② 벽난로에 의한 난방은 대류 현상으로 바닥 바로 위 공기까지 따뜻해지지 않는다고 명시되어 있다. 그러므로 복사열로 인한 난방에서 대류 현상으로 인한 난방이라는 순서는 적절하지 않다.

③ 대류 현상을 통한 난방 방식은 위로 올라간 따뜻한 공기가 식어 내려가면 다시 데워지는 과정이므로 상체와 위쪽의 공기만 따뜻하게 하는 것은 적절하지 않다.

20　　　　정답 ④

[정답해설]

네 번째 단락에서 시간이 흐를수록 품질이 개선되는 포도주는 '일부 고급 포도주'에 한정된 이야기란 내용이 있으므로 고급 백포도주를 코르크 마개를 끼워 보관해도 품질이 개선되기 힘들 것이란 사실을 추론할 수 있다.

[오답해설]

① 세 번째 단락의 '고급 포도주 주요 생산지는 보르도나 부르고뉴처럼 너무 덥지도 않고 너무 춥지도 않은 곳이다.'라는 내용이 있지만 더운 지역에서 '흐물거리는 포도주'를 잘 활용하면 '포르토나 셰리'같은 고급 포도주를 만들 수 있다는 내용이 있으므로 추론으로 적절하지 않다.

② '포도가 자라는 북방 한계가 이탈리아 정도'와 '루아르강 하구로부터 크림반도와 조지아를 잇는 선'이 포도가 자라는 북방한계선이라는 내용이 있으므로 이탈리아보다는 북쪽에 위치할 것이라 추론할 수 있다.

③ 첫 번째 단락에서 '식사용 포도주는 고급 포도주와는 다른 저렴한 포도주가 쓰이며, 술이 약한 사람들은 여기에 물을 섞어서 마시기도 한다.'와 '술이 약한 사람들은 여기에 물을 섞어서 마시기도 한다.'는 내용이 있으므로 저렴한 포도주를 사용하는 것을 추론할 수 있다.

▌[지방직] 2020년 06월 | 정답

01	④	02	②	03	①	04	①	05	③
06	③	07	①	08	②	09	④	10	③
11	①	12	④	13	②	14	③	15	②
16	③	17	③	18	①	19	④	20	③

▌[지방직] 2020년 06월 | 해설

01　　　　정답 ④

[정답해설]

'무척'은 '다른 것과 견줄 수 없이'라는 뜻을 가진 부사로, 뒤에 나오는 '부지런하다'를 강조하고 있다. '-ㄹ뿐더러'는 어떤 일이 그것만으로 그치지 않고 나아가 다른 일이 더 있음을 나타내는 연결 어미로, 그가 예의가 바르면서 부지런하기까

지 하다는 의미를 담고 있다. ④에서의 '뿐더러'와 '무척'은 각각의 역할이 다르기 때문에 어느 하나를 생략했을 때 문장의 의미가 달라지게 된다. 그러므로 같은 뜻이 두 번 쓰이는 경우에 해당하는 사례로 적절하지 않다. (참고로, '바를 뿐더러'는 '바를뿐더러'로 붙여 써야 옳다.)

[오답해설]
① '부터'는 어떤 일이나 상태 따위에 관련된 범위의 시작을 나타내는 보조사로, 시간적으로나 순서상으로 앞선다는 뜻을 가진 '먼저'와 의미가 중복된다.
② '오로지'는 '오직 한 곬으로'라는 뜻으로, 다른 것으로부터 제한하여 어느 것을 한정함을 나타내는 보조사 '만'과 의미가 중복된다.
③ '각각'은 '사람이나 물건의 하나하나'라는 뜻을, '마다'는 '낱낱이 모두'라는 뜻을 가지므로 의미가 중복된다.

[보충해설]

■ **주의해야 할 중복 표현**

중복된 표현	바르게 고친 표현
미리 예비하다.	미리 준비하다.
과반수 이상이 찬성했다.	과반수가 찬성했다.
인기상을 수상하다.	인기상을 받다.
이웃에게 따뜻한 온정을 베풀다.	이웃에게 온정을 베풀다.
7월달에 보자.	7월에 보자.
매주 월요일마다 회의가 있다.	매주 월요일에 회의가 있다. / 월요일마다 회의가 있다.
오랜 숙원	오래된 원한 · 소망 / 숙원
남은 여생	남은 생 / 여생
어려운 난제	어려운 문제 / 난제
가까운 측근	가까운 사람 / 측근

---

02   정답 ②

[정답해설]
이 부장은 약속 시간에 늦은 김 대리가 미안함을 표하자, 김 대리에게 괜찮다고 하며 부담을 덜어주고 있다.

[오답해설]
① 의견 차이가 나타나 있지 않다.
③ 화자인 이 부장 자신에게 혜택을 주는 표현은 나타나 있지 않다.
④ 상대방을 칭찬하고 있지는 않다.

---

03   정답

[정답해설]
①은 청소년 인터넷 중독에 대한 내용이 아니라 개인 정보 유출에 대한 내용이므로 '청소년 인터넷 중독의 현황과 문제 해결'에 대한 글에 포함되기에 적절하지 않다.

[오답해설]
② 인터넷에 중독되는 청소년의 비율에 대한 통계를 활용하여 청소년 인터넷 중독의 현황을 제시하고 있으므로 적절하다.
③ 인터넷 중독이 야기할 수 있는 문제들을 열거하여 청소년 인터넷 중독의 문제를 환기하였으므로 적절하다.
④ 청소년 대상 인터넷 중독 상담 프로그램을 위한 예산이 부족함을 지적하며 문제 해결에 보다 적극적이어야 함을 시사하고 있으므로 적절하다.

---

04   정답 ①

[정답해설]
'하노라고'는 동사 '하다'의 어간 '하-'에 '자기 나름대로 꽤 노력했음'을 나타내는 연결 어미 '-노라고'가 결합된 형태로 ①의 밑줄 친 단어는 적절하게 쓰였다.

[오답해설]
② 결재 → 결제
　• 결재 : 결정할 권한이 있는 상관이 부하가 제출한 안건을 검토하여 허가하거나 승인함
　• 결제 : 증권 또는 대금을 주고받아 매매 당사자 사이의 거래 관계를 끝맺는 일
③ 걷잡아서 → 겉잡아서
　• 걷잡다 : 한 방향으로 치우쳐 흘러가는 형세 따위를 붙들어 잡다.
　• 겉잡다 : 겉으로 보고 대강 짐작하여 헤아리다.
④ 가름합니다 → 갈음합니다
　• 가름하다 : 쪼개거나 나누어 따로따로 되게 하다.
　• 갈음하다 : 다른 것으로 바꾸어 대신하다.

05 　　　　　　　　　　　　　　정답 ③

[정답해설]
'미나리가 푸르고'에서 시각적 이미지가, '감자는 잘도 썩어 구린내 훅 풍겼지요'에서 후각적 이미지가 쓰였으나, 공감각적 이미지는 사용되지 않았다.

[오답해설]
① 네 집이 돌아가며 같이 쓰던 '샘'을 통해 이웃 간의 인심과 정이 있는 공동체의 삶을 표현하고 있다.
② 과거 시제를 나타내는 어미 '-었'을 사용하여 회상의 분위기를 표현하고 있다.
④ '-지요', '-구요'와 같은 구어체를 사용하여 정감 어린 분위기를 표현하고 있다.

[작품해설]

> **▌ 함민복, 「그 샘」**
> • 갈래 : 서정시, 산문시
> • 성격 : 회상적, 향토적, 전통적
> • 제재 : 고향 마을에 있던 '그 샘'
> • 주제 : 샘을 통해 느낄 수 있었던 이웃 간의 배려와 훈훈한 정
> • 특징
>   – 토속적인 시어들을 사용하여 시골 마을의 따뜻한 인정을 드러냄
>   – '-지요', '-구요'와 같은 구어체의 종결 방식을 통해 정감 어린 분위기 연출

06 　　　　　　　　　　　　　　정답 ③

[정답해설]
1문단에서 생명체들은 환경 개변에 능동적으로 행동한다고 하였고, 2문단에서는 더 잘 살기 위해서 환경에 순응할 수만은 없다고 하였으므로 환경을 능동적으로 변형한다는 ③이 정답이다.

[오답해설]
① 2문단에서 인간은 생존이나 적응을 넘어서 환경에 대해 적극성을 보인다고 하였다.
② 인간을 포함한 생명체들은 생존을 넘어서, 더 잘 살기 위해 능동적으로 환경을 개변한다고 하였다. 삶의 기술도 그 개변의 과정 중 하나로 볼 수 있으므로 삶의 기술이 단순히 생존을 위한 것이라는 설명은 적절하지 않다.
④ 인간이 잘 살기 위해 노력하는 것은 맞지만, 그것이 삶의 목표라고 보기는 어렵다.

07 　　　　　　　　　　　　　　정답 ①

[정답해설]
'머무르다'의 활용형은 '머물렀다'라고 써야 옳다.

[오답해설]
한글 맞춤법 제16항의 준말의 활용형에 대한 규정에 따르면 다음과 같이 쓰는 것이 옳다.
② 머물렀다('머물었다'는 틀린 표현)
③ 서투른 / 서툰('서툴은'은 틀린 표현)
④ 서투르므로('서툴으므로'는 틀린 표현)

08 　　　　　　　　　　　　　　정답 ②

[정답해설]
제시된 글 속의 A사는 한번 B사에게 밀렸던 실패를 딛고 신제품을 성공시켜 다시 1위 자리를 거머쥔 상황이다. 그러므로 A의 상황과 가장 어울리는 한자성어는 ②의 捲土重來(권토중래)이다. '捲土重來(권토중래)'는 흙먼지를 날리며 다시 온다는 뜻으로, 한번 실패하고 나서 다시 그 일에 도전함을 이르는 말이다. 捲土重來(권토중래)와 같은 뜻을 가진 한자성어로는 '死灰復燃(사회부연)'이 있다.

[오답해설]
① 兎死狗烹(토사구팽) : 사냥하러 가서 토끼를 잡으면, 사냥하던 개는 쓸모가 없게 되어 삶아 먹는다는 뜻으로, 필요할 때 요긴하게 써먹고 쓸모가 없어지면 가혹하게 버림을 이르는 말
③ 手不釋卷(수불석권) : 손에서 책을 놓지 않는다는 뜻으로, 늘 책을 가까이하여 학문을 열심히 함을 이르는 말
④ 我田引水(아전인수) : 자기 논에만 물을 끌어넣는다는 뜻으로, 자기의 이익을 먼저 생각하고 행동함을 이르는 말

[보충해설]

> **▌ 捲土重來(권토중래)와 유사한 한자성어**
> • 死灰復燃(사회부연) : 죽은 불씨에 다시 불이 붙었다는 뜻으로, 세력을 잃었던 사람이 다시 세력을 얻음을 이르는 말
> • 臥薪嘗膽(와신상담) : 불편한 섶에 몸을 눕히고 쓸개를 맛본다는 뜻으로, 원수를 갚거나 마음먹은 일을 이루기 위하여 온갖 어려움과 괴로움을 참고 견딤을 비유적으로 이르는 말
> • 切磋琢磨(절차탁마) : 옥이나 돌 따위를 갈고 닦아서 빛을 낸다는 뜻으로, 부지런히 학문과 덕행을 닦음을 이르는 말

- 七顚八起(칠전팔기) : 일곱 번 넘어지고 여덟 번 일어
난다는 뜻으로, 여러 번 실패하여도 굴하지 아니하고
꾸준히 노력함을 이르는 말

09 정답 ④

[정답해설]
제시된 글에서 사람들은 흔히 사진은 원본인지 복제본인지
중요하지 않게 생각한다고 하였다. 그러나 사진은 작가가 재
현적 특질을 선택하여 얼마든지 복제본을 변형할 수 있고 이
는 원본과는 또 다른 예술적 속성을 갖게 되므로, 제시된 글
의 주장으로 가장 적절한 것은 ④이다.

[오답해설]
① 사진의 경우 복제본은 변형을 통해 원본과는 또 다른 예
술적 속성을 갖게 된다고 하였으므로 복제본이 원본을 뛰
어넘을 수 없다는 설명은 적절하지 않다.
② 제시된 글에서 예술의 매체적 특성에 대한 내용은 알 수
없다.
③ 마지막 문장에서 재현적 특질을 선택하고 변형할 수 있는
방법이 다양하다고 하였다.

10 정답 ③

[정답해설]
③은 '가지거나 지니고 있을 필요가 없는 물건을 내던지거나
쏟거나 하다'의 의미이므로 '내던져 버림'이라는 뜻을 가진
'投棄(투기)'로 바꿔 쓸 수 있다.

[오답해설]
① '하려던 일을 도중에 그만두어 버림'이라는 뜻을 가진 '抛
棄(포기)'로 바꿔 써야 옳다.
② '내다 버림'이라는 뜻을 가진 '遺棄(유기)'로 바꿔 써야 옳다.
④ '다시 살아날 수 없도록 아주 뿌리째 없애 버림'이라는 뜻
을 가진 '根絕(근절)'로 바꿔 써야 옳다.

[보충해설]

> **■ '버리다'의 의미**
> - 버리다¹(⋯을 ⋯에)
>   - 가지거나 지니고 있을 필요가 없는 물건을 내던지
>   거나 쏟거나 하다.
>   예 휴지를 휴지통에 버리다. / 쓰레기를 길거리에 버
>   리다.

> - 버리다²(⋯을)
>   - 못된 성격이나 버릇 따위를 떼어 없애다.
>   - 가정이나 고향 또는 조국 따위를 떠나 스스로 관계
>   를 끊다.
>   - 종사하던 일정한 직업을 스스로 그만두고 다시는
>   손을 대지 아니하다.
>   - 직접 깊은 관계가 있는 사람과의 사이를 끊고 돌보
>   지 아니하다.
>   - 품었던 생각을 스스로 잊다.
>   - 본바탕을 상하게 하거나 더럽혀서 쓰지 못하게 망
>   치다.
> - 버리다(동사 뒤에서 '-어 버리다' 구성으로 쓰여)
>   - 앞말이 나타내는 행동이 이미 끝났음을 나타내는
>   말. 그 행동이 이루어진 결과, 말하는 이가 아쉬운
>   감정을 갖게 되었거나 또는 반대로 부담을 덜게 되
>   었음을 나타낼 때 쓴다.
>   예 동생이 과자를 다 먹어 버렸다. / 그 일을 다 해
>   버리고 나니 속이 시원하다.

11 정답 ①

[정답해설]
㉠의 '꼽혀지고'는 이중 피동이므로 고쳐 써야 하는 것은 맞
지만 리셋 증후군이 피동의 의미를 가져야하므로 '꼽히고'로
수정해야 한다. '꼽고'로 고친다면 능동의 의미를 갖게 되므로
문맥에 어울리지 않는다. 만약 '꼽고'로 쓰고자 한다면 문장
전체를 바꾸어 '현재 리셋 증후군을 인터넷 중독의 한 유형으
로 꼽고 있다.'로 써야 한다.

[오답해설]
② ㉡은 리셋 증후군의 어원에 대한 설명이다. 첫 번째 문장
에서 '리셋 증후군'이라는 화두를 꺼냈으므로 바로 다음에
그 말의 어원을 설명하고, 그 후에 리셋 증후군 환자들에
대한 내용을 전개하는 것이 글의 맥락상 자연스럽다.
③ 리셋 증후군 환자들은 무엇이든 쉽게 포기하고 사람들과
의 관계를 쉽게 끊는다는 내용이므로 ㉢에는 더는 어떻게
할 수 없는 절박한 지경에 떠민다는 뜻의 '막다른 골목으
로 몰 듯' 대신 칼로 무를 써는 것처럼 쉽고 간단하다는 뜻
의 '칼로 무를 자르듯'이 오는 것이 적절하다.
④ ㉣의 앞뒤 문장에서, 리셋 증후군이 판별하기 어렵고 진단
도 쉽지 않기 때문에 평소 주위 사람들과 대화를 자주 하
고 현실과 인터넷 공간을 구분하는 능력을 기르라고 하였
다. ㉣의 앞 문장이 뒤 문장의 이유나 근거가 되므로 ㉣에
는 '그러므로'가 오는 것이 적절하다.

12   정답 ④

[정답해설]

제시된 글을 해석하면 다음과 같다.
'성은 저이요, 이름은 백이요, 자는 무점이다. 회계 사람이고, 한나라 중상시 상방령 채륜의 후손이다. 태어날 때 난초탕에 목욕하여 흰 구슬을 희롱하고 흰 띠로 꾸렸으므로 빛이 새하얗다. … (중략) … 성질이 본시 정결하여 무인은 좋아하지 않고 문사와 더불어 노니는데, 모학사가 그 벗으로 매양 친하게 어울려서 비록 그 얼굴에 점을 찍어 더럽혀도 씻지 않았다.'
이 글에서 말하고 있는 사물을 유추하기 위한 힌트는 '楮(저)', '채륜', '새하얗다', '문사', '모학사'이다. 楮(저)는 닥나무로 종이의 원료이며, 채륜은 종이를 발명한 사람이고, 종이는 하얀 색이고, 학문에 종사하는 문사들이 주로 사용한다. 모학사는 붓을 이르는 말로, 고려시대 문호 백운 이규보가 11세 때 지은 시에 등장한다. 이러한 단어들로 유추해보면 정답은 '종이'임을 알 수 있다.

[작품해설]

> ▍이첨, 「저생전」
> • 갈래 : 가전(假傳)
> • 성격 : 계세적, 교훈적, 의인적
> • 제재 : 종이
> • 주제 : 문신으로서의 올바른 삶
> • 특징
>   – 종이를 의인화하여 작가의 자전적 삶의 내용을 반영함
>   – 시간의 흐름에 따른 순차적 구성 방식
>   – 일반적인 가전의 형식과 달리, 평결부에서 주인공에 대한 논평을 하지 않고 주인공의 가계를 설명함

13   정답 ②

[정답해설]

어느 쪽이 옳다고 말하기 애매한 소식에 대해 '그 의미'를 지칭하기는 어려우므로 '그 의미를 새삼 돌아보게 됩니다.'라는 마무리는 적절하지 않다. 이 표현은 선행에 관련된 소식이나, 무심코 지나쳤던 일에 대한 환기, 교훈을 주는 소식 등의 마무리 표현으로 적절하다.

[오답해설]

① 소송이나 다툼이 원만히 해결되길 바라는 마무리 표현으로 적절하다.
③ 사건의 결과가 어떻게 나올지에 관심을 드러내는 표현으로 귀추(일이 되어가는 형편)가 주목되고 있다는 표현은

적절하다.
④ 연예 스캔들은 공익을 위한 정보 전달이라기보다는 특정 분야에 관심이 있는 사람들에게의 흥밋거리이므로 호사가 (남의 일에 특별히 흥미를 가지고 말하기 좋아하는 사람) 들이 관심을 가질 것이라는 마무리 표현이 적절하다.

14   정답 ③

[정답해설]

말뚝이는 "쉬이"라며 음악과 춤을 멈춘 다음 양반을 풍자하는 사설을 늘어놓고 있다. 그러므로 굿거리장단에 맞춰 양반을 풍자하는 사설을 늘어놓았다는 설명은 적절하지 않다.

[오답해설]

① 양반들은 "개잘량이라는 '양' 자에 개다리소반이라는 '반' 자 쓰는 양반이 나오신단 말이오."라는 말뚝이의 조롱에 "야아, 이놈, 뭐야아!"하며 야단을 치고 있다.
② 샌님과 서방님은 부채와 장죽을 가지고 있고, 도련님은 부채만 가지고 있다. 이들은 굿거리장단에 맞추어 점잔을 피우면서도, 어색하게 춤을 추며 등장하고 있다.
④ 도련님은 대사 일절 없이 형들(샌님과 서방님)과 동작을 같이하면서 형들의 면상을 부채로 때리며 방정맞게 굴고 있다.

[작품해설]

> ▍작자 미상, 「봉산탈춤」
> • 갈래 : 가면극, 전통극, 민속극, 탈춤 대본
> • 성격 : 서민적, 풍자적, 해학적
> • 주제 : 양반에 대한 조롱과 풍자
> • 특징
>   – 언어유희, 과장, 열거, 대구 등을 사용하여 해학과 풍자가 드러남
>   – 서민 계층의 언어와 양반 계층의 언어가 함께 사용됨
>   – 서민적인 체취가 풍기는 언어를 구사하여 당시의 생활상을 반영함

15   정답 ②

[정답해설]

'일정한 범위의 안'이라는 뜻의 '내'는 의존 명사이기 때문에 띄어 써야 옳다. 비슷한 의존 명사로는 '중, 시, 외' 등이 있는데 이들도 모두 띄어 써야 한다.

[오답해설]

① 해도해도 → 해도∨해도

'해도해도'는 '해도∨해도'라고 띄어 써야 옳다. 비슷한 예로 '하다∨하다' 역시 띄어 써야 한다.

③ 대접하는데나 → 대접하는∨데나

'데'는 경우에 따라 띄어쓰기가 달라지는데, 의존 명사로 쓰여 '곳·장소·일·것·경우'를 뜻할 때는 띄어 쓰고, 서술격 조사 '이다'에 어미로 붙어 '−ㄴ데'로 쓰일 때는 붙여서 쓴다. 의존 명사로 쓰인 '데' 뒤에는 격 조사 '에'가 결합할 수 있기 때문에 '데' 뒤에 조사 '에'를 붙였을 때 적절하면 의존 명사, 부적절하면 어미로 볼 수 있다. ③의 경우, '이 그릇은 귀한 거라 손님 대접하는데나 쓴다.'에서 '데' 뒤에 조사 '에'를 붙여 '이 그릇은 귀한 거라 손님 대접하는데에나 쓴다.'도 말이 되므로 '데'를 띄어 써서 '대접하는∨데(에)나'라고 써야 옳다.

④ 정공법∨밖에 → 정공법밖에

'밖에'는 경우에 따라 띄어쓰기가 달라지는데, 명사 '밖'으로 쓰여 '어떤 선이나 금을 넘어선 쪽. 일정한 한도나 범위에 들지 않는 나머지 다른 부분이나 일'을 뜻할 때는 띄어 쓰고, 조사로 쓰여 '그것 말고는, 그것 이외에는, 기꺼이 받아들이는, 피할 수 없는'을 뜻할 때는 붙여서 쓴다. 조사로 쓰일 때는 주로 뒤에 부정을 나타내는 말이 따른다. ④의 경우, '소비 절약을 호소하는 정공법∨밖에 달리 도리는 없다.'에서 정공법 말고는 다른 방법이 없다는 의미로 쓰였으므로 조사 '밖에'로 보고 붙여 써서 '정공법밖에'라고 써야 옳다.

---

16 정답 ③

[정답해설]

5문단에서 보다 크고 몸놀림이 잽싼 아이들은 낮은 철조망을 깨금발로 뛰어넘었다고 하였으므로 아이들이 넘을 수 없는 철조망이 있다는 설명은 옳지 않다.

[오답해설]

① 첫 문장에서 '시(市)를 남북으로 나누며 달리는 철도'라고 하였으므로 옳은 설명이다.

② 2문단에서 항만의 북쪽 끝에 제분 공장이, 5문단에서 철도 건너에 저탄장이 있음을 알 수 있다.

④ 6, 7문단에서 아이들이 간이음식점에서 석탄을 현금처럼 사용하여 가락국수, 만두, 찐빵 등과 바꾸었다고 하였으므로 옳은 설명이다.

[작품해설]

▌ 오정희, 「중국인 거리」

- 갈래 : 단편 소설, 성장 소설, 전후 소설
- 성격 : 회상적
- 배경
  - 시간적 배경 : 6·25 전쟁 직후
  - 공간적 배경 : 항구 도시에 위치한 중국인 거리
- 시점 : 1인칭 주인공 시점
- 주제 : 유년 시절의 체험과 정신적·육체적 성장
- 특징
  - 감각적인 문체를 통해 주인공의 예민하고 섬세한 감각을 느낄 수 있음
  - 대화나 독백 등이 화자의 서술과 형식적으로 구분되지 않음
  - 여성의 삶에 대한 관심과 연민, 남성 가부장제에 대한 비판적 성찰을 환기함
  - 인생의 비극적인 의미를 여성의 시각에서 감각적인 문체로 회상함
  - 6·25 전쟁 직후의 어둡고 암울한 분위기를 그려냄

---

17 정답 ③

[정답해설]

좀도둑이 집에 들었을 때 몽둥이를 들고 덤비면 도둑이 강도가 된다고 하였다. 이를 사람의 몸에 대입해보면, 계절 독감으로 익숙한 인플루엔자 바이러스가 침입했을 때 면역계가 과민 반응을 하면 그 바이러스가 면역계와 죽기로 싸우며 치명적인 바이러스가 된다고 볼 수 있으므로 ⓒ의 강도는 '치명적 바이러스'로 볼 수 있다.

[오답해설]

① ㉠ : 계절 독감으로 익숙한 인플루엔자 바이러스

② ㉡ : 면역계의 과민 반응

④ ㉣ : 숙주의 죽음

---

18 정답 ①

[정답해설]

ㄱ에서 미국 이주민들의 평균 소득이 영국인들의 평균 소득을 넘어섰음을 화두로 던지고, 높아진 평균 소득에 대한 이야기를 ㄷ에서 이어가야 한다. 그리고 나서 그렇게 미국인들이 풍요로움을 누릴 수 있었던 이유에 대해 설명하고 있는 ㅁ이 이어지고, 대부분의 미국인들이 생각하는 경제 성장의 이유

를 ㄹ에서 설명한다. 마지막으로 ㄴ에서 '그러나'라는 역접의 접속사로 앞의 내용(ㄹ에서 설명한 미국인들의 생각)과는 상반되는 내용을 제시하면 매끄러운 글이 되므로 'ㄱ-ㄷ-ㅁ-ㄹ-ㄴ'이 글의 바른 전개 순서이다.

19 　　　　　　　　　정답 ④

[정답해설]
제시된 글에는 '새로운 정보'에 대한 내용이 나와 있지 않으므로 ④는 추론할 수 없는 내용이다. 사람들은 자신이 동의하지 않는 정보를 접했을 때 뇌 회로가 활성화되지 않고 심리적으로 불안을 느낄 순 있지만, 그 '동의하지 않는 정보'를 '새로운 정보'라고 볼 수는 없다.

[오답해설]
① 확증 편향은 사람들이 자신과 반대되는 정보는 무시하거나 부정함으로써 자신의 신념이나 행동을 바꾸려 하지 않는 심리 경향을 의미하므로 옳은 설명이다.
② 사람들은 확증 편향에 의해 정보를 객관적으로 판단하지 못하게 되는데 이는 특정 정치 성향을 가진 사람들을 대상으로 조사했을 때에도 드러났다.
③ 사람들은 자신이 동의하는 주장을 접했을 때 긍정적인 반응을 보이면서 뇌 회로가 활성화되므로 자신과 견해나 신념이 같은 지지자들의 말을 듣고 자기 신념을 강화하려는 경향이 있음은 옳은 설명이다.

20 　　　　　　　　　정답 ③

[정답해설]
ⓒ과 ⑭은 모두 행위의 주체가 주몽이다.

[오답해설]
㉠ : 유화
ⓛ, ⑩ : 금와왕
ⓒ, ⑭ : 주몽
㉣ : 활 쏘는 사람

[작품해설]

▌작자미상, 「주몽 신화」
- **갈래** : 건국 신화
- **성격** : 신화적, 서사적, 영웅적
- **제재** : 주몽과 고구려의 건국 경위
- **주제** : 주몽의 일생과 고구려의 건국

- **특징**
  - 난생(卵生)·천손 하강형(天孫下降型)·천부 지모형(天父地母型) 화소가 결합됨
  - 영웅의 일대기 구조로 이루어짐
  - '천제 → 해모수 → 주몽' 삼대기의 구조

▌[지방직] 2019년 06월 | 정답

01	①	02	②	03	①	04	④	05	②
06	①	07	②	08	③	09	①	10	②
11	③	12	①	13	④	14	③	15	④
16	②	17	③	18	①	19	④	20	③

▌[지방직] 2019년 06월 | 해설

01 　　　　　　　　　정답 ①

[정답해설]
'성공'과 '실패'는 반의 관계에 있는 개념적 영역을 상호 배타적인 두 구역으로 양분하는 상보 반의어이고, 상대적 관계인 두 단어가 일정한 방향성을 이루고 있는 반의어는 방향 반의어이다

[오답해설]
② '시상(施賞) : 수상(受賞)', ③ '판매(販賣) : 구매(購買)', ④ '공격(攻擊) : 방어(防禦)'는 상대적 관계이면서 의미상 대칭을 이루는 단어이므로 방향 반의어에 속한다.

[보충해설]

▌반의 관계의 종류
- **상보 반의어** : 개념 영역이 상호배타적으로 양분되는 반의어로, 한쪽 항이 성립되면 다른 항은 반드시 부정되며 중간항이 있을 수 있다.
- **정도(등급) 반의어** : 반의어의 쌍은 양 극단적 의미 영역이며 중간 영역이 존재한다.
- **방향(대칭) 반의어** : 두 단어가 상대적 관계를 형성하고 있으며, 의미상 대칭을 이루어 일정한 방향성을 가진 대립쌍을 이루고 있다.

02 정답 ②

[정답해설]
토론은 어떤 논제에 대해 찬성자와 반대자가 논거를 들어 상대방을 설득하는 논의이다. 토론의 사회자의 역할은 객관적인 입장에서 토론 진행, 발화 순서 지정, 질문과 요약, 토론의 방향과 유의점에 대한 안내 등이 있다.

[오답해설]
① 토론 논제를 소개하는 것은 사회자의 역할이지만 논제의 타당성을 토론자에게 묻는 것은 토론 사회자의 역할로 적절하지 않다.
③ 청중의 의견을 수렴하는 것은 토의 사회자의 역할이며, 쟁점을 약화시키는 것은 토론 사회자의 역할로 적절하지 않다.
④ 토론 사회자는 객관적인 입장에서 토론을 진행해야 하므로 토론자의 주장과 논거를 비판하는 견해를 개진하는 것은 토론 사회자의 역할로 적절하지 않다.

03 정답 ①

[정답해설]
제시된 글에서 숲의 25% 이상이 목초지 조성을 위해 벌채되었고, 전체 농토의 2/3가 축산 단지로 점유되었으며, 1,497만 3,900ha의 열대 우림이 파괴되었다고 하는 수치 정보를 제시함으로써 주장의 신뢰성과 타당성을 높이고 있다.

[오답해설]
② 주장을 강화하기 위해 통계 수치를 활용하였으나, 이론적 근거를 나열하지는 않았다.
③ 제시된 글에서 전문 용어의 뜻을 풀이한 부분은 찾아볼 수 없다.
④ 예측할 수 없는 결과를 나열한 것이 아니라 축산화로 인한 열대 우림의 파괴현황을 나열한 것이다.

04 정답 ④

[정답해설]
'인사말'은 '인사'와 '말'이 결합하여 [인사말]로 발음되므로 사이시옷을 받쳐 적지 않고 '인사말'로 적어야 한다.

[오답해설]
① '노랫말'의 표준 발음은 [노랜말]로, '노래'와 '말'이 결합하는 과정에서 앞말의 받침에 'ㄴ'소리가 덧나므로 사이시옷을 받쳐 적어 '노랫말'로 표기해야 한다.

② '순대'와 '국'이 결합하여 만들어진 '순댓국'의 표준 발음은 [순대꾹 / 순댇꾹]으로, 뒤 말의 예사소리가 된소리로 변하는 경우 사이시옷을 받쳐 적어 '순댓국'으로 표기해야 한다.
③ 한자어 '하교(下校)'와 순우리말 '길'이 결합하여 만들어진 '하굣길'의 표준 발음은 [하:교낄 / 하:굗낄]로, 사이시옷을 받쳐 적어 '하굣길'로 표기해야 한다.

05 정답 ②

[정답해설]
반영론적 관점은 문학 작품을 시대 현실의 반영으로 간주하는 작품 해석의 관점이고 (나)의 시는 일제강점기에 쓰여진 시로, 자연과 인간이 조화를 이룬 달관의 경지를 나타낸 작품이다. 따라서 이 시는 민중들의 비참한 삶의 모습이 아닌 유유자적한 삶만을 표현하고 있으므로 반영론적 관점에서 현실 외면이라는 비판의 여지가 있다.

[오답해설]
① 시의 율격, 정형적 형식 등 작품의 구조와 그에 따른 효과를 중점으로 감상하는 것은 내재적 관점에서 감상한 것이다.
③ 시의 분위기, 선경 후정의 구조 등 작품의 구조를 중점으로 감상하는 것은 내재적 관점에서 감상한 것이다.
④ 시의 감각적 이미지를 중점으로 감상하는 것은 내재적 관점에서 감상한 것이다.

[작품해설]

■ (가) 작품 감상 방법

내재적 관점	절대론적 관점	작품 자체의 구조(시어, 운율, 상징, 표현법 등)에 주목함
외재적 관점	표현론적 관점	작가가 작품을 쓴 의도에 주목함
	반영론적 관점	작품이 쓰여진 시대적 상황에 주목함
	효용론적 관점	작품이 독자에게 미치는 영향에 주목함

■ (나) 박목월 「나그네」
• 갈래 : 자유시, 서정시
• 성격 : 회화적, 관조적, 서정적, 낭만적
• 제재 : 나그네
• 주제 : 자연과 인간이 조화를 이룬 달관의 경지

• 특징
- 명사로 끝맺는 체언 종결의 간결한 형식미와 변형된 수미상관의 구성 방식을 취함
- 7·5조 3음보의 전통 서정시 3음보 민요조 내재율을 가짐

06　　　　　　　　　　　　　　정답 ①

[정답해설]
제시된 글의 3문단에서 독서를 할 때 먼저 글을 읽고, 집필한 필자와 필자의 환경을 읽고, 그것을 읽는 독자 자신을 읽는 삼독을 해야 한다고 하였으므로 독서는 필자의 생각이나 경험 등을 자기화하는 과정이라고 할 수 있다.

[오답해설]
② 제시된 글의 1문단에서 책을 '먼 곳에서 찾아온 벗'에 비유하였지만, 벗과의 독서에 대해서는 언급되지 않았다.
③ 제시된 글의 3문단에서 독자는 삼독의 과정에서 자신의 처지와 우리 시대의 문맥을 깨달아야 한다고 하였으므로 시대와 불화한 독자는 독서를 통해 자신의 위치를 발견하기 어렵다.
④ 제시된 글의 1문단에서 책을 벗에 비유하고 있지만 친밀한 교우관계에 대한 언급은 없다.

07　　　　　　　　　　　　　　정답 ②

[정답해설]
'옛∨책'의 '옛'은 '지나간 때의'라는 의미의 관형사이므로 관형사가 수식하는 명사인 '책'과 띄어 적어야 하고, 목적격 조사 '을'은 앞말에 붙여 적어야 하므로 '옛∨책을'으로 적은 것은 적절하다.

[오답해설]
① 그∨중에 → 그중에
　'그∨중에'는 '범위가 정해진 여럿 가운데'라는 의미로, 한 단어인 '그중'은 붙여 쓰고 조사인 '에'는 앞말에 붙여 적어야 한다. 따라서 '그중에'가 옳은 표현이다.
③ 한∨번 → 한번
　'한번'은 '횟수 한 차례'를 의미할 때 띄어 적고, '시도', '기회'의 의미일 때 붙여 적는데, 문맥상 '한번'은 '시험 삼아 하는 시도, 기회'와 의미가 유사하므로 붙여 써야 한다.
④ 굴∨속으로 → 굴속으로
　'굴의 안'을 의미하는 '굴속'은 한 단어이므로 붙여 적어야 한다. 또한 '-으로'는 조사이므로 앞말에 붙여 적어야 한

다. 따라서 '굴속으로'가 옳은 표현이다.

08　　　　　　　　　　　　　　정답 ③

[정답해설]
'입학생'의 발음은 [이팍쌩]으로, 자음 축약(ㅂ + ㅎ → [ㅍ])현상이 일어난다. 이 때 음운 변동 전의 음운의 개수는 'ㅣ, ㅂ, ㅎ, ㅏ, ㄱ, ㅅ, ㅐ, ㅇ'으로 8개이고, 음운 변동 후의 음운의 개수는 'ㅣ, ㅍ, ㅏ, ㄱ, ㅆ, ㅐ, ㅇ'으로 7개이다. 따라서 음운의 개수 변동이 발생한다.

[오답해설]
① '가을일'의 발음은 [가을릴]로, '가을'과 '일'이 결합할 때 'ㄴ'첨가에 의해 [가을닐]이 되고, 유음화 현상에 의해 [가을릴]로 발음되는 것이다. 따라서 두 가지 유형의 음운 변동이 발생한다.
② '텃마당'은 음절의 끝소리 규칙에 의해 '턷마당'이 되고, 앞말의 받침 'ㄱ, ㄷ, ㅂ'이 뒷말의 비음의 영향을 받아서 'ㅇ, ㄴ, ㅁ'으로 변하는 현상인 비음화에 의해 [턴마당]으로 발음된다. 비음화는 조음 위치의 변화가 아닌 조음 방법의 변화이다.
④ '흙먼지'의 발음은 [흥먼지]로, 자음군 단순화에 의해 [흑먼지]가 되고, 비음화(ㄱ + ㅁ → ㅇ)에 의해 [흥먼지]로 발음되는 것이다. 음절 끝에 'ㄱ, ㄴ, ㄷ, ㄹ, ㅁ, ㅂ, ㅇ' 이외의 자음이 오면 이 7개의 자음 중 하나로 바뀌는 규칙은 음절의 끝소리 규칙이다.

09　　　　　　　　　　　　　　정답 ①

[정답해설]
유사한 내용의 제안이 접수된 사건이 제안 처리 순서를 결정하는 사건보다 선행되므로, 선어말 어미 '-었-'을 사용하여 완료의 의미를 나타내야 한다. 따라서 '접수될 때에는'으로 고치는 것은 적절하지 않다.

[오답해설]
② 문장의 주어 '교부'와 서술어 '교부하다'가 의미상 중복되므로 '안내서 및 과업 지시서는 참가 신청자에게만 교부한다.'로 수정하는 것은 적절하다.
③ 문장의 목적어 '수역을'과 서술어 '제외되다'가 호응하지 않으므로 '해안선에서 200미터 이내의 수역을 제외한 상태에서 논의를 진행하겠습니다.'로 수정하는 것은 적절하다.
④ 문장의 서술어 '열람한다'와 부사어 '관계자에게'가 호응하지 않으므로 '관련 도서는 해당 부서에 비치하고 관계자에게 열람하게 한다.'로 수정하는 것은 적절하다.

10 정답 ②

[정답해설]
(나)의 "술은 어이ᄒ야 됴ᄒ니 누룩 섯글 타시러라(술은 어찌하여 좋은가? 누룩을 섞은 탓이다.)"에서 문답법을 활용하였다. 그러나 대조법(상반되거나 대립되는 사물을 함께 내세워 두 사물의 대조적인 상태를 강조하는 수사법)이 사용된 부분은 찾아볼 수 없으며 임의 만수무강을 기원하는 내용 또한 찾아볼 수 없다.

[오답해설]
① (가)의 '고인(古人)도 날 몯 보고', '나도 고인(古人) 몯 뵈', '고인(古人)을 몯 뵈도'와 '녀던 길 알피 잇닉', '녀던 길 알피 잇거든', '아니 녀고 엇덜고'에서 연쇄법이 사용되었다.
③ (다)의 '우레ᄀᆞ치 / 번기ᄀᆞ치 / 비ᄀᆞ치 / 구름ᄀᆞ치'에서 'ᄀᆞ치'를 반복적으로 사용하여 운율감을 더하고 있음을 알 수 있다.
④ (라)의 '내 우음이 정 우움가 하 어쳑 업서서 늣기다가(내 웃음이 진정한 웃음이 아니라 어이가 없어서 웃는 것)'에서 냉소적 어조를 찾을 수 있고 '벗님닉 웃디들 말구려 아귀 ᄢᅵ여디리라(벗님네들 웃지 말구려. 입이 찢어지리라)'에서 상대에 대한 불편한 심기를 표출함을 알 수 있다.

[작품해설]

■ 이황, 「도산십이곡」
- 갈래 : 연시조
- 성격 : 교훈적, 관조적, 예찬적, 회고적
- 제재 : 언지(言志)와 언학(言學)
- 주제 : 자연 속에 묻혀 살고 싶은 소망과 학문의 길에 대한 변함없는 의지
- 특징
  – 반복법, 설의법, 대구법, 연쇄법 등이 사용됨
  – 한자어가 많이 사용됨
  – 학문에 대한 의지가 드러남

11 정답 ③

[정답해설]
'옷에 풀기가 아직 살아 있다.'에서 '살다'는 본래 가지고 있던 색깔이나 특징 따위가 그대로 있거나 뚜렷이 나타난다는 의미로, ©의 '마음이나 의식 속에 남아 있거나 생생하게 일어나다.'라는 의미의 '살다'가 쓰인 문장의 예로는 '그는 모든 사람들의 마음속에 살아 있다.' 등이 있다.

[오답해설]
① ⊙ : 경기나 놀이에서, 상대편에게 잡히지 않고 제 기능을 하다.
② © : 어떤 직분이나 신분의 생활을 하다.
④ ® : 움직이던 물체가 멈추지 않고 제 기능을 하다.

12 정답 ①

[정답해설]
인터뷰의 마지막 부분에서 진행자는 홍 교수의 "이동권을 확보할 수 있도록 지속적인 지원이 이루어져야 이 제도가 효과를 얻을 수 있다"라는 의견에 "고령자 친화적인 대중교통 인프라를 구축하는 일도 필요할 듯하다"라는 추가적인 정보를 덧붙이면서 인터뷰를 마무리하고 있으나, 상대방의 의견이 합리적이지 않음을 지적하며 인터뷰를 마무리하고 있지는 않다.

[오답해설]
② 진행자는 고령 운전자에 의한 교통사고 비율이 증가했다는 통계자료에 "고령화 사회로 진입하다 보니 전체 운전자 중에서 고령 운전자의 비율이 늘었기 때문인 것 같다"라는 해석을 제시하고 있다.
③ 진행자가 고령자의 운전면허 자진 반납 제도에 대한 보완책이 있는지 묻고 있음을 알 수 있다.
④ 진행자는 "취지 자체만으로는 긍정적으로 평가할 수 있을 것 같은데, 혹시 제도 시행상의 문제점은 없나요?"라는 물음을 통해 해당 제도의 시행 배경에 대한 객관적인 근거를 요구하고 있다.

13 정답 ④

[정답해설]
제시된 글은 계몽주의 사상가의 모순되는 두 가지 견해를 소개하는 글로, 헤겔은 역사는 진보하는 것이고, 자연은 진보하지 않는 것이라고 뚜렷이 구분했고, 다윈은 진화와 진보를 동일한 것으로 주장함으로써 자연과 역사를 모두 진보하는 것으로 보았지만 오늘날에는 진화와 진보가 뚜렷이 구별된다고 하였다. 따라서 이 글의 핵심은 '진보와 진화에 대한 견해'이므로 제목으로 가장 적절한 것은 ④이다.

[오답해설]
① 다윈은 자연도 진보하는 것으로 보았다는 견해를 소개하고 있을 뿐 자연의 진보에 대한 근거는 제시되어 있지 않다.
② 주어진 글에는 생물학적인 유전과 사회적인 획득을 혼동

함으로써 심각한 오해에 이를 수 있는 길을 열어 놓았다는 내용이 있지만 인간 유전의 사회적 의미에 대해서는 제시되어 있지 않다.

③ 주어진 글은 헤겔과 다윈의 역사의 법칙과 자연의 법칙에 대한 견해를 제시하고 있지만, 이와 같은 견해가 결국 진화의 원천과 진보의 원천을 혼동함으로써 심각한 오해에 이를 수 있는 길을 열어놓았다고 하였으므로 진보와 진화가 핵심 내용임을 알 수 있다.

14 정답 ③

[정답해설]
남편의 잘못이 있더라도 그 뜻을 따르겠냐는 유 소사의 물음에 사씨는 "부부(夫婦)의 도(道) 오륜(五倫)을 겸(兼)하였으니 아비에게 간(諫)하는 자식이 있고 나라에 간하는 신하 있고 형제(兄弟) 서로 권하고 붕우(朋友) 서로 책(責)하나니 어찌 부부라고 간쟁(諫諍)치 않으리이까?"라고 답하고 있는 부분을 통해 남편이 잘못하면 이를 지적해야 한다고 생각하고 있음을 알 수 있다.

[오답해설]
① 사씨의 어머니가 사씨를 보낼 때 "반드시 공경(恭敬)하며 반드시 경계(警戒)하여 남편을 어기오지 말라"라고 했다는 부분에서 남편을 따르라고 했음을 알 수 있다. 딸이 남편에게 맞섰던 일을 비판하고 있는 않다.

② 사씨가 "첩(妾)이 일찍 아비를 여의고 자모(慈母)의 사랑을 입사와 본래 배운 것이 없으니"라고 말한 것은 배우지 못한 안타까움이 아닌 겸손의 표현이다.

④ 유 소사는 며느리를 조대가에 비유하여 사씨의 뛰어난 학식과 높은 덕망에 흡족해 하고 있다. 그러나 사씨의 효성에 흡족한 것은 아니다.

[작품해설]

▌ 김만중, 「사씨남정기」
- 갈래 : 국문 소설, 가정 소설
- 성격 : 풍간적, 가정적
- 시점 : 전지적 작가 시점
- 배경 : 중국 명나라 초기, 북경 금릉 순천부
- 주제 : 처첩 간의 갈등과 사씨의 고행, 권선징악(勸善懲惡)
- 특징
  - 각 인물들이 상징성을 지님
  - 숙종을 깨우치기 위한 일종의 목적 소설임

15 정답 ④

[정답해설]
주어진 글의 마지막 부분에서 '소리의 여운'은 늙은 나무들을 흔들리게 하고 방안의 벽 틈서리를 쪼개고 있음을 알 수 있다. 따라서 이는 갈등 해소의 기미를 강화하는 것이 아니라 부정적인 이미지를 나타냄으로써 긴장감을 불러일으킴을 알 수 있다.

[오답해설]
① 뜰 변두리의 늙은 나무들이 내는 '서늘한 소리'와 여운이 긴 쇠붙이 두드리는 소리가 신경을 자극했다고 하였고, 그 소리의 여운이 늙은 나무들을 흔들리게 하고 방안의 벽 틈서리를 쪼개고 있다고 하였으므로 '서늘한 소리'는 예사롭지 않은 분위기를 조성한다는 것은 적절하다.

② 단조로운 소리이면서 송곳처럼 쑤시는 구석이 있는 '꽝 당 꽝 당' 소리가 신경을 자극했다고 하였으므로 인물의 심리적 상태의 변화를 촉발한다는 것은 적절하다.

③ 간헐적으로 이어지는 '단조로운 소리'는 방안에 긴장감을 조성하고 '형광등 바로 위의 천장에 비수가 잠겨 있을 것'이라는 부분을 통해 모종의 의미가 부여되고 있음을 알 수 있다.

[작품해설]

▌ 이호철, 「닳아지는 살들」
- 갈래 : 단편 소설, 분단 소설
- 성격 : 현실 고발적, 상징적, 연극적
- 배경
  - 시간적 배경 : 5월 어느날 저녁부터 자정까지
  - 공간적 배경 : 어느 실향민 가정의 집 안
- 시점 : 전지적 작가 시점
- 주제
  - 전쟁이 가져온 분단의 아픔과 상처
  - 전후의 현실에 적응하지 못하는 한 이산 가족의 일상

16 정답 ②

[정답해설]
2문단에서 〈일 포스티노〉에 등장하는 인물의 행위들이 은유의 출발과 은유의 확장, 은유의 절정을 모두 담고 있음을 설명하고 있지만, 이는 글쓴이의 해석일 뿐 등장인물들이 문학적 은유의 본질과 의미를 잘 알고 있는지는 알 수 없다.

국가직
문제

지방직
문제

서울시
문제

국가직
해설

지방직
해설

서울시
해설

[오답해설]
① 주어진 글의 '시란 무엇인가에 대한 해답을 이처럼 쉽고도 절실하게 설명해 놓은 문학 교과서를 나는 아직까지 보지 못했다.'라는 부분을 통해 알 수 있다.
③ 주어진 글의 '수백 마디의 말보다 〈일 포스티노〉를 함께 보고 토론하는 것이 시의 본질에 훨씬 깊숙이, 훨씬 빨리 가 닿을 수 있다는 것을 경험하기도 했다.'라는 부분을 통해 알 수 있다.
④ 주어진 글의 '이 아름다운 영화 속에 아스라이 문학이 똬리를 틀고 앉아 있기 때문이다.'라는 부분을 통해 알 수 있다.

17　　　　　　　　　　정답 ③

[정답해설]
제시된 지문에서 김삿갓의 시는 '一筆揮之(일필휘지) : 붓을 한번 휘둘러 줄기차게 써내려감'인데다 일부러 꾸미지 않았는데도 자연스럽고 아름답다고 하였으므로 이와 유사한 의미의 한자성어는 시나 문장이 기교를 부린 흔적이 없어 극히 자연스러움을 이르는 '天衣無縫(천의무봉)'이다.

[오답해설]
① 花朝月夕(화조월석) : 꽃이 핀 아침과 달 밝은 저녁이라는 뜻으로, 경치가 가장 좋은 때를 이르는 말
② 韋編三絕(위편삼절) : 공자가 주역을 즐겨 읽어 책의 가죽 끈이 세 번이나 끊어졌다는 뜻으로, 책을 열심히 읽음을 이르는 말
④ 莫無可奈(막무가내) : 도무지 어찌할 수 없음을 이르는 말

18　　　　　　　　　　정답 ①

[정답해설]
유명세(有名勢) → 유명세(有名稅)
사회적으로 유명한 탓에 치르는 애매한 곤욕을 이르는 말
(稅 : 세금 세)

[오답해설]
② 복불복(福不福) : 어떤 일이 복이 되기도 하고 복이 되지 않기도 하는 사람의 운수
③ 대증요법(對症療法) : 어떤 질환의 환자를 치료하는 데 있어서 원인이 아니라, 증세에 대해서만 실시하는 치료법
④ 경위(經緯) : 직물(織物)의 날과 씨를 아울러 이르는 말. 일이 진행된 과정

19　　　　　　　　　　정답 ④

[정답해설]
제시된 글의 마지막 부분에서 '과학 기술의 눈부신 발전 성과를 수용하여 녹색 성장 산업으로서 농업의 잠재적 가치가 중시되고 있다'라고 하였으므로 과학 기술의 부작용을 성찰할 필요가 있다는 것은 추론 가능한 내용이 아니다.

[오답해설]
① 1문단의 '도시화, 산업화, 고도성장 과정에서 우리 경제의 뒷방살이 신세로 전락한 한국 농업의 새로운 가치에 주목해야 한다.'라는 부분을 통해 확인할 수 있다.
② 2문단의 '물질적인 부의 극대화를 위해서 한 지역의 자원을 개발하여 이용한 뒤에 효용 가치가 떨어지면 다른 곳으로 이동하는 유목민적 태도가 오늘날 위기를 낳고 키워 왔는지 모른다.', '급변하는 시대의 흐름에 부응하지 못하는 구시대의 경제 패러다임으로는 오늘날의 역사에 동승하기 어렵다.'라는 부분을 통해 확인할 수 있다.
③ 2문단의 '지키고 가꾸어 후손에게 넘겨주는 정주민의 문화적 지속성을 존중하는 농업의 가치가 새롭게 조명 받는 이유에 주목할 만하다'라는 부분을 통해 확인할 수 있다.

20　　　　　　　　　　정답 ③

[정답해설]
3문단의 '유교의 기본 입장은 부모의 명령이라 하더라도 옳고 그름을 가리지 않는 맹목적인 복종은 그 자체가 불효라고 보았기 때문'이라는 부분을 통해 윗사람에 대한 복종을 절대시하지 않는 것이 유교적 윤리의 한 바탕임을 알 수 있다.

[오답해설]
① 1문단의 '우리는 효를 순응적 가치관을 주입하는 봉건 가부장제 사회의 유습이라고 오해하는가 하면'이라는 부분을 통해 효가 봉건 가부장제 사회에서 비롯된 것이 아님을 알 수 있다.
② 3문단의 '부모의 명령이라 하더라도 옳고 그름을 가리지 않는 맹목적인 복종은 그 자체가 불효라고 보았기 때문'이라는 부분을 통해 부모와 자식 간의 관계에서 조건 없는 신뢰는 불효임을 알 수 있다.
④ 원래부터 효는 가족 윤리 또는 종족 윤리로서 사회 윤리였던 충보다 우선시되었다는 부분이 있지만 충의 도리를 다함으로써 효의 도리에 도달할 수 있는 것이 인의 이치인지는 알 수 없는 부분이다.

[지방직] 2018년 05월 | 정답

01	④	02	②	03	②	04	④	05	③
06	④	07	②	08	①	09	①	10	①
11	③	12	③	13	③	14	③	15	④
16	②	17	②	18	①	19	④	20	①

[지방직] 2018년 05월 | 해설

01 정답 ④

[정답해설]
제시문의 '짚다'는 '여럿 중에 하나를 꼭 집어 가리키다'의 의미로, "시험 문제를 짚어 주었는데도 성적이 좋지 않다."의 '짚다'와 같은 의미로 사용되었다.

[오답해설]
① "이마를 짚어 보니 열이 있었다."에서 '짚다'는 '손으로 이마나 머리 따위를 가볍게 눌러 대다'의 의미이다.
② "그는 두 손으로 땅을 짚어야 했다."에서 '짚다'는 '바닥이나 벽, 지팡이 따위에 몸을 의지하다'의 의미이다.
③ '그들은 속을 짚어 낼 수가 없는 사람들이었다.'에서 '짚다'는 '상황을 헤아려 어떠할 것으로 짐작하다'의 의미이다.

02 정답 ②

[정답해설]
'사동법(使動法)'이란 문장의 주체가 자기 스스로 행하는 것이 아니라 남으로 하여금 어떤 동작이나 행동을 하게 하는 방법으로 '시키다'의 의미를 갖는다. '시키다'는 주어가 남에게 '무엇을 하게 하다'는 말로서, '아이를 입원시켰다'에서 '입원시키다'는 주어가 병원에 '아이를 입원하게 하다'는 사동의 의미로 바르게 사용되었다.

[오답해설]
① '그는 김 교수에게 박 군을 소개시켰다'의 '소개시켰다'를 '소개했다'로 고쳐야 한다.
③ '생각이 다른 타인을 설득시킨다는 건 참 힘든 일이다.'의 '설득시킨다'를 '설득한다'로 고쳐야 한다.
④ '우리는 토론을 거쳐 다양한 사회적 갈등을 해소시킨다'의 '해소시킨다'를 '해소한다'로 고쳐야 한다.

[보충해설]

사동(使動)
• 사동사 : 남으로 하여금 어떤 동작을 하도록 하는 것
• 사동문 형성
 – 자동사 어근 + 접사(이, 히, 리, 기, 우, 구, 추)
 – 타동사 어근 + 접사
 – 형용사 어근 + 접사
 – 어근 + '-게'(보조적 연결어미) + '하다'(보조동사)
 – 일부 용언은 사동 접미사 두 개를 겹쳐 씀(예) 자다
  → 자이우다 → 재우다)

03 정답 ②

[정답해설]
제시문은 관리의 간악함이 일어나기 쉬운 사례를 열거하고 있는데, 자신이 범한 과오를 감추고 남의 잘못을 드러낸 경우는 위의 사례에 제시되어 있지 않다. 제시문에는 자신보다 약한 사람이 잘못을 밝히지 않는 경우나 같이 죄를 범한 사람이 죄를 밝히지 않는 경우를 사례로 들고 있다.

[오답해설]
① 제시문에서 노력을 조금 들였는데도 효과가 신속하면 간악하게 된다고 서술되어 있으므로, 해당 문항은 간악함이 일어나기 쉬운 사례에 해당된다.
③ 제시문에서 자신은 그 자리에 오랫동안 있는데 자신을 감독하는 사람이 자주 교체되면 간악하게 된다고 서술되어 있으므로, 해당 문항은 간악함이 일어나기 쉬운 사례에 해당된다.
④ 제시문에서 아래에 자신의 무리는 많은데 윗사람이 외롭고 어리석으면 간악하게 된다고 서술되어 있으므로, 해당 문항은 간악함이 일어나기 쉬운 사례에 해당된다.

04 정답 ④

[정답해설]
박목월의 「청노루」는 청운사, 자하산, 청노루 등의 제재가 시간적 순서에 따라 배열되는 것이 아니라, '머언 산 청운사'에서 '청노루 맑은 눈'에 이르기까지 원경에서 근경으로 시선의 이동에 따라 전개하고 있다.

[오답해설]
① 이 시의 자연적 풍경은 실재하는 자연이 아니라 시적 화자가 상상하는 허구적 자연이며, 작가의 상상력에 의해 설

국가직 문제 / 지방직 문제 / 서울시 문제 / 국가직 해설 / 지방직 해설 / 서울시 해설

정된 가상적 공간이다.
② 이 시는 '청운사', '자하산' 등 현실을 초월하는 이상적 세계에 대한 순수와 아름다움을 표현하고 있다.
③ 시적 공간이 '머언 산 청운사'의 원경에서 시작하여 '청노루 맑은 눈'의 근경으로 이동하고 있다.

[작품해설]

▌박목월, 「청노루」
• 갈래 : 자유시, 서정시
• 성격 : 서경적, 시각적, 회화적, 묘사적, 낭만적, 관조적
• 주제 : 봄날의 정취와 이상적 세계의 추구
• 특징
 – 동적 이미지와 정적 이미지가 조화를 이룸
 – 원경에서 근경으로의 시선의 이동에 따라 시상을 전개함
 – 짧은 시행을 배열하고 명사로 시를 종결함
 – 자음(ㄴ)의 두드러진 사용으로 아늑하고 정밀한 시적 분위기를 자아냄

05　　정답 ③

[정답해설]
ⓒ의 '왕자(王者)'는 '관상을 보는 사람[相工]'이 '공방(孔方)'에 관해 '폐하'에게 조언을 하기 위해 든 격언 속의 인물로 일반적인 '왕'을 의미하며 이야기 속의 주요 인물이 아니다.

[오답해설]
① '공방(孔方)'은 '관상을 보는 사람[相工]'의 의견을 받아들인 '폐하'의 결정에 의해 세상에 이름이 드러나게 되었다.
② '관상을 보는 사람[相工]'은 성질이 비록 쓸 만하지 못하나 때를 긁고 빛을 갈면 그 자질이 점점 들어날 거라고 '공방(孔方)'의 발전 가능성에 주목하였다.
④ '폐하'는 '왕자(王者)는 사람을 그릇[器]으로 만든다'는 '관상을 보는 사람[相工]'의 의견을 받아들이고 있으므로, '왕자(王者)'의 이상적인 모습을 본받고 있다.

[작품해설]

▌임춘, 「공방전(孔方傳)」
• 갈래 : 가전(假傳)
• 성격 : 풍자적, 우의적, 교훈적
• 제재 : 돈(엽전)
• 주제 : 돈에 대한 인간의 탐욕과 세태에 대한 비판
• 특징
 – 의인화 기법을 활용한 전기적 구성

– 돈에 대한 작가의 부정적 · 비판적 · 풍자적 성격이 강함
– '도입 – 전개 – 비평'의 구성

06　　정답 ④

[정답해설]
(가) 생명체들은 감각을 갖고 태어나며, 일부는 감각으로부터 기억이 생겨난다.
(라) 기억으로부터 경험이 나오고 경험이 기술을 만들어 낸다.
(다) 다양한 기술 가운데 필요와 삶에 얽매이지 않는 학문이 출현했다.
(나) 지혜는 학문적 인식에서 비롯되었다.
따라서 글의 전개 순서가 '감각 → 기억 → 경험 → 기술 → 학문 → 지혜'이므로 ④이다.

07　　정답 ②

[정답해설]
제시문에서 되새김 동물인 무스(moose)의 경우 위에서 나뭇잎, 풀줄기, 잡초 같은 섬유질이 많은 먹이를 소화하려면 꼼짝 않고 한곳에 가만히 있어야 한다고 설명하고 있다. 그러나 무스가 소화를 잘 시키기 위해 식물을 가려먹는 습성을 가지고 있다는 내용은 제시되어 있지 않다.

[오답해설]
① 무스는 섬유질이 많은 먹이를 소화하려면 꼼짝 않고 한곳에 가만히 있어야 하므로, 이는 생존을 위한 선택이다.
③ 갈퀴발도마뱀은 곤충이 지나가면 잡아먹을 수 있도록 모래 속에서 움직이지 않고 에너지를 충전한다.
④ 갈퀴발도마뱀은 모래 속에 몸을 묻고 움직이지 않기 때문에 수분의 손실을 줄이고 사막 짐승들의 위협에서 벗어나 생존 확률을 높일 수 있다.

08　　정답 ①

[정답해설]
(가)는 「흥보가」, (나)는 「탄궁가」이다. 「흥보가」는 판소리 사설로 일부 리듬이 있는 운문이 나타나지만 기본적으로 산문 문학이며, 「탄궁가」는 가사 문학으로써 3(4) · 4조, 4음보의 규칙적인 리듬을 갖고 있다.

[오답해설]
② 「흥보가」는 가난한 상황을 대조와 과장된 표현을 사용하여 해학적으로 묘사하고 있지만, 「탄궁가」는 궁핍한 생활을 사실적이고 구체적으로 묘사하고 있다.
③ 「흥보가」와 「탄궁가」 모두 가난으로 인한 궁핍한 생활을 탄식하고 있으나, 운명으로 받아들이는 것은 아니다.
④ 「흥보가」와 「탄궁가」 모두 궁핍한 생활을 걱정하고 괴로워하고 있으므로 가난한 상황을 부정적으로 인식하고 있다.

[작품해설]

▌(가) 작자미상 「흥보가(興甫歌)」
- 갈래 : 판소리 사설
- 성격 : 풍자적, 해학적, 교훈적, 서민적
- 배경 : 조선 후기 전라도 운봉과 경상도 함양 부근
- 시점 : 전지적 작가 시점
- 문체 : 가사체, 율문체, 만연체
- 주제 : 형제 간의 우애와 인과응보에 따른 권선징악
- 특징
  - 대조와 과장된 표현을 통해 해학적 효과를 극대화
  - 양반층의 한자어와 평민의 속어가 같이 쓰임
  - 일상적 구어와 현재형 시제를 사용하여 사실적으로 표현함
  - 판소리 중에서 서민 취향이 강한 작품임
  - '가난 타령', '박타령', '돈 타령' 등 삽입 가요가 들어감
  - 서술자가 인물과 사건에 개입하여 편집자적 논평을 함

▌(나) 정훈 「탄궁가(嘆窮歌)」
- 갈래 : 가사
- 성격 : 사실적, 체념적
- 제재 : 가난한 생활
- 율격 : 3(4) · 4조, 4음보
- 주제 : 가난에 대한 걱정과 탄식
- 특징
  - 궁핍한 생활을 사실적이고 구체적으로 묘사함
  - 의인법을 사용해 가난으로 인한 고통을 희화화 함

09　　　　　정답 ①

[정답해설]
제시된 작품은 정철의 「훈민가(訓民歌)」 중 '향려유례(鄕閭有禮)'라는 제목이 붙은 시조로, 마을 사람들에게 옳은 일을 하자고 권장하는 교훈가이다. '향려유례(鄕閭有禮)'란 '마을에 예(禮)가 있다'는 뜻이다.

[오답해설]
② 상부상조(相扶相助) : 서로서로 도움
③ 형우제공(兄友弟恭) : 형제끼리 우애가 깊음
④ 자제유학(子弟有學) : 자식은 가르쳐야 함

[작품해설]

▌정철, 「훈민가(訓民歌)」 – 〈총16수〉
1수 부의모자(父義母慈) : 부생모육 강조
2수 군신유의(君臣有義) : 군신 간의 의리 강조
3수 형우제공(兄友弟恭) : 형제 간의 우애 강조
4수 자효(子孝) : 부모님에 대한 효도를 권유
5수 부부유은(夫婦有恩) : 부부 간의 의리와 존중 강조
6수 남녀유별(男女有別) : 남녀 간의 문란한 관계 경계
7수 자제유학(子弟有學) : 자녀들에 대한 학문 권장
8수 향려유례(鄕閭有禮) : 사람으로서의 도리 강조
9수 장유유서(長幼有序) : 어른에 대한 공경 강조
10수 붕우유신(朋友有信) : 벗과의 바른 관계 강조
11수 빈궁우환(貧窮憂患) 친척상구(親戚相救) : 가난과 병환은 친척이 서로 도와야 함(상부상조)
12수 혼인사상(婚姻死喪) 인리상조(隣里相助) : 이웃의 애경사를 서로 도움(상부상조)
13수 무타농상(無惰農桑) : 농사와 누에치기에 게으르지 말 것
14수 무작도적(無作盜賊) : 남의 물건을 탐내지 말 것
15수 무학도박(無學賭博) 무호쟁송(無好爭訟) : 도박과 송사를 금함
16수 반백자불부대(斑白者不負戴) : 경로사상 강조

10　　　　　정답 ①

[정답해설]
글의 문맥상 ㉠에는 '잘못된 것이나 부족한 것, 나쁜 것 따위를 고쳐 더 좋게 만듦'을 뜻하는 '개선(改善)'이 적합하고, ㉡에는 '유통 수단이나 지불 수단으로서 기능하는 화폐'를 뜻하는 '통화(通貨)'가 적합하다.

[오답해설]
- 개선(改選) : 의원이나 임원 등이 사퇴하거나 그 임기가 다 되었을 때 새로 선출함
- 통화(通話) : '전화로 말을 주고 받음'

293

11 정답 ③

[정답해설]

제시문에서 자신이 믿지 않거나 옳지 않다고 생각하는 문제에 대해서도 집단으로부터 소외되지 않기 위해 동조를 하게 된다고 하였으므로, 개인의 신념보다 조직의 결속력이 동조 현상에 더 큰 영향을 미친다고 볼 수 있다.

[오답해설]

① 집단의 구성원 수가 많거나 그 결속력이 강할 때 동조 현상이 강하게 나타나는 경우에 해당된다.

② 집단의 압력 때문에 동조 현상이 일어나는 경우로, 만약 어떤 개인이 그 힘을 인정하지 않는다면 집단에서 배척당하기 쉽다.

④ 특정 정보를 제공하는 사람의 권위와 지위, 그에 대한 신뢰도가 높을 때 동조 현상이 강하게 나타나는 경우에 해당된다.

12 정답 ③

[정답해설]

지난 회의에서 보고서를 작성하기로 한 다정이가 아직 오지 않아서 문제가 생긴 것인데, 학생2가 대화의 맥락을 고려하지 않고 학생1에게 네가 동아리 회장이니까 책임을 지라고 언급함으로써 갈등이 유발된 것이므로, 학생2가 의사소통 장애의 원인 제공자이다.

[오답해설]

① 교사는 누구 잘잘못을 따질 상황이 아니라며 학생1과 학생2의 다툼을 말리고 있으므로, 교사의 권위적 태도로 의사소통에 장애가 일어났다고 보기 어렵다.

② 지난 회의에서 다정이가 보고서를 작성하기로 결정했다고 언급한 것을 학생1이 자신의 책임을 면하기 위해 변명한 것으로 볼 수 없다.

④ 학생3이 문제 유발자인 다정이를 찾기 위해 전화 연락을 취하겠다고 말하고 있으므로, 사건의 본질과 관계없는 말을 언급한 것이 아니며 문제를 해결하기 위한 도우미 역할을 하고 있다.

13 정답 ③

[정답해설]

맥락에 의해 상대방의 발화 내용을 파악하는 것은 간접 발화에 해당되는데, 갈림길에서 "김포공항은 어느 쪽으로 가야 합니까?"라고 묻는 것은 목적지를 직접 언급하고 있으므로 직접 발화에 해당된다.

[오답해설]

① 친한 사이에서 "돈 가진 것 좀 있니?"라고 묻는 것은 돈을 빌려 달라는 맥락으로 파악되므로 간접 발화에 해당된다.

② "방이 너무 더운 것 같구나."라고 언급하는 것은 창문을 열어 달라는 부탁이나 청유의 맥락으로 파악되므로 간접 발화에 해당된다.

④ 선생님이 학생들에게 과제를 내주며 "우리 반 학생들은 선생님 말씀을 아주 잘 듣습니다."라고 언급하는 것은 과제를 열심히 하라는 독려의 맥락으로 파악되므로 간접 발화에 해당된다.

[보충해설]

> ▌ **발화(發話)의 유형**
> - **직접 발화(표면적 발화)** : 발화의 표현과 기능이 일치하는 발화로, 화자가 자신의 의도를 직접적으로 드러냄
>   예 (추운 교실에서 창가에 앉은 학생에게) "창문을 닫아라."
> - **간접 발화(이면적 발화)** : 발화의 표현과 기능이 일치하지 않는 발화로 화자가 자신의 의도를 간접적으로 드러냄
>   예 (추운 교실에서 창가에 앉은 학생에게) "창문이 열려있네."

14 정답 ③

[정답해설]

부부∨간에 → 부부간에

'간(間)'은 '관계'의 뜻을 나타내는 의존 명사이므로 '친구∨간, 사제∨간, 지역∨간, 국가∨간'처럼 띄어 쓰는 것을 원칙으로 한다. 그러나 '부부간, 동기간, 형제간, 자매간' 등은 한 단어인 합성어이므로 붙여 써야 한다. 또한 '얼마간'은 '그리 많지 아니한 수량이나 정도'를 뜻하는 합성 명사이므로 붙여 쓴다.

[오답해설]

① '안되다'는 '섭섭하거나 가엾어 마음이 언짢다'는 의미의 형용사로서 하나의 단어이므로 붙여 써야 한다. 반면에 '안'은 동사 '되다' 앞에서 부정의 의미를 지니는 부사로 사용되어 각각의 단어이므로, '안∨돼'와 같이 띄어 써야 한다.

② '아무것'은 하나의 단어인 합성어이므로 붙여 써야 한다. 반면에 '본∨것'처럼 관형사형 어미 뒤에 오는 '것'은 의존 명사이므로 띄어 써야 한다.

④ '믿을∨만한'은 본용언 뒤에 '만하다'는 보조용언이 결합된 것으로 한 단어이므로 띄어 쓴다. 반면에 '집채만∨한'은 체언 뒤에 오는 '만'이 보조사이므로 체언과 붙여 써야 하고, 뒤에 오는 '한'은 '하다'가 기본형인 동사이므로 띄어 써야 한다.

15 정답 ④

[정답해설]
'-되'는 어떤 사실을 서술하면서 그와 관련된 조건이나 세부 사항 뒤에 덧붙이는 뜻을 나타내는 연결 어미이다. 그러므로 해당 문장에서 적합하게 사용되었으므로 '하되'를 '하며'로 고칠 필요가 없다. 참고로 '-며'는 두 가지 이상의 동작이나 상태 등을 대등적으로 나열할 때 쓰는 연결 어미이다.

16 정답 ②

[정답해설]
'마개(막 + 애)'는 동사 어간 '막-'에 접미사 '-애'가 붙어 명사 '마개'로 품사가 바뀌었고, '마감(막 + 암)'도 동사 어간 '막-'에 접미사 '-암'이 붙어 명사 '마감'으로 품사가 바뀌었다. 그러나 '지붕(집 + 웅)'은 명사 '집'에 접미사 '-웅'이 붙어 명사 '지붕'이 된 경우이므로 다른 품사로 바뀌지 않았다.

[오답해설]
① '미닫이'는 접미사 '-이', '졸음'은 접미사 '-음', '익히'는 접미사 '-히'가 붙어서 된 말이므로 형태를 밝히어 적었다.
③ '육손이', '집집이', '곰배팔이' 모두 명사에 접미사 '-이'가 붙은 말이므로 명사의 원형을 밝히어 적었다.
④ '끄트머리'는 접미사 '-머리', '바가지'는 접미사 '-아지', '이파리'는 접미사 '-아리'가 각각 붙은 말로, '-이' 이외의 접미사가 붙어서 된 말이므로 명사의 원형을 밝히어 적지 않았다.

17 정답 ②

[정답해설]
조음 위치에 따르면 'ㅁ'은 '순음(脣音)'이고 'ㅅ'은 '치음(齒音)'이다. 또한 조음 방식에 따르면 'ㅁ'은 '비음'이고 'ㅅ'은 마찰음에 해당한다. 그러므로 제시된 휴대 전화 자판에서 'ㅁ ㅅ' 칸은 조음 위치와 조음 방식이 모두 다르므로 같은 성질의 소리끼리 묶인 것이 아니다.

[오답해설]
① 훈민정음의 자음 체계에 따른다면, 'ㅅ, ㅈ, ㅊ'은 '순음(脣音)'에 해당하므로 모두 같은 칸에 배치할 수 있다.
③ 훈민정음의 자음 체계에 따르면 'ㄴ, ㄷ, ㅌ'은 '설음(舌音)'에 해당하고, 'ㄹ'은 반설음인데, 주어진 휴대 전화 자판에서 'ㄷ, ㅌ'과 'ㄴ, ㄹ'로 구분한 것은 훈민정음의 원리가 아닌 소리의 유사성을 중시한 배치이다.
④ 훈민정음의 자음 체계에서 'ㅇ'은 '후음(喉音)', 'ㆁ'은 '아음(牙音)'으로 구별되었고, 따라서 'ㆁ'은 같은 '아음(牙音)'인 'ㄱ, ㅋ'과 함께 'ㆁ, ㄱ, ㅋ'으로 함께 배치할 수 있다.

18 정답 ①

[정답해설]
염상섭의 「삼대」는 3인칭 전지적 작가 시점의 소설로, 서술자가 등장인물인 '덕기'의 내면 심리를 바탕으로 '덕기'의 시선을 빌려 이야기를 전개하고 있다.

[오답해설]
② 묘사적 표현은 있으나 시대적 배경과 밀접한 어휘를 사용하고 있지는 않다.
③ 편집자적 논평이 아니라 등장인물의 내면 심리를 통해 이야기를 전개하고 있다. 편집자적 논평은 흔히 고대소설에서 서술자가 인물과 사건에 개입하는 서술 방식이다.
④ 이야기를 전개하는 서술자가 달라지거나 공간적 배경이 바뀌지 않았다. 서술자를 달리하는 소설은 하나의 이야기 속에 하나 또는 그 이상의 이야기가 포함된 액자형 구성에서 가능하다.

[작품해설]

■ 염상섭, 「삼대」
• 갈래 : 장편 소설, 세태 소설, 가족사 소설
• 성격 : 사실주의적, 현실 비판적
• 배경 : 1920년대(일제강점기) 서울
• 시점 : 3인칭 전지적 작가 시점
• 형태 : 회장식(回章式) – 전 42 장
• 문체 : 치밀하고 묘사적 문체
• 주제 : 식민지 현실 속에서 세대 간, 계층 간 갈등
• 특징
 – 사실주의 소설의 대표작
 – 당시의 풍속과 세대 간의 갈등을 사실적으로 세밀하게 묘사함
 – 사건의 전개보다 인물들 간의 관계나 사고방식, 행동 양식을 보여주는 데 초점을 맞춤

국가직
문제

지방직
문제

서울시
문제

국가직
해설

지방직
해설

서울시
해설

19　　　　　　　　　　정답 ④

[정답해설]

"높은 곳의 구름은 멀리를 바라보고, 낮은 곳의 산은 세심히 보듬는다네."에서 '대구(對句)'의 기법이 사용되었고, 또한 주위를 세심히 보듬는 낮은 자세의 삶에 대한 '통찰(洞察)'을 깨달을 수 있다. '우의(寓意)'는 다른 사물에 빗대어 비유적인 뜻을 나타내거나 풍자하는 것으로, 해당 글은 새들의 대화를 통해 삶의 태도를 비유하고 있다.

[오답해설]

① '대구(對句)'란 '비슷한 어조나 어세를 가진 것으로 짝 지은 둘 이상의 글귀'를 말하는데, 해당 문장에서 '대구(對句)'의 기법은 사용되지 않았다. "이 패배가 없었더라면, 어떻게 봄의 승리가 가능할 것인가."에서 삶에 대한 통찰을 우의적으로 표현하고 있다.

② '통찰(洞察)'이란 '예리한 관찰력으로 사물을 꿰뚫어 보는 것'으로, 해당 문장에는 삶에 대한 통찰을 우의적으로 표현한 부분이 보이지 않는다. "비는 주룩주룩 내리고, 토끼는 깡충깡충 뛴다."에서 '대구(對句)'의 기법이 사용되었다.

③ 해당 문장은 묘사에 의한 서술 방식을 취하고 있으며, '대구(對句)'의 기법이나 삶에 대한 '통찰(洞察)'을 '우의적(寓意的)'으로 표현한 부분을 찾아볼 수 없다.

20　　　　　　　　　　정답 ①

[정답해설]

제시문의 세 번째 단락에서 "사적으로 글을 쓸 경우 작가는 이야기꾼, 음유 시인, 극작가들과 달리 청중들로부터 아무런 즉각적 반응도 얻을 수 없다."라고 서술되어 있으므로, 사적인 글쓰기의 출현으로 작가가 독자와 직접 소통할 수 있게 되었다는 설명은 옳지 못하다.

[오답해설]

② 제시문의 첫 번째 단락에서 "자기만의 내적인 것에 대한 추구는 사람들의 이상이 되었고 점점 그 중요성이 커지면서 사람들의 존재 방식과 글쓰기 행태에 변화를 요구하였다."고 서술되어 있으므로, 자기만의 내적인 것에 대한 추구가 새로운 형태의 글쓰기를 요구하였다는 설명은 타당하다.

③ 제시문의 첫 번째 단락에 따르면 소설의 읽기와 쓰기는 사적 생활이 필수적인 까닭에 소설의 출현은 사적 생활이라는 개념의 출현과 밀접한 관련이 있다고 서술되어 있으므로, 소설이 사적 공간에서의 책 읽기와 글쓰기가 가능해진 시기에 출현하였다는 설명은 타당하다.

④ 제시문의 두 번째 단락에서 소설은 서사시, 서정시, 희곡

등과 달리 낭독하는 전통이 없었고, 청중의 참여를 전제로 하지도 않았으며, 소설이 출현한 19세기는 르네상스 시대와 17세기와 달리 공통의 규범과 가치를 나누는 단일 사회가 아니었다고 서술되어 있으므로, 희곡작가는 낭독을 통해 청중들과 교류하며 공통의 규범과 가치를 나누고자 하였을 거라고 유추해 볼 수 있다.

▌ [지방직] 2017년 06월 | 정답

01	①	02	②	03	④	04	④	05	③
06	①	07	④	08	①	09	①	10	②
11	①	12	③	13	④	14	②	15	②
16	③	17	②	18	④	19	③	20	③

▌ [지방직] 2017년 06월 | 해설

01　　　　　　　　　　정답 ①

[정답해설]

'퍼레서'의 기본형은 '퍼렇다'인데, 어간 '퍼렇–'에 어미 '–어서'가 붙으면 'ㅎ불규칙'에 의해 '퍼레서'가 된다.

[오답해설]

② 또아리 → 똬리

'똬리'는 짐을 머리에 일 때 머리에 받치는 고리 모양의 물건을 일컫는 말로, 또아리는 똬리의 본말이다. 준말이 널리 쓰이고 본말이 잘 쓰이지 않는 경우에는 준말만을 표준으로 삼는다는 표준어 규정 제 14항에 따라 '똬리'로 적는 것이 옳다.

③ 머릿말 → 머리말

'머리말'은 순우리말 '머리'와 순우리말 '말'로 된 합성어인데, [머리말]과 같이 표기 그대로 발음되므로 사이시옷을 받치어 적지 않는다.

> ※ '사이시옷'은 순우리말 또는 순우리말과 한자어로 된 합성어 가운데 앞말이 모음으로 끝나거나 뒷말의 첫소리가 된소리로 나거나, 뒷말의 첫소리 'ㄴ', 'ㅁ' 앞에서 'ㄴ' 소리가 덧나거나, 뒷말의 첫소리 모음 앞에서 'ㄴㄴ' 소리가 덧날 때 받치어 적는다.

④ 잠궈야 → 잠가야

'여닫는 물건을 열지 못하도록 자물쇠를 채우거나 빗장을 걸거나 하다'는 의미의 '잠그다'가 옳다. 따라서 '잠궈야'는 '잠가야'로 적어야 한다. '잠구다', '잠궈야'는 '잠그다', '잠가야'의 잘못된 표현이다.

02　　　　　　　　　　　정답 ②

[정답해설]

'말길'은 말하는 길이나 말하는 기회를 뜻하는 말로, '말길이 되다'는 '남에게 소개하는 의논의 길이 트이다.'라는 의미의 관용어이다.

[오답해설]

① '말꼬리를 물다'의 의미이다.
　예 그는 내 말꼬리를 물어 계속 설명해 나갔다.
③ '말이 있다.'의 의미이다.
　예 이미 다 말이 있어서 그러는 건데 너 혼자만 반대하는 근거는 무엇이냐
④ '맛(을) 붙이다.'의 의미이다.
　예 그녀는 요즘 요리에 맛을 붙여 매일 새로운 요리를 시도한다.

03　　　　　　　　　　　정답 ④

[정답해설]

'한 쌈'은 바늘 24개, '한 제'는 탕약 20첩, '한 거리'는 오이나 가지 50개이다. 이를 모두 합하면 '94'가 된다.

[보충해설]

> **■ 우리말 단위어**
> • 쌈 : 바늘 24개
> • 두름 : 물고기 20마리
> • 접 : 과일이나 채소 100개
> • 제 : 탕약 20첩
> • 움큼 : 물건을 한 손으로 움켜쥔 분량
> • 꼬치 : 꼬챙이에 꿴 음식물 세는 단위
> • 축 : 오징어 20마리
> • 톳 : 김 100장 묶음
> • 쾌 : 북어 20마리
> • 죽 : 옷, 그릇 10벌
> • 거리 : 오이나 가지 50개
> • 줌 : 주먹으로 쥘 만한 분량
> • 짐 : 한 사람이 한 번에 질 수 있는 분량

> • 떨기 : 무더기가 된 꽃이나 풀 따위를 세는 단위
> • 손 : 조기, 고등어 2마리
> • 타 : 물건 12개

04　　　　　　　　　　　정답 ④

[정답해설]

화자는 규방에서 홀로 지내는 여인으로서, 봄비에 떨어지고 있는 살구꽃을 바라보며 젊은 날의 세월이 허망하게 흘러가는 것을 아쉬워하며 그 신세를 한탄하고 있다. 여기에서 '살구꽃'은 봄날 한 때 피었다가 금방 지는 꽃으로, 짧게 지나가는 인생의 젊음 혹은 아름다움을 상징한다. 그러므로 외롭고 쓸쓸한 화자의 심정을 나타내기 위해 동원된 객관적 상관물은 '행화(杏花) = 살구꽃'이다.

[오답해설]

① 춘우(春雨) : 봄철에 오는 비. 연못에 소리 없이 내리고 있는 봄비는 화자의 쓸쓸함을 자아내는 배경이다.
② 나막(羅幕) : 비단 장막을 의미한다.
③ 병풍(屏風) : 바람을 막거나 무엇을 가리거나 또는 장식용으로 방 안에 치는 물건을 의미한다. 이 시에서는 시름에 겨워 화자가 기대고 있는 사물이다.

[작품해설]

> **■ 허난설헌, 「봄비」**
> • 갈래 : 한시, 오언절구
> • 성격 : 독백적, 서정적, 애상적
> • 어조 : 쓸쓸한 독백체의 어조
> • 제재 : 못에 내리는 봄비, 담 위에 지는 살구꽃
> • 주제 : 젊은 날을 보내는 여인의 고독과 우수
> • 특징
> － 객관적 상관물을 사용하여 화자의 감정을 표현함
> － 선경후정의 방식을 통해 화자의 정서를 배경과 잘 조응시킴
> － 화자의 외로움을 '봄비', '찬바람', '살구꽃' 등의 구체적 이미지를 통해 드러냄
> － 하강적 이미지와 의태어를 활용하여 화자의 외롭고 쓸쓸한 정서를 효과적으로 드러냄

05 정답 ③

[정답해설]
'언치'는 말이나 소의 안장이나 길마 밑에 깔아 그 등을 덮어주는 방석이나 담요이다. 화자는 가마를 타지 않고 소의 안장에 언치를 놓았으므로 엄격한 격식을 갖추려 했다는 설명은 적절하지 않다. 오히려 이를 통해 화자의 소박한 면모를 발견할 수 있다.

[오답해설]
① 이 작품은 향촌 생활의 흥취를 나타낸 것으로, 화자는 소박한 풍류를 즐기며 살고 있다.
② 재너머 성권롱(成勸農) 집의 술이 익었다는 말을 듣고 누워 있는 소를 발로 차서 성급히 달려가는 모습을 통해 역동성과 생동감을 느낄 수 있다.
④ '아히야'는 '아이야'라는 대화체의 영탄적 어구로 화자의 의사를 간접적으로 전달하는 역할을 한다.

[작품해설]

┃ **정철, 「재 넘어 성권롱 집에」**
- **갈래** : 서정시, 정형시, 평시조
- **성격** : 풍류적, 전원적, 목가적, 한정가
- **율격** : 3(4) 4조, 4음보
- **제재** : 술과 벗
- **주제** : 전원생활의 멋과 풍류
- **특징**
  - 압축과 생략을 통해 경쾌하게 서술함
  - 우리말을 자유자재로 멋스럽게 구사함

06 정답 ①

[정답해설]
㉠ 장광설(長廣舌 : 길 장, 넓을 광, 혀 설) : 길고도 세차게 잘하는 말솜씨. 쓸데없이 장황하게 늘어놓는 말
㉡ 유언비어(流言蜚語 : 흐를 유, 말씀 언, 바퀴 비, 말씀 어) : 아무 근거 없이 널리 퍼진 소문. 뜬소문
㉢ 변명(辨明 : 분별할 변, 밝을 명) : 어떤 잘못이나 실수에 대하여 구실을 대며 그 까닭을 말함

- **說** : 말씀 설 / 달랠 세 / 기뻐할 열 / 벗을 탈
- **非** : 아닐 비 / 비방할 비
- **辯** : 말씀 변 / 두루 미칠 편

07 정답 ④

[정답해설]
'잠착하다'는 '참척하다'의 원말로, '한 가지 일에만 정신을 골똘하게 쓴다.'는 뜻이다.

[오답해설]
① '산중(山中)에 책력(册曆)도 없이 삼동(三冬)이 하이얗다.'라는 표현으로 보아 산중의 고적한 공간이 배경임을 알 수 있다. 또한 시 전반에 걸쳐 고적한 분위기를 자아내는 산중의 방 안의 모습을 묘사하고 있다.
② '자작나무 덩그럭 불이 도로 피어 붉고'와 '구석에 그늘 지여 무가 순 돋아 파릇하고'에서 '붉은 불'과 '파릇한 무순'이 시각적 대조를 이루고 있다.
③ 이 작품은 서정적 표현과 차분한 어조, 산중이라는 배경을 활용하여 혹독한 겨울을 견뎌내는 화자의 모습을 한 폭의 그림과 같이 그려내고 있다.

[작품해설]

┃ **정지용, 「인동차」**
- **갈래** : 자유시, 서정시
- **성격** : 관조적, 회화적, 감각적, 묘사적, 탈속적, 도교적
- **제재** : 겨울 산중의 집 안팎의 풍경
- **주제** : 현실의 시련을 이겨내려는 인내와 의지, 혹독한 시련을 이겨내는 고결한 삶의 자세
- **특징**
  - 화자의 감정을 절제하여 대상을 객관적으로 표현함
  - 주로 시각적 이미지의 시어를 사용하였으며 색채의 대비가 돋보임
  - 정제된 연 배열(2행 1연)로 연마다 독자적 장면이 제시되어 동양적 여백의 미를 느끼게 함
  - '낯설게 하기' 기법을 사용하여 평범한 사실을 새롭게 바라보게 함. ('노주인의 장벽에 무시로 인동 삼긴 물이 내린다.')
  - 규범에 어긋난 표현을 통해 정감의 깊이를 더함. ('삼동(三冬)이 하이얗다')

08 정답 ①

[정답해설]
"숙희야, 내가 선생님께 꽃다발을 드렸다."에서 주체인 '나'에 대한 주체 높임 표현은 사용하지 않았으므로 [주체 −]이다. 객체인 '선생님'에 대해서는 '께서'와 '드리다'라는 객체 높임 표현을 사용하였으므로 [객체 +]이다. 상대인 '숙희'에 대해서는 반말체의 종결어미 '−다'를 사용하였으므로 [상대 −]이다.

[보충해설]

▌ 높임 표현
- **주체 높임법** : 서술의 주체를 높이는 표현 방법으로, 선어말 어미 '-(으)시-', '이/가' 대신 '께서', 특수어휘 '계시다, 잡수시다, 주무시다'를 통해 실현됨

직접높임	서술의 주체를 직접 높이는 방식
간접높임	사람의 신체의 부분이나 소유물, 생각 등과 관련된 서술어에 선어말 어미 '-(으)시-'를 결합시키는 것

- **객체 높임법** : 서술의 객체가 되는 성분, 즉 문장의 목적어나 부사어가 가리키는 대상을 높이는 표현 방법으로, '드리다, 모시다, 여쭈다, 여쭙다, 뵈다, 뵙다' 등의 동사나 조사 '께'를 통해 실현됨
- **상대 높임법** : 말하는 이가 듣는 이인 상대방을 높이거나 낮추어 말하는 방법으로, 종결 표현을 통해 실현됨

격식체	하십시오체	아주 높임
	하오체	예사 높임
	하게체	예사 낮춤
	해라체	아주 낮춤
비격식체	해요체	높임
	해체	낮춤

09 정답 ①

[정답해설]
칸트는 미에 대한 자율적 견해를 지녔다고 하였다. 이는 미를 도덕이나 목적론과 연관시킨 톨스토이나 마르크스와 달리, 그 자체로서의 순수한 내재적 가치를 중시하는 것이다. 이러한 관점에서 시를 바라볼 때, 칸트의 견해와 부합하는 것은 '시는 정제된 시어와 운율을 통하여 감상해야 한다.'이다. 이는 시어나 비유, 상징, 구조 등 내적 요소에 주목하는 '내재적 접근방법'으로 볼 수 있다

[오답해설]
② 시에는 시대적 배경이 함축될 수 있다고 보는 관점으로, 외재적 관점에 해당한다.
③ 시인과의 대화를 통해 시의 창작 동기, 시인의 체험, 감정 등을 파악하여 정서적 성장을 도모할 수 있다고 보는 것은 외재적 관점에 해당한다.
④ 시는 사회적 맥락의 영향을 받는다고 보는 관점으로, 외재적 관점에 해당한다.

10 정답 ②

[정답해설]
'새우잠'은 '새우처럼 등을 구부리고 자는 잠. 주로 모로 누워 불편하게 자는 잠'을 뜻한다. '안잠'은 '여자가 남의 집에서 먹고 자며 그 집의 일을 도와주는 일 또는 그런 여자'를 뜻한다.

[오답해설]
① 파적(破寂) : 심심함을 잊고 시간을 보내기 위하여 어떤 일을 함 = 심심풀이, '송이 파적'은 '송이(松耳)'와 '파적(破寂)'이 합쳐진 말로 심심풀이로 송이버섯을 따먹는 행위를 말함
③ 난장(亂杖) : 고려 · 조선 시대에, 신체의 부위를 가리지 아니하고 마구 매로 치던 고문 = 몰매(여러 사람이 한꺼번에 덤비어 때리는 매)
④ 사관(四關) : 1. 양팔의 어깨 관절과 팔꿈치 관절, 양다리의 대퇴 관절과 무릎 관절을 이르는 말. / 2. 양쪽의 팔꿈치와 무릎 관절을 통틀어 이르는 말

11 정답 ①

[정답해설]
제시된 시조는 변계량의 시조로, '의(義)에 따라 천성대로 살고자 하는 의지'를 나타낸다. 따라서 시조의 주제로 적절한 것은 '타고난 성질이나 천성을 좇음'을 뜻하는 '솔성(率性)'이다.

[오답해설]
② 선교(善交) : 잘 사귐
③ 준법(遵法) : 법률이나 규칙을 좇아 지킴
④ 독학(篤學) : 학문에 충실함

[작품해설]

▌ 변계량, 「내해 죠타 하고」
- **갈래** : 평시조
- **성격** : 교훈적, 계세적
- **제재** : 의(義)
- **주제** : 의(義)에 따라 천성을 지키고자 하는 의지

> 내가 하기 좋다 하여 남한테 싫은 일을 하지 말 것이요,
> 또 남이 한다고 해도 그것이 옳은 일이 아니거든 따라 해서는 아니 된다.
> 우리는 타고난 성품을 따라서 저마다 생긴 그대로 지내리라.

12 정답 ③

[정답해설]

'깨단하다'는 '오랫동안 생각해 내지 못하던 일 따위를 어떠한 실마리로 말미암아 깨닫거나 분명히 알다'라는 뜻의 표준어이다.

[오답해설]

① 뉘연히 → 버젓이

'남의 시선을 의식하여 조심하거나 굽히는 데가 없이'의 뜻을 지닌 부사는 '버젓이'이다. '뉘연히'는 옳지 못한 표현이다.

② 뒤어내고 → 뒤져내고

'샅샅이 뒤져서 들춰내거나 찾아내다'의 동사는 '뒤져내다'이다. '뒤어내다'는 옳지 못한 표현이다.

④ 허구헌 → 허구한

'날, 세월 따위가 매우 오래다'의 형용사는 '허구하다'이므로, '허구한'이 올바른 표현이다. '허구헌'은 옳지 못한 표현이다.

13 정답 ④

[정답해설]

'일조(日照)'는 '햇볕이 내리쬠'을 뜻하는 단어이다. 제시된 문장에서는 '(주로 '일조에' 꼴로 쓰여) 하루 아침, 갑작스러울 정도의 짧은 시간'을 뜻하는 '일조(一朝)'로 표기하는 것이 적절하다.

[오답해설]

① 확집(確執 : 굳을 확, 잡을 집) : 자기의 의견을 굳이 고집하여 양보하지 아니함

② 위의(威儀 : 위엄 위, 거동 의) : 1. 위엄이 있고 엄숙한 태도나 차림새. / 2. 예법에 맞는 몸가짐

③ 강도(強度 : 강할 강, 법도 도) : 센 정도

[작품해설]

> ■ 조지훈, 「지조론」
> • 갈래 : 중수필, 교훈적 수필
> • 성격 : 논리적, 경세적, 설득적, 교훈적
> • 문체 : 강건체, 한문투
> • 제재 : 지조
> • 주제 : 변절에 대한 경계와 지조 있는 삶의 자세
> • 특징
>   – 다양한 사례를 들어 지조와 변절의 의미를 제시함
>   – 단정적이고 힘찬 문체로 독자들의 공감을 유도함

>   – 통념을 비판하며 자신의 입장을 드러냄
>   – 열거, 비교, 대조의 방법으로 의미를 강조함

14 정답 ②

[정답해설]

㉠ 흐드러지다 : '매우 참스럽거나 한창 성하다'는 뜻의 형용사

㉡ 찍다 : '어떤 대상을 촬영기로 비추어 그 모양을 옮기다'는 뜻의 동사

㉢ 설레다 : '마음이 가라앉지 아니하고 들떠서 두근거리다'는 뜻의 동사

㉣ 충만하다 : '한껏 차서 가득하다'는 뜻의 형용사

㉤ 없다 : '사람, 동물, 물체 따위가 실제로 존재하지 않는 상태'라는 뜻의 형용사

[보충해설]

> ■ 동사와 형용사의 구분
> • **현재형의 형태** : 기본형에 현재 시제 선어말 어미 '–는– / –ㄴ–'이 결합할 수 있으면 동사이고, 결합할 수 없으면 형용사이다.
>   예 그는 그녀를 향해 달려간다.(동사)
>   꽃이 매우 *예쁜다.(형용사)
> • **현재 진행형 어미 '–는–'의 결합 여부** : 기본형에 관형사형 어미 '–는'이 결합할 수 있으면 동사이고, 결합할 수 없으면 형용사이다.
>   예 책을 보는 철수(동사)
>   맛이 *달는 과일(형용사)
> • '의도'를 뜻하는 '–려'나 '목적'을 뜻하는 어미 '–러'와 함께 쓰일 수 있으면 동사, 그렇지 못하면 형용사이다.
>   예 동생은 나를 부르려 한다. / 그는 선물을 사러 나갔다.(동사)
>   그녀는 *아름다우려 화장을 한다. / 영희는 *예쁘러 옷을 사러 간다.(형용사)

15 정답 ②

[정답해설]

2문단에서 '정상 과학'은 '기초적인 전제가 확립되었다'고 하였고, 4문단에서도 '정상 과학의 시기에는 이미 이론의 핵심 부분들은 정립돼 있다.'고 하였으므로 '과학적 패러다임의 정착으로 이론의 핵심 부분들이 정립되어 있다.'는 설명은 적절하다.

[오답해설]

① 2문단에서 '그에 따라 각종 실험 장치들도 정밀해지고~규칙들이 만들어진다.', '연구는 이제 혼란으로서의 다양성이 아니라,~다양성을 이루게 된다.'라고 한 것으로 보아, 정상 과학 시기에는 실험 장치, 문제 해결 기법, 규칙 등이 다양해짐으로써 지식이 확장된 것이지 여러 가지 상반된 시각의 학설이 등장하여 이론이 다양해지는 것이 아님을 알 수 있다.

③ 3문단에서 '패러다임이란 과학자들 사이의 세계관의 통일이지 세계에 대한 해석의 끝은 아닌 것이다.'라고 하였으므로, 후속 연구를 통해 세계를 완전히 해석할 수 있는 과학으로 발전된다는 설명은 적절하지 않다.

④ 4문단에서 글쓴이는 '과학자들의 열정과 헌신성은 무엇으로 유지될 수 있을까?'라는 의문을 내비추었고, 5문단에서 쿤의 대답을 제시하며 과학자들이 예측이 달성되는 세세한 과정을 일목요연하게 풀어내기 위해 여러 복합적인 기기적, 개념적, 수학적 방법을 동원하는 등 열정과 헌신성을 발휘할 수 있다고 하였다. 따라서 예측된 결과만을 좇을 수밖에 없기 때문에 과학자들의 열정과 헌신성이 낮아진다는 설명은 적절하지 않다.

16 　　　　　　　　　　정답 ③

[정답해설]

ⓒ의 '잡다'는 '담보로 맡다.'의 의미이다. '어림하다'는 '대강 짐작으로 헤아리다.'라는 의미이므로 유의 관계로 볼 수 없다.

[오답해설]

① ㉠ : 짐승을 죽이다.

② ㉡ : 손으로 움키고 놓지 않다.

③ ㉢ : 담보로 맡다.

④ ㉣ : 기세를 누그러뜨리다.

[보충해설]

■ '잡다'의 여러 가지 의미
- 손으로 움키고 놓지 않다. 예 멱살을 잡고 싸우다.
- 붙들어 손에 넣다. 예 고기를 잡는 어부
- 짐승을 죽이다. 예 그는 개를 잡아 개장국을 끓였다.
- 권한 따위를 차지하다. 예 주도권을 잡다.
- 돈이나 재물을 얻어 가지다. 예 한밑천을 잡다.
- 담보로 맡다. 예 은행에서 고객의 집을 담보로 잡고 돈을 빌려 주었다.
- 자동차 따위를 타기 위하여 세우다. 예 택시를 잡다.
- 어떤 순간적인 장면이나 모습을 확인하거나 찍다. 예 경찰이 범행 현장을 잡았다.

- 일, 기회 따위를 얻다. 예 기회를 잡다.
- 기세를 누그러뜨리다. 예 치솟는 물가를 잡다.

17 　　　　　　　　　　정답 ②

[정답해설]

2문단에서 조간대 중부의 환경적 특성이 나타나 있지만, 조간대 중부에 어떤 생물들이 사는지에 대한 정보는 제시되어 있지 않다.

[오답해설]

① 3문단의 '총알고둥류와 따개비들을 발견했다면 그곳이 조간대에서 물이 가장 높이 올라오는 지점인 것이다'는 내용을 통해 알 수 있다.

③ 3문단의 '조간대에 사는 생물들은 불안정하고 척박한 바다 환경에 적응하기 위해 높이에 따라 수직으로 종이 분포한다.'는 내용을 통해 알 수 있다.

④ 1문단의 '이곳의 생물들은 … 조간대에서 살 수 있다.'는 내용을 통해 알 수 있다.

18 　　　　　　　　　　정답 ④

[정답해설]

본론에서 '수출 경쟁력이 낮아진 요인'을 가격 경쟁력 요인과 비가격 경쟁력 요인으로 나누어 항목별로 제시하였고, 결론에서는 본론에 제시된 분석 결과를 요약하고 수출 경쟁력 향상 방안을 제시하고자 하였다. 따라서 주제문은 본론의 실태 분석 결과를 요약한 내용과 수출 경쟁력 향상 방안을 모두 포함해야 한다. 따라서 '수출 경쟁력을 좌우하는 요인을 분석한 후 그에 맞는 방안을 마련해야 한다.'가 주제문으로 적합하다.

[오답해설]

① 수출 분야 산업에 대한 정부의 지원이 부족하다는 내용은 본론에 제시되어 있지 않으므로 적절하지 않다.

② 내수 시장의 기반 강화는 수출 경쟁력 요인 분석이나 경쟁력 향상과 관련이 없는 내용이다.

③ 본론의 '2. 비가격 경쟁력 요인'의 일부에 대한 해결방안이다.

19　　　　　　　　　　　　정답 ③

[정답해설]
'당신'은 '자기'를 아주 높여 이르는 말로, 앞 문장의 주어인 '할머니'를 아주 높여 이르는 3인칭 대명사이다. 따라서 ㉢과 ㉽은 같은 사람을 가리키는 말이다.

[오답해설]
① ㉠의 '그쪽'은 상대(듣는 이)를 가리키는 2인칭 대명사이고, ㉤의 '저'는 말하는 이가 윗사람이나 그다지 가깝지 아니한 사람을 상대하여 자기를 낮추어 가리키는 1인칭 대명사이다.
② ㉡의 '우리'에는 ㉣의 '할머니'가 포함되어 있지 않다.
④ ㉰의 '본인'은 바로 앞에 나온 ㉣의 '할머니'를 지칭하는 말이고, ㉲의 '당신'은 2인칭 대명사로, 대화의 상대를 의미한다.

20　　　　　　　　　　　　정답 ③

[정답해설]
'그러나'는 앞의 내용과 뒤의 내용이 상반될 때 사용하는 역접의 접속사이다. ㉠과 ㉡의 내용을 살펴보면 동물들도 의사소통 수단을 가지고 있는 듯 보이고, 인간과 다를 바 없이 의사를 교환하고 있다고 설명한다. 따라서 ㉢에서 역접의 접속사 '그러나'를 사용하여 '사람의 말과 동물의 소리에는 아주 근본적인 차이가 존재한다.'고 하면서 앞의 내용을 부정하고 새로운 논점을 제시하였다는 설명은 적절하다.

[오답해설]
① 제시된 글은 동물의 소리는 본능적인 감정을 표현하기 위한 것이므로 인간의 말과 다르다는 점을 밝힌 논증으로, ㉠은 논증의 결론이 될 수 없다.
② '즉'은 앞서 말한 내용을 다시 말할 때 사용하는 접속사로, ㉡은 ㉠의 논리적 결함을 지적한 것이 아니라 부연 설명하는 역할을 한다.
④ '따라서'는 앞의 내용이 원인, 이유, 근거가 될 때 사용하는 접속사이다. 따라서 ㉰은 주제문이 되고, ㉢, ㉣은 이에 대한 근거가 된다.

▌[지방직] 2017년 12월 | 정답

01	④	02	③	03	④	04	②	05	③
06	②	07	③	08	③	09	①	10	③
11	④	12	②	13	④	14	①	15	②
16	③	17	②	18	①	19	②	20	④

[지방직] 2017년 12월 | 해설

01　　　　　　　　　　　　정답 ④

[정답해설]
'제원(諸元)'은 '기계류의 치수나 무게 따위의 성능과 특성을 나타낸 수적(數的) 지표'를 의미하는 어휘로, 해당 문장에서 옳게 표기되었다.

[오답해설]
① 괴념 → 괘념
　해당 문장의 '괴념'은 '마음에 두고 걱정하거나 잊지 않음'을 의미하는 '괘념(掛念)'으로 고쳐 써야 옳다.
② 발체 → 발췌
　해당 문장의 '발체'는 '책, 글 따위에서 필요하거나 중요한 부분을 가려 뽑아냄 또는 그런 내용'을 의미하는 '발췌(拔萃)'로 고쳐 써야 옳다.
③ 와훼 → 와해
　해당 문장의 '와훼'는 '기와가 깨진다는 뜻으로, 조직이나 계획 따위가 산산이 무너지고 흩어짐 또는 조직이나 계획 따위를 산산이 무너뜨리거나 흩어지게 함'을 의미하는 '와해(瓦解)'로 고쳐 써야 옳다.

02　　　　　　　　　　　　정답 ③

[정답해설]
손위 시누이인 남편의 누나를 부를 때 '형님'으로 호칭하는 것은 적절하다.

[오답해설]
① 큰아빠 → 아주버님
　남편의 형은 '아주버님'이라고 호칭해야 한다. '큰아빠'는 자녀의 입장에서 아버지의 형을 부를 때 적합하다.
② 오빠 → 아범, 아비, 그이
　시부모에게 남편을 지칭할 때는 '아범' 또는 '아비'로 하되, 아이가 없을 때는 '그이'로 지칭할 수 있다.
④ 부인 → 아내, 처, 집사람, 안사람

'부인'은 남의 아내를 높여 이르는 말이므로, 다른 사람에게 자기 배우자를 가리킬 때에는 '아내' 또는 '처. 집사람. 안사람' 등으로 부르는 것이 적절하다.

03 정답 ④

[정답해설]
세 번째 문단에 따르면, 개인적 계몽을 이룬 이들에게 자유가 주어진다면 독립에 대한 공포심에 빠지게 되는 것이 아니라. 독립에의 공포심에서 벗어나 스스로 생각하는 성년 단계로 진입하게 될 것이라고 서술되어 있다.

[오답해설]
① 두 번째 문단에서 모든 사람이 개인적 계몽을 이룰 수 있는 것은 아니라고 서술되어 있다.
② 네 번째 문단에서 칸트는 대중 일반의 계몽을 위해 필요한 이성의 사용을 이성의 공적 사용이라 일컫는다고 서술되어 있다.
③ 첫 번째 문단에서 '미성년 상태'를 벗어나는 데 필요한 것은 용기를 내어 스스로의 이성을 사용하려고 하는 것이라고 서술되어 있다.

04 정답 ②

[정답해설]
시적 화자는 '결별이 이룩하는 축복'이라는 역설을 통해 성숙한 만남을 위한 이별을 표현하고 있다. 또한 '샘터에 물 고이듯 성숙하는 내 영혼의 슬픈 눈'에서 이별의 경험을 통해 자신의 영혼이 정신적으로 성숙하고 있음을 드러내고 있다.

[오답해설]
① 시적 화자는 계절의 순환을 통해 사랑과 이별이라는 '인생의 교훈'을 전하고 있으나, '자연의 위대함'을 자각하고 있는 것은 아니다.
③ 시적 화자는 1연에서 '가야 할 때가 언제인가를 분명히 알고 가는 이의 뒷모습'을 아름답게 보고 있으므로, 이별을 받아들이며 순응하고 있다.
④ 시적 화자는 3연에서 '분분한 낙화'를 '결별이 이룩하는 축복'으로 보고 있으므로, '인생의 무상함'이 아니라 '이별의 의미'를 깨달았음을 강조하고 있다.

[작품해설]

> ■ 이형기, 「낙화」
> • 갈래 : 자유시. 서정시
> • 성격 : 사색적. 비유적
> • 제재 : 낙화
> • 주제 : 이별을 통한 영혼의 성숙
> • 특징
>   – 자연 현상을 통해 인생의 의미를 발견함
>   – 이별에 대한 긍정적 인식을 역설적으로 표현함

05 정답 ③

[정답해설]
'정처∨없다'는 '정한 곳 또는 일정한 장소'를 의미하는 '정처(定處)'에 '없다'는 서술어가 합쳐진 합성어이다. 따라서 한 단어가 아니므로, 해당 문장에서 '정처∨없이'로 띄어 쓴 것은 올바르다. 또한 '떠돌아다니다'는 한 단어이므로, 해당 문장에서 '떠돌아다녔다'로 붙여 쓴 것은 올바르다.

[오답해설]
① 얽히고∨설켜서 → 얽히고설켜서
　'얽히고설키다'는 한 단어이므로, 해당 문장의 '얽히고∨설켜서'는 '얽히고설켜서'로 붙여 써야 옳다.
② 알아∨주는 → 알아주는 / 너∨밖에 → 너밖에
　'알아주다'는 한 단어이므로, 해당 문장의 '알아∨주는'은 '알아주는'으로 붙여 써야 옳다. 또한 부정의 서술어와 호응하는 '밖에'는 조사이므로, 대명사 '너'와 함께 '너밖에'로 붙여 써야 옳다.
④ 속절∨없는 → 속절없는
　'속절없다'는 한 단어이므로, 해당 문장의 '속절∨없는'은 '속절없는'으로 붙여 써야 옳다.

06 정답 ②

[정답해설]
'방약무인(傍若無人)'은 곁에 사람이 없는 것처럼 아무 거리낌 없이 함부로 말하고 행동하는 태도가 있음을 뜻한다.

07 정답 ③

[정답해설]
ㄱ. yellow : 옐로우(X) / 옐로(O)

ㄴ. cardigan : 가디건(X) / 카디건(O)

ㄹ. vision : 비젼(X) / 비전(O)

[오답해설]

ㄷ. lobster : 롭스터(X) → 로브스터 / 랍스터(O)

ㅁ. container : 콘테이너(X) → 컨테이너(O)

---

08   정답 ③

[정답해설]

態道 → 態度

ⓒ의 '태도(態道)'에서 '道(길 도)'는 '度(법도 도)'로 고쳐 써야 옳다.

> ▌태도(態度 : 모습 태, 법도 도)
> 1. 몸의 동작이나 몸을 가누는 모양새
> 2. 어떤 일이나 상황 따위를 대하는 마음가짐 또는 그 마음가짐이 드러난 자세
> 3. 어떤 일이나 상황 따위에 대해 취하는 입장

[오답해설]

㉠ 열악(劣惡 : 못할 열, 악할 악) → 품질·능력 따위가 몹시 떨어지고 나쁨

ⓛ 경의(敬意 : 공경 경, 뜻 의) → 존경하는 뜻

ⓔ 귀감(龜鑑 : 거북 귀, 거울 감) → 거울로 삼아 본받을 만한 모범

---

09   정답 ①

[정답해설]

게재(揭載) → 게양(揭揚)

'국기를 달다'의 '달다'는 '물건을 일정한 곳에 걸거나 매어 놓다'는 의미이므로, '기(旗) 따위를 높이 겂'을 뜻하는 '게양(揭揚)'과 호응한다. '게재(揭載)'는 '글이나 그림 따위를 신문이나 잡지 따위에 실음'을 뜻한다.

[오답해설]

② 설치(設置) : 어떤 일을 하는 데 필요한 기관이나 설비 따위를 베풀어 둠

③ 기록(記錄) : 주로 후일에 남길 목적으로 어떤 사실을 적음 또는 그런 글

④ 대동(帶同) : 어떤 모임이나 행사에 거느려 함께함

---

10   정답 ③

[정답해설]

(다) '부자가 ~ 못하다'는 명제를 제시하여 글의 서두를 시작하고 있다.

(마) '~ 때문이다'는 서술 구조로, 부자가 될 때까지 행복하지 못한 (다)의 이유를 제시하고 있다.

(라) 역접의 접속사 '하지만'으로 시작하며, 앞의 (다), (마)와 대립되는 '차원 높은 행복'의 조건에 대해 서술하고 있다.

(나) 성장과 창조적 활동을 '낮은 차원의 행복'과 비교하여 설명하고 있다.

(가) 역접의 접속사 '그러나'로 시작하며, 사람들은 그러한 행복을 잘 모르고 산다고 일반적인 결론을 내리고 있다.

그러므로 제시문은 글의 문맥상 (다)-(마)-(라)-(나)-(가) 순으로 배열하는 것이 가장 바람직하다.

---

11   정답 ④

[정답해설]

- ㉠의 앞 문장에서 타이타닉 호 속에는 판에 박은 '일상사'가 있다고 진술하고 있고, ㉠의 뒤 문장에서는 그러한 선원의 '일상사'를 구체적인 사례를 들어 소개하고 있다. 그러므로 ㉠에는 '예를 들면'이 들어갈 말로 적절하다.

- ⓛ의 앞 문장에서는 세계 경제 시스템 이외에 아무런 현실이 없다고 하였으나, ⓛ의 뒤 문장에서는 타이타닉 호의 바깥에 바다가 있고 빙산이 있듯, 세계 경제의 바깥에도 재난이 있다고 서술하고 있다. 즉, 앞과 뒤의 문장들이 서로 대비되는 내용이므로, ⓛ에는 역접의 접속사 '그렇지만'이 들어갈 말로 적절하다.

- ⓒ의 앞 문장에서 세계 경제 시스템은 재난이 이미 시작되었다고 진술하고 있고, ⓒ의 뒤 문장에서는 차례차례 빙산에 부딪히고 있다고 재난의 내용을 다른 말로 설명하고 있다. 즉, 앞에서 말한 내용을 뒤에서 다른 말로 바꾸어 표현하고 있으므로, ⓒ에는 '말하자면'이 들어갈 말로 적절하다.

---

12   정답 ②

[정답해설]

ⓛ의 앞 문장에서는 황사의 긍정적 역할에 대해 서술하고 있으나, ⓛ의 뒤 문장에서는 황사가 생태계에 심각한 해를 끼치는 애물단지가 되어 버렸다고 황사의 부정적 영향에 대해 서술하고 있다. 그러므로 ⓛ의 '그리고'는 역접의 접속사 '그러나'로 바꿔 쓰는 것이 적절하다.

[오답해설]
① ㉠의 앞 문장에서 황사가 본래 나쁘기만 한 것은 아니라고 하였고, ㉠의 뒤 문장에서는 '황사의 긍정적 역할'에 대해 설명하고 있다. 그러므로 '황사의 이동 경로'에 대해 서술하고 있는 ㉠은 글의 논리적인 흐름을 방해하고 있으므로 삭제해야 한다.
③ ㉢의 '덕분이다'에서 '덕분'은 '베풀어준 은혜나 도움'을 의미하므로, 긍정적인 영향을 미친 경우에 사용하는 서술어이다. 해당 문장은 인간의 환경 파괴가 황사에 부정적인 영향을 미치고 있으므로, '덕분이다'는 긍정적 맥락과 부정적 맥락에 모두 쓸 수 있는 '때문이다' 또는 긍정적 맥락에만 사용되는 '탓'으로 고쳐야 한다.
④ 해당 문장의 서술어인 '발생하고'와 '문제이다'의 주어는 '황사'이므로, 목적격의 형태인 ㉣의 '황사를'을 서술어와 호응하도록 주격 형태의 '황사가'로 고쳐야 한다.

13 　　　　　　　　　　정답 ④

[정답해설]
첫 번째 문단에서는 18~19세기 유럽의 혁신적인 '지성의 역할'에 대해서, 두 번째 문단에서는 20세기의 직업적이고 기술적인 '지성의 변모'에 대해서, 마지막으로 세 번째 문단에서는 새로운 미래를 제시하는 현대 사회의 '지성의 임무'에 대해서 서술하고 있다. 그러므로 제시문은 중심 개념인 '지성의 역할'에 대한 시대적 변천 양상을 살피면서, 현대 사회에서 지성이 나아가야 할 바람직한 방향을 제시하고 있다.

[오답해설]
① 세 번째 문단에서 지성이 나아가야 할 방향에 대한 자신의 주장을 밝히고 있으나, 상반된 견해와 이에 대한 반박은 나타나 있지 않다.
② 지성의 역할에 대한 시대적 변천 양상을 제시문 전반에 걸쳐 서술하고 있으나, 상호 대립된 견해를 제시하고 있지는 않다.
③ 세 번째 문단에서 현대 사회에서 지성이 수행해야 할 임무에 대한 자신의 주장을 펼치고 있으나, 용어에 대한 개념 차이를 밝히고 있지는 않다.

14 　　　　　　　　　　정답 ①

[정답해설]
해당 작품의 시적 대상은 '죽은 누이'이며, 불교적 이상 세계인 '미타찰(彌陀刹)'에서 다시 만나자고 시적 대상과의 재회에 대한 소망을 담고 있다.

[오답해설]
② 해당 작품에 반어적 표현은 사용되지 않았으며, 죽은 누이를 '한 가지에 난 잎'으로 비유하여 시적 화자의 안타까움과 슬픔의 정서를 부각하고 있다.
③ 세속의 인연인 죽은 누이에 대한 슬픔을 표현하고 있으므로, 세속의 인연에 미련을 두지 않은 것은 아니다.
④ 해당 작품의 5~8행은 객관적인 서경(敍景, 자연의 경치를 글로 나타냄)을 묘사한 것이 아니라, 누이의 죽음을 비유적으로 묘사한 것이다.

[작품해설]

▌ 월명사, 「제망매가」
• 갈래 : 10구체 향가
• 성격 : 서정적, 애상적, 추모적
• 제재 : 누이의 죽음
• 주제 : 누이의 죽음으로 인한 슬픔과 극복 의지
• 특징
　– 10구체 향가의 정제된 형식미와 서정성이 드러남
　– 누이와의 사별을 자연 현상에 비유함
　– 불교의 윤회 사상을 바탕으로 슬픔을 종교적으로 승화함

15 　　　　　　　　　　정답 ②

[정답해설]
제시문에서 '반영하기'는 상대(아이)의 생각을 수용하고 상대(아이)의 현재 상태에 감정 이입을 하여 의미를 재구성하는 방법이라고 하였다. <보기>에서 아이가 '시험을 앞두고 치과에 가기 싫다'는 의사표현을 하고 있으므로, "네가 치료보다 시험에 집중하고 싶구나."라는 엄마의 말은 치과에 가는 것보다 시험이 더 중요한 아이의 마음을 잘 반영한 것이다.

[오답해설]
① 치과에 가기 싫은 이유인 '시험 때문에'가 명시되어 있지 않으므로, 아이의 입장을 부분적으로 수용한 것이다.
③ 치과에 가야 하는 시기에 말의 초점을 두고 있으므로, 치과에 가는 것보다 시험이 중요하다는 아이의 질문 의도를 잘못 반영하여 말한 것이다.
④ 아이의 입장을 반영하기 보다는 부모의 주관적 가치관을 반영하여 말한 것이다.

16 정답 ③

[정답해설]
해당 문장에서 '높음'은 주어 '태산이'의 서술어 역할을 하여 '태산이 높다'처럼 서술성을 유지하고 있으므로, 제시문의 '명사 구실을 하게 하는 어미'인 '명사형 전성 어미'로 쓰인 예이다. 즉, '높음'은 형용사 '높다'의 어간 '높-'에 명사형 전성 어미 '-음'이 결합된 용언이다.

[오답해설]
① 해당 문장에서 '수줍음'은 '많다'의 주어 역할을 할 뿐 서술성을 갖지 않으므로, '명사화 접미사'로 쓰인 예이다. 즉, '수줍음'은 형용사 '수줍다'의 어근 '수줍-'에 명사형 접미사 '-음'이 결합된 명사이다.
② 해당 문장에서 '죽음'은 '각오하다'의 목적어 역할을 할 뿐 서술성을 갖지 않으므로, '명사화 접미사'로 쓰인 예이다. 즉, '죽음'은 동사 '죽다'의 어근 '죽-'에 명사형 접미사 '-음'이 결합된 명사이다.
④ 해당 문장에서 '젊음'은 '바치다'의 목적어 역할을 할 뿐 서술성을 갖지 않으므로, '명사화 접미사'로 쓰인 예이다. 즉, '젊음'은 형용사 '젊다'의 어근 '젊-'에 명사형 접미사 '-음'이 결합된 명사이다.

[보충해설]

▌'-ㅁ/-음'의 쓰임 구별	
명사화 접미사	명사형 전성 어미
• 어근+명사화 접사=명사	• 어간+명사형 어미=용언
• 서술어 기능(X)	• 서술어 기능(O)
• 관형어의 수식을 받음	• 부사어의 수식을 받음

17 정답 ②

[정답해설]
㉠의 '자기'와 ㉡의 '당신'은 자기 자신을 가리키는 1인칭이나 듣는 이를 가리키는 2인칭이 아니라, 앞에 서 말한 사람을 다시 가리키는 3인칭 대명사 중 '재귀대명사'에 해당한다.

[오답해설]
① ㉠의 '자기'와 ㉡의 '당신'은 이미 앞에서 말한 사람을 가리키는 3인칭 대명사이므로 '형님'을 가리킨다.
③ ㉡의 '당신'은 ㉠의 3인칭 재귀대명사 '자기'를 아주 높여 이르는 말이다.
④ ㉢의 '그'는 말하는 이와 듣는 이가 아닌 사람을 가리키는

3인칭 대명사이므로, ㉠의 '자기'와 달리 '형님' 이외의 다른 대상을 가리킬 수 있다.

[보충해설]

▌인칭대명사의 분류	
1인칭	화자가 포함된 대명사 예 나, 저, 우리, 저희, 소인, 짐, 본관, 본인 등
2인칭	화자가 포함되지 않고 청자만 포함된 대명사 예 너, 자네, 그대, 당신, 너희, 여러분, 댁, 귀관 등
3인칭	화자도 청자도 아닌 대명사 예 그, 이분, 그분, 저분, 이이, 그이, 저이 등
부정칭	막연한 대상을 가리키는 대명사 예 아무, 누구
미지칭	의문의 대상이 되는 알려지지 않은 대상을 가리키는 대명사 예 누구
재귀칭	앞에 나온 명사를 다시 가리킬 때 쓰이는 대명사 예 저, 저희, 자기, 당신

18 정답 ①

[정답해설]
첫 번째 문단에서 ㉠(르네상스 이래 화가들)은 그림의 장면이나 주제를 하나의 고정된 시점에서 본 것처럼 그렸다고 서술하고 있다. 그러나 두 번째 문단에서 ㉡(세잔)은 다양한 각도와 시점을 미묘하게 결합하였다고 서술하고 있고, 세 번째 문단에서 '세잔'의 영향을 받은 ㉢(피카소와 브라크)은 각 단계의 다양한 세부 사항을 관찰하는 것 같은 인상을 만들어 냈다고 서술하고 있다. 그러므로 ㉠(르네상스 이래 화가들)과 달리 ㉡(세잔)과 ㉢(피카소와 브라크)은 대상을 바라보는 관점의 다양성을 인정하고 있는 것이다.

[오답해설]
② 제시문에 따르면 ㉡(세잔)과 달리 ㉠(르네상스 이래 화가들)은 단일한 시간과 공간을 기준으로 대상을 파악하고 있으나, ㉢(피카소와 브라크)은 그렇지 않다.
③ 제시문에 따르면 ㉢(피카소와 브라크)과 달리 ㉠(르네상스 이래 화가들)은 대상을 있는 그대로 묘사하는 것이 회화의 목적이라 여기지만, ㉡(세잔)은 그렇지 않다.

④ 제시문에 따르면 ㉠(르네상스 이래 화가들)만 가까이 있는 대상은 크게, 멀리 있는 대상은 작게 표현하는 방식을 취하나, ㉡(세잔)과 ㉢(피카소와 브라크)은 그렇지 않다.

19   정답 ②

[정답해설]

두 번째 문단에 따르면 '는, 을'의 조사는 분리하여도 제 뜻을 잃어버리지 않으나, 조사는 홀로 쓰이지 못하고 반드시 체언 등에 붙어서만 쓰인다고 하였다. 그런 까닭에 국어의 조사를 단어로 인정하기도 하고 인정하지 않기도 한다고 서술하고 있다.

[오답해설]

① 첫 번째 문단에서 '작은언니'는 '작은'과 '언니'로 분리하게 되면 본래의 뜻과 다르게 되기 때문에 한 단어라고 하였다. 그런데 단어는 문장을 구성하는 단위 가운데 분리하면 본래의 뜻을 잃어버리게 되는 최소의 자립 형식이라고 하였으므로, '작은언니'는 최소의 자립 형식이다.

③ 두 번째 문단에서 '그루, 것'과 같은 의존 명사는 관형어의 수식을 받는다는 점에서 그 통사적 성격이 명사와 동일하다고 하였다.

④ 마지막 문단에 따르면 '샛노랗다'는 복합어 중 '파생어'에 해당되고, '손목'은 복합어 중 '합성어'에 해당된다.

20   정답 ④

[정답해설]

행복동 주민들이 '철거 계고장'을 받고 항의하기 위해 동사무소에 몰려갔지만, 서술자는 쓸데없는 짓이며 떠든다고 해결될 문제가 아니라고 서술하고 있다. 그러므로 ㉣을 주민들의 노력으로 삶이 개선될 것임을 암시하는 내용이라고 볼 수 없다.

[오답해설]

① 주인공인 아들이 신체적 장애를 가진 인물인 아버지를 '난쟁이'라고 밝힘으로써, 산업화 과정에서 소외된 '아버지'의 왜소함을 드러내고 있다.

② 하루하루의 생활이 지옥과 같았다며, 가난한 도시 빈민의 힘겨운 삶을 전쟁에 비유하고 있다.

③ 벽돌 공장의 높은 굴뚝은 맹목적이고 무리한 산업화의 위압적 분위기를 나타내고 있고, 그 굴뚝 그림자는 난쟁이 가족과 같은 억눌린 하층민의 그늘진 삶을 표현한 것이다.

[작품해설]

▌조세희, 「난쟁이가 쏘아 올린 작은 공」

- 갈래 : 현대소설, 단편소설, 연작소설
- 성격 : 비판적, 상징적, 사회 고발적
- 배경 : 1970년대, 서울의 변두리
- 시점 : 1인칭 주인공 시점
- 제재 : 도시 빈민과 노동자의 삶
- 주제 : 도시 빈민이 겪는 삶의 고통과 좌절
- 특징
  - 상징적, 반어적 표현으로 주제를 드러냄
  - 동화적인 구도로서 단순 명료한 이분법적 대결 구도
  - 환상적인 성격을 지닌 공간 설정
  - 주인공을 난쟁이로 설정하여 아름답고 환상적인 동화적 구도와 비극적 삶의 부조화로 비극성 강화

2023~2017 [서울시] 정답 및 해설

▌[서울시] 2023년 06월 | 정답

01	①	02	①	03	④	04	③	05	②
06	③	07	③	08	②	09	①	10	③
11	④	12	③	13	②	14	③	15	③
16	③	17	②	18	①	19	②	20	④

▌[서울시] 2023년 06월 | 해설

01   정답 ①

[정답해설]

'국민'은 [궁민]으로 발음되어 'ㄱ → ㅇ'으로 바뀌었으나, 'ㄱ, ㅇ' 모두 연구개음이므로 조음 위치는 바뀌지 않았다. '묻는'도 [문는]으로 발음되어 'ㄷ → ㄴ'으로 바뀌었으나, 'ㄷ, ㄴ' 모두 치조음이므로 조음 위치는 바뀌지 않았다.

[오답해설]

② '국민'이 [궁민]으로, '묻는'이 [문는]으로 발음되는 것은 받침 'ㄱ, ㄷ, ㅂ'이 뒤에 오는 'ㄴ, ㅁ' 앞에서 'ㅇ, ㄴ, ㅁ'으로 바꾸어 발음되는 비음화현상이다.

③ '국민'과 '묻는'에서 일어나는 비음화현상은 자음동화로 음운 현상 중 동화(同化)에 해당한다.

④ '읊는'은 자음군단순화되어 '읖는'이 된 후 비음화되어 '음는'이 된다. 그러므로 '읊는'에서도 '국민', '묻는'과 마찬가지로 비음화현상이 일어난다.

02   정답 ①

[정답해설]

본바가 → 본∨바가

'본바가'에서 '본'은 관형사이고 '바'는 뒤에 격조사 '가'가 결합한 의존 명사이므로, '본바가'를 '본∨바가'처럼 띄어 써야 옳다.

[오답해설]

② '생각대로'에서 '대로'는 '생각'이라는 체언 뒤에 쓰인 조사이므로 붙여 써야 옳다. '대로'가 의존 명사로 쓰일 경우에는 앞에 관형어가 오며 띄어 써야 한다.

③ '고향뿐이다'에서 '뿐'은 '고향'이라는 체언 뒤에 쓰인 조사이므로 붙여 써야 옳다. '뿐'이 의존 명사로 쓰일 경우에는 앞에 관형어가 오며 띄어 써야 한다.

④ '원칙만큼은'에서 '만큼'은 '원칙'이라는 체언 뒤에 쓰인 조사이므로 붙여 써야 옳다. '만큼'이 의존 명사로 쓰일 경우에는 앞에 관형어가 오며 띄어 써야 한다.

03   정답 ④

[정답해설]

ⓔ의 '천착'은 '어떤 원인이나 내용 따위를 따지고 파고들어 알려고 하거나 연구함'을 뜻하는 말이다. '잘못된 것을 바로잡음'을 뜻하는 단어는 '시정(是正)'이다.

[오답해설]

① ㉠ 폄하(貶下) : 가치를 깎아내림

② ㉡ 기피(忌避) : 꺼리거나 싫어하여 피함

③ ㉢ 각광(脚光) : 사회적 관심이나 흥미

04   정답 ③

[정답해설]

'소정의'에서 '소정(所定)'은 '정해진 바'라는 뜻이므로 '적은 액수'를 뜻하는 '소액(少額)'으로 바꿔 쓰는 것은 적절하지 않다. 해당 문장의 '소정의'는 '정해진'으로 바꿔 쓰는 것이 적절하다.

[오답해설]

① '상존하고'에서 '상존(常存)'은 '언제나 존재함'을 뜻하므로, 해당 문장의 '상존하고'는 '언제나, 늘, 항상' 등으로 바꿔 쓸 수 있다.

② '도래자'에서 '도래(到來)'는 '어떤 시기나 기회가 닥쳐옴'을 이르는 말로, 해당 문장의 '도래자'는 '~가(이) 되는 사람'

으로 바꿔 쓸 수 있다.

④ '제고함'에서 '제고(提高)'는 '수준이나 정도 따위를 끌어올림'을 뜻하므로, 해당 문장에서 '제고함'은 '높임'으로 바꿔 쓸 수 있다.

---

05   정답 ②

[정답해설]

주어진 〈보기 1〉은 '왜냐하면 ~ 때문이다'의 문장 구조로, 앞에 나온 문장의 근거를 제시하고 있다. 〈보기 1〉에서 '학문의 세계에서 모든 다른 견해를 하나로 귀결시키기는 어렵다'고 하였으므로, ⓒ 앞의 문장인 '학문의 세계에서 통합이란 말은 성립되기 어렵다'는 말의 근거가 된다. 그러므로 주어진 〈보기 1〉은 문맥상 〈보기 2〉의 ⓒ에 들어가는 것이 가장 적절하다.

---

06   정답 ③

[정답해설]

㉠의 '동난지이'를 팔고 있는 게젓장수에게 사람들이 '그 물건이 무엇이냐'고 묻고 있으므로 ⓒ의 '물건'은 '동난지이' 즉 '게젓'을 가리킨다. 그러므로 ㉠의 '동난지이', ⓒ의 '물건', 그리고 ㉣의 '게젓'은 모두 동일한 대상이다. ⓒ의 '청장'은 '淸醬(맑을 청, 장 장)'으로 '진하지 아니한 간장'을 뜻한다.

[작품해설]

> ▍작자미상, 「댁들아 동난지이 사오」
>
> [현대어 풀이]
> 사람들아, 동난지이 사오. 저 장수야, 네 물건이 무엇이라 외치느냐? 사자.
> 겉은 뼈요, 속은 살이고, 두 눈이 하늘을 향하고, 앞으로 뒤로 기는 작은 다리 여덟 개, 큰 다리 두 개.
> 청장이 아스슥하는 동난지이 사오.
> 장수야, 그리 거북하게 외치지 말고 게젓이라고 하려무나.

---

07   정답 ③

[정답해설]

외눈퉁이 → 애꾸눈이 / 덩쿨 → 넝쿨, 덩굴

'외눈퉁이'는 '한쪽 눈이 먼 사람을 낮잡아 이르는 말'인 '애꾸눈이'의 비표준어이다. '덩쿨'은 '덩굴'의 비표준어로 '넝쿨'도 복수 표준어로 인정하고 있다.

---

08   정답 ②

[정답해설]

브러쉬 → 브러시

외래어 표기법에 따라 어말의 [ʃ]는 '쉬'가 아니라 '시'로 적어야 한다. 그러므로 'brush'는 '브러쉬'가 아니라 '브러시'로 적어야 한다.

> • English : 잉글리쉬(X) → 잉글리시(O)
> • flash : 플래쉬(X) → 플래시(O)
> • fish : 피쉬(X) → 피시(O)

[오답해설]

① 짧은 모음 다음의 어말 무성 파열음 [p], [t], [k]는 받침으로 적는다.

> • bonnet : 보네트 → 보닛
> • robot : 로보트 → 로봇
> • snap : 스내프 → 스냅

③ 중모음 [ou]는 '오'로 적는다.

> • boat : 보우트 → 보트
> • snow : 스노우 → 스노
> • rainbow : 레인보우 → 레인보

④ 어말 또는 자음 앞의 [f]는 '으'를 붙여 적는다.

> • graph : 그랩 → 그래프
> • knife : 나입 → 나이프
> • wife : 와입 → 와이프

---

09   정답 ①

[정답해설]

〈보기〉의 "상처의 흔적이야말로 우리 삶의 매우 단단한 마디요, 숨은 값이라 할 수도 있을 것이다."에 나타난 것처럼 글쓴이는 삶의 시련을 인생의 성숙함을 위한 과정으로 보고 있다. ①의 "흔들리지 않고 피는 꽃이 어디 있으랴 / 이 세상 그 어떤 아름다운 꽃들도 다 흔들리면서 피었나니"에서도 시련 없

는 성숙함은 없으며, 시련을 극복해야 아름다운 꽃을 피울 수
있다고 글쓴이는 말하고 있다.

[오답해설]
② 열정, 사랑 그리고 남을 위한 이타심 없이 살아가는 사람
들의 반성을 촉구하고 있다.
③ '하늘을 우러러 한 점 부끄럼이 없기'를 바라는 자기반성
과 성찰을 드러내고 있다.
④ '사랑보다 소중한 슬픔'을 통해 어렵고 힘들게 살아가는
사람들에 대한 연민과 공감의 마음을 드러내고 있다.

10	정답 ③

[정답해설]
해당 작품에서 '독수리'는 화자를 성찰하게 하는 정신적이고
의지적인 존재를 말하며, '거북이'는 화자를 유혹하는 존재,
즉 일제의 유혹을 말한다. 그러므로 '독수리'와 '거북이'는 이
시에서 다른 의미를 갖는 존재이다.

[오답해설]
① "습한 간(肝)을 펴서 말리우자"는 더럽혀진 양심과 존엄성
을 회복하자는 의미로, '간(肝)'은 화자가 일제로부터 지켜
야 할 '지조와 생명'을 가리킨다.
② '코카서스'는 프로메테우스 신화에서 프로메테우스가 형
벌을 받은 장소이며, '토끼'는 토끼전에서 꾀를 내어 간신
히 용궁에서 도망쳐 나온 토끼를 말한다. 그러므로 코카
서스 산중에서 도망해 온 '토끼'는 토끼전과 프로메테우스
신화를 연결하고 있다.
④ 인류에게 불을 전달한 죄로 형벌을 받은 '프로메테우스'는
시적 화자가 지향하는 '희생양'의 존재로, 끝없이 침전한다
는 점에서 시대의 고통이 큼을 암시하는 동시에 자기희생
에 대한 화자의 각오를 드러내고 있다.

[작품해설]

> **■ 윤동주, 「간」**
> • 갈래 : 자유시, 서정시
> • 성격 : 저항적, 의지적, 우의적
> • 주제 : 양심의 회복과 현실적 고난의 극복 의지
> • 특징
>   – 구토지설(토끼전)과 프로메테우스 신화를 결합하여
>   시상을 전개함
>   – 정신적 자아와 육체적 자아의 대립을 통해서 자아
>   성찰과 자기희생의 의지를 표현함

11	정답 ④

[정답해설]
'곪겨서'는 기본형이 '곪기다'이며 '곪은 자리에 딴딴한 멍울
이 생기다'는 의미로, 해당 문장에서 옳게 사용되었다.

[오답해설]
① 옛부터 → 예부터
조사 '부터'가 결합할 수 있는 말은 명사이므로, 명사 '예'
와 결합한 '예부터'가 바른 표기이다. 관형사인 '옛'과 결합
하여 '옛부터'라고 쓰는 것은 적절하지 않다.
② 궁시렁거리지 → 구시렁거리지
'못마땅하여 군소리를 듣기 싫도록 자꾸 하다'라는 뜻은
'구시렁거리다'이며, '궁시렁거리다'는 방언이다. 그러므로
해당 문장의 '궁시렁거리지'를 '구시렁거리지'로 고쳐 써야
옳다.
③ 들이키지 → 들이켜지
'물이나 술 따위의 액체를 단숨에 마시다'라는 뜻은 '들이
켜다'이므로, 해당 문장에서 '들이키지'는 '들이켜지'로 고
쳐 써야 옳다.

12	정답 ③

[정답해설]
'이르다(至)'에서 '이르러'로 활용한 것은 어간 '이르-'에 종결
어미 '-어'가 붙어 어미의 '-어'가 '러'로 바뀐 '러 불규칙'에
해당한다. 즉, '이르러'는 어미 불규칙에 해당하므로, 〈보기〉의
'어간의 형태가 불규칙하게 활용하는 것'에 해당되지 않는다.

[오답해설]
① '잇다'에서 '이으니'로 활용한 것은 어간 '잇-'에서 'ㅅ'이
탈락한 'ㅅ불규칙'이므로, 어간 불규칙에 해당한다.
② '묻다(問)'에서 '물어서'로 활용한 것은 어간 '묻-'에서 'ㄷ'
이 탈락한 'ㄷ불규칙'이므로, 어간 불규칙에 해당한다.
④ '낫다'에서 '나으니'로 활용한 것은 어간 '낫-'에서 'ㅅ'이
탈락한 'ㅅ불규칙'이므로, 어간 불규칙에 해당한다.

13	정답 ②

[정답해설]
ⓒ의 '아스팔트'는 자유를 위해 도달하고자 하는 미래의 공간
이 아니라, 자유가 없는 군사 독재의 현실 공간을 나타낸다.
자유를 위해 도달하고자 하는 미래의 공간을 나타낸 시어는
'바다'이다.

[오답해설]

① ⊙의 '구럭'은 큰 게들이 잡혀있는 게장수의 망태기를 말하며, 폭압으로 자유를 잃은 구속된 현실을 의미한다.

③ ⓒ의 '사방'은 순수하고 연약한 존재인 '어린 게'가 살아갈 돌파구를 찾기 어려운 현실을 나타낸다.

④ ⓔ의 '먼지'는 주목받지 못한 채 방치된 '어린 게'의 죽음에 대한 연민과 비극성을 강조한다.

[작품해설]

┃ **김광규, 「어린 게의 죽음」**

• 갈래 : 자유시, 서정시
• 성격 : 희생적, 비판적, 상징적
• 주제 : 현대 문명과 군부 독재에 대한 비판과 자유를 향한 저항
• 특징
  – 대조적 시어를 통해 주제를 형상화 함
  – 우의적 표현을 통해 주제를 상징적으로 제시함
  – 역설적 표현을 통해 자유를 향한 고귀한 희생을 강조함
  – 시대 상황을 모티브로 하여 주제즐 상지함

---

14   정답 ③

[정답해설]

해당 작품은 현실 세계에서 있음직한 이야기를 허구적으로 구성한 '소설'이 아니라, 일정한 형식을 따르지 않고 인생이나 자연 또는 일상생활에서의 느낌이나 체험을 생각나는 대로 쓴 '수필'이다. '동명일기'는 '조침문', '규중칠우쟁론기'와 함께 여류 수필의 백미로 손꼽힌다.

[오답해설]

① 해당 작품은 여성 작가인 의유당 김씨의 작품으로, 한글로 쓰인 기행 수필이다.

② 해당 작품에서 작가는 치밀한 관찰력을 바탕으로 감각어나 색채어를 사용하여 해돋이 장면을 감각적이고 생동감 있게 묘사하고 있다.

④ '회오리밤', '큰 쟁반', '수레바퀴'는 모두 작가가 일출 광경을 묘사하기 위해 '해'를 비유적으로 표현한 것이다.

[작품해설]

┃ **의유당 김씨, 「동명일기」**

• 갈래 : 고전 수필, 한글 수필, 기행 수필, 내간 문학
• 성격 : 묘사적, 비유적, 사실적, 주관적
• 주제 : 귀경대에서 바라본 달맞이와 해돋이의 아름다움

• 의의 : '조침문', '규중칠우쟁론기'와 함께 여류 수필의 백미임
• 특징
  – 시간의 흐름에 따라 추보식으로 서술함
  – 치밀한 관찰력을 바탕으로 대상을 섬세하게 묘사함
  – 글쓴이의 감정이 직설적으로 드러남
  – 순수한 우리말, 섬세한 사실적 묘사와 비유적 표현, 감각어나 색채어의 사용이 두드러짐

---

15   정답 ③

[정답해설]

⊙에 들어갈 말은 '오로지 베스 놈의 투지와 용맹을 길러서 금옥이네 누렁이를 꺾고 말겠다는 석구의 노력'을 표현해야 하므로, 마음먹은 일을 이루기 위해 온갖 어려움과 괴로움을 참고 견딤을 이르는 '臥薪嘗膽(와신상담)'이 들어갈 사자성어로 가장 적절하다.

> **臥薪嘗膽(와신상담)** : '불편한 섶에 몸을 눕히고 쓸개를 맛본다'는 뜻으로, 원수를 갚거나 마음먹은 일을 이루기 위하여 온갖 어려움과 괴로움을 참고 견딤을 비유적으로 이르는 말이다.

[오답해설]

① 泥田鬪狗(이전투구): '진흙탕에서 싸우는 개'라는 뜻으로, 강인한 성격의 함경도 사람을 이르는 말이다.

② 吳越同舟(오월동주): '오(吳)나라 사람과 월(越)나라 사람이 한 배에 타고 있다'는 뜻으로, 서로 적의를 품은 사람들이 한자리에 있게 된 경우나 서로 협력하여야 하는 상황을 비유적으로 이르는 말이다.

④ 結草報恩(결초보은): '풀을 묶어서 은혜를 갚는다'는 뜻으로, 죽은 뒤에라도 은혜를 잊지 않고 갚음을 이르는 말이다.

---

16   정답 ③

[정답해설]

〈보기〉에서 한자로 우리말을 적는 것이 불가능한 것은 아니라고 하였다. 고구려 광개토대왕비에 빼곡하게 적힌 한자는 고구려 사람이 적은 것이므로, 고구려 사람이 사용하는 한국어를 오로지 한글로만 표기할 수 있는 것은 아님을 알 수 있다.

[오답해설]

① 〈보기〉에서 흔히 말과 글자를 같은 것으로 여기는 오류를

범한다고 서술하고 있으므로, 한글은 언어(말)가 아니라 문자를 가리키는 것이라고 할 수 있다.

② 〈보기〉의 "그런데 많은 이들이 세종대왕께서 우리글이 아닌 우리말을 만드신 것으로 오해하고 있습니다."에서 세종대왕이 만드신 것은 우리말이 아니라 우리글임을 알 수 있다.

④ 〈보기〉에서 한글은 오로지 우리나라에서 우리말을 적는 데만 쓰이기 때문에 한글과 우리말을 같은 것으로 여기는 오류를 범한다고 서술하고 있다. 즉, 그것이 한글이 오로지 한국어를 표기하는 데 사용되기 때문에 많은 사람들이 한글과 한국어를 혼동하는 이유이다.

17 　　　　　　　　　　　정답 ②

[정답해설]

(가) - ㄱ

(가)의 앞부분에서는 본능적으로 생존에 이롭고 해로운 대상을 구분하는 능력에 대해 설명하고 있고, (가)의 뒷부분에서는 경험에 따라 좋고 나쁨을 학습하는 능력에 대해 설명하고 있다. 그러므로 (가)의 본능에 더불어 (나)의 경험적 능력을 설명한 'ㄱ'이 (가)에 들어가는 게 적절하다.

(나) - ㄷ

(가)의 뒷부분에서 초콜릿 케이크를 한 번도 먹어보지 못한 사람도 케이크의 냄새, 색, 촉감 등을 무의식적으로 선호하게 된다고 설명하고 있다. 그러므로 이러한 타고난 기본 성향과 학습 능력을 통해 특정 대상에 대한 기호를 형성한다는 'ㄷ'이 (나)에 들어갈 말로 적절하다.

(다) - ㄴ

(다)의 앞부분에서 새끼도 보호해야 하고 먹이도 구해야 하는 여우의 선택을 예로 들어 '의사결정'에 대해 설명하고 있다. 그러므로 선택지에 가치를 매기는 뇌의 기능에 대해 설명한 'ㄴ'이 (다)에 들어갈 말로 가장 적절하다.

18 　　　　　　　　　　　정답 ①

[정답해설]

'옥고(玉稿)'는 '훌륭한 원고'라는 뜻으로, 다른 사람의 원고를 높여 이르는 말이다. 그러므로 자신의 생각, 물건, 일 등을 낮추어 겸손하게 이르는 말이 아니다.

[오답해설]

② 관견(管見): '대롱 구멍으로 사물을 본다'는 뜻으로, 좁은 소견이나 자기의 소견을 겸손하게 이르는 말이다.

③ 단견(短見): '좁은 소견', 즉 자기의 생각이나 의견을 겸손하게 이르는 말이다.

④ 졸고(拙稿): '서투르게 쓴 원고'라는 뜻으로, 자기의 원고를 겸손하게 이르는 말이다.

19 　　　　　　　　　　　정답 ②

[정답해설]

해당 문장에서 '둘'은 뒤에 서술격 조사 '-이다'가 결합되었으므로 체언에 해당한다. 즉, ②의 '둘'은 체언인 수사로 쓰였고, ①의 '다섯', ③의 '세', ④의 '열'은 관형사로 쓰였다.

[오답해설]

① '다섯'은 뒤의 명사 '명'을 수식하는 관형사로 쓰였다.

③ '세'는 뒤의 명사 '번'을 수식하는 관형사로 쓰였다.

④ '열'은 뒤의 명사 '사람'을 수식하는 관형사로 쓰였다.

20 　　　　　　　　　　　정답 ④

[정답해설]

'짚신'은 명사 '짚'과 명사 '신'이 결합된 합성어이다. 그러므로 합성어인 ④의 '짚신'은 파생어인 ①의 '개살구', ②의 '돌미나리', ③의 '군소리'와 복합어의 조합이 다르다.

[오답해설]

① '개살구'는 명사 '살구'에 접사 '개'가 결합된 파생어이다.

② '돌미나리' 명사 '미나리'에 접사 '돌'이 결합된 파생어이다.

③ '군소리'는 명사 '소리'에 접사 '군'이 결합된 파생어이다.

[서울시] 2022년 02월 | 정답

01	①	02	②	03	④	04	②	05	③
06	②	07	④	08	②	09	③	10	①
11	②	12	④	13	②	14	②	15	③
16	③	17	④	18	①	19	④	20	③

[서울시] 2022년 02월 | 해설

01 　　　　　　　　　　　　　　정답 ①

[정답해설]
해당 문장에서 '말은'은 서술어 '해라'의 목적어로 '말을 바로 해라'로 바꾸어 쓸 수 있다. 그러므로 '말은'의 문장 성분은 목적어이다.

[오답해설]
② 해당 문장에서 '호랑이도'는 서술어 '온다'의 주어로 쓰여 '호랑이가 온다'는 의미이므로, '호랑이도'의 문장 성분은 주어이다.
③ 해당 문장에서 '연기'는 서술어 '나다'의 주어로 쓰여 '연기가 나다'는 의미이므로, '연기'의 문장 성분은 주어이다.
④ 해당 문장에서 '꿀도'는 서술어 '쓰다'의 주어로 쓰여 '꿀이 약이라면 쓰다'는 의미이므로, '꿀도'의 문장 성분은 주어이다.

02 　　　　　　　　　　　　　　정답 ②

[정답해설]
'넓히기'는 '넓히다'가 기본형으로 '넓다'의 사동사이다. 또한 '좁힌다'는 '좁히다'가 기본형으로 '좁다'의 사동사이다.

[오답해설]
① '우기다'는 기본형 동사이며, 사동사가 아니다.
③ '버리다'는 기본형 동사이며, 사동사가 아니다.
④ '모이다'는 '모으다'의 피동사이며, 사동사가 아니다.

03 　　　　　　　　　　　　　　정답 ④

[정답해설]
해당 문장에서 '보다'는 앞말이 뜻하는 행동이나 상태를 추측하거나 어렴풋이 인식으로 있음을 나타내는 '보조형용사'로 쓰였다. ① · ② · ③은 모두 '보조동사'이다.

[오답해설]
① 해당 문장에서 '보다'는 어떤 행동을 시험 삼아 함을 나타내는 '보조동사'로 쓰였다.
② 해당 문장에서 '보면'은 앞말이 뜻하는 행동을 하는 과정에서 뒷말이 뜻하는 사실을 새로 깨닫게 되거나, 뒷말이 뜻하는 상태로 됨을 나타내는 '보조동사'로 쓰였다.
③ 해당 문장에서 '보지'는 어떤 일을 경험함을 나타내는 '보조동사'로 쓰였다.

04 　　　　　　　　　　　　　　정답 ②

[정답해설]
해당 문장에서 '가리키는'은 '손가락 따위로 어떤 방향이나 대상을 집어 보이거나 말하거나 알리다'의 뜻으로 적절히 사용되었다. '가르키는' 또는 '가르치는' 등으로 잘못 표기하지 않도록 주의해야 한다.

[오답해설]
① 계시겠습니다 → 있으시겠습니다
　'말씀'은 회장님과 관련된 대상이므로 간접 높임법에 따라 '계시겠습니다'를 '있으시겠습니다'로 고쳐 써야 한다.
③ 푸른 산과 → 푸른 산이 있고
　접속조사 '과'가 쓰인 문장에서 주어 '푸른 산'과 술어 '흐르다'가 호응하지 않으므로, '푸른 산과'를 '푸른 산이 있고'로 고쳐야 옳다.
④ 믿겨지지 → 믿어지지, 믿기지
　'믿겨지다'는 피동사 '믿기다'에 '-어지다'가 결합되어 이중피동에 해당하므로, '믿겨지지'는 '믿어지지' 또는 '믿기지'로 고쳐 써야 옳다.

05 　　　　　　　　　　　　　　정답 ③

[정답해설]
'듯∨싶었다' → '듯싶었다'
'잘될'은 하나의 단어로 본용언이며, '듯'은 의존명사가 아니라 '듯싶었다'가 하나의 단어인 보조용언이다. 그러므로 '듯∨싶었다'는 '듯싶었다'로 붙여 써야 올바르다.

[오답해설]
① 해당 문장에서 '이'는 관형사로 옳게 띄워 썼고, '할'과 '만하다'는 본용언과 보조용언으로 옳게 띄워 썼다.
② 해당 문장에서 '하고'와 '싶은'은 본용언과 보조용언으로 옳게 띄어 썼고, '대로'도 의존명사이므로 옳게 띄어 썼다. 또한 '할'과 '터이야'의 준말인 '테야'는 본용언과 보조용언이므로 옳게 띄어 썼다.

④ 해당 문장에서 '아는'과 '체를'은 조사가 결합된 본용언과 보조용언이므로 띄어 쓰는 것이 올바르다.

06 　　　　　　　　　정답 ②

[정답해설]
해당 문장의 '예쁜'은 용언으로, 앞에 주어 '꽃이'가 생략된 관형사절을 포함한 안은문장이다.

[오답해설]
① '갖은'은 '골고루 다 갖춘 또는 여러 가지의'의 의미인 관형사로, 용언이 아니므로 해당 문장에 관형사절은 없다.
③ '오랜'은 '이미 지난 동안이 긴'의 의미인 관형사로, 용언이 아니므로 해당 문장에 관형사절은 없다.
④ '여남은'은 '열이 조금 넘는 수의'의 의미인 관형사로, 용언이 아니므로 해당 문장에 관형사절은 없다.

07 　　　　　　　　　정답 ④

[정답해설]
〈보기〉의 글은 문화변동을 '돌연변이', '유전자 이동', '유전자 유실', '유전자 제거'의 네 가지 생물진화의 유전적 진화 원리에 비유하여 설명하고 있다. 그러므로 '적자생존'은 이에 해당되지 않는다.

08 　　　　　　　　　정답 ②

[정답해설]
報誥 → 報告
해당 문장의 '보고'는 '일에 관한 내용이나 결과를 말이나 글로 알림'을 뜻하는 단어로, 한자어 '報誥'를 '報告'로 고쳐 써야 옳다.

[오답해설]
① 체계적(體系的: 몸 체, 맬 계, 과녁 적) → 일정한 원리에 따라서 낱낱의 부분이 짜임새 있게 조직되어 통일된 전체를 이루는 것
③ 제고(提高: 끌 제, 높을 고) → 수준이나 정도 따위를 끌어올림
④ 유명세(有名稅: 있을 유, 이름 명, 세금 세) → 세상에 이름이 널리 알려져 있는 탓으로 당하는 불편이나 곤욕을 속되게 이르는 말

09 　　　　　　　　　정답 ③

[정답해설]
세 번째 문단에 따르면 갑작스러운 표기 변경에 따른 혼란을 피하기 위해 지금까지 사용한 대로 '나트륨' 표기를 사용한다고 하였으므로, '나트륨'보다는 '소듐'이 국제기준에 맞는 표기법임을 알 수 있다.

[오답해설]
① 두 번째 문단에서 '요오드'가 '아이오딘'으로 변경된다고 하였으므로, '아이오딘'이 '요오드'보다 세계적으로 통용되는 발음에 가깝다.
② 두 번째 문단에서 '저마늄'은 '게르마늄'을 세계적으로 통용되는 발음에 더 가깝게 표기한 것이다.
④ 세 번째 문단에서 '비타민'도 당분간 '바이타민'을 병행 표기한다고 하였으므로, '비타민'이라는 용어를 쓰지 않아야 하는 것은 아니다.

10 　　　　　　　　　정답 ①

[정답해설]
밑줄 친 "달은 나의 뜰에 고요히 앉아 있다."에서 무생물인 '달'이 살아 있는 생물처럼 '앉아 있다'고 하였으므로, 살아 있지 않은 무생물을 살아 있는 것처럼 표현하는 활유법에 해당한다. ①의 "풀은 눕고 / 드디어 울었다."에서 무생물인 '풀'이 살아 있는 생물처럼 '눕고, 울고' 있는 것이므로 또한 활유법에 해당한다.

[오답해설]
② 해당 문장은 '누구나 다 외로움을 안다'는 뜻으로, 누구다 다 아는 사실을 의문문의 형식을 빌려 독자가 스스로 깨닫게 하는 설의법에 해당한다.
③ 해당 문장에서 '구름'은 '장미'에 비유되므로, 'A는 B이다' 형식의 은유법에 해당한다.
④ 해당 문장은 '강낭콩꽃보다도 더 푸르고, 양귀비꽃보다도 더 붉다'에서 대구법과 비교법이 사용되었다.

[작품해설]

> ■ 장만영, 「달·포도·잎사귀」
> • 갈래 : 자유시, 서정시
> • 성격 : 서정적, 낭만적, 회화적
> • 어조 : 대화체
> • 주제 : 가을 달밤의 아름다운 정취
> • 특징
> 　– 감각적 이미지를 사용하여 정경을 묘사함

– 대화체의 어조를 통해 친근한 느낌을 형성함
– 의도적인 시행 배치를 통해 시각적 이미지와 시각적 의미를 강조함

로 역설법에 해당한다.
③ '노란 해바라기는 늘 태양 같이'에서 직유법이 사용되었다.

11 　　　　　　　　　　　　　　　　정답 ②

[정답해설]

제시문에 따르면 명제 P와 Q가 IF … THEN으로 연결되는 P→Q는 P가 참이고 Q가 거짓이면 거짓이고 나머지 경우에는 모두 참이 된다고 하였다. 그러므로 명제 논리에서 '파리가 새라면 지구는 둥글다.'는 P에 해당하는 '파리가 새이다'가 거짓이고 Q에 해당하는 '지구는 둥글다'가 참이므로, 참인 명제에 해당한다.

[오답해설]

① 제시문에 따르면 모든 명제는 참이든지 거짓이든지 둘 중 하나여야 하며, 참이면서 거짓인 경우는 없다고 하였다. 그러므로 명제 논리에서 '모기는 생물이면서 무생물이다.'는 참이면서 거짓인 경우에 해당하므로 성립하지 않는다.
③ 제시문에 따르면 명제 P와 Q가 OR로 연결되는 P∨Q는 P와 Q 둘 중 적어도 하나가 참이기만 하면 참이 된다고 하였다. 그러므로 명제 논리에서 '개가 동물이거나 컴퓨터가 동물이다.'는 '개가 동물인 것'이 참이므로 참인 명제에 해당한다.
④ 제시문에 따르면 명제 P와 Q가 AND로 연결되는 P∧Q는 P와 Q가 모두 참일 때에만 참이라고 하였다. 그러므로 명제 논리에서 '늑대는 새가 아니고 파리는 곤충이다.'는 '늑대가 새가 아닌 것'이 참이고, '파리가 곤충인 것'이 참이므로 참인 명제이다.

12 　　　　　　　　　　　　　　　　정답 ④

[정답해설]

초장의 '동짓달 기나긴 밤 한 허리를 베어내어'는 자를 수 없는 추상적 대상인 '밤'을 '허리를 잘라' 이불속에 넣겠다고 구체적인 사물로 형상화하고 있다. 마찬가지로 ④에서 '내 마음 속'이라는 추상적인 대상을 '고운 눈썹'이라는 구체적인 사물로, 그리고 '즈믄 밤의 꿈'이라는 추상적인 대상을 '맑게 씻다'라는 구체적인 사물로 형상화하고 있다.

[오답해설]

① '님은 갔지만 님을 보내지 않은 것'이므로 역설법에 해당한다.
② '무사한데 병원이고, 병이 없는데 치료를 기다리는 것'이므

13 　　　　　　　　　　　　　　　　정답 ②

[정답해설]

제시문에 따르면 일제 시기의 역사가 한국 역사의 일부가 되기 위해서는 지배의 억압 속에서도 치열하게 삶을 영위해 가면서 자기 발전을 도모해 나간 조선인의 역사도 정당하게 평가되지 않으면 안 된다고 서술하고 있다. 그러므로 〈보기〉는 일제의 지배에 주체적으로 대응한 조선인의 역사도 정당하게 평가되어야 한다고 말하고 있는 것이다.

[오답해설]

① 일제의 조선 지배가 한국의 근대화를 압살하였기 때문에 근대는 해방 이후부터 시작될 수밖에 없었다는 주장은 일제의 조선 지배에도 불구하고 조선인들이 주체적으로 대응했던 역사가 탈락되어 있기 때문에 잘못된 주장이며, 〈보기〉의 글이 말하고자 하는 바가 아니다.
③ 일제가 조선을 지배하지 않았다면 조선에서는 근대화가 이루어지지 않았을 것이라는 주장에도 조선인들이 주체적으로 대응했던 역사가 탈락되어 있기 때문에 잘못된 주장이며, 〈보기〉의 글이 말하고자 하는 바가 아니다.
④ 조선인들은 일제하에서도 적극적인 항일 운동으로 역사에 주체적으로 대응해 나갔다는 주장은 〈보기〉의 글이 말하고자 하는 바를 구체화하기 위한 첨가적 예시로 사용되었다.

14 　　　　　　　　　　　　　　　　정답 ②

[정답해설]

'알려지지 않은 사실이 널리 밝혀지다'의 의미는 '드러나다'이므로, 해당 문장에서 '드러났습니다'는 바르게 사용되었다. 참고로 '드러났습니다'를 '들어났습니다'로 쓰지 않도록 주의해야 한다.

[오답해설]

① 제작년까지만 → 재작년까지만
　'지난해의 바로 전 해'를 의미하는 단어는 '재작년(再昨年)'이다. 그러므로 해당 문장의 '제작년까지만'을 '재작년까지만'으로 고쳐 써야 한다.
③ 띄는 → 띠는
　'어떤 성질을 가지다'는 의미는 '띄다'가 아니라 '띠다'이다. 그러므로 해당 문장의 '공격성을 띄는'은 '공격성을 띠는'

으로 고쳐 써야 한다. 참고로 '띄다'는 '뜨이다'의 준말로, '눈에 보이다'는 의미이다.

④ 받아드리는 → 받아들이는

'다른 사람의 의견이나 비판 따위를 찬성하여 따르다 또는 옳다고 인정하다'는 의미는 '받아들이다'이다. 그러므로 해당 문장의 '받아드리는'은 '받아들이는'으로 고쳐 써야 한다.

15 　　　　　　　　　　　정답 ③

[정답해설]

'커피숍, 리더십, 파마'는 모두 옳은 외래어 표기이다. '커피숍'을 '커피샵'으로, '리더십'을 '리더쉽'으로, '파마'를 '퍼머'로 쓰지 않도록 주의해야 한다.

[오답해설]

① 플랭카드 → 플래카드 / 케익 → 케이크
② 쵸콜릿 → 초콜릿
④ 캐비넷 → 캐비닛

16 　　　　　　　　　　　정답 ③

[정답해설]

소희가 비싸다는 의미로 "오백 원이나요?"라고 말한 부분에서, 그리고 '육천 원이면 찌개용 돼지고기 한 근을 살 수 있고 ~ 그냥 사천오백 원짜리 짬뽕을 먹을까'라는 부분에서 서술자는 전지적 시점으로 소희의 마음을 전달하고 있다. 그러므로 밑줄 친 내용은 짬뽕 한 그릇을 사먹는 것도 망설여야 하는 청년 세대의 가난을 간접적으로 드러내려는 서술자의 의도를 엿볼 수 있다.

[오답해설]

① 추가 요금을 받는 것은 매운맛 소스를 안 쓰고 청양고추 유기농으로 맛을 내기 때문이라는 식당 종업원의 주관적 사유이므로, 서술자가 추가 요금을 받지 않으면 장사하기가 어려운 식당의 현실을 비판하려고 한 것은 아니다.
② 서술자가 식당 종업원이 아니라 소희의 입장을 대변하고 있으므로, 쉽게 결정을 내리지 못하는 사람들로 인해 식당 종업원들이 겪는 고충을 전하려 한 것은 아니다.
④ 소희가 음식 값을 고민해야 하는 궁색한 처지 때문에 짬뽕을 먹을지 말지 주저하고 있는 것이므로, 서술자가 소극적인 젊은이들의 의사 표현 방식을 비판하고 적극적인 태도를 가지도록 독려한 것은 아니다.

17 　　　　　　　　　　　정답 ④

[정답해설]

'대물림, 구시렁거리다, 느지막하다'는 모두 어문 규정에 맞는 단어 표기이다. '대물림'을 '되물림'으로, '구시렁거리다'를 '궁시렁거리다'로, '느지막하다'를 '느즈막하다'로 표기하지 않도록 주의해야 한다.

[오답해설]

① 닥달하다 → 닦달하다
　'닥달하다'는 '닦달하다'가 올바른 표기이며, '곰곰이'는 '곰곰히'로 쓰지 않도록 주의해야 한다. 또한 '간질이다'는 '간지럽히다'를 복수 표준어로 인정하고 있다.
② 통채 → 통째, 발자욱 → 발자국, 구렛나루 → 구레나룻
　'통채'는 '통째'가, '발자욱'은 '발자국'이, '구렛나루'는 '구레나룻'이 올바른 표기이다.
③ 귀뜸 → 귀띔
　'귀뜸'은 '귀띔'이, '핼쓱하다'는 '해쓱하다' 또는 '핼쑥하다'가 올바른 표기이다. '널찍하다'는 '넓직하다'로 쓰지 않도록 주의해야 한다.

18 　　　　　　　　　　　정답 ①

[정답해설]

① 견마지로의 '견'과 견토지쟁의 '견' 모두 '개 견(犬)'으로, 같은 의미의 한자어가 사용되었다.

> • 견마지로(犬馬之勞) : '개나 말 정도의 하찮은 힘'이라는 뜻으로, 윗사람에게 충성을 다하는 자신의 노력을 낮추어 이르는 말.
> • 견토지쟁(犬免之爭) : '개와 토끼의 다툼'이라는 뜻으로, 두 사람의 싸움에 제삼자가 이익을 봄을 이르는 말.

[오답해설]

② 견문발검의 '견'은 '볼 견(見)'이고, 견마지성의 '견'은 '개 견(犬)'이다.

> • 견문발검(見蚊拔劍) : 모기를 보고 칼을 뺀다는 뜻으로, 사소한 일에 크게 성내어 덤빔을 이르는 말.
> • 견마지성(犬馬之誠) : '개나 말의 정성'이라는 뜻으로, 임금이나 나라에 바치는 정성 또는 자신의 정성을 낮추어 이르는 말.

③ 견강부회의 '견'은 '이끌 견(牽)'이고, 견물생심의 '견'은 '볼 견(見)'이다.

- **견강부회(牽強附會)** : 이치에 맞지 않는 말을 억지로 끌어 붙여 자기에게 유리하게 함.
- **견물생심(見物生心)** : 어떠한 실물을 보게 되면 그것을 가지고 싶은 욕심이 생김.

④ 견원지간의 '견'은 '개 견(犬)'이고, 견리사의 '견'은 '볼 견(見)'이다.

- **견원지간(犬猿之間)** : '개와 원숭이의 사이'라는 뜻으로, 사이가 매우 나쁜 두 관계를 비유적으로 이르는 말.
- **견리사의(見利思義)** : 눈앞의 이익을 보면 의리를 먼저 생각함.

19 정답 ④

[정답해설]

(가)의 백호는 '한쪽 발에만 짚신을 신은 것'에 대해, (나)의 집주인은 '협소하고 누추한 집에서 구도(求道)하는 것'에 대해, 그리고 (다)의 금붕어는 '과학 법칙들을 정식화(定式化)하는 것'에 대해 자신의 주관적 관점에 따라 대상을 인식하고 있다. 그러므로 (가), (나), (다)가 주관적 인식의 '모순'을 밝히고 있는 것은 아니다.

[오답해설]

① (가)에서 "한쪽은 짚신을 신으셨네요."라는 종의 말에, 백호가 "길 오른쪽을 가는 이는 내가 가죽신을 신었다고 할 테고 길 왼쪽을 가는 이는 내가 짚신을 신었다고 할 게다."라고 말하고 있다. 그러므로 (가)의 임제는 사람들이 주관적 관점에서 대상을 인식한다고 여기고 있다.

② (나)에서 너무도 협소하고 누추한 집에서 편안하게 독서와 구도(求道)에 열중하고 있는 집주인에게, 화자는 구도란 생각을 바꾸는 데 달린 법이라며 집주인의 생각을 바꾸도록 제안하고 있다. 그러므로 (나)의 집주인은 객관적 조건과 무관하게 자신만의 방식으로 대상을 수용하고 있는 것이다.

③ (다)에서 어항 속 금붕어는 자기 나름의 왜곡된 기준 틀로 직선운동을 곡선운동으로 관찰하며 과학 법칙들을 정식화할 수 있다고 하였다. 그러므로 (다)의 금붕어는 왜곡된 기준 틀로 과학 법칙을 수립할 수 있을 것이다.

20 정답 ③

[정답해설]

2연에서 화자가 '꽃 없이 바로 열매 맺는 게 무화과 아닌가'라며 자신의 처지를 토로하자, 친구가 '열매 속에서 속꽃 피는 게 무화과'라며 위로하고 있다. 여기서 '꽃'은 '아름다움'을, '열매'는 '성숙함'을 형상화한 것이다. 즉, '속으로 꽃이 핀다는 것'은 화자가 '성숙함 속의 아름다움'이란 내면화된 가치를 지녔음을 이야기하고 있는 것이다.

[오답해설]

① '잿빛 하늘'은 화자가 처한 부정적 현실을 '잿빛' 색깔 그대로 우울하게 표현하고 있는 뿐, 반어적 형상의 모습은 아니다.

② 화자는 자신이 처한 현실과 암울한 전망에 대해 토로하고 있을 뿐, 이를 극복하려는 저항의 의지를 보여주고 있지는 않다.

④ '검은 도둑괭이'는 부정적 현실에 영악하게 적응하며 살아가는 모습을 형상화한 존재로, 현실의 부정에 적극 맞서야 함을 일깨우는 존재가 아니다.

[작품해설]

▌ 김지하, 「무화과」

- **갈래** : 자유시, 서정시
- **성격** : 상징적, 비판적, 대화적
- **제재** : 무화과
- **주제** : 암울한 현실 속에서도 추구하는 삶의 가치
- **특징**
  - 자연물의 생태적 속성에서 삶의 의미와 가치를 발견하고 있음
  - 대화 형식을 통해 절망과 위로의 구조로 시상을 전개함
  - 동일한 대상에 대해 서로 다른 시각차를 드러냄
  - 진정한 우정의 확인, 연대의식과 유대감을 통해 부정적 현실의 극복 의지를 드러냄
  - '잿빛', '검은'과 같은 색채어를 활용하여 부정적인 상황을 시각적으로 강조하고, 당대 현실을 우회적으로 드러냄

국가직 문제

지방직 문제

서울시 문제

국가직 해설

지방직 해설

서울시 해설

2024 나두공 9급 [국어] 연차별 7개년 기출문제

[서울시] 2022년 06월 | 정답

01	②	02	③	03	④	04	①	05	①
06	④	07	③	08	②	09	①	10	③
11	④	12	③	13	①	14	②	15	③
16	④	17	②	18	④	19	①	20	④

[서울시] 2022년 06월 | 해설

01　　　　　　　　　　정답 ②

[정답해설]

〈보기〉에서 여왕개미는 평생 알을 낳는 일에만 전념하고, 일 개미는 스스로 자식을 낳아 키우기를 포기하고 평생토록 여 왕개미를 돕는다고 하였다. 그러므로 여왕개미와 일개미가 분업하고 있는 것은 '번식(繁殖)'이다. 이를 '번식 분업'이라고 한다.

02　　　　　　　　　　정답 ③

[정답해설]

'빛깔'은 [빋깔]로 발음하고 '여덟에'는 [여덜베]로 발음하므 로, 모두 어법에 맞게 형태를 밝혀 적은 ⓒ의 사례에 해당 된다.

[오답해설]

① '마감(막+암)'은 한글맞춤법 제19항에 따라 어간의 원형을 밝혀 적지 않은 사례에 해당한다.
② '며칠(몇+일)'은 실질형태소인 '몇'과 '일(日)'이 결합된 형 태이지만, 한글맞춤법 제27항에 따라 원형을 밝혀 적지 않 은 사례에 해당한다.
④ '꼬락서니'는 '-이' 이외의 모음으로 시작된 접미사가 붙어 서 된 말로, 한글맞춤법 제20항에 따라 원형을 밝혀 적지 않은 사례에 해당한다.

03　　　　　　　　　　정답 ④

[정답해설]

'정확히'는 '바르고 확실하게'라는 뜻으로, 부사의 끝음절이 '히'로만 나는 경우에 해당한다. 그러나 '꼼꼼히', '당당히', '섭 섭히'는 '이'나 '히'로 나는 사례에 해당한다.

04　　　　　　　　　　정답 ①

[정답해설]

투자자들이 거대한 개미 떼와도 같이 제각기 제 살 구멍을 찾는다는 내용이므로, ㉠에 들어갈 사자성어로는 '자가당착 (自家撞着)'이 아니라 '각자도생(各自圖生)'이 적절하다.

> • 각자도생(各自圖生) : 제각기 살아 나갈 방법을 꾀함
> • 자가당착(自家撞着) : 같은 사람의 말이나 행동이 앞 뒤가 서로 맞지 아니하고 모순됨

[오답해설]

② 어린 시절 뛰놀던 동네가 재개발로 인해 큰 변화가 있었 다는 내용이므로, ㉡에 들어갈 사자성어로는 '상전벽해(桑 田碧海)'가 적절하다.

> 상전벽해(桑田碧海) : 뽕나무밭이 변하여 푸른 바다가 된다는 뜻으로, 세상일의 변천이 심함을 비유적으로 이 르는 말

③ 오래 길들인 생활의 터전을 내 준걸 뒤늦게 후회하고 있 다는 내용이므로, ㉢에 들어갈 사자성어로는 '만시지탄(晩 時之歎)'이 적절하다.

> 만시지탄(晩時之歎) : 시기에 늦어 기회를 놓쳤음을 안 타까워하는 탄식

④ 수사팀이 거기서부터 추리가 막혀 수사가 진행되지 못하 고 있다는 내용이므로, ㉣에 들어갈 사자성어로는 '오리무 중(五里霧中)'이 적절하다.

> 오리무중(五里霧中) : 오 리나 되는 짙은 안개 속에 있다 는 뜻으로, 무슨 일에 대하여 방향이나 갈피를 잡을 수 없음을 이르는 말

05　　　　　　　　　　정답 ①

[정답해설]

해당 작품은 직설적 표현과 명령형으로 화자의 단호한 의지 를 표현하고 있으나, 반어적 어조로 현실을 풍자하고 있지는 않다.

[오답해설]

② '껍데기는 가라'는 명령과 반복의 어구를 통해 '반봉건, 반 외세'라는 저항적 주제를 분명히 드러내고 있다.

③ 4연의 '한라에서 백두까지 ~ 쇠붙이는 가라'에서 우리 민족이 처한 분단의 현실을 극복하려는 의지를 표현하였다.
④ 3연의 '중립(中立)의 초례청 앞에서 ~ 맞절할지니'에서 이념과 대립을 뛰어넘어 평화와 화합의 장을 만들자고 민족의 통일에 대한 염원을 담고 있다.

[작품해설]

> **▌신동엽, 「껍데기는 가라」**
> • 갈래 : 자유시, 서정시, 참여시
> • 성격 : 저항적, 의지적, 현실참여적
> • 제재 : 외세의 지배에서 탈피해야할 민족 현실
> • 주제 : 진정하고 순수한 민족의 삶 추구
> • 특징
> − 직설적 표현으로 부정적 인식을 표현
> − 반복적 표현과 대조적 시어의 사용을 통해 주제 강조
> − 명령법으로 단호한 의지 표현

06 　　　　　　　　　　　　　　정답 ④

[정답해설]
'아니신데'의 '−ㄴ데'는 뒤 절에서 어떤 일을 설명하거나 묻거나 시키거나 제안하기 위하여 그 대상과 상반되는 상황을 미리 말할 때에 쓰는 연결어미이다. 그러므로 해당문장의 '아니신데'처럼 붙여 쓰는 것이 적절하다.

[오답해설]
① 본데가 → 본∨데가
　'본데가'의 '데'는 '곳'이나 '장소'를 뜻하는 의존 명사이므로 '본∨데가'처럼 띄어 써야 한다.
② 돕는데에 → 돕는∨데에
　'돕는데에'의 '데'는 '일'이나 '것'을 뜻하는 의존 명사이므로 '돕는∨데에'처럼 띄어 써야 한다.
③ 대접하는데나 → 대접하는∨데나
　'대접하는데나'의 '데'는 '경우'를 뜻하는 의존 명사이므로 '대접하는∨데나'처럼 띄어 써야 한다.

07 　　　　　　　　　　　　　　정답 ③

[정답해설]
'금강산 그늘이 관동 팔십 리'는 금강산의 아름다움이 관동 팔십 리 곧 강원도 지방에 널리 미친다는 뜻으로, 훌륭한 사람 밑에서 지내면 그의 덕이 미치고 도움을 받게 됨을 비유

적으로 이르는 말이다.

[오답해설]
① '서 발 막대 거칠 것 없다'는 서 발이나 되는 긴 막대를 휘둘러도 아무것도 거치거나 걸릴 것이 없다는 뜻으로, 가난한 집안이라 세간이 아무것도 없음을 비유적으로 이르는 말이다.
② '무른 땅에 말뚝 박기'는 몹시 하기 쉬운 일을 비유적으로 이르거나, 세도 있는 사람이 힘없고 연약한 사람을 업신여기고 학대함을 비유적으로 이르는 말이다.
④ '우물에 가 숭늉 찾는다'는 모든 일에는 질서와 차례가 있는 법인데 일의 순서도 모르고 성급하게 덤빔을 비유적으로 이르는 말이다.

08 　　　　　　　　　　　　　　정답 ②

[정답해설]
'래일(來日)'이 [내일]로 되는 것은 한자음 중 'ㄴ'이나 'ㄹ'이 단어 첫머리에 올 때 'ㄴ'은 'ㅇ'으로 'ㄹ'은 'ㅇ'이나 'ㄴ'으로 바꾸어 적는 두음법칙 때문이다. 두음법칙은 음운규칙 중 동화에 해당되지 않는다.

[오답해설]
① '권력(權力)'이 [궐력]으로 발음되는 것은 'ㄴ'이 'ㄹ'의 앞이나 뒤에서 'ㄹ'로 변하는 유음화 때문이며, 음운규칙 중 동화에 해당한다.
③ '돕는다'가 [돔는다]로 발음되는 것은 받침 'ㄱ, ㄷ, ㅂ'이 뒤에 오는 'ㄴ, ㅁ' 앞에서 'ㅇ, ㄴ, ㅁ'으로 바꾸어 발음되는 비음화 때문이며, 음운규칙 중 동화에 해당된다.
④ '미닫이'가 [미다지]로 발음되는 것은 'ㄷ, ㅌ' 받침 뒤에 종속적 관계를 가진 '이'나 '히'가 와서 그 'ㄷ, ㅌ'이 'ㅈ, ㅊ'으로 소리가 나는 구개음화 때문이며, 음운규칙 중 동화에 해당한다.

09 　　　　　　　　　　　　　　정답 ①

[정답해설]
㉠의 '기픈'은 동사 '깊다'의 어간에 관형사형 어미 '−은'이 결합된 말로, 조사를 포함하고 있지 않다.

[오답해설]
② ㉡의 'ㅁ.룬'은 '물'의 옛말인 명사 '믈'에 대조의 의미를 지닌 보조사 '은'이 결합된 말이다.
③ ㉢의 'ㄱ.ㅁ래'는 '가뭄'의 옛말인 명사 'ㄱ.믈'에 원인을 나타내는 부사격 조사 '애'가 결합된 말이다.

④ ㉣의 '내히'는 'ㅎ 종성 체언'인 '내ㅎ'에 주격 조사 '이'가 결합된 말이다.

- 상징적인 소재로 주제 의식을 드러냄
- 공간의 대조를 통해 인물 간의 차이를 보여줌

10　　정답 ③

[정답해설]
'나뭇잎'은 사이시옷 뒤에 반모음 'ㅣ'가 결합되는 경우 [ㄴㄴ]으로 발음되는 사잇소리 현상에 의해 'ㄴ'이 첨가되고 비음화가 이루어져 [나문닙]으로만 발음된다.

[오답해설]
① '금융'은 표기대로 발음한 [그뮹]과 'ㄴ'을 첨가하여 발음한 [금늉]을 모두 허용한다.
② '샛길'은 '새'와 '길'이 결합한 합성어로, 사이시옷을 발음하는 [샏ː낄]과 발음하지 않는 [새ː낄]을 모두 허용한다.
④ '이죽이죽'은 표기대로 발음한 [이주기죽]과 'ㄴ'을 첨가하여 발음한 [이중니죽]을 모두 허용한다.

11　　정답 ④

[정답해설]
이상의 『날개』는 극단적으로 일그러진 부부관계를 아이러니컬하게 다룬 소설로, 주인공인 '나'는 매춘부인 아내와 결혼하여 아무 할 일 없이 기생하며 살아가는 무능력자로 등장한다.

[오답해설]
① 『날개』는 1936년에 〈조광〉지에 발표한 작가 이상의 대표적 단편소설이다.
② 주인공의 겨드랑이에 돋았던 자국과 "날자. 날자. 날자. 한 번만 더 날자꾸나."라고 말하며 다시 돋을 것을 주문하는 데서, 빈칸에 들어갈 공통 단어는 '날개'임을 알 수 있다.
③ 이상의 『날개』는 1930년대 한국 모더니즘 문학을 대표하는 소설이다.

[작품해설]

■ 이상, 「날개」
- **갈래** : 단편 소설, 심리 소설
- **성격** : 상징적, 고백적
- **배경** : 1930년대, 경성의 33번지와 거리
- **시점** : 1인칭 주인공 시점
- **주제** : 자아가 분열된 삶 속에서 진정한 정체성을 회복하기 위한 내면적 욕구
- **특징**
  - 의식의 흐름 기법에 의해 내용이 전개됨

12　　정답 ③

[정답해설]
외래어 표기법 총칙 제3항에 따라 받침에는 'ㄱ, ㄴ, ㄹ, ㅁ, ㅂ, ㅅ, ㅇ'의 7개만 쓴다. 즉, 'ㄷ'은 외래어 표기에서 받침으로 사용되지 않는다.

[오답해설]
① 외래어 표기법 총칙 제1항에 따라 외래어는 국어의 현용 24자모만으로 적는다.
② 외래어 표기법 총칙 제2항에 따라 외래어의 1음운은 원칙적으로 1기호로 적는다.
④ 외래어 표기법 총칙 제4항에 따라 파열음 표기에는 된소리를 쓰지 않는 것을 원칙으로 한다.

13　　정답 ①

[정답해설]
제시문은 중심 주제문이 글의 서두에 위치한 두괄식 구조로, ㉡의 '낮은 출산율', ㉢의 '높아진 평등의식', ㉣의 '여성에 대한 교육열'은 모두 주제문을 뒷받침하기 위해 제시된 근거들이다. 그러므로 ㉠의 "남녀평등 문제는 앞으로 별 의미를 갖지 못할 것이다."가 제시문의 주제문으로 적절하다.

14　　정답 ②

[정답해설]
제시된 〈보기〉의 작품은 나희덕의 『해일』이다. 이 작품은 해일이 밀려오는 바다의 모습을 숲에 이는 바람의 모습으로 치환하여 묘사한 것이다. ㉠의 다음 행인 "아니라 아니라고 온 몸을 흔든다 스스로 범람한다"에서 파도가 스스로 범람하여 넘치는 모습을 숲으로 치환하여 묘사한 말이 ㉠에 들어가야 한다. 그러므로 ②의 '숲은 출렁거린다'가 ㉠에 들어갈 말로 적절하다.

15   정답 ③

[정답해설]
'이런 사람'에서 '이런'은 '사람이 이렇다'의 서술성을 지닌 형용사 '이렇다'의 활용형이다. 참고로 '이런'이 관형사일 경우에는 '상태, 모양, 성질 따위가 이러한'의 뜻으로 사용된다.

[오답해설]
① '새 책'에서 '새'는 '사용하거나 구입한 지 얼마 되지 아니한'의 뜻을 지닌 관형사이다.
② '갖은 양념'에서 '갖은'은 '골고루 다 갖춘 또는 여러 가지의'의 뜻을 지닌 관형사이다.
④ '외딴 섬'에서 '외딴'은 '외따로 떨어져 있는'의 뜻을 지닌 관형사이다.

16   정답 ④

[정답해설]
제시문은 '무지개'의 어원을 설명한 글이므로, "'무지개가 뜨다', '무지개가 걸리다'는 표현은 적절한 표현일까?"와 같이 주어와 서술어의 호응 관계를 따지는 어법적 질문은 독자가 가질 수 있는 의문으로 적절하지 않다.

[오답해설]
① 제시문에 '무지개'는 원래 '물'과 '지개'의 합성어인데, 'ㅈ' 앞에서 'ㄹ'이 탈락하여 '무지개'가 되었다고 서술하고 있으므로, '물'의 'ㄹ'이 '지개'의 'ㅈ' 앞에서 탈락한 조건은 무엇인지 독자가 의문을 갖는 것은 타당하다.
② 제시문에 '물[水]'의 15세기 형태인 '믈'에 '지게'가 합쳐진 것이라고 서술되어 있으므로, '지개'가 '지게'에서 온 말이라면 'ㅔ'와 'ㅐ'의 차이에 대해 독자가 의문을 갖는 것은 타당하다.
③ 제시문에 15세기 『용비어천가』나 『석보상절』과 같은 훈민정음 창제 초기의 문헌에 처음 보이는 '무지개'의 형태는 '므즈게'라고 서술되어 있다. 그러므로 '무지개'가 '물'과 '지게'가 합쳐져 변화한 말이라면, 그 변화가 15세기 이전의 언제쯤 일어났는지 독자가 의문을 갖는 것은 타당하다.

17   정답 ②

[정답해설]
수컷을 이르는 접두사는 '수-'로 통일하며, 접두사 '수-' 다음에서 나는 거센소리를 인정하므로 '숫병아리'는 '수평아리'로, '숫당나귀'는 '수탕나귀'로 고쳐 써야 한다.

[오답해설]
① '숫양'은 바른 표기이나, '숫기와'는 '수키와'로 고쳐 써야 한다.
③ '수퇘지'는 바른 표기이나, '숫은행나무'는 '수은행나무'로 고쳐 써야 한다.
④ '수캉아지'와 '수탉' 모두 바른 표기이다.

18   정답 ④

[정답해설]
며느리가 샛서방의 밥을 담다가 놋주걱을 부러트려 어쩔 줄 몰라 하고 있으나, 시어머님은 호통을 치기보다 자기도 젊었을 때 그랬노라고 며느리의 잘못을 감싸고 있다. 그러므로 아랫사람의 잘못으로 인해 인물들의 갈등이 더욱 심화되고 있는 것은 아니다.

[오답해설]
① 초장과 중장은 며느리의 말이고 종장은 시어머님의 말로, 시어머니와 며느리의 대화로 작품이 전개되고 있다.
② '어이려뇨'라는 동일한 시어의 반복을 통해 리듬감을 형성하고 있다.
③ 며느리가 남편도 아닌 샛서방의 밥을 담다가 놋주걱을 부러트렸으나, 시어머니가 우리도 젊었을 때 많이 꺾었다고 말하는 데서 인간의 범상한 욕구를 조명하여 희극적 묘미를 드러내고 있다.

[작품해설]

▌ 작자 미상, 「어이려뇨 어이려뇨」

[현대어 풀이]
(초장) 어떻게 할 것인가 어떻게 할 것인가 시어머님 어떻게 할 것인가
(중장) 샛서방의 밥을 담다가 놋주걱을 덜컥 부러뜨렸으니, 이를 어떻게 할 것인가 시어머님아
(종장) 저 아기 너무 걱정 마라. 우리도 젊었을 때 많이 꺾어 보았노라.

19   정답 ①

[정답해설]
해당 문장의 '당신'은 '자기'를 아주 높여 이르는 말로 3인칭 대명사이다. 참고로 '자기'는 앞에 서 말한 사람을 다시 가리

키는 3인칭 재귀대명사이다.

[오답해설]
② 해당 문장의 '당신'은 부부 사이에서, 상대편을 높여 이르는 2인칭 대명사이다.
③ 해당 문장의 '당신'은 문어체에서, 상대편을 높여 이르는 2인칭 대명사이다.
④ 해당 문장의 '당신'은 듣는 이를 가리키는 2인칭 대명사이다.

20　　　　정답 ④

[정답해설]
(가) 시조는 '역군은(亦君恩)이샷다'에서 임금의 은혜를 생각하는 마음이 표현되어 있으나, (나) 시조는 자연 속에서 유유자적하는 화자의 정서를 담고 있을 뿐, 임금의 은혜를 생각하는 마음은 표현되어 있지 않다.

[오답해설]
① (가)와 (나) 둘 다 자연 속에서 한가롭게 낚시를 하며 지내는 은둔의 삶을 표현하였다.
② (가)에서는 '소정(小艇)에 그물 시러'에서, (나)에서는 '빈비 저어 오노라'에서 배를 타고 낚시를 즐기는 내용이 포함되어 있음을 알 수 있다.
③ (가)와 (나) 둘 다 문학 장르는 시조이며 정형시이다.

▌[서울시] 2021년 06월 | 정답

01	②	02	③	03	④	04	④	05	①
06	①	07	②	08	②	09	③	10	①
11	②	12	④	13	③	14	④	15	④
16	③	17	②	18	①	19	③	20	③

▌[서울시] 2021년 06월 | 해설

01　　　　정답 ②

[정답해설]
한글 맞춤법 제47항에 따라 '보조용언은 띄어 씀을 원칙으로

하되, 경우에 따라 붙여 씀도 허용한다.'라 명시되어 있다. 따라서 ㉡의 '책만 한'은 맞춤법에 맞게 쓰였다. ㉤의 '늘리고'는 '늘리다'의 활용형으로 '재주나 능력 따위를 나아지게 하다.'라는 의미를 지니고 있으므로 맞춤법에 맞게 쓰였다. '늘이다'는 '본디보다 더 길게 한다.'라는 의미로 〈보기〉의 내용에 틀린 표현이다.

[오답해설]
① ㉠의 '보내는 데에는'에서 '데'는 의존명사로 쓰였기 때문에 띄어 씀이 맞다. ㉧의 '맞추기'는 서로 떨어진 부분을 제자리에 맞게 대어 붙인다는 의미이기 때문에 '문제에 대한 답을 틀리지 않게 하다.'의 의미를 지닌 '맞히기'로 고쳐 써야 한다.
③ ㉢은 한글 맞춤법 제 48항에 따라 '김박사님'은 '김 박사님'으로 띄어 써야 한다. ㉦은 한글 맞춤법 제 57항에 따라 '-(으)므로'는 까닭을 나타내는 어미로, '써'가 결합하지 않기 때문에 '-(으)ㅁ'에 조사 '으로(써)'가 결합된 '읽음으로써'로 고쳐 써야 한다.
④ ㉣은 한글 맞춤법 제 51항에 따라 '솔직이'는 분명히 '-히' 소리가 나므로, '솔직히'로 고쳐야 한다. ㉥은 어간과 어말 어미 사이에서 시제나 높임, 공손 등을 표시하는 어미인 선어말 어미 '-겠-'은 붙여 써야 하므로 '해야겠다.'로 쓴다.

02　　　　정답 ③

[정답해설]
선어말어미 '-았-, -었-'은 이야기하는 시점에서 사건이나 행위가 이미 일어났거나, 현재까지 지속되거나, 미래의 사건이 이미 정해진 사실인 양 말할 때 쓰인다. '그 사람은 작년에 부쩍 늙었어.'는 비교적 최근인 '작년'을 가리켜 그 시기에 늙었다는 것을 알리고 있으므로 시기를 알 수 없는 과거와 비교하여 현재를 나타낸 나머지 답과 비교하면 시제가 다르다.

03　　　　정답 ④

[정답해설]
'요리로'의 준말인 '욜로'는 '요 곳으로 또는 요쪽으로'를 의미한다. 따라서 '욜로 가면 지름길이 나온다.'는 '요리로 가면 지름길이 나온다.'와 같은 의미가 된다.

[오답해설]
① 한글 맞춤법 제 12항에 한자음 '라, 래, 로, 뢰, 루, 르'가 단어 첫머리에 올 적에는 두음 법칙에 따라 '나, 내, 노, 뇌, 누, 느'로 적고, 그 외에는 본음대로 적는다고 되어있으므로 '大怒'는 '대노'가 아닌 '대로'로 적는다.

② '갈음'은 다른 것으로 바꾸어 대신함, 또는 일한 뒤나 외출
할 때 갈아입는 옷을 의미하므로, '…가릴 수 없다.' 또는
'…구별(區別)이 되지 않는다.' 등으로 적는다.

③ '목거리'는 목이 붓고 아픈 병을 뜻하기 때문에 '귀금속이
나 보석 따위로 된 목에 거는 장신구.'를 뜻하는 '목걸이'로
고쳐 쓴다.

만든 것과 이체자는 형태상 유사성을 지닌다. 예를 들면
기본자 'ㄴ'의 가획자는 'ㄷ, ㅌ'이 되며, 이체자는 'ㄹ'인 것
과 같이 형태상 유사성을 띈다.

③ 기본자 'ㆍ, ㅡ, ㅣ'를 조합하여 초출자 'ㅗ, ㅏ, ㅜ, ㅓ'를 만
들어내고, 조출자에서 'ㆍ'를 첨가하여 재출자 'ㅛ, ㅑ, ㅠ,
ㅕ'를 만들어냈다.

④ 종성은 종성부용초성(終聲復用初聲 : 초성을 다시 사용하
여 종성으로 함)에 입각하여 초성을 다시 썼다.

---

04 정답 ④

[정답해설]
百年河清(백년하청)은 '아무리 오랜 시일이 지나도 어떤 일이
이루어지기 어려움을 이르는 말'로, 부부의 연과 관련된 고사
성어의 쓰임으로 옳지 않다. 따라서 '百年偕老(백년해로)' 등
으로 고쳐 쓴다.

[오답해설]
① 肝膽相照(간담상조) : 서로 속마음을 털어놓고 친하게 사귐
② 螳螂拒轍(당랑거철) : 제 역량을 생각하지 않고, 강한 상대
나 되지 않을 일에 덤벼드는 무모한 행동거지를 비유적으
로 이르는 말
③ 騎虎之勢(기호지세) : 호랑이를 타고 달리는 형세라는 뜻
으로, 이미 시작한 일을 중도에서 그만둘 수 없는 경우를
비유적으로 이르는 말

[보충해설]

> **▌부부와 관련된 한자성어**
> • 부창부수(夫唱婦隨) : 남편이 주장하고 아내가 이에
> 잘 따름. 또는 부부 사이의 그런 도리
> • 금실지락(琴瑟之樂) : 부부간의 사랑
> • 백년가약(百年佳約) : 젊은 남녀가 부부가 되어 평생
> 을 같이 지낼 것을 굳게 다짐하는 아름다운 언약
> • 백년해로(百年偕老) : 부부가 되어 한평생을 사이좋게
> 지내고 즐겁게 함께 늙음

---

06 정답 ①

[정답해설]
시에서 '함박눈', '슬픔의 힘' 등의 시어를 통해 소외된 자들
에게는 시련과 슬픔을 의미하며 슬픔을 겪어야만 소외된 자
들을 이해할 수 있게 된다는 것이 주제이다. 따라서 기쁨으
로 슬픔을 이겨내자는 점을 주제로 이해하는 것은 적절하지
않다.

[오답해설]
② 시의 마지막에 '슬픔의 힘에 대한 이야기를 하며 / 기다림
의 슬픔까지 걸어가겠다.'를 통해 대결과 갈등이 아닌 '기
다림'으로 화합과 조화로서 비롯된 해결을 추구하고 있다.
③ '사랑보다 소중한 슬픔', '가마니에 덮인 동사자가 다시 얼
어 죽을 때', '무관심한 너의 사랑을 위해' 등을 통해 모순
된 말이나 사회적으로 소외된 이들에 대한 무관심, 이기적
인 면모에 대한 비판을 내포하고 있다.
④ 이기적인 삶의 자세인 기쁨에만 주목해, 정작 소외된 존재
와 사회적으로 소외된 이들이 지닌 슬픔에 주목하지 않는
현 세태를 비판하고 있다.

[작품해설]

> **▌정호승, 「슬픔이 기쁨에게」**
> • 갈래 : 자유시, 서정시
> • 성격 : 인도주의적, 교훈적, 현실 비판적
> • 어조 : 의지적 어조
> • 제재 : 약자 및 소외된 이들의 슬픔에 무관심한 이기적
> 인 모습
> • 주제 : 이기적인 삶에 대한 반성과 소외된 이들과 살아
> 가는 삶
> • 특징
> – 역설적인 표현을 통해 주제를 형상화
> – 어미의 반복적인 사용을 통해 화자의 의지적 태도
> 를 드러내고 있음
> – 화자인 '슬픔'이 '기쁨'에게 말을 건네는 시상 전개
> 를 구성하고 있음

---

05 정답 ①

[정답해설]
'중성자(中聲字)'는 천지인(天地人) 즉, 'ㆍ, ㅡ, ㅣ'의 상형을
통해 만들어졌다. 발음 기관의 상형을 통해 만들어진 것은
'초성자(初聲字)'이다.

[오답해설]
② 자음자는 발음기관을 본뜬 기본자에 획을 더해 가획자를

---

07 정답 ②

[정답해설]
외래어 표기법에 따라 원지음(原地音)이 아닌 제 3국에서 통용되는 발음으로 적으므로 ㄴ은 '카이사르'가 아닌 '시저'로 표기한다. 외래어 표기법에 따라 ㅁ은 '팜플렛'이 아닌 '팸플릿'으로 적는다. 외래어 표기법의 일본어 표기에 따라 ㅂ은 '큐슈'가 아닌 '규슈'로 적는다.

[오답해설]
ㄱ. 외래어 표기법에 따라 '아젠다'는 '어젠다'로 표기한다.
ㄷ. 외래어 표기법에 따라 '레크레이션'은 '레크리에이션'으로 표기한다.
ㄹ. 외래어 표기법에 따라 '싸이트'는 '사이트'로 표기한다.

08 정답 ②

[정답해설]
〈보기〉 중에서 공통되는 중의적 표현은 수식 구조 또는 문법적 성질로 인해 두 가지 이상으로 해석되는 '구조적 중의성'에 해당한다. '철수는 아름다운 하늘의 구름을 바라보았다.'는 '철수는 아름다운 하늘의 / 구름을 바라보았다.(하늘이 아름다움)'와 '철수는 아름다운 / 하늘의 구름을 바라보았다.(구름이 아름다움)' 두 가지로 해석할 수 있다. '잘생긴 영수의 동생을 만났다.'는 '잘생긴 영수의 / 동생을 만났다.(영수가 잘생김)'와 '잘생긴 / 영수의 동생을 만났다.(영수의 동생이 잘생김)'로 해석이 가능하다

[오답해설]
ㄱ. '아버지께 꼭 차를 사드리고 싶습니다.'는 '차(車)'와 '차(茶)'로 해석되는 어휘적 중의성에 해당된다.
ㄷ. '철수는 아내보다 딸을 더 사랑한다.'는 '철수가 딸을 더 사랑한다' 또는 '아내보다 딸을 더 사랑한다.'로 해석되는 구조적 중의성에 해당한다.
ㅁ. '그것이 정말 사과냐?'는 과일인 '사과(沙果)' 또는 용서를 비는 '사과(謝過)'로 해석될 수 있는 어휘적 중의성에 해당된다.
ㅂ. '영희는 어제 빨간 모자를 쓰고 학교에 가지 않았다.'는 부정의 중의성으로 어떤 대상에 부정을 수식하는지와 전체, 부분적으로 부정을 수식하는지에 따라 의미가 달라진다. '영희가 어제 빨간 모자를 썼지만 학교에 가지 않음'과 '영희가 어제 빨간 모자를 썼지만 (어느 날에) 학교를 가지 않았음'과 '빨간 모자를 (써야 하지만), 쓰지 않고 학교에 갔음'으로 해석할 수 있다.

09 정답 ③

[정답해설]
낙구(落句)인 '아아, 아으'는 제망매가 말고도 '찬기파랑가', '안민가' 등 10구체 향가에서 나타나는 형식이므로, 다른 향가 작품에서 찾기 어렵다는 설명은 옳지 않다.

[오답해설]
① ㉠의 '이른 바람'은 후행의 '떨어질 잎처럼'과 연결되어 예상보다 빠르게 닥쳐온 누이의 죽음을 형상화하고 있다.
② ㉡의 '한 가지에 나고'는 '한 몸에서 난' 것을 비유하여 표현한 것으로 화자와 누이는 친동기 관계임을 알 수 있다.
④ ㉣의 '미타찰'은 '아미타불(서방 정토에 있는 부처)'이 있는 극락세계를 의미하며 불교용어로, 〈보기〉의 향가가 불교적 세계관을 보여주고 있음을 알 수 있다.

[작품해설]

> ▌월명사, 「제망매가(祭亡妹歌)」
> • 연대 : 신라 경덕왕
> • 주제 : 죽은 누이의 명복을 빎
> • 의의 : 현존 향가 중 '찬기파랑가'와 함께 표현 기교와 서정성이 가장 뛰어난 작품으로 평가 받음
> • 특징
>   – 10구체 향가, 추모적, 애상적, 불교적 성격(추도가)
>   – 비유법(직유)과 상징법의 세련된 사용
>   – 기(1~4 행), 서(5~8 행), 결(9~10 행)의 3단 구성 방식

10 정답 ①

[정답해설]
걷잡아서는 '한 방향으로 치우쳐 흘러가는 형세 따위를 붙들어 잡다.' 또는 '마음을 진정하거나 억제하다.'는 의미이며 문장의 주제에 옳지 않은 단어 사용이다. 따라서 '겉으로 보고 대강 짐작하여 헤아리다.'라는 의미를 지닌 '겉잡아서(겉잡다)'를 사용한다.

[오답해설]
② '방불하게'는 기본형인 '방불하다(彷彿하다)'와 연결 어미인 '–게'와 결합한 형태로 한글 맞춤법 제 40항에 따라 거센소리 '방불케'로도 적을 수 있다.
③ '서둘고'는 기본형인 '서둘다'에 어미 '–고'가 연결된 형태이다. '서둘다'는 '서두르다'의 준말로 '서두루고'로도 적을 수 있다.
④ '갈음합니다'의 기본형 '갈음하다'는 '다른 것으로 바꾸어

대신한다'는 뜻으로 '대신합니다' 등으로 바꿔 쓸 수 있다.

② '군인인'은 뒤에 오는 체언 '형'을 꾸며주는 관형어이다.

④ '시골의'는 체언에 조사 '-의'가 붙어 뒤에 오는 '풍경'을 꾸며주는 관형어이다.

11   정답 ②

[정답해설]

〈보기〉의 (가)는 표준 발음법 제 24항에 해당되고, (나)는 표준 발음법 제 25항에 해당된다. (가)에 해당하는 '(나이가) 젊지'는 어간 받침 'ㄿ'이 이에 해당하므로 [점ː찌]로 발음하며, (나)에 해당하는 '핥다'는 어간 받침 'ㄾ'이 이에 해당하므로 [할따]로 발음한다.

[오답해설]

(가)의 '(신을) 신기다'의 '-기-'는 피동 접미사이므로 된소리로 발음하지 않으며, (나)의 '여덟도'는 명사 '여덟' 뒤에 '-도'가 된소리로 발음되지 않기 때문에 [여덜도]로 발음한다.

12   정답 ④

[정답해설]

'그녀는 아버지의 음악적 소질을 타고 태어났다.'의 '타다'는 '돈이나 물건 따위를 받다.'로 동음이의어이며, '복이나 재주, 운명 따위를 선천적으로 지니다.'의 의미이다. 나머지 셋은 '탈 것이나 짐승의 등 따위에 몸을 얹다.'의 의미인 다의어이다.

[오답해설]

① '연이 바람을 타고 하늘로 올라간다.'는 '바람이나 물결, 전파 따위에 실려 퍼짐'의 의미이다.

② '부동산 경기를 타고 건축 붐이 일었다.'는 '어떤 조건이나 시간, 기회 등을 이용함'의 의미이다.

③ '착한 일을 한 덕분에 방송을 타게 됐다.'는 '의거하는 계통, 질서나 선을 밟음'의 의미이다.

13   정답 ③

[정답해설]

관형어는 관형사, 체언에 관형격 조사 '-의'가 붙은 형태. 동사와 형용사의 관형사형. 동사와 형용사의 명사형에 관형격 조사 '-의'가 붙은 형태로 뒤에 놓인 체언을 수식하는 문장성분이다. ③의 '나에게'는 부사어로 용언이나 부사어 등을 수식하는 문장 성분이기 때문에 관형어가 아니다.

[오답해설]

① '새'는 뒤에 오는 체언 '옷'을 꾸며주는 관형어.

14   정답 ④

[정답해설]

한글 맞춤법 제 30항의 사이시옷 표기에 따라 순 우리말과 한자어로 된 합성어로 뒷말이 된소리로 남에 따라 [북얻국/북어꾹]으로 발음되므로 사이시옷을 받치어 적는다. 그러므로 '북엇국'은 옳은 단어 표기이다.

[오답해설]

① 머릿말 → 머리말 : [머리말]로 발음되기 때문에 사이시옷을 받치어 적지 않는다. 따라서 '머리말'로 표기해야 한다.

② 윗층 → 위층 : '위-' 뒤에 오는 말이 거센소리이므로 사이시옷을 받치어 적지 않는다. 따라서 '위층'으로 표기해야 한다.

③ 햇님 → 해님 : 순 우리말로 된 합성어로서 뒷말의 첫소리가 덧나는 경우에 사이시옷을 받치어 적지만, '해님'은 [해님]으로 소리 나므로 사이시옷으로 받치어 적지 않는다.

15   정답 ④

[정답해설]

밥은∨커녕 → 밥은커녕

'커녕'은 체언 뒤에서 선행하는 체언에 특정한 의미를 부여하여 '불만'을 나타내는 보조사이기 때문에 붙여 써야한다. 따라서 '밥은커녕 빵도 못 먹었다.'로 써야 옳은 띄어쓰기가 된다.

[오답해설]

① 한글 맞춤법 제47항에 따라 보조용언은 띄어 씀을 원칙으로 하되, 경우에 따라 붙여 씀도 허용하기 때문에 '너야말로 칭찬받을만하다.'도 허용된다.

② 앞에서 이미 이야기한 대상을 가리킬 때 쓰는 말인 '그' 관형사로 명사인 '사실'을 수식하고 있기 때문에 띄어써야 한다.

③ 한글 맞춤법 제41항에 따라 조사는 그 앞말에 붙여 쓰기 때문에 어느 정도 이상의 뜻을 나타내는 보조사인 '-깨나'는 붙여 써야 옳다.

16 정답 ③

[정답해설]

중세국어에서 '어리석다[愚]'를 뜻하는 '어리다'가 오늘날에는 '나이가 적다'를 뜻하지만 의미가 축소된 것은 옳지 않으며 의미가 '이동'한 것이다.

[오답해설]

① '겨레'는 근대국어에서 '종친(친족)'을 뜻하였으나, 오늘날에는 동포 및 민족을 뜻하는 의미의 확장이 일어났다.
② '얼굴'은 중세국어에서 '형체'를 뜻했지만, 오늘날에는 '안면'을 뜻하며 의미의 축소가 일어났다.
④ '계집'은 중세국어에서 '일반적인 여자'를 뜻했지만, 오늘날에는 '여자를 낮잡아 이르는 말'로 의미의 하락(축소)이 일어났다.

17 정답 ②

[정답해설]

시건장치(施鍵裝置)는 '문 따위를 잠그는 장치'를 뜻하는 한자어로 '사물의 움직임이나 동작을 그치게 하는 장치'를 뜻하는 '멈춤장치'로 바꾸어 쓰는 것은 적절하지 않고, '잠금장치'로 바꾸어 쓸 수 있다.

[오답해설]

① 일부인(日附印)은 서류 따위에 그날그날의 날짜를 찍게 만든 도장으로서 '날짜도장'으로 바꾸어 쓸 수 있다.
③ 불하(拂下)는 국가 또는 공공 단체의 재산을 개인에게 팔아 넘기는 일로 '매각(賣却)'으로 바꾸어 쓸 수 있다.
④ 지득(知得)은 깨달아 앎이라는 의미로 '알게 된'으로 바꾸어 쓸 수 있다.

[보충해설]

▌어려운 한자어의 순화

한자어	순화어
가전(加錢)	웃돈
가부동수(可否同數)	찬반 같음
간선도로(幹線道路)	중심도로, 큰 도로
간석지(干潟地)	개펄
검인(檢印)	확인도장
간언(間言)	이간질
구랍(舊臘)	지난해 섣달

게기(揭記)하다	붙이거나 걸어서 보게 하다
기부채납(寄附採納)	기부 받음, 기부받기
공탁(供託)하다	맡기다
내사(內査)하다	은밀히 조사하다
비산(飛散)먼지주의	날림 먼지 주의
보결(補缺)	채움
초도순시(初度巡視)	처음 방문, 첫 방문
순치(馴致)	길들이기
촉수(觸手)를 엄금하시오	손대지마시오
지난(至難)한 일	매우 어려운 일
콘크리트 양생중(養生中)	콘크리트 굳히는 중

18 정답 ①

[정답해설]

〈보기〉의 작품은 윤선도의 어부사시사(漁父四時詞)로 연시조에 해당된다. 이 중 '면앙정가(俛仰亭歌)'는 연속체 장가(長歌) 형태의 교술 시가인 가사로 평시조인 오우가(五友歌), 훈민가(訓民歌), 연시조인 도산십이곡(陶山十二曲)과 형식이 다르다.

[작품해설]

▌윤선도, 「어부사시사(漁父四時詞)」

- 갈래 : 전 40수의 연시조(사계절 각 10수)
- 주제 : 사계절의 어부 생활과 어촌 풍경을 묘사. 강호한정과 물아일체의 흥취
- 특징
  - 후렴구가 있으며, 우리말의 아름다움을 잘 살림
  - 시간에 따른 시상 전개, 원근법 등이 나타남
  - 각수의 여음구를 제외하면 초, 중, 종장 형태의 평시조와 동일(동사(冬詞) 제10장은 제외)
  - 어부가(고려시대 민요) → 어부사(이현보의 연시조) → 어부사시사의 흐름을 형성

19 　　　　　　　　　　정답 ③

[정답해설]
첫 번째 단락의 주제는 많은 국내 과학자, 기술자와 외국인 기술자들이 오고가며 과학기술에 영향을 준다고 하였다. 두 번째 단락에서는 선진 과학 기술을 발전시킬 계획과 태세를 갖추지 않으면 경제적 자립과 정치, 외교적 자주성을 지킬 수 없다 하였으므로 ㉠은 반대, 대립되는 내용을 나타내는 '역접' 기능을 하는 접속사이다.

[오답해설]
① 첫 번째 단락의 주제가 조건 및 이유에 대해 서술하고 있지 않기 때문에 ㉠에 '순접' 기능의 접속사는 적절하지 않다.
② 두 번째 단락의 주제가 조건 및 이유에 대해 서술하고 있으므로 ㉡에는 '순접' 기능을 하는 접속사 중, 결과에 해당하는 접속사가 들어가야 한다.
④ 세 번째 단락의 주제가 과학 기술 진흥의 장기적 추진 문제에 대해 서술하고 있으므로 다른 내용을 도입하는 '전환' 기능의 접속사는 적절하지 않다.

20 　　　　　　　　　　정답 ③

[정답해설]
〈보기〉에서 동면에 있어 온도가 가장 중요한 요소(인자)라고 하며 기온은 변덕이 심해 생물체가 죽는 일이 많다고 한다. 다음에 와야 할 문장은 기온의 변덕으로 인해 생물체가 죽는 사례 등을 제시하는 것이 적절하므로 (라)가 와야 한다. 그 다음에는 (라)의 사례 외에도 동면의 위험성에 대한 설명이 제시되어야 하므로 (가)가 와야 하며, 동면의 위험성에 대해 뒷받침하는 사례를 제시해야 하므로 (다)가 오며, 동면에 대한 결론인 (나) 순으로 나열해야 한다.

▌[서울시] 2020년 06월 | 정답

01	②	02	①	03	④	04	②	05	③
06	④	07	②	08	②	09	①	10	③
11	②	12	②	13	③	14	④	15	①
16	③	17	④	18	④	19	④	20	①

[서울시] 2020년 06월 | 해설

01 　　　　　　　　　　정답 ②

[정답해설]
ㄱ은 '등용문[등용문]', ㄹ은 '송별연 → [송벼련]'으로 둘 다 음의 첨가 현상이 일어나지 않았다.

[오답해설]
ㄴ은 '한여름 → [한녀름]', ㄷ은 '눈요기 → [눈뇨기]'로 둘 다 'ㄴ'이 첨가되었다.

02 　　　　　　　　　　정답 ①

[정답해설]
'풀꽃아 → [풀꼬차]'로, 홑받침이 모음으로 시작된 어미와 결합되었으므로 받침 'ㅊ'을 뒤 음절 첫소리로 옮겨서 발음해야 한다. 다만, '풀꽃 위'처럼 받침 뒤에 모음 'ㅏ, ㅓ, ㅗ, ㅜ, ㅟ' 들로 시작하는 실질 형태소가 연결되는 경우에는 대표음으로 바꾸어서 뒤 음절 첫소리로 옮겨 발음하여 [풀꼬뒤]가 된다.

[오답해설]
② '옷 한 벌 → [오탄벌]'로, 받침 'ㅅ'은 'ㄷ'으로 발음되기 때문에 뒤에 있는 'ㅎ'과 만나 'ㅌ'으로 발음한다.
③ '넓둥글다 → 넙둥글다 → [넙뚱글다]'로, 겹받침 'ㄼ'은 원래 'ㄹ'로 발음해야 하지만, '넓죽하다'와 '넓둥글다'의 경우, 현실 발음을 고려하여 '넓-'을 '넙'으로 발음하고, 그 뒤의 'ㄷ'이 된소리가 된다.
④ '읽습니다 → 늑습니다 → [늑씀니다]'로, 겹받침 'ㄺ'은 자음 앞이므로 'ㄱ'으로 발음되고, 그 뒤의 'ㅅ'이 된소리가 되며 'ㅂ'과 'ㄴ'이 만나 'ㅁ'이 되는 비음화가 일어난다.

03 　　　　　　　　　　정답 ④

[정답해설]
고조선 곽리자고의 아내 여옥이 지었다고 전해지는 서정시가

는 '공무도하가(公無渡河歌)'이다. 〈보기〉의 '구지가'는 작자 · 연대 미상의 고대가요이다.

[오답해설]
① 구지가는 작자 · 연대 미상의 고대시가로, 향가 발생 이전에 지어졌다. 향가는 향찰(鄕札)로 표기된 우리나라 고유의 정형시 · 서정시로, 신라 시대부터 고려 전기까지 창작되었다. 민요적 · 불교적인 내용으로 작가층은 승려 · 귀족 · 평민에 걸쳐 다양하며 4구체, 8구체, 10구체의 형식이 있다.
② 구지가는 수로왕의 탄생 설화 속에 삽입되어 전해지는 고대가요로, '환기–요구–조건–위협'의 구조로 전개된다. 1구에서 '거북아 거북아'라며 환기를 하고 2구에서 '머리를 내어 놓아라'라며 명령하고 3구에서 '만약 내어 놓지 않으면'이라며 가정을 하고 있다.
③ 구지가는 고대시가로, 음악, 시가, 무용이 혼재된 종합 예술이라고 볼 수 있다.

[작품해설]

> ▌ 작자 미상, 「구지가」
> • 구조
> – 1구 : 기원의 대상인 거북을 부름(환기)
> – 2구 : 대상에게 소망을 명령조로 요구함(요구)
> – 3구 : 소망이 이루어지지 않는 상황을 가정함(조건)
> – 4구 : 대상을 위협하여 소망을 갈구함(위협)
> • 특징
> – 명령과 위협의 구조로 표현함으로써 소망을 달성하려는 주술적 의도를 강하게 드러냄
> – 문제해결의 열쇠가 집단의 염원을 담은 언어에 있다는 믿음은 신화적 질서가 당시 사람들의 의식을 강력하게 지배했다는 것을 보여줌
> – '머리를 내밀어라'라는 표현에는 현군(어질고 현명한 임금)의 출현을 기원하는 백성들의 열망이 집약되어 있음
> – 거북을 토템(신성하게 여기는 동식물)으로 섬기는 가락국 백성들의 강렬한 소망을 담은 주술적 노래로 볼 수 있음

04　　　　　　　　　　　　　　　정답 ②

[정답해설]
'한 손'은 2마리, '한 타'는 12개, '한 쾌'는 20마리, '한 쌈'은 24개이므로 단위의 수량이 적은 것부터 나열하면 ②가 된다.

[보충해설]

> ▌ 우리말 단위어
> • 쌈 : 바늘 24개
> • 두름 : 물고기 20마리
> • 접 : 과일이나 채소 100개
> • 제 : 탕약 20첩
> • 움큼 : 물건을 한 손으로 움켜쥔 분량
> • 꼬치 : 꼬챙이에 꿴 음식물 세는 단위
> • 축 : 오징어 20마리
> • 톳 : 김 100장 묶음
> • 쾌 : 북어 20마리
> • 죽 : 옷, 그릇 10벌
> • 거리 : 오이나 가지 50개
> • 줌 : 주먹으로 쥘 만한 분량
> • 짐 : 한 사람이 한 번에 질 수 있는 분량
> • 떨기 : 무더기가 된 꽃이나 풀 따위를 세는 단위
> • 손 : 조기, 고등어 2마리
> • 타 : 물건 12개

05　　　　　　　　　　　　　　　정답 ③

[정답해설]
ㄱ~ㄹ 작품의 시대적 배경은 각각 다음과 같다.
　　ㄱ. 광장 : 6 · 25 전쟁 전후(1950년 전후)
　　ㄴ. 무기의 그늘 : 베트남 전쟁(1960~1975년)
　　ㄷ. 소년이 온다 : 5 · 18 광주 민주화 운동(1980년)
　　ㄹ. 삼대 : 일제강점기 중 1930년대 초(1920~1930년)
그러므로 제시된 소설을 시대적 배경의 시간순으로 바르게 나열하면 ③의 'ㄹ → ㄱ → ㄴ → ㄷ'가 된다.

[작품해설]

> ▌ 최인훈, 「광장」
> 6 · 25 전쟁 이후 남북 분단의 비극을 이데올로기적 측면에서 다룬 작품으로, 남과 북의 이념과 체제 대립 속에서 고통받고 갈등하는 당시 지식인의 모습을 다루었다.
>
> ▌ 황석영, 「무기의 그늘」
> '삼포 가는 길'로 유명한 황석영의 작품으로, 베트남 전쟁의 본질을 속속들이 정면으로 다루었다.
>
> ▌ 한강, 「소년이 온다」
> 이탈리아 말라파르테 문학상 수상작으로, 5 · 18 광주민주화운동 당시의 처절하고 비극적인 모습을 그린 작품이다.

■ 염상섭,「삼대」

'조 의관–조상훈–조덕기'로 이어지는 삼대의 삶을 중심으로 일제강점기 당시의 사회 계층 간의 대립과 가족 간의 갈등을 사실적으로 묘사하며 당시 사회의 세대교체를 보여주는 작품이다.

---

06   정답 ④

[정답해설]

〈보기〉는 시조에 대한 설명이고, '도산십이곡'은 이황이 지은 연시조이다.

[오답해설]

① 한림별곡 : 경기체가. 현재 전해지는 경기체가 중 가장 오래된 작품으로, 고려 시대 귀족 계층의 향락적 풍류생활과 유생들의 학문적 자부심을 드러낸 작품이다.
② 월인천강지곡 : 악장, 서사시. 석가모니의 일대기를 서사시의 형식으로 표현한 작품으로, '용비어천가'와 함께 악장의 대표적인 작품으로 꼽는다.
③ 상춘곡 : 가사. 정극인이 지은 가사로, 봄의 경치를 묘사하며 그 속에서 즐기는 안빈낙도의 삶에 대한 예찬과 만족을 노래한 작품이다.

[작품해설]

■ 이황,「도산십이곡」
- 갈래 : 연시조
- 성격 : 교훈적, 관조적, 예찬적, 회고적
- 제재 : 언지(言志)와 언학(言學)
- 주제 : 자연 속에 묻혀 살고 싶은 소망과 학문의 길에 대한 변함없는 의지
- 특징
  - 반복법, 설의법, 대구법, 연쇄법 등이 사용됨
  - 한자어가 많이 사용됨
  - 학문에 대한 의지가 드러남

---

07   정답 ②

[정답해설]

〈보기〉의 '좋다'는 '신체적 조건이나 건강 상태가 보통 이상의 수준이다'라는 뜻으로 쓰였으므로 이와 문맥적 의미가 가장 가까운 것은 건강 상태를 나타내는 혈색이 보통 이상의 수준이라는 뜻으로 쓰인 ②의 '좋으셨는데?'이다.

[오답해설]

① '좋다'는 '성품이나 인격 따위가 원만하거나 선하다'라는 뜻으로 쓰였다.
③ '좋은'은 '날짜나 기회 따위가 상서롭다'라는 뜻으로 쓰였다.
④ '좋았다'는 '말씨나 태도 따위가 상대의 기분을 언짢게 하지 아니할 만큼 부드럽다'라는 뜻으로 쓰였다.

---

08   정답 ②

[정답해설]

ⓒ의 골짜기는 슬픔이 가득 찬 역경의 경지로 어둠의 세계를 나타내는 시어이다. 나머지 ㉠, ㉢, ㉣은 모두 밝음의 세계를 나타내는 시어이다.

[오답해설]

① ㉠의 해는 만물에 생명력을 부여하는 존재로, 새로운 탄생과 창조의 원동력이자 정의와 광명의 표상, 민족의 이상과 소망을 상징한다.
③ ㉢의 청산은 갈등과 대립이 완전히 제거되고 모든 생명체가 한자리에 모여 살아갈 수 있는 공간으로 낙원, 이상향을 상징한다.
④ ㉣의 양지는 평화와 선의 이미지를 나타내는 사슴이 향하는 곳으로, 청산과 마찬가지로 이상이 실현된 공간을 상징한다.

[작품해설]

■ 박두진,「해」
- 갈래 : 서정시, 산문시
- 성격 : 상징적, 열정적, 의지적, 미래 지향적
- 제재 : 해
- 주제 : 화합과 평화의 세계에 대한 소망
- 특징
  - 4음보의 급박한 리듬을 사용함
  - a – a – b – a형의 구조로 시상을 전개함
  - 어휘와 구절을 반복하여 사용함
  - '밝음'과 '어둠'의 대립적 구도를 사용함
  - 의성어와 의태어를 적절히 사용함
  - 종결어미의 다양한 변화

---

09   정답 ①

[정답해설]

'돼'는 '되어'의 준말로, '돼' 대신 '되어'를 넣어보면 쉽게 알

수 있다. ⓘ에서 '남에게 존경 받는 사람이 되어라는 아버지의 유언'은 자연스럽지 않으므로 '남에게 존경 받는 사람이 되라는 아버지의 유언'이라고 고쳐야 옳다. 이때의 '되라'는 '되-'에 명령을 나타내는 '-(으)라'가 결합한 형태라서 '되어+라'가 아닌 '되+라'이기 때문이다.

[오답해설]

② '존경 받는 사람이 되었다, 존경 받는 사람이 됐다' 모두 옳다.

③ '남에게 존경 받는 사람이 돼라, 남에게 존경 받는 사람이 되어라' 모두 옳다.

④ '존경 받는 사람이 되고 있다'는 옳지만 '존경 받는 사람이 돼고 있다'는 옳지 않다.

| **10** | **정답 ③** |

[정답해설]

'인간은 인간을 속이지만 동물은 인간을 속이지 않는다'로 보아 〈보기〉의 주된 설명 방식은 대조임을 알 수 있다. ③에서도 세균과 바이러스를 대조하며 설명하고 있다.

[오답해설]

① 맛있는 음식을 만드는 방법(신선한 재료, 적절한 요리법, 요리사의 정성)을 통해 좋은 교육을 하는 방법(교사의 자기계발, 학부모의 응원, 교육 당국의 지원)을 설명하고 있으므로 주된 설명 방식은 유추이다.

② 기호의 의미를 설명하면서 수학, 신호등 등의 예를 들고 있으므로 주된 설명 방식은 정의와 예시이다.

④ 고사리에 대해 설명하며 고사리와 고비를 양치식물로 분류하였으므로 주된 설명 방식은 분류이다.

| **11** | **정답 ②** |

[정답해설]

〈보기〉에서 부수적인 인물이 작품 속에서 주인공의 이야기를 관찰자의 입장에서 객관적으로 서술한다고 하였으므로 '일인칭 관찰자 시점'이다.

[보충해설]

> **■ 시점의 종류**
> • **1인칭 주인공 시점** : 주인공이 자기 자신의 이야기를 하는 시점
> • **1인칭 관찰자 시점** : '나'가 관찰자의 입장에서 주인공에 대해 이야기를 하는 시점

> • **전지적 작가 시점** : 작가(서술자)가 전지전능한 위치에서 인물의 심리나 행동을 분석하여 서술하는 시점
> • **작가 관찰자 시점** : 서술자가 외부 관찰자의 입장에서 이야기를 서술하는 시점

| **12** | **정답 ②** |

[정답해설]

면앙정가는 중종 때의 문신 '송순'이 벼슬에서 물러나 고향인 전남 담양에 머물며 지은 가사로, 사계절에 따라 변하는 면앙정 주변의 절경 속에서 풍류를 즐기는 강호가도가 드러난 작품이다.

[오답해설]

① 속미인곡은 정철이 50세 때 벼슬에서 물러나 창평에서 머물며 불우한 생활을 하고 있을 때 지은 가사로, 임금을 그리워하는 심정을 두 여인의 대화 형식으로 읊은 가사이다. 사미인곡의 속편이라고 볼 수 있다.

③ 관동별곡은 정철이 45세 때 강원도 관찰사로 있으면서 금강산과 관동팔경을 답사한 후 그 절경을 노래한 가사로, 3·4조와 4음보 연속체로 구성된 대표적 기행 가사체 작품이다. 영탄법, 대구법, 생략법 등을 활용하고 우리말의 아름다움을 잘 살려 가사 문학의 백미로 일컬어진다.

④ 사미인곡은 속미인곡과 마찬가지로 정철이 조정에서 물러나 창평에 머물면서 지은 가사로, 임금을 그리워하는 자신의 심정을 이별한 임을 그리워하는 여인에 빗대어 노래한 작품이다.

[작품해설]

> **■ 송순, 「면앙정가」**
> • **갈래** : 서정 가사, 양반 가사, 강호 한정가
> • **성격** : 서정적, 묘사적, 자연 친화적
> • **제재** : 면앙정 주변의 절경
> • **운율** : 3(4)·4조, 4음보 연속체
> • **주제** : 자연을 즐기는 강호가도와 임금의 은혜에 대한 감사
> • **특징**
>   – 비유, 대구, 반복 등의 다양한 표현 방법을 사용함
>   – 사계절의 변화에 따라 내용을 전개함
>   – 정극인의 '상춘곡'의 계통을 잇고, 정철의 '성산별곡'에 영향을 줌

13　　　　　　　　　정답 ③

[정답해설]

㉠에는 물속에 잠긴 막대기가 보이기는 굽어보이지만 사실은 굽지 않았다고 하였으므로 이치상 서로 맞지 않음을 이르는 '矛盾(모순)'이 들어가야 하고, ㉡에는 우리가 직접적 경험을 통해 볼 수 있는 굽어보이는 '現象(현상)'이, ㉢에는 실제의 모습, 굽어지지 않은 참모습을 의미하는 '本質(본질)'이 들어가야 알맞다.

> ㉠ 矛盾(모순) : 어떤 사실의 앞뒤, 또는 두 사실이 이치상 어긋나서 서로 맞지 않음을 이르는 말
> ㉡ 現象(현상) : 인간이 지각할 수 있는, 사물의 모양과 상태
> ㉢ 本質(본질) : 본디부터 가지고 있는 사물 자체의 성질이나 모습

[오답해설]

- 葛藤(갈등) : 칡과 등나무가 서로 얽히는 것과 같이, 개인이나 집단 사이에 목표나 이해관계가 달라 서로 적대시하거나 충돌함 또는 그런 상태
- 假象(가상) : 실물처럼 보이는 거짓 형상
- 根本(근본) : 초목의 뿌리, 사물의 본질이나 본바탕, 자라온 환경이나 혈통

[보충해설]

> ▌'象(코끼리, 모양 상)'이 들어간 한자어
> - 구상(具象) : 사물, 특히 예술 작품 따위가 직접 경험하거나 지각할 수 있도록 일정한 형태와 성질을 갖춤
> - 대상(對象) : 어떤 일의 상대 또는 목표나 목적이 되는 것
> - 사상(事象) : 관찰할 수 있는 사물과 현상
> - 상아(象牙) : 코끼리의 어금니
> - 상징(象徵) : 추상적인 사물을 구체화하는 것 또는 그와 같이 나타나지는 것
> - 상형(象形) : 사물의 형상을 본뜸
> - 원상(原象) : 본디의 형상이나 모습
> - 이상(異象) : 이상한 모양 또는 특수한 현상
> - 인상(印象) : 어떤 대상에 대하여 마음속에 새겨지는 느낌
> - 표상(表象) : 본을 받을 만한 대상
> - 현상(現象) : 인간이 지각할 수 있는 사물의 모양과 상태 또는 본질이나 객체의 외면에 나타나는 상

14　　　　　　　　　정답 ④

[정답해설]

④의 '정부에서'는 주어이고, 이때 조사 '−에서'는 (단체를 나타내는 명사 뒤에 붙어) 앞말이 주어임을 나타내는 격 조사로 쓰였다. 같은 '−에서'라는 조사가 쓰였어도 그 의미에 따라 문장 성분이 달라질 수 있으므로 주의해야 한다.

[오답해설]

① '시장에서'는 부사어이고, 이때 조사 '−에서'는 앞말이 행동이 이루어지고 있는 처소의 부사어임을 나타내는 격 조사로 쓰였다.
② '마음에서'는 부사어이고, 이때 조사 '−에서'는 앞말이 근거의 뜻을 갖는 부사어임을 나타내는 격조사로 쓰였다.
③ '이에서'는 부사어이고, 이때 조사 '−에서'는 앞말이 비교의 기준이 되는 점의 뜻을 갖는 부사어임을 나타내는 격조사로 쓰였다.

15　　　　　　　　　정답 ①

[정답해설]

- 강낭콩 : 중국의 '강남(江南)' 지방에서 들여온 콩이기 때문에 붙여진 이름인데, '강남'의 형태가 변하여 '강낭'이 되었다. 언중이 이미 어원을 의식하지 않고 변한 형태대로 발음하는 언어 현실을 그대로 반영하여 '강낭콩'으로 쓰게 한다.
- 고삿 : 예전에는 '지붕을 일 때에 쓰는 새끼'와 '좁은 골목이나 길'을 모두 '고샅'으로 써왔는데, 앞의 뜻의 말에 대해 어원 의식이 희박해져서 조사가 붙은 형태가 [고사시/고사슬] 등으로 발음되고 있으므로 앞의 뜻의 말을 '고삿'을 정하였다.
- 사글세 : '월세(月貰)'와 뜻이 같은 말로서 과거에는 '삭월세'와 '사글세'가 모두 쓰였다. 그러나 '삭월세'를 한자어 '朔月貰'로 보는 것은 '사글세'의 음을 단순히 한자로 흉내 낸 것으로 보아 '사글세'만을 표준어로 삼는다.

[오답해설]

② '표준어 규정 제5항'에 따라, 어원적으로 원형에 더 가까운 형태가 아직 쓰이고 있어 그것을 표준어로 삼는 예로는 갈비(가리×), 갓모(갈모×), 굴−젓(구−젓×), 휴지(수지×) 등이 있다.
③ '표준어 규정 제11항'에 따라, 모음의 발음 변화를 인정하여 발음이 바뀌어 굳어진 형태를 표준어로 삼는 예로는 '−구려(−구료×), 깍쟁이(깍정이×), 나무라다(나무래다×), 상추(상치×)' 등이 있다.
④ '표준어 규정 제17항'에 따라, 비슷한 발음의 몇 형태가 쓰일 경우 그 의미에 아무런 차이가 없고 그 중 하나가 더

널리 쓰이면 그 한 형태만을 표준어로 삼는 예로는 '귀-고리(귀엣-고리×), 귀-지(귀에-지), 내색(나색×), 봉숭아(봉숭화×, 봉선화는 표준어임), -습니다(-읍니다×)' 등이 있다.

16　　　　　　　　　　　　　정답 ③

[정답해설]
1문단에서 ㉠의 앞 문장을 살펴보면 격분의 물결은 빠른 속도로 소멸하며 그 안에서 안정성, 항상성, 연속성을 찾아볼 수 없다고 하였다. ㉠의 뒤 문장에는 격분의 물결이 안정적인 논의의 맥락에 통합되지 못한다고 하였으므로 ㉠ 앞의 내용이 ㉠ 뒤의 내용의 원인이 됨을 알 수 있다. 2문단에서도 ㉠의 앞 문장에서 자신에 대한 염려는 사회 전체에 대한 염려가 아니기 때문에 안정적인 우리가 형성되지 않는다고 하였고 ㉠의 뒤에서 염려가 금세 흩어진다고 하였으므로 ㉠에 들어갈 접속 부사로 가장 옳은 것은 '따라서'이다.

17　　　　　　　　　　　　　정답 ④

[정답해설]
〈보기〉에서 설명하고 있는 시의 표현방법은 '반어법'이다. ④에서는 님이 자신을 떠나가는 슬픈 상황에서도 죽어도 눈물을 흘리지 않겠다는 반어법이 사용되었다.

[오답해설]
① '햇발같이', '샘물같이'에서 직유법이 사용되었고, 햇발과 샘물을 사람처럼 표현하는 의인법이 사용되었다. 또한 '~같이'를 반복하는 반복법이 사용되었다.
② 꽃을 의인화하는 의인법이 사용되었다.
③ '~법으로'를 반복하는 반복법이 사용되었고, 산이 사람을 다스린다는 활유법이 사용되었다.

18　　　　　　　　　　　　　정답 ④

[정답해설]
폐의파관(敝衣破冠)과 폐포파립(敝袍破笠) 모두 해어진 옷과 부서진 갓이란 뜻으로, 초라한 차림새를 비유적으로 이르는 말이다.

[오답해설]
① • **경국지색(傾國之色)** : 임금이 혹하여 나라가 기울어져도 모를 정도의 미인이라는 뜻으로, 뛰어나게 아름다운 미

인을 이르는 말
　• **경중미인(鏡中美人)** : 거울에 비친 미인이라는 뜻으로, 실속 없는 일을 비유적으로 이르는 말
② • **지록위마(指鹿爲馬)** : 윗사람을 농락하여 권세를 마음대로 함을 이르거나 모순된 것을 끝까지 우겨서 남을 속이려는 짓을 비유적으로 이르는 말
　• **지란지화(芝蘭之化)** : 지초와 난초의 감화라는 뜻으로, 좋은 친구와 사귀면 자연히 그 아름다운 덕에 감화됨을 이르는 말
③ • **목불식정(目不識丁)** : 아주 간단한 글자인 'ㅜ' 자를 보고도 그것이 '고무래'인 줄을 알지 못한다는 뜻으로, 아주 까막눈임을 이르는 말
　• **목불인견(目不忍見)** : 눈 앞에 벌어진 상황 따위를 눈 뜨고는 차마 볼 수 없음을 이르는 말

[보충해설]

■ **의복과 관련된 사자성어**
• **갈건야복(葛巾野服)** : 갈건과 베옷이라는 뜻으로, 은사나 처사의 거칠고 소박한 옷차림을 이르는 말
• **금의상경(錦衣尙褧)** : 비단옷을 입고 기운 옷을 덧입는다는 뜻으로, 군자는 미덕을 간직하고 있어도 이를 겉으로 드러내지 않음을 비유적으로 이르는 말
• **금의야행(錦衣夜行)** : 비단옷을 입고 밤길을 다닌다는 뜻으로, 자랑삼아 하지 않으면 생색이 나지 않음을 이르거나 아무 보람이 없는 일을 함을 이르는 말
• **금의옥식(錦衣玉食)** : 비단옷과 흰쌀밥이라는 뜻으로, 호화스럽고 사치스러운 생활을 이르는 말
• **금의환향(錦衣還鄕)** : 비단옷을 입고 고향에 돌아온다는 뜻으로, 출세를 하여 고향에 돌아가거나 돌아옴을 비유적으로 이르는 말
• **녹의홍상(綠衣紅裳)** : 연두저고리와 다홍치마로, 곱게 차려입은 젊은 여자의 옷차림을 이르는 말
• **동가홍상(同價紅裳)** : 같은 값이면 다홍치마라는 뜻으로, 같은 값이면 좋은 물건을 가짐을 이르는 말
• **미복잠행(微服潛行)** : 지위가 높은 사람이 무엇을 몰래 살피기 위하여 남루한 옷차림을 하고 남모르게 다님을 이르는 말
• **죽장망혜(竹杖芒鞋)** : 대지팡이와 짚신이란 뜻으로, 먼 길을 떠날 때의 아주 간편한 차림새를 이르는 말
• **포의지사(布衣之士)** : 베옷을 입은 선비라는 뜻으로, 벼슬을 하지 아니한 가난한 선비를 이르는 말
• **호의호식(好衣好食)** : 좋은 옷을 입고 좋은 음식을 먹음을 이르는 말

19 　　　　　　　　　　정답 ④

[정답해설]
④의 '넓다'는 주어만을 필수로 요구하는 한 자리 서술어이다. 여기에서 '매우'는 서술어를 수식하는 부사로, 필수적 성분이 아니기 때문에 서술어의 자릿수를 세는 데 포함되지 않는다.

[오답해설]
① '그림이'가 주어, '실물과'가 필수적 부사어로 쓰인 두 자리 서술어이다.
② '나는'이 주어, '학생이'가 보어로 쓰인 두 자리 서술어이다.
③ '지호가'가 주어, '종을'이 목적어로 쓰인 두 자리 서술어이다.

20 　　　　　　　　　　정답 ①

[정답해설]
'flute'는 무성 파열음(p, t, k)으로 끝나지 않으므로 '으'를 붙여 '플루트'라고 표기해야 옳다.

[오답해설]
- robot : 외래어 표기법에 따르면 짧은 모음 다음의 어말 무성 파열음은 받침으로 적어야 하므로 '로봇'이 맞는 표기법이다. (로보트×)
- badge : 'badge'는 발음이 [bædʒ]이다. 어말의 [dʒ]는 '지'로 적어야 하므로 '배지'가 맞는 표기법이다. (뱃지×, 뺏지×)
- target : 외래어 표기법에 따르면 짧은 모음 다음의 어말 무성 파열음은 받침으로 적어야 하므로 '타깃'이 맞는 표기법이다. (타겟×, 타게트×)
- television : 표준 발음법 제5항에 의해 'ㅈ, ㅉ, ㅊ'과 같은 경구개음 뒤에 반모음 'ㅣ[j]'가 연이어 발음될 수 없기 때문에 '텔레비전'이 맞는 표기법이다. (텔레비젼×)

▌[서울시] 2019년 02월 | 정답

01	①	02	①	03	③	04	②	05	③
06	③	07	④	08	②	09	②	10	①
11	①	12	④	13	④	14	①	15	④
16	③	17	③	18	②	19	③	20	③

[서울시] 2019년 02월 | 해설

01 　　　　　　　　　　정답 ①

[정답해설]
소리의 강약이나 고저 등은 분절되지는 않지만 소리로 의미를 구별할 수 있는 운소(韻素), 즉 비분절 음운이므로 이 역시 음운에 해당한다.

[오답해설]
② '불'과 '풀'은 다른 음운인 'ㅂ'과 'ㅍ'에 의해 의미가 달라지는 데, 이처럼 최소대립쌍은 음운을 찾아내는 기준이 되므로 이를 통해 한 언어의 음운 목록을 확인할 수 있다.
③ 'ㄱ'은 '가방'에서 무성음 [k]로, '아가'에서 유성음 [g]로, '악어'에서 닫음소리 [k]로 들리는 것처럼, 하나의 음운은 몇 개의 변이음으로 구성되어 있어서 실제로 들리는 소리가 다르더라도 하나의 음운으로 인정할 수 있다.
④ 발성기관을 통해 구현되는 사람의 음성은 개인마다 조금씩 다른 구체적인 소리이지만, 음운은 이러한 음성들을 하나의 부류로 묶어서 관념적이고 추상적인 기호로 나타낸 것이다.

02 　　　　　　　　　　정답 ①

[정답해설]
해당 문장에서 '금융 당국'이 예측하는 것이므로, 주어와 서술어의 호응이 적절하다.

[오답해설]
② '내용의 정정' → '내용의 정정이 있거나'
　해당 문장에서 '내용의 정정'에 호응하는 서술어가 부당하게 생략되어 있으므로, '내용의 정정'을 '내용의 정정이 있거나'로 고쳐 써야 옳다.
③ '보여집니다' → '보입니다'
　해당 문장에서 '보여집니다'는 과도한 이중 피동의 표현이므로, '보여집니다'를 '보입니다'로 고쳐 써야 옳다.
④ '그래서' → '그래서 그는'

해당 문장에서 '단 하루도 연습을 쉬지 않았다'의 주체가 생략되어 어색하므로, '그래서' 다음에 주어 '그는'을 삽입하여 고쳐 쓰는 것이 옳다.

03 　　　　　　　　　　정답 ③

[정답해설]
'우물 안의 개구리'라는 속담과 하충의빙(夏蟲疑氷)이라는 한자 성어는 '견식이 좁다'는 의미에서 그 뜻이 가장 비슷하다.

- **우물 안의 개구리** : 넓은 세상의 형편을 알지 못하는 사람을 비유적으로 이르거나, 견식(見識)이 좁아 저만 잘난 줄로 아는 사람을 비꼬는 말
- **하충의빙(夏蟲疑氷)** : 여름의 벌레는 얼음을 안 믿는다는 뜻으로, 견식이 좁음을 비유해 이르는 말

[오답해설]
① '이 없으면 잇몸으로 산다'는 속담은 없으면 없는 대로 그럭저럭 살아 나갈 수 있음을 이르는 말이지만, 순망치한(脣亡齒寒)은 어느 한쪽이 망하면 관계된 다른 한쪽도 망한다는 뜻이므로 그 의미가 서로 다르다.

- **이 없으면 잇몸으로 산다** : 요긴한 것이 없으면 안 될 것 같지만 없으면 없는 대로 그럭저럭 살아 나갈 수 있음을 이르는 말
- **순망치한(脣亡齒寒)** : 입술이 없으면 이가 시리다는 뜻으로, 서로 이해관계가 밀접한 사이에 어느 한쪽이 망하면 다른 한쪽도 그 영향을 받아 온전하기 어려움을 이르는 말

② '개똥도 약에 쓰려면 없다'는 속담은 평소 흔하던 것도 막상 쓰려면 없다는 뜻이지만, 하로동선(夏爐冬扇)은 서로 어울리지 아니함을 이르는 말이므로 그 의미가 서로 다르다.

- **개똥도 약에 쓰려면 없다** : 평소에 흔하던 것도 막상 긴하게 쓰려고 구하면 없다는 말
- **하로동선(夏爐冬扇)** : 여름의 화로와 겨울의 부채라는 뜻으로, 격(格)이나 철에 맞지 아니함을 이르는 말

④ '굽은 나무가 선산을 지킨다'는 속담은 쓸모없는 것이 오히려 제 구실을 한다는 의미이지만, 설중송백(雪中松柏)은 높고 굳은 절개를 이르는 말이므로 그 의미가 서로 다르다.

- **굽은 나무가 선산을 지킨다** : 자손이 빈한해지면 선산의 나무까지 팔아 버리나 줄기가 굽어 쓸모없는 것은 그대로 남게 된다는 뜻으로, 쓸모없어 보이는 것이 도리어 제구실을 하게 됨을 비유적으로 이르는 말
- **설중송백(雪中松柏)** : 눈 속의 소나무와 잣나무라는 뜻으로, 높고 굳은 절개를 이르는 말

04 　　　　　　　　　　정답 ②

[정답해설]
'고깃간'의 복수 표준어는 '정육간'이 아니라 '푸줏간'이다. '정육간'은 사전에 등재되어 있지 않은 단어이며, '정육점'이 '쇠고기, 돼지고기 따위를 파는 가게'의 의미로 사전에 등재되어 있다.

05 　　　　　　　　　　정답 ③

[정답해설]
ㄴ. 인명은 성과 이름의 순서로 쓴다. 이름은 붙여 쓰는 것을 원칙으로 하되 음절 사이에 붙임표(-)를 쓰는 것을 허용한다. 또한 이름에서 일어나는 음운 변화는 표기에 반영하지 않는다. 그러므로 인명 '김복남'은 'Kim Boknam'으로 쓰는 것을 원칙으로 하되, 'Kim Bok-nam'으로 쓰는 것도 허용한다.
ㄹ. 'ㄱ, ㄷ, ㅂ'은 모음 앞에서는 'g, d, b'로, 자음 앞이나 어말에서는 'k, t, p'로 적는다. 또한 된소리되기는 표기에 반영하지 않는다. 그러므로 '합덕'은 [합떡]으로 소리 나더라도 'Hapdeok'으로 적는다.

[오답해설]
ㄱ. '오죽헌'은 체언에 있어서 거센소리되기가 일어날 때 'ㅎ'을 밝혀 적어야 하므로, 'Ojukeon'을 'Ojukheon'으로 적어야 옳다.
ㄷ. 'ㄹ'은 모음 앞에서는 'r'로, 자음 앞이나 어말 앞에서는 'l'로 적으며, 'ㄹㄹ'은 'll'로 적는다. 그러므로 '선릉[설릉]'은 'Sunneung'이 아니라 'Seolleung'으로 적어야 옳다.

06 　　　　　　　　　　정답 ③

[정답해설]
1행에서 '물'은 임을 향한 화자의 '사랑'을, 2행에서 '물'은 임과의 '이별'을, 3행에서 '물'은 임의 '죽음'을 상징한다. 그러므

로 해당 작품은 '물'의 상징적 의미를 따라 시상을 전개하고 있다.

[오답해설]
① 해당 작품은 '서사시'가 아니라, 황조가와 더불어 현존하는 우리나라 최고(最古)의 '서정시'이다.
② 해당 작품은 한역 시가로, 한시와 함께 번역한 시가가 따로 전하지는 않는다.
④ 해당 작품은 '불변의 충성'이 아니라 '임을 여읜 슬픔'을 노래하고 있다.

[작품해설]

▌ 백수 광부의 처, 「공무도하가」
• 갈래 : 고대가요, 한역 시가, 서정시
• 성격 : 서정적, 애상적, 체념적
• 형식 : 4언 4구체
• 별칭 : 공후인
• 주제 : 임을 여읜 슬픔과 체념
• 특징
 – 시간의 흐름에 따른 전개
 – '물'의 상징적 의미에 따른 시상 전개
 – 화자의 정서를 직접 표현
 – 현존 최고(最古)의 서정 가요

公無渡河	저 임아, 그 물을 건너지 마오.
公竟渡河	임은 그예 물을 건너셨네.
墮河而死	물에 쓸려 돌아가시니.
當奈公何	가신 임을 어이할꼬.

---

07 정답 ④

[정답해설]
(가)는 박효관의 시조이며, (나)는 작가 미상의 시조이다.

[오답해설]
① ㉠의 '실솔(蟋蟀 : 귀뚜라미 실, 귀뚜라미 솔)'은 '귀뚜라미'를 뜻한다.
② (가) 시조에서는 '귀뚜라미'에, (나) 시조에서는 '접동새'에 감정 이입을 하여 '임에 대한 그리움'을 노래하고 있다.
③ 고전시가에 자주 등장하는 ㉡의 '접동새'는 울음소리가 '귀촉 귀촉'으로 들려 '귀촉도'라고도 하며, 그 외 '두견새'로도 불린다.

[작품해설]

▌ (가) 박효관, 「임 그린 상사몽」
• 갈래 : 평시조, 서정시
• 성격 : 연정적
• 제재 : 상사몽, 실솔(귀뚜라미)
• 주제 : 임에 대한 간절한 사랑과 그리움
• 특징
 – 자연물에 감정을 이입하여 화자의 간절함을 부각함
 – 추상적 개념을 구체화하여 임에 대한 화자의 심정을 드러냄

▌ (나) 작자 미상, 「이 몸이 죽어져서」
• 갈래 : 평시조
• 성격 : 연정가
• 제재 : 임, 접동새
• 주제 : 죽어서도 임과 함께 하고 싶은 소망과 임에 대한 그리움
• 특징
 – 자연물에 감정을 이입하여 화자의 간절함을 부각함
 – 고전 시가에 자주 등장하는 '접동새'를 매개로 함

---

08 정답 ②

[정답해설]
'모잘라서' → '모자라서'
기본형 '모자라다'는 어간의 끝소리가 '르'가 아니므로 '르' 불규칙 활용을 하지 않는다. 그러므로 기본형 '모자라다'에 '–아서'가 붙어 '모자라서'로 써야 올바르다.

[오답해설]
① · ③ · ④ 기본형 '가파르다, 불사르다, 올바르다'는 모두 어간의 끝소리 '르'의 'ㅡ'가 탈락하면서 'ㄹ'이 하나 더 생기는 '르' 불규칙 활용을 한다. 그러므로 각각의 기본형에 어미 '–아서'가 붙으면 각각 '가팔라서, 불살라서, 올발라서'가 된다.

---

09 정답 ②

[정답해설]
'어근'은 단어를 분석할 때 실질적 의미를 나타내는 중심이 되는 부분으로, '인간(人間)'의 '인(人)'은 어근이지만, '한국인(韓國人)'의 '–인(人)'은 '사람'을 뜻하는 접미사이다.

[오답해설]
① '연장(延長: 늘일 연, 길 장)'은 '늘이다(서술어) + 길게(부사

국가직 문제

지방직 문제

서울시 문제

국가직 해설

지방직 해설

서울시 해설

어)'로 분석되고, '하산(下山; 아래 하, 메 산)'은 '내려오다(서술어) + 산에서(부사어)'로 분석되므로 '서술어+부사어'의 구조이다.

③ 비자립적 어근은 실질적인 의미는 존재하나 혼자서 쓰일 수 없는 어근이다. '우정(友情)'의 '우(友)'와 '대문(大門)'의 '대(大)'는 홀로 쓰일 수 없는 비자립적 어근이고, '정(情)'과 '문(門)'은 홀로 쓰일 수 있는 단어이다.

④ '시시각각(時時刻刻)', '명명백백(明明白白)'처럼 한자어의 반복합성어 구성 방식은 'AABB' 형태인데, 고유어의 반복합성어 구성 방식은 '꼬불꼬불', '살랑살랑'처럼 'ABAB' 형태이므로 서로 다르다.

10 　　　　　　　　　　　　　　　정답 ①

[정답해설]

'열∨길'과 '한∨길'에서 길이의 단위인 '길'은 의존 명사이므로 앞말과 띄어 써야 옳고, '물속'은 '물의 가운데'를 뜻하는 명사로 한 단어이므로 붙여 써야 옳다.

[오답해설]

② '데칸∨고원' → '데칸고원'

'데칸∨고원'은 외래어 표기법에 따라 한 단어이므로, '데칸고원'으로 붙여 써야 한다.

③ '전봇대∨만큼' → '전봇대만큼'

'전봇대∨만큼'에서 '만큼'은 앞말과 비슷한 정도나 한도임을 나타내는 격 조사이므로, '전봇대만큼'처럼 앞말에 붙여 써야 한다.

④ '주머니만들기' → '주머니∨만들기'

전문 용어는 붙여 쓸 수 있지만, 관형어의 수식을 받는 경우에는 붙여 쓸 수 없다. 해당 문장에서 '주머니만들기'는 '쓸모 있는'이라는 관형어의 수식을 받으므로, '주머니∨만들기'처럼 띄어 써야 한다.

11 　　　　　　　　　　　　　　　정답 ①

[정답해설]

'형태소'란 뜻을 가지고 있는 가장 작은 말의 단위로, 의미를 가지거나 문법적 구실을 하는 최소한의 단위이다. '떠내려갔다'는 총 7개의 형태소로 구성되어 있다.

> 뜨- / -어 / 내리- / -어 / 가 / -았- / -다

[오답해설]

② 따라 버렸다(총 5개)

따르- / -아 / 버리- / -었 / -다

③ 빌어먹었다(총 5개)

빌- / -어 / 먹- / -었- / -다

④ 여쭈어봤다(총 5개)

여쭈- / -어 / 보- / -았- / -다

12 　　　　　　　　　　　　　　　정답 ④

[정답해설]

놀다(遊) → 규칙 용언

'놀다(遊)'는 '놀고, 놀아, 놀아서'와 같이 활용하는 규칙 용언으로, '노니, 노라, 놉니다. 노시고, 노오'처럼 어간의 'ㄹ'이 'ㄴ, ㄹ, ㅂ, ㅅ, ㅗ'로 된 어미 앞에서 탈락한다.

[오답해설]

① 묻다(問) → 'ㄷ' 불규칙 용언

'묻다(問)'는 '물어, 물으니'처럼 어간의 끝소리 'ㄷ'이 모음 앞에서 'ㄹ'로 바뀌는 'ㄷ' 불규칙 용언이다.

② 덥다(暑) → 'ㅂ' 불규칙 용언

'덥다(暑)'는 '더워, 더우니'처럼 어간의 끝소리 'ㅂ'이 모음 앞에서 '오/우'로 바뀌는 'ㅂ' 불규칙 용언이다.

③ 낫다(愈) → 'ㅅ' 불규칙 용언

'낫다(愈)'는 '나아, 나으니'처럼 어간의 끝소리 'ㅅ'이 모음 앞에서 탈락하는 'ㅅ' 불규칙 용언이다.

13 　　　　　　　　　　　　　　　정답 ④

[정답해설]

해당 작품에서 시적 화자는 수양대군(세조)에 대한 복종을 거부하고 단종에 대한 지조와 절개를 다짐하고 있으나, 단종의 죽음에 대한 복수를 다짐하고 있지는 않다.

[오답해설]

① 해당 작품의 작자는 성삼문으로 이개, 하위지, 유성원, 유응부, 박팽년과 함께 단종의 복위를 꾀하다 처형된 사육신 중의 한 명이다.

② '首陽山(수양산)'은 백이와 숙제가 은닉했던 중국의 산을 지칭하는 동시에, 수양대군을 상징하는 중의법을 사용하고 있다.

③ 주나라의 곡식을 먹기를 거부하고 수양산에서 굶어죽은 '백이와 숙제'의 고사를 인용하여 화자의 굳은 절의를 부각하고 있다.

[작품해설]

> ▌성삼문, 「**수양산 바라보며**」
> • 갈래 : 평시조
> • 성격 : 절의적, 비판적, 풍자적
> • 제재 : 백이와 숙제의 고사
> • 주제 : 죽음을 각오한 굳은 지조와 결의
> • 특징
> – 중의법, 설의법을 통해 대상에 대한 비판을 은유적
>   으로 드러냄
> – 백이와 숙제의 고사를 인용하여 화자의 굳은 절의
>   를 부각함

---

14 정답 ①

[정답해설]

해당 작품은 자연 속에서 한가롭게 살아가는 어부 생활의 여유와 흥취를 주제로 한 강호한정가로, 임금에 대한 그리움을 함축적으로 표현한 연군가는 아니다.

[오답해설]

② 첫째 연의 '우는 거시 벅구기'에서 청각적 이미지를 활용하고 있다.

③ 첫째 연의 '우는 거시 벅구기가'와 '프른 거시 버들숩가'에서, 그리고 둘째 연의 '청약립은 써 잇노라'와 '녹사의 가져오나'에서 대구법을 사용하고 있다.

④ 해당 작품은 후렴구인 '이어라 이어라', '닫 드러라 닫 드러라', '지국총 지국총 어ᄉ와'를 제외하면 전형적인 3장 6구의 시조 형식을 갖추고 있다.

[작품해설]

> ▌윤선도, 「**어부사시사**」
> • 갈래 : 평시조, 연시조
> • 성격 : 풍류적, 전원적, 자연 친화적
> • 제재 : 자연에서의 어부 생활
> • 구성 : 계절별로 10수씩 총 40수
> • 주제 : 자연 속에서 한가롭게 살아가는 어부 생활의
>   여유와 흥취
> • 특징
> – 대구법, 반복법, 의성법, 원근법 등의 다양한 표현법
>   을 사용함
> – 우리 말의 묘미를 잘 살림
> – 선명한 색체 대비를 통해 자연의 모습을 그려냄

---

15 정답 ④

[정답해설]

해당 작품은 재능은 있으나 그 능력을 발휘하지 못하는 자신의 처지를 '섶 실은 천리마'에 비유하며 한탄하고 있다. 또한 재능도 없으면서 우쭐거리는 양반들을 '살진 쇠양마'에 비유하며 불만을 표출하고 있다. ④의 '麥秀之嘆(맥수지탄)'은 보리만 무성하게 자란 것을 탄식하듯 고국의 멸망을 탄식하여 이르는 말로, 해당 시조와 연관성이 가장 부족하다.

[오답해설]

① 髀肉之嘆(비육지탄): '넓적다리에 살이 붙음을 탄식하다'는 뜻으로, 재능을 발휘할 때를 얻지 못하여 헛되이 세월만 보내는 것을 한탄하며 이르는 말이다.

② 招搖過市(초요과시): '남의 이목을 끌도록 요란스럽게 하며 저자거리를 지나간다'는 뜻으로, 허풍을 떨며 요란하게 사람의 이목을 끄는 것을 비유하는 말이다.

③ 不識泰山(불식태산): '태산을 모른다'는 뜻으로, 큰 인물의 참모습을 알아보지 못하는 것을 이르는 말이다.

---

16 정답 ③

[정답해설]

'안다미로'는 '담은 것이 그릇에 넘치도록 많이'라는 뜻이다.

> 예 이야기를 들었으면 그 값으로 술국이나 한 뚝배기 안다미로 퍼 오너라.
> 예 그는 사발에 안다미로 담은 밥 한 그릇을 다 먹어 치웠다.
> 예 우리는 와르르 들쭉술을 안다미로 붓고 술잔을 부딪쳤다.

---

17 정답 ③

[정답해설]

제시된 〈보기〉의 『훈민정음언해』는 세종대왕이 직접 훈민정음의 창제 취지를 밝힌 어지(御旨)이다. 그러므로 〈보기〉의 밑줄 친 '내'가 세종대왕이 자신을 가리키는 표현이라는 설명은 타당하다.

[오답해설]

① 〈보기〉는 한 문장이 아니라, "나랏 말ᄊᆞ미 ~ 하니라"와 "내 이롤 ~ ᄯᆞᄅᆞ미니라"의 두 문장으로 구성되어 있다.

② 밑줄 친 '시러'는 '능히'라는 뜻으로, 한자로 '載(실을 재)'가

아니라 '得(얻을 득)'에 해당한다.

④ 중세 국어에서 'ㆍ'는 'ㅏ'와 'ㅗ'의 중간음에 해당하는 '후설 저모음'으로 발음이 달랐다.

18 　　　　　　　정답 ②

[정답해설]
해당 작품은 죽은 아이에 대한 아버지의 슬픔과 그리움을 표현한 시로, '차고 슬픈 것', '물먹은 별', '늬'는 모두 죽은 아이를 상징한다. 그러나 ②의 '새까만 밤'은 시적 화자가 닿을 수 없는 세계 즉, 아이가 있는 '죽음의 세계'를 의미한다.

[작품해설]

■ 정지용, 「유리창 1」
- 갈래 : 자유시, 서정시
- 성격 : 상징적, 회화적, 감각적
- 제재 : 유리창에 어린 입김
- 주제 : 죽은 자식에 대한 슬픔과 그리움
- 특징
 − 선명한 이미지
 − 감각적 시어의 선택
 − 감정의 대위법을 통한 감정의 절제

19 　　　　　　　정답 ③

[정답해설]
'두괄식'은 글의 첫머리에 중심 내용이 오는 산문 구성 방식을 말한다. 제시문은 문장의 의미와 구성 성분에 대해 서술하고 있으므로, 글의 첫머리에는 ㉡이 오는 것이 가장 적절하다. 다음으로 문장을 구성하는 기본적인 언어 단위인 어절에 대해 서술하고 있는 ㉠이 와야 하고, 이어서 띄어 쓴 어절에 대해 설명한 ㉢이 와야 한다. 마지막으로 두 개 이상의 어절이 모여서 하나의 문장 성분인 구(句)가 된다고 서술한 ㉣이 와야 한다. 그러므로 제시문은 '㉡−㉠−㉢−㉣' 순으로 배열되는 것이 가장 적절하다.

20 　　　　　　　정답 ③

[정답해설]
제시문에서 '신민(新民)'과 '친민(親民)'의 개념을 구체화하기 위해 주희와 정약용을 예로 들어 설명하는 전개 방식은 '예시'이다. ③번 선지에서도 무지개 색깔을 가리키는 7가지 단

어를 예로 들어 언어가 사고를 반영하고 있음을 설명하고 있으므로, 글의 전개 방식 중 '예시'에 해당된다.

[오답해설]
① 상위 개념인 시를 하위 종류인 서정시, 서사시, 극시로 나누어 설명하는 전개 방식은 '구분'에 해당한다.
② 소를 권태자로 설명한 전개 방식은 범주가 이질적인 두 대상을 동일시함으로써 여러 가지 함축적 의미를 연상시키는 '비유'에 해당한다.
④ 곤충을 머리, 가슴, 배로 쪼개어 설명하는 전개 방식은 '분석'에 해당한다.

■ [서울시] 2019년 06월 | 정답

01	②	02	②	03	①	04	③	05	①
06	②	07	④	08	①	09	③	10	②
11	③	12	④	13	④	14	④	15	①
16	④	17	③	18	④	19	①	20	②

[서울시] 2019년 06월 | 해설

01 　　　　　　　정답 ②

[정답해설]
②의 문장은 '몸이 아프다'와 '마음만은 날아갈 것 같다'라는 두 문장이 연결어미 '−아도'에 의해 이어진 문장이다. 따라서 밑줄 친 '마음만'은 문장의 주어에 해당한다.

[오답해설]
① '그는 밥도 안 먹는다'와 '그는 일만 한다'라는 두 문장이 연결어미 '−고'에 의해 이어진 문장이다. 따라서 밑줄 친 '밥도'는 문장의 목적어에 해당한다.
③ '그는 그녀에게 물만 주었다'에서 밑줄 친 '물만'은 문장의 목적어에 해당한다.
④ 체언 '이유'를 수식하는 '고향의 사투리까지 싫어할'은 관형절에 해당하고, 밑줄 친 '사투리까지'는 문장의 목적어에 해당한다.

02 정답 ②

[정답해설]

- **[시뻘겋다]** : '시-'는 '매우 짙고 선명하게'라는 뜻을 가진 접두사로, 어두음이 된소리 또는 거센소리, 또는 ㅎ이고, 첫 음절의 모음이 'ㅓ, ㅜ'인 색채를 나타내는 일부 형용사 앞에 붙는다. 따라서 '뻘겋다'의 첫음절 모음이 'ㅓ'이고 어두음이 된소리이므로, '시뻘겋다'가 옳은 표현이다.
- **[시허옇다]** : 역시 첫음절 모음이 'ㅓ'이고 어두음이 'ㅎ'이므로 '시허옇다'가 옳은 표현이다.
- **[싯누렇다]** : '싯-'은 어두음이 유성음이고 첫음절의 모음이 'ㅓ, ㅜ'인 색채를 나타내는 일부 형용사 앞에 붙는다. 따라서 '누렇다'의 어두음이 유성음이고 첫음절의 모음이 'ㅜ'이므로 '싯누렇다'가 옳은 표현이다.

[오답해설]

- **[시퍼렇다]** : '퍼렇다'는 어두음이 거센소리이고 첫음절의 모음이 'ㅓ'이므로 접두사 '시-'가 결합한 '시퍼렇다'가 옳은 표현이다.
- **[새하얗다]** : '하얗다'는 어두음이 'ㅎ'이고 첫음절의 모음이 'ㅏ'이므로 접두사 '새-'가 결합한 '새하얗다'가 옳은 표현이다.

03 정답 ①

[정답해설]

주어진 시에서 화자는 서로 대비되는 생각이나 성향을 가진 사람들을 둘로 나누어 나열하고 있고, 마지막 구절의 '사람들을 두 가지로 나눌 수 있다고 믿는 사람과 그렇지 않은 사람이 있다'는 부분에서 이 시의 핵심 내용이 '특정 집단에 대해서 한쪽으로 치우친 의견이나 견해를 가지는 태도'를 의미하는 '편견'임을 알 수 있다.

[오답해설]

② 불화 : 서로 화합하지 못함. 서로 사이좋게 지내지 못함
③ 오해 : 그릇되게 해석하거나 잘못 이해함
④ 독선 : 자기 혼자만이 옳다고 믿고 행동하는 일

04 정답 ③

[정답해설]

'언 발에 오줌 누기'는 언 발을 녹이려고 오줌을 누어 봤자 효력이 별로 없다는 뜻으로, 임시변통은 될지 모르나 그 효력이 오래가지 못할 뿐만 아니라 결국에는 사태가 더 나빠짐을 비유적으로 이르는 말로, 이와 의미가 유사한 한자성어는 동족방뇨(凍足放尿), 하석상대(下石上臺) 등이 있다. 설상가상은 '난처한 일이나 불행한 일이 잇따라 일어남'을 이르는 말이다.

[오답해설]

① '원님 덕에 나팔 분다'는 원님과 함께 간 덕분에 나팔 불고 요란히 맞아 주는 호화로운 대접을 받는다는 말로, 남의 덕으로 당치않은 행세를 하게 되거나 그런 대접을 받게 됨을 이르는 말이다. 이와 의미가 유사한 한자성어는 호가호위(狐假虎威)가 있다.

② '소 잃고 외양간 고친다'는 일이 이미 잘못된 뒤에는 손을 써도 소용이 없다는 뜻으로 이와 의미가 유사한 한자성어는 만시지탄(晩時之歎)이 있다.

④ '낫 놓고 기역자도 모른다'는 글자를 하나도 모를 정도로 아주 아는 것이 없음을 이르는 말이다. 이와 의미가 유사한 한자성어는 목불식정(目不識丁)이 있다.

05 정답 ①

[정답해설]

훈민정음에서는 초성 문자로 발음 기관의 모양을 본떠 기본 문자인 'ㄱ, ㄴ, ㅁ, ㅅ, ㅇ'를 만들고 기본 문자에 소리가 센 정도에 따라 획을 하나 또는 둘을 더하여 문자를 만드는 가획의 원리를 적용하여 'ㅋ, ㄷ, ㅌ, ㅂ, ㅍ, ㅈ, ㅊ, ㅎ' 등의 문자를 만들어 내는데, 가획의 원리를 적용했기 때문에 '가획자'라고 한다. 따라서 ㉠에 해당하는 글자가 아닌 것은 'ㄹ'이다.

06 정답 ②

[정답해설]

'parka'는 후드가 달린 모피 웃옷을 뜻하는 외래어로, '파커'가 아닌 '파카'로 표기한다.

[오답해설]

① 'dot'는 점 또는 물방울 무늬를 뜻하는 외래어로, 의미에 따라 '도트'나 '닷'으로 표기한다.

③ 'flat'의 'f'는 'ㅍ'으로 표기해야 하고, 어말에 위치한 짧은 모음 다음의 무성 파열음 [p], [t], [k]는 모음 'ㅡ'를 붙여 적지 않아야 하므로 '플랫'으로 표기한다.

④ 'chorus'의 'u'는 'ə'로 소리나므로 '코러스'로 표기한다.

[보충해설]

> ▌외래어 표기법
> ① 외래어는 국어의 현용 24자모로만 적는다.
> ② 외래어의 1음운은 원칙적으로 1기호로 적는다.
> ③ 받침에는 ㄱ, ㄴ, ㄹ, ㅁ, ㅂ, ㅅ, ㅇ만 사용한다.
> ④ 파열음 표기에는 된소리를 쓰지 않는다.
> ⑤ 이미 굳어진 외래어는 관용을 존중하되, 그 범위와 용례는 따로 정한다.

---

07 정답 ④

[정답해설]

'한라산'의 발음은 [할:라산]이며, 이를 로마자로 옮기면 'Hallasan'이다. 따라서 바르게 표기된 것은 ㉣이다.

[오답해설]

① ㉠의 발음은 [다락꼴]이다. 이 때 된소리되기는 표기에 반영하지 않고, 'ㄹ'은 모음 앞에서는 'r'로, 자음 앞이나 어말에서는 'l'로 적어야 하므로 'Darakgol'이 된다.
② ㉡의 발음은 [궁망봉]이다. 이 때 음운의 변동은 표기에 반영하므로, 'Gungmangbong'이 된다.
③ ㉢의 발음은 [낭:님산]이다. 이 때 음운의 변동은 표기에 반영하므로, 'Nangnimsan'이 된다.

---

08 정답 ①

[정답해설]

제시된 시조는 임을 그리워하는 동짓달 긴 밤의 한 가운데를 베어내서 이불 밑에 두었다가 임이 오신 날 밤에 이어 붙여 밤을 늘리고 싶다는 내용으로, 내용상 ㉠에는 허리, ㉡에는 '동짓달 기나긴 밤'과 대조되는 '春風(춘풍)'이 적절하다.

[작품해설]

> ▌황진이, 「동짓달 기나긴 밤을~」
> • 갈래 : 평시조, 단시조
> • 성격 : 감상적, 낭만적, 연정적, 서정적
> • 제재 : 동짓달 밤, 이불
> • 주제 : 임을 기다리는 절실한 그리움, 임을 향한 그리움과 사랑
> • 특징
>   − 추상적 개념의 구체화(밤이라는 추상적인 시간을 구체적인 사물로 형상화함)
>   − 음성상징어를 사용하여 표현 효과를 높임

---

09 정답 ③

[정답해설]

떠내려∨가∨버렸다 → 떠내려가∨버렸다
동사 '떠내려가다' 뒤에 보조 용언 '버리다'가 이어져 있고, '떠내려가다'가 합성 용언이므로, 한글 맞춤법 제47항의 '앞말이 합성 용언인 경우에는 그 뒤에 오는 보조 용언은 띄어쓴다'라는 원칙에 따라 '떠내려가∨버리다'로 표기한다.

[오답해설]

① 보조 용언은 띄어 씀을 원칙으로 하되 경우에 따라 붙여 씀도 허용한다. 그러므로 '꺼져∨간다'를 원칙으로 하되 '꺼져간다'로 적는 것도 허용한다.
② 보조 용언은 띄어 씀을 원칙으로 하되 경우에 따라 붙여 씀도 허용한다. 그러므로 '잘∨아는∨척한다'를 원칙으로 하되 '잘∨아는척한다'로 적는 것도 허용한다.
④ 앞말에 조사가 붙거나 앞말이 합성 용언인 경우, 그리고 중간에 조사가 들어갈 적에는 그 뒤에 오는 보조 용언은 띄어 쓴다. 그러므로 '그가∨올∨듯도∨하다'와 같이 띄어 적는 것이 올바르다.

---

10 정답 ②

[정답해설]

• [늴리리] : '늴리리'는 한글 맞춤법 제9항 "'의'나 자음을 첫소리로 가지고 있는 음절의 'ㅢ'는 'ㅣ'소리로 나는 경우가 있더라도 'ㅢ'로 적는다."라는 원칙에 따라 '늴리리'로 적는다.
• [남존여비] : '남존녀비'는 한글 맞춤법 두음법칙 제10항 "접두사처럼 쓰이는 한자가 붙어서 된 말이나 합성어에서, 뒷말의 첫소리가 'ㄴ'소리로 나더라도 두음 법칙에 따라 적는다."라는 원칙에 따라 두음법칙을 적용하여 '남존여비'로 적는다.
• [혜택] : '혜택'은 한글 맞춤법 제 8항 "'계, 례, 몌, 폐, 혜'의 'ㅖ'는 'ㅔ'로 소리나는 경우가 있더라도 'ㅖ'로 적는다."라는 원칙에 따라 '혜택'으로 적는다.

[오답해설]

① [웃어른] : 표준어 규정 제12항 "'아래, 위'의 대립이 없는 단어는 '웃−'으로 발음되는 형태를 표준어로 삼는다."라는 원칙에 따라 '웃어른'으로 적는다.
[사흗날] : '사흘'과 '날'이 결합한 구조로 한글 맞춤법 제29항 "끝소리가 'ㄹ'인 말과 딴 말이 어울릴 적에 'ㄹ' 소리가 'ㄷ' 소리로 나는 것은 'ㄷ'으로 적는다."라는 원칙에 따라 '사흗날'로 적는다.
[베갯잇] : 한글 맞춤법 제30항 "사이시옷은 순우리말로

된 합성어로서 앞말이 모음으로 끝난 경우에 받치어 적는
다."라는 원칙에 따라 '베갯잇'으로 적는다.

③ [적잖은] : '적지 않은'의 준말로, 한글 맞춤법 제39항 "어
미 '-지' 뒤에 '않-'이 어울려 '잖'이 될 적과 '-하지' 뒤에
'않'이 어울려 '찮'이 될 적에는 준 대로 적는다."라는 원칙
에 따라 '적잖은'으로 적는다.

[생각건대] : '생각하건대'의 준말로, 한글 맞춤법 제40항
"어간의 끝음절 '하'가 아주 줄 적에는 준대로 적는다."라
는 원칙에 따라 '생각건대'로 적는다.

[하마터면] : 한글 맞춤법 제40항 "어간의 끝음절 '하'의
'ㅏ'가 줄고 'ㅎ'이 다음 음절의 첫소리와 어울려 거센소리
로 될 적에는 거센소리로 적는다. 다만, '결코, 기필코, 아
무튼, 필연코, 하마터면, 하여튼'과 같은 부사는 소리대로
적는다."라는 원칙에 따라 '하마터면'으로 적는다.

④ [홑몸] : 접두사 '홑'과 '몸'이 결합한 파생어로, '아이를 배
지 아니한 몸'을 의미하고, '홀몸'은 '배우자나 형제가 없는
사람'을 의미하는 파생어이다.

[밋밋하다] : 한글 맞춤법 제13항 "한 단어 안에서 같은 음
절이나 비슷한 음절이 겹쳐 나는 부분은 같은 글자로 적
는다."라는 원칙에 따라 '밋밋하다'로 적는다.

[선율] : 한글 맞춤법 제11항 "한자음 '랴, 려, 례, 료, 류, 리'
가 단어의 첫머리에 올 적에는 두음법칙에 따라 '야, 여, 예,
요, 유, 이'로 적는다."라는 원칙에 따라 '선율'로 적는다.

---

11   정답 ③

[정답해설]
〈보기〉에 제시된 설명은 한글 맞춤법 제40항 '준말'에 대한
규정으로, ③의 '익숙치'는 '익숙하지'의 준말이고, 어간의 끝
음절 '하'가 아주 줄었으므로 '익숙지'로 적는다.

[오답해설]
① '섭섭지'는 '섭섭하지'의 준말로, 어간의 끝음절 '하'가 아주
줄었으므로 '섭섭지'로 적는다.
② '흔타'는 '흔하다'의 준말로, 어간의 끝음절 '하'의 'ㅏ'가 줄
고 'ㅎ'이 다음 음절의 첫소리와 어울려 거센소리로 되었
으므로 '흔타'로 적는다.
④ '정결타'는 '정결하다'의 준말로, 어간의 끝음절 '하'의 'ㅏ'
가 줄고 'ㅎ'이 다음 음절의 첫소리와 어울려 거센소리로
되었으므로 '정결타'로 적는다.

---

12   정답 ④

[정답해설]
'오늘'이라는 의미의 단어가 한국어와 영어에서 서로 다르게

표현되는 것은 언어의 형식과 의미가 가지는 관계가 필연적
이지 않다는 '언어의 자의성'과 관련이 있다.

[오답해설]
① '방송'의 의미가 '석방'에서 '보도'로 변한 것은 언어가 시
간의 흐름에 따라 생성, 변화, 소멸한다는 '언어의 역사성'
과 관련이 있다.
② '밥'이라는 단어를 마음대로 '법'으로 바꾸면 다른 사람들
이 '밥'이라는 의미로 이해할 수 없다는 것은 언어의 소리
와 의미가 사회적으로 약속된 후에는 개인이 마음대로 바
꿀수 없다는 '언어의 사회성'과 관련이 있다.
③ '종이가 찢어졌어'라는 말을 기반으로 다른 문장을 만들
수 있는 것은 인간이 한정된 음운이나 어휘를 가지고 무
한한 문장을 만들어서 사용할 수 있다는 '언어의 창조성'
과 관련이 있다.

[보충해설]

▌ **언어의 특성**

- **언어의 기호성** : 언어는 일정한 의미를 일정한 형식으
  로 나타내는 기호이다.
- **언어의 자의성** : 언어의 형식과 의미가 가지는 관계는
  필연적이지 않다.
- **언어의 사회성** : 언어의 소리와 의미가 사회적으로 약
  속된 후에는 개인이 마음대로 바꿀수 없다.
- **언어의 역사성** : 언어는 시간의 흐름에 따라 생성, 변
  화, 소멸한다.
- **언어의 창조성** : 인간은 한정된 음운이나 어휘를 가지
  고 무한한 문장을 만들어서 사용할 수 있고, 처음 들
  어보는 문장을 이해할 수 있다.
- **언어의 규칙성** : 모든 언어는 그것을 올바르게 사용하
  기 위한 일정한 규칙을 가진다.
- **언어의 분절성** : 언어는 연속적인 자연의 세계를 불연
  속적으로 끊어서 사용한다.

---

13   정답 ④

[정답해설]
ⓔ의 '재겨디딜'은 '발끝이나 발뒤꿈치만으로 땅을 디딜'을 의
미한다. 이는 극한의 상황에 직면한 모습을 형상화한 것이다.
따라서 ⓔ을 현대어로 옮길 때는 '재겨 디딜'로 옮겨야 한다.

[오답해설]
① ㉠의 '챗죽'은 현대어로 옮기면 '채찍'으로, 화자가 겪은 시
련을 표현하였다.
② ㉡의 '마츰내'는 현대어로 옮기면 '마침내'로, 극한의 상황

을 '마침내 북방으로 휩쓸려'라고 표현하였다.
③ ©의 '그우'는 현대어로 옮기면 '그 위로', 극한 상황에 처
해있는 모습을 '서릿발 칼날진 그 위에 서다'라고 표현하
였다.

[작품해설]

> ▌ 이육사, 「절정」
> • 갈래 : 자유시, 서정시, 상징시
> • 성격 : 의지적, 지사적, 남성적, 상징적
> • 제재 : 현실의 극한 상황
> • 주제 : 가혹한 현실을 극복하려는 의지, 극한 상황에서
>   의 초월적 인식
> • 특징
>   – 기 – 승 – 전 – 결과 유사한 구조
>   – 역설적 표현을 통해 주제를 효과적으로 형상화함
>   – 강렬한 상징어와 남성적 어조를 통해 강인한 의지
>   를 표출함
>   – 현재형 시제를 사용하여 긴박감을 더함

---

14 정답 ③

[정답해설]
③의 '밝는'은 '밤이 지나고 환해지며 새날이 오다'라는 의미
의 동사 '밝다'이다. 또 '날이 밝다'의 '밝다'는 선어말 어미 '–
는–'과 결합해 '날이 밝는다'로 쓸 수 있다.

[오답해설]
① '옷 색깔이 밝다'의 '밝다'는 '옷 색깔'의 성질을 나타내며,
  선어말 어미 '–는–'과 결합해 '옷 색깔이 밝는다'로 쓸 수
  없으므로 형용사이다.
② '전망이 밝다'의 '밝다'는 '이 분야'의 상태를 나타내며, 선
  어말 어미 '–는–'과 결합해 '전망이 아주 밝는다'로 쓸 수
  없으므로 형용사이다.
④ '예의가 밝다'의 '밝다'는 '그'의 성질을 나타내며, 선어말
  어미 '–는–'과 결합해 '예의가 밝는다'로 쓸 수 없으므로
  형용사이다.

---

15 정답 ①

[정답해설]
〈보기〉에서 각계 원로들이 자기가 평소에 애송하던 시를 낭
송하는 순서가 있어서 화자에게도 한 편 낭송해 달라고 했다
고 하였으므로 ㉠에 들어갈 말로 적절한 것은 '원로'이다. 또

한 © 뒤에서 그 무렵 화자는 김용택의 '그 여자네 집'이라는
시에 사로잡혀 있었으므로 거역할 수 없는 명분보다 더 중요
한 것은 '낭송하고 싶은 시가 있었다는 것'이다. 따라서 ©에
들어갈 말로 가장 적절한 것은 '낭송하고 싶은 시가 있었다는
게'이다.

[작품해설]

> ▌ 박완서, 「그여자네 집」
> • 갈래 : 단편 소설, 액자 소설
> • 성격 : 회상적, 서정적, 체험적
> • 배경
>   – 시간적 배경 : 일제 강점기, 현대
>   – 공간적 배경 : 행촌리, 서울
> • 시점 : 1인칭 관찰자 시점(부분적 전지적 작가 시점)
> • 주제 : 민족의 비극적 역사 속에서 상처받고 고통을
>   당한 우리 민족의 비극적인 삶
> • 특징
>   – '현재 → 과거 → 현재'의 역순행적 구성임
>   – 극적인 반전을 통해 주제 의식을 드러냄

---

16 정답 ④

[정답해설]
'물태와 인정이 극으로 나뉘는 세상'은 '곱씹어볼 말이 사라
지고 상상의 여지를 박탈하는 글이 군림하는 세상', '불문곡직
하는 직설'과 같이 부정적인 의미를 가지므로, 긍정적인 의미
를 가지는 '완곡함'과 대조된다. '틈'과 '공간', '여지'는 모두 완
곡함이 주는 긍정적 기능을 하는 어휘임을 알 수 있다.

---

17 정답 ③

[정답해설]
〈보기〉의 소설은 「서울, 1964년 겨울」로, 제시된 부분에서 잠
은 '나'와 '안', '사내'가 각자의 방에 들어가게 하는 요소로, 현
대인들의 단절성을 나타내기 위한 문학적 장치이다. 따라서
잠이 현실을 초월한 삶에 대한 강렬한 동경을 환기하는 매개
체라는 설명은 적절하지 않다.

[오답해설]
① 혼자 있기가 싫다는 '아저씨'의 제안을 거절하고 각자의
  방에 들어가는 '나'와 '안'을 통해 비정함, 절망감, 권태 등
  이 바탕에 깔려 있음을 알 수 있다.
② 〈보기〉의 주인공들이 특정한 이름이 없이 '나'와 '안', '아저

씨'로 설정되어 있는 것을 통해 익명적 존재로 기호화되어 있음을 알 수 있다.

④ 〈보기〉의 '화투'는 함께 있자는 '아저씨'의 제안을 거절하지 못한 '나'가 제안한 놀이로 절망과 권태를 견디는 의미 없는 놀이의 상징으로 볼 수 있다.

[작품해설]

> ■ **김승옥, 「서울, 1964년 겨울」**
> - **갈래** : 단편 소설, 본격 소설, 감상 소설
> - **성격** : 현실 고발적, 사실적, 객관적, 상징적
> - **배경** : 1964년 어느 겨울 밤, 서울
> - **시점** : 1인칭 주인공 시점
> - **제재** : 연대성이 없는 세 사내가 우연히 만나 하룻밤 을 함께 지낸 이야기
> - **주제** : 현대 도시인들의 심리적 방황과 인간적 연대감 의 상실, 사회적 연대감과 동질성을 상실한 현대인의 소외
> - **특징**
>   - 등장인물이 '나', '안', '사내'로 익명화되어 있음
>   - 참신하고 인상적인 어휘를 사용함
>   - 상징적, 비유적 어휘를 사용함

---

18   **정답 ④**

[정답해설]

이황의 시조 〈도산십이곡〉 중 제9곡으로, 고인(古人)의 가르침이 남아 있으니 이를 공부하여 따르겠다는 의미를 나타낸다. 따라서 성현의 말씀을 공부하면 얻는 바가 있을 것이라는 의미의 밑줄 친 부분과 내용이 가장 가깝다.

[오답해설]

① 이순신의 시조로 나라가 위태로움에 처하면 목숨을 던져 나라를 구하겠다는 무인으로서의 굳은 결의와 충성심이 드러나 있다. 따라서 밑줄 친 내용과는 관련이 없다.

② 이이의 시조로 고산(高山)의 아름다운 경치를 예찬하는 내용이다. 따라서 밑줄 친 내용과는 관련이 없다.

③ 맹사성의 시조로 강호에서 자연을 즐기며 임금의 은혜에 감사함을 표하는 내용이다. 따라서 밑줄 친 내용과는 관련이 없다.

[작품해설]

> ■ **이순신, 「십년 가온 칼이」**
> - **갈래** : 평시조, 단형시조
> - **성격** : 우국적, 의지적, 남성적

- **제재** : 칼
- **주제** : 우국충정(憂國衷情)과 장부의 호탕한 기개

> ■ **이이, 「고산구곡가」**
> - **갈래** : 연시조
> - **성격** : 예찬적, 교훈적
> - **제재** : 고산의 아름다움
> - **주제** : 학문의 즐거움과 자연의 아름다움 예찬
> - **특징**
>   - 유학자로서의 삶의 지향이 중의적 표현과 독창적인 내용 속에 잘 반영됨
>   - 한자어 사용이 두드러지고, 절제된 감정 속에 풍경 을 구체적으로 잘 묘사함

> ■ **맹사성, 「강호사시가」**
> - **갈래** : 연시조, 강호 한정가
> - **성격** : 풍류적, 전원적, 낭만적
> - **제재** : 강호의 사계절
> - **주제** : 강호에서 자연을 즐기며 임금의 은혜에 감사함
> - **특징**
>   - 계절에 따라 한 수씩 읊고, 대유법, 대구법, 의인법 을 구사함
>   - 각 연마다 형식을 통일하여 안정감을 드러내고 주 제를 효과적으로 부각함

> ■ **이황, 「도산십이곡」**
> - **갈래** : 연시조
> - **성격** : 교훈적, 관조적, 예찬적, 회고적
> - **제재** : 언지(言志)와 언학(言學)
> - **주제** : 자연 속에 묻혀 살고 싶은 소망과 학문의 길에 대한 변함없는 의지
> - **특징**
>   - 반복법, 설의법, 대구법, 연쇄법 등이 사용됨
>   - 한자어가 많이 사용됨
>   - 학문에 대한 의지가 드러남

---

19   **정답 ①**

[정답해설]

㉠의 '쇠항아리'는 지붕을 덮어 하늘을 볼 수 없게 만드는 방해물로서의 상징적 의미를 지닌다. 이 시에서 '하늘'이 상징하는 것은 '자유'로, 긍정적인 존재이고, 방해물인 '쇠항아리'는 부정적인 존재이다. ①의 '발톱' 또한 조국의 심장을 노리는 외부의 위협을 의미하므로 부정적 의미의 시어이다.

[오답해설]

② '중립의 초례청'은 어느 한쪽으로 치우침이 없는 민족 대

국가직 문제

지방직 문제

서울시 문제

국가직 해설

지방직 해설

서울시 해설

화합의 장을 뜻하는 시어로 민족 화해의 장을 암시한다. 따라서 긍정적 의미의 시어이다.
③ '완충지대'는 이념 대립이 없는 평화로운 공간을 의미하므로 긍정적 의미의 시어이다.
④ '봄' 마을사람들이 기다리는 존재로 시대적 배경(군사정권 시기)을 고려할 때 '평화'를 뜻한다. 따라서 긍정적 의미의 시어이다.

[작품해설]

신동엽, 「누가 하늘을 보았다 하는가」
- 갈래 : 자유시, 서정시, 참여시
- 성격 : 참여적, 남성적, 비판적, 격정적
- 제재 : 하늘
- 주제 : 구속과 억압의 역사에 대한 비판과 밝은 미래에 대한 소망
- 특징
  - 상징법을 구사함
  - 대립적 시어를 사용함
  - 직설적 표현을 통해 시상이 전개됨

---

20 정답 ②

[정답해설]
'신문'의 표준 발음은 [신문]으로, 뒤에 오는 양순음의 영향으로 앞에 있는 치조음 'ㄴ, ㄷ'가 양순음 'ㅁ, ㅂ'으로 교체되는 현상인 조음위치 동화를 인정하지 않는다.

[오답해설]
① '물난리'는 'ㄴ'이 'ㄹ'의 앞이나 뒤에서 [ㄹ]로 발음되는 현상인 유음화에 의해 [물랄리]로 발음된다.
③ '밟는다'는 자음군단순화에 의해 [밥는다]가 되고, 뒤의 'ㄴ' 앞에서 [ㅁ]으로 발음되는 현상인 비음화에 의해 [밤:는다]로 발음된다.
④ '한여름'은 접두사 '한'과 명사 '여름'이 결합한 파생어로 자음 받침이 모음 '이, 야, 여, 요, 유'를 만나 'ㄴ'이 첨가되어 [한녀름]으로 발음된다.

[서울시] 2018년 03월 | 정답

01	②	02	①	03	②	04	③	05	③
06	①	07	④	08	①	09	②	10	④
11	③	12	④	13	①	14	③	15	②
16	②	17	④	18	④	19	①	20	③

[서울시] 2018년 03월 | 해설

01 정답 ②

[정답해설]
음절은 최소의 발음 단위로, 국어는 음절 구조의 제약에 따라 종성에서 한 개의 자음만 발음될 수 있다. 그러므로 '값'은 [갑]으로 종성에서 하나의 자음만 발음된다.

[오답해설]
① 국어는 계통상 알타이어이며, 조사와 어미가 발달한 교착어적 특성을 보여 준다. 교착어는 조사와 어미 같은 문법적 기능을 가진 요소가 실질 형태소와 결합하여 문법적 역할을 수행하는 것을 말한다.
③ 국어는 담화 중심의 언어로서 담화의 상황과 문맥상 주어, 목적어 등이 흔히 생략된다.
④ 우리나라는 대가족을 이루며 살아온 혈연 중심의 사회이기 때문에, 친족 간의 서열과 상하관계를 나타내는 친족어가 발달했다.

---

02 정답 ①

[정답해설]
로마자 표기법은 국어의 표준 발음법에 따라 적는 것을 원칙으로 한다. 따라서 '종로'는 [종노]로 발음되므로 'Jongno'로 적는다. 이때 '종로'는 고유명사이므로 첫 글자는 대문자로 적어야 한다.

[오답해설]
② 'ㄹ'은 모음 앞에서는 'r'로, 자음 앞이나 어말에서는 'l'로 적으며, 'ㄹㄹ'은 'll'로 적는다. 그러므로 '알약[알략]'을 'allyak'으로 표기한 것은 적절하다.
③ '같이'는 구개음화 현상에 따라 [가치]로 발음되므로, 'gachi'라고 표기한 것은 적절하다.
④ '좋고'는 거센소리되기 현상에 따라 [조코]로 발음되므로, 'joko'로 표기한 적은 적절하다.

03 　　　　　　　정답 ②

[정답해설]

'맞혀' → '맞춰'

'맞히다'는 '맞다'의 사동사로, 문제에 대한 답을 틀리지 않게 하다는 뜻이다. 그런데 해당 문장은 각자의 답을 정답과 비교하는 것이므로, 둘 이상의 일정한 대상들을 나란히 놓고 비교하여 살피다는 뜻의 '맞추다'를 써야 한다. 그러므로 '맞혀'를 '맞춰'로 고쳐 써야 옳다.

[오답해설]

① '으로써'는 어떤 일의 수단이나 도구를 나타내는 격 조사로, 해당 문장에서 '일함으로써'는 옳게 사용되었다.

③ '고깃덩어리'는 '고기'와 '덩어리'의 합성어로, '[고긷떵어리]'로 발음되므로 사이시옷을 첨가하여 적는다. 또한 '넙죽'은 부사로, 망설이거나 주저하지 않고 선뜻 행동하는 모양을 이른다.

④ '-는지'는 막연한 의문이 있는 채로 그것을 뒤 절의 사실이나 판단과 관련시키는 데 쓰는 연결 어미로, 해당 문장에서 뒤의 '모르겠어'라는 판단의 말과 호응하여 옳게 사용되었다.

04 　　　　　　　정답 ③

[정답해설]

제시된 〈보기〉에 따르면 중세국어의 표기법은 소리 나는 대로 적는 표음적 표기법이며 이어적기를 한다. '쟝긔판눌 밍글어눌'에서 '쟝긔판눌'은 'ㄴ'을 두 번 적은 혼 표기에 해당하며 '쟝긔파눌'이라고 이어적기를 하지 않았다. 또한 '밍글어눌'도 'ㄹ' 받침을 가진 '글' 다음에 모음으로 시작하는 '어눌'이 연결되었지만, '밍ᄀ러눌'이라고 이어적기를 하지 않았다. 이것은 표음적 표기법이 아니라 표의적 표기법에 해당한다.

[오답해설]

① '불휘 기픈'에서 '기픈'은 '깊-'과 '은'을 연결하여 이어적기 한 것으로 적절하다.

② 'ᄇᆞᄅᆞ매 아니 뮐씨'에서 'ᄇᆞᄅᆞ매'는 'ᄇᆞᄅᆞᆷ'과 '애'를 연결하여 이어적기한 것으로 적절하다.

④ '바ᄅᆞ래 가ᄂᆞ니'에서 '바ᄅᆞ래'는 '바ᄅᆞᆯ'과 '애'를 연결하여 이어적기한 것으로 적절하다.

05 　　　　　　　정답 ③

[정답해설]

(나)에서 화가가 사람의 얼굴을 그릴 때 좌안을 먼저 그린 후 오른쪽으로 이동하면서 그려나가면 손의 움직임도 편하고 그리는 도중 목탄이나 물감이 손에 묻을 확률도 줄어든다고 서술하고 있다. 이것은 대부분의 화가가 오른손으로 그림을 그리며 오른손잡이는 왼쪽부터 그림을 그려나가는 것이 편하다는 ⓒ의 내용을 뒷받침하고 있다.

06 　　　　　　　정답 ①

[정답해설]

해당 작품에는 동짓달 기나긴 밤에 임을 그리워하며 기다리는 연정의 마음을 묘사하고 있으나, 사랑하는 임의 안위에 대해 걱정하고 있는 모습은 나타나 있지 않다.

[오답해설]

② 초장의 '동지(冬至)ㅅ ᄃᆞᆯ 기나긴 밤을 한 허리를 버혀 내여'에서 자를 수 없는 추상적 대상인 시간을 잘라 이불속에 넣겠다고 구체적인 사물로 형상화하고 있다.

③ '서리서리', '구뷔구뷔' 등의 의태어를 사용하여 생동감을 자아내고 있다.

④ 시적 화자는 임이 오기를 희망하고 있으므로, '어론님 오신 날'은 정든 임과 함께 하고 싶은 화자의 소망을 담고 있다.

[작품해설]

> ▌ 황진이, 「동지(冬至)ㅅ ᄃᆞᆯ 기나긴 밤을」
> - 갈래 : 평시조
> - 성격 : 감상적, 낭만적, 연정가
> - 제재 : 임과 함께 오랜 시간을 보내고 싶은 마음
> - 주제 : 임에 대한 기다림과 사랑
> - 특징
>   - 추상적 개념을 구체적으로 형상화하여 참신하게 표현함
>   - 음성 상징어를 활용하여 우리말의 묘미를 살림

07 　　　　　　　정답 ④

[정답해설]

해당 문장의 '불현듯'은 부사, '적'은 의존 명사로 모두 순 우리말이다. 다만 '적(的)'이 '어떤 일의 목적이 되는 대상'의 의미로 사용되는 경우에는 한자어이다.

[오답해설]

① '모골(毛骨)'과 '송연(悚然)하다'는 한자어이다.

- 모골(毛骨) : 털과 뼈를 아울러 이르는 말
- 송연(悚然)하다 : 두려워 몸을 옹송그릴 정도로 오싹 소름이 끼치는 듯하다

② '도대체(都大體)'는 부사로 한자어이다.
③ '매사(每事)'와 '임(臨)하다'는 한자어이다.

08 　　　　　　　　　　정답 ①

[정답해설]

〈보기〉는 용언의 수식 관계의 모호성으로 인한 중의적 표현이다. 관형어 '아름다운'이 뒤에 오는 '서울', '공원', '거리', '나무' 등을 수식하고 있으므로, 〈보기〉의 문장은 '서울은 아름답다', '거리의 나무는 아름답다', '서울의 공원은 아름답다'로 해석될 수 있다. 그러나 관형어 '아름다운'이 '봄꽃들을'을 수식하고 있지 않으므로, 〈보기〉의 문장에서 '봄꽃은 아름답다.'는 의미로 해석되지 않는다.

봄이면, (아름다운 서울의 공원과 거리의 나무에서) 봄꽃들이 활짝 피어난다. → 문장에서 '아름다운~나무에서'를 생략해 보면 관형어 '아름다운'의 수식 범위를 알 수 있다.

09 　　　　　　　　　　정답 ②

[정답해설]

〈보기〉에서 '약속을 지키지 않았다'는 상황을 통해 '나를 사랑하지 않는다'는 결론을 내리거나 ②에서 '부탁을 거절했다'는 상황을 통해 '나를 싫어한다'는 결론을 내리는 것은 의도하지 않은 결과를 의도가 있다고 판단하여 생기는 '의도 확대의 오류'에 해당한다.

[오답해설]

① 대표성이 결여된 제한된 정보를 바탕으로 모든 이등병들이 문제를 일으킨다고 판단하고 있으므로, '성급한 일반화의 오류'에 해당한다.
③ '김씨는 참말만 한다'는 논증의 결론을 '그는 거짓말 하지 않는다'는 논증의 전제로 다시 사용하고 있으므로, '순환 논증의 오류'에 해당한다.
④ '거짓말은 죄악'이라는 신념을 의사와 환자의 관계에도 적용한 오류로, 상황에 따라 적용되어야 할 원칙이 다른 데도 이를 혼동해서 생기는 '원칙 혼동의 오류'에 해당한다.

10 　　　　　　　　　　정답 ④

[정답해설]

해당 작품은 어느 중년 교수의 반복되는 일상과 기형화된 생활을 통해 인간성을 상실한 현대인의 기계적인 삶을 풍자한 부조리극이다.

[오답해설]

① 〈보기〉의 마지막 문장인 "막대기에 ～ 감아 준다."처럼 희극적 과장을 구현하는 부조리극은 전통적인 사실주의 극문학이 아니라 반사실주의 극문학이다.
② 인간성을 상실한 현대인들의 모습을 풍자한 부조리극으로, 반공주의적인 목적극의 대본과는 거리가 멀다.
③ 해당 작품이 창작된 시기는 1960년대로, 근대극이 뿌리를 내린 시기는 1920년대이다.

[작품해설]

■ 이근삼, 「원고지」
- 갈래 : 단막극, 부조리극, 희극
- 성격 : 반사실적, 서사적, 풍자적, 실험적
- 배경 : 현대, 어느 중년 교수의 가정
- 제재 : 원고지
- 주제 : 인간성을 상실한 현대인의 기계적인 삶에 대한 풍자
- 특징
  - 등장인물이 직접 인물과 상황에 대해 해설을 함
  - 특별한 사건 전개 및 뚜렷한 갈등 양상이 드러나지 않음
  - 대사와 행동의 반복, 유대감을 잃은 가족 관계의 제시를 통해 현대인들의 모습을 풍자함
  - 현대 사회의 부조리한 삶에 대한 비판적 시간이 드러남

11 　　　　　　　　　　정답 ③

[정답해설]

주어부인 '내가 그분을 처음 뵌 것은'과 서술어인 '때였다'의 문장 성분 간 호응이 적절하다.

[오답해설]

① '왜냐하면'은 이유를 나타내는 부사로 '때문이다'와 호응한다. 그러므로 해당 문장의 '이루었다는 것이다'를 '이루었기 때문이다'로 고쳐야 적절하다.
② 해당 문장의 주어는 '까닭은'이므로 서술어는 '때문이다'와 호응한다. 또한 '합격했다' 앞에 '무엇에'에 해당하는 부사

어가 들어가야 한다.

④ 해당 문장은 둘 이상의 단어나 구를 하나로 묶는 접속 조사 '과/와' 다음에 목적어와 서술어가 잘못 묶인 문장이다. 뒤의 '조명을 해 나가다'는 목적어와 서술어의 호응이 적절하지만, 앞의 '관심을 해 나가다'는 목적어와 서술어의 호응이 적절하지 않다.

---

12   정답 ④

[정답해설]

〈보기〉의 마지막 문장에서 홍명희가 임꺽정을 의적으로 묘사한 근거를 청렴하지 못한 관료들의 가렴주구에서 찾고 있다. 그러므로 〈보기〉의 글 다음에 가렴주구에 시달리던 백성들이 임꺽정을 의적으로 여겼을 거라는 내용이 이어지는 것이 가장 적절하다.

> 가렴주구(苛斂誅求) : 세금을 가혹하게 거두어들이고, 무리하게 재물을 빼앗음

[오답해설]

① 『명종실록』, 『기제 잡기』, 『성호사설』, 『열조통기』, 『청장관전서』 등의 문헌에서 임꺽정이 도적이라고 밝히고 있으므로, 임꺽정이 의적인지 도적인지 더 철저한 문헌 조사가 필요한 것은 아니다.

② 홍명희가 임꺽정이라는 인물을 의적으로 묘사하고 있으나, 그를 미화하는 데 목적이 있었던 것은 아니다.

③ 임꺽정이 실존 인물인지의 여부가 아니라 도둑인지 의적인지의 여부가 〈보기〉의 중심 의제이다.

---

13   정답 ①

[정답해설]

형용사 '기쁘다'에 동사를 만드는 파생접미사 '-하다'가 붙으면 '기뻐하다'는 동사가 만들어진다.

[오답해설]

② '선생님'은 명사 '선생'에 '높임'의 뜻을 더하는 접미사 '-님'이 결합된 접미파생명사이지만, '시누이'는 명사 '누이'에 '남편의'를 뜻하는 접두사 '시-'가 결합된 접두파생명사이다.

③ '빗나가다'는 동사 '나가다'에 '잘못'을 뜻하는 접두사 '빗-'이 결합된 파생동사이고, '공부하다'는 명사 '공부'에 '-하다'라는 접미사가 결합된 파생동사이다.

④ '한여름'은 '여름'에 '한창인'의 의미를 가진 접두사 '한-'이

결합되었으므로, 단일명사가 아니라 파생명사이다.

---

14   정답 ③

[정답해설]

〈보기〉는 임을 여읜 시적 화자의 슬픔을 까투리와 도사공의 위급한 상황에 비유하여 나타낸 사설시조이다. 밑줄 친 중장은 끊임없는 위험에 직면에 도사공의 마음을 나타내고 있으므로, 앞문에서 호랑이를 막고 있으려니까 뒷문으로 이리가 들어온다는 뜻의 '前虎後狼(전호후랑)'과 잘 어울린다.

[오답해설]

① 捲土重來(권토중래): 땅을 말아 일으킬 것 같은 기세로 다시 온다는 뜻으로, 한 번 실패하였으나 힘을 회복하여 다시 쳐들어옴을 이르는 말이다.

② 緣木求魚(연목구어): 나무에 올라가서 물고기를 구한다는 뜻으로, 도저히 불가능한 일을 굳이 하려 함을 비유적으로 이르는 말이다.

④ 天衣無縫(천의무봉): 천사의 옷은 꿰맨 흔적이 없다는 뜻으로, 일부러 꾸민 데 없이 자연스럽고 아름다우면서 완전함을 이르는 말이다.

> **■ 작자미상, 「나무도 바히돌도」**
>
> [현대어 풀이]
> (초장) 나무도 바윗돌도 없는 산에 매에게 쫓기는 까투리의 마음과
> (중장) 대천 바다 한가운데 일천 석 실은 배에 노도 잃고 닻도 잃고 용총줄도 끊어지고 돛대도 꺾이고 키도 빠지고 바람 불어 물결치고 안개 뒤섞여 잦아진 날에 갈 길은 천리만리 남았는데 사면이 검어 어둑하고 천지 적막 사나운 파도치는데 해적 만난 도사공의 마음과
> (종장) 엊그제 임 여읜 내 마음이야 어디다 견주어 보리요.

---

15   정답 ②

[정답해설]

• ㉠의 앞에서 '현실 상황에서 이론의 세계와 경험의 세계를 넘나드는 전략이 필요하다'고 하였고, ㉠ 없이는 '일반적인 근본 매커니즘을 이해할 수 없다'고 하였으므로, ㉠에 들어갈 단어로는 '이론'이 적절하다.

• ㉡의 앞에서 '경험적 세계의 퍼즐'을 풀지 못하면 '이론적

저작'이 ⓒ(으)로부터 빗나가게 된다고 하였으므로, ⓒ에 들어갈 단어로는 '현실'이 적절하다.

16 정답 ②

[정답해설]

명사는 스스로 실질적인 단어이므로 '자립형태소'이다. 그러나 동사의 어간은 실질적인 의미를 가지고 있지만 어미에 의존해야 하므로, '자립형태소'가 아닌 '의존형태소'이다.

[오답해설]

① 조사는 단독으로 쓰이지 못하고 앞말에 붙어서 나타난다는 점에서 자립성이 없는 '의존형태소'이다.
③ '실질형태소'는 구체적인 대상이나 동작, 상태 등을 표시하는 형태소로, 명사와 동사의 어간을 비롯한 대명사, 수사, 형용사 어간, 부사, 관형사, 감탄사 등이 포함된다.
④ 어미는 조사와 마찬가지로 실질 형태소에 붙어 말과 말 사이의 관계를 표시하는 '문법형태소'이다.

17 정답 ④

[정답해설]

ㄹ. 裁量(재량) : 자기의 생각과 판단에 따라 일을 처리함
ㅁ. 冒頭(모두) : 말이나 글의 첫머리
ㅂ. 委託(위탁) : 남에게 사물이나 사람의 책임을 맡김

[오답해설]

ㄱ. 결재 → 결제(決濟) : 일을 처리하여 끝을 냄
ㄴ. 화상 → 화장(火葬) : 시체를 불에 살라 장사 지냄
ㄷ. 묘사 → 모사(模寫) : 원본을 베끼어 씀

18 정답 ④

[정답해설]

해당 문장에서 '겸'은 두 가지 이상의 동작이나 행위를 아울러 함을 나타내는 의존 명사로 쓰였다.

[오답해설]

① 해당 문장에서 '비교적'은 '편하다'를 수식하는 부사로 쓰여, '일정한 수준이나 보통 정도보다 꽤'라는 뜻을 나타낸다.
② 해당 문장에서 '아니'는 명사와 명사 또는 문장과 문장 사이에서 어떤 사실을 더 강조하기 위한 부사로 쓰였다.

③ 해당 문장에서 '보다'는 '어떤 수준에 비하여 한층 더'를 뜻하는 부사이다.

19 정답 ①

[정답해설]

해당 작품은 전지적 작가 시점으로, 첫 번째 문장의 "대저 ~ 없는지라."에서 또는 마지막 문장의 "이욕에 ~ 모르리오." 등에서 서술자가 개입하여 자신의 견해를 나타내고 있다.

[오답해설]

② 인물 간의 대화나 대립 양상은 나타나 있지 않다.
③ 인물의 외양 묘사는 드러나 있지 않다.
④ 작품의 주인공은 심청이며, 서술자가 주인공으로 등장하지는 않는다.

[작품해설]

■ 작자미상, 「심청전」
• 갈래 : 판소리계 소설, 설화 소설, 윤리 소설
• 성격 : 교훈적, 비현실적, 환상적
• 배경 : 중국 송나라 말, 황주 도화동
• 시점 : 전지적 작가 시점
• 주제 : 부모에 대한 지극한 효심
• 특징
  – 유교적 덕목의 '효'를 강조함
  – 유·불·선 사상이 복합적으로 나타남
  – 현실 세계를 중심으로 펼쳐지는 전반부와 환상적인 이야기 중심의 후반부로 내용이 구분됨

20 정답 ③

[정답해설]

해당 문장에서 '건강하지를'은 서술어 '않다'의 주어이다. 즉 '건강하지(가) 않다'는 '주어+술어' 형태로, 목적격 조사 '-을/를'이 쓰여도 문장에서 하는 역할에 따라 목적어가 아닐 수 있다.

[오답해설]

① 해당 문장에서 '그의 제안을 수용할지를'은 서술어 '결정하지 못했다'의 목적어로 사용되었다.
② 해당 문장에서 '바람이 불기를'은 서술어 '기다렸다'의 목적어로 사용되었다.
④ 해당 문장에서 '일이 어렵고 쉽고를'은 서술어 '가리지 않았다'의 목적어로 사용되었다.

[서울시] 2018년 06월 | 정답

01	④	02	①	03	②	04	③	05	②
06	③	07	③	08	③	09	④	10	①
11	①	12	②	13	④	14	①	15	②
16	②	17	①	18	①	19	①	20	④

[서울시] 2018년 06월 | 해설

01 정답 ④

[정답해설]
'덩쿨'은 비표준어이며, '넝쿨'과 '덩굴'이 표준어이다. '개발새발 – 괴발개발', '이쁘다 – 예쁘다', '마실 – 마을' 모두 복수 표준어에 해당된다.

[오답해설]
① '등물 – 목물', '남사스럽다 – 남우세스럽다 – 남세스럽다 – 우세스럽다', '쌉싸름하다 – 쌉싸래하다', '복숭아뼈 – 복사뼈' 모두 복수 표준어에 해당된다.
② '까탈스럽다 – 까다롭다', '걸판지다 – 거방지다', '주책이다 – 주책없다', '겉울음 – 건울음' 모두 복수 표준어에 해당된다.
③ '찰지다 – 차지다', '잎새 – 잎사귀', '꼬리연 – 가오리연', '푸르르다 – 푸르다' 모두 복수 표준어에 해당된다.

[보충해설]

■ 단어풀이
• 등물 : 팔다리를 뻗고 엎드린 사람의 허리 위에서부터 목까지를 물로 씻겨 주는 일
• 남사스럽다 : 남에게 놀림과 비웃음을 받을 듯하다.
• 쌉싸름하다 : 조금 쓴 맛이 있는 듯하다.
• 복숭아뼈 : 발목 부근에 안팎으로 둥글게 나온 뼈
• 까탈스럽다 : 1. 조건 따위가 복잡하거나 엄격하여 다루기에 순탄하지 않다. / 2. 성미나 취향 따위가 원만하지 않고 별스럽게 까탈이 많다.
• 걸판지다 : 1. 매우 푸지다. / 2. 동작이나 모양이 크고 어수선하다. / 3. 너부죽하고 듬직하다.
• 주책이다 : 일정한 줏대가 없이 이랬다저랬다 하여 몹시 실없다.
• 겉울음 : 1. 드러내 놓고 우는 울음 / 2. 마음에 없이 겉으로만 우는 울음
• 찰지다 : 1. 반죽이나 밥, 떡 따위가 끈기가 많다. / 2. 성질이 야무지고 까다로우며 빈틈이 없다.
• 잎새 : 나무의 잎사귀. 주로 문학적 표현에 쓰인다.

• 꼬리연 : 가오리 모양으로 만들어 꼬리를 길게 단 연. 띄우면 오르면서 머리가 아래위로 흔들린다.
• 푸르르다 : '푸르다'를 강조하여 이르는 말
• 개발새발 : 개의 발과 새의 발이라는 뜻으로, 글씨를 되는대로 아무렇게나 써 놓은 모양을 이르는 말
• 이쁘다 : 1. 생긴 모양이 아름다워 눈으로 보기에 좋다. / 2. 행동이나 동작이 보기에 사랑스럽거나 귀엽다. / 3. 아이가 말을 잘 듣거나 행동이 발라서 흐뭇하다.
• 넝쿨 : 길게 뻗어 나가면서 다른 물건을 감기도 하고 땅바닥에 퍼지기도 하는 식물의 줄기
• 마실 : 1. 주로 시골에서 여러 집이 모여 사는 곳 / 2. 이웃에 놀러 다니는 일

02 정답 ①

[정답해설]
주어인 '한국 정부'와 서술어인 '항의하였다'가 잘 호응하고 있으며, '일본에'서 '일본'은 무정명사이므로 '–에게'가 아니라 '–에'를 사용한 것은 올바르다.

[오답해설]
② '되어지다(–되 + 어지다)'는 이중피동이므로 '요구되어지고 있다'를 '요구된다'로 고쳐 써야 옳다. 또한 '경쟁력 강화'와 문장 구조가 같도록 '생산성의 향상'에서 조사 '의'를 빼고 '생산성 향상'이라고 쓰면 더 깔끔한 문장이 된다.
③ 주어인 '이것'과 서술어인 '생각이 든다'가 호응하지 않으므로 '생각이 든다'를 '사실을 보여준다'로 고친다. 또한 '벗어나다'는 출처를 나타내는 조사인 '에서'와 더불어 '~에서 벗어나다'의 형태로 써야 하므로 '무사안일주의를'을 '무사안일주의에서'로 고쳐 써야 옳다.
④ 목적어인 '티켓'에 호응하는 서술어가 없으므로 '티켓 가능성'을 '티켓을 획득할 가능성'으로 고쳐 써야 옳다.

03 정답 ②

[정답해설]
손창섭의 「비오는 날」, 장용학의 「요한시집」, 박완서의 「엄마의 말뚝」은 모두 6 · 25전쟁(1950년)을 시대적 배경으로 하지만, 박경리의 「토지」는 6 · 25전쟁 이전인 구한말부터 1945년 해방이 되기까지를 시대적 배경으로 하여 최씨 가문의 몰락과 재기 과정을 담은 대하소설이다.

[오답해설]
① 손창섭 「비오는 날」은 6 · 25전쟁 직후 부산을 배경으로

암담한 시대 상황 속에서 동욱 남매의 무기력하고 불행한 삶을 형상화하였다.
③ 장용학 「요한시집」은 6·25전쟁 전후의 포로수용소를 배경으로 자유를 위한 인간의 고민과 번뇌를 담은 실존주의적 소설이다.
④ 박완서 「엄마의 말뚝」은 6·25전쟁으로 인한 가족의 비극적 상황과 어머니와 딸이 나누는 인간적 교감을 매개로 인물의 의식 성장 과정을 그리고 있다.

04 　　　　　　　　　　　정답 ③

[정답해설]
"물도 가다 구비를 친다."는 속담은 사람의 한평생에는 전환기가 있기 마련이라는 의미이다. 나머지 속담은 모두 권력의 무상함을 나타내거나 부귀영화의 덧없음을 표현한다.

[오답해설]
① '달도 차면 기운다'는 세상의 온갖 것이 한번 번성하면 다시 쇠하기 마련이라는 말 또는 행운이 언제까지나 계속되는 것은 아님을 비유적으로 이르는 말이다.
② '열흘 붉은 꽃이 없다'는 '화무십일홍(花無十日紅)' 즉, 한번 성한 것이 얼마 못 가서 반드시 쇠하여 짐을 비유적으로 이르는 말이다.
④ '꽃이 시들면 오던 나비도 안 온다'는 사람이 세도가 좋을 때는 늘 찾아오다가 그 처지가 보잘것없게 되면 찾아오지 아니함을 비유적으로 이르는 말이다.

05 　　　　　　　　　　　정답 ②

[정답해설]
제시문의 두 번째 단락에서 인디언들이 죽은 주된 요인은 구세계의 병원균이었고, 인디언들은 그런 질병에 노출된 적이 없었기 때문에 면역성이나 유전적인 저항력이 전혀 없었다고 서술되어 있다. 그러므로 인디언들이 구세계의 병원균에 대한 면역성이 없었다는 설명은 적절하다.

[오답해설]
① 제시문에서 신세계 전체를 통틀어 인디언의 인구는 최대 95%가 감소했고, 인디언들이 죽은 주된 요인은 구세계의 병원균 때문이라고 설명하고 있다. 그러므로 인디언들이 사는 아메리카는 신세계이고 병원균을 옮긴 유럽은 구세계에 해당된다.
③ 제시문의 두 번째 단락에서 만단족 인디언들은 한 척의 증기선 때문에 천연두에 걸려 한 마을의 인구가 몇 주 사이에 2000명에서 40명으로 곤두박질쳤다고 서술되어 있

다. 그러므로 만단족 인디언들의 인구 감소는 백인들의 무기 때문이 아니라 천연두가 직접적인 원인이다.
④ 제시문의 첫 번째 단락에서 백인들의 정복을 정당화하는 데 유용했기 때문에 북아메리카 인디언의 수를 100만 명 가량이라고 줄인 것이며, 고고학적 발굴과 유럽인 탐험가들의 기록에 의하면 원래는 2000만 명에 달했다고 설명하고 있다. 그러므로 콜럼버스 이전에 북아메리카에는 100만 명가량의 인디언이 있었다는 설명은 옳지 못하다.

06 　　　　　　　　　　　정답 ③

[정답해설]
제시문의 "빈대 잡으려다 초가삼간 태운다."라는 속담처럼 부분적 결점을 바로잡으려다 본질을 해치는 어리석음을 의미하는 한자성어는 '교각살우(矯角殺牛)'이다. '교각살우(矯角殺牛)'란 소의 뿔을 바로잡으려다가 소를 죽인다는 뜻으로, 잘못된 점을 고치려다가 그 방법이나 정도가 지나쳐 오히려 일을 그르침을 이르는 말이다.

[오답해설]
① '개과불린(改過不吝)'이란 허물을 고침에 인색(吝嗇)하지 않음을 이르는 말이다.
② '경거망동(輕擧妄動)'이란 가볍고 망령되게 행동한다는 뜻으로, 도리나 사정을 생각하지 아니하고 경솔하게 행동함을 의미한다.
④ '부화뇌동(附和雷同)'이란 우레 소리에 맞춰 함께한다는 뜻으로, 자신의 뚜렷한 소신 없이 그저 남이 하는 대로 따라가는 것을 의미한다.

[보충해설]

> **▌교각살우(矯角殺牛)와 유사한 한자성어**
> • **과불급(過不及)** : 1. 능력이 지나치거나 미치지 못함 / 2. 딱 알맞지 않음 / 3. 중용을 얻지 못함
> • **과유불급(過猶不及)** : 모든 사물이 정도를 지나치면 미치지 못한 것과 같다는 뜻으로, 중용이 중요함을 가리키는 말
> • **교왕과정(矯枉過正)** : 잘못을 바로 고치려다 지나쳐 오히려 나쁜 결과를 가져옴을 의미함. 곧 어떤 일이 극과 극인 모양을 말함
> • **교왕과직(矯枉過直)** : 구부러진 것을 바로잡으려다가 너무 곧게 한다는 뜻으로, 잘못을 바로잡으려다 지나쳐 오히려 일을 그르침을 이름
> • **소탐대실(小貪大失)** : 작은 것을 탐하다가 오히려 큰 것을 잃음

07　　정답 ③

[정답해설]
'비음화(鼻音化)'란 끝소리가 파열음인 음절 뒤에 첫소리가 비음인 음절이 연결될 때, 앞 음절의 파열음이 비음인 'ㄴ, ㅁ, ㅇ' 중의 하나로 바뀌는 현상이다.

- 꽃내음 : [꼳내음] (중화 : 음절의 끝소리 규칙) → [꼰내음] (비음화 : 파열음 'ㄷ'이 비음 'ㄴ'으로 바뀜)
- 바깥일 : [바깥일] (중화 : 음절의 끝소리 규칙) → [바깥닐] (ㄴ 첨가) → [바깐닐] (비음화 : 파열음 'ㄷ'이 비음 'ㄴ'으로 바뀜)
- 학력 : [학녁] (비음화) → [항녁] (비음화 : 파열음 'ㄱ'이 비음 'ㅇ'으로 바뀜)

[오답해설]
① '중화(中和)'란 별개인 두 개 이상의 음소가 어떤 음운적 환경에서 대립성을 잃고 동일한 음소로 나타나는 현상을 말한다.
　예 '낟', '낫', '낮', '낱' 따위에 쓰인 받침소리는 모두 'ㄷ'으로 발음됨
② '첨가(添加)'란 원래 없던 음소가 새로 끼어드는 현상을 말한다.
　예 '솜이불[솜니불]', '한여름[한녀름]'
④ 'ㄴ'이 유음 'ㄹ'의 영향 때문에 유음 'ㄹ'로 동화되는 음운 현상을 말한다.
　예 '한라[할라]', '찰나[찰라]', '난로[날로]'

08　　정답 ③

[정답해설]
- 그 아이는 열을 배우면 **백**을 안다. : '백'은 뒤에 조사가 사용되었으므로 '수사'이다.
- 열 사람이 **백** 말을 한다. : '백'은 뒤의 체언을 수식하는 수량 '관형사'이다.

[오답해설]
① · 나도 참을 **만큼** 참았다. : '만큼'은 앞에 용언이 왔으므로 '의존 명사'이고 앞말과 띄어 써야 한다.
　· 나도 그 사람**만큼** 할 수 있다. : '만큼' 앞에 체언이 왔으므로 '조사'이고 앞말과 붙여 써야 한다.
② · 오늘은 바람이 **아니** 분다. : '아니'는 용언 앞에 쓰여 부정이나 반대의 뜻을 나타내는 '부사'이다.
　· **아니**, 이럴 수가 있단 말인가? : '아니'는 놀람이나 감탄 또는 의아스러움을 나타내는 '감탄사'로 사용되었다.
④ · 그는 **이지적**이다. : '-적(的)' 뒤에 조사가 붙으면 '명사'

이다.
· 그는 **이지적** 인간이다. : '-적(的)'이 직접 체언을 수식하면 '관형사'이다.

09　　정답 ④

[정답해설]
민족문학과 민중문학에 대한 논의가 활발히 전개되기 시작한 것은 1970년대이다. 1970년대에는 유신정권으로 인해 억압된 현실에 저항하고 민중의 분노를 표출하는 민족문학과 민중문학에 대한 관심이 높아졌다.

[오답해설]
① 1960년대에는 이전의 전후 문학과 달리 이를 극복하기 위한 분단의 원인과 치유 방안 등이 주요한 과제로 제기되었다.
② 1960년대에는 4·19혁명의 영향으로 민족주의적 분위기가 고조되고 사회에 대한 시민의식이 높아지면서 현실 참여주의적인 현실비판문학이 가능하게 되었다.
③ 1960년대에는 정치적·이데올로기적 성격을 띠며, 사회 개혁에 기여한다는 목적의식을 지닌 참여문학과 이와 대조적으로 예술적 가치를 추구하는 순수문학 진영 간의 논쟁이 발생하였다.

10　　정답 ①

[정답해설]
받침 뒤에 모음으로 시작되는 조사와 결합할 때에는 원래의 음대로 뒤 음절 첫소리로 옮겨 발음한다. 따라서 'ㅌ'이 조사 '을'과 결합되어 연음되므로 [바틀]이 올바른 발음이다.

[오답해설]
② '밭만'은 음절의 끝소리 규칙에 따라 'ㅌ'은 [ㄷ]으로 발음되고, [ㄷ]은 비음화 현상에 의해 [ㄴ]으로 발음된다. 따라서 [반만]이 옳은 발음이다.
③ '밭'은 음절의 끝소리 규칙에 따라 'ㅌ'이 [ㄷ]으로 발음된다. 따라서 [받]이 옳은 발음이다.
④ '밭이'는 연음현상으로 [바티]로 발음되고, [ㅌ]은 구개음화 현상에 따라 [ㅊ]으로 발음된다. 따라서 [바치]가 옳은 발음이다.

11 　　　　　　　　　　　정답 ①

[정답해설]

제시문의 서두에서 도축장의 벽이 유리로 되어 있다면 모든 사람이 채식주의자가 될 거라는 인용의 말을 보아, '채식주의자'는 도축장의 식육 생산의 실상을 아는 사람으로 이는 비판의 대상이 아니라 지지의 대상이다.

[오답해설]

② 제시문에서 식육 생산은 깔끔하지도 유쾌하지도 않은 사업이며 그 실상을 안다면 계속해서 동물을 먹을 수 없을 거라고 서술되어 있으므로 '식육 생산의 실상'은 비판의 대상이다.

③ 제시문에서 동물을 먹으면서 그 행위가 선택의 결과라는 사실조차 생각하려 들지 않는 수가 많다고 서술되어 있으므로 '동물을 먹는 행위'는 비판의 대상이다.

④ 제시문에서 우리가 어느 수준에서는 불편한 진실을 의식하지만 동시에 다른 수준에서는 의식을 못하는 일이 가능할 뿐 아니라 불가피하도록 조직되어 있는 게 바로 폭력적 이데올로기라고 서술되어 있으므로 '폭력적 이데올로기'는 비판의 대상이다.

12 　　　　　　　　　　　정답 ②

[정답해설]

'희(喜)' 자를 초서체로 쓰면 그 모양이 '七十七'을 세로로 써 놓은 것과 비슷한 데서 77세를 '희수(喜壽)'라고 한다.

[오답해설]

① '화갑(華甲)'의 '화(華)'는 '십(十)'이 여섯 개에 '일(一)'이 하나가 있다고 해서 61세를 의미하며, 62세는 '환갑(還甲)'보다 한 해 더 나아간다는 의미로 '진갑(進甲)'이라고 표현한다.

③ '미수(米壽)'의 '미(米)'를 분해하면 '八十八'이 된다고 해서 88세를 의미한다.

④ '백수(白壽)'는 '백(百)'에서 '일(一)'을 빼면 99가 된다고 해서 99세를 의미한다.

[보충해설]

> ■ **나이를 나타내는 한자어**
>
> - 15세 : 지학(志學), 『논어』 위정(爲政)편에서 공자가 열다섯에 학문에 뜻을 두었다고 한 데서 유래함
> - 20세 : 약관(弱冠), 『논어』 위정(爲政)편에서 공자가 스무 살에 관례를 한다고 한 데서 유래함
> - 30세 : 이립(而立), 『논어』 위정(爲政)편에서 공자가 서른 살에 자립했다고 한 데서 유래함.
> - 40세 : 불혹(不惑), 『논어』 위정(爲政)편에서 공자가 마흔 살부터 세상일에 미혹되지 않았다고 한 데서 유래함
> - 48세 : 상년(桑年), '桑'의 속자를 분해하여 보면 '十'자가 넷이고 '八'자가 하나인 데서 유래함
> - 50세 : 지천명(知天命), 『논어』 위정(爲政)편에서 공자가 쉰 살에 하늘의 뜻을 알았다고 한 데서 유래함
> - 60세 : 이순(耳順), 『논어』 위정(爲政)편에서 공자가 예순 살부터 생각하는 것이 원만하여 어떤 일을 들으면 곧 이해가 된다고 한 데서 유래함
> - 61세 : 환갑(還甲), 회갑(回甲), 육십갑자의 '갑(甲)'으로 되돌아온다는 뜻
> - 62세 : 진갑(進甲), 환갑이 지나 새로운 '갑(甲)'으로 나아간다는 뜻
> - 70세 : 종심(從心), 『논어』의 위정(爲政)편에서 공자가 칠십이 되면 욕망하는 대로 해도 도리에 어긋남이 없다고 한 데서 유래함
> - 70세 : 고희(古稀), 두보(杜甫)의 「곡강시(曲江詩)」에서 70세를 사는 것은 예부터 드물었다고 한 데서 유래함
> - 71세 : 망팔(望八), '여든'을 바라본다는 뜻
> - 77세 : 희수(喜壽), '喜'를 초서(草書)로 쓸 때 '七十七'처럼 쓰는 데서 유래함
> - 81세 : 망구(望九), 사람의 나이가 아흔을 바라본다는 뜻
> - 88세 : 미수(米壽), '米'자를 풀어 쓰면 '八十八'이 되는 데서 유래함
> - 91세 : 망백(望百), 사람의 나이가 백세를 바라본다는 뜻
> - 99세 : 백수(白壽), '百'에서 '一'을 빼면 99가 되고, '白'자가 되는 데서 유래함

13 　　　　　　　　　　　정답 ④

[정답해설]

'압니다'는 '알(어간) + ㅂ니다(종결어미)'의 구성으로, 어간 끝받침의 'ㄹ'이 어미의 첫소리인 'ㄴ, ㅂ, ㅅ' 및 '-(으)오, -(으)ㄹ' 앞에서는 탈락하므로 '알읍니다'가 아니라 '압니다'가 바른 표현이다.

[오답해설]

① 기본형 '되다'의 어간 '되-'는 홀로 쓰이지 못하고 '되(어간) + 어(어미)'의 구성으로 '되어 / 돼'의 형태로 쓰인다. 따라서 '이렇게 하면 돼?'가 옳다.

② '-ㄹ게'는 어떤 것을 하겠다고 약속하는 뜻을 나타내는 종결어미이다. 따라서 '합격할게요'가 옳은 표기이다.

③ '돕다'의 어간 '돕-' 뒤에 '-고'가 붙으면 '돕고'로 활용한다. '돕다', '곱다' 등은 'ㅂ' 불규칙 활용한다. 따라서 '돕고'가 옳은 표기이다.

14　　　　　　　　　　　　　　정답 ①

[정답해설]
'갖은'은 '골고루 다 갖춘 또는 여러 가지의'를 의미하는 관형사로, 뒤의 명사를 수식하며 동사처럼 활용하지 못한다.

[오답해설]
② '바로'는 해당 문장에서 '다름이 아니라 곧'의 의미로 사용된 부사이다.
③ '그리고'는 단어, 구, 절, 문장 따위를 병렬적으로 연결할 때 쓰는 접속 부사이다.
④ '방글방글'은 입을 조금 벌리고 소리 없이 자꾸 귀엽고 보드랍게 웃는 모양으로 부사이다.

15　　　　　　　　　　　　　　정답 ②

[정답해설]
'나하고'에서 '하고'는 상대로 하는 대상임을 나타내는 조사이므로 앞말과 붙여 쓴다. 또한 '멀어졌다'의 기본형인 '멀어지다'는 동사로써 한 단어이므로 붙여 쓴다.

[오답해설]
① 수∨밖에 → 수밖에
　해당 문장에서 '밖에'는 '그것 말고는', '그것 이외에는', '기꺼이 받아들이는', '피할 수 없는'의 뜻을 나타내는 보조사로 앞말과 붙여 써야 하며 '없다'처럼 반드시 뒤에 부정을 나타내는 말이 따른다. 따라서 '수밖에'로 쓴다.
③ 공부∨깨나 → 공부깨나
　'깨나'는 어느 정도 이상의 뜻을 나타내는 보조사로 앞말과 붙여 써야 하므로 '공부깨나'로 쓴다.
④ 가는김에 → 가는∨김에
　해당 문장에서 '김'은 어떤 일의 기회나 계기를 뜻하는 의존 명사이므로 앞말과 띄어 써야 하며, 뒤의 '에'는 조사로 '김에'처럼 붙여 쓴다. 따라서 '가는∨김에'로 쓴다.

16　　　　　　　　　　　　　　정답 ②

[정답해설]
〈보기〉에서 이광수의 『무정』이 1910년대 독자들의 가슴만이

아니라 21세기 우리 시대 독자들에게도 조국을 생각하는 마음에 큰 감동을 주고 있다고 설명하고 있으므로, 서술자는 '효용론적 관점'에서 문학작품을 감상하고 해석했다고 볼 수 있다. '효용론적 관점'은 문학작품을 독자에게 주는 예술적인 감동과 즐거움이나 깨달음을 중심으로 해석하는 관점으로, 독자에게 미치는 영향과 효용성을 중심으로 작품을 해석한다.

[오답해설]
① 반영론적 관점은 문학작품은 현실을 거울처럼 반영한다는 전제아래 현실과 맺는 관계를 중심으로 해석하는 관점으로, 작품 내에 시대적 배경이나 사회상이 어떻게 반영되어 있는지를 중심으로 작품을 해석한다.
③ 표현론적 관점은 작가가 자신의 체험이나 사상, 감정 등을 작품 속에 표현한 것으로 보고 문학작품을 해석하는 관점으로, 작품과 작가의 관계에 주목하여 작가의 생애와 의식, 창작 의도 등과 관련시켜 작품을 해석한다.
④ 객관론적 관점은 문학작품을 외부 요소로부터 완전히 단절된 하나의 유기체로 보고 작품의 구성이나 작품 자체를 중시하는 관점으로, 문학작품 자체의 내용 요소를 중심으로 작품을 감상하고 해석한다.

17　　　　　　　　　　　　　　정답 ①

[정답해설]
'주워서 버렸다'에서 '주워서'의 기본형은 '줍다'로 본용언이고, '버렸다'의 기본형은 '버리다'로 역시 본용언이다. 해당 문장을 독립된 두 문장으로 만들었을 때 의미상 완전한 문장이면 본용언이고, 본래의 의미가 달라지거나 성립되지 않으면 보조용언이다.

[오답해설]
② '아는 척한다'에서 '알다'는 본용언이고, '척하다'는 앞말이 뜻하는 행동이나 상태를 거짓으로 그럴듯하게 꾸밈을 나타내는 보조동사이므로 보조 용언이다.
③ '먹어는 본다'에서 '먹다'는 본용언이고, '보다'는 어떤 행동을 시험 삼아 함을 나타내는 보조동사이므로 보조 용언이다.
④ '알아 간다'에서 '알다'는 본용언이고 '가다'는 말하는 이가 정하는 어떤 기준점에서 멀어지면서 앞말이 뜻하는 행동이나 상태가 계속 진행됨을 나타내는 보조동사이므로 보조 용언이다.

18 정답 ①

[정답해설]
〈보기〉의 서두에서 '화랑도(花郞道)'가 무엇인지 용어의 개념을 먼저 정의한 후 '화랑도(花郞道)'의 특징에 해대 서술하고 있다. 그러므로 〈보기〉의 서술 방식은 '정의'인데, '정의'는 어떤 대상이나 용어의 의미, 법칙 등을 명백히 밝혀 진술하는 방식이다.

[오답해설]
〈보기〉에 자신의 체험담, 반론, 통계적 사실이나 사례 등은 제시되어 있지 않다.

19 정답 ①

[정답해설]
'삼각산(三角山)'의 다른 명칭은 '인왕산'이 아니라 '북한산'이다. '북한산'은 '백운대, 인수봉, 만경대'의 세 봉우리가 있어 이렇게 부르며, '인왕산'은 서울 서쪽의 종로구와 서대문구 사이에 있는 산이다.

[오답해설]
② ⓒ의 '한강(漢江)'은 우리나라 중부를 흐르는 강으로 현재도 '한강'이라고 부른다. '한강'은 태백산맥에서 시작하여 황해로 흘러들며, 북한강과 남한강의 두 물줄기가 남양주시에서 합류한다.
③ ⓒ의 '고국(故國)'은 〈보기〉의 시조가 조선시대의 병자호란을 배경으로 한 작품이므로 당시 국호는 '조선'이다.
④ 〈보기〉의 시조가 병자호란의 패전으로 청나라에 볼모로 끌려가는 김상헌의 심정을 표현한 작품이므로, ⓔ의 '수상(殊常)ᄒᆞ니'는 병자호란 직후의 상황을 뜻한다.

[작품해설]

▎ 김상헌, 「가노라 삼각산아」
- 갈래 : 평시조.
- 성격 : 절의가, 비분가, 우국가
- 제재 : 고국 산천
- 주제 : 고국을 떠나는 신하의 안타까운 심정
- 특징 : 대구법, 대유법, 의인법 고국을 떠나는 화자의 정서를 효과적으로 표현함

20 정답 ④

[정답해설]
〈보기〉의 작품은 김승옥의 단편소설인 「무진기행」의 마지막 부분으로, 주인공인 '나'가 무진을 떠나 다시 서울로 돌아오는 장면이므로 괄호 안의 지명은 '무진'이다. 이 작품은 주인공인 '나'가 서울을 떠나 무진으로 떠났다가 다시 서울로 돌아오는 '떠남 – 추억의 공간 – 복귀'의 순환 구조를 통해 1960년대의 허무와 회의 의식을 드러내고 있다.

[작품해설]

▎ 김승옥, 「무진기행」
- 갈래 : 단편소설
- 성격 : 회고적, 독백적
- 배경 : 1960년대 무진
- 시점 : 1인칭 주인공 시점
- 주제 : 현실 속에 던져진 자기 존재의 파악
- 특징
  – '나'의 심리 묘사를 중심으로 이야기를 전개함
  – 서정적이고 몽환적인 분위기

▎ [서울시] 2017년 06월 | 정답

01	②	02	③	03	①	04	③	05	③
06	①	07	①	08	④	09	①	10	④
11	①	12	②	13	③	14	③	15	②
16	②	17	②	18	④	19	②	20	④

[서울시] 2017년 06월 | 해설

01 정답 ②

[정답해설]
'학여울'은 '학'과 '여울'이 결합하여 만들어진 합성어로서, 합성어 및 파생어에서, 앞 단어나 접두사의 끝이 자음이고 뒤 단어나 접미사의 첫음절이 '이, 야, 여, 요, 유'인 경우에는, 'ㄴ' 음을 첨가하여 [니, 냐, 녀, 뇨, 뉴]로 발음한다는 표준 발음법 제29항에 따라 [학녀울]이 되고, 비음화 현상에 따라 최

종적으로 [항녀울]이 된다. 로마자 표기법은 'Hangnyeoul' 이다.

[오답해설]

① 'ㄴ'은 'ㄹ'의 앞이나 뒤에서 [ㄹ]로 발음한다는 표준 발음법 제20항에 따라 유음화하여 [설릉]으로 발음한다. 로마자 표기에서 'ㄹ'은 모음 앞에서는 'r'로, 자음 앞이나 어말에서는 'l'로 적지만, 'ㄹㄹ'은 'll'로 적으므로 '선릉[설릉]'은 'Seolleung'이라 쓴다.

③ '낙동강'은 받침 'ㄱ, ㄷ, ㅂ' 뒤에 연결되는 'ㄱ, ㄷ, ㅂ, ㅅ, ㅈ'은 된소리로 발음한다는 표준 발음법 제23항에 따라 [낙똥강]으로 발음한다. 그러나 로마자로 표기할 때, 된소리되기는 반영하지 않으므로 '낙동강[낙똥강]'은 'Nakdonggang'이라 쓴다.

④ '집현전'은 'ㅂ'과 'ㅎ'이 만나 자음이 축약되어 [지편전]으로 발음한다. 체언 내부에서 일어나는 거센소리되기의 경우 'ㅎ(h)'을 밝혀 적어야 한다. 따라서 'Jiphyeonjeon'이라 쓴다.

---

02 정답 ③

[정답해설]

거센소리 앞에서는 사이시옷을 쓸 수 없으므로 '뒤풀이'는 옳게 쓰였으며, 한자어와 순우리말이 결합할 때에는 사이시옷이 붙으므로, '맥주(한자어) + 집(순우리말)'는 '맥줏집'으로 적는 것이 옳다.

[오답해설]

① 부는 → 붇는 : '분량이나 수효가 많아지다'라는 의미의 '붇다'가 기본형이다. 따라서 '붇는'으로 표기해야 한다.

② 넉넉치 → 넉넉지 : 'ㄱ' 받침 뒤의 '하'는 아주 줄기 때문에 '하'가 탈락한 '넉넉지'의 형태가 어법에 맞는다.

④ 로써 → 로서 : '도구, 재료'의 의미일 때는 '로써'를, '자격, 지위'의 의미일 때는 '로서'를 쓴다. 문맥상 '자격, 지위'의 의미이므로 '로서'로 적는 것이 적절하다.

[보충해설]

> **■ 사이시옷 규칙**
> * 한자어 + 한자어 구성의 2음절 단어에는 사이시옷을 쓰지 않는다. 단, 여섯 단어(곳간, 셋방, 숫자, 찻간, 툇간, 횟수)는 제외한다.
> * 한자어 + 한자어 구성의 3음절 단어에는 사이시옷을 쓰지 않는다.
> 　예 기차간, 전세방, 월세방

* 한자어 + 순우리말 (앞 단어가 모음으로 끝나는 경우)
　예 등굣길, 훗일, 근삿값, 기댓값, 월셋집, 수돗물, 예삿일
* 순우리말 + 순우리말 (앞말이 모음으로 끝나는 경우)
　예 아랫니, 잇몸, 냇물, 냇가, 귓밥, 베갯잇, 고깃국, 나뭇잎, 모깃불, 뒷일, 바닷가, 뱃길

---

03 정답 ①

[정답해설]

띄어쓰기는 1896년 〈독립신문〉에서 처음 반영되었고, 1933년 〈한글 맞춤법 통일안〉에서 규범화되었다.

[오답해설]

② 고대 국어에서는 주격 조사 '이'만 존재하였다가 16세기 후반에 이르러 주격 조사 '가'가 등장하였고 17세기부터 널리 사용되었다.

③ 'ㆍ'의 표기는 1933년 한글 맞춤법 통일안이 만들어지면서 완전히 사라지게 되었다. 따라서 17세기 이후의 문헌에서 찾아볼 수 있다.

④ 'ㅸ'은 15세기 중반까지 사용되었다가 'ㅃ'이 아닌 'ㅗ / ㅜ'로 변하였다.

---

04 정답 ③

[정답해설]

글을 두괄식 문단으로 구성하려면 글의 중심 문장이 문단의 첫머리에 와야 한다. 제시된 문장들 가운데 ㉠과 ㉡은 신라 진평왕 때 눌최의 발언으로 중심 문장을 뒷받침하는 사례에 해당한다. ㉣ 역시 죽죽의 발언으로 중심 문장을 뒷받침하는 하나의 사례로 볼 수 있다. 글 전체의 핵심을 담고 있는 문장은 선비 정신이 의리 정신으로 표현됨으로써 강인성이 드러난다는 내용의 ㉢이다. 따라서 문맥상 가장 먼저 와야 할 문장은 ㉢이다.

[보충해설]

> **■ 문단의 형식**
> * **두괄식 문단** : 중심 문장의 위치가 문단의 앞부분에 위치하는 구성 방식으로, 글을 읽을 때 읽는 이가 해당 문단의 중심 생각을 쉽게 찾을 수 있다.
> * **미괄식 문단** : 중심 문장이 해당 문단의 끝에 오는 구성 방식으로, 문단의 앞부분에 예시, 논증, 설명, 분류, 비교, 대조 등의 방법으로 뒷받침 문장을 쓰고, 이어서

이를 종합하거나 정리할 수 있는 중심 문장을 쓴다. 강조하고자 하는 내용을 마지막에 담아 더욱 강조하여 정리할 수 있다.
- **중괄식 문단** : '보조 문장 + 중심 문장 + 보조 문장'의 구성으로 글의 중간 부분에 중심 내용이 오는 산문 구성 방식이다.
- **양괄식 문단** : 글의 중심 내용이 앞부분과 뒷부분에 반복하여 나타나는 문장 구성 방식이다. 두괄식과 미괄식을 혼합한 형식이다.

05 　　　　　　정답 ③

[정답해설]
화자는 별을 보며 '추억', '사랑', '쓸쓸함', '동경', '시', '어머니'를 떠올린다. 이러한 것들은 모두 화자에게 그리움의 대상이자 동경의 대상이다. 따라서 '별'은 시적 화자가 지향하는 내적 세계를 나타낸다고 볼 수 있다.

[오답해설]
① 이 작품에서 특별히 청자로 설정된 대상은 없다. 화자는 독백적 어조로 자신의 내면을 담담하게 고백하고 있다.
② 화자는 자신에 대한 부끄러움을 드러내고 있을 뿐, 내면과 갈등관계에 있는 현실에 비판적 시각을 드러내고 있지는 않다.
④ '별'은 화자가 지향하는 그리움과 동경의 대상이다. 현실 상황의 변화를 바라는 현실적 욕망으로 볼 수 없다.

[작품해설]

■ 윤동주, 「별 헤는 밤」
- 갈래 : 자유시, 서정시
- 성격 : 상징적, 고백적, 반성적
- 제재 : 별
- 주제 : 아름다웠던 과거에 대한 추억과 자아 성찰 및 미래에 대한 희망
- 특징
  - '현재 → 과거 → 현재 → 미래'의 시간적 흐름에 따라 시상을 전개함
  - 상징적 시어와 감정 이입의 기법을 통해 시적 화자의 정서를 드러냄
  - 동일한 문장 구조의 반복으로 운율을 형성함
  - 가을밤을 배경으로 멀리 떨어져 있는 것들에 대한 그리움을 어머니에게 보내는 편지 형식으로 표현함

06 　　　　　　정답 ①

[정답해설]
'살다 – 죽다'는 상보 반의 관계에 해당하고, 나머지는 모두 정도 반의 관계에 해당한다. 상보 반의어는 정도 반의어와 달리 중간항이 없어서 두 단어를 모두 긍정하거나 부정할 수 없다. 즉 '살다 – 죽다' 사이에 중간항이 없으므로 둘은 상보 반의 관계이다.

[보충해설]

■ 반의 관계의 종류
- **상보 반의어** : 개념 영역이 상호배타적으로 양분되는 반의어로, 한쪽 항이 성립되면 다른 항은 반드시 부정되며, 중간항이 있을 수 없다.
  예 살다 – 죽다, 남자 – 여자
- **정도 반의어** : 반의어 쌍은 양 극단적 의미 영역이며 중간 영역이 존재한다.
  예 높다 – 낮다, 뜨겁다 – 차갑다

07 　　　　　　정답 ①

[정답해설]
〈보기〉에 제시된 단어들은 '개(접사) + 살구(어근)', '헛(접사) + 웃음[웃– + –음(어근 + 접사)]', '낚시(접사) + 질(어근)', '지우– + –개'와 같이 접사와 어근 또는 어근과 접사의 결합으로 이루어진 파생어이다. 이와 단어 형성 원리가 같은 것은 '건(어근) + 어물(접사)'이다.

[오답해설]
② 금지(어근) + 곡(어근) : 합성어
③ 한자(어근) + 음(어근) : 합성어
④ 핵(어근) + 폭발(어근) : 합성어

08 　　　　　　정답 ④

[정답해설]
'ㅸ'은 순음 'ㅂ' 아래 후음 'ㅇ'을 상하로 결합하는 연서(連書 : 이어쓰기)에 의한 표기로, 한글 창제 당시 초성 17자에는 'ㅸ'이 포함되지 않았다. 따라서 초성 17자에 포함되지 않는 글자가 쓰인 것은 'ㅸ'이 포함된 '가ㅸ야본'이다.

09　　　　　정답 ①

[정답해설]
주어진 예문은 여러 사람의 견해에 기대어 자신의 논지를 정당화 하는 '군중에 호소하는 오류'를 범하고 있다. ①의 사례 역시 타당한 근거를 제시하지 않으면서, 다수의 사람들이 이야기하는 식당이라는 점을 내세워 군중 심리를 자극하는 오류를 범하고 있다.

[오답해설]
② 무지에 호소하는 오류 : 어떤 논제의 참 혹은 거짓을 증명할 수 없기 때문에 그 논제가 참 혹은 거짓이라고 단정하는 오류
　예 "신은 반드시 존재해. 신이 없다는 것을 증명한 사람은 없기 때문이야."
③ 부적합한 권위에 호소하는 오류 : 유명인(또는 전문가)의 전문 영역을 벗어난 문제에 대해, 단지 유명하다는 이유만으로 유명인의 발언을 근거로 사용하여 무언가를 주장하는 오류
　예 "선생님께서 내 말이 옳다고 하셨어. 그러니까 내 말이 옳아."
④ 자신이 간절하게 바란다는 것을 이유로 드는 것은 논리적 오류가 아니다.

10　　　　　정답 ④

[정답해설]
서술자인 '나'는 한밑천을 받아 장사를 한다든지, 내지인 여자와 결혼을 하겠다든지 하는 등 앞으로 어떻게 살아갈지에 대해 궁리하고 있다. 이 과정에서 '나'는 조선 여자는 거저 주어도 싫고, 내지인 성명으로 갈고 내지인 집에서 살면서 내지인처럼 생활하고자 하는 마음을 내비춘다. 뿐만 아니라 자식들까지도 일본 학교에 보내겠다고 말한다. 즉, '나'는 조선인으로서의 정체성을 부정하고 일제 식민 통치에 순응하는 인물임을 알 수 있다. 이를 통해 독자는 서술자를 신뢰할 수 없는 존재로 인식하고, 비판적으로 바라볼 수 있다.

[오답해설]
① 서술자는 내지인을 맹목적으로 선호하고 있으므로 내지인을 비판한다는 설명은 적절하지 않다.
② 서술자는 전지적 존재가 아니라, 작품 속에 등장하여 1인칭 시점에서 자신의 이야기를 전한다.
③ 서술자는 작품 속에서 자신의 이야기를 하고 있을 뿐, 다른 인물의 내면을 추리하고 있지 않다.

[작품해설]

▌채만식, 「치숙」
- 갈래 : 단편 소설, 풍자 소설
- 성격 : 비판적, 풍자적, 사실적
- 배경 : 일제 강점기, 서울
- 시점 : 1인칭 주인공 시점
- 주제 : 일제 강점기에 순응하는 태도에 대한 비판과 풍자, 사회주의 지식인의 현실 무능력 비판
- 특징
  - 속어나 비어 등을 사용하여 사실성을 높임
  - 대화체를 사용하여 '나'와 '아저씨'의 가치관을 비교함
  - 심층적인 풍자를 통해 식민지 사회의 병리적 현상들을 역설적으로 드러냄

11　　　　　정답 ①

[정답해설]
㉠ 한창 가물 때 애쓰며 도랑을 치라고 분주하게 군다는 뜻으로, 아무 보람도 없는 헛된 일을 하느라고 부산스레 굶을 비유적으로 이르는 말이다.
㉡ 까마귀는 미역을 감아도 그냥 검다는 데서, 일한 자취나 보람이 드러나지 않음을 비유적으로 이르는 말이다.

12　　　　　정답 ②

[정답해설]
改悛(고칠 개, 고칠 전) : 행실이나 태도의 잘못을 뉘우치고 마음을 바르게 고쳐먹음

[오답해설]
① ·陶冶(질그릇 도, 풀무 야) : 1. 도공과 주물공. 또는, 도기를 만드는 일과 주물을 만드는 일. / 2. 심신을 닦아 기름
　·冶(다스릴 치)
③ ·殺到(빠를 쇄, 이를 도) : 세차게 몰려듦.
　·刺殺(찌를 척/찌를 자, 죽일 살) : 칼 따위로 찔러 죽임.
④ ·汩沒(골몰할 골, 빠질 몰) : 1. 다른 생각을 일절 하지 않고 한 가지 일에만 온 정신을 쏟음. / 2. 부침(浮沈)
　·日沒(날 일, 빠질 몰) : 해가 짐.

13 　　　　　　　　정답 ③

[정답해설]

아라비아 숫자와 의존 명사 '년'은 띄어 쓰는 것이 원칙이지만, 붙여 쓰는 것도 허용된다. 또한 '어느 한때에서 다른 한때까지 시간의 길이'를 뜻하는 '동안'은 의존 명사이므로 앞말과 띄어 쓰는 것이 원칙이다. 따라서 '30년∨동안'으로 적는 것이 옳다.

[오답해설]

① 창∨밖 → 창밖

　'창밖'은 '창문의 밖'이라는 뜻을 가진 합성어, 한 단어로 취급되므로 붙여 써야 한다.

② 우단천 → 우단∨천

　'우단'은 '거죽에 곱고 짧은 털이 촘촘히 돋게 짠 비단'을 뜻하는 말로, 한 단어로 취급되지만 '우단'과 '천'은 별개의 단어이므로 '우단∨천'과 같이 띄어 써야 한다.

④ 일∨밖에 → 일밖에

　'그것 말고는', '그것 이외에는', '기꺼이 받아들이는', '피할 수 없는'의 뜻을 나타내는 조사 '밖에'는 앞에 오는 체언이나 명사형 어미와 붙여 써야 하므로 '일밖에'와 같이 붙여 써야 한다.

14 　　　　　　　　정답 ③

[정답해설]

ⓒ에서 연락을 취한 주체는 '우리'이다. 따라서 ⓒ의 주어는 '우리'이다. 반면 ㉠, ㉡, ㉣의 주어는 모두 '환자'이다.

15 　　　　　　　　정답 ②

[정답해설]

㉠ 신경림의 「농무」를 비롯하여 김지하 등의 참여 시인들이 작품을 창작한 시기는 1970~1980년대이다. 김지하는 1975년에 「타는 목마름으로」를 발표하여 독재정권을 비판하는 등 현실에 저항하는 문학의 모습을 보였고, 고은은 「선제리 아낙네들」 등 1970년대 현실 참여 문학을 다수 발표하였다. → 1970년대

㉡ 한용운의 『님의 침묵』은 1926년에 출간되었고, KAPF는 1925년에 결성되었다. → 1920년대

㉢ 구상의 「초토의 시」는 1953년에 끝난 한국전쟁을 배경으로 1956년에 발표된 작품이다. → 1950년대

㉣ 모더니즘 계열의 작품과 김기림의 장시 「기상도」가 발표된 시기는 1930년대이다. 「기상도」는 1936년에 발표된 작품이다. → 1930년대

이를 시간 순서에 맞게 배열하면, '㉡ – ㉣ – ㉢ – ㉠'이다.

16 　　　　　　　　정답 ②

[정답해설]

'굼적대다'는 '몸이 둔하고 느리게 자꾸 움직이다.'라는 뜻의 단어이다. '느리고 폭이 넓게 자꾸 물결치다.'의 뜻을 가진 단어는 '금실거리다(= 금실대다)'이다.

[오답해설]

① 가닐대다(동사) = 가닐거리다

　1. 벌레가 기어가는 것처럼 살갗에 간지럽고 자릿한 느낌이 자꾸 들다.

　2. 보기에 매우 위태롭거나 치사하고 더러워 마음에 자린 느낌이 자꾸 들다.

③ 꼬약대다(동사) = 꼬약거리다

　1. (…을)음식 따위를 한꺼번에 입에 많이 넣고 잇따라 조금씩 씹다.

　2. • 좁은 데로 많은 사람이나 사물이 잇따라 몰려가거나 들어오다.

　　• 연기나 김 따위가 계속 나오거나 생기다.

　　• 어떤 마음이 계속 생기거나 치밀다.

　3. (북한어)지저분한 것이 좁은 구멍으로 조금씩 나오다.

④ 끌끌대다(동사) = 끌끌거리다

　1. 마음에 마땅찮아 혀를 차는 소리를 자꾸 내다.

　2. 트림하는 소리가 자꾸 나다.

17 　　　　　　　　정답 ②

[정답해설]

'思考(생각 사, 생각할 고)'는 '생각하고 궁리함'이라는 뜻의 단어로 적합한 한자어를 사용하였다.

[오답해설]

① • 討議(칠 토, 의논할 의) : 어떤 사물에 대하여 각자의 의견을 내걸어 검토하고 협의하는 일

　• 義(옳을 의)

③ • 選擇(가릴 선, 가릴 택) : 1. 여럿 가운데서 골라 뽑음. / 2. 문제를 해결하기 위한 몇 가지 수단을 의식하고, 그 어느 것을 골라내는 작용

　• 先(먼저 선)

④ • 準據(준할 준, 근거 거) : 일정한 기준에 의거함

　• 擧(들 거)

18   정답 ④

[정답해설]

합성어 및 파생어에서, 앞 단어나 접두사의 끝이 자음이고 뒤 단어나 접미사의 첫 음절이 '이, 야, 여, 요, 유'인 경우에는, 'ㄴ' 소리를 첨가하여 [니, 냐, 녀, 뇨, 뉴]로 발음한다는 표준 발음법 제29항에 따라 '한여름'은 [한녀름]으로 발음한다. 이는 'ㄴ' 첨가 현상이므로 ⓒ에 해당한다. 나머지는 모두 ㉠에 해당한다.

[오답해설]

① '국민'은 'ㄱ'이 비음 'ㅁ'에 동화되어 비음 'ㅇ'으로 대치된 비음 동화 현상이다.

② '물난리'는 'ㄴ'이 'ㄹ'에 동화되어 유음 'ㄹ'로 대치된 유음화 현상이다.

③ '입고'는 'ㄱ'이 경음 'ㄲ'으로 대치된 경음화 현상이다.

19   정답 ②

[정답해설]

첫 문장에서 발전과 변화의 가능성이 있는 인간의 역사와 달리 자연은 무한한 반복만 한다고 하였다. 그리고 나서 '그런데'라는 접속어를 사용하여 반대되는 의견을 제시한다. ㉠의 앞 문장에서 인간의 활동과 마찬가지로 자연 내부에도 대립과 통일이 존재한다고 하였고, ㉠의 뒷 문장에서는 마르크스의 진의 또한 인간사와 자연사의 변증법적 지양과 일여한 합일을 지향했다는 것에 있을 것이라 하였다. 앞뒤 내용을 고려할 때 ㉠에는 '인간의 역사와 자연의 역사를 이분법적 대립 구도로 파악하는 것은 위험하다.'는 내용이 오는 것이 문맥상 가장 적절하다.

[오답해설]

① 첫 문장과 유사한 논지이므로 적절하지 않다. ㉠에는 인간사와 자연사가 유사하다는 내용이 들어가야 한다.

③ 자연이 인간의 세계에 흡수 통합된다는 내용은 글의 논지와 맞지 않다.

④ 인간사와 자연사 연구의 노력 정도가 어떻게 차이가 있는지에 대한 내용은 글의 논지와 맞지 않다.

20   정답 ④

[정답해설]

'나'는 자세에 따라 산이 달리 보인다는 사실을 깨닫고 흥미를 느끼게 되었다는 내용이다. 이는 곧 한 가지 자세만 고집하지 않고 다양한 자세를 취해야 함을 의미한다. 그러므로

〈보기〉의 다음에는 틀에 박힌 고정관념을 극복해야 한다는 내용이 오는 것이 적절하다.

[오답해설]

① 무소유와 관련한 내용은 찾아볼 수 없다.

② 글의 초반부에 '나'의 성실함이 드러나기는 하지만 글의 후반부에 서술된 내용과는 거리가 멀다.

③ 종교적 의지와 관련된 내용은 찾아볼 수 없다.

[작품해설]

┃ 법정, 「거꾸로 보기」
- **갈래** : 수필, 경수필
- **성격** : 명상적, 반성적, 교훈적
- **주제** : '거꾸로 보기'를 통해 얻은 고정관념에 대한 반성
- **특징**
  - 다양한 표현 기법을 활용하여 일상에서 얻은 깨달음을 전함
  - 일상적 경험을 통해 삶의 교훈을 전함
  - 회상의 형식을 사용함